ultur	Naturwissenschaften, Technik, Medien
arolingische Renaissance: Pflege antiker Bildung n Hofe Karls des Großen (Alkuin); Klöster als Kultur- und Bildungsträger; **ldung einer höfischen** (Ritter-)**Kultur**; niversitäten Heidelberg (1368), Köln (1388); ante: Göttl. Komödie (1336); Petrarca (1304–1374); **erausbildung einer bürgerlichen Kultur** (Anfänge in Oberitalien, nedig)	**1452 Joh** t die Bibel; **1492 Chr** 1497/98 V ama entdeckt den Seeweg nach Indien (um Afrika)
achiavelli: „Der Fürst" (1513); 17 Paracelsus Stadtarzt in Basel; **aler:** Hieronymus Bosch, Leonardo da Vinci, T. Riemenschneider, brecht Dürer, L. Cranach, Michelangelo	1514 **Kopernikus** behauptet, dass sich die Erde um die Sonne dreht; Flugschriften (des Bauernkrieges)
. Hobbes (1588–1679); Descartes (1596–1650): **„Cogito ergo sum"**; rvantes: Don Quijote (1605/15); P. P. Rubens (1577–1640) 23 Shakespeares Werke erstmals in London erschienen; mbrandts „Nachtwache" (1642); C. Thomasius hält 1687 erste Uni- sitätsvorlesung in deutscher Sprache; lière leitet ab 1689 das Théâtre de la Comédie Française . Bach (1685–1750): Fuge; G. F. Händel (1685–1759)	1633 Inquisitionsprozess gegen **Galileo Galilei**; 1650 erste deutsche Tageszeitung (Leipzig); 1656 Erfindung der Pendeluhr; 1667 entwickelt **Newton** die Differenzial- und Integralrechnung (Streit mit dem deutschen Philosophen **Leibniz** um die Urheberschaft)
nähliche Durchsetzung der **allgemeinen Schulpflicht;** mponisten: Joseph Haydn (1732–1809); lfgang Amadeus Mozart (1756–1791); oe: „Robinson Crusoe" (1719); Rousseau: „Emile"(1762); **eier Schriftsteller" als Beruf** (Lessing); 7 malt J. H. W. Tischbein „Goethe in der Campagna"; Philosoph **Immanuel Kant** (1724–1804) als Vollender und Über- der der Aufklärung; Voltaire als französischer Aufklärer am Hofe edrichs des Großen	1768 **James Watt** erfindet die **Dampfmaschine,** die wesentlich zur industriellen Revolution beiträgt; 1770 entdeckt James Cook erneut Australien; 1771 Galvani entdeckt die galvanische Elektrizität; 1775 erste Nähmaschine in England gebaut; 5. 6. 1783 Heißluftballon der **Gebrüder Montgolfier;** 1791/92 C. Chappe erfindet den optischen Flügel- telegrafen (bewegliche Flügel an einem Mast); 1796 Erfindung der Lithografie
0 Gründung der Universität Berlin (Bildungskonzeption W. v. Hum- dts; der Philosoph Fichte wird erster Rektor); Fichte, Schelling u. gel formulieren die **klass. idealistische deutsche Philosophie;** Scho- hauer schreibt dagegen 1818 „Die Welt als Wille und Vorstellung" Nietzsche: „Wille zur Macht", ▷ Freud: Das Unbewusste); ann Gottfried Schadow (1764–1850): Luther-Denkmal, Plastik edrich der Große (1821); **spar David Friedrich** (1774–1840) als Maler der Romantik; l Friedrich Schinkel als klassischer Baumeister und Maler 81–1841): Berlin, Schauspielhaus; siker: **Ludwig van Beethoven** (1770–1827) vertont im Schlusschor ner 9. Symphonie Schillers „Ode an die Freude" (1823); hubert (1797–1828); Schumann (1810–1856); Chopin (1810–1849)	1807 erste Straßengasbeleuchtung in London; 1809 beschreibt T. Sömmening einen elektr. Telegrafen; 1811 Friedr. Krupp gründet ein Stahlwerk in Essen; 1812 F. Koenig erfindet die **Buchdruck-Schnellpresse,** mit der ab 1814 die Londoner „Times" gedruckt wird; 1817 K. F. Drais entwickelt das Laufrad (▷ Fahrrad); 1819 der Raddampfer „Savannah" überquert als erstes Dampfschiff den Atlantik in 26 Tagen; 1821 M. Faraday erfindet das Grundprinzip des Elektromotors; ab 1824 Druck einer Berliner Zeitung auf einer Schnellpresse (von Koenig); 1827 Ohm'sches Gesetz entdeckt
30 Delacroix malt „Die Freiheit auf der Barrikade"; 31 **Darwin** beginnt seine Weltreise; 35 Johann Strauß (Vater) wird Hofballmusikdirektor in Wien; 36 Gogol schreibt „Der Revisor"; **rnalist als Beruf;** arles Dickens: „Oliver Twist" (1838/39); itzweg (1808–1885): „Der arme Poet", auch Gedichte; eine und Marx treffen sich 1843 in Paris; **ommunistisches Manifest"** von Marx/Engels (1848); Bogardus baut ab 1848 „Wolkenkratzer" in New York	1832 C. F. Gauß benutzt den Elektromagnetismus für Fernverständigung; 1835 optischer Telegraf von Koblenz nach Berlin; 1835 **Erfindung der Fotografie** (Daguerre) bis 1841 (Talbot); 7. 12. 1835 Eröffnung der Eisenbahnstrecke Nürnberg – Fürth; ab 1837 entwickelt Morse den elektromagnetischen Schreibtelegrafen (Morseapparat); 1843 Telegrafenlinie Washington – Baltimore (Morse-Technik)

Fortsetzung auf den letzten Seiten

Texte, Themen und Strukturen

Neue Ausgabe für weiterführende berufliche Schulen

Herausgegeben von
Karl Josef Heerstraßen und Bernd Schurf

Erarbeitet von
Martin Benkert, Gerhard Geurts, Karl Josef Heerstraßen,
Jochen Janßen, Angela Mielke, Edith Rösler, Heinz-Martin Schlenger,
Waltraud Schwunk-Schmidl, Claudette Suckrau und Thomas Zeller

Cornelsen

Inhalt

A Einführung in den Deutschunterricht

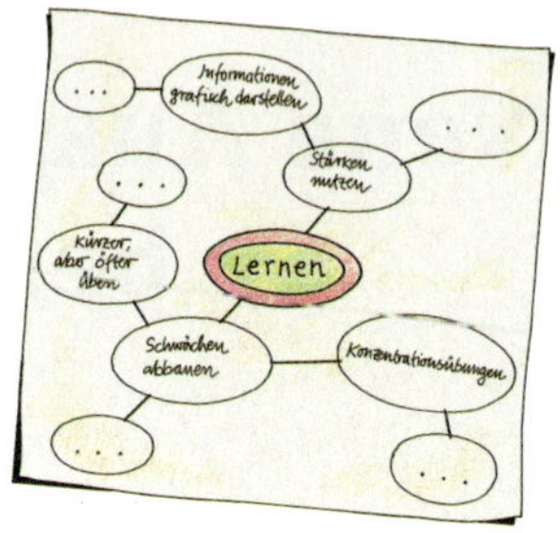

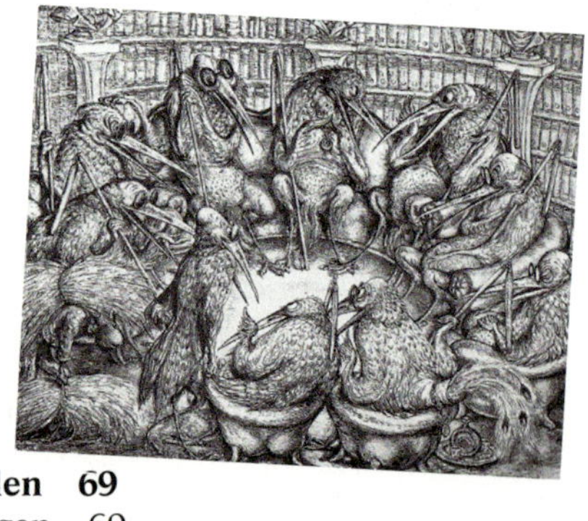

Allgemeine Geschichte

1849 Ende der Frankfurter Nationalversammlung

1866 Preußisch-österreichischer „Bruderkrieg“; Gründung des Norddeutschen Bundes unter preußischer Führung

1870–1871 **Deutsch-Französischer Krieg,** 1871 wird der preuß. König Wilhelm I. in Versailles zum dt. Kaiser proklamiert („klein-dt. Lösung“)

1871 **O. v. Bismarck** dt. Reichskanzler (bis 1890); „Kulturkampf“ mit dem Ziel der Trennung Kirche – Staat

1878 „Gesetz gegen die Ausschreitungen der Sozialdemokratie“

1888 Wilhelm II. dt. Kaiser; im Zeitalter des Imperialismus Bemühungen des Dt. Reiches um einen „Platz an der Sonne“ (Kolonien)

1905 Marokko-Krise (1906 nach dt. Zurückweichen beigelegt)

1911 Das Dt. Reich sendet zwecks Einschüchterung ein Kanonenboot nach Agadir („Kanonenboot-Politik“)

1914–1918 **Erster Weltkrieg**

1917 Oktoberrevolution in Russland

1918 revolutionäre Unruhen in Deutschland

1918 allgemeines Wahlrecht für Frauen

1919 Weimarer Nationalversammlung; **Unterzeichnung des Friedensvertrages in Versailles**

1920 Kapp-Putsch (von rechts) in Berlin, Freikorps, kommunistische Aufstände

1929 **„Schwarzer Freitag“** an der New-Yorker Börse, Weltwirtschaftskrise

1933 **Hitlers „Machtergreifung“**

1939–1945 **Zweiter Weltkrieg**

1945 **Atombombenabwürfe** über Hiroshima und Nagasaki durch die Amerikaner

1948 UNO-Erklärung der Menschenrechte

1949 **Gründung der Bundesrepublik Deutschland und der Deutschen Demokratischen Republik**
Mao Tse-tung ruft die VR China aus

1958 EWG-Vertrag tritt in Kraft

1961 **Bau der Berliner Mauer**

1963 Vertrag über die **deutsch-französische Zusammenarbeit** (Adenauer – de Gaulle)

1968 Studentenunruhen in der Bundesrepublik

1970 Deutsch-polnischer Vertrag in Warschau; **„Ostpolitik“** (Willy Brandt)

ab 1985 Liberalisierung Osteuropas (Gorbatschow)

ab 1986 verschärftes Bewusstsein der Umweltprobleme

ab 1989 Reformprozess auch in der DDR

1990 **3. Oktober 1990 Deutsche Einheit**

1991 Golfkrieg; Zerfall der UdSSR und des Ostblocks

ab 1991 Bürgerkrieg in Jugoslawien (1999 erster NATO-Einsatz)

1999 **Europäische Währungsunion**

Deutsche Literaturgeschichte

Poetischer Realismus 1848–1890

F. Hebbel (1813–1863): „Maria Magdalena“; G. Freytag; **Th. Storm** (1817–1888): „Der Schimmelreiter“; **Th. Fontane** (1819–1898): „Effi Briest“; **G. Keller** (1819–1890): „Der grüne Heinrich“; C. F. Meyer; W. Raabe; W. Busch

Naturalismus 1880–1900

G. Hauptmann: „Die Weber“ (1892); A. Holz, J. Schlaf

Gegenströmungen zum Naturalismus

„Wiener Impressionismus“: A. Schnitzler (1862–1931); H. v. Hofmannsthal (1874–1929);

Symbolismus: St. George (1868–1933 R. M. Rilke (1875–1926 H. Hesse (1877–1962);

Th. Mann erste Werke: „Buddenbrooks“ (1901 „Der Tod in Venedig“ (1912).

Expressionismus 1905–1925

E. Lasker-Schüler, A. Stramm, G. Benn, G. Heym, G. Trakl, F. Werfel
1919: **„Menschheitsdämmerung“** als expressionist. Gedichtsammlung;
1912–1926 Werke **F. Kafkas;**

seit 1926 entwickelt **Bertolt Brecht** (1898–1956) das **„epische Theater“;**
E. M. Remarque: „Im Westen nichts Neues“ (1929);
große **Romane der Moderne** von H. Mann (1871–1950), **Th. Mann** (1875–1955), A. Döblin (1878–1957), R. Musil (1880–1942);
Reportagen von Egon Erwin Kisch (1889–1948); Literatu der sozialistischen Bewegung: W. Bredel, E. Mühsam

„Literatur unterm Hakenkreuz“: W. Vesper u. a.;
„Innere Emigration“: Ina Seidel, W. Bergengruen u. a.;
Exilliteratur: Th. u. H. Mann, B. Brecht, L. Feuchtwange
M. Horkheimer/Th. W. Adorno: „Dialektik der Aufklärung“ (ersch. 1947 in Amsterdam); **„Trümmerliteratur**
W. Borchert: „Draußen vor der Tür“ (1947), H. Böll

Zwei deutsche Literaturen: BRD – DDR

Gruppe 47 (–1967) Richter, Bachmann, Böll u. a.;
Sozialistischer Realismus der DDR-Literatur;
F. Dürrenmatt (Schweiz): „Besuch der alten Dame“ (1956);
M. Frisch (Schweiz): „Homo faber“ (1957);
G. Grass: „Die Blechtrommel“ (1959);
1960–1970: starke **Politisierung** der bundesdeutschen Literatur;
Gruppe 61: Literatur der Arbeitswelt;
seit 1970: **„Neue Subjektivität und Innerlichkeit“** in der bundesdeutschen Literatur;
1972: **H. Böll Nobelpreis;**

seit 1980: **Postmoderne Literatur** (P. Süskind, C. Ransmayr, M. Beyer, Sibylle Berg)

seit 1975: **Literatur de Neuen Frau bewegung**

Redaktion: Matthias Grupp
Umschlaggestaltung: Knut Waisznor
Lay-out und technische Umsetzung: Ralf Franz, Stürtz AG Berlin

Cornelsen online http://www.cornelsen.de

Dieses Werk berücksichtigt die Regeln der reformierten Rechtschreibung und Zeichensetzung.
Bei den mit R gekennzeichneten Texten haben die Rechteinhaber einer Anpassung widersprochen.

1. Auflage Druck 8 7 6 5 Jahr 08 07 06 05

Alle Drucke dieser Auflage können im Unterricht nebeneinander verwendet werden.

Druck: CS-Druck CornelsenStürtz, Berlin

ISBN 3-464-41005-6

Bestellnummer 410056

Gedruckt auf säurefreiem Papier, umweltschonend hergestellt aus chlorfrei gebleichten Faserstoffen.

Patrick Süskind
Das Parfum
Die Geschichte eines Mörders
Diogenes

B Sachtexte

WESTDEUTSCHE ALLGEMEINE
WAZ
Breite Kritik an Rentenreform der Regierung
Australien feiert Cathy Freemans Triumph
Machtkampf in Jugoslawien
Ökumene: Katholiken machen Rückzieher
Physik an der Uni unbeliebt

C Medien

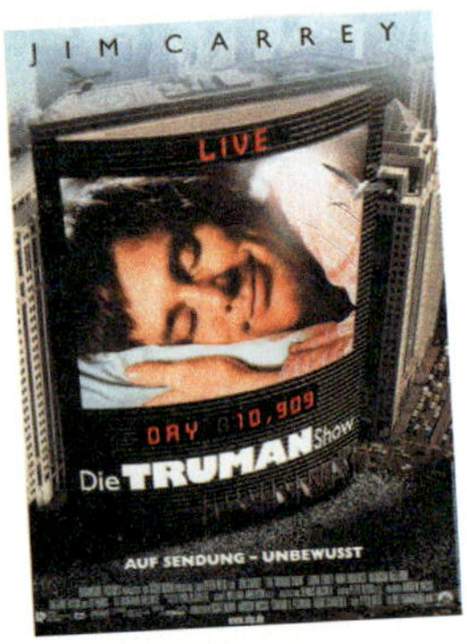

JIM CARREY
LIVE
DAY 10,909
Die TRUMAN Show
AUF SENDUNG – UNBEWUSST

Aufbau Taschenbuch
Das Erste
Jetzt im Ersten
Die Tagebücher des Victor Klemperer
Einmalige Sonderausgabe
www.klemperer.de

WiR SEiFEN SiE EiN...

D Die literarischen Gattungen

JM TWENTY

E Sprache

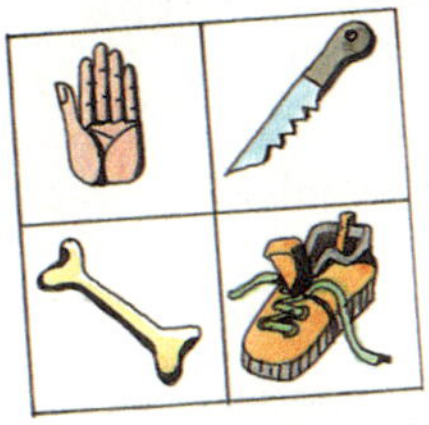

JA, WAS SAGT ER DENN?
HAT ER WAS GESAGT?
JA! ER HAT WAS GESAGT!

Outdoor Schuhe
· Walking · Hiking ·
· Climbing ·

F Sprechen und Schreiben

A Einführung in den Deutschunterricht

1 Das Fach Deutsch

1.1 Erwartungen der Schülerinnen und Schüler

Im Deutschunterricht erwarte ich, dass wir viele Texte selbstständig schreiben, dass wir mit Lektüren arbeiten, denn das macht mir Spaß.

Ich möchte für mein späteres Leben in der Lage sein, gutes Deutsch zu sprechen und zu schreiben. Wenn jemand sich spontan perfekt ausdrücken kann, so beeindruckt mich das sehr.

Mal ehrlich, wer etwas in Deutschland werden möchte, muss doch die deutsche Sprache beherrschen, man hat dann einfach mehr Chancen.

Wenn ich kein Deutsch kann, dann bekomme ich keine Arbeit. Und ohne Arbeit ist man ein Niemand, zählt man überhaupt nicht, kann man sich nichts leisten, nicht einmal Freunde.

Lernen möchte ich, wie man sich richtig verständigt, und erwarte, dass man mehr Fachbegriffe und Definitionen, also Fachwissen lernt. Auch ins Theater möchte ich gern einmal gehen, aber nicht in so langweiliges Theater, das ich nicht verstehe, sondern etwas, das mich auch betrifft.

Ich habe zwei Praktika gemacht und beide Berufe haben mir Spaß gemacht. Doch bei den Bewerbungen gab es den ersten Tiefpunkt. Ich wurde zwar sogar zu Vorstellungsgesprächen eingeladen, aber in den Gruppengesprächen konnte ich einfach nicht mithalten. Mir fehlten Kenntnisse, die die anderen schon hatten, und Erfahrungen; aber vor allem wusste ich nicht, wie ich mich ausdrücken sollte und wann ich nun etwas sagen konnte und was. Diese Erfahrung war für mich sehr schlimm. Ein zweites Mal möchte ich das nicht erleben.

1. Sammeln Sie Ihre eigenen Erfahrungen oder Erwartungen: Schreiben Sie sie auf Karteikarten, nicht größer als DIN A5.
2. Breiten Sie Ihre Karteikarten auf einem großen Tisch aus oder heften Sie sie an die Wand in Ihrem Klassenraum. Finden Sie gemeinsam Gesichtspunkte, nach denen Sie die Karten ordnen können, z. B.:

- *Beruf*
- *privates Leben*
- *Leben in der Gesellschaft*
- *Leben im Verein*
- *...*

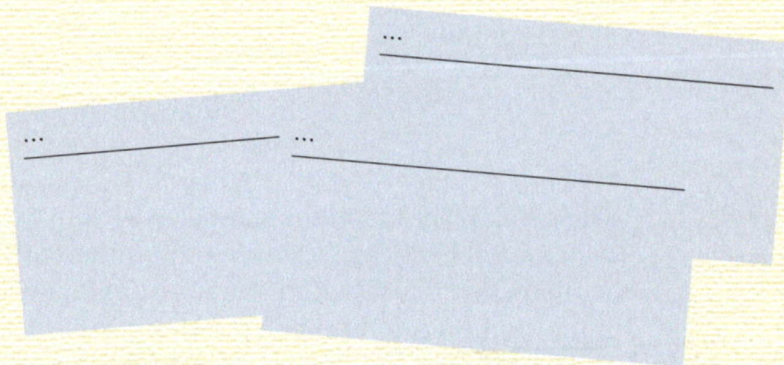

3. a) Ordnen Sie die Aussagen/Bereiche nach ihrer Wichtigkeit. Das kann mit bunten Punkten oder auch mit Farbmarkierungen oder Ähnlichem geschehen.
   b) Begründen Sie Ihre Entscheidungen anschließend in der Klassenrunde. Benutzen Sie dazu nach Möglichkeit Beispiele aus Ihren persönlichen Erfahrungen.
   c) Vergleichen Sie Ihre Einschätzungen mit denen Ihrer Mitschülerinnen und Mitschüler und diskutieren Sie über den Grund für die eventuell vorhandenen Unterschiede.
4. Entwickeln Sie anschließend gemeinsam aus den vorliegenden Erwartungen ein „Zieleprofil“: Einigen Sie sich über die Bedeutsamkeit der einzelnen Ziele und gestalten Sie Ihre Rangfolge grafisch auf einer Wandtapete, die im Klassenraum sichtbar aufgehängt wird. Damit besteht die Chance, sich die Ziele immer wieder einmal klar vor Augen zu führen und zu überprüfen, welche Ziele schon erreicht sind.

Zieleprofil

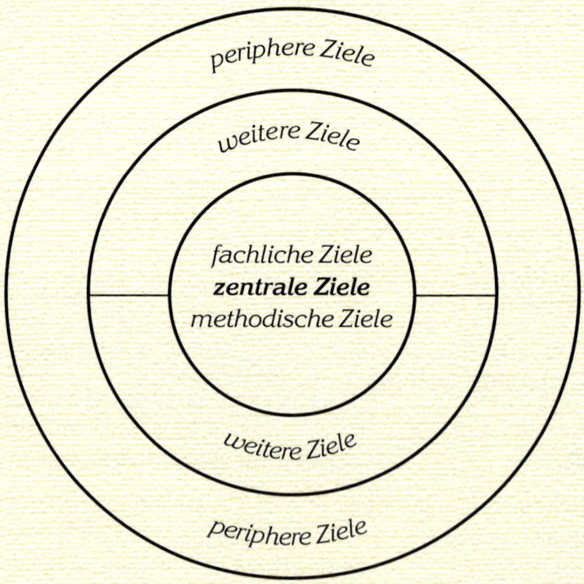

1.2 Forderungen der Wirtschaft

FIT für die AUSBILDUNG

Warum lernen für die Ausbildung?
Lerne ich nicht in der Ausbildung?

Die berufliche Ausbildung baut auf vielem auf, was ihr in der Schule z. B. in den Fächern Deutsch und Mathematik gelernt habt. Wir wollen euch dabei helfen, herauszufinden, was ihr können solltet und welche Vorteile euch eure Kenntnisse und Fähigkeiten bringen. Wichtig für die Aufnahme einer Ausbildung sind mehrere Bereiche: euer Wissen in verschiedenen Schulfächern, aber auch eure persönlichen Fähigkeiten und Eigenschaften, z. B. wie arbeitet ihr mit anderen zusammen, wie selbstständig könnt ihr Probleme und Aufgaben lösen, wie viel Ausdauer bringt ihr auf oder wie viel Spaß macht euch eure Arbeit.

Wofür ist eine gute Vorbereitung in der Schule nützlich?

- hilft bei Einstellungstests und Vorstellungsgesprächen
- ermöglicht selbstbewusste Anwendung eigener Kenntnisse und Fähigkeiten
- eröffnet die Möglichkeit, in vielen Bereichen tätig zu werden
- bietet eine gute Ausgangssituation für eine erfolgreiche Abschlussprüfung
- steigert die Chance auf eine Übernahme in den Betrieb
- schafft die Möglichkeit, auch in „starken" Teams mitzuarbeiten und kommunizieren zu können
- verschafft Respekt und Anerkennung bei Kollegen und Vorgesetzten (und ggf. Kunden) durch gute Allgemeinbildung und Ausdrucksfähigkeit
- erhöht die Arbeitsplatzsicherheit (z. B. an Maschinen) durch das richtige Einordnen und Verstehen von An- und Einweisungen
- macht einen zum qualifizierten Mitarbeiter, der für seine Kompetenz gut bezahlt und respektiert wird
- verbessert Karrieremöglichkeiten durch die Teilnahme an Fort- und Weiterbildungsprogrammen

Immer von Vorteil sind ...

... für einen kaufmännischen Beruf:

solide Kenntnisse in Mathematik,
Deutsch (z. B. für Bank- und Versicherungskaufleute),
Erdkunde (z. B. für Reiseverkehrskaufleute),
(teilweise) Englisch (z. B. Groß- und Außenhandelskaufleutc)

... für einen gewerblich-technischen Beruf:

solide Kenntnisse in Mathematik und Deutsch, außerdem in Chemie (z. B. für Chemielaboranten) und Physik (z. B., wenn man Elektroinstallateur, Kfz-Mechaniker, Industriemechaniker werden möchte). „In der Schule dachten wir auch, das klappt schon irgendwie. Ich hätte aber nicht gedacht, dass die Fächer Mathe und Chemie so wichtig sind. Besonders, dass ich Chemie noch einmal brauche" (Heike, 2. Ausbildungsjahr zur Industriemechanikerin). Für einen gewerblichen Beruf solltet ihr auch räumliches Vorstellungsvermögen und handwerkliches Geschick mitbringen (dies testen die Betriebe z. B. durch eine Drahtbiegeprobe).

... für einen sozialpädagogischen Beruf:

besonders umfangreiche Kenntnisse in Deutsch, nicht nur im Umgang mit Sprache und Literatur, Sensibilität im Umgang mit anderen, Kommunikationsfähigkeit, Geschicklichkeit, sowohl in Sport als auch in Kunst, Darstellung und Vermittlung pädagogischer und sozialer Informationen.

1. Diese Auszüge stammen aus einem Prospekt, den die deutsche Wirtschaft in Zusammenarbeit mit der Bundesanstalt für Arbeit herausgegeben hat. Für welche Bereiche Ihres Lebens interessieren sich die möglichen Arbeitgeber und Ausbilder?
2. Wählen Sie aus den Begründungen, wofür eine gute Vorbereitung in der Schule nützlich ist, drei aus und erläutern Sie sie mit eigenen Beispielen.
3. Überlegen Sie anschließend, wo das Fach **Deutsch** – sowohl von den Inhalten als auch von den Methoden her – ganz besonders geeignet ist, um die Erwartungen zu erfüllen. Berücksichtigen Sie dabei auch die weiteren Texte. Begründen Sie Ihre Ansicht.

Neben inhaltlichen Fähigkeiten und Fertigkeiten haben die zukünftigen Arbeitgeber auch Wünsche an die Persönlichkeit ihrer zukünftigen jungen Mitarbeiter:

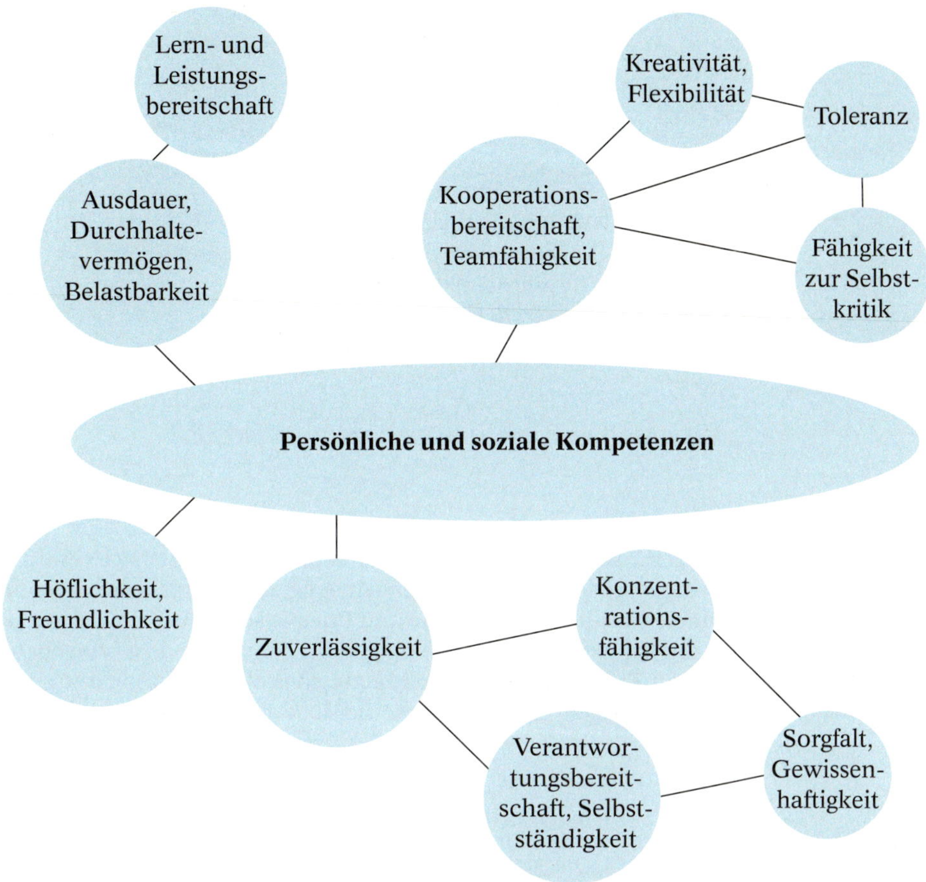

1. a) Wie fühlen Sie sich, wenn Sie diesen Katalog von Erwartungen auf sich wirken lassen? Stellen Sie Ihre Empfindungen in einer „lebenden Plastik" dar. Lassen Sie Ihre Klassenmitglieder raten, wie Sie sich fühlen, und begründen, warum das so sein könnte.
   b) Welches Bild der heutigen Jugend steht hinter diesen Anforderungen?
2. Diskutieren Sie die Zusammenhänge, die in diesem Cluster hergestellt worden sind, ebenso wie die Wertigkeit der einzelnen Begriffe. Erstellen Sie ein verändertes Cluster, falls Sie es für notwendig erachten.
3. Finden Sie sich in Gruppen bis zu fünf Personen zusammen und machen Sie sich an konkreten Beispielen klar, was die Arbeitgeber unter den einzelnen Schlagwörtern von Ihnen verlangen könnten.
4. Bereiten Sie zwei **Rollenspiele** vor:
   - Eine/r von Ihnen spielt den künftigen Arbeitgeber, eine/r den zukünftigen Auszubildenden.
   - Zwei von Ihnen spielen Schulkollegen/Schulkolleginnen aus einer Abschlussklasse, die von einem Bewerbungsgespräch zurückkommen, in dem sie mit ihrem zukünftigen Ausbilder über die oben genannten persönlichen und sozialen Kompetenzen gesprochen haben.

   Denken Sie zuvor darüber nach, inwiefern sich diese beiden szenischen Darstellungen voneinander unterscheiden müssen.

5. Welche Kompetenzen halten Sie für unerlässlich, welche halten Sie für wichtig, von welchen glauben Sie möglicherweise, dass Sie nicht notwendig sind für Ihr späteres Berufsleben?
   Begründen Sie Ihre Meinung zunächst stichwortartig schriftlich. Diskutieren Sie anschließend Ihre Ansichten in der Klasse.
6. Welche Schlussfolgerungen für die nächsten beiden Schuljahre ziehen Sie aus Ihren Diskussionen und Rollenspielen?

Wie Schüler Schule verbessern wollen

Diskussion mit Senatorin Rosemarie Raab über Forderungskatalog

Nicht nur meckern – mitgestalten: Zehn Forderungen haben mehr als 100 Hamburger Schülervertreter formuliert, die sie heute mit Schulsenatorin Rosemarie Raab (SPD) diskutieren wollen. „Diesen Unterricht wollen wir!“ ist der Katalog überschrieben, der jenseits vom obligatorischen Geschrei nach mehr Lehrern Punkte auflistet, die Unterricht nach Schülermeinung interessanter machen.

Zwei neue Fächer – „Medien und Information“ sowie „Wirtschaft und Soziales“ – sollen die Schule näher an die Praxis rücken, wie Schülerkammersprecher Steven Galling sagt. Wobei Anwendungsbezogenheit nicht mit einer verkappten Berufsausbildung zu verwechseln sei. Weiter fordern die Schüler, dass Lehrer sich an festzulegenden Tagen auch nachmittags in der Schule aufhalten sollen. „Als Ansprechpartner für die Schüler“, so Steven Galling. „Aber auch, um miteinander zu reden.“ Zu oft entstünden Probleme deshalb, weil jeder Lehrer für sich allein zu Hause arbeite. Auch die alte Schülerkammer-Forderung nach Noten für Lehrer findet sich im Katalog. Erweitert um die Facette[1], dass auch Schüler die Lehrprobe von Referendaren mitbeurteilen sollen. Diese Probe-Stunden gerieten häufig zur reinen Inszenierung, von „normalem Unterricht“ keine Spur.

Von der fünften Klasse an fordert der Katalog die Festschreibung von Tutor- oder Tutorinnenstunden. Bislang gebe es diese Form nur an Gesamtschulen – wo sie inzwischen sukzessive[2] der Sparquote geopfert werden – oder an vereinzelten Gymnasien. Dabei sei die so genannte Tut-Stunde auch als vertrauensbildende Maßnahme unverzichtbar. Mehr Verantwortung von Lehrern wird auch unter Punkt acht des Forderungskatalogs nachgefragt: Es soll Kontaktlehrer geben, heißt es da, die sich um die Koordination außerschulischer Belange kümmern. Dahinter verbirgt sich der Schülerwunsch, ihre Schule aktiver im sozialen Umfeld zu verankern. Sei das durch Organisation von Stadtfesten auf dem Schulgelände oder Öffnung für Freizeitveranstaltungen.

Die öffentliche Diskussion findet heute um 17 Uhr im Institut für Lehrerfortbildung, Felix-Dahn-Straße 3, statt.

1 **Facette:** Betrachtungsseite
2 **sukzessive:** nach und nach

1. Welche der Forderungen würden Sie unterstützen, welche würden Sie ablehnen oder für nicht umsetzbar halten?
2. a) Wie können Sie im Fach Deutsch Ihrer Meinung nach wichtige Kompetenzen erwerben? Beschreiben Sie die Situationen so genau wie möglich.
   b) Verfassen Sie einen Brief an einen Freund/eine Freundin – es darf auch eine E-Mail oder ein Beitrag zum Chatten im Internet sein –, in dem Sie sich mit diesen Kompetenzen auseinander setzen und erklären, über welche Sie Ihrer Meinung nach bereits verfügen.
3. Erstellen Sie einen Katalog mit Fragen zur Allgemeinbildung, die nach Ihrer Auffassung Ihre Altersgenossen beantworten können müssten. Beschränken Sie sich auf zehn Fragen zu fünf Gebieten Ihrer Wahl, die Sie auch für einen Arbeitgeber für wichtig halten.

Eltern und Schüler verlangen in NRW Einführung von Kopfnoten

Fast 90 Prozent sind für Verhaltensbeurteilung

Von Helmut Breuer

Düsseldorf – Ein pädagogischer Paukenschlag hat jetzt in Nordrhein-Westfalen den politischen Streit über die Wiedereinführung der so genannten Kopfnoten auf Schulzeugnissen zugespitzt.
Nachdem CDU, FDP, Wirtschaft und Handwerk schon lange die in den 70er-Jahren abgeschaffte Bewertung des Verhaltens der Schüler, ihres Fleißes und die Registrierung ihrer Fehlzeiten an der Schule fordern, hat jetzt erstmals ein großer Lehrerverband die Betroffenen selbst befragt. Das überraschende Ergebnis: 89,9 Prozent der 17 144 an der Umfrage des nordrhein-westfälischen Landesverbandes Erziehung und Bildung (VBE) beteiligten Lehrer, Eltern und Schüler fordern die Wiedereinführung der Verhaltens-Noten, die früher auf dem Kopf des Zeugnisses standen.
Der Geist der 68er-Jahre ist zwar längst verweht, doch eine ihrer großen Errungenschaften ist immer noch Schulalltag. Die früher von Lehrern bewerteten „Sekundärtugenden" wie Fleiß, Ordnung, Pünktlichkeit und Beteiligung am Unterricht fehlen seit fast drei Jahrzehnten auf den Schulzeugnissen der Pennäler, ebenso wie die – unentschuldigten oder entschuldigten – Fehlzeiten der Schüler nicht mehr registriert werden dürfen.
Obwohl die Zeit, als Oskar Lafontaine Bundeskanzler Helmut Schmidt noch entgegenschleuderte, mit diesen Sekundärtugenden könne „man auch ein KZ leiten", lange vorbei ist, sperrt sich bis heute die linke Lehrergewerkschaft GEW (Gewerkschaft Erziehung und Wissenschaft) ebenso vehement gegen die Wiedereinführung der Kopfnoten wie ihr Mitglied Gabriele Behler (SPD), die Bildungsministerin von Nordrhein-Westfalen, und die meisten ihrer sozialdemokratischen Kollegen in anderen Bundesländern. Nach Meinung von Ministerin Behler könnten Kopfnoten Schüler „diskriminieren" und Führungsnoten den „Rückfall zum Anpasser- und Duckmäusertum" fördern.
Dagegen plädiert der Landesverband Bildung und Erziehung dafür, nach dem Vorbild der Grundschulen auch das Arbeits- und Sozialverhalten aller anderen Schüler allgemeinbildender Schulen auf Zeugnissen in Noten oder Kurzbeschreibungen zu werten. Die von Politik, Gesellschaft und Arbeitgebern einmütig erhobene Forderung, an den Schulen wieder Schlüsselqualifikationen zu vermitteln, sei inzwischen in den Lehrplänen berücksichtigt worden. Deshalb sei es jetzt nur konsequent, wenn auch im Zeugnis diese erreichten oder nicht erreichten Qualifikationen ebenso wieder attestiert[1] würden wie die Fehlzeiten der Schüler. Damit beschreibe das Zeugnis auch genauer die Gesamtpersönlichkeit eines Schülers. Allerdings sollte man in den Kopfnoten nicht mehr inzwischen antiquierte Begriffe wie „Betragen" übernehmen, sagte der Verbands-Vorsitzende Udo Beckmann.
Er erklärte auch, einige Schüler hätten bei der Befragung darauf hingewiesen, durch Kopfnoten könne auch wieder sichtbar werden, dass ein Schüler mit guten Noten gleichzeitig ein Schulschwänzer oder Störer sei, während etwa eine Schülerin mit schwachen Noten eine besonders zuverlässige Mitschülerin sein könne.
Die Forderung nach Wiedereinführung der Kopfnoten ist vor einigen Monaten in Sachsen aufgekommen. Der dortige Kultusminister hat nach erheblichen Diskussionen durchgesetzt, dass Sachsen als erstes Bundesland vom kommenden Schuljahr an die Beurteilung von Fleiß, Betragen, Ordnung und Disziplin wieder einführt.

1 **attestieren:** bescheinigen

1. a) Tragen Sie in einer Tabelle zusammen, welche Gründe in dem vorstehenden Text (▷ S. 16) für bzw. gegen die Einführung von Kopfnoten genannt werden.
   b) Ergänzen Sie weitere Argumente. Denken Sie dabei an Ihre konkrete Situation. Überlegen Sie, warum Sie sich Kopfnoten wünschen würden oder warum nicht.
2. Bilden Sie in der Klasse zwei Parteien: Eine spricht sich für Kopfnoten, eine gegen Kopfnoten aus.
   - Wählen Sie einen Gesprächsleiter.
   - Diskutieren Sie in der Klasse, ob Kopfnoten eingeführt werden sollten.
   - Ein Protokollführer hält den Verlauf der Diskussion und das Abstimmungsergebnis fest.
   - Wenn es möglich ist, eine Audio- oder Videoaufzeichnung von dieser Diskussion herzustellen, so können Sie bei der Auswertung noch einiges mehr über Ihr persönliches Verhalten, Ihre Kompetenzen feststellen, als wenn Sie sich nur auf Beobachter verlassen.
   - Bereiten Sie die Diskussion mit einer Argumentesammlung vor. Erstellen Sie eine Tabelle.

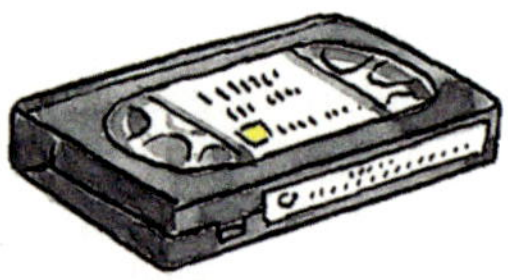

für Kopfnoten	*gegen Kopfnoten*
Zeugnis beschreibt die Gesamtpersönlichkeit des Schülers besser	*Kopfnoten diskriminieren Schüler*
...	...

1.3 Vorstellungen der Schule

Und wer entscheidet, was im Deutschunterricht gemacht wird?

Maßgeblich für den Unterricht in der Sekundarstufe II sind die Lehrpläne und Richtlinien, die für des Fach von einer offiziellen Kommission erarbeitet und vom Ministerium anschließend in Kraft gesetzt werden.

Da Deutsch ein Fach ist, das alle Schüler/innen bereits seit der Grundschule kennen, ist die wichtigste Aufgabe zunächst einmal, erworbene Kenntnisse und Fertigkeiten aufzunehmen und zu sichern, schließlich werden sie erweitert und ergänzt. Der besondere Schwerpunkt auch des Deutschunterrichtes liegt in den weiterführenden beruflichen Schulen nun aber – im Gegensatz zu den Schulen, aus denen die Schülerinnen und Schüler kommen, in der konkreten Berufsvorbereitung. Das bedeutet, dass die inzwischen reifer gewordenen Schüler/innen in ihrer Selbstständigkeit und Verantwortlichkeit weiter auf dieses Ziel hin gefördert werden müssen. Damit sollen sie ihr Lernen und Handeln im Hinblick auf ihre berufliche Zukunft selber in die Hand nehmen, d. h. an der Unterrichtsplanung und -gestaltung aktiv teilnehmen.

Konkret für den Unterricht heißt das, dass die Lehrpläne und Richtlinien zwar die wichtigen Eckpunkte für den Unterricht festlegen, die Schülerinnen und Schüler aber die Möglichkeit erhalten, darüber mit zu entscheiden, wann und was sie in welcher Umgebung, möglicherweise auch zu welchem Zeitpunkt lernen.
An einem Beispiel wird deutlich, was gemeint ist: Nach dem Lehrplan des Deutschunterrichts steht das Thema Kommunikation an; Lernziel ist die Verständigung der Menschen untereinander in den unterschiedlichsten Situationen. Hier haben alle Schülerinnen und Schüler schon Erfahrungen; diese sollen sie in eine konkrete Unterrichtsplanung einbringen und gemeinsam mit der Lehrkraft feststellen, wo ihnen noch wichtige Kenntnisse fehlen, in welcher Art des Unterrichts sie diese erwerben können und wie schließlich eine Überprüfung des Gelernten ganz praktisch stattfinden kann. Dabei kann es nicht darum gehen, dass man unangenehmen Themen aus dem Wege geht, sondern dass man einen Kompromiss zwischen Wünschen und Notwendigkeiten findet, der alle zufrieden stellt. Die Schülerinnen und Schüler können aus ihren Ideen oder Erfahrungen einbringen, welche Themen sie interessieren, welche Texte sie gern lesen möchten, was sie im Umgang mit ihren zukünftigen Ausbildern und Azubi-Kollegen beachten müssen, wie sie sich in den unterschiedlichsten Situationen sprachlich, aber auch in Mimik und Gestik verhalten sollen, um möglichst erfolgreich zu sein. Dass man seinem Chef gegenüber eine andere Sprache benutzt, als wenn man mit seinen „Kumpels" spricht, weiß jeder Schüler von allein. Aber was man alles in einer angemessenen Ausdrucksweise über Körperhaltung, Tonfall, Wortwahl seinem Gegenüber zum Ausdruck bringt, das will schon gelernt und dann auch beachtet werden. Ist man sich darüber immer im Klaren, so kann man sich manches Missverständnis und vielerlei Ärger ersparen und sich das Leben bequemer machen, als wenn man überall „ins Fettnäpfchen" tritt, weil man nicht weiß …
Aus Literatur, aus Zeitungen, in Gesprächen und Diskussionen kann man viel darüber lernen, wie es einem ergeht, wenn man in die „Geheimnisse der Kommunikation" eingeweiht worden ist, wenn man dazugehört und sich sicher und selbstbewusst bewegt, weil man ja weiß, worauf es ankommt. Diese Informationen kann man am ehesten im Deutschunterricht erlangen.

1. Suchen Sie Gemeinsamkeiten zwischen den Wünschen der zukünftigen Arbeitgeber, den Vorgaben der Lehrpläne und den Äußerungen der Schülerinnen und Schüler am Anfang des Kapitels (▷ S. 10).
2. Legen Sie in der Klasse in einem Gespräch fest, welche Ziele Sie zunächst – in den nächsten Wochen – erreichen wollen.
3. Planung von Unterrichtsvorhaben in Kleingruppen:
   - Treten Sie eine Reise durch dieses Buch an, bei der Sie erkunden, welche Fertigkeiten und Kenntnisse Sie sich in welchem Kapitel aneignen können.
   - Erstellen Sie dann einen konkreten Stundenplan für die nächsten sechs Wochen für das Fach Deutsch. Dabei sollten Sie auch beachten, dass Sie Freude am Unterricht haben. Ihre Motivation zum regelmäßigen Besuch der Schule soll erhalten, nach Möglichkeit sogar noch gesteigert werden, denn dann lernen Sie leichter und die Ergebnisse sind meistens auch besser.
     Achten Sie darauf, möglichst viele Ansatzpunkte für das Erlernen unterschiedlicher Kompetenzen zu berücksichtigen. Denken Sie nicht nur an Inhalte, an Texte und Gespräche, sondern auch an Methoden wie Gruppenarbeit, Diskussion usw., um auch die sozialen und persönlichen Kompetenzen zu fördern.
   - Stellen Sie Ihre Konzepte nun der gesamten Klasse vor, diskutieren Sie Unterschiede und Gemeinsamkeiten und legen Sie ein gemeinsames Konzept für die nächsten Wochen fest. Jede Schülerin, jeder Schüler notiert die Ergebnisse und überprüft, was wirklich erreicht wurde, wo Schwachstellen waren, wo etwas keinen Spaß gemacht hat und was man bei einer weiteren Planung anders machen sollte.

2 Lernen in Situationen

2.1 Das Lernen lernen

2.1.1 Erfahrungen mit dem Lernen

1. a) Betrachten Sie die beiden Abbildungen. Notieren Sie jeweils stichwortartig Ihre Eindrücke von den Lehrenden und Lernenden auf Karten.
   b) Tauschen Sie sich in Kleingruppen darüber aus, in welcher der dargestellten Situationen Sie bessere Lernergebnisse erwarten, und begründen Sie Ihre Meinung. Notieren Sie Ihre Ansichten und Argumente ebenfalls auf Karten.

Eine **Kartenabfrage** ist eine Methode, die es ermöglicht, zu Beginn einer Besprechung, einer Diskussion oder einer Unterrichtsreihe das Vorwissen, die Erwartungen oder die Lösungsansätze der Teilnehmerinnen und Teilnehmer abzufragen.
Dabei handelt es sich um einen Gruppenprozess, der von einer Moderatorin oder einem Moderator nach der **Metaplan-Methode** gesteuert werden soll.

▷ S. 47 f. Zu dieser Art von ▷ **Moderation** gehören folgende Aufgaben:

- **Planung** im Vorfeld, z. B. Abfolge von Phasen in Einzel- bzw. Gruppenarbeit, Arten der Präsentation (Karten, Packpapier),
- Bereitstellung des erforderlichen **Materials**,
- Vorgabe des **zeitlichen Rahmens**,
- Entscheidung über Größe und Zusammenstellung der **Arbeitsgruppen**,
- Festlegung des zu erstellenden **Produkts**,
- Beachtung der **Visualisierungstechniken**,
- **Steuerung** des Gruppenprozesses, z. B. durch geeignete Fragetechnik,
- gezielte Förderung der **Interaktion**,
- Auswertung und Sicherstellung der **Ergebnisse**.

Bei der Durchführung einer Kartenabfrage ist Folgendes zu beachten:

- Die **Schrift** muss **groß und deutlich** sein (dicke Filzstifte).
- Auf jeder Karte wird **nur ein Gedanke** vermerkt.
- Nur **stichwortartige** Formulierungen dürfen benutzt werden.
- Verschiedene Aspekte, z. B. Vor- und Nachteile, können mit **verschiedenfarbigen Karten** unterschieden werden.

Die **Präsentation** der Karten kann durch alle Beteiligten einzeln erfolgen.
Soll die Vielzahl der Karten in einem größeren Kreis reduziert werden, notieren sich alle Teilnehmerinnen und Teilnehmer zunächst nur Stichwörter. Anschließend einigen sie sich in Zufallsgruppen von drei bis sechs Personen auf die wichtigsten Nennungen, welche dann als Gruppenergebnis auf Karten übernommen und präsentiert werden.

▷ S. 47 Zur Bewertung der Karten eignet sich auch die ▷ **Ein-Punkt-/Mehr-Punkt-Abfrage**.

2. Stellen Sie Ihr Gruppenergebnis vor (▷ Aufgabe 1, S. 19), indem Sie die Karten auf eine Pinnwand heften und kurz kommentieren.
3. Verschaffen Sie sich einen Überblick über die Nennungen aller Gruppen und systematisieren Sie die Gedanken. Dies wird erreicht durch:
   - das Zusammenheften von Karten gleichen Inhalts,
   - die Sortierung der Nennungen nach **Oberbegriffen**; so werden Schwerpunkte erkannt und die Trennung von Wichtigem und weniger Wichtigem wird möglich.

▷ S. 21

4. Halten Sie in einer ▷ Mind-Map Ihre persönlichen Erfahrungen mit dem Lernen fest und stellen Sie diese im Plenum zur Diskussion.

Die **Mind-Map** (Gedankenlandkarte) gehört zu den Visualisierungstechniken. Sie

- fördert das selbstständige Lernen,
- hilft bei der Strukturierung eines Begriffsfelds, indem ein Netz von Beziehungen zwischen den Elementen hergestellt wird,
- kann zur Dokumentation der Ergebnisse von Gesprächsrunden genutzt werden,
- dient der Gliederung von Gedanken zu einem Thema (z. B. Referat, Erörterung),
- kann als Grundlage für die Vermittlung von Gedanken benutzt werden, z. B. im ▷ Kugellager,
- kann die Vorbereitung von Klassenarbeiten und Prüfungen erleichtern.

▷ S. 39

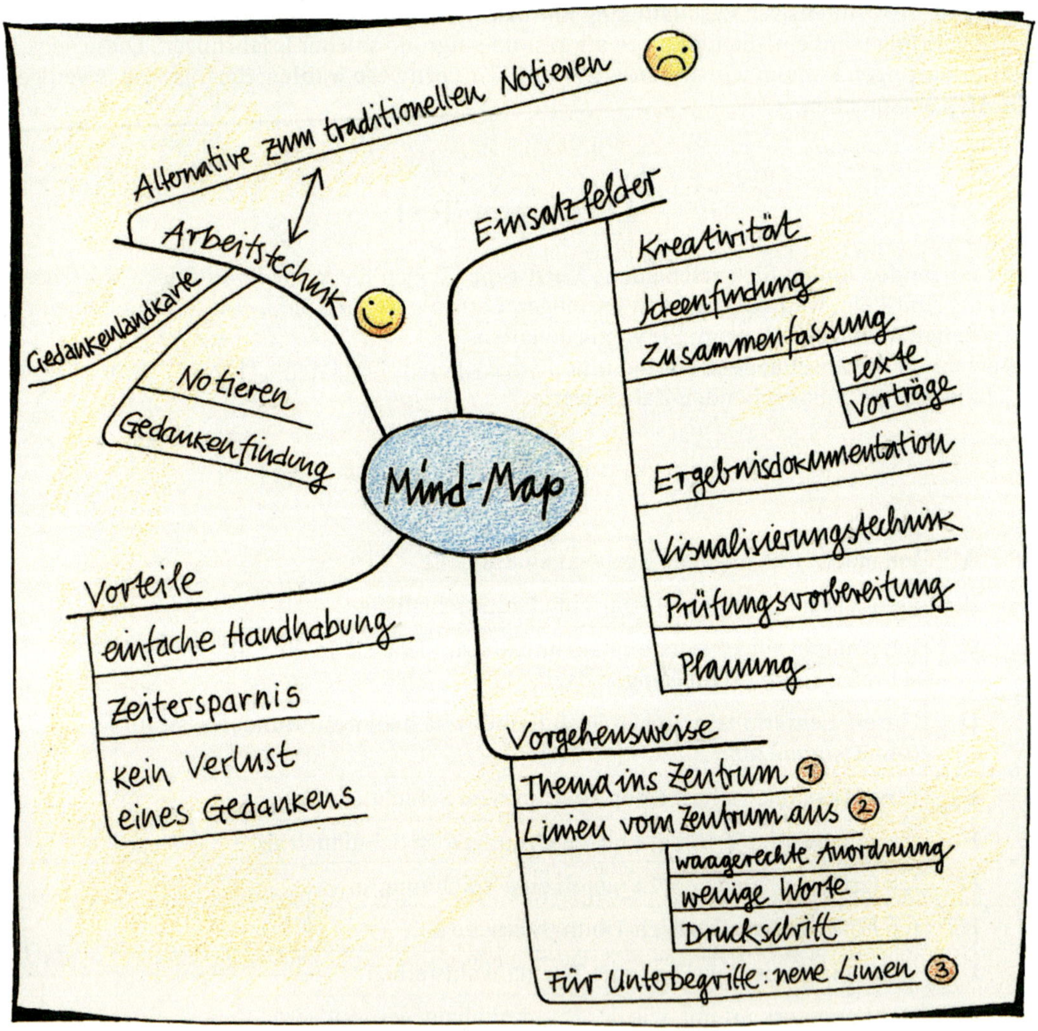

Lerntypen – Lernwege

Der Mensch kann und muss nie wieder so viel lernen wie in den ersten Phasen seiner Entwicklung: essen, greifen, sitzen, laufen, sprechen usw. Jedes Kind erobert sich in seinem eigenen Tempo die Welt, sofern es nicht daran gehindert wird. Lernen ist dem Kind dabei ein Grundbedürfnis, es ist beherrscht von einer erstaunlichen, für Erwachsene mitunter auch anstrengenden Neugier auf die Welt. Obwohl der kindliche Lernprozess oft sehr kraftraubend ist, kann man beobachten, dass Kinder in der Regel mit Vergnügen lernen und eventuelle Misserfolge ihren Lernwillen eher noch stärken.

Ältere Lernende dagegen lassen sich durch Misserfolge eher entmutigen, sie erleben, dass Lernen frustrierend sein kann, und haben evtl. Probleme mit der Suche nach dem für sie adäquaten Lernweg. Trotz intensiver Beschäftigung mit dem Lernstoff stellt sich möglicherweise der erwartete Erfolg nicht ein; die Lernmotivation sinkt aufgrund solcher Erfahrungen. Diese negativen Erfahrungen können wir verhindern, wenn wir **Lernwege wählen**, die unserem jeweiligen **Lerntyp** entsprechen.

Lerntypen-Test

Im Folgenden finden Sie verschiedene **Lernwege**. Tragen Sie in die zugehörigen Kästchen rechts eine 3 ein, wenn Sie auf dem jeweiligen Lernweg viel behalten, eine 2, wenn Sie einiges behalten und eine 1, wenn Sie wenig behalten.

Berechnen Sie anschließend für die unten angegebenen Lerntypen „Hören“, „Sehen“ und „Handeln“ die entsprechenden Zahlenwerte.

A	Ich mache mir zu einem Sachtext eine Tabelle.	
B	Der Lehrer hält einen Vortrag zum Unterrichtsthema.	
C	Ich sammle verschiedene Diagrammarten, klebe sie in eine Mappe und schreibe kurze Erläuterungen dazu.	
D	Unsere Lehrerin zeigt uns in Sozialkunde einen Film zur Bundestagswahl (ohne Kommentar).	
E	Eine Mitschülerin liest einen Text aus dem Schulbuch vor.	
F	Ich schaue mir die Bilder und Zeichnungen im Schulbuch an.	
G	Ich fertige mir zu einem Lernstoff eine Zeichnung an.	
H	Ich höre mir eine Englisch-Übungskassette an.	
I	Der Lehrer zeigt uns Dias zum Thema Waldsterben.	
J	Der Lehrer erklärt mir, wie der Bundeskanzler gewählt wird.	
K	Ich schreibe die zu lernenden Vokabeln auf einen Zettel.	
L	Ich schaue mir im Museum eine Ausstellung an.	
M	Ich lese mir einen Text im Schulbuch durch.	

N	Eine Mitschülerin trägt das Ergebnis ihrer Arbeitsgruppe vor.	
O	Ich führe für den Sozialkundeunterricht eine Befragung durch und stelle die Ergebnisse in einem Diagramm dar.	
P	Ich höre im Radio eine Reportage zu einem aktuellen Thema.	
R	Ich betrachte eine Übersicht mit den Merkmalen verschiedener Textarten.	
S	Ich schreibe mir zu einem Text das Wichtigste heraus.	

Addieren Sie die oben eingetragenen Ziffern:

- **Lerntyp Hören:** Ziffern B + E + H + J + N + P = __________
- **Lerntyp Sehen:** Ziffern D + F + I + L + M + R = __________
- **Lerntyp Handeln:** Ziffern A + C + G + K + O + S = __________

1. Bearbeiten Sie den Lerntypentest und ermitteln Sie Ihr Ergebnis.
2. Stellen Sie die Ergebnisse Ihrer Klasse in einem geeigneten Diagramm dar.
3. Stellen Sie Vorschläge zusammen, wie folgende Lernaufgaben von den verschiedenen Lerntypen am effektivsten bewältigt werden können:
   - Vokabeln lernen
   - das deutsche Wahlsystem erklären können
   - die Schreibweise der s-Laute beherrschen
   - die Textarten Fabel und Parabel unterscheiden können

Wissen speichern und bewahren

Gedächtnis

Um Informationen abrufbar zu speichern, müssen wir Lernwege suchen, die unserem Lerntyp angemessen sind, denn nur dann kann es uns gelingen, diese Informationen in unserem Gedächtnis zu verankern. In der Forschung unterscheidet man drei Arten des Gedächtnisses:

- **Ultrakurzzeit-Gedächtnis** (UZG)
- **Kurzzeit-Gedächtnis** (KZG)
- **Langzeit-Gedächtnis** (LZG)

Im **UZG** werden Informationen maximal für 20 Sekunden bewahrt. Diese Zeitdauer reicht aus, um z. B. beim Anfahren auf eine Kreuzung ein Vorfahrtsschild wahrzunehmen und zu befolgen. Das **KZG** speichert Informationen für kurze Zeit, während das **LZG** diese unter Umständen für das ganze Leben aufnimmt.

Wichtig für das **Lernen in Schule und Beruf** ist vor allem die Frage, wie Informationen aus dem KZG in das LZG übernommen werden können. Allerdings ist auch Wissenschaftlern bis heute nicht völlig klar, wie die Prozesse des Einprägens und Erinnerns naturwissenschaftlich zu erklären sind. Dabei spielen Nervenzellen und deren Synapsen (Kontakt- bzw. Umschaltstellen) eine wichtige Rolle.

Die drei Gedächtnisse

Ultrakurzzeit-Gedächtnis (UZG). Unser Gedächtnis arbeitet in drei Stufen. Was wir behalten wollen, gelangt über die Sinnesorgane zunächst in das Ultrakurzzeit-Gedächtnis. Hier kreisen die neuen Informationen einige Zehntelsekunden lang in Form von elektrischen Erregungen im Gehirn. Finden sie in dieser Zeit keinen „Anschluss“, werden sie als unwichtig eingestuft und gelöscht.

Kurzzeit-Gedächtnis (KZG). In diesem zweiten Speicher können Informationen einige Sekunden bis wenige Minuten lang verweilen. Was danach noch vorhanden ist, geht in das Langzeit-Gedächtnis über.

Langzeit-Gedächtnis (LZG). Ein Autofahrer hat bei einem Unfall einen Schock erlitten. Er weiß noch, dass er 50 Minuten vor dem Unfall zu Hause losfuhr. Er kann auch berichten, welchen Weg er nahm. Was jedoch kurz vor und beim Unfall geschah und zur Zeit des Unfalls noch im Kurzzeit-Gedächtnis kreiste, war weg. Der Schock hatte die Erregungen ausgelöscht. Was aber bereits Eingang ins Langzeit-Gedächtnis gefunden hatte, blieb erhalten.
Was im Langzeit-Gedächtnis gespeichert ist, kann lebenslang in Erinnerung bleiben. An manches erinnert man sich aber erst allmählich wieder: Man muss dann regelrecht im Gedächtnis „suchen“.

1. Stellen Sie den Prozess der Informationsaufnahme vom UZG bis zum LZG als Ablaufdiagramm dar.
2. a) Erläutern Sie die folgenden Karikaturen mit Hilfe der Erkenntnisse aus der Gedächtnisforschung.
   b) Formulieren Sie in Gruppen zu je einer Karikatur das Ihrer Meinung nach dargestellte Lernhindernis sowie drei mögliche Gegenmaßnahmen. Visualisieren Sie Ihr Ergebnis in geeigneter Form und präsentieren Sie es Ihrer Klasse.
   c) Stellen Sie die erarbeiteten Ergebnisse zu einer Liste von Lerntipps zusammen.

Arten des Wissens

Während des gesamten Lebens müssen wir immer wieder Neues lernen. Dieses lebenslange Lernen beschränkt sich keineswegs auf unsere berufliche Situation, in der wir wegen der geringen Halbwertszeit des Wissens ständig neue Informationen aufnehmen müssen. Auch im Privatleben ergeben sich täglich Situationen, in denen wir unser Wissen ergänzen, austauschen oder auffrischen müssen, z. B. wenn wir uns in einem uns fremden Land zurechtfinden wollen oder müssen, wenn wir eine Sportart oder eine Musikgruppe kennen lernen, wenn wir zum ersten Mal eine Partnerschaft eingehen.

In der Lernforschung unterscheidet man drei Arten des Wissens, die man sich wie ein Gebäude vorstellen kann:

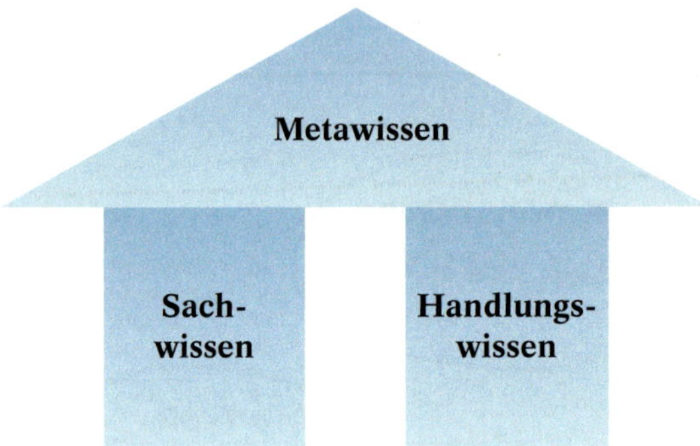

Das **Sachwissen** beinhaltet unsere Kenntnisse über Daten, Fakten, Sachverhalte. Hier speichern wir mathematische Formeln, englische Vokabeln, die verschiedenen Reimformen von Gedichten, aber auch die Telefonnummern unserer Freunde, die Geburtsdaten unserer Eltern usw. Die Gefahr des Vergessens ist bei dieser Art des Wissens am größten, da es nur dann dauerhaft verfügbar bleibt, wenn es durch effektives Lernen mit dem schon vorhandenen Wissen verknüpft und immer wieder abgerufen wird.

Das **Handlungswissen** ist die Basis für alle Handlungen und Prozesse, die auszuführen wir in der Lage sind. So können wir z. B. lesen und schreiben, wir haben gelernt, uns anzuziehen und fortzubewegen, wir wissen, wie wir einen Fahrkartenautomaten, einen PC oder eine Kaffeemaschine bedienen müssen. Die Gefahr des Vergessens ist beim Handlungswissen recht gering; wer einmal schwimmen gelernt hat, wird es sein Leben lang können.

Das **Metawissen** ist das Wissen über unser Wissen. So kennen wir unsere Stärken und Schwächen beim Lernen bzw. wir sollten sie kennen, wenn wir erfolgreich lernen wollen. Dazu gehört z. B. die Kenntnis darüber, wie wir am besten lernen, ob wir ein gutes Zahlengedächtnis haben, wie wir uns am besten motivieren können, ob wir das Gelesene oder Gehörte überhaupt verstanden haben, was von dem einmal Gelernten wir schon wieder vergessen haben. Der Satz „Was ich für eine Arbeit lerne, habe ich am nächsten Tag schon wieder vergessen" ist der Beweis dafür, dass es der Sprecherin oder dem Sprecher nicht gelungen ist, den Lernstoff sinnvoll in vorhandenes Wissen einzufügen und abrufbar im Gedächtnis zu speichern.

1. a) Notieren Sie einzeln auf verschiedenfarbige Karten Ihre Stärken und Schwächen beim Lernen.
   b) Präsentieren und ordnen Sie die Ergebnisse im Plenum.
2. Überlegen Sie in Gruppen, wie Sie die Stärken nutzen und die Auswirkungen der Schwächen mindern können. Notieren Sie Ihre Vorschläge in Form eines ▷ Clusters. ▷ S. 26

Das Erstellen eines **Clusters** („Traube“) ist eine Methode, um Ideen zu sammeln und in eine vorläufige Ordnung zu bringen:
Man notiert das zentrale Thema in der Mitte eines leeren Blatts und zieht einen Kreis darum. Dann werden von diesem Zentrum ausgehend alle Einfälle notiert, ebenfalls umkreist und mit Linien verknüpft. Alle Ideen werden aufgenommen, nichts soll von vornherein ausgeschlossen bleiben. Ein zunächst abwegig erscheinender Gedanke kann andere wichtige Ideen nach sich ziehen.
Man kann an einem Cluster sehen, wie die einzelnen Gedanken zu einem Thema zusammenhängen, ohne dass damit schon eine endgültige systematische Ordnung entwickelt worden ist.

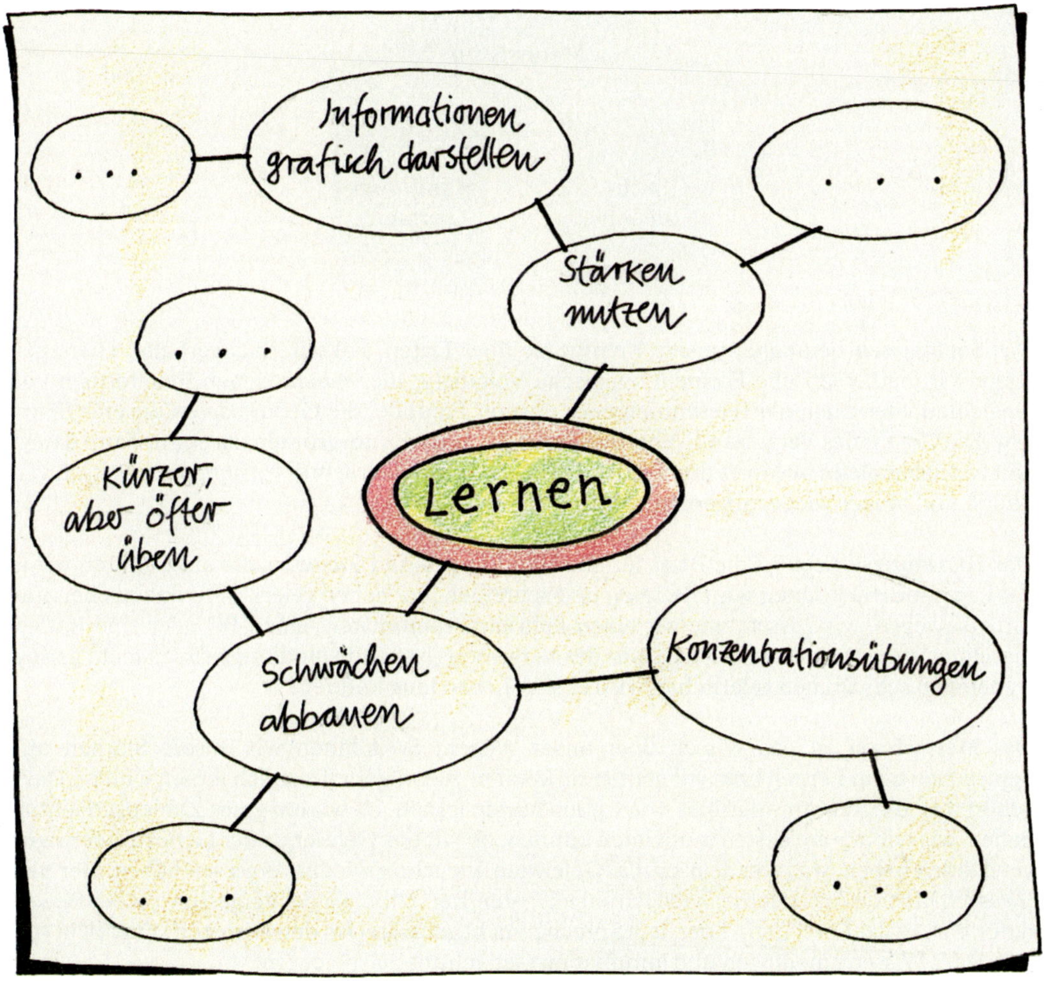

Johannes Bobrowski

Sprache

Der Baum
größer als die Nacht
mit dem Atem der Talseen
mit dem Geflüster über
der Stille

Die Steine
unter dem Fuß
die leuchtenden Adern
lange im Staub
für ewig

Sprache
abgehetzt
mit dem müden Mund
auf dem endlosen Weg
zum Hause des Nachbarn

Hilde Domin

Hilde Domin

Unaufhaltsam

Das eigene Wort,
wer holt es zurück,
das lebendige
eben noch ungesprochene
Wort?

Wo das Wort vorbeifliegt
verdorren die Gräser,
werden die Blätter gelb,
fällt Schnee.
Ein Vogel käme dir wieder.
Nicht dein Wort,
das eben noch ungesagte,
in deinen Mund.
Du schickst andere Worte
hinterdrein,
Worte mit bunten, weichen Federn.
Das Wort ist schneller,
das schwarze Wort.
Es kommt immer an,
es hört nicht auf, an-
zukommen.

Besser ein Messer als ein Wort.
Ein Messer kann stumpf sein.
Ein Messer trifft oft
am Herzen vorbei.
Nicht das Wort.

Am Ende ist das Wort,
immer
am Ende
das Wort.

1. Planen Sie gemeinsam, wie Sie vorgehen können, wenn Sie als Hausaufgabe einen Vergleich der beiden Gedichte anzufertigen haben.
   Berücksichtigen Sie dabei,
   - welche Aspekte Sie bei der Bearbeitung dieser Gedichte beachten müssen,
   - welche Informationen Sie diesem Buch entnehmen können,
   - welche weiteren Informationen Sie benötigen,
   - wie und wo Sie sich die weiteren Informationen beschaffen können,
   - welchen Aufbau die Arbeit haben kann.
2. a) Planen Sie in Gruppen, wie Sie sich auf eine Klassenarbeit vorbereiten könnten, die einen Gedichtvergleich zum Thema haben soll. Tipps zur Vorbereitung von Klassenarbeiten finden Sie auf S. 36ff.
   b) Visualisieren Sie Ihre Vorschläge in geeigneter Form und stellen Sie sie im Plenum als Diskussionsgrundlage vor.

Lernmotivation und Zeitmanagement

Kenntnisse über unseren Lerntyp, effektive Lernwege usw. garantieren allein noch nicht, dass es uns gelingt, einen Lernprozess erfolgreich zu durchlaufen. Der Erfolg des Lernens – sei es in Schule oder Beruf – hängt vielmehr auch davon ab, inwieweit es uns gelingt, **konzentriert** und **motiviert** an eine Aufgabe heranzugehen. Dabei macht es uns unsere Umwelt nicht leicht, diese notwendigen Voraussetzungen zu schaffen: Über elektronische Medien sind wir jederzeit erreichbar, die Freizeitangebote sind vielfältig, die Informationsflut erschwert eine Orientierung. Hinzu kommen **Lernhindernisse**, die in der jeweiligen Situation begründet sind, in welcher wir uns befinden.

Lernhindernisse

Innere Ursachen

physische, psychische Probleme →

Müdigkeit →

Desinteresse →

Ablenkbarkeit →

Äußere Ursachen

← mangelhafter Arbeitsplatz: Unordnung, schlechtes Licht usw.

← Lärm

← schlechte Luft

← Temperatur

← Störungen: Familie, Freunde, Kollegen

Aus der Lernforschung wissen wir außerdem, dass unsere **Konzentrationsfähigkeit** einem festen Rhythmus unterliegt, nach 45 Minuten intensiven Lernens nimmt die Konzentration rapide ab, danach ist eine **kurze Pause** nötig. Insgesamt sollte ein Lernblock nicht länger als zweieinhalb Stunden dauern, im Anschluss sollte man sich eine **längere Pause** gönnen.
Wichtig beim Lernen ist also, dass wir Strategien entwickeln, mit denen wir Störungen weitgehend ausschließen können und gleichzeitig die Erkenntnisse der Lernforschung berücksichtigen. Daher ist es empfehlenswert, das Lernen mit festen Regeln zu strukturieren:

Regeln für das Lernen

- Innere und äußere **Beeinträchtigungen minimieren**! Wenn sich Beeinträchtigungen nicht vermeiden lassen, das Lernen darauf abstimmen, z. B. in der Familie gemeinsame „Ruhezeiten“ vereinbaren!
- **Feste Zeiten** für das Lernen reservieren, die dem eigenen Lernrhythmus und den Erkenntnissen der Lernforschung Rechnung tragen! Familienmitglieder und Freunde darüber informieren!
- **Geplant lernen**, d. h. Tages-, Wochen- und Monatspläne erstellen, Erholungsphasen und Freizeitgestaltung nach Möglichkeit im Voraus festlegen!
- Strategien entwickeln, um **Ablenkungen** zu **verhindern**, z. B. Anrufer später zurückrufen, Handy ausschalten!
- **Pausen einhalten**, die der Erholung dienen und als **Belohnung** für geleistete Arbeit mit besonders angenehmen Tätigkeiten verbracht werden!

1. a) Bearbeiten Sie einzeln den folgenden Fragebogen.
   b) Vergleichen Sie in Gruppen Ihre Ergebnisse und diskutieren Sie, welche Gegenmaßnahme Sie im einzelnen Fall ergreifen könnten.

Den Zeitdieben auf der Spur

Diese Aussage ...	*stimmt*	*stimmt zum Teil*	*stimmt nicht*
Ich telefoniere zu oft und zu lange mit meinen Freunden und Freundinnen.			
Ich verbringe zu viel Zeit vor dem Fernseher und/oder vor dem Spielecomputer.			
Ich trödele zu viel herum und drücke mich gerne vor „unangenehmen" Arbeiten.			
Ich arbeite oft zu verbissen; das nimmt mir die geistige Frische und kostet mich letztlich Zeit.			
Ich habe so viele Hobbys, dass ich kaum zu meiner eigentlichen Schularbeit komme.			
Ich suche oft unnötig lange nach irgendwelchen Dingen, weil ich zu wenig Ordnung halte.			
Ich werde durch viele Besucher und Unterbrechungen zu sehr abgelenkt.			
Ich höre gern und oft Musik bei den Hausaufgaben; dadurch schweife ich leicht ab und brauche länger.			
Ich arbeite häufig recht planlos vor mich hin und komme deshalb auch nicht richtig voran.			
Ich kann schwer Nein sagen, wenn andere mich von der Arbeit abzuhalten versuchen.			
Ich schiebe Aufgaben oft vor mir her; das belastet mich irgendwie und lähmt meine Arbeit.			
Ich mache es mir häufig selbst schwer, grüble herum und komme nicht richtig voran.			
Ich mache zu viel Nebensächliches und konzentriere mich zu wenig auf die wichtigen Aufgaben.			
Ich arbeite in der Regel nur unter Zeitdruck; das führt immer wieder dazu, dass ich verkrampfe.			

2. Entwerfen Sie für Marius einen Tagesplan, der es ihm ermöglicht, ohne Stress und Hektik den größten Teil seiner Pläne zu realisieren. Nehmen Sie dabei das vorgegebene Raster zu Hilfe.

Es ist Montag. Marius kommt um 14.00 Uhr nach Hause.

Möglicherweise steht am nächsten Tag eine Hausaufgabenüberprüfung in Mathematik an, die Lehrerin hat am Freitag eine Andeutung gemacht.

Die Schwester von Marius wäre heute an der Reihe, den Hund auszuführen, ist aber krank. Daher hat seine Mutter ihn gebeten, das ausnahmsweise zu übernehmen.

Seinem Vater hat Marius versprochen, am Nachmittag den Rasen zu mähen.

Von 20.15 bis 21.45 Uhr läuft im Fernsehen ein Film, den Marius gern sehen möchte.

30	
14.00	
30	
15.00	
30	
16.00	
30	
17.00	
30	
18.00	
30	
19.00	
30	
20.00	
30	
21.00	
30	
22.00	

Am Donnerstag schreibt Marius eine vierstündige Deutscharbeit zum Thema Parabeln.

Für Dienstag sind Hausaufgaben in Wirtschaftslehre (ca. 30 Minuten) und Englisch (ca. 60 Minuten) zu erledigen.

Marius braucht dringend Material für den Unterricht, es fehlen Ringbucheinlagen und Tintenpatronen, das Lineal ist zerbrochen.

Für den Abend hat Marius sich mit Jens, Sarah und Katja verabredet, sie wollen ins Kino.

3. a) Entwerfen Sie mit Hilfe des folgenden Rasters Ihren individuellen Zeitplan für die nächste Woche.
   b) Stellen Sie sich Ihre Zeitpläne gegenseitig in Gruppen vor und diskutieren Sie mögliche Verbesserungen.

Uhrzeit	*Montag*	*Dienstag*	*Mittwoch*	*Donnerstag*	*Freitag*
14.00					
30					
15.00					
30					
16.00					
30					
17.00					
...					

4. Entwerfen Sie mit dem vorgegebenen Raster Ihren Zeitplan für den kommenden Monat. Verfahren Sie damit ebenso wie in Aufgabe 3.

Arbeitsplan für einen Monat		
A: Verfügbare Arbeitstage in diesem Monat		
B: Verplante, nicht beeinflussbare Tage		
C: Verfügbare Tage (= A – B)		
D: Unvorhergesehenes (30–40 % von C)		
E: Frei planbare Tage in diesem Monat (= C – D)		
Was will ich in diesem Monat tun, um meinen Zielen näher zu kommen?	*Geplanter Aufwand (in Tagen)*	*Bemerkungen*
Aktivitätenplan: (Wichtigstes zuerst)		
...		

5. Stellen Sie eine Übersicht zusammen, aus der hervorgeht, in welchen Sozialformen Sie während einer Woche lernen:
   - Einzelarbeit
   - Partnerarbeit
   - Teamarbeit
6. Diskutieren Sie im Plenum, für welche Aufgabenstellungen in verschiedenen Fächern Ihnen die unterschiedlichen Sozialformen besonders geeignet erscheinen.

2.1.2 Arbeiten im Team

Die folgenden Stellenangebote vermitteln Ihnen einen Eindruck von den Erwartungen, welche im Berufsleben an die Arbeitnehmerinnen und Arbeitnehmer gestellt werden.

Positionen mit Zukunft

Berufliche Erfüllung ist Ihnen besonders wichtig. Nach einigen Jahren Berufserfahrung suchen Sie jetzt IHR Unternehmen, das Ihnen interessante und langfristige Perspektiven bieten kann.

MASSIV ist seit drei Generationen erfolgreich in der Brandschutz- und Sicherheitsbranche tätig. Kundenorientierter, aktiver Vertrieb sowie umfassender technischer Service in den Bereichen Löschgeräte, Löschanlagen, Meldetechnik, Feuerwehrtechnik, Atemschutz und Sicherheitskennzeichnungen sind unser Thema.

Innovationen sehen wir als Motor unserer geschäftlichen Entwicklung, die in den letzten Jahren von deutlichem Wachstum gekennzeichnet war. Auch im neuen Jahrtausend wollen wir weiter wachsen. Mehrere Positionen sind deshalb zu besetzen.

Allgemeines Anforderungsprofil: Alter ca. Ende 20, abgeschlossene kaufmännische bzw. technische Ausbildung, gute EDV-Kenntnisse (Windows, Office), Teamfähigkeit, technisches Verständnis, Lernfähigkeit, Interesse an fachlicher und persönlicher Weiterbildung (entsprechendes Engagement fördern wir gerne, z. B. durch eine Ausbildung zum Handelsfachwirt). Sie müssen körperlich fit sein und Spaß daran haben, „wenn es so richtig rundgeht". Dass sich dauerhafter Erfolg nur einstellt, wenn sehr gute Leistungen erbracht werden, wissen Sie.

Kaufmann im Lager und Versand

► Ihre Aufgaben: Wareneingang, Kommissionierung, Versandabwicklung, Disposition, Barverkauf, Beratung in unserem Shop.

Kaufmann für den Bereich Feuerwehrtechnik

► Ihre Aufgaben: Telefonische Betreuung unserer Kunden und Partner, qualifizierte technische Beratung, Angebotsbearbeitung, Fakturierung, Mitwirkung bei Marktanalyse und Budgetplanung.

Kaufmann im Einkauf (Teilzeit)

► Ihre Aufgaben: Bestellabwicklung, Ausschreibungen, Angebotsvergleiche, Pflege des Artikelstamms, Disposition.

Elektriker, Fernmeldetechniker

► Ihre Aufgaben: Montage und Wartung von Brand- und Einbruchmeldeanlagen.

Packer (Teilzeit)

► Ihre Aufgaben: Verpacken bereits kommissionierter Ware. Teilzeit ca. zwei bis vier Stunden täglich (ab 10 Uhr).

Bitte senden Sie Ihre Bewerbung an Massiv GmbH, Frau Manuela Backenhauser, Postfach 1234, 56179 Vallendar. Infos zum Unternehmen und zu unseren Produkten finden Sie im Internet.

Ab 1. 2. 2000 oder später suchen wir eine/n engagierte/n und kooperationsfreudige/n

Sozialpädagogin/ -pädagogen FH

für den Aufbau und die Leitung einer Epilepsieberatungsstelle.

Ihre Aufgabe besteht in der kompetenten, patientennahen sozialpädagogischen Beratung von anfallskranken Menschen und deren Angehörigen.
Sie sind Ansprechpartner/in für Patienten und Angehörige, verschiedenste Berufsgruppen, Einrichtungen, Ämter und soziale Dienste.

Idealerweise erfüllen Sie folgende Voraussetzungen:
- berufliche Erfahrungen in der Beratung und Betreuung von Epilepsiepatienten und/oder Erfahrungen mit behinderten Menschen. Wir setzen eine Zusatzqualifikation „Epilepsie" voraus oder die Bereitschaft, diese zu erwerben.
- Fähigkeit zum selbstständigen Arbeiten
- Erfahrung in der Entwicklung und Umsetzung von Konzepten
- Kompetenz und Sensibilität in der Gesprächsführung mit Betroffenen
- Kontaktfähigkeit im Umgang mit Fachleuten, Kollegen, Institutionen
- Erfahrung in Öffentlichkeitsarbeit

Die Vergütung richtet sich nach den Richtlinien des BAT.

Wenn Sie an einem spannenden und entwicklungsfähigen Arbeitsfeld interessiert sind, Sie eigenständiges Handeln und Konzeptionsentwicklung als Herausforderung ansehen und Ihnen kooperative Zusammenarbeit und Sensibilität in der sozialen Arbeit wichtig sind, freuen wir uns auf Ihre Bewerbung.

Heilpädagogische Einrichtungen GmbH

Das BerufsTrainingsZentrum Duisburg GmbH ist eine Einrichtung der beruflichen Rehabilitation, die im Auftrag der Sozialversicherungsträger psychisch behinderte Erwachsene auf die Arbeitsaufnahme vorbereitet. Das berufliche Training findet in hauseigenen Trainingsbetrieben statt und wird durch ein Team psychosozialer Mitarbeiter/innen begleitet.

Wir suchen zum frühestmöglichen Zeitpunkt

eine/n **kaufmännische/n Fachanleiter/in**

für unseren Trainingsbereich „kaufmännische und verwaltende Berufe“ mit Abschluss als Kauffrau/-mann oder Betriebswirt/in und fundierten Kenntnissen auch in der EDV, berufspraktischer Erfahrung sowie Eignung als Ausbilder/in. Die Stelle kann auch durch zwei Teilzeitkräfte besetzt werden. Sie ist auf zunächst zwei Jahre befristet.

Wir erwarten von den Bewerberinnen und Bewerbern Einsatzwillen, Teamfähigkeit und die Bereitschaft zu kontinuierlicher Weiterbildung. Wir bieten Vergütung und Sozialleistungen nach BAT/BL.

Aussagefähige, vollständige Bewerbungen richten Sie bitte bis zum … an das

BerufsTrainingsZentrum Duisburg GmbH

Urlaub machen …

ist unser Geschäft. Und das seit mehr als 30 Jahren. Wir sind die führende Reisebürokette im Rhein-Neckar-Dreieck.

Wir suchen für unsere Filialen in Worms, Frankenthal und Ludwigshafen zum nächstmöglichen Termin jeweils einen/eine

Reiseverkehrskaufmann/-frau

in Vollzeit.

Wir bieten Ihnen einen sicheren Arbeitsplatz, Mitarbeit in einem jungen, engagierten Team, leistungsgerechte Bezahlung, gute Entwicklungsmöglichkeiten und nicht zuletzt ein hervorragendes Betriebsklima.

Unsere Erwartungen an Sie:

- Abgeschlossene Berufsausbildung als Reiseverkehrskaufmann/-frau
- Service am Kunden ist für Sie kein Fremdwort
- Sie haben Spaß an Teamarbeit
- START, IATA und PC-Kenntnisse

Weiterhin suchen wir Auszubildende für verschiedene Filialen.

Bitte senden Sie Ihre aussagefähigen Bewerbungsunterlagen an:

REISEBÜRO Hegelmann

1. Werten Sie die Stellenanzeigen aus: Welche Arbeitsweise wird von den zukünftigen Mitarbeiterinnen und Mitarbeitern erwartet? Notieren Sie Ihre Ergebnisse auf Karten.
2. Stellen Sie im Plenum eine Übersicht der Anforderungen zusammen, in denen die Anzeigen übereinstimmen.

Bewerberinnen und Bewerber um einen Ausbildungs- oder Arbeitsplatz müssen nicht nur gute Noten bzw. Fachwissen (Hard Skills) vorweisen, sie werden vielmehr auch danach beurteilt, ob sie über **Schlüsselqualifikationen** verfügen wie z. B. Kommunikationsfähigkeit oder Sozialkompetenz (Soft Skills). Welche Wichtigkeit dabei einzelnen Qualifikationen beigemessen wird, können Sie exemplarisch dem nebenstehenden Umfrageergebnis entnehmen.

Tüfteln im Team

Diese „Soft Skills“ wünschen sich Unternehmen bei Ingenieuren:

64,0	Teamfähigkeit
40,7	Mobilität
38,4	Kommunikationsfähigkeit
38,4	Flexibilität
27,9	Lern- und Leistungsorientierung
24,4	Eigeninitiative
22,1	Einsatzbereitschaft
18,6	Analytische Fähigkeiten
17,4	Kreativität
16,3	Sozialkompetenz
14,0	Persönlichkeitsbild
11,6	Belastbarkeit
11,6	Führungspotenzial
9,3	Offenheit
9,3	Verantwortungsbereitschaft
9,3	Neigung zur kundenorientierten Tätigkeit

Angaben von 86 Unternehmen (in Prozent), Mehrfachnennungen möglich

Arbeit im Team kann nur gelingen, wenn präzise Absprachen über

- Aufgabe
- Zeitrahmen
- Vorgehensweise
- angestrebtes Produkt
- Arbeitsteilung
- Arbeitsmittel

getroffen werden.

3. Überprüfen Sie bei der Planung von Gruppenarbeitsphasen oder Projekten mit Hilfe der Checkliste, ob Sie die nötigen Voraussetzungen für eine erfolgreiche Gruppenarbeit geschaffen haben.
4. Vergleichen Sie die Vorstellungen, welche in der Gruppe bestehen. Dabei stehen Ihnen verschiedene Techniken zur Verfügung:

- Kartenabfrage (▷ S. 20)
- Mind-Map (▷ S. 21)
- Blitzlicht (s. u.)
- Brainstorming (s. u.)

Bei einem **Blitzlicht** äußern alle Teilnehmerinnen und Teilnehmer einer Runde der Reihe nach die Gedanken, welche ihnen zu einem Thema einfallen. Diese Methode eignet sich z. B., um Erwartungen an eine Unterrichtsreihe zu sammeln, nach Ablauf dieser Reihe ein Fazit zu ziehen usw.

In einem **Brainstorming** ruft man zu einem Stichwort ohne vorherige Meldung in den Raum, was einem gerade durch den Kopf geht. Keine der Äußerungen, auch wenn sie noch so ungewöhnlich erscheint, soll zunächst kommentiert werden. Im Fortgang des Brainstormings kann man auf Äußerungen anderer mit eigenen Einwürfen reagieren. Nach wenigen Minuten ist das Verfahren in der Regel erschöpft.
Um das Ideenmaterial eines Brainstormings zu sichern, bestimmt man eine/n oder mehrere Protokollierende, die alles, was gesagt wird, aufschreiben.

Checkliste zur Aufdeckung von Teamsituationen:

- ✔ Das Team hat einen gemeinsamen Arbeitsauftrag oder ein gemeinsames Ziel. ☐
- ✔ Dieses Ziel oder dieser Arbeitsauftrag ist allen bekannt. ☐
- ✔ Gemeinsames Planen und Entscheiden findet statt, dabei sind die Teammitglieder gleichgestellt. ☐
- ✔ Kontakt untereinander ist möglich. ☐
- ✔ Es erfolgt ein gemeinsames Vorgehen oder zumindest eine Abstimmung über die Vorgehensweise. ☐
- ✔ Für das Ergebnis sind alle Teammitglieder verantwortlich. ☐

Erfolgreiche Teamarbeit muss abgeschlossen werden durch eine Phase, in der die Gruppenmitglieder durch ihr gegenseitiges **Feed-back** die Gelegenheit bekommen, ihr Verhalten kritisch zu diskutieren, um daraus für weitere Aufgaben und Projekte zu lernen.
In dieser Phase muss unbedingt darauf geachtet werden, dass die **Kritik konstruktiv** ist, damit auf ihrer Basis Fortschritte gemacht werden können. Unsachliche, persönliche Urteile sowie Beleidigungen oder Entmutigungen haben hier keinen Platz. Auch sprachlich soll die Kritik anregen, nicht aufregen; sog. Killerphrasen (z. B. „Das geht sowieso nicht!“) vergiften die Atmosphäre und verringern die Aussicht auf Erfolg.
Hilfreich für ein Feed-back sind **Fragebögen** wie z. B. der folgende (▷ S. 35), die zu einem sachlichen Urteil führen und Ihnen zudem die Möglichkeit geben, Eigen- und Fremdeinschätzung miteinander zu vergleichen.

Kommunikation im Team: Teammitglieder schätzen die anderen Teilnehmer ein

Datum ________ Einschätzende/r ______________ Eingeschätzte/r ______________

Die folgenden Items (Verhaltensaussagen) müssen immer eingeschätzt werden:

1. **Drückt sich verständlich aus**
Wie *häufig* drückt er/sie sich für seine Teamkollegen verständlich aus?

1	2	3	4	5
nie	selten	gelegentl.	oft	immer

2. **Beteiligt sich durch themen- und aufgabenbezogene Äußerungen**
Wie *häufig* beteiligt er/sie sich an der Teamarbeit durch themenbezogene Äußerungen, z. B. durch eine Frage, Stellungnahme usw.?

1	2	3	4	5
nie	selten	gelegentl.	oft	immer

3. **Hört interessiert zu, geht auf andere ein**
Er/Sie hört in Gesprächen interessiert zu, d. h., er wendet sich dem Teamkollegen zu, greift seine Äußerungen auf, antwortet darauf usw.

1	2	3	4	5
stimmt gar nicht	stimmt wenig	stimmt teils – teils	stimmt überwiegend	stimmt völlig

4. **Bringt zielfördernde Redebeiträge**
Er/Sie diskutiert zielorientiert. Dabei kommt er/sie inhaltlich schnell zur Sache, ohne langatmige Erklärungen zu liefern.

1	2	3	4	5
stimmt gar nicht	stimmt wenig	stimmt teils – teils	stimmt überwiegend	stimmt völlig

Die folgenden Items können nur dann eingeschätzt werden, wenn sie aufgetreten sind:

5. **Redet sachlich und bringt fachliche Gesichtspunkte ein**
Wie *intensiv* vertritt er/sie seine/ihre Meinung auf sachliche Art und nennt dabei *fachliche* Gesichtspunkte?

1	2	3	4	5
gar nicht	kaum	mittelmäßig	überwiegend	außerordentlich

6. **Lässt ausreden**
Er/Sie lässt andere ausreden.

1	2	3	4	5
stimmt gar nicht	stimmt wenig	stimmt teils – teils	stimmt überw.	stimmt völlig

7. **Versucht etwas zu erklären**
Ein Teamkollege hat etwas nicht verstanden. Wie *häufig* versucht er/sie es ihm zu erklären?

1	2	3	4	5
nie	selten	gelegentl.	oft	immer

Ein Teamkollege hat etwas nicht verstanden. Wie *intensiv* versucht er/sie es ihm zu erklären?

1	2	3	4	5
gar nicht	kaum	mittelmäßig	überwiegend	außerordentlich

8. **Beeinflusst den Arbeitsprozess zielgerichtet**
Die Bewältigung der Aufgaben wird gefährdet. Daher beeinflusst er/sie die Teamarbeit zielgerichtet, indem er/sie andere bittet, sich zur Sache zu äußern.

1	2	3	4	5
stimmt gar nicht	stimmt wenig	stimmt teils – teils	stimmt überw.	stimmt völlig

Durchschnitt der Einschätzungen

5. Ergänzen Sie den Fragebogen auf S. 35, falls es Ihnen nötig erscheint.
6. Verwenden Sie den Fragebogen auch zur Selbsteinschätzung.
7. Erproben Sie die geschilderte Vorgehensweise bei Teamaufträgen in einer geeigneten Arbeitsphase. Verwenden Sie dabei auch den Fragebogen.
8. Berichten Sie nach der Präsentation Ihres Produkts auch über den Arbeitsprozess im Team.

2.1.3 Die Mitschrift – Vorbereitung auf Klassenarbeiten und Tests

▷ S. 39 f., 42 ff., 69 ff.

Für die Erschließung und Verarbeitung komplexer Zusammenhänge stehen Ihnen verschiedenste Techniken zur Verfügung: Techniken zur Verarbeitung mündlicher Informationen (Mitschrift, ▷ Protokoll) und Techniken zur Verarbeitung schriftlicher Informationen (▷ Referat, ▷ Texte verstehen). Dabei wird in zunehmendem Maße von den Lernenden erwartet, dass sie sich aus einem Repertoire von Techniken selbstständig die der jeweiligen Aufgabe angemessenen auswählen. Welchen Stellenwert diese Selbstständigkeit einnimmt, ist der folgenden Statistik zu entnehmen.

Fürs Leben gelernt?
Wo Unternehmen Defizite bei Schulabgängern sehen (in Prozent)

Einstellung zur Arbeit	44,0
Selbstständiges Lernen	41,4
Verantwortungsbewusstsein	39,5
Belastbarkeit	37,6
Motivation	36,9
Logisches Denken	36,0
Planvolles Arbeiten	35,9
Konzentrationsfähigkeit	34,9
Beständigkeit	32,9
Zielstrebigkeit	30,7
Leistungsbereitschaft	27,7
Kritikfähigkeit	25,4
Zuverlässigkeit	22,2
Kreativität	21,9
Kommunikatives Verhalten	13,1
Kooperation	12,3
Teamfähigkeit	11,7

In der Ausbildung und im Beruf müssen oft **mündliche** Informationen gespeichert werden, z. B. während des Unterrichts oder einer Vorlesung, im Verlauf einer Besprechung im Betrieb oder eines Beratungsgesprächs bei der Bank. Informationen, die in solch flüchtiger Form übermittelt werden, können Sie nur dauerhaft speichern, wenn Sie eine **Mitschrift** anfertigen. Feste Regeln helfen Ihnen, diese Aufgabe in dem erforderlichen Tempo zu bewältigen und dabei trotzdem effektiv zu arbeiten:

Regeln für die Gestaltung einer Mitschrift

- Wählen Sie karierte, **lose Blätter** im DIN-A 4-Format.
- Versehen Sie jedes Blatt mit dem **Thema** und dem **Datum**.
- **Nummerieren** Sie die Einzelblätter.
- Arbeiten Sie mit **Symbolen**, z. B. mit Pfeilen, Frage- und Ausrufezeichen.
- **Differenzieren** Sie Ihre Notizen je **nach Wichtigkeit**, z. B. durch Kästen, Unterstreichungen, Druckschrift, Großbuchstaben.
- **Strukturieren** Sie das Geschriebene auch optisch, z. B. durch Abschnitte, Einrückungen, Unterstreichungen.
- Beschreiben Sie das Blatt **nicht zu eng**, sodass Sie jederzeit, z. B. bei einer späteren Besprechung des Inhalts, **Ergänzungen einfügen** können.
- Benutzen Sie **Abkürzungen**.
- Nehmen Sie eine **Dreiteilung des Blattes** vor:
  - **Teil A** ist der Raum für Ihre Notizen während des Vortrags.
  - **Teil B** wird reserviert für Ergänzungen, die Sie später vornehmen wollen, z. B. bei der Nacharbeit zu Hause.
  - **Teil C** bleibt frei für weiterführende Fragen, Querverweise, eigene Kommentare usw.

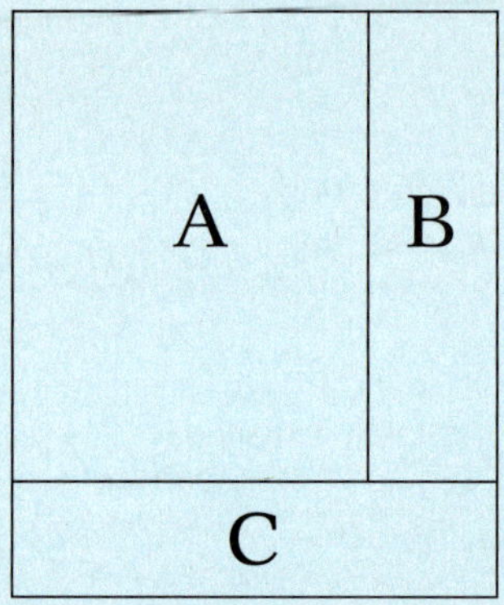

Regeln für den Inhalt einer Mitschrift

- Versuchen Sie **nicht wörtlich** mitzuschreiben, sondern notieren Sie nur **stichwortartige Formulierungen**, z. B. Kurzsätze, Schlüsselwörter.
- Beschränken Sie sich auf die **wichtigsten Informationen**, z. B. Kernthesen, Argumente, evtl. Zahlen, Daten, Definitionen.

Regeln für das Lernen mit Hilfe von Mitschriften

- **Bearbeiten** Sie die Notizen **so schnell wie möglich**, damit die Erinnerung noch frisch ist.
- **Sammeln** Sie Ihre Unterlagen in einem **Ordner**, der eine flexible Zusammenstellung ermöglicht.
- **Nutzen** Sie die Mitschriften als Grundlage **für die Vorbereitung** auf den folgenden Unterricht.

Vorteile des Anfertigens von Mitschriften

- Das **Gedächtnis** wird **entlastet**.
- Es erfolgt eine **aktive Auseinandersetzung** mit dem Gehörten.
- Die Fähigkeit, **Wichtiges von Unwichtigem** zu unterscheiden, wird trainiert.
- **Mehrere Sinne** werden aktiviert.
- Die **Konzentration** wird **erleichtert**.
- Es entsteht eine **Grundlage für Wiederholungen** und weiterführende Auseinandersetzungen mit dem Thema.

-1- | 24.04.2001

Tipps: Vorbereitung auf Klassenarbeiten

Lernen „auf den letzten Drücker"?

Folgen:
- Chaos im Kopf, Hektik
- keine Klärung mehr möglich
- Infos nicht im LZG
- langes Pauken nötig, laut Lernforschung nicht effektiv

GEPLANT LERNEN!

→ rechtzeitig
- Zeitgefühl trainieren, z. B. HA mit ähnl. Zeitbegrenzung
- Terminkalender
- mind. 1 Woche vorher anfangen und planen

→ regelmäßig
- mehrere Wiederholungsphasen
- Zeitdauer steigern

Arbinger, Frey, Hahl, Jäger, Wosnitza: Lernen mit Sinn und Verstand, Landau 1999

Schräder-Naef, R.: Lerntraining für Erwachsene, Weinheim 1994

- Terminkalender anschaffen!
- Lerngruppe? (Sandra + Kevin?)

-2- | 24.04.2001

Vorbereitung Klassenarbeiten

→ aktiv
- Stoff strukturieren
- Tabellen
- Skizzen
- Lernkarten
- Merksätze
- Schlüsselbegriffe
- Spickzettel

evtl. mit Partnern!
- Fragen + Antworten
- Diskussionen
- Probetest
- Vortrag

Kurzreferat

KA schreiben
- Aufgaben überarbeiten
- evtl. nachfragen
- Reihenfolge festlegen
- Zeit einteilen
- Thema im Blick behalten

Reihenfolge: Erst schwere oder erst leichte Aufgaben?

▷ S. 39 1. Berichten Sie einander im ▷ Kugellager von Erfolgen oder Problemen bei der Vorbereitung auf die letzte Klassenarbeit.

Das **Kugellager** ist ein Arrangement, bei dem sich alle Beteiligten paarweise in einen Innen- und einen Außenkreis gegenübersetzen.

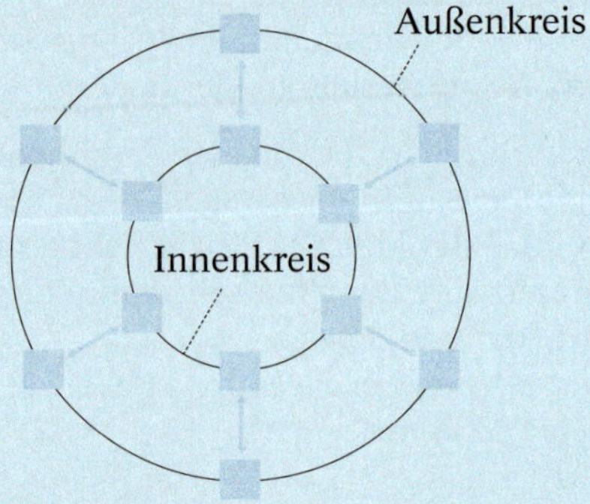

Wenn alle sitzen, rückt der Innenkreis einige Stühle weiter. Nun ergreifen die außen Sitzenden das Wort und nehmen zu der anstehenden Thematik Stellung, die Zeit dafür wird vorher festgelegt. Der Innenkreis stellt anschließend klärende Fragen oder gibt das Gesagte wieder. Nach erneutem Weiterrücken erfolgt ein Rollentausch.
Diese Anordnung ist geeignet für den Austausch von Erfahrungen, das Begründen von Standpunkten, das klärende Wiederholen des durchgenommenen Stoffs.

2. Formulieren Sie auf der Grundlage der Unterrichtsmitschrift (▷ S. 38) ein Kurzreferat zum Thema „Sinnvolle Vorbereitung auf Klassenarbeiten".
3. a) Überlegen Sie zu zweit, welche der Tipps nicht nur für die Vorbereitung auf Überprüfungen, sondern auch für die Bewältigung von **Hausaufgaben** nützlich sind.
   b) Erstellen Sie eine Übersicht mit Ratschlägen, die Ihnen für die häusliche Arbeit nötig erscheinen. Betrachten Sie hierfür noch einmal die Karikaturen auf S. 24.
   c) Vergleichen Sie Ihre Ergebnisse.

2.1.4 Das Protokoll

Protokolle werden bei zahlreichen beruflichen und außerberuflichen Veranstaltungen angefertigt, um zu garantieren, dass alle Teilnehmerinnen und Teilnehmer über möglichst umfassende, korrekte und übereinstimmende Informationen verfügen. Diese gemeinsame Grundlage dient als Gedächtnisstütze für die weitere Arbeit, sie gewährleistet aber auch die Verbindlichkeit einmal getroffener Absprachen, vereinbarter Zielvorstellungen usw.

Protokolle werden z. B. angefertigt von
- Parlamentsdebatten,
- Vereinssitzungen,
- Teambesprechungen.

Im schulischen Bereich spielen Protokolle u. a. eine Rolle bei dem Festhalten
- des Verlaufs einer Unterrichtsstunde,
- des Ergebnisses einer SV-Sitzung,
- der Absprachen bei der Vorbereitung oder Durchführung eines Projekts.

Je nach Verwendungszweck können verschiedene Formen des Protokolls eingesetzt werden. Das **Verlaufsprotokoll** gibt den Ablauf z. B. einer Unterrichtsstunde in chronologischer Folge und umfassend wieder; das **Ergebnisprotokoll** ist weniger ausführlich und muss sich nicht an die zeitliche Abfolge halten, es kann vielmehr thematisch geordnet sein.
Beiden Formen des Protokolls sind bestimmte Merkmale gemeinsam:

- Im **Kopf** werden Angaben über Ort, Datum, Zeit, Teilnehmerinnen und Teilnehmer sowie über eine evtl. vorliegende Tagesordnung gemacht.
- Die Protokollantin bzw. der Protokollant gibt **am Schluss** Ort und Datum der Ausfertigung an und garantiert mit ihrer bzw. seiner Unterschrift die Richtigkeit aller Angaben.
- Die **Sprache** ist nüchtern, klar und präzise.
- Die Wiedergabe von Zitaten erfolgt in der **indirekten Rede**, steht also im **Konjunktiv**.
- Als Zeitstufe wählt man das **Präsens**.

Protokoll
der Schülerratssitzung am 22.10.2001
im Walter-Eucken-Berufskolleg Düsseldorf, SV-Raum,
von 14.00 Uhr bis 15.30 Uhr

Anwesende:	Andrea Westphal, Marius Müller, Horst Sieveking, Svenja Körner, Maike Roth
entschuldigt:	Benno Mohrmann
Protokollantin:	Andrea Westphal

Tagesordnung:
1. Bücherspenden für die Schulbibliothek
2. ...
3. ...

TOP 1: Bücherspenden für die Schulbibliothek
Svenja Körner berichtet von ersten Erfolgen der Spendenaktion für die Schulbibliothek. Neben nicht mehr benötigten Lehr- und Fachbüchern seien vor allem neuere Romane eingegangen ...

TOP 2: ...
...

TOP 3: ...
...

Düsseldorf, den 23.10.2001

Andrea Westphal

▷ S. 41

1. a) Führen Sie eine ▷ Fishbowl-Diskussion zu einem der folgenden Themen durch:
   - Sollte das Wahlalter auf 16 Jahre herabgesetzt werden?
   - Brauchen wir schärfere Umweltgesetze?
   - Worin sehen Sie Chancen oder Risiken der Initiative „Schulen ans Netz"?

   b) Die Zuhörerinnen und Zuhörer machen sich Notizen, auf deren Grundlage im Anschluss an die Diskussion ein Verlaufsprotokoll hergestellt wird.

Eine **Fishbowl-Diskussion** verläuft nach folgenden Regeln:

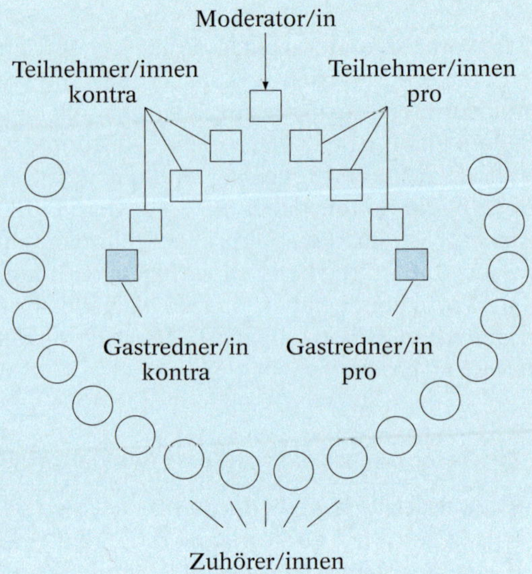

- Eine gleiche Zahl von Befürwortern und Gegnern eines bestimmten Standpunkts führen eine kontroverse Diskussion.
- Um die Diskutierenden sitzt ein Kreis von Zuhörerinnen und Zuhörern, sodass die Diskutanten wie Fische in einem Aquarium von außen beobachtet werden.
- Bei beiden Diskussionsgruppen gibt es einen freien Stuhl, auf welchem eine Gastrednerin oder ein Gastredner aus dem Außenkreis für die Dauer eines Arguments, das noch nicht genannt wurde, Platz nehmen kann. Sie/Er muss dann sofort gehört werden.
- Eine Moderatorin/Ein Moderator sorgt für einen geordneten Diskussionsverlauf.
- Die Zuhörerinnen und Zuhörer notieren die angeführten Argumente, geordnet nach Pro und Kontra.
- Der Zeitrahmen der Diskussion wird vorher festgelegt.

2. a) Vergleichen Sie die Verlaufsprotokolle, die zu Ihrer Fishbowl-Diskussion entstanden sind.
   b) Formulieren Sie auf der Grundlage der Verlaufsprotokolle ein Ergebnisprotokoll.
3. Fertigen Sie von den nächsten Unterrichtsstunden Protokolle an und sammeln Sie diese als Grundlage für die Vorbereitung auf die nächste Klassenarbeit.

2.1.5 Das Referat

Das Wort „Referat“ ist eine Form des lateinischen Verbs *referre* und bedeutet: „Er möge berichten.“ Referate werden z. B. auf Fortbildungsveranstaltungen gehalten, um den Zuhörerinnen und Zuhörern zu einem speziellen Thema fachliche Informationen zu vermitteln. In der Regel ist dem Plenum das Thema nicht völlig fremd, sondern es ergänzt schon vorhandenes Wissen in einem bestimmten Teilgebiet eines Faches.
Auch in der Schule haben Referate diese Funktion. Wird z. B. ein Referat mit dem Thema „Die Fabel als Möglichkeit politischer Stellungnahme“ gehalten, sollte die Klasse bereits über ein gewisses Maß an Sachwissen verfügen, z. B. mit den typischen Merkmalen von Fabeln vertraut sein. Vortragende haben also die Aufgabe, ihr Referat so zu gestalten und vorzutragen, dass die vermittelten Fakten möglichst dauerhaft mit dem evtl. vorhandenen Vorwissen der Zuhörenden vernetzt werden.

Ein **Referat** muss das **Interesse der Zuhörer/innen** wecken und erhalten. Deshalb sollte es

- **übersichtlich gegliedert** sein,
- möglichst **frei vorgetragen**, d. h. nicht einfach abgelesen werden,
- mit **Anschauungsmaterial** lebendig gestaltet werden (Folien, Plakate, Bilder, Tafelbilder, akustische Beispiele, ▷ Visualisierungstechniken), ▷ S. 86 ff.
- evtl. durch ein ▷ **Thesenpapier** vertieft werden. ▷ S. 81

Aufbau eines Referats

- **Die Einleitung** sollte die Aufmerksamkeit der Zuhörenden wecken; hier bieten sich z. B. ein persönliches Erlebnis, ein originelles Zitat oder ein interessanter Textausschnitt an.
- **Der Hauptteil** vermittelt Fakten, Daten, Definitionen, Thesen, Argumente usw.
- **Der Schluss** soll das Referat abrunden; geeignet hierfür ist z. B. eine kurze Zusammenfassung der wichtigsten Informationen, diese können in dem Thesenpapier wieder aufgegriffen werden, welches dann als Grundlage für die Diskussion im Plenum dient.

Die Gliederung sollte den Zuhörern vor Beginn des Vortrags vorgestellt werden, z. B. in Form einer Kopie oder eines Tafelbildes.
Die Referentinnen bzw. Referenten müssen außerdem so vertraut mit dem Thema des Vortrags sein, dass sie Fragen der Zuhörerinnen und Zuhörer im Anschluss an den Vortrag beantworten können.

1. a) Formulieren Sie eine Einleitung zu dem Referatthema „Die Fabel als Möglichkeit der politischen Stellungnahme“. Nutzen Sie dafür Kapitel D 2.1: „Fabel und Parabel“ (▷ S. 250 ff.).
   b) Vergleichen Sie Ihre Arbeiten im Plenum.
2. a) Entwerfen Sie in Gruppen eine Gliederung zu dem Thema, übernehmen Sie diese auf eine Folie und stellen Sie sie dem Plenum vor.
   b) Diskutieren Sie, welcher der Vorschläge dem Thema am ehesten gerecht wird.
3. Überlegen Sie, inwieweit sich der thematische Schwerpunkt des Referats ändert, wenn der Titel „Die Bedeutung der Fabel in politischen Krisensituationen“ lautet.

Informationsbeschaffung

Für die Anfertigung von Referaten müssen Sie über Sachwissen verfügen, welches Ihnen zu Beginn der Arbeit meist nicht zur Verfügung steht. Eine zentrale Aufgabe bei der Arbeit an einem Referat ist also das Recherchieren wichtiger Informationen.
Machen Sie sich bei Beginn Ihrer Arbeit genau klar, welche Schwerpunkte Ihr Thema enthält, d. h. worüber Sie sich Informationen verschaffen müssen. Besprechen Sie Ihr Thema mit Klassenkameraden oder Klassenkameradinnen, falls Sie Unklarheiten haben.
Nachdem Sie Ihr Thema abgeklärt haben, überlegen Sie, wo Sie Informationen darüber finden könnten. Als Ausgangspunkt sollten Sie Ihr Lehrbuch nutzen, welchem Sie mit Hilfe des **Sachregisters** zu jedem Thema des Deutschunterrichts erste Informationen entnehmen können. Darüber hinaus bieten sich für die Recherche vor allem folgende Medien an:

Bibliotheken

Hier finden Sie auf unterschiedlichen Wegen Zugang zu Informationen, z. B. über die Kataloge:

- **Autorenkatalog** (z. B. Suche nach Werken des Fabeldichters Phaedrus)
- **Stichwortkatalog** (z. B. Suche nach dem Stichwort „Fabel“)
- **Titelkatalog** (z. B. Suche nach dem Werk „Luthers Fabeln“)

Fabel

Holzberg, Niklas:
Die antike Fabel.
Eine Einführung
Wissenschaftliche Buchgesellschaft,
Darmstadt 1993
131 S.

Außerdem stehen Ihnen in Bibliotheken umfangreiche **Lexika** zur Verfügung, die als Enzyklopädien (z. B. „Brockhaus“) oder als Fachlexika (z. B. „Kindlers Literaturlexikon“) konzipiert sind.

Buchhandlungen

Hier können Sie in den Inhaltsverzeichnissen der vorhandenen Bücher nach Kapiteln suchen, die für Ihr Thema wichtig sind. Sie können sich aber darüber hinaus auch alle lieferbaren Titel nennen lassen und diese bestellen, wenn sie Ihnen wichtig erscheinen. In vielen Buchhandlungen werden Bücher auch zur Ansicht für Sie bestellt.

Internet

Über Suchprogramme finden Sie Zugang zu Informationen über die verschiedensten Wissensgebiete. Wie Sie dabei vorgehen, erfahren Sie im Kapitel C 2.2: „Internetrecherche“ (▷ S. 182 ff.).

---

1. a) Lassen Sie sich in der nächstgelegenen Bibliothek einen Termin für eine Führung geben, bei der Sie mit den Nutzungsbedingungen vertraut gemacht werden.
   b) Suchen Sie bei dieser Gelegenheit in Gruppen nach Material zu dem Thema „Die Entstehung der deutschen Kurzgeschichte nach 1945“.
   c) Vergleichen Sie Ihre Materialsammlungen.
2. a) Gehen Sie gruppenweise in verschiedene Buchhandlungen und tragen Sie zusammen, welches Material Ihnen hier zu dem Thema „Kurzgeschichte“ zur Verfügung gestellt werden kann.
   b) Vergleichen Sie, was Sie gefunden haben.
3. a) Benutzen Sie einen Computerraum Ihrer Schule und suchen Sie im Internet nach Material zum Thema „Kurzgeschichte“.
   b) Stellen Sie zusammen, was Ihnen dieses Medium verfügbar macht. Drucken Sie die Informationen aus, welche Ihnen besonders wichtig erscheinen.
4. Vergleichen Sie die Informationen, welche Sie den verschiedenen Medien entnommen haben.
5. Überlegen Sie, welche Vor- und Nachteile das jeweilige Medium möglicherweise hat und in welcher Arbeitssituation es Ihnen besonders hilfreich zu sein scheint.

Ausarbeitung eines Referats

Schon beim Sammeln von Material für Ihr Referat sollten Sie sich bemühen, dieses zu ordnen, z. B. indem Sie sich **Karteikarten** zu den unterschiedlichen Stichwörtern anlegen. Karteikarten haben den Vorteil, dass Sie sich auf ihnen kurze Notizen machen können. Als besonders nützlich erweisen sie sich bei der gedanklichen **Gliederung** Ihrer Arbeit, denn mit Hilfe der Karten können Sie verschiedene Varianten einer Gliederung durchspielen.

Bei der **Ausarbeitung eines Referats** ist zu beachten, dass

- die **Sprache sachlich, präzise und klar** ist,
- die notwendigen **Fachbegriffe** benutzt werden,
- **Überleitungen** die Teile der Arbeit und auch die einzelnen Gedankengänge verbinden,
- **korrekt zitiert** wird,
- alle benutzten Materialien in einer **Bibliografie** (Literaturverzeichnis) angegeben werden,
- das Referat die erforderliche **äußere Form** erhält: DIN-A4-Format, Maschinenschrift, Deckblatt mit allen wichtigen Angaben, Inhaltsverzeichnis mit Seitenangaben, Anhang mit evtl. nötigen Erläuterungen sowie einem Literaturverzeichnis.

1. Entwerfen Sie ein Deckblatt für ein Referat zu dem Thema „Kurzgeschichte“.
2. Vergleichen Sie Ihre Vorschläge und einigen Sie sich auf einen Entwurf, den Sie als verbindliche Grundlage für alle Referate und Facharbeiten übernehmen.

Die Technik des Zitierens

Zitate von kompetenten Personen oder aus einschlägigen Werken haben in Referaten **wichtige Funktionen**, denn sie lockern den Text auf, belegen die Richtigkeit der geäußerten Gedanken, vermitteln Fakten und beweisen, dass die Verfasserin bzw. der Verfasser sich vielseitige Kenntnisse zu dem Thema angeeignet hat.

Die **Verwendung von Zitaten** unterliegt strengen Regeln:

- Ein wörtlich übernommenes Zitat darf **nicht verändert** werden.
- Jedes Zitat muss durch **Anführungszeichen** kenntlich gemacht werden, Auslassungen werden durch drei Punkte in eckigen Klammern gekennzeichnet: […]
- Ein **Zitat im Zitat** wird durch **einfache Anführungsstriche** hervorgehoben.
- ▷ S. 45 Für jedes Zitat muss die **Quelle** angegeben werden (▷ Bibliografie).

In einem Referat können längere Zitate im Block übernommen werden. Allerdings sollte der Anteil an Zitaten in einem angemessenen Verhältnis zum eigenen Text stehen, die Arbeit darf sich nicht im Aneinanderreihen von Zitaten erschöpfen.
Wird ein kurzes Zitat in das Referat eingefügt, so muss die Verfasserin bzw. der Verfasser den eigenen Text so formulieren, dass er grammatikalisch zu dem Zitat passt. Beispiel:

```
Nach Gero von Wilpert ist die deutsche Kurzgeschichte „charakterisiert
durch zielstrebige, harte und bewußte Komposition auf eine unausweich-
liche Lösung hin“.1)
```

An diesem Zitat aus einem älteren Werk wird deutlich, dass nichts verändert werden darf, die Regeln der neuen Rechtschreibung gelten hier z. B. nicht.

Die Bibliografie

Zu jedem Zitat gehört eine **Quellenangabe**, d. h., der Verfasser bzw. die Verfasserin einer Arbeit muss angeben, welcher Quelle dieses Zitat entnommen wurde. Diese Quellenangabe erscheint als Fußnote auf dem unteren Teil der entsprechenden Seite Ihrer Arbeit. Die Herkunft des oben angeführten Zitats müsste also folgendermaßen dokumentiert werden:

1) *Wilpert, Gero von:* Sachwörterbuch der Literatur. Kröner-Verlag, Stuttgart, 6. Aufl. 1979, S. 441

Für das Bibliografieren gelten folgende **Regeln**:

- Zitieren Sie ein Werk mehrfach hintereinander, so verweisen Sie mit der Abkürzung „a. a. O." (**a**m **a**ngegebenen **O**rt) auf die bereits vorhandenen Angaben.

...
2) *Wilpert, Gero von:* a.a.O.

- Dient ein Sammelwerk als Quelle, werden Autor/in, Titel des Beitrags, Herausgeber/in (Abkürzung „Hg.") und Titel des Sammelwerks genannt.

Cramer, Sibylle: Eine unendliche Geschichte des Widerstands. In: Sauer, Klaus (Hg.): Christa Wolf Materialienbuch. Luchterhand Verlag, Darmstadt 1983, S. 135

- Wird ein Zitat einem periodischen Werk (z. B. einer Fachzeitschrift) entnommen, so muss auch dieses mit den erforderlichen Angaben dokumentiert werden: Verfasser/in, Titel des Beitrags, Titel des Werks, Nummer der Ausgabe, Datum des Erscheinens, Seite.

Bichsel, Peter: Eigenartige Leute - Leser zum Beispiel. In: Der Deutschunterricht, 40. Jg. 1988, H. 4, S. 5-8

- Bei einem Zitat aus dem Internet gibt man Autor/in, Titel und URL (Internetadresse) an.

Rösch, Heidi: Bibliographie Migrationsliteratur. AutorInnenporträts, Sekundärliteratur, unterrichtspraktisches Material. In: http://www.tu-berlin.de/fb2/fadi/hr/Bibliografie.htm

Das **Literaturverzeichnis** wird nach der **alphabetischen Reihenfolge** der Verfassernamen geordnet. Erscheinen als Quelle verschiedene Werke eines Verfassers oder einer Verfasserin in Folge, so werden statt des Namens die Abkürzungen „ders." bzw. „dies." (derselbe, dieselbe) verwandt.

Reimann, Brigitte: Ich bedaure nichts. Tagebücher 1955-1963. Hg. v. Angela Drescher. Aufbau-Verlag, Berlin, 4. Aufl. 1998
dies.: Franziska Linkerhand. Roman. Verlag Neues Leben, Berlin 1974. Ungekürzte Neuausgabe: Aufbau-Verlag, Berlin 1998

3. Schreiben Sie eine Einleitung zu dem Referat mit dem Thema „Die Entstehung der deutschen Kurzgeschichte nach 1945". Verwenden Sie in dieser Einleitung mindestens zwei Zitate, welche Sie mit den nötigen Quellenangaben versehen.
4. Legen Sie ein Literaturverzeichnis aus den Werken an, welche Sie bei Ihren Recherchen gefunden haben.

Vortrag eines Referats

Die Wirkung eines Referats wird entscheidend davon bestimmt, ob es den Vortragenden gelingt, die Aufmerksamkeit der Zuhörenden zu wecken und zu erhalten. Dieses Ziel kann nur erreicht werden, wenn der Vortrag entsprechend vorbereitet wird.

Zur **Vorbereitung eines Referats** gehören

- die Anfertigung eines **Stichwortzettels**, der dabei hilft, das Referat frei vorzutragen, ohne den „roten Faden" zu verlieren; geeignet sind auch nummerierte **Karteikarten**;
- die **Einübung** des Vortrags mit dem Ziel, die zur Verfügung stehende Zeit einzuhalten und Sicherheit zu gewinnen; wichtig ist, das Referat nicht nur durchzulesen, sondern laut vorzutragen, nach Möglichkeit so, dass der Vortrag anschließend beurteilt werden kann (Einsatz von Ton- oder Videokassetten, vor einem „Publikum" oder einem Spiegel üben);
- die Diskussion mit Freunden oder Familienmitgliedern, die sich mit dem Thema nicht so gut auskennen, um **auf Fragen vorbereitet** zu sein.

Kurzgeschichte ①

→ usprüngl. beeinflusst v. d. amerik. „short story"

→ dann eigene Gattung in Europa

Während des Vortrags sollten Sie die **Präsentationsregeln** beachten:

- **Blickkontakt** halten
- **Körperhaltung** kontrollieren
- **Gestik** und **Mimik** einsetzen
- **laut** und **deutlich** sprechen
- ein **angemessenes Tempo** einhalten
- **Redetempo** und **Tonfall** variieren
- **mundartliche** Färbungen vermeiden
- **Pausen** machen
- angemessen mit evtl. eingesetzten **Medien** arbeiten (▷ Visualisierungstechniken)

▷ S. 86 ff.

Dabei sollten Sie immer die **Zuhörerschaft im Blick behalten**, sodass Sie auf Reaktionen eingehen können, um z. B. bei Bedarf einen Gedankengang zu wiederholen, näher zu erläutern oder zu vertiefen.

2.1.6 Moderieren

Das Moderieren ist ein Verfahren, um Lernen in Klassen und Gruppen gemeinsam zu planen und zu steuern. Es geht davon aus, dass sich in vielen Lernbereichen aus den Erfahrungen und dem Wissen der Teilnehmer/innen offene Fragen beantworten lassen. Informationen, Eindrücke und Erfahrungen können in der Gruppe gesammelt, geordnet und gewichtet werden. Ein wichtiges Element der Moderationsmethode ist die Veranschaulichung von Ergebnissen.

Werkzeuge der Moderation

Medien
- Pinnwand und Packpapier
- Flip-Chart und Flip-Chart-Bögen
- Tafeln
- Tageslichtprojektor und Folien

Materialien
- farbige Karten (rechteckig, rund, oval)
- Filzstifte in verschiedenen Farben und Größen
- Klebepunkte in verschiedenen Farben
- Schere, Kleber, Klebeband

Die folgenden Moderationsmethoden sind darauf ausgerichtet, alle Teilnehmer/innen an der Klärung von Fragen und Problemen zu beteiligen. Durch den Wechsel von Arbeit in Gruppen und im Plenum wird der Lernprozess gefördert.

Zurufabfragen können am Anfang (aber auch zwischendurch) neue Gedanken einbringen. Sie werden auf Zuruf einzelner Teilnehmer /innen vom Moderator bzw. von der Moderatorin an der Pinnwand oder Tafel notiert. Sie sind Ausgangspunkt der Arbeit oder – wenn die Abfrage zwischendurch erfolgt – Erweiterung des bisherigen Ergebnisses.

Die ▷ **Kartenabfrage** ist das wichtigste Mittel zur Erarbeitung der anstehenden Thematik. Damit können Wissen und Erfahrungen der Gruppe zu einer Frage gesammelt und dargestellt werden. ▷ S. 20

Zur Auswahl und Bewertung gesammelter Ideen eignen sich **Ein-Punkt-** oder **Mehr-Punkt-Abfragen**, bei denen die Teilnehmer/innen einer Gruppenarbeit durch Anheften farbiger Klebepunkte an der Pinnwand oder durch Ankreuzen an der Tafel aus ihrer Sicht die Ergebnisse gewichten. So kann man schnell entscheiden, was für die weitere Arbeit verwendet oder was als Lernergebnis festgehalten werden soll.

Ein-Punkt-/Mehr-Punkt-Abfrage
- Jede/r Teilnehmer/in erhält einen oder mehrere farbige Punkte.
- Jede/r verteilt die Punkte auf die einzelnen Beiträge einer Ideensammlung und gewichtet so die Ergebnisse.
- Die Zahl der Punkte zeigt auf einen Blick die Bewertung der verschiedenen Beiträge durch die Gruppenteilnehmer/innen.
- Ein-Punkt-/Mehr-Punkt-Abfragen können Grundlage für weitere Arbeitsschritte oder Endergebnis eines Arbeitsprozesses sein.

Brainwriting

▷ S. 34 Brainwriting ist als schriftliche Form des ▷ Brainstormings eine Technik zur Ideenproduktion oder Informationssammlung. 5 Teilnehmer/innen notieren je 2 Ideen zu einem Thema in 3 Minuten. Diese Begrenzungen können je nach Gruppengröße auch auf 6-3-5 oder 4-1-2 abgewandelt werden.

Für das Brainwriting werden Formblätter nach dem folgenden Muster verwendet und im Uhrzeigersinn innerhalb der Gruppe weitergegeben, bis jedes Gruppenmitglied wieder sein Formblatt hat. Wichtig: Alles ist erlaubt, keine Idee wird kritisiert!

1. *Sie haben drei Minuten Zeit, zwei Ideen zum Thema zu notieren (ein Wort pro Kästchen).*
2. *Nach drei Minuten geben Sie Ihr Arbeitsblatt im Uhrzeigersinn weiter.*
3. *Sie haben erneut drei Minuten Zeit, auf dem Blatt, das Sie jetzt erhalten haben, wiederum zwei Ideen festzuhalten. (Die Ideen Ihrer Vorgänger dienen als Anregung, aber keine Doppelnennungen!)*
4. *Wiederholen Sie diesen Vorgang, bis alle Arbeitsblätter eine Runde durchlaufen haben.*

Thema:		
Runde	*1. Idee*	*2. Idee*
1		
2		
3		
4		
5		

Auf jedem Arbeitsblatt stehen nach dem Brainwriting 10 Ideen. Aus den 50 Einfällen der Gruppe werden anschließend die wesentlichen in einem gemeinsamen Gespräch oder durch Auswahlmethoden wie ▷ Ein-Punkt-/Mehr-Punkt-Abfrage herausgefiltert. ▷ S. 47

1. Führen Sie ein Brainwriting zum Thema „Die besten Lerntechniken" durch.
2. Werten Sie Ihre Ideen mit Hilfe einer Mehr-Punkt-Abfrage aus.

Tipps für einen guten Moderator/eine gute Moderatorin

- Stellen Sie mit der Gruppe/Klasse Spielregeln für die Arbeit auf.
- In vielen Situationen ist es hilfreich, wenn zwei Moderatorinnen oder Moderatoren gemeinsam als Team arbeiten.
- Überlegen Sie Ihre Fragen vorher und formulieren Sie sie eindeutig.
- ▷ S. 86 ff. Machen Sie wichtige Fragen möglichst anschaulich (▷ Visualisieren).
- Bleiben Sie neutral: Bewerten Sie keine Aussage als richtig oder falsch.
- Übertragen Sie Aufgaben wie das Schreiben an Flip-Chart oder Tafel auf die Gruppe/Klasse.
- Decken Sie Konflikte oder Schwierigkeiten nicht zu, sondern besprechen Sie sie mit der Gruppe.

2.2 Kommunikative Fähigkeiten

2.2.1 Nonverbale Kommunikation

Sandro Botticelli: Kopf der Astronomia

1. a) Suchen Sie Adjektive, die den Eindruck wiedergeben, welchen Sie von der Frau auf den beiden Abbildungen haben.
   b) Notieren Sie nacheinander diese Adjektive auf zwei Bögen Packpapier.
   c) Vergleichen Sie die Adjektive im Plenum.
   d) Diskutieren Sie, wodurch Ihre Eindrücke entstanden sein könnten.

Testpersonen, welche der Psychologieprofessor Siegfried Frey zu diesen Abbildungen befragte, kamen mehrheitlich zu dem Urteil, das abgebildete Gesicht der Astronomia deute im Original (rechts) auf einen Charakter, der mit „stolz, distanziert, arrogant, selbstsicher, hart, streng, abweisend, kalt und unnahbar" zu umschreiben sei. Das durch Computerbearbeitung geneigte, ansonsten aber unveränderte Gesicht der Astronomia (links) schien den Befragten dagegen eher „demütig, lieb, traurig, weich, nachdenklich, verträumt, gefühlvoll, mütterlich und freundlich" zu wirken.

2. Vergleichen Sie Ihre Ergebnisse mit denen der Studie von Frey.
3. a) Führen Sie mit den Bildvorlagen der Astronomia Befragungen bei Schülerinnen und Schülern, Lehrerinnen und Lehrern sowie Passantinnen und Passanten durch.
   b) Vergleichen Sie Ihre Ergebnisse mit den Feststellungen Freys.

Auch nachdem die Befragten über die Computerbearbeitung (▷ S. 49) informiert worden waren, rückten sie nicht von ihrer einmal geäußerten Meinung ab. Dabei stellte Frey fest, dass solche Urteile in überraschend kurzer Zeit gefällt werden.
Die Kopfhaltung löste bei den Betrachterinnen und Betrachtern spontan emotionale Abneigung oder Zuneigung aus, und zwar unabhängig davon, aus welchen Ländern oder Kulturkreisen die Befragten stammten. Für das Urteil, welches über eine Person gefällt wird, genügen nach Frey 250 Millisekunden; in dieser extrem kurzen Zeitspanne fühlten sich die Testpersonen durchaus in der Lage zu entscheiden, ob sie sich eine abgebildete Person als Kollegen, Partnerin oder Freund vorstellen könnten. Die Urteile änderten sich auch dann nicht, wenn den Betrachtern mehr Zeit gelassen wurde.
Wie sehr wir bei solchen Urteilen unbewussten Wahrnehmungsmustern folgen, zeigte sich an einem weiteren Experiment, in dessen Verlauf einer Gruppe von Studierenden Videos der französischen Politikerin Michèle Barzach und des amerikanischen Senators Jesse Helms gezeigt wurden. Dass Madame Barzach eher als attraktiv eingestuft wurde als Jesse Helms, kann nicht erstaunen. Bemerkenswert aber ist das Ergebnis des Versuchs, die beiden Abgebildeten durch Puppen zu ersetzen, mit denen das Bewegungsverhalten der beiden Personen simuliert wurde. Diesen Puppen wurden dieselben Eigenschaften zugeschrieben wie ihren menschlichen Vorbildern – ein Beweis dafür, wie stark die **Körpersprache** das Urteil über eine Person beeinflusst.

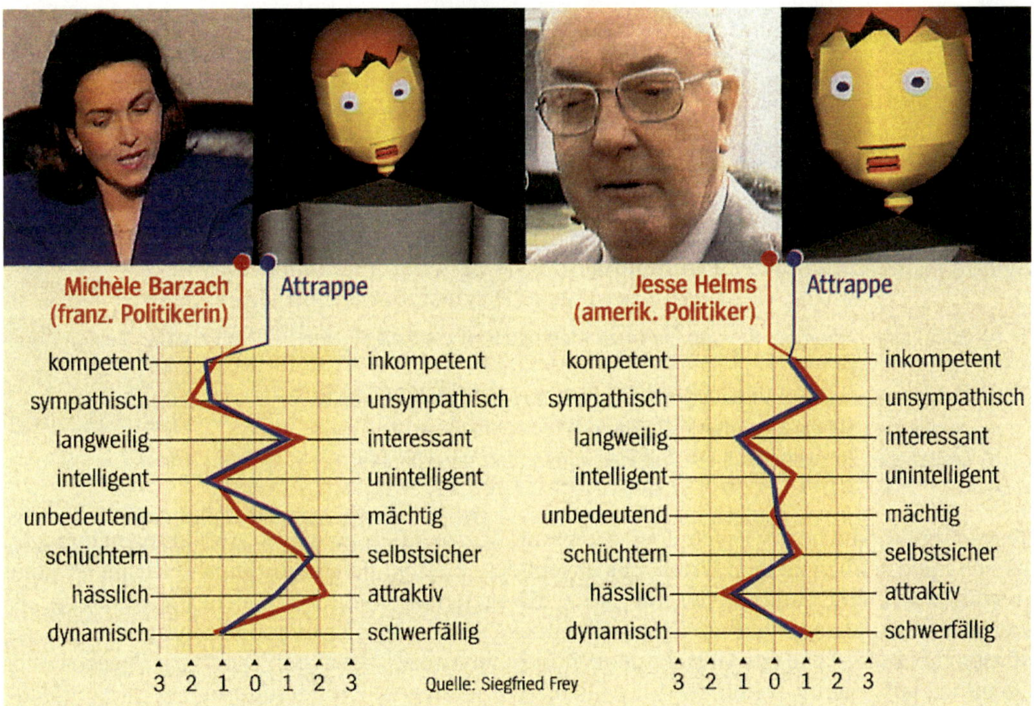

4. a) Suchen Sie in den Printmedien nach Fotos, die Ihrer Meinung nach nonverbale Botschaften vermitteln.
   b) Vergleichen Sie Ihre Eindrücke mit denen Ihrer Klassenkameradinnen und -kameraden.

▷ S. 51
5. Stellen Sie in einem ▷ Standbild bestimmte nonverbale Botschaften nach und überprüfen Sie, ob Ihre Klasse die von Ihnen ausgesendete Botschaft entsprechend deutet. Nehmen Sie hierbei evtl. eine Videokamera zu Hilfe.

Standbild bauen

1. Der Erbauer oder die Erbauerin des Standbildes (= Regisseur) sucht sich diejenigen Personen aus der Gruppe aus, die von ihrer äußeren Erscheinung her in das Bild passen, das er/sie vor Augen hat (also Eignung im Hinblick auf Körpergröße, Geschlecht, Haare, Statur usw.).
2. Der Regisseur baut mit den ausgewählten Mitspielerinnen und Mitspielern das Bild Schritt für Schritt auf, indem er die Haltung der Mitspieler so lange mit seinen Händen formt, bis sie die richtige Position eingenommen haben. Der Gesichtsausdruck (die Mimik) kann vom Regisseur vorgemacht und dann vom jeweiligen Spieler nachgespielt werden. Die Mitspieler müssen sich dabei völlig passiv verhalten: Sie dürfen sich nicht gegen bestimmte Haltungen sperren.
3. Während der „Bauphase“ wird nicht gesprochen.
4. Wenn das Standbild fertig komponiert ist, erstarren alle Spieler für 30 bis 60 Sekunden, um sich selbst meditativ in die eingenommene Haltung einzufühlen und um den Beobachterinnen und Beobachtern Gelegenheit zu geben, das entstandene Bild wirken zu lassen.
5. Danach wird das Standbild beschrieben und interpretiert: zuerst von den Beobachtern, dann von den Spielern. Dabei kommt es vor allem darauf an, die Beziehungen zwischen den Spielern zu deuten. Man kann auch versuchen, eine Überschrift oder ein Thema zu definieren, und dann den Regisseur fragen, ob er zustimmt.
6. Zum Schluss wird der Regisseur befragt, welche Absichten er beim Bau des Standbildes gehabt hat.
7. Wenn keine Einigkeit über die Deutung des Bildes zu erzielen ist, kann der Regisseur aufgefordert werden, das Standbild zu verändern. Ebenso gut kann eine andere Schülerin oder ein anderer Schüler zum Regisseur ernannt werden, der dann eine Korrektur vornimmt.

Hilbert Meyer

Unsere Sprache enthält viele Formulierungen, die beweisen, dass wir **nonverbale Signale** bewusst oder unbewusst senden, empfangen und auswerten. So werden Menschen z. B. beschrieben durch Sätze wie:

Sie/Er
- *ist ein aufrechter Charakter,*
- *ist ein Kriecher,*
- *hat kein Rückgrat,*
- *ist ein typischer Radfahrer,*
- *bietet dem Chef die Stirn,*
- *ist hochnäsig,*
- *schwebt im siebten Himmel,*
- *ist vom Schicksal gebeugt.*

6. Stellen Sie die unterschiedlichen Beschreibungen in einem Standbild nach.
7. Tragen Sie weitere Beispiele zusammen.

Wie sich gezeigt hat, spielen bei der nonverbalen Kommunikation **Mimik, Gestik und Körperhaltung** eine große Rolle, wobei uns bewusst sein muss, dass sie wichtige Botschaften vermitteln können, aber oft auch Anlass zu Fehleinschätzungen sind, die wir korrigieren müssen, wenn wir einen Menschen näher kennen lernen.

Wie wir einen Menschen einschätzen, bevor wir noch ein einziges Wort mit ihm gesprochen haben, hängt auch von der Art ab, wie er sein Äußeres gestaltet, d. h. wie er sich kleidet, frisiert usw.

8. Beschreiben Sie spontan den Eindruck, welchen Sie von den abgebildeten Personen haben.
9. Überlegen Sie, für welche Berufe sich diese jungen Menschen mit Aussicht auf Erfolg bewerben könnten und in welchen Bereichen sie kaum Chancen hätten.

▷ S. 402 ff.
10. a) Bereiten Sie in Gruppen verschiedene ▷ Bewerbungsgespräche vor, in denen Sie gezielt mit den Mitteln der nonverbalen Kommunikation und der Gestaltung Ihrer äußeren Erscheinung arbeiten.
    b) Spielen Sie die Bewerbungsgespräche im Plenum vor.
    c) Das Publikum beurteilt, welche Charaktere dargestellt wurden und ob die Bewerbung erfolgreich sein könnte.
11. a) Untersuchen Sie, um welche Art Text es sich bei Hermann Kasacks „Mechanischer Doppelgänger“ (▷ S. 53 f.) handelt.
    b) Stellen Sie Textstellen zusammen, in denen nonverbale Botschaften gesendet werden.
    c) Analysieren Sie, wie diese Botschaften verstanden werden und welche Faktoren Missverständnisse verursachen können.

Hermann Kasack

Mechanischer Doppelgänger (1916)

„Ein Herr wünscht Sie zu sprechen", meldete die Sekretärin. Ich las auf der Besuchskarte: Tobias Hull, B. A. – Keine Vorstellung. Auf meinen fragenden Blick: „Ein Herr in den besten Jahren, elegant."

Anscheinend ein Ausländer. Immer diese Störungen. Irgendein Vertreter. Oder? Was weiß man.

„Ich lasse bitten."

Herr Tobias Hull tritt mit vorsichtigen Schritten ein. Er setzt Fuß vor Fuß, als fürchte er, zu stark aufzutreten. Ob er leidend ist? Ich schätze sein Alter auf Mitte vierzig. Eine große Freundlichkeit strahlt aus seinem glatt rasierten, nicht unsympathischen Gesicht. Sehr korrekt angezogen, beinahe zu exakt in seinen verbindlichen Bewegungen, scheint mir. Nun, man wird sehen. Mit der Hand zum Sessel weisend:

„Was verschafft mir die Ehre Ihres Besuches?"

„Oh! Ich wollte mich Ihnen nur vorstellen."

„Sehr angenehm", sage ich.

„Oh! Sie verstehen!" Dieses mit einem leicht jaulenden Ton hervorgebrachte Oh! ist unnachahmlich. Seine müde, etwas monotone Stimme hat einen kleinen fremden Akzent. Er sieht mich mit freundlicher Erwartung an.

Über das Benehmen meines Besuchers doch ein wenig erstaunt, wiederhole ich: „Sehr angenehm, aber darf ich Sie fragen –"

Da werde ich sogleich mit seinem „Oh!" unterbrochen: „Bitte fragen Sie mich nicht." Und dann beginnt er, seine Geschichte zu erzählen, die er anscheinend schon hundertmal vorgebracht hat: „Ich bin nämlich ausgestopft!"

„Aber – erlauben Sie mal!"

Das eigentümliche Wesen, das mich überlegen fixiert, beachtet den Einwurf nicht, sondern fährt unbeirrt fort: „Erschrecken Sie nicht, weil ich eine Art Automat bin, eine Maschine in Menschenform, ein Ersatz sozusagen. Mr. Tobias Hull existiert wirklich. Der Chef einer großen Fabrik zur Herstellung von mechanischen Doppelgängern. Ich bin, wie man sagt, seine Projektion, ja, Agent in Propaganda. Ich kann Ihnen natürlich meinen Mechanismus im Einzelnen nicht erklären – Sie verstehen: Fabrikationsgeheimnis! Aber wenn Sie daran denken, dass die meisten Menschen heutzutage ganz schablonenmäßig leben, handeln und denken, dann werden Sie sofort begreifen, worauf sich unsere Theorie gründet! Herz und Verstand werden bei uns ausgeschaltet. Sie sind es ja, die im Leben so oft die störenden Komplikationen hervorrufen. Bei uns ersetzt die Routine alles. Sehr einleuchtend, nicht wahr?"

Ich nickte verstört.

„Oh! Mein Inneres ist ein System elektrischer Ströme, automatischer Hebel, großartig! Eine Antennenkonstruktion, die auf die feinsten Schwingungen reagiert. Sie lässt mich alle Funktionen eines menschlichen Wesens verrichten, ja, in gewisser Weise noch darüber hinaus. Sie sehen selbst, wie gut ich funktioniere."

Zweifelnd, misstrauisch betrachte ich das seltsame Geschöpf. „Unmöglich!", sage ich. „Ein Taschenspielertrick. Sehr apart. Indessen –"

„Oh! Ich kann mich in sieben Sprachen verständigen. Wenn ich zum Beispiel den obersten Knopf meiner Weste drehe, so spreche ich fließend englisch, und wenn ich den nächsten Knopf berühre, so spreche ich fließend französisch, und wenn ich –"

„Das ist wirklich erstaunlich!"

„Oh! In gewisser Weise; vor allem aber angenehm. Wünschen Sie ein Gespräch über das Wetter, über Film, über Sport? Über Politik oder abstrakte Malerei? Fast alle Themen und Vokabeln des modernen Menschen sind in mir vorrätig. Auch eine Spule von Gemeinplätzen lässt sich abrollen. Alles sinnreich, komfortabel und praktisch. Wie angenehm wird es für Sie sein, wenn Sie sich erst einen mechanischen Doppelgänger von sich halten – oder besser, wenn Sie gleich zwei Exemplare von sich zur Verfügung haben. Sie könnten gleichzeitig verschiedene Dienstreisen unternehmen, an mehreren Tagungen teilnehmen, überall gesehen werden und selber obendrein ruhig zu Hause sitzen. Sie haben einen Stellvertreter Ihres Ichs, der Ihre Geschäfte wahrscheinlich besser erledigt als Sie selbst. Sie

werden das Doppelte verdienen und können Ihre eigene Person vor vielen Überflüssigkeiten des Lebens bewahren. Ihr Wesen ist vervielfältigt. Sie können sogar sterben, ohne dass die Welt etwas davon merkt. Denn wir Automaten beziehen unsere Existenz aus jeder Begegnung mit wirklichen Menschen."

„Aber dann werden ja die Menschen allmählich ganz überflüssig."

„Nein. Aus ebendiesem Grunde nicht. Zwei Menschenautomaten können mit sich selber nur wenig anfangen. Haben Sie also einen Auftrag für mich?"

Mit jähem Ruck sprang das Wesen auf und sauste im Zimmer hin und her.

„Oh! Wir können auch die Geschwindigkeit regulieren. Berühmte Rennfahrer und Wettläufer halten sich schon Doppelgänger-Automaten, die ihre Rekorde ständig steigern."

„Fantastisch! Man weiß bald nicht mehr, ob man einen Menschen oder einen Automaten vor sich hat."

„Oh!", zischte es an mein Ohr, „das letzte Geheimnis der Natur werden wir nie ergründen. – Darf ich also ein Duplikat von Ihnen herstellen lassen? Sie sind nicht besonders kompliziert zusammengesetzt, das ist günstig. Das hineingesteckte Kapital wird sich bestimmt rentieren. Morgen wird ein Herr kommen und Maß nehmen."

„Die Probe Ihrer Existenz war in der Tat verblüffend, jedoch –" Mir fehlten die Worte, und ich tat so, als ob ich überlegte.

„Jedoch, sagen Sie nur noch: Der Herr, der morgen kommen soll, ist das nun ein Automat oder ein richtiger Mensch?"

„Ich nehme an, noch ein richtiger Mensch. Aber es bliebe sich gleich. Guten Tag."

Mr. Tobias Hull war fort. Von Einbildung kann keine Rede sein, die Sekretärin ist mein Zeuge. Aber es muss diesem Gentlemangeschöpf unmittelbar nach seinem Besuch bei mir etwas zugestoßen sein, denn weder am nächsten noch an einem späteren Tage kam jemand, um für meinen Doppelgänger Maß zu nehmen. Doch hoffe ich, wenigstens durch diese Zeilen die Aufmerksamkeit der Tobias-Hull-Gesellschaft wieder auf meine Person zu lenken.

Denn eines weiß ich seit jener Unterhaltung gewiss: Ich bin inzwischen vielen Menschen begegnet, im Theater und im Kino, bei Versammlungen und auf Gesellschaften, im Klub und beim Stammtisch, die bestimmt nicht sie selber waren, sondern bereits ihre mechanischen Doppelgänger.

2.2.2 Verbale Kommunikation

Voraussetzungen erfolgreicher Kommunikation

Einschaltstellung:
Bei dem UKW-empfang, kann man das Radio abstimmen nur auf den Rundfunkstationen, die machen die Bedienung der Verkehrsnachricht, wenn das Glied auch gegenwärtig das Band spielt, schaltet das Glied automatisch auf den rundfunkempfang um während der Bedienung der Nachricht, und wenn die Nachricht zum Abschluss kommt, dann kommt es zum Tonbandspiel wieder zurück.
Falls kein Ton außer der Verkehrsnachricht nich begehrt ist, halten Sie ein Radio eingeschaltet in UKW mit der Lautstärkeregelung zum Minimum.
Wenn die Nachricht fangt an, nur während der Nachricht, wird der Ton bis zum Zuhörniveau zunehmen. Wenn das Radio abgestimmt ist auf einer Station, die macht nicht dei Bedienung der Nachricht, oder wenn das Radio nicht erreichbar ist von der Bedienungsoberfläche der Station abgestimmt, wird der Alarmierklang ertönt sein.

1. Übertragen Sie diese Bedienungsanleitung in verständliches und korrektes Deutsch.
2. Erläutern Sie, wodurch bei diesem Text eine erfolgreiche Kommunikation erschwert wird.

Ein erfolgreicher Kommunikationsprozess kann nur dann stattfinden, wenn die Partner über einen **gemeinsamen Kode** (Zeichenvorrat) verfügen. Wir verständigen uns mit Hilfe von ▷Zeichen, die wir aber nur erfolgreich verwenden können, wenn zwei Bedingungen erfüllt sind: ▷ S. 330 ff.

- Ein Zeichen muss aus einem **Signal** und einer ihm zugeordneten **Bedeutung** bestehen.
- Diese Bedeutung muss **konventionell festgelegt** sein.

Während wir im Deutschen für eine „große Pflanze mit einem Stamm, vielen Ästen und Blättern" das Signal „Baum" verwenden, wählen alle Engländer/innen dafür aus ihrem Zeichenvorrat selbstverständlich das Signal „tree", alle Französinnen und Franzosen „arbre".

Allerdings gewährleisten diese Voraussetzungen nicht immer eine Verständigung. Mitunter erleben wir, dass Gespräche in einer Sackgasse enden, obwohl die Partner denselben Kode verwenden. Dann fallen Sätze wie: „Du verstehst mich einfach nicht!" oder „ So habe ich das doch gar nicht gemeint!" Es gibt also neben dem gemeinsamen Kode noch andere Bedingungen, welche eine Verständigung beeinträchtigen können.

Inhalts- und Beziehungsebene

Alltagsprobleme

VATER: Weißt du, wie spät es ist?
TOCHTER: Moment! *(schaut auf die Uhr)* Fünf nach eins.
VATER: Eben.
TOCHTER: Wenn du's weißt, warum fragst du dann?!
VATER: So geht das nicht weiter.
TOCHTER: Ich bin müd, lass uns morgen …
VATER: Nichts da. Jetzt reden wir drüber.
TOCHTER: Ich bitte dich!
VATER: Ich bin dein Vater!
TOCHTER *(schnippisch)*: Ach was.
VATER: Werd nicht frech.
TOCHTER: Ich hab doch gar nichts gesagt.
VATER: Eben! Wenigstens entschuldigen könntest du dich!
TOCHTER: Für was soll ich mich entschuldigen?

1. Spielen Sie diesen Dialog im Alter-Ego-Verfahren nach: Hinter den beiden handelnden Personen formulieren zwei weitere Spieler/innen deren unausgesprochene Gedanken und Gefühle.
2. Diskutieren Sie über die Ursachen für den Konflikt zwischen Vater und Tochter.
3. Schreiben Sie die Szene so um, dass es zu einer Verständigung kommt.
4. a) Entwerfen Sie in Gruppen weitere Alltagsszenen, in denen ein gelungener oder misslungener Kommunikationsprozess dargestellt wird, und spielen Sie diese vor.
   b) Das Plenum untersucht und beurteilt das Ergebnis der Szenen.

Absichten und Erwartungen

Sprache ist ein Instrument, mit dem wir – bewusst oder unbewusst – bestimmte **Absichten** verfolgen. Sie können darin bestehen, Sachverhalte aufzuklären, aber auch zu vernebeln. Ein Beispiel für Verschleierung des wahren Sachverhalts durch Sprache ist das Wort „Machtergreifung", welches bis heute für den Amtsantritt Hitlers am 30. Januar 1933 benutzt wird. Das Wort assoziiert einen Akt der Gewalt, es verschweigt die wahren Hintergründe, nämlich die Tatsache, dass große Teile der anderen politischen Kräfte in Deutschland Hitler als Reichskanzler akzeptierten, weil sie hofften, er würde die unpopulären Maßnahmen zur Wiederherstellung der Ordnung ergreifen. Damit sollte Hitler sich bei der Bevölkerung derartig unbeliebt machen, dass er bei einer nächsten Wahl von der politischen Bildfläche verschwinden würde. Das spätere Eingeständnis dieser Fehlkalkulation vermied man mit dem Wort „Machtergreifung", um den Eindruck entstehen zu lassen, man habe sich einem Gewaltakt beugen müssen.
Auch in unserer Zeit entstehen **Wortneubildungen**, welche dazu dienen, unangenehme Assoziationen auszublenden. Kriege werden als „Konflikte" verharmlost, Bombenangriffe sollen durch die Bezeichnung „Luftschläge" weniger bedrohlich wirken, das Eingeständnis, es habe Tote und Verwundete gegeben, kann durch die Bezeichnung „Kollateralschäden" vermieden werden – nicht ohne Grund wurde dieses Wort von Sprachwissenschaftlern zum **„Unwort"** des Jahres 1999 erklärt. Zum Unwort des 20. Jahrhunderts wurde das Wort „Menschenmaterial" gewählt.

1. a) Suchen Sie Zusammenhänge, in denen das Wort „Menschenmaterial" benutzt wird.
   b) Versuchen Sie die Gründe der Sprachwissenschaftler nachzuvollziehen, welche dieses Wort als „Unwort" eines ganzen Jahrhunderts ausgewählt haben.
2. a) Führen Sie eine Umfrage bei Mitschülerinnen und Mitschülern, Lehrerinnen und Lehrern, Passantinnen und Passanten nach dem derzeitigen „Unwort" durch.
   b) Tragen Sie die Nennungen zusammen und stellen Sie eine Rangliste auf.

Auch in weniger Aufsehen erregenden Zusammenhängen begegnen wir dem Versuch, mit Sprache negative Assoziationen zu unterbinden. Ein Beispiel dafür ist das Wort „Seniorenresidenz", welches das Wort „Altersheim" verdrängt hat.

3. a) Notieren Sie stichwortartig die Vorstellungen, welche Sie mit den einzelnen Substantiven verbinden, aus denen die Komposita „Seniorenresidenz" und „Altersheim" bestehen.
   b) Vergleichen Sie Ihre Ergebnisse mit den folgenden Regeln für „Anstand und Höflichkeit", welche zu Beginn des 20. Jahrhunderts formuliert wurden:

Die gute Sitte verlangt, daß man dem Mitmenschen gegenüber, besonders wenn ihn Alter, Stellung, Verdienste empfehlen, gewisse Rücksichten beobachte, z.B. ihn beim Begegnen grüße, ihn bei gewissen Vorkommnissen besuche, ihm kleinere Aufmerksamkeiten, Ehrenbezeigungen, Dienstleistungen erweise. Manchmal muß man sogar, um sich andern gefällig zu zeigen, auf liebgewordene Gewohnheiten und Gemächlichkeiten, auf den eigenen Wunsch und Willen verzichten. Was ist das anderes als Nächstenliebe?

(P. Franz Tischler: Illustriertes Hausbuch für christliche Familien, 1908)

4. a) Befragen Sie Mitschülerinnen und Mitschüler, Freundinnen und Freunde, die aus einem anderen Kulturkreis stammen, nach ihrer Bewertung des Wortes „Alter“.
   b) Berichten Sie davon im Plenum.
5. Tragen Sie Wörter aus unserer Sprache zusammen und erläutern Sie, inwieweit diese Ihrer Meinung nach manipulativ benutzt werden.

Der situative Kontext

Entscheidend für den Erfolg eines Kommunikationsprozesses ist auch der **situative Kontext**, in welchem eine Äußerung fällt.
Eine Situation wie die folgende entsteht immer wieder im täglichen Leben: Die siebzehnjährige Tochter wird von einem Elternteil gefragt: „Wie war's denn heute in der Schule?“
Die Reaktion auf diese harmlos wirkende Frage kann völlig unterschiedlich ausfallen. So könnte die Tochter z. B. antworten:

- „Ich hatte Ärger, aber ich mag jetzt noch nicht darüber reden. Vielleicht später.“
- „Es ging so.“
- „Frag mich nicht immer aus! Ich bin doch kein Kind mehr!“

1. Stellen Sie Vermutungen an, welche Ursachen die verschiedenen Reaktionsweisen haben könnten.
2. Tragen Sie weitere Reaktionsmöglichkeiten zusammen.

3. Erläutern Sie die Wirkung des situativen Kontextes auf den Verlauf des kurzen Gesprächs.
4. Entwerfen Sie ähnliche Szenen.

Der **situative Kontext** einer Gesprächssituation wird geprägt von verschiedenen Faktoren. Dazu gehören

- die **Rahmenbedingungen** (z. B. Lärm, schlechte Luft),
- die **psychische und die physische Verfassung** der Kommunikationspartner (z. B. Trauer, Krankheit),
- der **Gesprächsanlass** (z. B. geplante Kommunikationsanlässe wie Prüfung, Bewerbung; zufällige Anlässe wie Partygespräch).

Carlo Manzoni

Der Hausschlüssel (1966)

Herr Veneranda blieb vor einer Haustür stehen, betrachtete die dunklen geschlossenen Fensterläden und pfiff mehrmals, als wolle er jemanden rufen. An einem Fenster des dritten Stockes erschien ein Herr.

„Haben Sie keinen Schlüssel?", schrie der Herr, um sich verständlich zu machen.

„Nein, ich habe keinen Schlüssel!", schrie Herr Veneranda.

„Ist die Haustür zugeschlossen?", schrie der Herr am Fenster wieder.

„Ja, sie ist zu", antwortete Herr Veneranda.

„Dann werfe ich Ihnen den Schlüssel hinunter."

„Wozu?", fragte Herr Veneranda.

„Um die Haustür aufzuschließen", erwiderte der Herr am Fenster.

„Also gut!", schrie Herr Veneranda. „Wenn Sie wollen, dass ich die Haustür aufschließe, dann werfen Sie mir nur den Schlüssel herunter!"

„Aber müssen Sie denn nicht herein?"

„Ich? Nein. Wozu auch?"

„Wohnen Sie denn nicht hier?", fragte der Herr am Fenster, der nicht mehr recht mitkam.

„Ich? Nein!", schrie Herr Veneranda zurück.

„Und warum wollen Sie dann den Schlüssel?"

„Wenn Sie wollen, dass ich die Tür aufschließe, muss ich sie doch mit dem Schlüssel aufschließen. Glauben Sie vielleicht, ich könnte es mit einem Pfeifen?"

„Ich will gar nicht, dass die aufgemacht wird!", rief der Herr am Fenster. „Ich meinte, Sie wohnten hier; ich hörte Sie pfeifen."

„Pfeifen denn alle, die hier im Haus wohnen?", erkundigte sich Herr Veneranda mit voller Lautstärke.

„Nur wenn sie keinen Schlüssel haben", antwortete der Herr oben.

„Ich habe keinen Schlüssel!", schrie Herr Veneranda.

„Dürfte ich vielleicht wissen, was diese Schreierei zu bedeuten hat? Man kann dabei kein Auge zutun!", brüllte ein Herr, der sich an einem Fenster des ersten Stockes zeigte.

Carlo Manzoni

„Wir schreien, weil sich der Herr dort im dritten Stock befindet und ich auf der Straße stehe", sagte Herr Veneranda. „Wenn wir leise sprechen, können wir uns nicht verständigen."

„Aber was wollen Sie denn?", fragte der Herr, der im ersten Stock am Fenster stand.

„Da müssen Sie den Herrn im dritten Stock fragen", sagte Herr Veneranda. „Ich habe es noch nicht herausbekommen: Zuerst will er mir den Hausschlüssel herunterwerfen, damit ich die Haustür aufschließe, dann will er wieder nicht, dass ich die Haustür aufschließe, dann sagt er, dass ich, wenn ich pfeife, in diesem Haus wohnen müsse. Kurzum, ich habe es noch nicht herausbekommen. Pfeifen Sie übrigens?"

„Ich? Nein! Wieso sollte ich pfeifen?", fragte der Herr am Fenster des ersten Stockes.

„Weil Sie in diesem Haus wohnen", sagte Herr Veneranda. „Der Herr im dritten Stock hat gesagt, dass die Leute, die in diesem Haus wohnen, pfeifen. Mir ist es jedenfalls einerlei: Meinetwegen können Sie ruhig pfeifen."

Herr Veneranda verabschiedete sich mit einer leichten Verbeugung, ging seines Weges und murmelte vor sich hin, dass dies bestimmt eine Art Irrenanstalt sein müsse.

5. Beschreiben Sie den Umgang mit Sprache in Manzonis Geschichte. Greifen Sie dabei auf Ihre Kenntnisse aus den Abschnitten „Nonverbale Kommunikation" (▷ S. 49 ff.) und „Verbale Kommunikation" (▷ S. 54 ff.) zurück.

2.2.3 Gesprächsformen

A. Paul Weber: Der Gesprächskreis

1. a) Betrachten Sie die Abbildung. Achten Sie dabei auch auf Details.
   b) Machen Sie sich Notizen zu Ihren Beobachtungen. Setzen Sie dabei die Abbildung in Bezug zu der Redensart „Phrasen dreschen“.
   c) Tragen Sie Ihre Beobachtungen in einem ▷ Kurzreferat vor. ▷ S. 42 ff.
2. Tragen Sie Gesprächsanlässe des täglichen Lebens zusammen.

Die Diskussion

Der Begriff „Diskussion“ ist abgeleitet von dem spätlateinischen Wort „discussio“, welches mit „Untersuchung, Prüfung“ übersetzt werden kann. Tagtäglich dürfen bzw. müssen wir im privaten sowie im öffentlichen Leben aktiv oder passiv an Diskussionen teilnehmen. Von entscheidender Bedeutung ist dabei die Tatsache, dass wir in einer **Demokratie** leben und uns daher von klein auf das Recht zusteht, aber auch die Pflicht auferlegt wird, zahlreiche **Meinungsbildungsprozesse** zu durchlaufen. In autoritär oder gar diktatorisch geprägten Gesellschaftsformen dagegen herrschen Befehlsstrukturen, welche nur funktionieren können, wenn sie nicht diskutiert, d. h. hinterfragt werden.
Obwohl Diskussionen also Bestandteil unseres täglichen Lebens sind, beobachten wir häufig Gespräche, welche den Namen Diskussion eigentlich nicht verdienen, weil die Teilnehmer/innen durch ihr Verhalten einen geordneten Diskussionsablauf und ein sinnvolles Diskussionsergebnis unmöglich machen.

1. Zeichnen Sie eine Fernsehdiskussion auf und beobachten Sie in Gruppen die einzelnen Teilnehmer/innen.
2. Machen Sie sich Notizen zum Gesprächsverhalten und übertragen Sie diese anschließend stichwortartig auf Packpapierbögen, welche Sie zu den einzelnen Personen anlegen. Trennen Sie dabei Verhaltensweisen, die Sie als positiv bzw. negativ empfinden.
3. Stellen Sie einen Katalog von Gesprächsregeln zusammen und visualisieren Sie diese in geeigneter Form in Ihrem Klassenraum.
4. Übernehmen Sie Ihre Regeln auf einen Beobachtungsbogen nach folgendem Muster:

Sprecher/in: …	*+3*	*+2*	*+1*	*–1*	*–2*	*–3*
zeigt Offenheit durch die Körperhaltung						
spricht laut und verständlich						
…						

Die Gesprächsleitung

Die Leitung einer Diskussion wird übernommen von einer **Moderatorin**/einem **Moderator**. Der Begriff „moderat“ kommt aus dem Lateinischen und bedeutet „gemäßigt“. Ein/e Leiter/in muss also mäßigend und maßvoll in den Gesprächsverlauf eingreifen.
Er/Sie

- **eröffnet die Diskussion:** Begrüßung, Thema, Vorstellung der Teilnehmer/innen;
- **lenkt den Gesprächsverlauf:** Kontrolle von Redezeit und Themenbezug, Hinweis auf Regelverstöße, Beachtung des „roten Fadens“, Stellen von klärenden bzw. weiterführenden Fragen;
- **beendet die Diskussion:** Fazit, Hinweis auf ausstehende Ergebnisse, Dank, Verabschiedung.

Ein **Diskussionsbeitrag** kann nur überzeugen, wenn er einen für die Zuhörerinnen und Zuhörer nachvollziehbaren Gedankengang in logischer Folge aufbereitet. Wichtig ist auch, die Gedanken klar und knapp zu formulieren, damit Meinungen, Argumente, Schlussfolgerungen und Forderungen erkennbar werden. Ein solcher Beitrag könnte z. B. folgendermaßen aufgebaut sein:

Diskussionsbeitrag nach dem Fünfsatz-Verfahren

- „Herr X hat bei seiner Argumentation folgende Punkte übersehen …“ → Beitrag in den Diskussionsverlauf einordnen
- „Ich behaupte also, dass …“ → Standpunkt formulieren
- „Dies lässt sich beweisen anhand von …“ → Argumente vorbringen
- „Daraus ergibt sich für mich …“ → Fazit ziehen
- „Meiner Meinung nach sollten wir also …“ → Anregungen geben, Forderungen stellen

5. Führen Sie eine ▷ Fishbowl-Diskussion durch zu der Frage, ob Sie das Tragen von Schuluniformen befürworten. ▷ S. 41
   Während der Diskussion
   - beurteilt ein Teil der Zuhörer/innen die Diskutierenden mit Hilfe des Beobachtungsbogens (▷ Aufgabe 4, S. 60);
   - hält der andere Teil der Zuhörerschaft die vorgetragenen Argumente in Form eines ▷ Verlaufsprotokolls fest. ▷ S. 40

   Wenn die Möglichkeit besteht, die Diskussion auf Video aufzunehmen, könnten Sie Ihre Beobachtungen vertiefen und – falls nötig – nach Wegen suchen, die Gesprächskultur zu verbessern.
6. a) Entwerfen Sie in Gruppen Schuluniformen, die Ihnen gefallen würden.
   b) Stellen Sie Ihre Uniformen im Plenum vor, z. B. als Zeichnung, Collage, Fotoserie, Modenschau.

Je nach Thema und Situation bieten sich verschiedene **Diskussionsformen** an:

Gruppendiskussionen können sich spontan ergeben, aber auch geplant stattfinden. Im Unterricht haben sie ihren Platz z. B. im Anschluss an einen Lehrervortrag oder an ein Referat, bei der Planung eines Projekts oder einer Klassenfahrt. Dabei sind die Teilnehmer/innen u. U. sehr unterschiedlich auf das Thema vorbereitet.

Podiums- oder Forumsdiskussionen werden zu einem speziellen Thema von Expertinnen und Experten vor einem interessierten Publikum geführt, welches im Anschluss an die Diskussion die Möglichkeit bekommt, Anregungen oder Fragen zu äußern.

▷ **Fishbowl-Diskussionen** eignen sich besonders für den Unterricht. Sie werden geführt von einer begrenzten Zahl vorbereiteter Teilnehmerinnen und Teilnehmer. ▷ S. 41

Die Debatte

Schon die Herkunft des Wortes Debatte betont den eher kämpferischen Charakter dieser gedanklichen Auseinandersetzung: Das lateinische Wort „battuere“ bedeutet „den Gegner mit Worten schlagen“.
Sprache wird also mitunter auch als Kampfmittel benutzt, was Begriffe wie „schlagkräftig“, „Schlagabtausch“, „Rededuell“ und „Redeschlacht“ deutlich machen. Debatten haben daher ihren Platz vor allem im **politischen Bereich**. Es handelt sich um geplante Redeanlässe, die als Ziel immer eine **Entscheidung** haben, daher stellen die gegnerischen Parteien in der Regel Anträge, über die am Ende abgestimmt wird.
Eine Moderatorin/Ein Moderator (z. B. der/die Bundestagspräsident/in) leitet die Debatte und achtet auf die Einhaltung der Regeln, sodass die Redezeit nicht überschritten wird, Beleidigungen unterbleiben, Tumulte vermieden werden usw.
Die gegnerischen Parteien nutzen das Forum der Parlamentsdebatte allerdings oft weniger zu einem echten Gedankenaustausch, vielmehr dient er ihnen als Bühne, auf der sie den Kampf um die Gunst der Wähler/innen führen – und das keineswegs nur in Zeiten von Wahlkämpfen. Wie in jedem Kampf spielen daher auch in Debatten Angriff und Verteidigung eine wichtige Rolle.

Jeder Redner und jede Rednerin wird versuchen, die eigene Position so wirkungsvoll wie möglich zu untermauern und die gegnerische Position zu schwächen. Dazu muss man zum einen die ▷ S. 68 eigenen ▷ **Argumente** (Fakten, Grundsätze/Normen) sorgfältig auswählen und der Überzeugungskraft nach anordnen, zum anderen müssen die Gegenargumente entkräftet werden: Man sucht z. B. Lücken in der Kontra-Position und man hinterfragt die Gültigkeit der gegnerischen Argumente. Hierfür werden oft bestimmte Argumentationstechniken eingesetzt:

Angriffstechniken

Bestreitetechnik
Die Gültigkeit der Argumente bestreiten: „Sie haben behauptet, dass ... Damit unterstellen Sie ... Dabei übersehen Sie ..."

Übertreibungstechnik
„Wollen Sie mit Ihrer Behauptung andeuten, dass alle ..."

Gegenfragetechnik
„Wieso sagen Sie ..."

Umkehrtechnik
Umkehrung des Arguments durch Umkehrung des Kerns des Arguments: „Das wäre richtig, wenn die Annahme stimmte ..., aber dazu möchte ich ..."

Vorfragetechnik
Mit einer Frage den Standpunkt anderer Diskussionsteilnehmer ermitteln und sie darauf festlegen, um sie dann argumentativ angreifen zu können: „Habe ich Sie richtig verstanden, dass Sie ... behaupten wollen? – Dann muss ich Ihnen entgegenhalten ..."

Vorwegnahmetechnik
„Sie werden vermutlich einwenden, dass ... Darauf möchte ich antworten ..."

Verteidigungstechniken

Relativierungstechnik
„Das kann man auch anders sehen: ..." – „Sehen Sie das nicht zu dramatisch?"

Kehrseitentechnik
„Ihr Standpunkt ist in einigen Aspekten richtig (oder nicht falsch). Sie übersehen dabei allerdings die Nachteile, dass ..."

Einschränkungstechnik
„So problematisch, wie Sie es darstellen, ist die Sache gar nicht: ..." – „Welche Wirkung hat denn ... überhaupt?"

Umformungstechnik
Sachverhalte und Standpunkte werden zu Problemen oder Fragen:
„Sie haben eben das Problem ... angeführt."

Leerlauftechnik
Den Diskussionspartner seinen Standpunkt vortragen lassen, durch Zusammenfassen Zeit gewinnen: „Zur besseren Übersicht fasse ich noch einmal zusammen: Sie sind also der Auffassung, dass ..."

---

1. a) Zeichnen Sie eine Parlamentsdebatte auf. Verfolgen Sie die Debatte und machen Sie sich in Gruppen Notizen zu folgenden Punkten:
   - Rolle der/des Vorsitzenden
   - Techniken von Angriff und Verteidigung
   - Regeln einer Debatte

   b) Tauschen Sie Ihre Eindrücke aus.
2. a) Wählen Sie ein umstrittenes Thema aus der Tagespolitik und klären Sie, welche Position die verschiedenen im Bundestag vertretenen Parteien dazu einnehmen.

   b) Entwerfen Sie in Gruppen Debattenbeiträge für die jeweiligen Parteien.

   c) Zeichnen Sie Ihre Debatte nach Möglichkeit auf Video auf, um sie im Anschluss besser analysieren zu können.

Der Dialog

Die beiden griechischen Wörter „logos" (= Rede, Vernunft) und „dia" (= zwischen) sind der Ursprung für den Begriff Dialog. Im Gegensatz zum Monolog findet hier also ein **Gedankenaustausch**, ein Zwiegespräch statt. Die Bedeutungsgleichheit von „Rede" und „Vernunft" im Griechischen weist darauf hin, dass der Zweck des Dialogs im **Zugewinn von Kenntnissen und Erkenntnissen**, nicht im Besiegen eines Gegners liegt. Es geht bei dieser Gesprächsform um die Sache, daher erübrigt sich oft die Leitung durch eine Moderatorin oder einen Moderator, denn persönliche Ziele werden nicht verfolgt; vielmehr handelt es sich um eine Gesprächsform, in der die Beteiligten **gleichberechtigt** sind, also partnerschaftlich miteinander umgehen. Damit ist gesichert, dass alle Gesprächsbeiträge als gleichwertig angesehen werden.

Für einen **Dialog** gelten drei Grundbedingungen:
- Alle Teilnehmer/innen sollten die Bereitschaft haben, sich als gleichberechtigte Gesprächspartner/innen zu betrachten, d. h., keiner sollte sich als „Experte" oder aufgrund seiner Position einem anderen überlegen fühlen. Alle arbeiten im Team. Es geht nicht darum, wer was gesagt hat, sondern es geht um die Vielfalt der Ideen. Gegenseitiges Zuhören ist unabdingbar.
- Alle Teilnehmer/innen müssen ihre Überlegungen, Annahmen, Hypothesen „aufheben", d. h., jeder geht davon aus, dass er den besprochenen Sachverhalt noch nicht vollständig kennt, niemand meint, dass er reine Fakten vorträgt, vielmehr werden alle (!) Annahmen in einem offenen Austausch präsentiert und miteinander verglichen.
- Ein helfender Begleiter sollte darauf achten, dass die Teilnehmer/innen nicht in ein Streitgespräch verfallen. Als Beobachter und Vermittler kann er den Dialog fördern, z. B. indem er einwirft: „Das Gegenteil ist vielleicht auch wahr." Geübte Dialog-Teams benötigen keinen Helfer mehr.

Die Form des **regelgebundenen Kreisgesprächs** eignet sich am besten zur Einübung von Dialogen. Die Sitzordnung in Kreisform ermöglicht den Blickkontakt. Ein/e Freiwillige/r beginnt und gibt das Wort weiter. Will man erreichen, dass alle am Dialog teilnehmen, können Redekarten in die Mitte gelegt werden, wer reden möchte, holt sich eine Karte. Erst wenn alle Beteiligten an der Reihe waren, kann ein zweiter Durchgang mit andersfarbigen Karten folgen.

1. Machen Sie sich einzeln Gedanken zu dem Thema „Sprechen und Schweigen im Unterricht".
2. Führen Sie ein regelgebundenes Kreisgespräch zu diesem Thema.
3. Beurteilen Sie den Ablauf des Dialogs.

Gabriele Wohmann

Verjährt (1968)

Nette Leute, unsere Nachbarn in der Strandhütte rechts, die Leute mit dem Pudel. Ruhige Leute, mit vorwiegend angenehmen Erinnerungen. Sie verbringen jeden Sommer hier, kaum wissen sie noch, seit wann. Sie haben auch letztes Jahr im „Juliana" gewohnt, waren einmal am Leuchtturm, mit Rast in der Teebude, bei ähnlichem Wetter wie im Jahr davor oder danach. Es kommt ihnen auf Übereinstimmung an, je mehr die Ferien sich gleichen, desto besser die Erholung. Öfter im Hafenort, die etwas längere, aber auch lohnendere Unternehmung. Doch noch immer haben sie sich nicht dazu aufgerafft, in einer Vollmondnacht längs des Abschlußdamms zu promenieren. Wiedermal versäumten sie an keinem ihrer vier Mittwochnachmittage das Folklorefest im Hauptort der Insel, vorher Einkäufe, Mittagessen, als Ausklang Eis. Es pflegt sie stets einigermaßen anzustrengen, im überfüllten Städtchen findet der Mann nur mit Mühe einen Parkplatz; aber es gehört dazu und ist nett, war nett, immer gewesen. Findest du nicht, Reinhard?

Sie mieten immer eine der Strandhütten auf der Nordseite, sie finden den dortigen Strandhüttenvermieter sympathischer, sie melden sich immer rechtzeitig an und bestehen auf einer der höheren Nummern, meistens wohnen sie in einer Hütte zwischen 60 und 65. Sie haben es gern ruhig. Der etwas weitere Weg, Preis dieser Ruhe, ist schließlich gesund. Sie redeten auch vor drei Jahren über den Pudel, beispielsweise. Der Pudel, das Wetter, der Badewärter, der Jeep des Badewärters, Badeanzüge, Mahlzeiten im „Juliana". Vielleicht sind einige ihrer Sätze früheren Sätzen zufällig aufs Wort gleich, das wäre wahrscheinlich, zumindest bei kurzen Sätzen. Die Bedienung im „Juliana" wechselt, aber das bringt wenig Veränderung mit sich, denn alle Kellnerinnen und Kellner und auch die Zimmermädchen sind freundlich und vergeßlich, als mache die Hotelleitung bei neuen Engagements gerade nur diese beiden Eigenschaften zur Bedingung.

Übrigens haben vor ungefähr fünfzehn Jahren unsere netten ruhigen Nachbarn sich den

Gabriele Wohmann (1995)

Frieden gewünscht, in dem sie jetzt längst leben. Das Erreichte scheint sie manchmal fast zu lähmen. Stundenlang reden sie kein Wort miteinander. Dann wieder das Hotelessen, der Vorschlag spazierenzugehen, die lauten ballspielenden Leute in der Strandhütte links, unsere Nachbarn bedauern, daß der Strandhüttenvermieter nicht darauf geachtet hat, ihr Ruhebedürfnis zu respektieren, er wird es nicht so genau wissen, wir wollen keinen Streit anfangen. Mit ihrem Apfelfrühstück, den Rauchpausen, dem Umkleiden in der Hütte – wobei immer einer rücksichtsvoll den andern allein läßt und, den beunruhigten Pudel an knapper Leine zurückreißend, vor der versperrten Tür wartet – mit ihren kurzen, aber gründlichen, von Gymnastikübungen umrahmten Bädern bei Hochflut, den Pudelspaziergängen mit Apportieren und fröhlichen, aber ernsthaften Erziehungsexerzitien und sparsamem Wortwechsel untereinander, erwecken unsere Nachbarn in mir den Wunsch, wir beide, Reinhard, könnten es eines Tages genau so angenehm haben –

Ich bringe die Zeit durcheinander, entschuldige. Es ist so heiß, die Sommer sind sich so ähnlich, man kann leicht eine Schaumkrone für ein Segel halten oder Jahre und Leute miteinander verwechseln.

Aufregungen im Leben unserer Nachbarn liegen so weit zurück, daß sie nicht mehr genau stimmen, wenn man sich ihrer erinnert, aber das unterbleibt. Vor Jahren hat der Mann ein Kind überfahren, es war jedoch nicht seine Schuld, sondern die des Kindes. Die Frau, ob-

wohl sie das so gut wie jedermann wußte, nahm dem Mann die Selbstsicherheit übel, mit der er über den Fall redete. Als käme es darauf an, wer die Schuld hat, fand sie, sie sagte es ihm auch. Weniger nett von ihr, denn sie hätte spüren müssen, daß der Mann unter dem Unfall litt wie sie, schuldig oder nicht.
Jetzt vergessen. Während der Mittagsstunden ist es besonders ruhig am Strand. Oft nehmen unsere Nachbarn sich Lunchpakete mit in die Strandhütte, bei schönem Wetter; die Lunchpakete des „Juliana“ sind so großzügig gepackt, daß der Pudel kein eigenes Fressen braucht. Die vier Wochen am Meer, von jeher eine feste Gewohnheit unserer Nachbarn, waren in dem Jahr nach dem Unfall natürlich keineswegs geruhsam, obwohl nicht mehr darüber geredet wurde: beide erholten sich nicht nennenswert. Sie besaßen auch noch keinen Pudel damals, überhaupt keinen Hund als Ersatz für ihre kleine, vom Vater überfahrene Tochter, darauf kamen sie erst ein Jahr später, es hat aber auch dann noch nicht richtig geholfen, die Traurigkeit war doch größer. Im Jahr nach dem Unfall hatte der Mann immer noch nicht von seiner Marotte genug, der Frau Vorwürfe zu machen. Schön und gut, ich habe sie überfahren, aber du hast mit ihr das blödsinnige Privatfest gefeiert und ihr so viel Wein zu trinken gegeben – die Frau hörte nicht mehr zu. War es anständig, Monate nachdem sie den Alkohol aufgegeben hatte, dieses Thema überhaupt zu berühren? Die Frau fand jahrelang die Auseinandersetzungen mit ihrem Mann schlimmer als den Verlust des Kindes, sie haßten sich, wünschten einer des andern Tod – nicht der Rede wert. Jetzt, am Strand, wird keinem Anlass für Zorn mehr nachgesonnen. Alles ist verjährt, scheint es nicht so? Zwei Hütten weiter rechts sieht ein Mädchen der Geliebten des Mannes ähnlich; sehr viele Jahre her, man zählt nicht nach. Diese Geliebte wäre jetzt älter und dem Mädchen gar nicht mehr ähnlich. Sie lebt nicht mehr, ihr Selbstmord war der Frau recht: das genügt nicht, um von Schuld zu sprechen. Der Pudel ist so lebhaft. Nett zu beobachten. Man selber liegt still. Kein Wort mehr. Zu reden, das hieße: auch über Gilbert zu reden. Nach dem von mir verschuldeten tödlichen Unfall unseres Kindes, Reinhard, war es doch verständlich, daß ich mit Gilbert wegging. Vorbei. Ich weiß, daß die noch jungen Leute nebenan uns beneiden. Nette ruhige Leute werden sie denken, vorwiegend angenehme Erinnerungen. Was für friedliche Nachbarn, sie sind gut dran. Ja, so wird es von uns heißen. Ich höre manchmal Streit von nebenan, du auch, Reinhard? Es erinnert uns an früher. Es erinnert uns an meinen Sohn von Gilbert, an deine Konsequenz, das Kind nicht in unserm Haus zu dulden. Er erinnert uns an das gebrochene Versprechen, meinen Vater bei uns aufzunehmen, aber meine Mutter, sterbend, wußte ja schon nicht mehr, was sie verlangte, und übrigens starb mein Vater knapp drei Monate später in seinem sehr ordentlichen Altersheim.
Seit wir nur noch wenig miteinander reden, Reinhard, erholen wir uns von Sommer zu Sommer besser. Unsere Ernährung ist reich an Vitalstoffen. Promenaden bei Vollmond aber lassen wir besser weg. Besser, wir halten uns an das Normale. Der Pudel amüsiert uns, ein spaßiger Kerl. Das Meer ist fast schön. Viel Obst, viel Übereinstimmung, viel Ruhe. R

---

1. a) Lesen Sie die Kurzgeschichte von Gabriele Wohmann aufmerksam durch.
   b) Entwerfen Sie in Partnerarbeit eine Skizze, aus welcher hervorgeht, welche Personen eine Rolle spielen und was über diese Personen berichtet wird.
   c) Vergleichen Sie in Gruppen jeweils zwei bis drei Skizzen und einigen Sie sich auf ein Gruppenergebnis. Stellen Sie dieses dem Plenum vor.
2. a) Tragen Sie Textstellen zusammen, in denen vom Kommunikationsverhalten der Beteiligten die Rede ist.
   b) Werten Sie diese im Plenum aus und halten Sie die Ergebnisse in geeigneter Form fest.
3. Entwerfen Sie in Gruppen mögliche Dialoge zwischen den Beteiligten und stellen Sie diese in einem szenischen Spiel dar. Legen Sie dabei die biografischen Details aus dem Text zugrunde, ergänzen Sie diese, falls es Ihnen nötig erscheint.

2.2.4 Die Problemerörterung

Im täglichen Leben werden uns häufig **Stellungnahmen und Entscheidungen** abverlangt. Freunde bitten um Rat, Familien müssen in strittigen Fragen eine Einigung erzielen, in der Schule erfordern viele Situationen eine Stellungnahme, das Berufsleben ist ohne Entscheidungsprozesse undenkbar. In den meisten Fällen tauschen wir **Argumente** aus, bevor wir uns eine Meinung bilden oder eine Entscheidung treffen. Dabei vertreten die Beteiligten meist kontroverse Positionen – Pro und Kontra – und versuchen ihre Gesprächspartner davon zu überzeugen, indem sie miteinander diskutieren.
Die Problemerörterung ist die **schriftliche Form einer Diskussion**, wobei der oder die Schreibende alle Teilnehmer/innen der Diskussion in einer Person vereinigt. Ausgehend von einer **Entscheidungsfrage** vertritt er/sie beide konträren Positionen und ist zugleich Moderator/in. Im Anschluss daran trifft der oder die Schreibende eine Entscheidung und rundet die Erörterung mit einem Schluss ab.

▷ S. 21

Eine **Stoffsammlung** erleichtert den Einstieg in die Erörterung. Sie dient dazu, alle Gedanken festzuhalten, die einem spontan zu dem Thema durch den Kopf gehen. Mit Hilfe von geeigneten Techniken (Tabelle, ▹ Mind-Map, Diagramm) lassen sich diese Gedanken ordnen, sodass nun als eine Art Inhaltsangabe die **Gliederung** erarbeitet werden kann. Dabei wird folgendes Schema zugrunde gelegt:

A) Einleitung, z. B. eine der folgenden Möglichkeiten
- Anlass der Fragestellung
- Hinweis auf Beitrag in Medien
- persönliche Erfahrung
- historischer Rückblick

B) Hauptteil
Formulierung der Argumente

C) Entscheidung

D) Schluss, z. B.
- Ausblick
- Voraussetzungen für die Realisierung der Entscheidung

Von zentraler Bedeutung in Diskussionen und Erörterungen ist die angemessene Formulierung der Argumente. Eine Behauptung ist nur dann überzeugend, wenn wir sie mit geeigneten **Begründungen** untermauern und anschließend den abstrakten Gedankengang mit einem konkreten **Beispiel** abrunden:

Behauptung → *Die Raumfahrt bringt unserer Gesellschaft Vorteile,*

Begründung → *denn sie bietet interessante Möglichkeiten für wirtschaftliches Wachstum.*

Beispiel → *Die ursprünglich nur in der Raumfahrt genutzte Satellitentechnik z. B. hat mittlerweile den Wirtschaftszweig Telekommunikation expandieren lassen.*

Für die **Anordnung der Argumente** im Hauptteil stehen zwei verschiedene Vorgehensweisen zur Verfügung:

Pro und Kontra **im Block**

1. These (Behauptung/Forderung/Urteil)
   1.1 Argument
   1.2 Argument
   1.3 Argument
2. Gegenthese
   2.1 Argument
   2.2 Argument
   2.3 Argument
   usw.

Diese Vorgehensweise ist **übersichtlich, einfach, aber wenig abwechslungsreich.**

Pro und Kontra **im Wechsel**

1. Erläuterung von These und Gegenthese
2. Argumente

Argument These
↘
Argument Gegenthese
↙
Argument These
↘
Argument Gegenthese
usw.

Diese Vorgehensweise entspricht einer realen Kommunikationssituation und ist daher **lebendiger**. Allerdings erweist sich die logische Verknüpfung der Argumente oft als **schwierig**.

---

1. a) Fertigen Sie eine Stoffsammlung an zu einem der beiden folgenden Themen:
   - Führerschein ab 16?
   - Rente mit 60?

   b) Vergleichen Sie Ihre Ergebnisse und vervollständigen Sie Ihren Entwurf.
2. a) Entwerfen Sie in Gruppen Gliederungen zu Ihrer Stoffsammlung. Dabei sollten sowohl Gliederungen entstehen, welche die Argumente im Block reihen, als auch solche, in denen die Argumente im Wechsel aufeinander folgen.

   b) Vergleichen Sie Ihre Ergebnisse.

---

3. Untersuchen Sie, ob die Argumentation in der Karikatur überzeugend ist. Begründen Sie Ihre Stellungnahme.

Als **Argumente** geeignet sind:	**Beispiele:**
• **nachprüfbare Fakten**	Weltweit wurden die Umsätze der Raumfahrt-Industrien Ende 1997 auf nahezu 77 Milliarden Dollar geschätzt, im Jahr 2000 waren es schon 121 Milliarden.
• **Aussagen kompetenter Personen (Autoritätsargument)**	Jesco von Puttkamer, der Planungschef der NASA, schreibt in der Fachzeitschrift „Astronomie und Raumfahrt" 36/1999: „Bei uns erbringt jeder in die Raumfahrt gesteckte Dollar zwischen sieben und zehn Dollar für die Volkswirtschaft."
• **allgemein anerkannte Wertvorstellungen, Normen, Gesetze**	Die Mythen und Sagen aller Völker beweisen, dass die Erforschung des Weltraums ein uralter Traum der Menschheit ist, die immer nach der Erweiterung ihres Horizonts gestrebt hat. Die Raumfahrt bietet uns die Möglichkeit, diesen Traum zu realisieren, indem wir z. B. erforschen, ob außer auf unserem Planeten noch Lebewesen im Weltraum existieren.
• **Analogien**	Auch als die ersten Eisenbahnen fuhren, zweifelte man den Nutzen dieser „fauchenden Ungeheuer" an, viele Zeitgenossen glaubten sogar, sie würden aufgrund der enormen Geschwindigkeiten bei den Fahrgästen Hirnschädigungen auslösen. Heute sind Reisen mit Hochgeschwindigkeitszügen eine Selbstverständlichkeit geworden und der wirtschaftliche Nutzen dieser Technik steht außer Frage. Ebenso selbstverständlich wird uns die Nutzung der Raumfahrt werden.

4. a) Tragen Sie als Hausaufgabe themengleiche kommentierende Texte aus der Tagespresse zusammen.
▷ S. 112 Berücksichtigen Sie dabei sowohl ▷ Boulevard- als auch Abonnementzeitungen.
   b) Analysieren Sie in Gruppen die Argumentationsstruktur themengleicher Artikel aus verschiedenen Presseorganen.
5. a) Formulieren Sie je zwei Argumente zu dem Thema „Sollen auf Zeugnissen Kopfnoten vermerkt werden?".
   b) Schreiben Sie eine Einleitung zu diesem Thema.

Bei der Ausarbeitung einer Erörterung müssen Sie Folgendes beachten:

- Die **Argumente** werden **in steigernder Form** angeführt, die wichtigsten müssen am Schluss genannt werden.
- Die Gedanken sollen **inhaltlich verknüpft** werden.
- Die einzelnen Abschnitte müssen durch **Überleitungen** verbunden werden. Hierfür bieten sich vor allem Konjunktionen und Adverbien an wie *aber, dennoch, außerdem, weiterhin.*

6. Schreiben Sie eine vollständige Erörterung zu einem der in diesem Kapitel (▷ S. 66 ff.) genannten Themen.

2.3 Texte verstehen

2.3.1 Literarische Texte und Sachtexte unterscheiden

1. a) Tragen Sie zusammen, wo Ihnen im Laufe einer Woche Texte begegnen.
   b) Sortieren Sie diese Texte mit Hilfe der folgenden Tabelle:

	Literarische Texte *(fiktionale/erfundene Texte)*	***Sachtexte*** *(über die Wirklichkeit informierende Texte/Gebrauchstexte)*
Fachbuch		*X*
Zeitung		
Roman	*X*	
E-Mail		
Gespräch		
...		

Möbelverkäufer muss Krawatte und Sakko tragen

Hamm, 6. August (dpa) Wer in einem Möbelhaus „gehobenen Genres“ als Verkäufer arbeitet, muss Krawatte und Sakko tragen. Ein solches Haus könne von den Angestellten erwarten, dass sie bei Kundenkontakt „gepflegt“ auftreten. Das hat die 13. Kammer des Landesarbeitsgerichts (LAG) Hamm in einem am Donnerstag bekannt gewordenen Urteil entschieden. Ein Mitarbeiter, der Sakko und Krawatte nicht tragen wollte, sei deshalb zu Recht in eine Abteilung ohne Kundenkontakt versetzt worden. Der Sachbearbeiter war weiterhin in Hemd, Jeans und Turnschuhen erschienen, obwohl die Firmenleitung angeordnet hatte, dass die Angestellten korrekt gekleidet zu sein hatten. Der Betriebsrat hatte darin „eine unzulässige Benachteiligung“ gesehen und geklagt.

(Aktenzeichen: 13 TaBV 36/91)

2. a) Warum könnte die Zeitungsnachricht „Möbelverkäufer muss Krawatte und Sakko tragen“ veröffentlicht worden sein?
   b) Nehmen Sie Stellung zu dem Urteil des Landesarbeitsgerichtes Hamm.

Arthur Schnitzler

Die grüne Krawatte (1901)

Ein junger Herr namens Cleophas wohnte zurückgezogen in seinem Hause nah der Stadt. Eines Morgens wandelte ihn die Lust an, unter Menschen zu gehen. Da kleidete er sich wohlanständig an wie immer, tat eine grüne Krawatte um und begab sich in den Park. Die Leute grüßten ihn höflich, fanden, dass ihm die grüne Krawatte vorzüglich zu Gesicht stehe, und sprachen durch einige Tage mit viel Anerkennung von der grünen Krawatte des Herrn Cleophas. Einige versuchten, es ihm gleichzutun, und legten grüne Krawatten an wie er – freilich waren sie aus gemeinerem Stoff und ohne Anmut geknüpft.

Bald darauf machte Herr Cleophas wieder einen Spaziergang durch den Park, in einem neuen Gewand, aber mit der gleichen grünen Krawatte. Da schüttelten einige bedenklich den Kopf und sagten: „Schon wieder trägt er die grüne Krawatte … Er hat wohl keine andere …“ Die etwas nervöser waren, riefen aus: „Er wird uns noch zur Verzweiflung bringen mit seiner grünen Krawatte!“

Als Herr Cleophas das nächste Mal unter die Leute ging, trug er eine blaue Krawatte. Da riefen einige: „Was für eine Idee, plötzlich mit einer blauen Krawatte daherzukommen?“ Die Nervöseren aber riefen laut: „Wir sind gewohnt, ihn mit einer grünen zu sehen! Wir brauchen es uns nicht gefallen zu lassen, dass er heute mit einer blauen erscheint!“ Aber manche waren sehr schlau und sagten: „Ah, uns wird er nicht einreden, dass diese Krawatte blau ist. Herr Cleophas trägt sie, und daher ist sie grün.“

Das nächste Mal erschien Herr Cleophas, wohlanständig gekleidet wie immer, und trug eine Krawatte vom schönsten Violett. Als man ihn von weitem kommen sah, riefen die Leute höhnisch aus: „Da kommt der Herr mit der grünen Krawatte!“

Besonders gab es eine Gesellschaft von Leuten, der ihre Mittel nichts anderes erlaubten, als Zwirnsfäden um den Hals zu schlingen. Diese erklärten, dass Zwirnsfäden das Eleganteste und Vornehmste seien, und hassten überhaupt alle, die Krawatten trugen, und besonders Herrn Cleophas, der immer wohlanständig gekleidet war und schönere und besser geknüpfte Krawatten trug als irgendeiner. Da schrie einmal der Lauteste unter diesen Menschen, als er Herrn Cleophas des Weges kommen sah: „Die Herren mit der grünen Krawatte sind Wüstlinge!“ Herr Cleophas kümmerte sich nicht um ihn und ging seines Weges.

Als Herr Cleophas das nächste Mal im Park spazieren ging, schrie der laute Herr mit dem Zwirnsfaden um den Hals: „Die Herren mit der grünen Krawatte sind Diebe!“ Und manche schrien mit. Cleophas zuckte die Achseln und dachte, dass es mit den Herren, die jetzt grüne Krawatten trugen, doch weit gekommen sein müsste. Als er das dritte Mal wieder kam, schrie die ganze Menge, allen voran der laute Herr mit dem Zwirnsfaden um den Hals: „Die Herren mit der grünen Krawatte sind Meuchelmörder!“ Da bemerkte Cleophas, dass viele Augen auf ihn gerichtet waren. Er erinnerte sich, dass er auch öfters grüne Krawatten getragen hatte, trat auf den Gesellen mit dem Zwirnsfaden zu und fragte: „Wen meinen Sie denn eigentlich? Am Ende mich auch?“ Da erwiderte jener: „Aber, Herr Cleophas, wie können Sie glauben –? Sie tragen doch gar keine grüne Krawatte!“ Und er schüttelte ihm die Hand und versicherte ihn seiner Hochachtung.

Cleophas grüßte und ging. Aber als er sich in gemessener Entfernung befand, klatschte der Mann mit dem Zwirnsfaden in die Hände und rief: „Seht ihr, wie er sich getroffen fühlt? Wer darf jetzt noch daran zweifeln, dass Cleophas ein Wüstling, Dieb und Meuchelmörder ist?!“

---

3. Diskutieren Sie, welche Intention (Absicht) Arthur Schnitzlers Erzählung „Die grüne Krawatte“ verfolgt.
4. Vergleichen Sie die Zeitungsmeldung auf S. 69 mit der Erzählung im Hinblick auf Thema, Handlung, Sprache und Intention.
5. Ergänzen Sie die folgende Tabelle (▷ S. 71) auf einem großen Blatt (DIN A 4 quer, Packpapier o. Ä.). Gehen Sie dabei von Ihrem Vergleich der Zeitungsmeldung mit der Erzählung aus.

Merkmale	***Literarische Texte*** *(fiktionale/erfundene Texte)*	***Sachtexte*** *(über die Wirklichkeit informierende Texte/Gebrauchstexte)*
Verhältnis zur Wirklichkeit	*Vom Autor erdachte, möglicherweise auf einem realen Erlebnis beruhende Handlung*	…
Handlung	…	*Ausschnitt aus der Wirklichkeit, keine abgeschlossene Handlung*
Möglichkeit zu kürzen, ohne die Eigenart des Textes zu verändern	*Es gibt keine Möglichkeit zu kürzen, ohne die Eigenart des Textes zu verändern*	…
Notwendigkeit der Interpretation (Deutung)	…	…
Verwendete Sprache	…	*Allgemein verständliche Sprache*
Adressatengruppe	…	
Nutzen für die Leser/innen, Intention des Verfassers	…	…
…	…	…

2.3.2 Texte erschließen

Peter Bichsel

Das Lesen

Mein erstes Buch war Zwangslektüre, eine echte Qual. Ich bekam es von einer Tante geschenkt, die glaubte, höheren Geist in der Familie vertreten zu müssen, und sogar ein Modejournal abonniert hatte. Es war ein Weihnachtsgeschenk, ich war neunjährig, und es war ein richtiges Buch, dick und ohne Bilder: „Christeli" von Elisabeth Müller, sehr sehr traurig und sentimental, sehr, sehr brav und unspannend.

Ich begann einen Kampf mit diesem Buch. Ich hatte es zu lesen – selbst meine Eltern beharrten darauf, vor allem, weil meine Schwäche in Orthografie sich bereits zeigte und die Hoffnung bestand, durch Lesen zu besseren Diktaten zu kommen, durch bessere Diktate zu besseren Noten, dadurch zu besseren Erfolgschancen, zu einem besseren Lohn und einer schöneren Frau, zu einem größeren Haus und vielleicht einem Auto. Lesen war in diesem Zusammenhang immerhin noch karrierefreundlich. Zweitens hatte meine Mutter nicht die Absicht, sich von ihrer Schwester mit Modejournal blamieren zu lassen. Sie wollte zum Mindesten einen Sohn haben, der auch liest, genauso liest wie der Sohn ihrer Schwester.

Das Buch war grauenhaft langweilig. Ich hatte zwei Lesezeichen darin: Das erste zeigte an, wie weit ich schon war, das zweite zeigte mein selbst gestecktes Ziel, bis da und da – bis auf Seite 48 – will ich heute durchhalten. Ich hielt nie durch und erreichte mein Tagesziel nicht. Immerhin war ich stolz darauf, dass mich die Tante für erwachsen genug hielt, ein Leser zu

sein. Immerhin war ich einer mit einem Buch und fühlte mich im Geheimen allen Fußballern und Bäumekletterern ohne Buch überlegen. Ich hatte eine Ahnung davon, dass Bücherlesen etwas Besseres sei.
Ein Jahr später, am 23. Dezember, las ich die letzten zwei Seiten. Ich hatte ein ganzes Buch gelesen, ich hatte es geschafft, ich war stolz darauf und beschloss, ein Leser zu bleiben – einer, der richtige Bücher von der ersten bis zur letzten Seite liest. Als Fußballer war ich ohnehin schlecht.

1. Vielleicht haben Sie auch über ähnliche Erfahrungen, wie sie hier beschrieben worden sind, zu berichten. Erzählen Sie Ihren Mitschülerinnen und Mitschülern, wie es Ihnen mit dem Lesen ergangen ist bzw. ergeht.
2. Warum muss man überhaupt lesen? Wäre es wirklich ein Verlust, wenn auf das Lesen gänzlich verzichtet würde? Bilden Sie ein ▷ Kugellager und tauschen Sie Ihre Meinungen zu dieser Frage untereinander aus. Das Ergebnis Ihres Gespräches wird auf einem Plakat festgehalten und ausgehängt. ▷ S. 39
3. Welche Tipps können Sie Menschen geben, die sich wie Peter Bichsel in seiner Jugend mit dem Lesen von Texten oder sogar ganzen Büchern schwer tun?

Texte markieren

Wenn Sie etwas aufmerksam lesen, sollten Sie stets einen Stift zu Hand haben, um Auffälligkeiten und Merkwürdiges zu **markieren**. Am effektivsten arbeiten Sie, indem Sie mit unterschiedlichen Farben unterstreichen. Vergessen Sie nicht, auch **Randbemerkungen** vorzunehmen. Sie erleichtern Ihnen die Erinnerung, ohne dass Sie den gesamten Text noch einmal durchlesen müssen. Hier einige Vorschläge, Wichtiges zu kennzeichnen, sich Arbeitshinweise zu notieren und seine Gedanken auszudrücken:

wichtig: !

gut treffend, Zustimmung: +

unverständlicher Ausdruck: ?

nicht einverstanden: ??

nachschlagen: Lex.

Definition/Begriffsbestimmung: Def.

Zusammenfassung: Zusf.

Zusammenhang unklar: Zsh.

Beispiel: Bsp.

vergleiche Seite/Zeile: vgl.

einen Kasten um ein wichtiges Wort malen

einkreisen zur Hervorhebung

Unterstreichungen mit unterschiedlichen Linien

Sie können sich selbstverständlich auch Ihre eigene „Zeichensprache“ ausdenken, müssen allerdings dann auch darauf achten, dass Sie sich eine Legende, eine Bedeutung Ihrer Zeichen, dazu aufschreiben oder im Kopf behalten.
Im Übrigen ist es angebracht, den Text, den man bearbeitet, bereits beim Lesen zu strukturieren. Auch das erspart Zeit für die weitere Auseinandersetzung mit dem Gelesenen. So könnten Sie wichtige Überschriften, Oberbegriffe, Schlagwörter oder auch immer wiederkehrende Wörter hervorheben.

Bertolt Brecht

Über das Lesen von Büchern

Viele, sagte Me-ti, sehe ich Bücher lesen eine schwierige Kunst, die sie niemand gelehrt hat. Ihre Vorkenntnisse reichen weder aus, die Schwächen, noch die Stärken von Büchern zu erkennen. Ich will nicht von wissenschaftlichen Büchern reden, die fast immer so geschrieben sind, daß Wissen nötig ist, um Wissen zu erwerben. Aber auch die Erzählungen sind schwer lesbar. Meist erreicht der Verfasser im Handumdrehen, daß der Leser sich mehr für die Welt seines Buches interessiert, als sein Buch sich für die Welt interessiert. Er macht den Leser die Welt vergessen über dem Buch, das sie beschreiben soll. Mit einigen leicht erlernbaren, aber schwer durchschaubaren Tricks wird eine Spannung erzeugt, die den Leser vergessen macht, was vorgeht, indem sie ihn neugierig macht, wie es weitergeht. Um weitere Lügen zu erfahren, schluckt er die schon erfahrenen. Ein Schriftsteller, der so schreibt, daß sein Leser imstande ist, das Buch ab und zu wegzulegen, um das Gelesene zu überdenken und die Gedanken des Verfassers mit den eigenen zu vergleichen, gilt als [ein] wenig schwach. Es heißt von ihm, er könne mit seinem Leser nicht anfangen, was er wolle. Nach der landläufigen Ästhetik müssen die Gedanken der Verfasser überhaupt versteckt sein, möglichst schwer ausziehbar. Außerdem soll sich der Leser fragen: Was hat der Schreiber von dem, was er gewollt hat, erreicht. Nicht [ob] es richtig war zu morden, sondern ob richtig gemordet wurde, soll untersucht werden. In Wirklichkeit müssen die Bücher gelesen werden als die Schriften von Verdächtigen, die sie sind. Wie anders als mit dem äußersten Mißtrauen soll man die Erzählungen von Leuten hinnehmen, die entweder mithelfen, Hilflose in gewaltigen Mengen in blutige Kriege zu treiben, oder selber hilflos hineingetrieben werden? Die das Getreide verfaulen und die Menschen verhungern lassen? Die treten oder sich treten lassen? R

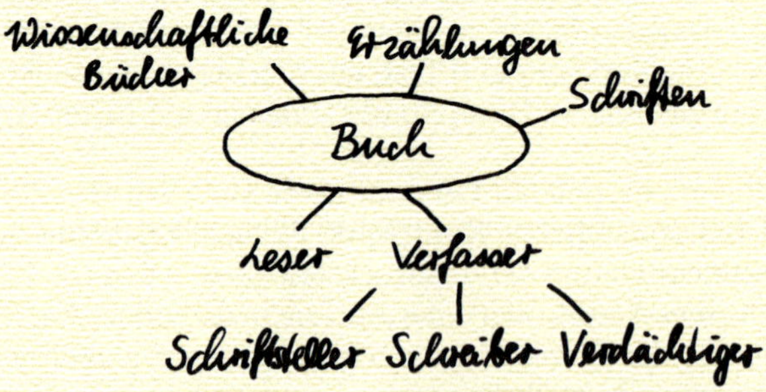

1. a) Untersuchen Sie Brechts Text „Über das Lesen von Büchern“ (▷ S. 73) unter folgenden Aspekten:
   - Welche beiden Arten des Lesens und des Schreibens werden gegenübergestellt?
   - Welche Vorwürfe werden den Verfassern von wissenschaftlichen Büchern gemacht? Was wird den Autoren von Erzählungen vorgehalten?
   - Welche Art von Lesern wünscht sich Me-ti und wie begründet er dies?

   b) Überprüfen Sie, inwiefern Ihnen die Markierungen und Randbemerkungen bei der Analyse des Textes geholfen haben.
2. Überlegen Sie, in welcher Weise Sie die Arbeitsergebnisse optisch darstellen können. Legen Sie z. B. eine tabellarische Gegenüberstellung an.
3. Üben Sie das sinnvolle Markieren von Texten z. B. an „Lesen, lesen, lesen“ von Hella Kemper (▷ S. 272) oder an „Das Lesen“ von Peter Bichsel (▷ S. 71 f.). Machen Sie sich zuvor Kopien von den Texten, die Sie bearbeiten.
4. Stellen Sie sich vor, Bertolt Brecht lebte noch und Sie schrieben ihm Ihre Meinung zu seinem Text „Über das Lesen von Büchern“.

Man kann vier Arten des Lesens unterscheiden:
Das **unterhaltende Lesen** wird ausschließlich zur Entspannung betrieben. Man liest Reiseberichte oder Abenteuerbücher, Science-Fiction oder Horrorromane, um sich aus der realen Welt, die einen umgibt, entführen zu lassen. Dabei ist entscheidend, dass man den Text nur aufnimmt, nicht irgendwo stecken bleibt und nachdenkt oder gar nachschlägt.
Beim **informatorischen Lesen** geht es vor allem darum, aus Fachbüchern, Zeitungen und Zeitschriften das Wichtigste in möglichst kurzer Zeit herauszufiltern und für sich aufzubereiten.
Interessiert man sich nun für Probleme, die in einem Werk angesprochen sind, so entscheidet man sich für das **kognitive Lesen**, d. h., man hinterfragt, beteiligt sich aktiv an der Handlung, versucht Hintergründe und Zusammenhänge zu erkennen. Dazu benötigt man – wie Brecht es fordert – eine kritische Distanz zu Verfasser und Text, um sich in angemessener Weise mit dem Gelesenen auseinander setzen zu können. Diese Art des Umgangs mit Texten ist häufig Ziel des Deutschunterrichtes.
Allerdings geht die Beschäftigung speziell mit Literatur noch einen Schritt weiter: Das **literarische Lesen** befasst sich mit dem sprachlichen Kunstwerk. Es soll die Schönheit der Sprache eines Textes, den Vorstellungsreichtum und die Ausdrucksfähigkeit in den Blick nehmen. Dabei rückt vor allem die Fähigkeit eines Autors oder einer Autorin in den Blick, Ausschnitte aus dem Leben, aus der Wirklichkeit oder den Wunschträumen in den unterschiedlichsten Perspektiven in den Mittelpunkt der Betrachtung zu stellen.

Die beste Methode, einen Text umfassend zu verstehen, ist die 5-Schritt-Lesetechnik:

Die 5-Schritt-Lesetechnik

1. **Schritt:** Sie überfliegen den Text insgesamt und versuchen dabei, sich mit ihm vertraut zu machen – Titel, Untertitel, Inhaltsverzeichnis, Klappentext, erste Informationen über Autor oder Autorin, ein paar Stellen lesen. Damit erhalten Sie einen **Gesamtüberblick**.
2. **Schritt:** Beim Überfliegen haben sich **erste Fragen** an den Text ergeben, die Sie nun zu beantworten versuchen. Dabei kann es zunächst um reine Verständnisfragen gehen, aber auch um Unklarheiten, Ungereimtheiten, die Ihnen beim Überfliegen aufgefallen sind.
3. **Schritt:** Jetzt kann's losgehen! Sie beginnen konzentriert und Zeile für Zeile zu lesen und versuchen dabei, die Fragen, die Sie noch im Hinterkopf oder auf einem Stück Papier neben sich haben, zu **beantworten**. Außerdem müssen in diesem Zusammenhang **Fremdwörter und Fachausdrücke** geklärt werden.
4. **Schritt:** Beim Lesen machen Sie immer wieder Pausen, um das, was Sie gerade gelesen haben, in Ihrem **Gedächtnis** zu verankern, sich den Inhalt des Kapitels oder Teilabschnittes zu merken. Eventuell ergeben sich dabei neue Fragen.
5. **Schritt:** Nach Abschluss der Lektüre überdenken Sie – möglicherweise in einem Gespräch – die **Zusammenhänge** zwischen den einzelnen Kapiteln, über die **Aussage** dieses Textes und über die **Absicht**, die der Autor oder die Autorin verfolgt haben könnte. Diese Fragestellungen werden selbstverständlich unterschiedlich zu beantworten sein, je nachdem, welche Art von Text Sie gerade gelesen haben, ob es ein Fachbuch war oder eine Freizeitlektüre, eine Zeitung oder eine Sportzeitschrift.

5. Stellen Sie in einer ▷ Mind-Map die Möglichkeiten der Texterschließung zusammen. Ergänzen Sie Ihre Mind-Map beim weiteren Durchgang durch das Kapitel. ▷ S. 21

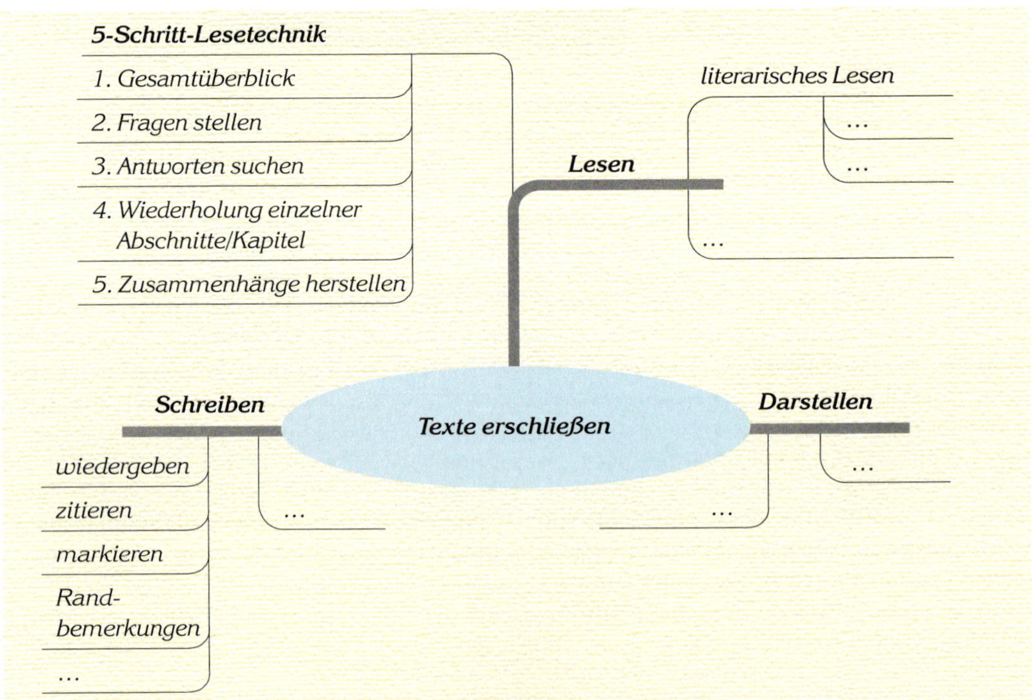

Schreiben als Möglichkeit, Texte zu erschließen

Unser Parfüm erzählt von unseren Schwächen

„Halten Sie sich für sinnlich oder elegant?“, fragt Cathleen Montrose. Ihr Stift schwebt schreibbereit über den Block. Ich bin in einem Büro hoch über der Madison Avenue in New York. Cathleen, Leiterin der Kreativ-Abteilung von Firmenich, einem Unternehmen, das für Häuser wie Calvin Klein und Estée Lauder Parfüms entwirft, will mich durch den Prozess einer Duftkreation führen.

Julien Viards Entwurf für Nuit Etoilée von 1927 soll an die Hängenden Gärten der Semiramis erinnern

„Elegant“, sage ich und lasse den Blick an der Laufmasche in meinem Strumpf entlangwandern. „Welche Farben tragen Sie?“ – „Schwarz“, antworte ich. „Und weiter?“ – „Anthrazit.“ – „Und?“ – „Navy.“ Ein strenger Blick.

Plötzlich sprudelt es aus mir heraus. „Ich lese lieber ein Buch, als auf eine Einladung zu gehen. Wenn ich es mir leisten könnte, würde ich mir Smaragde kaufen, keine Diamanten. Ich fahre lieber ans Meer als in die Berge – und kann penetranten Blumenduft nicht ausstehen.“

„Keine Tuberose[1]“, notiert sich Cathleen.

„Hätte ich die Wahl, würde ich Yves St. Laurent tragen, nicht das verspielte Zeug von Christian Lacroix (Blick auf meine abgekauten Fingernägel); ich trinke lieber Rotwein als Weißwein, und John-Singer-Sargent-Portraits liebe ich über alles.“

Ich hole tief Luft. „Ich möchte ein unaufdringliches Parfüm. Funkelnd. Subtil[2]. Anregend.“

Aus meinen Bekenntnissen wird ein *Brief* destilliert, eine kurze Charakteristik des Duftkonzepts und der Zielgruppe *(Generation X, betuchte Hausfrauen oder eben in diesem Fall ich)*. Das Brief („ein leiser Duft, elegant, frisch, subtil“) wird fünf Parfümeuren übergeben, von denen jeder seinen Entwurf des „Cathy“-Parfüms vorlegt. Daraus wähle ich dann mein Lieblingsparfüm aus. Wenn ich eine große Firma wie Christian Dior wäre, würde der Prozess ähnlich ablaufen, nur dass sich dann auch andere Duft-Hersteller wie Givaudan Roure, International Flavors & Fragrances (IFF) oder Quest International darum streiten würden, mein Parfüm zu entwerfen.

In zwei Wochen soll ich mich zur ersten Runde der Vorschläge wieder einfinden. Ich bin entlassen, und auf dem Weg zum nächsten Interview geht mir ein Licht auf. Ich habe ein Fantasiebild von mir entworfen. Smaragde, Rotwein, Yves St. Laurent. Sonst noch was! Ich bin in Miami Beach, Florida, aufgewachsen, wo Klarsichthandtaschen mit Muschelborte der letzte Schrei waren und statt Rotwein allenfalls Mineralwasser auf den Tisch kam. Ich war zu einer Traumvorstellung meiner selbst verführt worden.

1 **Tuberose:** stark duftende mexikanische Zierpflanze

2 **subtil:** fein strukturiert, kompliziert

Ich hatte den Sirenengesang[3] des Glamour vernommen.

„Parfüm", sagt Sophia Grojsman, Starparfümeurin bei IFF, „ist ein Versprechen in der Flasche."

Wir sind verführbar. Wir wollen schöner, reicher, glücklicher sein, als wir sind. „Sehnsüchte wecken", nennt das die Industrie. Unser Parfüm erzählt mehr von unseren Schwächen als von unseren Stärken. Man muss nur einen Blick auf die Etiketten der Düfte werfen, die wir uns für teures Geld kaufen: *Dolce Vita, Beautiful, Obsession, Allure.*

Kosmetikzar Charles Revson, der 1973 mit *Charlie* das erste amerikanische Lifestyle-Parfüm entwarf, hat gesagt: „Wir verkaufen Hoffnungen."

Und wir kaufen sie ihnen ab. 1997 wurden weltweit über 15 Milliarden Dollar für Parfüms ausgegeben. Und die Industrie, die solche Träume beschwört, ist teils Zirkus, teils kreative Illusionskunst, die mit reichlich Rauch und Spiegeln arbeitet. Tatsächlich dürfte das Wort Parfüm, das vom provenzalischen *perfumar* abstammt, Rauch verbreiten. Das erste Parfüm war Weihrauch, Wolken der Hoffnung, hinaufgeweht zu den Göttern.

Im ersten Jahrhundert vor Christus stellten die Griechen diese Parfümflasche aus Terrakotta her

Trotz allen Schwindels, die Faszination der Düfte ist echt. Schon Kleopatra bediente sich der verführerischen Kraft des Parfüms, als sie den römischen Staatsmann Marc Anton auf einer Barke empfing, deren Segel so stark parfümiert waren, dass sogar „der Wind vor Liebe krank wurde" (Shakespeare).

Die Assyrer[4] parfümierten sich die Bärte. Nero hat in Rosenwein gebadet. Parfümierte Holzarbeiten schmückten im 18. Jahrhundert so manches Damenzimmer. „Wie der Geist anderer auf der Musik dahinsegelt, so schwimmt meiner, o Geliebte, auf deinem Duft", schrieb der Dichter Baudelaire. Für ihn und für viele von uns dringen Düfte in die tiefsten Schächte unserer Erinnerungen und heimlichen Wünsche. Manchmal mit frappierenden Wirkungen. Man denke an die verlassene Geliebte, die ihrem Ex eine ganze Flasche ihres Parfüms ins Bett schüttet, bevor sie geht.

Gedächtnis und Duft sind fest miteinander verknüpft, behaupten die Physiologen[5], weil der Geruchssinn sich direkt aus dem limbischen System bedient, dem Ort der Gefühle im Gehirn. Kein anderer Sinn hat einen solch unmittelbaren Zugang dorthin.

Meine Mutter benutzte *L'Heure Bleue.* Wenn ich den Stöpsel von einer Flasche mit diesem dunklen Duft ziehe, kehrt meine Kindheit zurück, und ich liege wieder in meinem Bett. Wenn meine Eltern aus gewesen waren und spät in der Nacht zurückkehrten, kam meine Mutter noch einmal in mein Zimmer, um mir einen Gutenachtkuss zu geben, mich in eine Wolke ihrer pudrigen Wärme zu hüllen.

3 **Sirene:** in der griechischen Sage ein göttliches Wesen, das mit verführerischem Gesang begabt ist

4 **Assyrer:** Volk im Altertum (ca. 2400–600 v. Chr.); Assyrien lag im heutigen Irak

5 **Physiologe:** Wissenschaftler, der den menschlichen Organismus untersucht

Patrick Süskind

Das Parfum (1985)

Patrick Süskind erzählt in seinem Roman „Das Parfum", einem der erfolgreichsten deutschsprachigen Romane überhaupt, die Geschichte von Jean-Baptiste Grenouille, der 1738 in Paris geboren wird. Er ist ein typischer Außenseiter, den schon deswegen niemand beachtet, weil er keinerlei eigenen Geruch besitzt. Dafür hat er die Gabe, alle Düfte auch auf große Entfernung zu wittern, zu identifizieren und in seinem Gedächtnis zu speichern. Um die Liebe der Menschen zu gewinnen, beschließt er, das „absolute Parfüm" herzustellen, das er aus dem Duft junger Mädchen gewinnt, die er dafür ermordet. Zunächst begibt er sich aber in die Lehre bei einem berühmten Pariser Parfümeur, Meister Baldini. Baldini ist verzweifelt, weil sein Konkurrent Pélissier das Modeparfüm „Amor und Psyche" entwickelt hat, dessen Zusammensetzung er nicht erkennt. Er will sein Geschäft schon aufgeben, da erscheint unverhofft Grenouille und bittet um eine Anstellung …

Baldini hielt die Kerze gegen das storaxkrächzende[1] Häuflein Mensch und dachte: Entweder ist er besessen, oder er ist ein betrügerischer Gauner, oder er ist ein begnadetes Talent. Denn daß die angegebenen Stoffe in richtiger Zusammensetzung das Parfum „Amor und Psyche" ergeben konnten, war durchaus möglich; es war sogar wahrscheinlich. Rosenöl, Nelke und Storax – nach diesen drei Komponenten hatte er heute nachmittag so verzweifelt gesucht; mit ihnen fügten sich die anderen Teile der Komposition – die auch er erkannt zu haben glaubte – wie Segmente zu einem hübschen runden Kuchen. Es war jetzt nur noch die Frage, in welchem exakten Verhältnis zueinander man sie fügen mußte. Um das herauszufinden, würde er, Baldini, tagelang herumexperimentieren müssen, eine entsetzliche Arbeit, fast noch schlimmer als das bloße Identifizieren der Teile, denn nun galt es, zu messen und zu wägen und zu notieren und dabei doch höllisch aufzupassen, denn die kleinste Unaufmerksamkeit – ein Zittern mit der Pipette, ein Fehler beim Tropfenzählen – konnte alles verderben. Und jeder verpatzte Versuch war gräßlich teuer. Jede verdorbene Mischung kostete ein kleines Vermögen … Er wollte den kleinen Menschen auf die Probe stellen, wollte ihn nach der exakten Formel von „Amor und Psyche" fragen. Wenn er sie wußte, auf Gramm und Tropfen genau – dann war er offenkundig ein Betrüger, der sich auf irgendeine Weise das Rezept von Pélissier ergaunert hatte, um sich bei Baldini Zutritt und Anstellung zu verschaffen. Erriet er sie aber ungefähr, dann war er ein Geruchsgenie und forderte als solches Baldinis professionelles Interesse heraus. Nicht daß Baldini seinen gefaßten Entschluß, das Geschäft aufzugeben, in Frage stellte! Es kam ihm nicht auf das Parfum von Pélissier als solches an. Selbst wenn der Bursche es ihm literweise verschaffte, Baldini dächte nicht im Traum daran, die spanische Haut des Grafen Verhamont damit

1 **Storax:** Harz des Amberbaums, der für Parfüme verwendet wird

zu beduften, aber … Aber man war doch nicht sein Leben lang Parfümeur gewesen, hatte sich nicht ein Leben lang mit der Zusammensetzung von Düften beschäftigt, um von einer Stunde zur anderen seine ganze professionelle Leidenschaft zu verlieren! Es interessierte ihn jetzt, die Formel dieses verfluchten Parfums herausbekommen, und mehr noch, das Talent dieses unheimlichen Jungen zu erforschen, der ihm einen Duft von der Stirne abgelesen hatte. Er wollte wissen, was da dahintersteckte. Er war ganz einfach neugierig.

„Du hast, so scheint es, eine feine Nase, junger Mann", sagte er, nachdem Grenouille mit seinem Gekrächze aufgehört hatte, und trat zurück in die Werkstatt, um den Leuchter vorsichtig auf dem Arbeitstisch abzustellen, „eine zweifellos feine Nase, aber …"

„Ich habe die beste Nase von Paris, Maître[2] Baldini", schnarrte Grenouille dazwischen. „Ich kenne alle Gerüche der Welt, alle, die in Paris sind, alle, nur kenne ich von manchen die Namen nicht, aber ich kann auch die Namen lernen, alle Gerüche, die Namen haben, das sind nicht viele, das sind nur einige Tausende, ich werde sie alle lernen, ich werde den Namen des Balsams nie vergessen, Storax, der Balsam heißt Storax heißt er, Storax …"

„Schweig!" rief Baldini. „Unterbrich mich nicht, wenn ich spreche! Du bist vorlaut und anmaßend. Kein Mensch kennt tausend Gerüche beim Namen. Selbst ich kenne nicht tausend beim Namen, sondern nur einige hundert, denn mehr gibt es nicht in unserem Gewerbe als einige hundert, alles andre ist nicht Geruch, sondern Gestank!"

Grenouille, der sich während seiner längeren eruptiven[3] Zwischenrede beinahe körperlich entfaltet, in der Erregung sogar für einen Moment mit beiden Armen im Kreis gefuchtelt hatte, um das „alles, alles", was er kenne, zu umschreiben, klappte bei Baldinis Entgegnung augenblicks wieder in sich zusammen wie eine kleine schwarze Kröte und verharrte auf der Türschwelle, bewegungslos lauernd.

„Ich bin mir", fuhr Baldini fort, „selbstverständlich längst darüber im klaren, daß ‚Amor und Psyche' aus Storax, Rosenöl und Nelke sowie Bergamott und Rosmarinextrakt et cetera[4] besteht. Um das herauszufinden, bedarf es, wie gesagt, bloß einer leidlich feinen Nase, und es mag durchaus sein, daß Gott dir eine leidlich feine Nase gegeben hat, wie vielen, vielen anderen Menschen auch – namentlich in deinem Alter. Der Parfümeur jedoch" – und hier hob Baldini den Zeigefinger und wölbte seine Brust heraus – „der Parfümeur jedoch braucht mehr als eine leidlich feine Nase. Er braucht ein über viele Jahrzehnte geschultes, unbestechlich arbeitendes Riechorgan, das ihn instand versetzt, auch komplizierteste Gerüche nach Art und Menge sicher zu enträtseln, ebenso wie neue, unbekannte Duftgemische zu kreieren. Eine solche Nase" – und er tippte mit dem Finger an die seine – „*hat* man nicht, junger Mann! Eine solche Nase erwirbt man sich mit Ausdauer und Fleiß. Oder könntest du mir vielleicht auf Anhieb die exakte Formel von ‚Amor und Psyche' nennen? Nun? Könntest du das?"

Grenouille antwortete nicht.

„Könntest du sie mir vielleicht ungefähr verraten?" sagte Baldini und beugte sich ein wenig vor, um die Kröte in der Tür genauer zu sehen. „Nur so in etwa, schätzungsweise? Nun? Sprich, du beste Nase von Paris!"

Doch Grenouille schwieg.

„Siehst du?" sagte Baldini gleichermaßen befriedigt wie enttäuscht und richtete sich wieder auf. „Du kannst es nicht. Natürlich nicht. Wie solltest du es auch können. Du bist wie einer, der beim Essen schmeckt, ob Kerbel oder Petersilie in der Suppe ist. Nun gut – das ist schon etwas. Aber deshalb bist du noch lange kein Koch. In jeder Kunst und auch in jedem Handwerk – merke dir das, bevor du gehst! – gilt das Talent so gut wie nichts, aber alles die Erfahrung, die durch Bescheidenheit und Fleiß erworben wird."

Er griff nach dem Leuchter auf dem Tisch, als Grenouilles gepreßte Stimme von der Tür her schnarrte: „Ich weiß nicht, was eine Formel ist, Maître, das weiß ich nicht, sonst weiß ich alles!"

2 **Maître,** frz.: Meister
3 **eruptiv:** explosionsartig hervorbrechend
4 **et cetera:** und so weiter

Inhaltsauszüge

Wenn das Buch, das man liest, nicht das persönliche Eigentum ist – wie das häufig bei Schulbüchern vorkommt –, so kann das Markieren keine angemessene Arbeitsmethode sein. Um sich aber dennoch ausführlich mit einem Text beschäftigen zu können, fertigt man einen Textauszug in eigenen Worten an, d. h., die wichtigsten Gesichtspunkte werden knapp formuliert und schriftlich festgehalten.
Die einfachste, Ihnen bereits geläufige Form, den Inhalt eines Textes zusammenzufassen, ist die Inhaltsangabe:

Inhaltsangabe

A) Einleitung: Angaben zu Titel, Autor/in, Textart, Thema (TATT)

B) Hauptteil:

- Schrittweise Wiedergabe der wesentlichen Informationen statt Nacherzählung eines Textes
- Verzicht auf wörtliche Zitate; die (wenigen) aus dem Text übernommenen Formulierungen stehen in der ▷ indirekten Rede (Konjunktiv!) ▷ S. 98
- Tempus: Präsens (bei Vorzeitigkeit Perfekt)

C) Schluss: Fazit, das auf das Thema Bezug nimmt

Untersucht man einen Text unter einer ganz bestimmten Fragestellung, ist es oft sinnvoll, Exzerpte anzufertigen:

Exzerpt

Exzerpieren bedeutet, längere Auszüge **wörtlich** aus einem Text herauszuschreiben. Exzerpte werden angefertigt, wenn man aus einem Text Antworten zu einem begrenzten, vorher festgelegten Thema gewinnen will. Alles, was im Zusammenhang mit dem gestellten Thema – z. B. eines ▷ Referats – unwesentlich ist, bleibt unberücksichtigt. Wichtig ist, den **Argumentationszusammenhang** des ursprünglichen Textes nicht zu zerstören. ▷ S. 42 ff.
Exzerpte werden mit Quellen- und Seitenangaben versehen, um die Stelle im Original wiederzufinden und überprüfen zu können.

Möchte man den Inhalt eines Textes insgesamt übersichtlich aufbereiten, fertigt man einen Konspekt an:

Konspekt

Für die Anfertigung eines Konspekts geht man folgendermaßen vor:

- Gliederung nach der Vorlage: Erarbeitung von sinnvollen Überschriften
- Formulierung des Inhalts in Stichworten, aber so, dass der gedankliche Zusammenhang erkennbar bleibt
- Wörtliche Übernahme von Kernstellen (Definitionen, Thesen usw.)
- Genaue Angabe der Quelle: Verfasser, Titel, Ort, Verlag, Jahr und Seitenangabe
- Optische Aufbereitung des Konspekts durch Unterstreichen, Pfeile, Linien usw.

1. a) Bilden Sie Kleingruppen und erstellen Sie gemeinsam eine Liste mit Fragen, die Sie zum Beruf des Parfümeurs haben. Schreiben Sie Ihre Fragen einzeln auf Karteikarten.
   b) Ordnen Sie Ihre Karteikarten auf einem großen Tisch, nachdem Sie Oberbegriffe für Ihre Fragen gefunden haben.
   c) Fertigen Sie zu Ihren Fragen Exzerpte aus dem Zeitschriftenartikel „Unser Parfüm erzählt von unseren Schwächen" (▷ S. 76 f.) an.
2. Überlegen Sie, an wen Sie sich wenden könnten, um weitere Antworten auf Ihre Fragen zu bekommen. Formulieren Sie einen Brief oder Fragen für ein Interview, die Sie verschicken können. Berücksichtigen Sie dabei, was Sie konkret mit Ihren Anfragen bezwecken.
3. a) Erstellen Sie einen Konspekt zu dem Romanauszug aus Patrick Süskinds „Das Parfum" (▷ S. 78 f.).
   b) Schreiben Sie diesen Textauszug um aus der Perspektive eines Außenstehenden, der bei dem Gespräch Baldinis und Grenouilles zuhört.
   c) Stellen Sie den ganzen Roman in Ihrer Klasse vor: Inhaltsangabe, Leseprobe, bewertende Stellungnahme.

Eine andere Möglichkeit, sich mit einem Text vertraut zu machen, ist das **Thesenpapier** („Paper"). Das Thesenpapier ist Grundlage eines Vortrags.

Thesenpapier

Der **Kopf** enthält die folgenden Angaben:
- Wer hat das Paper wann zu welcher Gelegenheit mit welcher Thematik hergestellt?
- Bekanntgabe des Themas
- Gliederung des Vortrags

Im Paper selber werden die wichtigsten „Thesen" knapp schriftlich festgehalten und dienen als Basis für einen Vortrag, der diese einzelnen Aussagen dann erläutert und hinterfragt bzw. kommentiert. Eine korrekte ▷ Quellenangabe schließt das Thesenpapier ab. ▷ S.45
Im Anschluss an die Präsentation findet sehr häufig eine Diskussion des Dargestellten statt.

4. Fertigen Sie ein Thesenpapier an, in dem Sie ausgehend von dem Zeitschriftenartikel „Unser Parfüm erzählt von unseren Schwächen" (▷ S. 76 f.) festhalten, wie eine mögliche Kundin das Entstehen eines Parfüms miterlebt und welche Gedanken ihr dabei durch den Kopf gehen.
5. Entwerfen Sie ein möglichst realistisches Bild von sich selber, das Sie zur Kreation eines Duftes für Sie persönlich einem Parfümeur vorlegen würden. Denken Sie auch daran, wann und wo Sie sich mit einem Duft schmücken wollen und welche Wirkung Sie hervorrufen möchten.
6. Führen Sie eine ▷ Fishbowl-Diskussion durch zu der Frage: „Verführung durch Parfüm – Halten Parfüms das, was Parfümhersteller versprechen?" ▷ S. 41

Szenische Darstellung als Möglichkeit, Texte zu erschließen

Ein schönes Gesicht reicht nicht

Casting-Agenturen öffnen Buben und Mädchen Türen zur Film- und Fernsehwelt

Viele Buben und Mädchen träumen davon. Christoph-Emanuel Oehme hat es geschafft: Er ist ein Fernsehstar. Entdeckt hat ihn eine Casting-Agentur. Diese Vermittlungsfirmen öffnen Kindern die Türen in die Welt von Film und Fernsehen.

Von Inge Leifick

„Einen Huckleberry-Finn-Typ? Wird erledigt." Karin Müller-Grunewald bestätigt den Auftrag und legt den Hörer auf. Telefon, Computer und Videokamera sind die wichtigsten Arbeitsmittel.

Casting (Besetzung von Rollen) ist das Zauberwort der modernen Mediengesellschaft. Eine Serie jagt die andere, und mit jeder neuen wächst auch die Schar der Kinder, die über den Bildschirm huscht. Ob als Statisten für Schulklassen oder als Oskar in „Praxis Bülowbogen": Buben und Mädchen stehen gestandenen Schauspielern und Schauspielerinnen zur Seite. Auch aus der Werbung sind Kinder nicht mehr wegzudenken, ob für Fruchtzwerge oder Autos: Knirpse lachen in die Kamera.

Die Folge: Casting-Agenturen, die Gesichter und Typen vermitteln, schießen wie Pilze aus dem Boden. Doch nicht alle, die hoffen, sich eine Scheibe vom großen Medienkuchen abschneiden zu können, arbeiten professionell. Von dem halben Dutzend Kids, das vorspricht, gehen zwangsläufig fünf leer aus. Enttäuscht sind dann nicht nur die Kinder, sondern oft auch die Mütter, die auf ihre hübschen Kinder stolz sind.

„Ein schönes Gesicht und eine gute Aussprache reichen nicht aus, um engagiert zu werden", sagt Karin Müller-Grunewald. Kinder, die zum Film wollten, müssten intelligent sein, Fantasie, eine gewisse Wendigkeit, Natürlichkeit und Offenheit mitbringen. Wesentlich sei die Ausstrahlung, wie sich die Buben und Mädchen bewegten. „Da steckt Arbeit dahinter, das wissen die wenigsten. Die Kinder müssen auf den Punkt genau ihre Leistung bringen, ihren Text können, aber auch in der Lage sein, aus dem Bauch heraus zu spielen!" Manchen greift die Agentin mit Schauspielunterricht unter die Arme. Stolz ist sie, dass einige ihrer Zöglinge den Sprung in eine Serie geschafft haben. Christoph-Emanuel Oehme beispielsweise muss sich als Dr. Sommerfelds Sohn Oskar in der ARD-Serie „Neues vom Bülowbogen" bewähren.

Nicht jeder schafft gleich den Sprung ins Vorabend-Programm der öffentlich-rechtlichen Sender. Viele Kinder freuen sich, dass sie für kleinere Spots vor der Kamera stehen dürfen. Denn neben dem Traum, Star zu werden, spielen auch Spaß und Geld eine Rolle. Moritz Sondermann konnte sein Sparguthaben um 1000 Mark aufstocken. Der zehnjährige Berliner ließ sich Fußball spielend für den Werbefilm einer Krankenkasse filmen. Auch er wurde von einer Agentur entdeckt. Die Inhaberin beäugte Jugendfußball-Mannschaften, die für eine Turnschuh-Marke werben sollten. Sie entschied sich für das Team von Moritz, das zum „FC Internationale Schöneberg" gehört. „Die Jungs waren überglücklich", erinnert sich die Mutter, Renate Sondermann. „Das war mal etwas anderes, das machte Spaß und sie konnten sich etwas dazuverdienen."

Siegfried Sommer

Kinohelden (1956)

Es handelt sich um den sensationellen Banditenfilm „Morgenstund hat Blei im Schlund". So etwas beginnt meistens mit einem galoppierenden Reiter, der, auf der Filmleinwand von rechts unten kommend, in die billigen Parkettplätze hineinsprengt, Im Hintergrund die blauen Berge. Mit fünf Schritt Abstand folgt des Helden getreuer, aber älterer Freund, der nur drei Finger hat, einen Bart wie wild gewachsenes Sauerkraut und einen knochentrockenen Humor. Nachdem die zwei durch eine aufspritzende Flussfurt parforciert[1] sind, gelangen sie auf die staubige Hauptstraße von Bloody Hill. Dort binden sie ihre Mustangs an ein Geländer, das unter dem Balkon angebracht ist. Dies ist notwendig, weil im dritten Akt eine Szene vorkommt, bei der sie mit gegrätschten Staffeleibeinen aus dem Zimmer der Colorado-Lilly direkt auf die parkenden Pferderücken springen. Die geduldigen Rösser versinken dabei nicht, wie erwartet, bis zum Sattelknauf im roten Sand von Arizona, sondern wiehern entzückt und sind nicht mehr einzuholen. Auch nicht von Bill MacGovern und seiner Bande.

Vorerst steht aber der Held an der Bar und lässt sich von der mäßig beleumundeten Lilly bedienen, die aber absichtlich so tief gesunken ist, weil sie für ihren kranken Bruder Geld verdienen muss. Plötzlich kommt der Schurke und sagt: „Was, du willst mir einen Drink ausschlagen? Kalkuliere, dir gefällt meine Visage nicht!" Daraufhin schütten sie sich gegenseitig aus Sechszehntelgläsern den Whisky zu, ohne jedoch den Mund zu treffen. Dann folgt ein Boxkampf, den man bis San Antonie (Bezirksamt Kneetown) hört. Kaum ist des Bösewichts Faust gesättigt, greift sie tückisch nach dem Colt. Das sieht natürlich der Dreifinger-Mann im großen Spiegel über der Bartheke. Blitzschnell zieht er seine Kugelspritze und pumpt den schuftigen Slim so voll Blei, dass dieser in Anbetracht seines erhöhten spezifischen Gewichts zwangsläufig zu Boden geht. Durch seine Brust scheinen die letzten Strahlen der Abendsonne. Rauschendes Aufschnaufen zeugt von der Genugtuung der Kinobesucher. Die männlichen werden von ihren Bräuten prüfend am Oberarm angefasst.

In der Schlussszene geht der Dreifinger-Bob mit gemäßigten Chippendale-Beinen[2] durch die menschenleere Hauptstraße; denn im Gefängnis schmachtet sein einziger Freund. Dieser aber entdeckt im letzten Augenblick, bevor er gehängt werden soll, dass die Zellenstäbe genau so weit auseinander sind, um den Wächter mühelos heranzulocken, niederzuschlagen und der Schlüssel zu berauben. Sein Pferd steht schon seit Tagen mit eingeschaltetem Taxameter an der hinteren Tür.

Nunmehr beginnt es zu knallen. 16 Schüsse fallen, 18 Banditen sinken aus ihren Sätteln. Der Ausbrecher trägt Wildlederhandschuhe und schießt aus der Hüfte. Nach der letzten Patrone bläst er das Rauchwölkchen von der Revolvermündung und galoppiert zur Lilly. Er legt die Aufschluchzende quer vor sich über den Sattel wie einen blonden Sack. Dann reitet er in den Abend hinein, knapp an der Sonne vorbei. Den Dreifinger-Bob aber, der den Abmarsch deckte, hat's erwischt. Mit fünf Unzen[3] Blei in der Milzgegend macht er sich auf die große Reise. Sterbend verlangt er noch eine auf C-Dur gestimmte Mundharmonika, um dem jungen Paar das letzte Liebeslied zu spielen: „Braune Rose, jippi jippi jei." So treu ist er.

124 junge Helden verlassen stumm und mit schleppenden Schritten das Kino. Schurken sind auch darunter. Well.

1 **parforcieren:** einen Gewaltritt unternehmen

2 **Chippendale-Beine,** hier: O-Beine

3 **Unze:** alte Gewichteinheit

Günter Kunert

El Dorado (1972)

In Ehren verkrüppelte und entlassene Soldaten, Juden, dem Scheiterhaufen, und Hidalgos[1], dem Schuldturm entronnen, sowie Pächter von Land, die keins mehr hatten: Unzufriedene, geeint nur durch Unzufriedenheit – sie durften sich nennen „von Herrenrasse", weil ihr König Philipp die Welt regierte.
Als sie die ersten vertrauenswürdigen Gerüchte vernahmen und die ersten falschen Nachrichten über jenes sagenhafte Land, keimte in ihnen die Idee, dorthin zu fliehen. Ein Wort hielt sie aufrecht: El Dorado. Dort wären sogar die Abtritte aus Gold, wussten sie, und keine Not mehr.
Sie erschlugen eines Abends die Hafenwache, bemächtigten sich eines Schiffes, auf dem sie sich vom Wind treiben ließen dreißig Tage. Bis einer von ihnen, der für sternkundig galt, sie als angelangt erklärte: Spanien war ihnen nicht mehr als eine überwundene Krankheit.
In das unbekannte, ungeahnte, ungeheuerliche Grün der Dschungel stiegen sie von Bord. Berauscht von dem Gedanken, neu geboren zu sein, und des besseren Zusammenhalts wegen steckten sie das Schiff in Brand.
Zu rasch dann merkten sie: Keine Spur Gold fand sich in dieser Gegend, keine Spur in den angrenzenden. Löwen weideten nicht neben Lämmern. Aus den schlammigen Quellen floss kein Wein. Nichts war da als Freiheit.
Einige begannen den Wald zu roden, pflanzten Tabak, aßen Früchte und Fische. Müde von der Arbeit sprachen sie, wenn überhaupt, nur von den Bäumen, die sie am folgenden und wieder folgenden Tag zu schlagen gedachten.
Wehmütig aber erinnerten sich einige unter ihnen der kühlen Kirchen, erinnerten sich stolz der stolzen Inquisition[2], erinnerten sich der Genauigkeit ihrer Gerichtsbeamten, der Milde der Priester und der Kraft des Henkers.
Während sie sich davonschlichen, um zu einem Militärposten und von dort wieder nach Spanien zu kommen, fiel vor ihrem inneren Auge alles Blut von des Königs Bild; er schien, von Gloriole[3] umgeben, seine irrenden Söhne zu erwarten. Aber die großen, wirren, weglosen Dschungel umgaben sie endlos. Sie kehrten nie zurück.

1 **Hidalgo:** Angehöriger des niederen spanischen Adels im Mittelalter

2 **Inquisition:** Verfolgung Andersgläubiger durch die katholische Kirche im Mittelalter

3 **Gloriole:** Heiligenschein

1. a) Schreiben Sie ein kurzes Theaterstück zu dem Zeitungsartikel „Ein schönes Gesicht reicht nicht" (▷ S. 82). Handelnde Personen sollen sein:
   - eine Vertreterin oder ein Vertreter einer Casting-Agentur
   - eine Mutter, Anfang dreißig (alle anderen Eigenschaften können Sie selbst bestimmen)
   - ein Zwillingspärchen – Junge und Mädchen – fünf Jahre alt

   Das Thema des Films oder des Werbespots, in dem diese beiden Kinder spielen sollen, wählen Sie selbst. Skizzieren Sie
   - die Handlung
   - das Äußere und das Verhalten der ausgedachten Personen
   - Ort und Zeit des Geschehens
   - die Dialoge der einzelnen Personen

   Am besten zeichnen Sie sich auch auf, wie die Bühne und die Personen aussehen, wo sich die Personen während des Gesprächs befinden, wie sie zueinander stehen sollen.

   b) Üben Sie Ihr Theaterstück ein, sodass Sie es in der Klasse vorspielen können.

   c) Die beim Spiel nicht aktiven Schülerinnen und Schüler werden zu Beobachtern, die über diese Szene eine konstruktive (positive) Kritik in einer fiktiven Tageszeitung schreiben.

   d) Vergleichen Sie Darstellungsabsicht und erzielte Wirkung miteinander und klären Sie die Ursachen für mögliche Unterschiede.

   e) Ziehen Sie abschließend noch einmal den Zeitungsartikel heran und stellen Sie fest, ob und inwiefern sich die Einstellung der Verfasserin zum Thema „Casting" auch in Ihrem Theaterstück wiederfindet.

2. a) Verfassen Sie einen Gegentext zu Siegfried Sommers Satire „Kinohelden“ (▷ S. 83): Stellen Sie den Film in einem übertrieben negativen Licht dar. Achten Sie darauf, dass Sie nicht zu eng an Sommers Formulierungen „kleben“.
   b) Gestalten Sie einen Comic zu der Satire.
   c) Verfassen Sie im Stil Sommers eine Satire zu Ihrem letzten Kinoerlebnis.
3. a) Stellen Sie einen Zusammenhang zwischen Kunerts „El Dorado“ (▷ S. 84) und dem Zeitungsartikel „Ein schönes Gesicht reicht nicht“ (▷ S. 82) her.
   b) Bauen Sie ein ▷ Standbild zu Kunerts Kurzgeschichte, einmal zu dem Zeitpunkt der Ankunft der Flüchtlinge (Z. 21–25) und einmal zu der Zeit, als sie feststellen, dass sie nichts außer „Freiheit“ gewonnen haben (Z. 26–30). ▷ S. 51
   c) Versetzen Sie sich in die Rolle König Philipps. (Ziehen Sie aus Ihrem Geschichtsunterricht Informationen über diesen König heran.) Eines Tages verschlägt es Sie auf diese einsame Insel: Sie treffen mit Ihren abtrünnigen Untertanen zusammen und sprechen mit ihnen. Den Zeitpunkt des Auftretens des Königs wählen Sie selber. Gestalten Sie die „Unterhaltung“.
   d) An einem warmen Abend sitzen alle Geflohenen um ein Feuer und ruhen von der schweren Arbeit aus. Plötzlich beginnt einer von ihnen zu erzählen, was ihm alles durch den Kopf geht, mit welchen Erwartungen er sich der Gruppe angeschlossen hatte, warum er das tat, welche Hoffnungen er hatte usw. Gestalten Sie diese Erzählung.
   e) Einer der anderen Anwesenden – er war ein reicherer Adeliger, den es auch zu dieser Gruppe verschlagen hatte – wird angeregt, seine Gedanken in einem Gedicht niederzuschreiben. Versuchen Sie – jeder für sich – das Gedicht zu verfassen.
   f) Alle kreativen Arbeiten werden der gesamten Lerngruppe vorgestellt und in Gestaltung, Ideenreichtum und Wirkung besprochen. Wichtig ist, dass immer wieder die Ausgangstexte herangezogen und die Unterschiede zu Ihren eigenen Gestaltungen – gewollt oder zufällig – thematisiert werden.

Methoden der Texterschließung

Möglichkeiten des Lesens

- das unterhaltende Lesen
- das informatorische Lesen
- das kognitive Lesen
- das literarische Lesen

Möglichkeiten des reproduzierenden Schreibens

- Inhaltsangabe
- Exzerpt
- Konspekt
- Thesenpapier

Möglichkeiten des kreativen Schreibens und Darstellens

- Verfassen von Briefen
- Fortsetzen eines Textes
- Rekonstruieren der Handlung vom Schluss her
- Verfassen einer Rede/eines Gesprächs
- Verfassen eines Gedichtes
- Perspektivenwechsel
- Herstellung von Comics
- Transformation in eine andere Zeit
- Standbild
- Theaterstück/szenisches Spiel

2.4 Visualisieren

Die meisten Menschen verstehen und prägen sich Informationen am besten ein, wenn sie sie veranschaulichen können, sich „ein Bild machen“ können von dem, was sie begreifen und lernen wollen. Dies gilt in ganz besonderem Maße für schulisches Lernen. Hier gibt es eine Vielzahl von Möglichkeiten, wie z. B. freie Grafiken, Diagramme unterschiedlichster Art, Listen, Tabellen, Organigramme u. a. In der Regel verwendet man zunächst Kombinationen aus Linien, Punkten, Pfeilen und Kreisen, um zu veranschaulichen, plausibel zu machen. Niemand muss ein begnadeter Künstler sein, um hier tätig werden zu können.

Mit einfachen Mitteln anschaulich machen

Der **Punkt** bietet die Chance, Anfang und Ende zu kennzeichnen, aber auch Zentrum und Stillstand können damit veranschaulicht werden:

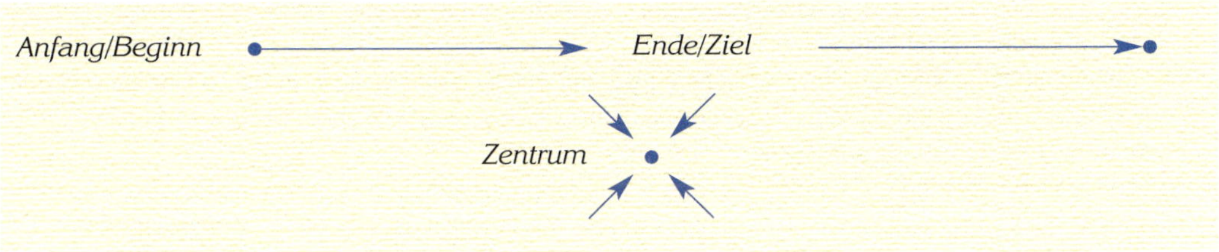

Linie und **Kreis** können zum Einsatz kommen, wenn man Bewegung, Verlauf, Entwicklung darstellen möchte:

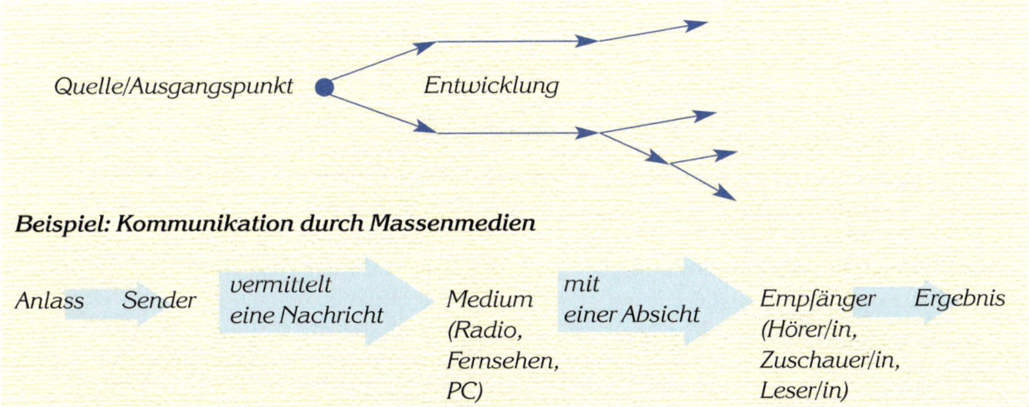

Positive, negative und unregelmäßige Entwicklungen lassen sich gut mit **Pfeilen** darstellen:

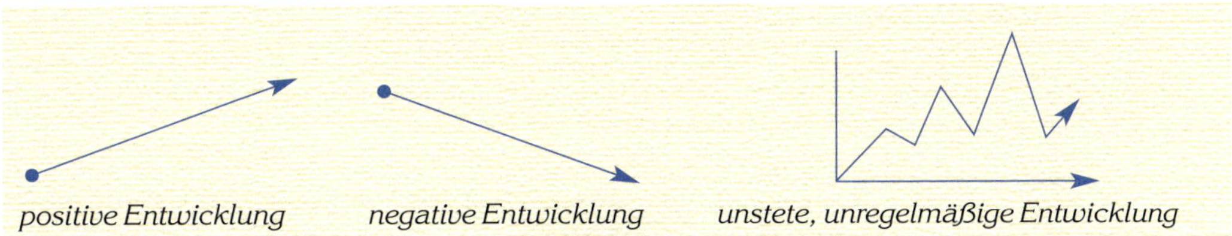

Mit Hilfe der Schriftgröße und der Anordnung (z. B. oben/unten) kann man versuchen, Rangordnungen und Bedeutung hervorzuheben, wie z. B. im folgenden **Organigramm**:

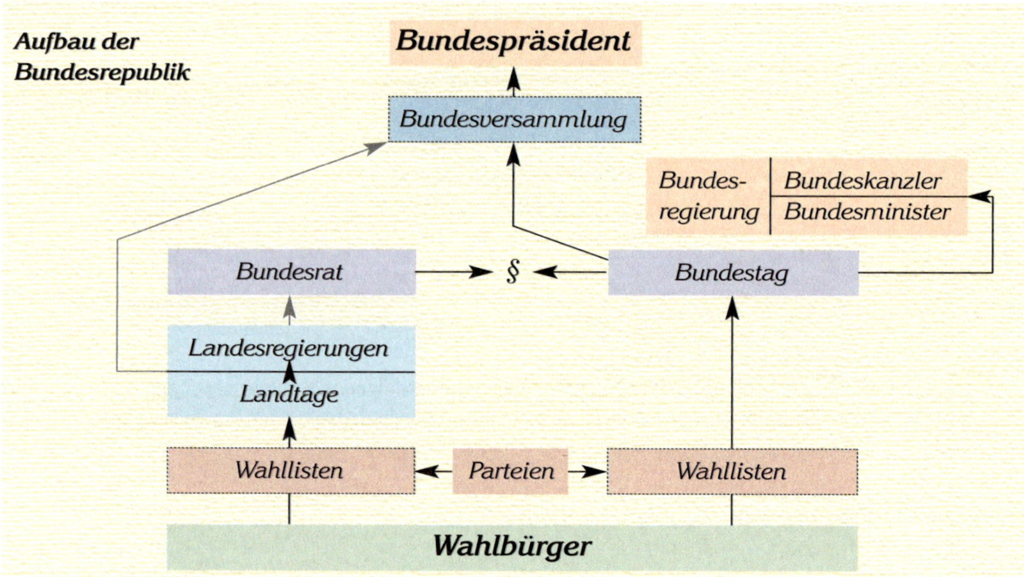

1. a) Wählen Sie einen Text aus diesem Buch und veranschaulichen Sie seinen Inhalt mit Hilfe der oben genannten Mittel.
   b) Vergleichen Sie Ihre verschiedenen Formen der Visualisierung.
2. Diskutieren Sie Vor- und Nachteile einer Visualisierung im Vergleich zu einer verbalen Zusammenfassung, z. B. einer Inhaltsangabe.

Bei der Verwendung all dieser Hilfen zur bildlichen Darstellung sollten stets folgende Grundsätze beachtet werden:

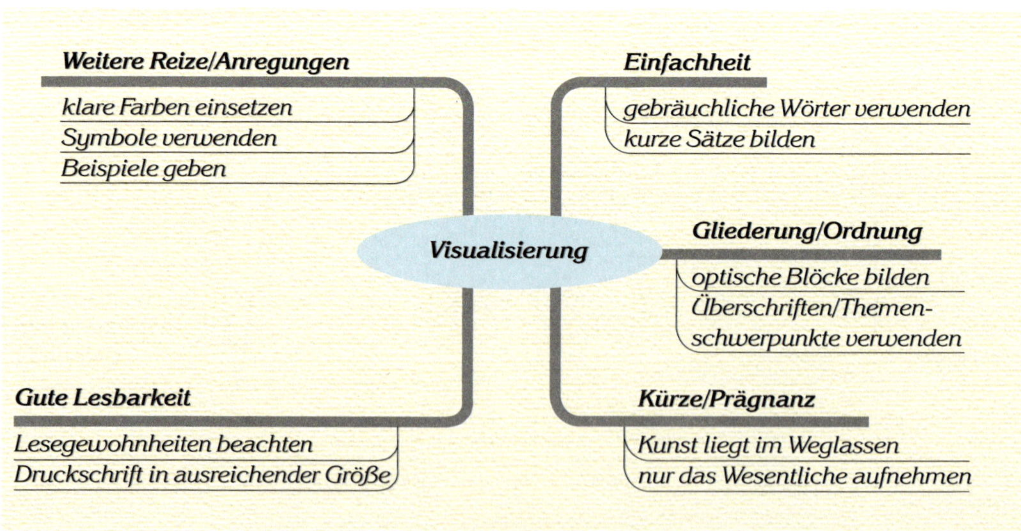

Texte visualisieren

1. a) Lesen Sie Arthur Schnitzlers Erzählung „Die grüne Krawatte" (▷ S. 70) und erstellen Sie eine **Tabelle** nach folgendem Muster:

Cleophas	*Verhalten der Menschen*	*Entwicklung der Beziehung zueinander*
trägt eine grüne Krawatte	• *höflich, grüßen* • *versuchen ihn nachzuahmen*	…
…		

b) Überprüfen Sie anhand Ihrer Aufzeichnungen, inwiefern der folgende **Spannungsbogen** für diesen Text zutrifft. Denken Sie darüber nach, wie sich die Beziehung zwischen den beiden Parteien weiterentwickeln könnte, und setzen Sie den Spannungsbogen entsprechend fort.

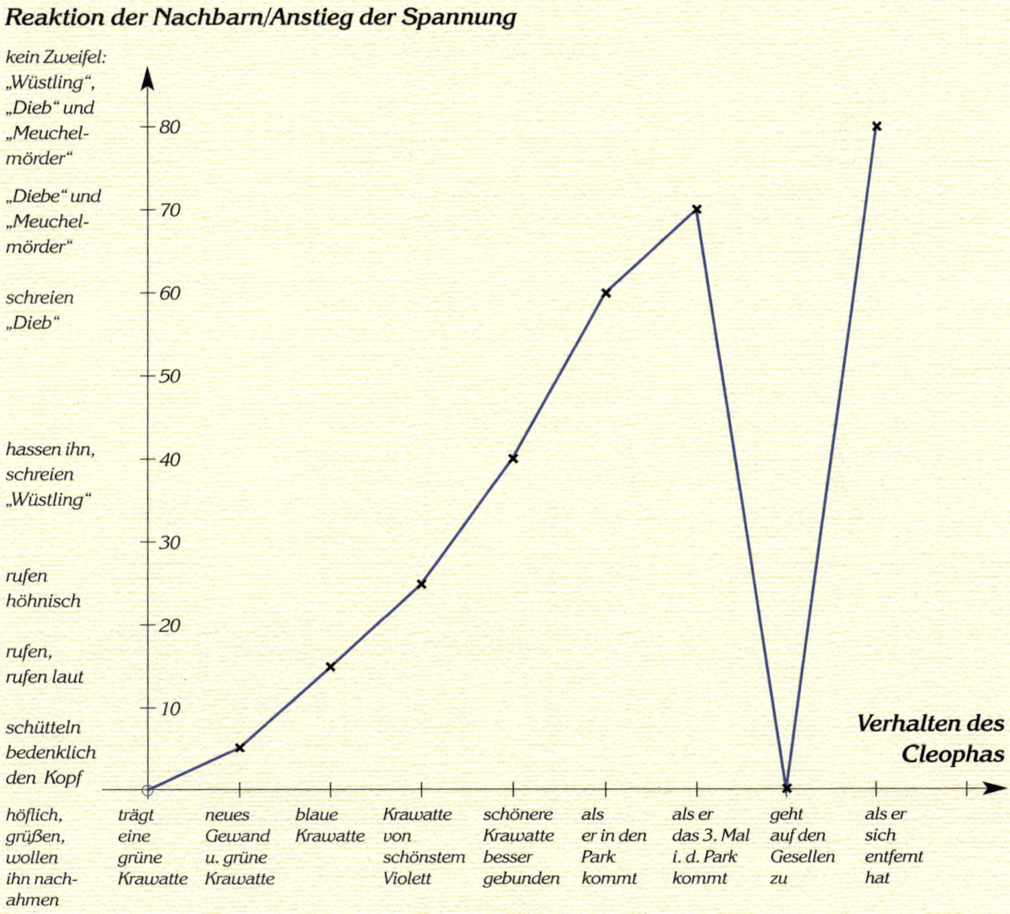

Kurt Halbritter: „Pfuii" (1976)

2. Im Volksmund heißt es, Bilder sagen mehr als 1000 Worte. Überprüfen Sie anhand der **Karikatur**, ob Sie in Bezug auf die Kurzgeschichte Arthur Schnitzlers (▷ S. 70) dieser Ansicht zustimmen können.

3. Zu Patrick Süskinds „Das Parfum“ (▷ S. 78f.) gibt es die Möglichkeit, ein **Zweigdiagramm** herzustellen, indem man die Eigenschaften der beiden Parfümeure unter der Fragestellung gegenüberstellt: „Parfümeur – Kunst oder Profession?“
Vervollständigen Sie das hier begonnene Diagramm:

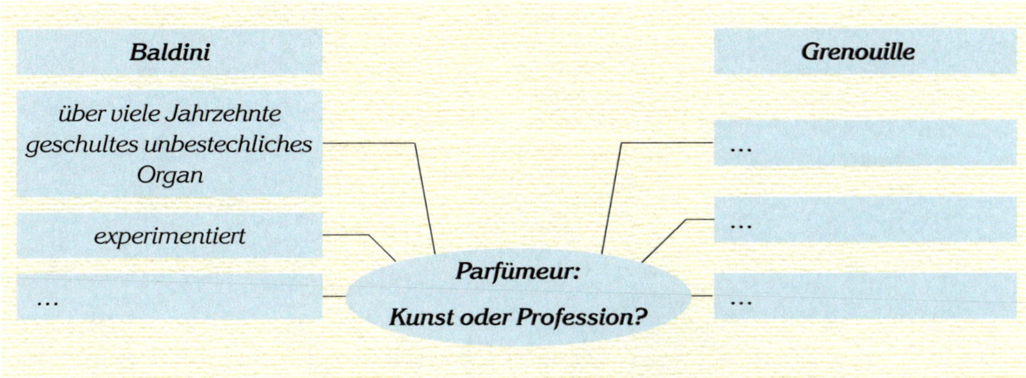

4. Nutzen Sie das folgende **Flussdiagramm**, um die Kurzgeschichte „El Dorado“ von Günter Kunert (▷ S. 84) zu erschließen. Gehen Sie dabei vom Ablauf der Handlung aus. Tragen Sie in das Diagramm die entscheidenden Stationen und entsprechenden Stimmungen der Figuren ein.

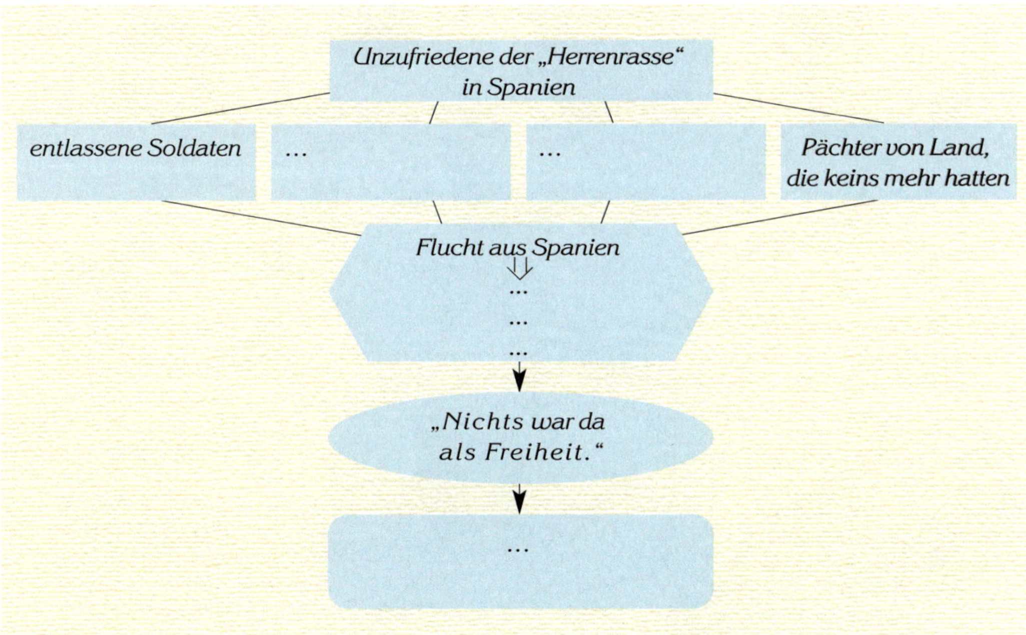

5. Überlegen Sie sich zu dem Gedicht „Definition“ von Erich Fried (▷ S. 328) eine Visualisierung.

6. a) Wählen Sie einen Text aus, den Sie bereits erarbeitet haben, und setzen Sie Ihre Ergebnisse in ein Flussdiagramm oder eine der folgenden Diagrammformen um.
   b) Vergleichen Sie die Diagrammtypen miteinander und beschreiben Sie, welches Diagramm für welche Art der Information am besten geeignet ist.

Netzdiagramm

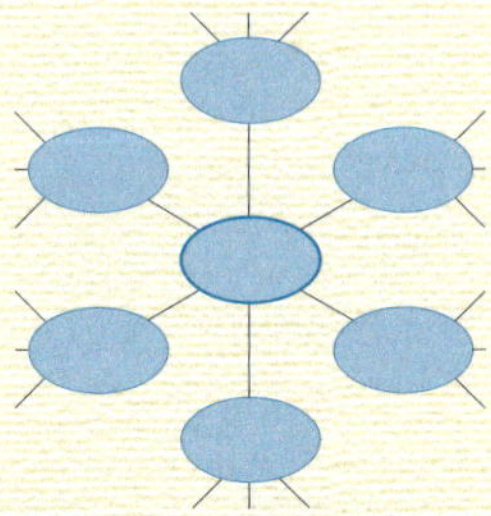

Zweigdiagramm

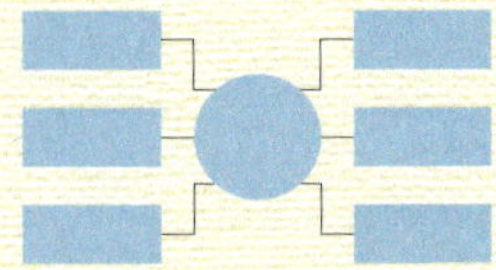

Baumdiagramm

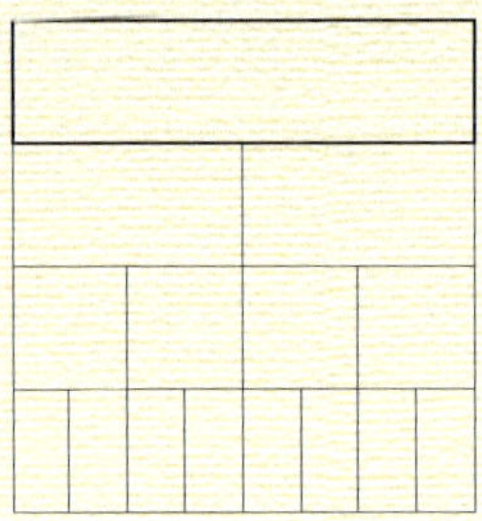

Tabelle

Schnittmengengrafik

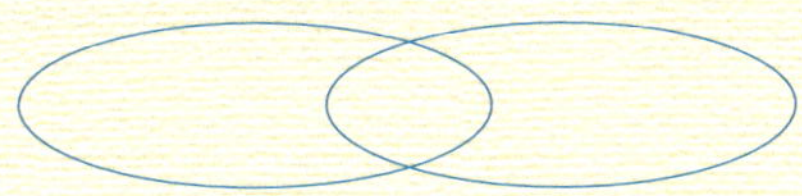

7. a) Auch Sachtexte lassen sich ausgezeichnet mit grafischen Mitteln darstellen. Untersuchen Sie die folgenden grafischen Darstellungen zu dem Zeitungsartikel „Der Handy-Boom hält auch 2000 an" (▷ S. 122).

Säulendiagramm

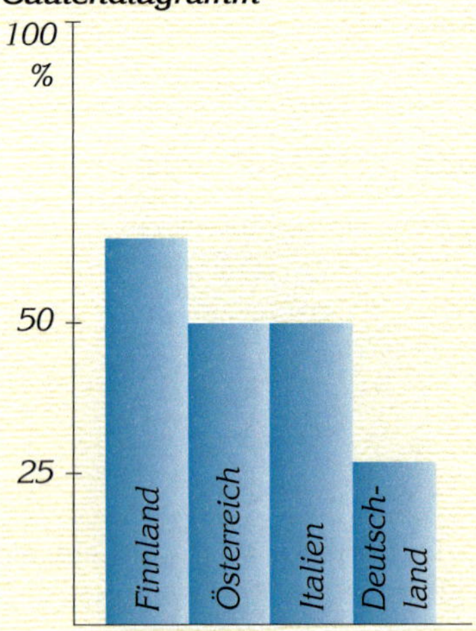

Handybesitzer 1999

Tortendiagramm

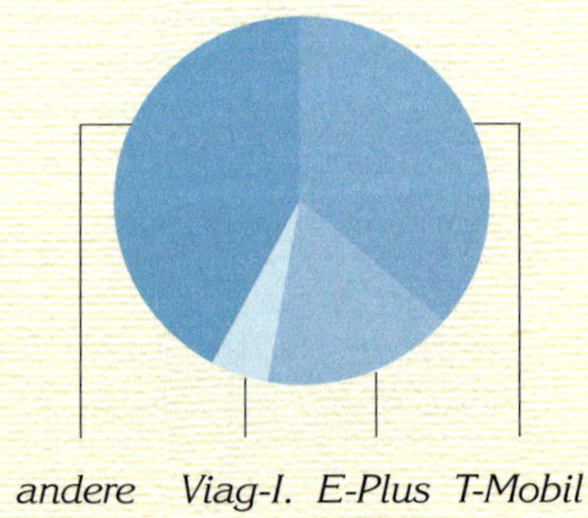

Handynutzer in Deutschland 1999

   b) Vergleichen Sie die textliche und die grafische Präsentation und stellen Sie Vorteile und Nachteile einander gegenüber.

3 Wiederholungskurs: Grammatik, Rechtschreibung, Zeichensetzung

Wortarten

Überblick über die Wortarten

flektierbar (veränderlich)

Konjugation	Deklination				
Verb (Zeit-/Tätigkeitswort)	**Nomen/ Substantiv** (Hauptwort)	**Adjektiv** (Eigenschaftswort)	**Numeral** (Zahladjektiv)	**Artikel** (Geschlechtswort)	**Pronomen** (Fürwort)
lesen *gehen* *werden* *sein* *wollen*	*Buch* *Bedeutung* *Computer* *Karin*	*groß* *rot* *lieblich* *bedeutsam*	*zwei* *dritte* *viel* *manche*	*der, die, das* *ein, eine*	*ich, du, sie* *mein, dein* *dieser, jener* *der, welcher* *man, jeder* *wer? was?*

Hauptwortarten (90 % des Gesamtwortschatzes) — Verb, Nomen/Substantiv, Adjektiv

Begleiter und Stellvertreter des Substantivs — Artikel, Pronomen

nicht flektierbar (unveränderlich)

Adverb (Umstandswort)	**Präposition** (Verhältniswort)	**Konjunktion** (Bindewort)	**Interjektion** (Ausrufewort)
dort, heute *gern, sehr* *hoffentlich* *deshalb*	*an, auf, in* *vor, nach* *während* *wegen, ohne*	*und, aber* *denn, als* *dass, weil*	*ach!* *oh!* *au!* *bitte?*

Partikeln

Der gesamte Wortschatz unserer Sprache (ca. 350000 Wörter) wird in Wortarten eingeteilt, wobei im Wesentlichen drei Prinzipien maßgebend sind: (1) Bedeutung, (2) Form und (3) Verwendung im Satz.

(1) Die deutschen Bezeichnungen wie etwa „Tätigkeitswort", „Eigenschaftswort" oder das altertümliche „Dingwort" weisen darauf hin, dass die Wortarten einen bestimmten **Bedeutungsinhalt** vertreten. Das semantische (die Bedeutung betreffende) Einteilungsprinzip ist allerdings

umstritten, weil es nicht zu einer trennscharfen Abgrenzung führt: Nomen wie *Glück, Freundschaft, Anblick* bezeichnen keine Dinge, Verben wie *sein* oder *haben* keine Tätigkeiten.

(2) Unter dem Gesichtspunkt der **Form** können die Wörter in veränderliche (flektierbare) und unveränderliche (nicht flektierbare) eingeteilt werden. Bei den flektierbaren Wörtern unterscheidet man weiter in konjugierbare (Verben) und deklinierbare (Nomen/Substantive, Adjektive, Artikel, Pronomen). Die nicht flektierbaren Wörter (Adverbien, Präpositionen, Konjunktionen, Interjektionen) werden Partikeln genannt.

1. a) Ordnen Sie die Wörter der ersten Abschnitte dieses Kapitels den Wortarten zu. Testen Sie bei Unsicherheit die Veränderlichkeit des jeweiligen Wortes und klären Sie seinen Bedeutungsinhalt.
   b) Welche mengenmäßige Verteilung der Wörter auf Wortarten beobachten Sie bei den von Ihnen untersuchten Abschnitten?
   c) Klären Sie die Zuordnung zu einer Wortart für die Wörter „Wesentlichen", „maßgebend" und „weisen ... hin" im Unterrichtsgespräch.

(3) Beim Gebrauch erscheinen die Wörter (Wortarten) nicht isoliert, sondern eingebunden in Sätze. Der Sprecher folgt dabei syntaktischen Regeln, was dazu führt, dass einige Wortarten sich im Schwerpunkt an bestimmten **Positionen des Satzes** einfinden. So wird das Prädikat im Deutschen grundsätzlich durch eine Verbform gebildet; das Subjekt enthält in der Regel ein Substantiv (Nomen) oder dessen Stellvertreter (Pronomen).
Die syntaktischen Regeln legen zugleich die grammatische Einordnung der Wortarten in den Satz fest. Die folgende grafische Darstellung verdeutlicht die **grammatischen Funktionen** von Verb und Nomen/Substantiv.

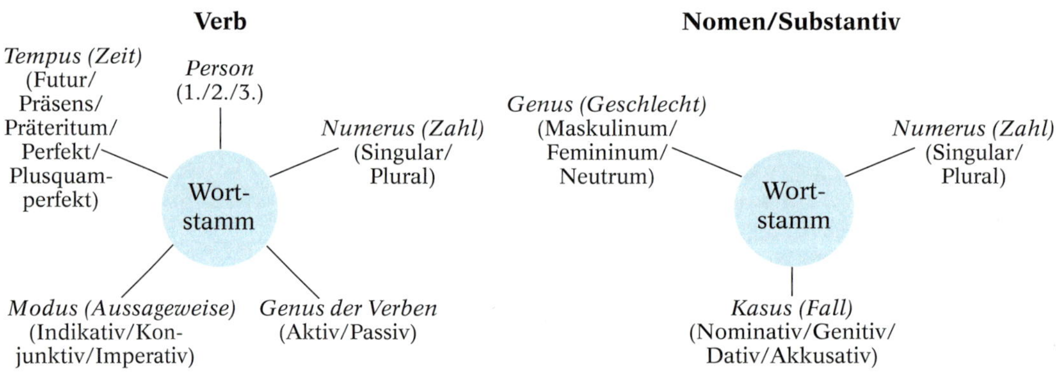

2. a) Überprüfen Sie die Aussagen zur Bildung von Prädikat und Subjekt in Abschnitt (3) an den Sätzen ebendieses Abschnitts.
   b) Bestimmen Sie die Prädikate mit Hilfe von Konjugationssternen genauer.

Satzglieder

Die Grundbausteine eines Satzes sind die **Satzglieder** (Subjekt, Prädikat, Objekt, adverbiale Bestimmung). Sie lassen sich durch Verschiebeproben oder durch Frageproben ermitteln.
Die folgende Tabelle gibt einen Überblick über Merkmale und Funktionen der Satzglieder.

Satzglieder

Satzglied	**Subjekt**	**Prädikat**	**Akkusativobjekt**
Frage	Wer?/Was?	–	Wen?/Was?
Beispiel	*Der Regen* macht mich traurig.	Er *schläft*.	Sie singt *ein Lied*.
Besonderheit	ersetzbar durch Subjektsatz: *Dass es regnet, …*	Prädikate sind oft mehrgliedrig: Er *hat* gestern *geschlafen*.	ersetzbar durch Objektsatz: Er weiß genau, *dass …*

Satzglied	**Dativobjekt**	**Genitivobjekt**	**Präpositionalobjekt**
Frage	Wem?	Wessen?	Für wen/was? Auf wen/was? etc.
Beispiel	Sie gibt *ihm* das Buch.	Sie gedenken *der Toten*.	Er freut sich *über das Buch*. Er dankt ihr *für…*
Besonderheit	–	sehr selten	ersetzbar durch entsprechende Pronominaladverbien: Sie freut sich *darüber*. Er dankt ihr *dafür*.

Satzglied	**adverbiale Bestimmung** (der Zeit, des Ortes, des Grundes etc.)	**Prädikatsnomen**	**Attribut**
Frage	Wann? Wo? Warum? etc.	–	Was für ein?
Beispiel	Sie kommt *morgen*. Er bleibt *wegen des Unwetters* zu Hause.	Er ist *Schüler*. Sie blieb *bescheiden*.	Sie liest ein *spannendes* Buch. Er mag Bücher *über Pferde*.
Besonderheit	ersetzbar durch Adverbialsatz: *Weil es ein Unwetter gab,* bleibt er zu Hause.	Prädikatsnomen sind Ergänzungen zu den Verben *sein, bleiben* und *werden*.	Attribute sind **Teile** von Satzgliedern, ersetzbar durch Relativsätze: Er mag Bücher, *die von Pferden handeln*.

1. Bestimmen Sie sämtliche Satzglieder der Beispielsätze aus der Tabelle. Sie können dazu die Frageproben anwenden.

Durch Umstellproben kann man feststellen, welche Wörter ein zusammenhängendes Satzglied bilden. Beispiel:

| Er | mag | Bücher über Pferde. | → | Bücher über Pferde | mag | er. |

Nicht möglich ist dagegen: | Er | mag | Pferde | über | Bücher. |

Eine solche Bestimmung von Satzgliedern ist wichtig, um Attribute (Teile von Satzgliedern) von adverbialen Bestimmungen und Objekten (selbstständigen Satzgliedern) unterscheiden zu können.

2. a) Bestimmen Sie mit Hilfe der Umstell- und der Frageproben die Satzglieder in den folgenden Sätzen:

Die Schüler der 11. Klasse organisierten einen Dritte-Welt-Bazar. – Die Schulleiterin wies den Schüler der 11. Klasse zu.
Der Hausmeister befestigt die Uhr an der Wand. – Die Uhr an der Wand geht zu langsam.

b) Klären Sie im Unterrichtsgespräch mit Hilfe von Frage- und Umstellproben die unterschiedliche Funktion der Ausdrücke „des Termins“ bzw. „der Toten“:

Er vergewisserte sich des Termins. – Die Bekanntgabe des Termins erfolgte zu spät.
Sie gedachten der Toten. – Das Gedächtnis der Toten beging man feierlich.

c) Bilden Sie selbst in Gruppen weitere Satzpaare wie in den Aufgaben a und b und tauschen Sie Ihr Satzmaterial dann zur Bestimmung der Satzglieder mit den anderen Gruppen aus.

Gliedsätze

Die Sätze werden nach ihrer Bauform in **Haupt-** und **Nebensätze** unterschieden. Der Hauptsatz ist ein selbstständiger Satz, während der Nebensatz immer vom Hauptsatz abhängt. Die Verbindungen von Hauptsätzen bilden eine **Satzreihe** (Parataxe); die Verknüpfung von Haupt- und Nebensatz ergibt ein **Satzgefüge** (Hypotaxe).
Die **Nebensätze** können der Form, aber auch der Funktion nach unterschieden werden; der Form nach entsprechend dem Einleitewort: Relativsatz (*der, welcher* etc.), Konjunktionalsatz (*dass, wenn* etc.), Interrogativsatz (*wer, ob* etc.); der Funktion nach: Subjekt-, Objekt-, Attribut- und Adverbialsatz. Die letztgenannten Bezeichnungen bringen zum Ausdruck, dass die unterschiedenen Nebensätze das entsprechende Satzglied vertreten. Sie werden deshalb auch **Gliedsätze** genannt. So lässt sich etwa eine adverbiale Bestimmung in einen Adverbialsatz umformen.
Beispiel: *Wegen des schlechten Wetters* bleibt er zu Hause.
↓
Weil das Wetter schlecht ist, bleibt er zu Hause.

Die **Adverbialsätze** werden auf S. 96 gesondert aufgeführt, da ihre Unterscheidung erfahrungsgemäß Schwierigkeiten bereitet:

Überblick über die Adverbialsätze

Die Adverbialsätze entsprechen ihrer Bedeutung und grammatischen Funktion nach den adverbialen Bestimmungen. Ihre Bezeichnung richtet sich nach den einleitenden Konjunktionen.

Art des Gliedsatzes	Häufig verwendete Konjunktionen	Beispielsatz
Temporalsatz (Zeit)	*während, als, bis, sooft, wenn, nachdem, bevor, sobald, seitdem*	*Während* Klaus Musik hörte, las Monika ein Buch.
Kausalsatz (Grund)	*weil, da, zumal*	Er kam zu spät, *weil* er aufgehalten wurde.
Konsekutivsatz (Folge)	*dass, sodass*	Er hatte intensiv gelernt, *sodass* ihm die Klausur leicht fiel.
Finalsatz (Zweck, Absicht)	*dass, damit, auf dass*	Er nahm ein Taxi, *damit* er nicht zu spät kam.
Konditionalsatz (Bedingung)	*wenn, falls, sofern*	*Falls* ich Zeit habe, werde ich dich besuchen.
Konzessivsatz (Einräumung)	*obwohl, obgleich, obschon, wenngleich*	*Obwohl* sie erkältet war, spielte sie Tennis.
Modalsatz (Art und Weise)	*dadurch, dass; indem, soweit, ohne dass, je ... desto*	Das Problem lässt sich lösen, *indem* man es bespricht.
Adversativsatz (Gegensatz)	*anstatt dass, während*	Frank geht zur Bundeswehr, *während* Egon Zivildienst leistet.
Komparativsatz (Vergleich)	*wie, als, als ob, wie wenn, als wenn*	Es kam ihm so vor, *als wenn* er etwas gehört hätte.

1. Untersuchen Sie die folgenden Satzpaare und fassen Sie Ihre Beobachtungen mit den entsprechenden Fachbegriffen zusammen:
   - *Heikes schwerer Unfall machte ihre Freunde äußerst betroffen.*
   - *Dass Heike einen schweren Unfall hatte, machte ihre Freunde äußerst betroffen.*
   - *Die aufwendig vorbereitete Musicalaufführung wurde ein voller Erfolg.*
   - *Die Musicalaufführung, die aufwendig vorbereitet worden war, wurde ein voller Erfolg.*
   - *Bei genauem Hinsehen erwies sich das Attest als gefälscht.*
   - *Als man genau hinsah, erwies sich das Attest als gefälscht.*
2. a) Versuchen Sie, die Adverbialsätze in der obigen Tabelle zu adverbialen Bestimmungen umzuformen. Vergleichen und kommentieren Sie Ihre Probleme und Ergebnisse in der Lerngruppe.
   b) Welche Vor- und Nachteile kann die Verwendung von Adverbialsätzen gegenüber der Verwendung von adverbialen Bestimmungen haben?
3. Wählen Sie eine kurze Nachricht aus einer Tageszeitung aus und bestimmen Sie die verwendeten Sätze.

4. a) Beschreiben und deuten Sie das Bild von René Magritte schriftlich. Verwenden Sie dabei nach Möglichkeit adverbiale Bestimmungen und Adverbialsätze.
   b) Fertigen Sie von dem Unterrichtsgespräch zu den beiden folgenden Aufgaben c und d ein ▷ Protokoll an. Achten Sie dabei auf die sprachlich korrekte Wiedergabe der unterschiedlichen Meinungen (▷ Indirekte Rede/Redewiedergabe). ▷ S. 39 f. ▷ S. 98
   c) Tauschen Sie Ihre Bildanalysen untereinander aus und kommentieren Sie sowohl die sprachliche Machart als auch die inhaltlichen Ergebnisse.
   d) Überlegen Sie, ob sich der Beruf eines Dichters, Schriftstellers ähnlich darstellen ließe, wie Magritte es für seinen Beruf des Malers tut.

René Magritte: Der Scharfblick (1936)
Magritte stellt sich hier selbst in seinem Beruf als Maler dar, mehr noch, er veranschaulicht den geistigen Prozess, der diesem künstlerischen Handwerk innewohnt. Das Motiv ist das Ei, doch die Umsetzung des Künstlers lässt es auf der Leinwand bereits zum Vogel werden.

Indirekte Rede/Redewiedergabe

Mit der indirekten Rede macht man deutlich, dass die Äußerung eines anderen Sprechers wiedergegeben wird. In einem einleitenden Hauptsatz wird gesagt, um wessen Äußerung es sich handelt. Die Wiedergabe der Äußerung erfolgt dann in einem Nebensatz, wobei das Prädikat im **Konjunktiv** steht.

Beispiel: Ludger findet, dass Magrittes Idee auch auf andere künstlerische Berufe übertragbar *sei*.

einleitender Hauptsatz — Redewiedergabe im Nebensatz mit *Konjunktiv*

Es gibt zwei Formen des Konjunktivs: Konjunktiv I und Konjunktiv II.
Der **Konjunktiv I** wird vom Infinitiv des Verbs abgeleitet. An den Verbstamm werden die Personalendungen des Konjunktivs angehängt. Typisch für diese Endungen ist das eingefügte *-e-*:

ich schreib-e	*wir schreib-e-n*
du schreib-e-st	*ihr schreib-e-t*
er schreib-e	*sie schreib-e-n*

Außer der indirekten Rede kann der Konjunktiv I auch einen Wunsch oder eine Aufforderung ausdrücken: „*Möget* ihr lange glücklich miteinander sein!"

Der **Konjunktiv II** wird abgeleitet vom Präteritum Indikativ: Verbstamm im Präteritum (bei unregelmäßigen Verben a, o, u mit Umlaut) + Personalendungen des Konjunktivs:

ich traf → ich träf-e	*wir kamen → wir käm-e-n*
du liefst → du lief-e-st	*ihr spracht → ihr spräch-e-t*
er sang → er säng-e	*sie trugen → sie trüg-e-n*

Der Konjunktiv II wird als Ersatzform für den Konjunktiv I benutzt, wenn dieser im Textzusammenhang nicht vom Indikativ zu unterscheiden ist:
sie denken (Indikativ) → *sie denken* (Konjunktiv I) → *sie dächten* (Konjunktiv II)
Mit dem Konjunktiv II kann man auch ausdrücken, dass etwas nicht wirklich, nicht wahrscheinlich oder nicht erfüllbar ist: „*Wäre* doch nur immer Wochenende!" „Wenn ich Millionär *wäre, kaufte* ich mir …"
Wenn der Konjunktiv II im Textzusammenhang nicht vom Präteritum Indikativ zu unterscheiden ist, verwendet man als Ersatz meist die **Umschreibung mit „würde":**
sie schliefen (Präteritum Indikativ) → *sie schliefen* (Konjunktiv II) → *sie würden schlafen*
Auch wenn der Konjunktiv II als ungebräuchlich oder unschön empfunden wird, kann man die Ersatzform mit „würde" bilden: *sie hülfen* (Konjunktiv II) → *sie würden helfen.*

Für die Wiedergabe von Äußerungen anderer Sprecher gibt es neben der indirekten Rede noch andere Möglichkeiten:
- die **direkte Rede**: Conny sagte: „Ich finde Magrittes Einfall sehr gelungen."
- ▷ S. 44 ein ▷ **Zitat**, das in den eigenen Satz eingebaut wird: Nach der zusammenfassenden Bemerkung eines Mitschülers, dass „Magrittes Idee auch auf andere Künste übertragbar" sei, gingen wir zu sprachlichen Beobachtungen über.
- eine **Paraphrase (Umschreibung)**: Die Schülerin lehnte eine Abwertung ihrer Bildanalyse auf Grund sprachlicher Mängel ab.

1. a) Suchen Sie aus dem folgende Zeitungsartikel alle Stellen heraus, an denen der Verfasser fremde Äußerungen wiedergibt. Sortieren Sie diese nach direkter Rede, indirekter Rede, Zitat und Paraphrase.
   b) Überprüfen und begründen Sie die Verwendung des Konjunktivs im Text.

Lehrer werfen Familien soziales Versagen vor

Immer mehr Kinder wachsen ohne Nestwärme auf

Düsseldorf. Immer mehr Eltern haben keine Zeit für ihre Kinder. Laut Gewerkschaft Bildung und Erziehung (VBE) ist bereits jedes dritte Kind in NRW ein „Schlüsselkind", weil die Eltern nachmittags nicht zu Hause sind. Grundschüler hielten sich oft weit vor Schulbeginn auf dem Schulhof auf, weil sich niemand um sie kümmere, klagte VBE-Landeschef Udo Beckmann gestern. Er forderte schärfere Gesetze, um die „bewusste oder fahrlässige Vernachlässigung der Fürsorge- und Aufsichtspflicht wirksamer strafrechtlich verfolgen zu können". Laut VBE wird die „soziale Armut" in Familien zunehmend zur Belastung für Schulen. Kinder würden sich selbst überlassen und müssten sich völlig überfordert allein durch den Alltag schlagen. Sie müssten sich selber versorgen und würden von Eltern mit Taschengeld „abgespeist". Weil familiäre Nestwärme fehle, trieben sich immer mehr Schüler nach dem Unterricht herum. Auch die Zahl von bundesweit 70000 Schulschwänzern sei Ausdruck sozialer Vereinsamung. Der VBE forderte zusätzliche Angebote in Ganztagsschulen und eine finanzielle Entlastung für Familien und Alleinerziehende.

(wg)

2. Zur oben zitierten Nachricht wurde in der gleichen Zeitung der folgende Kommentar veröffentlicht. Geben Sie die Meinung der Autorin wieder. Benutzen Sie dabei unterschiedliche Formen der Redewiedergabe.

Schlüsselkinder und die Not der Lehrer

Alte Debatte neu belebt

Die Parolen von Schlüsselkindern geisterten in den 50er- und 60er-Jahren durch die öffentliche Diskussion. Damals passten sie nur allzu gut in die frauenfeindliche Zurück-an-den-Herd-Politik erzkonservativer Kräfte. Diese Zeiten sind glücklicherweise überstanden. Und der Begriff „Schlüsselkind" darf zumindest heute neu definiert werden. Gemeint sind Kinder, deren Mütter ebenso das Recht für sich in Anspruch nehmen, einem Beruf nachzugehen, wie deren Väter. In vielen Fällen bleibt Eltern auch gar keine Wahl, weil immer weniger Familien den Unterhalt nur mit einem Einkommen bestreiten können. Das sind die gesellschaftspolitischen Vorgaben. Die Klagen der Lehrer, Schule müsse zunehmend Verwahr- und Erziehungsaufgaben übernehmen, sind sicher oftmals gerechtfertigt. Die Lösung des Problems darf aber nicht darin bestehen, Frauen wieder aus der bezahlten Arbeit zu drängen. Das wird so genannten Rabenmüttern mit den Debatten um Schlüsselkinder gerne suggeriert – ohne dass sich Väter diesen Schuh anziehen. Die Lösung? Die Arbeitsbedingungen müssen familienfreundlicher werden. Dafür müssen Eltern gemeinsam kämpfen – zum Wohl unserer Kinder.

Maria Enders

Rechtschreibung

Obwohl Formen mündlicher Kommunikation (Telefon etc.) in den letzten Jahrzehnten deutlich zugenommen haben, hat in den meisten Berufen auch die Schriftsprache an Bedeutung gewonnen. Zu traditionellen Formen (postalischer Brief, schriftlicher Bericht) sind viele neue Mitteilungsformen hinzugekommen (Fax, E-Mail etc.). Sie alle erfordern schriftsprachliche Kenntnisse und Fertigkeiten. Damit bei all diesen Kommunikationsprozessen ein möglichst reibungsloses und zügiges Verstehen gesichert bleibt, ist eine **einheitliche orthografische Norm** erforderlich.
Als 1996 die Wiener Orthografiekonferenz ein reformiertes Regelwerk der deutschen Rechtschreibung verabschiedete und damit die Regelungen aus dem Jahr 1901 ersetzte, wurden in einigen Bereichen zwar die Entscheidungsspielräume des Einzelnen erweitert, dennoch bleibt auch weiterhin vieles normiert. Eine – zumindest weitgehende – Beherrschung dieser Normen ist Voraussetzung für die Teilnahme an wichtigen gesellschaftlichen Kommunikationsabläufen. Dies trifft besonders für den beruflichen und öffentlichen Gebrauch der Schriftsprache zu.
Die folgenden Informationen und Übungen zielen auf Orthografiefehler, die häufig auftreten.

1. **Zwei Zielscheiben**

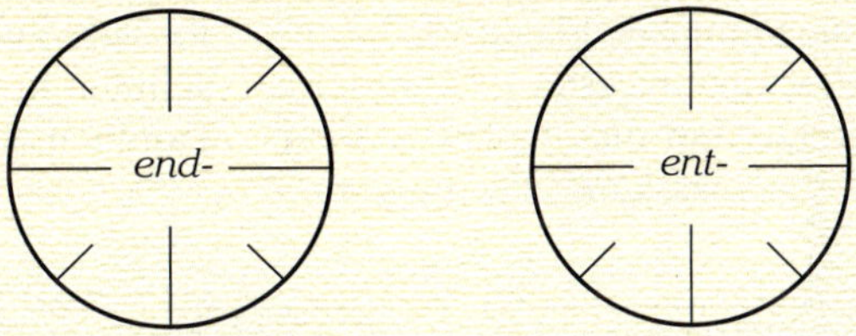

Nutzen Sie dieses Übungsverfahren, wenn es Ihnen schwerfällt, zwischen zwei ähnlichen Schreibweisen („end-"/„ent-" etc.) zu unterscheiden: Sammeln Sie mit Hilfe eines Wörterbuchs so viele Wörter wie möglich, die Ihr Schreibproblem beinhalten, und schreiben Sie sie in die beiden Zielscheiben.

2. **Symbole**

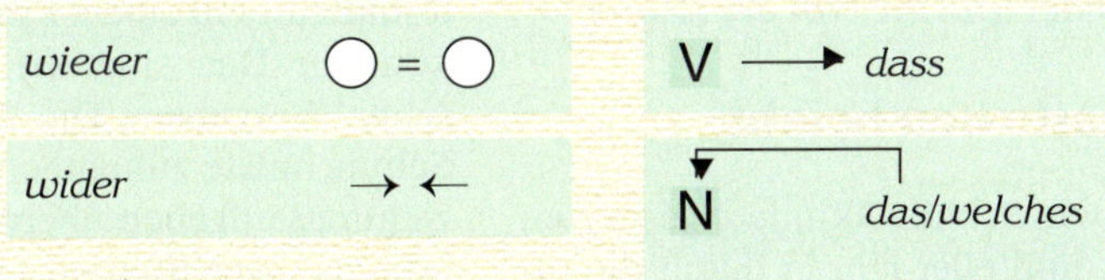

Wenn Sie ähnliche Schreibweisen (z. B. „wieder-"/„wider-", „dass"/„das") immer wieder verwechseln, können Sie sich zwei symbolhafte Zeichen überlegen, die den logischen Unterschied ausdrücken. Sammeln Sie Wörter oder Sätze und malen Sie neben jedes Wort/jeden Satz eines der beiden Symbole. Damit unterziehen Sie Ihre Schreibweise einer logischen Kontrolle.

3. Nutzen Sie die beiden Visualisierungsverfahren, um einige der folgenden Informationen zu verarbeiten.

Groß oder klein?

Nomen/Substantive werden großgeschrieben, außerdem dient die Großschreibung zur Kennzeichnung von **Satzanfängen, Eigennamen** und der **Ehrerbietung.** Schwierigkeiten ergeben sich vor allem daraus, dass alle Wortarten im Text als Nomen gebraucht werden können (*das Singen, alles Gute*) und dass ursprüngliche Nomen auch denominalisiert gebraucht werden und dann kleingeschrieben werden (*dank* seiner Spende).
Einige Zweifelsfälle finden Sie auf S. 101.

groß	Beispiele
• **nominalisierte Adjektive**	
◦ auch Ordnungszahladjektive	*der Erste, der Letzte, der Nächste, jeder Zweite*
◦ auch unbestimmte Zahladjektive	*alles Übrige, nicht das Geringste, jeder Einzelne*
◦ auch in festen Fügungen	*im Wesentlichen, im Einzelnen, im Allgemeinen*
◦ auch in Paarformeln	*Arm und Reich, Alt und Jung, Groß und Klein*
• **Farb-** und **Sprachbezeichnungen** nach Präpositionen	*auf Englisch, bei Rot*
• Nomen in **Tageszeiten**	*heute Morgen, gestern Abend, morgen Mittag* (aber: morgens, abends, mittags)
• Herkunftsbezeichnungen auf **-er**	*Schweizer Uhren, Berliner Luft*

klein	Beispiele
• Herkunftsbezeichnungen auf **-isch**	*westfälischer Schinken, italienischer Salat, griechischer Wein*
• Bestandteile von Verben wie *eislaufen, kopfstehen, leidtun etc.*	*Ich laufe eis. Er steht kopf. Es tut mir leid.*
• *Angst, Leid, Schuld* etc. in Verbindung mit *sein, bleiben, werden*	*Mir wird angst.* (Aber: Ich habe Angst.) *Er ist schuld.* (Aber: Er hat Schuld.)

4. a) Suchen Sie weitere Beispiele für die in der Übersicht aufgeführten Zweifelsfälle. Vergewissern Sie sich, wenn nötig, im Wörterbuch, dass Ihre Zuordnung richtig ist.
   b) Bilden Sie zu Ihren oder den vorgegebenen Beispielen Sätze.
5. a) Ergänzen Sie im folgenden Text die fehlenden Buchstaben in Groß- oder Kleinschreibung.
   b) Begründen Sie Ihre Schreibweisen mit den entsprechenden Regeln.

Liebe Nini,
_eute _bend hat mir Lulu erzählt, dass _u nun doch vielleicht mit _einem Vater nach Berlin gehen willst. Sicherlich stellt unsere _eutsche Hauptstadt einen großen Reiz dar. Was es nicht _lles zu besichtigen gibt: das _randenburger Tor, den _eutschen Dom, den viel besungenen Boulevard _nter _en _inden und die _eue _ache, um nur _iniges _ehenswerte zu nennen. Auch fürs _hopping hat Berlin _anches _nteressante zu bieten! Und wenn _hr die Stadt _eid seid, könnt _hr einfach ins _rüne fahren, oder zum _otsdamer Schloss Sanssouci. Allerdings drängen sich dort _onntags _underte an den Kassen. Da entspannt _hr _uch wohl besser beim _adfahren oder _icknicken im Park – sofern das _echtens ist. Aber jetzt _chluss bis _orgen: Es ist Zeit zum _chlafen! Lass dir Zeit zum _ntscheiden und träum etwas _chönes! Deine Ami

Getrennt oder zusammen?

Im Bereich der Getrennt- oder Zusammenschreibung ist die Wahl in einigen Fällen den Schreibenden überlassen, z. B.: *im Stande/imstande, mit Hilfe/mithilfe, auf Grund/aufgrund, an Stelle/anstelle, zu Tage/zutage, zu Mute/zumute, so dass/sodass.*
Dennoch gibt es Normierungen. Während die **Zusammenschreibung** mit Nomen/Substantiven (Komposita) in der Regel keine Probleme aufwirft (*Holztür, Hochhaus, Backform, Ichsucht, Jetztzeit*), treten beim Verb häufiger Schwierigkeiten auf:

getrennt	Beispiele
■ **zwei Verben**, die zu einer Wortgruppe gehören	*laufen lernen, baden gehen*
■ Verbindungen mit dem Verb *sein*	*fertig sein, zurück sein*
■ in den meisten Fällen **Partizip** und **Verb**	*geschenkt bekommen, getrennt schreiben*
■ in den meisten Fällen **Nomen** und **Verb**	*Klavier spielen, Eis essen, Auto fahren, Feuer fangen, Fuß fassen*
■ in vielen Fällen **Adjektiv** und **Verb**	*schnell laufen, scharf sehen, lang schlafen, hart arbeiten*

zusammen	Beispiele
■ viele **Partikeln** und **Verb**	*abfahren, ankommen, entgegenkommen, entlanggehen, gegenüberstellen, hinterherlaufen, emporsteigen, sich auseinandersetzen, vorwärtskommen*
■ **Adjektiv** und **Verb**, die zusammen eine übertragene Bedeutung haben	*schönfärben* (= beschönigen), *gutschreiben* (auf dem Konto), *schwerfallen* (= Mühe verursachen), *richtigstellen* (= berichtigen), *kürzertreten* (= sich einschränken), *schiefgehen* (= misslingen)
■ **Nomen** und **Verb**, wenn man mit diesen Wörtern durch Umstellung keine sinnvollen Sätze bilden kann	*notlanden* (nicht: Ich landete Not), *schlafwandeln* (nicht: Sie wandelte Schlaf)

6. Trennen Sie im folgenden Text die Wörter voneinander. Achten Sie beim Abschreiben auch auf die richtige Groß- und Kleinschreibung.

10.juli,samstagmorgen:heutesolleslosgehen–wirfreuenunsschonwochenlangdarauf,italien kennenzulernen.eigentlichwolltenwirschonfrühaufsein,umnichtimstaustehenzumüssen,aber daskonntejawiedernichtgutgehen:marionmusstenochihrenhundaufderwieselaufenlassen, maltewillsichergehen,dassderfußball,denerzumgeburtstaggeschenktbekommenhat,auch wirklichimautountergebrachtwordenist;immermehrkofferwerdenvordemgartentoraufein andergestappelt,sodasswohleinpaarvonunszuhausebleibenmüssen.naja,irgendwannschaffen wiresdoch,soweitfertigzusein,dasswirabfahrenkönnen.wennwirjetztnurnichtirgendwolie genbleiben,weilwirsovollbepacktsind.wasfüreinstress!womöglichsolltemandochbesserda heimbleiben–eisessen,radfahrenunddaslebeneinfachlaufenlassen…

„s“, „ß“ oder „ss“?

Seit der Rechtschreibreform von 1996 gibt es bei der Schreibung des s-Lauts nur noch wenige einfache Regeln:
Nach kurzem betontem Vokal schreibt man **ss** (Ausnahme: Kurzwörter wie *was*, *das*).
Nach lang gesprochenem Vokal und nach Diphthong (au, eu, ei) schreibt man den stimmhaften s-Laut mit einfachem **s** (auch in Wörtern, in denen der s-Laut erst bei Verlängerungsprobe stimmhaft wird: *Gras* → *Gräser, sie reist* → *reisen*); den stimmlosen s-Laut schreibt man **ß**.

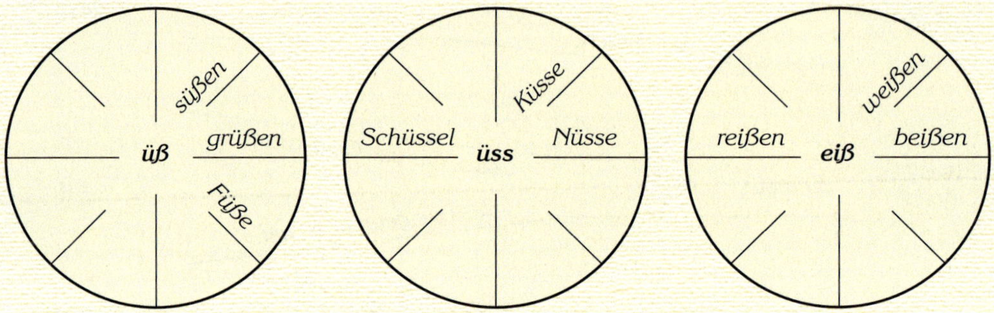

7. Entwerfen Sie weitere Zielscheiben dieser Art.
8. Übertragen Sie die folgende Tabelle in Ihr Heft und tragen Sie dort für alle Verben die entsprechenden Formen mit dem richtigen s-Laut (s, ss oder ß) ein. In einem Fall gibt es zwei Möglichkeiten:

Infinitiv	*3. Pers. Präs. Sing.*	*3. Pers. Prät. Sing.*	*Nomen*
fließen	*es fließt*	*es floss*	*der Fluss*
messen	*sie misst*	…	…
…	…	…	…

beschlie_en, verge_en, unterla_en, rei_en, wi_en, mü_en, genie_en, bei_en, kü_en, fa_en, spa_en, grü_en, pa_en …

9. Schreiben Sie den Lückentext unter Ergänzung des richtigen s-Lauts (s, ss oder ß) ab:

Bbbrrrr! Der Wecker ra_elt. Seufzend pre_t Katja ihren Kopf in das Ki_en. I_t es wirklich schon so weit? Mu_ sie jetzt tatsächlich ihr Bett verla_en? Ein dicker Klo_ sitzt ihr im Hal_ und ihr wird ganz hei_, wenn sie an die Schule denkt. Heute mu_ sie nämlich ein Versprechen einlö_en, weil sie eine Wette verloren hat: Sie mu_ in der gro_en Pau_e den hä_lichen bla_en Georg kü_en – igitt! Lieber würde Katja ihm die Na_e abbei_en! Oder sich einen na_en Hundeku_ von ihrem sü_en Dackel gefallen la_en! Katja stö_t noch einen langen Seufzer aus. Dann rei_t sie sich aus ihrem Bett los und schleicht ins Bad. Eines wei_ sie jedenfalls ganz gewi_: So schnell lä_t sie sich nicht wieder auf eine so gro_e Dummheit wie diese Wette ein!

„dass" oder „das"?

Die **Konjunktion „dass"** leitet einen Subjekt- oder Objektsatz ein. Diese Nebensätze kann man mit „Wer?/Was?" bzw. „Wen?/Was?" erfragen.
Das **Relativpronomen „das"** leitet einen Relativsatz ein. Diesen Nebensatz kann man mit „Was für ein …?" erfragen. Außerdem lässt sich das „das" meist durch „welches" ersetzen.

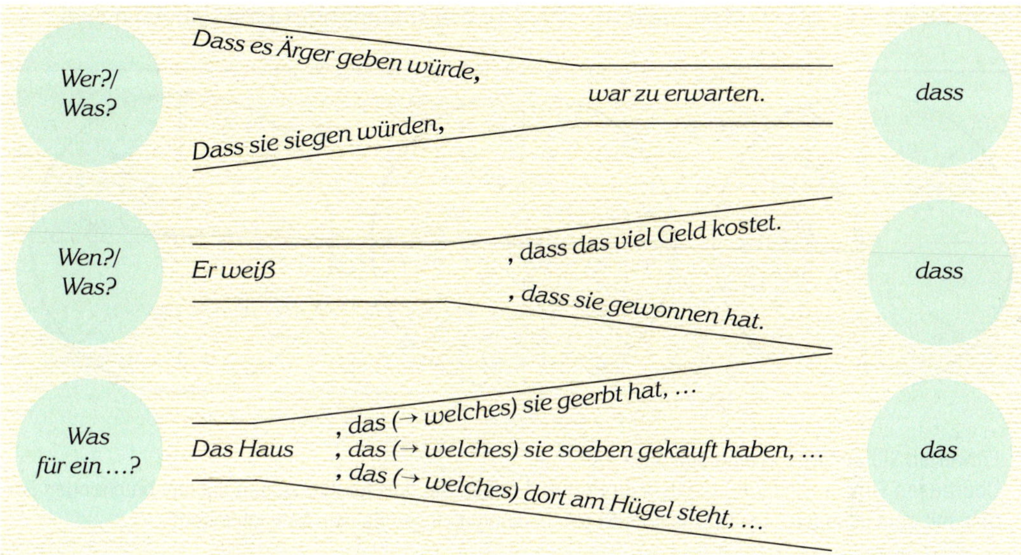

10. Überprüfen Sie Ihre Hausaufgaben- und Klausurtexte im Hinblick auf „dass"/„das"-Fehler und ordnen Sie die Verbesserungen in solche Fächer ein.
11. Verbinden Sie jeweils einen Satz aus dem linken Kasten sinnvoll mit einem Satz von der rechten Seite zu einem Satzgefüge. Verwenden Sie dabei entweder die Konjunktionen „dass" oder „sodass" oder das Relativpronomen „das".

Antonia rief sofort an, um etwas mitzuteilen.	*Das Gefährt war fortan sein ganzer Stolz.*
Elise arbeitete hart.	*Jeder konnte sich darauf einrichten.*
Philipp lebte gerne in diesem Haus.	*Es brachte jeden, der es sah, zum Lachen.*
Der Termin für die Karnevalsfeier stand lange genug fest.	*Das Haus befand sich in der Nähe der Bonner Innenstadt.*
In diesem Jahr gab es ein gar absonderliches Weihnachtsbäumchen.	*Ihr blieb kaum Zeit für einen Besuch, z. B. bei ihrem Bruder.*
Sie hatte ihn erst einmal in seiner Wohnung besucht	*Sie hatte die Führerscheinprüfung tatsächlich geschafft.*
Der Schulleiter kaufte sich ein Motorrad.	*Etwas störte ihn an dieser Beziehung.*

Zeichensetzung

Ein besonders fehlerträchtiger Bereich in der Schriftsprache ist die Kommasetzung. Das Komma hat im Deutschen eine doppelte Funktion: Es dient sowohl als **Pausenzeichen** (rhetorische Funktion) wie auch zur **grammatischen Gliederung des Satzes** (grammatische Funktion). Bis zu Beginn des 19. Jahrhunderts dominierte das rhetorische Prinzip, das ursprünglich allen Satzzeichen zu Grunde lag. Da die Sprechpausen subjektiven Schwankungen unterliegen, ist im Laufe der Zeit das strengere grammatische Prinzip in den Vordergrund getreten.
Die Schreibenden haben in einigen Fällen die Wahl, ob sie ein Komma setzen wollen, z. B. bei manchen **Infinitivsätzen** – Sie hoffte*(,) ein Buch geschenkt zu bekommen* – und **Partizipgruppen:** *Zu ihrem Geburtstag reich beschenkt(,)* bedankte sie sich bei ihren Freunden. Auch in diesen Fällen empfiehlt es sich, Kommas zu setzen, da das Komma für die Lesenden eine Hilfe darstellt und in keinem Falle falsch ist.
Fest geregelt sind die folgenden Bereiche:

Kein Komma darf stehen	Beispiele
• bei adverbialen Bestimmungen, auch wenn sie umfangreich sind	Mit seinem aufwendig gestylten Wagen aus neuster amerikanischer Produktion fuhr er …
• bei Konjunktionen, die Satzteile **anreihend** verbinden (*entweder … oder, sowohl … als auch, weder … noch, beziehungsweise, und, oder*)	Sie hatte sowohl ihren Schwager als auch ihren Onkel mitgebracht.

Durch **Komma** abgegrenzt werden	Beispiele
• **Haupt- und Nebensätze**	Sie wussten, dass es vorbei war. Die Frau, die sie vorfanden, und das Kind …
• **Nebensätze unterschiedlichen Grades**	Er ahnte, dass er das Kind, das auf der Treppe saß, …
• **aufgezählte Satzteile** (falls nicht durch *und/oder* verbunden)	Er, sein Freund und ein Bekannter waren anwesend.
• **wörtliche Rede und nachfolgender oder eingeschobener Begleitsatz**	„Wo ist das Buch?“, fragte sie. „Ich habe es dir“, antwortete er, „gestern geschickt.“
• **Anreden**	Dies alles, lieber Herr Maier, ist …
• **Appositionen**	Katrin, die siegreiche Schwimmerin, war …
• Satzteile mit **entgegensetzender Konjunktion** (*aber, jedoch, sondern* etc.)	Er war erholt, jedoch völlig abgemagert.
• **nachgestellte nähere Bestimmungen** (oft erkennbar an Wörtern wie *und zwar, nämlich, d. h.*).	Sie hatten Geld verloren, und zwar einen größeren Betrag.
• **herausgehobene Satzglieder**	Der Urlaub, der war fantastisch.

1. Das Gedicht „Leichenrede“ von Kurt Marti ist fast ohne Satzzeichen geschrieben.
   a) Lesen Sie das Gedicht laut und beschreiben Sie die Wirkung, die die fehlenden Satzzeichen haben.
   b) Setzen Sie dann alle Satzzeichen, die grammatisch notwendig oder zulässig sind. Begründen Sie jedes von Ihnen gesetzte Satzzeichen.
   c) Vergleichen Sie Ihre Ergebnisse untereinander; diskutieren Sie alternative Lösungsmöglichkeiten und deren unterschiedliche Wirkung für die Gedichtaussage.
   d) Korrigieren Sie auch die Groß- und Kleinschreibung des Gedichts entsprechend den gültigen Rechtschreibregeln.
2. Schreiben Sie das Gedicht abschließend noch einmal unter Nutzung „dichterischer Freiheiten“ in der Schreibung und Zeichensetzung, die Ihrer Meinung nach dem Text den richtigen Ausdruck verleiht. Sie können dazu auch drucktechnische Möglichkeiten einsetzen.

kurt marti

leichenrede

welche wohltat
einmal sagen zu dürfen:
nein er war nicht tüchtig
und wechselte oft die stelle
nein er war nicht fleißig
und arbeitete nur
sofern es nicht anders ging

sonst aber
las er lieber SPORT oder PLAYBOY
setzte sich nachmittags
schon ins kino
(Eddi Constantine war sein liebling)
schlürfte cognacs in straßencafés
meditierte über die anmut der frauen
oder die tauben am turm

im frühling fuhr er
durch zart- und frechgrünes land
den sommer verlag er
gut geölt und behaglich
im schwimmbad
später dann streifte er
manchen stillen waldrand entlang
ehe er für den winter
eine beschäftigung suchte
und eine freundin
weil er die festferientage
nicht allein zu verbringen liebte

welche wohltat
in einer welt
die vor tüchtigkeiten
aus den fugen gerät:
ein mann, der sich gute tage
zu machen wusste
ehe nach einigen bösen
jetzt
der letzte tag für ihn kam.

Kurt Marti

Überarbeitung von Texten und persönliche Fehlerstatistik

Sprachliche Fehler in Texten sind nicht immer ein Zeichen grundlegender Mängel in der Sprachbeherrschung: Nicht selten resultieren sie aus Flüchtigkeit und Unkonzentriertheit beim Abfassen eines Textes, bei dem ja vor allem auch auf inhaltliche Aspekte zu achten ist. Es empfiehlt sich deshalb unbedingt, Texte noch einmal auf ihre Sprachrichtigkeit hin zu überarbeiten. Diesen Arbeitsschritt sollten Sie sich zur festen Gewohnheit machen. Als Hilfe dazu kann Ihnen eine Checkliste dienen, die Sie bei jedem von Ihnen geschriebenen Text noch einmal durchgehen:

Checkliste zur Sprachrichtigkeit von selbst verfassten Texten

1. **Zeichensetzungsfehler:**
   - Kommas (vor allem bei „dass"- und Relativsätzen)
   - Satzschlusszeichen
   - Satzzeichen bei wörtlicher Rede
2. **Zitate**
   - Mit Anführungszeichen gekennzeichnet und mit Zeilen-/Seitenangaben versehen?
   - Bei indirekter Rede Konjunktiv benutzt?
3. **Rechtschreibung**
   - Groß-/Kleinschreibung
   - s-Laute (s, ss, ß)
   - Getrennt-/Zusammenschreibung
   - dass/das
   - Trennung am Zeilenende
4. **Satzbau**
   - Sind alle Sätze vollständig und in ihrer Konstruktion korrekt?
   - Keine „Bandwurmsätze"?
   - Kein übertriebener Nominalstil?
   - Richtige Zeitform gewählt?
   - Korrekte grammatische Endungen gebildet?
5. **Ausdruck**
   - Keine Umgangssprache verwendet?
   - Passende Wörter und Fachbegriffe benutzt?

Bei allen Unklarheiten sollten Sie auf die Hilfe eines ▷ Wörterbuchs zurückgreifen. ▷ S. 108 f.

Auch wenn der Anblick einer Klassenarbeit mit vielen Fehlern nicht angenehm ist – aus Fehlern kann man lernen! Deshalb sollten Sie sich folgende Schritte im Umgang mit Ihren Klausuren oder anderen korrigierten Texten wie Hausarbeiten zur Aufgabe machen:

1. Schauen Sie sich sorgfältig die Korrekturen und Bemerkungen des Lehrers/der Lehrerin an und fragen Sie nach, wenn Sie nicht verstehen, was Sie falsch gemacht haben.
2. Legen Sie eine Fehlerliste an, in der Sie festhalten, welche Fehler Ihnen wie oft unterlaufen. Aus dieser Liste lassen sich schon bald Fehlerschwerpunkte ableiten. Lassen Sie sich die Ergebnisse Ihrer Fehleranalyse gegebenenfalls auch von Ihrer Lehrerin/Ihrem Lehrer bestätigen.

Meine persönliche Fehlerstatistik in Deutsch

	1. Klausur	*2. Klausur*	*3. Klausur*	*4. Klausur*
I. Sprache				
– Rechtschreibfehler	卌	|||	卌 ||	|||
– Zeichensetzungsfehler	卌 卌	卌 卌 ||	卌 |||	卌 卌 *!*
– Satzbaufehler	||	|||		
– Tempusfehler	|			
– Modusfehler				
– Ausdrucksfehler	||	||||	卌	||| *!*
– Grammatikfehler				
...				
II. Inhalt				
– sachliche Fehler				
– falsche Textbezüge				
– keine Gliederung				
– mangelnde Logik				
– unklarer Ausdruck	|||	|||	||	|||| *!*
...				

3. a) Bei **sprachlichen Schwierigkeiten** sollten Sie
   - die Fehler sorgfältig berichtigen;
   - diese Fehler in eine Lernkartei aufnehmen und mit dieser regelmäßig üben;
   - eventuell zusätzliches Übungsmaterial zu Ihren Fehlerschwerpunkten bearbeiten.

   b) Bei **Ausdrucksschwierigkeiten** sollten Sie
   - einzelne Sätze oder Abschnitte Ihres Textes so umformulieren, dass die Schwäche (z. B. falscher Satzbau oder unpassender Ausdruck) behoben ist;
   - auch bei Hausaufgaben und anderen Texten besonders sorgfältig auf Ihre Formulierungen achten;
   - ebenso beim Lesen fremder Texte aufmerksam sein für gelungene sprachliche Wendungen.
4. Begutachten Sie vor einer Klausur noch einmal die Fehler der letzten Arbeit und Ihre Fehlerstatistik. Konzentrieren Sie sich dann während der Klausur besonders darauf, die bekannten Schwächen zu vermeiden.

Umgang mit dem Wörterbuch

Die meisten sprachlichen Probleme, die beim Verfassen eines Textes auftauchen können, lassen sich mit einem Rechtschreibwörterbuch klären – vorausgesetzt, man versteht mit diesem Hilfsmittel umzugehen.

1. Machen Sie sich bewusst, wann und wie Sie mit einem Wörterbuch umgehen:
   - Bei welchen Problemen suchen Sie dort Hilfe?
   - Wie gehen Sie bei Ihrer Suche vor?

2. Testen Sie den Erfolg Ihrer Problemlösungsstrategien und die Möglichkeiten eines Wörterbuchs an folgenden Aufgaben:
   - Wie heißt es richtig: der/die/das Joghurt (oder Jogurt?); der/die/das Prospekt?
   - Wer oder was ist „Galimathias“?
   - Sprechen Sie sich die folgenden in Lautschrift geschriebenen Wörter laut vor und suchen Sie im Wörterbuch die richtige Schreibweise, bei Substantiven mit Artikel:
     [akvi'ri:rən], [ɛntu'zi̯asmʊs], ['sai̯bʁspe:s], [ap'stru:s], ['tʃɪpn̩de:l], [rapso'di:]

Bei der Lösung der Aufgabe 2 werden Sie festgestellt haben, dass das Rechtschreibwörterbuch mehr Informationen enthält als nur die richtige Schreibweise. Ein Beispiel verdeutlich das:

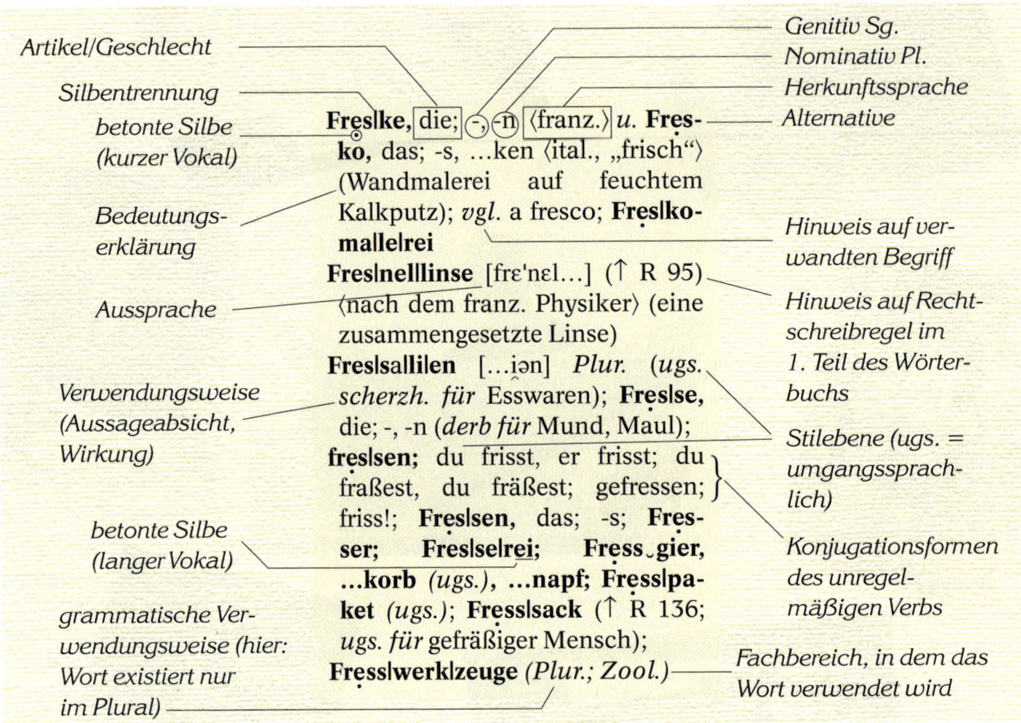

3. Stellen Sie in einem ausführlichen Inhaltsverzeichnis zusammen, was Ihr Wörterbuch vor und hinter der alphabetischen Liste der Wörter an Hilfen, Regeln, Verzeichnissen usw. bietet.
4. Welche Informationen können Sie den folgenden Einträgen entnehmen?

Fri|ka|del|le, die; -, -n ⟨ital.⟩; **Fri|kan|deau** [...'do:], das; -s, -s ⟨franz.⟩ (Teil der [Kalbs]keule)

Lu|ga|ner (↑ R 103); **Lu|ga|ner See,** der; -, -s; **Lu|ga|ne|se,** der; -n, -n; ↑ R 126 (Luganer); **lu|ga|ne|sisch; Lu|ga|no** (Stadt in der Schweiz)

[1]**Kaff,** das; -[e]s (*nordd. für* Spreu; Wertloses; Geschwätz)
[2]**Kaff,** das; -s, *Plur.* -s *u.* -e ⟨zigeuner.⟩ (*ugs. für* Dorf, armselige Ortschaft)

Lounge [laundʒ], die; -, -s [...dʒiz] ⟨engl.⟩ ([Hotel]halle)

B Sachtexte

1 Journalistische Texte

1. a) Welche der dargestellten Medien nutzen Sie?
   b) Beschreiben Sie die verschiedenen Funktionen dieser Medien.
2. Diskutieren Sie, ob die Zeitungsleserin zu Recht im Mittelpunkt der Fotocollage steht.
3. ▷ S. 20 a) Nennen Sie im Rahmen einer ▷ Kartenabfrage fünf Gründe, warum Zeitungen heute noch viel gekauft und gelesen werden.
   b) Sortieren Sie die Gründe nach Ihrer Wichtigkeit.
   c) Diskutieren Sie in der Klasse über die verschiedenen Gründe und ihre Bewertung.

① Zeitungskopf

② Blickfang/Aktuell

⑥ Inhaltsleiste mit Anreißermeldungen zu verschiedenen Sparten (Ressorts)

MO.-FR. 1,30 DM – SA. 1,60 DM

EX

WESTDEUTSCHE ALLGEMEINE

Unabhängige Tageszeitung

WAZ

Höchste Auflage im Ruhrgebiet

NUMMER 224 / 39. Woche

1

DIENSTAG, 26. SEPTEMBER 2000

③ Aufmacher (Kioskaufmacher)

Breite Kritik an Rentenreform der Regierung

Riester legt Entwurf vor

Von Marco Seng

WAZ BERLIN. Arbeitsminister Riester (SPD) ist mit seinem Referenten-Entwurf zur Rentenreform auf breite Kritik gestoßen. Dennoch scheint ein Rentenkonsens mit der Union und dem DGB nicht ausgeschlossen.

Das SPD-Präsidium, die SPD-Fraktion und die Grünen-Fraktion billigten die Eckpunkte für die Reform. Sie sieht eine staatlich geförderte Privatvorsorge, die Absenkung des Rentenniveaus von heute 70% auf 61% (nach heutiger Berechnungsweise) sowie einen Rentenbeitrag von maximal 20% in den nächsten zwanzig Jahren vor. „Ich freue mich, dass die Fraktionen meinen Entwurf tragen. Jetzt ist der Weg für eine gesetzliche Regelung frei", sagte Riester am Montag abend nach den Fraktionssitzungen.

Kritik kam allerdings vom linken SPD-Flügel. Dieser wirft Riester vor, die jüngere Generation mit höheren Beiträgen bei geringeren Rentenleistungen für sie selbst zu belasten. „Die geplante Senkung des Rentenniveaus „in Richtung 60% auf die lange Zeitachse ist eindeutig zu tief. Die Schlacht ist noch nicht geschlagen", sagte der SPD-Sozialpolitiker Schreiner.

Unions-Fraktionschef Merz machte eine Zustimmung zur Rentenreform von einem fairen Generationenausgleich abhängig. „Die jüngeren Generationen werden zu stark belastet", sagte Merz. Dagegen drohte die FDP damit, den Rentenkonsens aufzukündigen, falls die Regierung auf eine stärkere Besteuerung der Renten bei gleichzeitiger Steuerbefreiung der Rentenbeiträge verzichtet.

Der DGB forderte ebenfalls Korrekturen. Das Rentenniveau dürfe nicht so stark sinken wie bisher geplant, sagte DGB-Vize Engelen-Kefer.

Riester kündigte an, noch in dieser Woche eine neue Renten-Konsensrunde mit der Union zu führen.

Hintergrund
Kommentar: Keine Antworten

Mit den Fahnen Australiens und der Aborigines freute sich Cathy Freeman über ihre Goldmedaille. dpa-Bild

Sydney 2000

Aktuelles Special unter www.waz.de

Unser TV-Tipp des Tages

Ronny Weller aus Mutterstadt bewirbt sich heute (9.30 Uhr/ARD) um den Titel des stärksten Mannes. Vor vier Jahren reichte es für den Olympiasieger von 1992 nach einem spannenden Zweikampf mit dem Russen Andrej Tschemerkin nur zu einer Silbermedaille. Sollte Weller die gleiche Last wie der Russe zur Hochstrecke bringen, ist er der Sieger, da Tschemerkin mit 180 Kilo deutlich schwerer ist als Weller, der es nur auf 150 Kilo bringt.

Australien feiert Cathy Freemans Triumph

Im wichtigsten Rennen ihres Lebens hat Cathy Freeman für eine ganze Nation Gold gewonnen. Getragen von einem Orkan aus 110 000 Kehlen im Stadium Australia von Sydney kämpfte sich die 27-jährige Nachfahrin australischer Ureinwohner fast wie in Trance zum Olympiasieg über 400 m. In 49,11 Sekunden legte die erste Aborigine, die je eine Leichtathletik-Medaille bei Olympia errang, den Weg zu einem Triumph zurück, den ganz Australien in den Stunden, Tagen und Wochen zuvor herbeigesehnt, herbeigeredet und herbeigeschrieben hatte.

④ Kurzmeldungen

Shell-Konzern erwartet Sinken der Benzinpreise

HAMBURG (rtr) Die Benzinpreise in Deutschland werden nach Einschätzung der Deutschen Shell wegen des Dollar-Rückgangs und der sinkenden Produktkosten in Kürze zurückgehen. „Ich erwarte, dass die Preise innerhalb der kommenden zehn bis 14 Tage sinken werden", sagte ein Shell-Sprecher. Der Verbraucher könne zuversichtlich sein, in den Genuss der sinkenden Preise zu kommen, erklärte er. Auch andere Mineralölkonzerne zeigten sich zuversichtlich, dass bei den derzeit zurückgehenden Rohölpreisen auch die Preise an den deutschen Tankstellen bald sinken.

Spediteure auf Protestfahrt in Richtung Berlin

BERLIN (ap) Die deutschen Transportunternehmen setzen zu ihrer bisher größten Protestaktion gegen die hohen Energiepreise an: Zu einer bundesweiten Sternfahrt werden heute Tausende Lastwagen, Busse, Traktoren und Taxen in Berlin erwartet. Die Polizei befürchtet in der Innenstadt ein Verkehrschaos. „Die Stadtmitte und der Tiergarten werden zu sein", sagte ein Sprecher des Verkehrswarndienstes. Außerdem sollen Lastwagen im ganzen Bundesgebiet zwischen 12 und 16 Uhr auf Autobahnen mit Tempo 60, auf Landstraßen mit Tempo 50 und innerorts mit Tempo 30 fahren.

Machtkampf in Jugoslawien

Westen: Milosevic hat Wahl verloren

BELGRAD (ap/dpa) In Jugoslawien ist nach der Wahl am Sonntag ein offener Machtkampf ausgebrochen.

Sowohl die Regierung als auch die Opposition in Belgrad beanspruchten am Montag den Sieg für sich. Politiker im Ausland sahen in Staatspräsident Slobodan Milosevic den klaren Verlierer der Wahl. Die EU forderte ihn auf, die Niederlage einzugestehen und zurückzutreten. Zugleich zeigte man sich besorgt über mögliche Manipulationen seitens der Regierung.

Offizielle Ergebnisse der Abstimmung lagen am Montag noch nicht vor. Politiker der Regierungskoalition behaupteten, Milosevic (59) führe im ersten Wahlgang, es werde aber wohl zu einer Stichwahl am 8. Oktober kommen.

Dagegen erklärte das Oppositionsbündnis, sein Kandidat Vojislav Kostunica habe schon im ersten Wahlgang die absolute Mehrheit errungen. Anhänger beider Politiker feierten den „Wahlsieg" auf der Straße.

Der 56-jährige Rechts-Professor Vojislav Kostunica reklamierte den Sieg für sich. „Dies ist unser gemeinsamer historischer Augenblick, ein neues Morgengrauen für Serbien und Jugoslawien, das Morgengrauen unserer Freiheit."

Der Westen verspricht sich von einem Präsidenten Kostunica einen politischen Neuanfang für Jugoslawien. Präsident Milosevic wird international geächtet und ist als Kriegsverbrecher angeklagt. Er gilt als Hauptverantwortlicher für die Balkankriege in Kroatien, Bosnien-Herzegowina und im Kosovo.

Berichte im Innern

Teures Öl treibt Inflationsrate in die Höhe

WIESBADEN (dpa) Der drastische Ölpreisanstieg hat die jährliche Inflationsrate im September mit 2,4% auf den höchsten Stand seit August 1997 getrieben.

Im August hatte die Teuerungsrate in Deutschland noch 1,8% betragen. Ohne die preistreibenden Effekte am Ölmarkt würde die Inflationsrate bei nur 1,1% liegen, so das Statistische Bundesamt.

Vor allem bei der Entwicklung der Heizölpreise sprechen die Statistiker mittlerweile von einer „dramatischen" Entwicklung: Allein im September seien sie um 32,2% nach oben geschnellt.

Die Experten erwarten für 2000 eine durchschnittliche Teuerungsrate von 1,8%, die sich im kommenden Jahr auf 1,3% ermäßigen könnte. „Die Inflationsrisiken sind geringer als vielfach befürchtet", stellen die Volkswirte der Dresdner Bank fest.

Ökumene: Katholiken machen Rückzieher

Kirchentag 2003 ohne Abendmahl

⑤ Querverweise

WAZ FULDA. Die Ökumene hat einen neuen, herben Rückschlag erfahren.

Jetzt hat der Vorsitzende der Bischofskonferenz, Karl Lehmann, das endgülte Aus für ein gemeinsames Abendmahl beim ersten ökumenischen Kirchentag 2003 in Berlin verkündet. Dies war ursprünglich von katholischer und evangelischer Basis als Höhepunkt dieses Kirchentags geplant. Ein gemeinsames Abendmahl könne nur am Ende der Kircheneinheit stehen, sagte Lehmann zum Auftakt der Herbstversammlung der katholischen Bischöfe.

Hintergrund dürfte das neue Schreiben des Vatikan über die Vorherrschaft der römisch-katholischen Kirche vor anderen Glaubensgemeinschaften sein. Dieses Schreiben, das Kardinal Ratzinger vor wenigen Wochen veröffentlichte, hatte vor allem die evangelische Kirche irritiert. Der Vorsitzende des Rates der Evangelischen Kirche in Deutschland, Kock, hatte das Verhältnis zwischen beiden Kirchen nach dieser Erklärung als gestört bezeichnet. Sie stünden nicht mehr im Verhältnis „gleich zu gleich". Auch katholische Bischöfe hatten das Dokument kritisiert.

4394488001304 20039

Physik an der Uni unbeliebt

Zahl der Absolventen in Naturwissenschaften sinkt

WAZ RUHRGEBIET. Die Anzahl der Hochschul-Absolventen in den naturwissenschaftlichen Fächern ist wieder gesunken.

So ging in den Fachbereichen Chemie und Physik die Zahl der Hochschulabsolventen um etwa 13 Prozent zurück, meldet das Statistische Bundesamt. Einen Abschluss in Elektrotechnik erreichten 1999 rund zwölf Prozent weniger als im Vorjahr. Etwas geringer war der Rückgang im Maschinenbau und der Verfahrenstechnik mit rund acht Prozent. Die meisten Studenten, rund ein Drittel, erwarben Abschlüsse in Rechts-, Wirtschafts- und Sozialwissenschaften. Mit 27 400 Absolventen waren die Wirtschaftswissenschaften beliebtestes Fach.

Seit Jahren sinken die Zahlen der Studenten, die ein naturwissenschaftliches Studium aufnehmen. Vor zwei Jahren hoffte man, der Tiefpunkt bei den Einschreibungen sei durchschritten. Doch für das Wintersemester 2000/01 beobachtet man bereits einen negativen Trend. So sanken an der Ruhr-Uni Bochum die Einschreibungen in Maschinenbau, Mathematik und Physik. Zuwächse melden die Universitäten im Ruhrgebiet bei neuen IT-Studiengängen wie „Sicherheit in der Informationstechnik" (Bochum) oder „Angewandte Informatik" (Duisburg). Die Einschreibefrist läuft bis Ende Oktober.

Kommentar: Bedrohlich

⑨ „Aufsitzer"

HEUTE IN DER WAZ

ESSEN

ÖTV: Missstände bei Speditionen

Eine Umfrage der ÖTV unter Truckern läßt arge Missstände im Speditionsgewerbe erahnen: Zu lange Arbeitszeiten, Missachtung der Tarifverträge, Druck auf Fahrer. Die ÖTV spricht von mittelalterlichen Zuständen. Rechtsbrüche seien üblich.

Lehrermangel macht sich breit

Für manche Fächer fällt es immer schwerer, noch Lehrer zu finden. Schulleiter berichten von wochenlanger erfolgloser Suche. Mathematik und Englisch stehen oben auf der Sorgenliste der Gymnasien. Auch Grund- und Hauptschulen haben große Probleme.

AUS DEM WESTEN

Revierstädte kämpfen gegen den Dreck

Mit Bußgeldern und warmen Worten versuchen die Städte im Ruhrgebiet, ihre Bürger zu mehr Reinlichkeit zu erziehen. Mit wechselndem Erfolg.

Die Arbeit von Journalisten ist nicht nur wichtig, sondern manchmal auch sehr gefährlich. WAZ-Redakteure berichten heute über ihre Erfahrungen in Krisengebieten.

„Woche der Zeitung"

MEINUNGSFORUM

Der Energiesockel muss erhalten bleiben

Die Kohle gehört zum Revier, meint die Mehrheit der WAZ-Leser. Viele sprachen sich für den Erhalt des Bergbaus aus.

Die neue Frage der Woche lautet: Wie früh sollten Schüler ihr Abitur machen? Diskutieren Sie auch unter waz.de.

WAZ.de online

⑦ Internet-/Online-Verweis

KULTUR

Clown Fumagalli gründet neuen Zirkus

Fumagalli, der umjubelte Clown des Circus Roncalli, gründet seinen eigenen Zirkus. Im nächsten Frühjahr hat der „Circus Fumagalli" in Essen Premiere.

Immer zu Späßen aufgelegt ist Clown Fumagalli (rechts, mit Sergej Maslennikov). waz-Bild: M.Stepniak

RATGEBER RECHT

Halb Blinder sollte Ehefrau pflegen

Ein halb blinder Mann sollte laut Bundesknappschaft seine Frau pflegen. Das Sozialgericht Duisburg stoppte die Kasse.

DAS WETTER IM RUHRGEBIET

Heute: Die Tage sind gezählt, an denen es trocken, 19 bis 21 Grad warm ist und ab und zu auch noch die Sonne scheint. Deswegen: unbedingt ausnutzen.
Morgen: Schauerwetter, 18 Grad.

ES

ANZEIGE

⑧ Werbeanzeige

1.1 Wie werden Zeitungen gemacht?

Neben der Informationsfunktion kommt der Zeitung eine Unterhaltungs- und Serviceaufgabe zu. Da die Leser/innen oft nur einzelne dieser Funktionen nutzen, muss die Zeitung ihnen eine schnelle Orientierung ermöglichen. Dafür werden **Anreißermeldungen** und **Inhaltsleisten** auf der ersten Seite verwendet, die auf die folgenden Artikel verweisen. Oft stehen neben den Anreißermeldungen Fotos, weil sich bildlich veranschaulichte Informationen leichter einprägen. **Zeitungskopf, Schlagzeilen, Blickfang, Aufmacher** und **Querverweise** sorgen für Übersichtlichkeit. So können die Leser/innen in einer Zeitung ähnlich wie beim Zappen vor dem Fernseher gezielt oder auf gut Glück nach Informationen, nach Unterhaltung oder nach Serviceangeboten suchen. Dem selektiven (auswählenden) Leseverhalten kommt auch der Aufbau in **Modulen** (Bausteinen) entgegen: Zu einem Thema werden z. B. mehrere Meldungen und Berichte, Kommentar, Grafik usw. angeboten.

Projekt: Tageszeitungen untersuchen

Die „gute alte Zeitung" hat weiterhin Bestand, obwohl ihr bereits vor 20 Jahren der Untergang prophezeit wurde. Auch die neu entwickelten Medien (vor allem das Internet) haben sie nicht verdrängt. Das Gegenteil ist eingetreten: Das Zeitungsangebot ist sogar vielfältiger geworden. Die starke Konkurrenz untereinander führt dazu, dass Leser/innen durch kostenloses Verteilen oder Probeabonnements geworben werden.
Die Leser/innen, die sich die Zeitung nach Hause und an den Arbeitsplatz kommen lassen oder sie auf dem Weg am Kiosk mitnehmen, haben sehr unterschiedliche Erwartungen an ihren Lesestoff. Dem entspricht die angebotene Vielfalt, die sich folgendermaßen grob gliedern lässt:

Tageszeitungen

Abonnementzeitung
(kann man sich nach Hause bringen lassen)
international – überregional – regional – lokal

Boulevardzeitungen
(nur am Kiosk oder im Laden zu kaufen)
Bild – BZ – Express – …

1. Besorgen Sie sich nach gemeinsamer Absprache Abonnement- und Boulevardzeitungen von demselben Tag (es sollten möglichst viele verschiedene sein). Analysieren Sie die Zeitungen in Kleingruppen:
   a) Kennzeichnen Sie nach dem Vorbild auf S. 111 die Elemente, die zur Orientierung der Leser/innen dienen.
   b) Untersuchen Sie Anzahl und Art der Schlagzeilen auf der Titelseite.
   c) Listen Sie die Sparten/Ressorts auf und vermerken Sie die Anzahl der Seiten für jede Sparte.
   d) Notieren Sie den Seitenanteil und die Platzierungen von Werbung.
   e) Wählen Sie ein Thema, das in allen Zeitungen erwähnt ist, und tragen Sie in der Klasse die Informationen für folgende Tabelle zusammen. Diskutieren Sie über das Ergebnis.

	Zeitung 1	*Zeitung 2*	*Zeitung 3*	*Zeitung 4*	…
Information					
Einstellung der Verfasserin/ des Verfassers					
Sprachliche Neutralität?					
Umfang					

2. a) Beschreiben Sie die Unterschiede der von Ihnen untersuchten Zeitungen in einem zusammenfassenden Überblick.
   b) Welche Auswirkungen haben vermutlich die festgestellten Unterschiede der Zeitungen auf ihre Verbreitung, ihren Leserkreis und ihre finanziellen Möglichkeiten (Werbeeinnahmen)?
3. Setzen Sie sich mit dem Anspruch der Journalistinnen und Journalisten auseinander, die Leser/innen neutral zu informieren. Diskutieren Sie insbesondere, in welcher Form Sie Meinungen und Stellungnahmen in Zeitungen akzeptieren.
4. Neben den Tageszeitungen gibt es noch weitere Printmedien. Wenn Sie auf dem Nachhauseweg an einem Kiosk vorbeikommen, schauen Sie sich einmal an, welche gedruckten Medien noch zum Kauf angeboten werden. Erstellen Sie eine Tabelle und versuchen Sie die Druckerzeugnisse in ein von Ihnen selbst entwickeltes Schema einzuordnen. Sie sollten Magazine, Zeitschriften, Fachzeitschriften usw. berücksichtigen.

DER SPIEGEL

sportmagazin kicker

HÖRZU

stern

GEO

AMICA

Informationsquellen

Alles, was in einer Zeitung verbreitet werden kann, muss von irgendjemandem in Erfahrung gebracht und mitgeteilt worden sein. Keine Zeitung kann ihre Reporter an jedem Ort haben. Deshalb sind die am häufigsten genutzten Informationsquellen die **Agenturen**, die Mitarbeiter/innen überall in der Welt einsetzen. Die Agenturen sammeln und sortieren die „Tickermeldungen“ ihrer Mitarbeiter/innen und verkaufen sie an ihre Kunden, z. B. die Zeitungen. Aus den ausgewählten Meldungen gestalten diese dann ihre Artikel.
Die Kunden können bei den Agenturen Nachrichten zu speziellen Themen oder für bestimmte Regionen (z. B. „Fußball“ oder „Ostwestfalen“) bestellen. Sie bekommen auf Wunsch ihre spezielle Auswahl täglich zur gleichen Uhrzeit per Fax geliefert. Auch Programmzeitschriften kommen auf diese Weise an ihre Terminübersichten. Mitenthalten in den gelieferten Meldungen sind oft weiterführende Tipps für eigene Nachforschungen (Telefonnummern, Ansprechpartner usw.). Bei Bedarf kann auch eine Recherche zu einem bestimmten Thema bei der Agentur in Auftrag gegeben werden.

Die größte Agentur für Deutschland ist die **dpa** (Deutsche Presse-Agentur, Hamburg). Weitere wichtige Agenturen sind:

afp	agence france press (Paris)
ap	associated press (New York)
ddp	Deutscher Depeschendienst (München)
Itar-TASS	Informacionnoje telegrafnoje agentstwo rossii – Telegrafnoje Agentstwo Sowjetskowo Sojusa (Moskau)
reuters	(London)
upi	united press international (New York)

An der folgenden Selbstdarstellung der dpa im Internet (www.dpa.de) kann man erkennen, wie eine Agentur aufgebaut ist und wie sie funktioniert:

Unternehmen	
Was ist die dpa?	Die Deutsche Presse-Agentur GmbH (dpa) ist die größte deutsche Nachrichtenagentur. Ihre Korrespondenten berichten in Wort, Bild und Ton rund um die Uhr aus aller Welt.
Finanzierung	
Wem gehört die dpa?	Die Deutsche Presse-Agentur GmbH ist die Agentur der deutschen Medien. Die GmbH hat 200 Gesellschafter – ausschließlich Verleger, Intendanten, Verlags- und Rundfunkgesellschaften. Jeder Gesellschafter darf höchstens 1,5 Prozent des Stammkapitals erwerben, die Rundfunkgesellschaften zusammen nicht mehr als 25 Prozent ...
Kunden	
Wen beliefert die dpa?	In Deutschland beziehen fast alle deutschen Tageszeitungen, alle öffentlich-rechtlichen und die meisten privaten Hörfunk- und Fernsehsender sowie viele Online-Dienste die dpa-Dienste. Außerdem beliefert die dpa die hier tätigen ausländischen Medien und Korrespondenten, Parlamente, Regierungen, Parteien, Verbände und Firmen. dpa-Meldungen und Bilder erscheinen in Deutschland täglich in über 30 Millionen Zeitungsexemplaren, von der „Bild", der größten Boulevardzeitung Europas, bis hin zur Honnefer Volkszeitung, der nach Auflage kleinsten selbstständigen deutschen Tageszeitung.
Redaktion	
Wie werden dpa-Nachrichten verbreitet?	Von der dpa-Zentrale in Hamburg aus werden die Nachrichten per Satellit an Zeitungen, Rundfunk- und Fernsehanstalten, Online-Dienste und andere Kunden ausgesendet. Allein der Hauptnachrichtendienst hat einen täglichen Umfang von rund 600 Meldungen oder 120 000 Wörtern. Dazu gibt es regionale Nachrichtendienste, Auslandsdienste auf Deutsch, Englisch, Arabisch und Spanisch, Hörfunk-, Bilderdienst und dpa-Datenbanken sowie den speziellen Dienst für die Veröffentlichung im Internet, dpa-Online.

Mitarbeiter *Wer arbeitet für die dpa?*	Die Deutsche Presse-Agentur GmbH beschäftigt rund 905 Mitarbeiter, davon knapp 800 in den Redaktionen, 70 in der Technik sowie 90 im Verkauf und in der Verwaltung (Stand 1998). Dazu kommen mehrere tausend freie Wort- und Bildjournalisten, die für dic dpa arbeiten.
Ausbildung *Bildet die dpa aus?*	Die Deutsche Presse-Agentur GmbH bildet Volontäre aus. Die Volontariate bei dpa dauern zwei Jahre. Die Ausbildung findet in verschiedenen Büros und Redaktionen statt und wird durch außerbetriebliche Lehrveranstaltungen ergänzt …
Grundsätze *Wie lauten die Grundsätze der dpa?*	**Unabhängigkeit:** Die dpa arbeitet unabhängig von Regierungen, Parteien, Weltanschauungsgruppen, Wirtschafts- und Finanzgruppen. **Zuverlässigkeit:** Zuverlässigkeit geht vor Schnelligkeit. **Schnelligkeit:** dpa arbeitet mit den Mitteln modernster Kommunikationstechnik aktuell und rund um die Uhr. **Vollständigkeit:** dpa-Nachrichtendienste sind umfassend. Sie berichten über Politik, Wirtschaft, Kultur, Sport und Vermischtes.

1. a) Inwiefern helfen die Nachrichtenagenturen den Zeitungsverlagen, ihre Arbeit preisgünstig und doch kompetent zu erledigen?
   b) Bei welchen Ereignissen ist es Ihrer Meinung nach nötig oder besser, eigene Zeitungskorrespondenten vor Ort recherchieren zu lassen?
2. Erstellen Sie ein Schaubild, das die Arbeit einer Agentur darstellt. Folgende Fragen können Ihnen helfen, Gesichtspunkte für die Darstellung festzulegen:
   - Wer erstellt vor Ort die Meldungen und Fotos?
   - Woraufhin werden die Meldungen in der Zentrale überprüft?
   - Wer schreibt die verkaufsfertigen Meldungen?
   - Welche Kunden hat eine Agentur?
   - Wer sind die Besitzer einer Agentur, z. B. der dpa?
3. Vergleichen Sie die Darstellungen in der Klasse und diskutieren Sie über die Inhalte und Präsentationen.
4. Informieren Sie sich im Internet über die Agentur Reuters (www.reuters.de) oder eine der anderen Agenturen und ergänzen Sie Ihr Schaubild.

Nachrichtenagenturen
- sind die wichtigsten Informationslieferanten für die Zeitungen;
- liefern das Rohmaterial, aus dem die einzelnen Zeitungen ihre Informationen auswählen, gestalten und entsprechend platzieren;
- haben ihre Reporter und Journalisten rund um die Welt positioniert und ersparen mit ihren vielfältigen Angeboten so den Zeitungsverlagen, eigene Mitarbeiter überall vor Ort haben zu müssen.

5. a) Beschreiben Sie die einzelnen Bilder der Karikatur.
   b) Formulieren Sie eine Überschrift für die Karikatur, die die Absicht des Zeichners wiedergibt.

Newsticker Top-Themen

18.24 Uhr FDP-Bundespräsidium in Berlin zusammengetreten

18.23 Uhr Verwaiste Elefanten töteten in Südafrika 36 Rhinozerosse

18.04 Uhr Sportskanone Putin fährt nach Judo-Demonstration Ski

17.52 Uhr Insgesamt 15 Bewerber um russisches Präsidentenamt

16.50 Uhr Forscher: Zwei bis drei Schändungen jüdischer Friedhöfe pro Woche

16.37 Uhr Französische Soldaten erschießen Albaner in Kosovska Mitrovica

16.28 Uhr Finanzminister Eichel plädiert für Pflicht zur privaten Zusatzvorsorge

16.27 Uhr Herzog von Kent übergibt Kuppelkreuz für Dresdner Frauenkirche

15.30 Uhr Israels Präsident Weizman erneut vernommen

14.32 Uhr Polen will an EU-Sanktionen gegen Österreich nicht teilnehmen

14.22 Uhr Nur noch 17 Ex-Geiseln zur Rückkehr nach Afghanistan bereit

14.09 Uhr Minister stellt einseitigen Abzug aus Südlibanon in Aussicht

13.55 Uhr „Focus": Lokführer von Brühl war nicht über Gleiswechsel informiert

13.32 Uhr Französische KFOR-Soldaten im Kosovo angeschossen

12.58 Uhr Entflohener deutscher Häftling in Marseille festgenommen

12.57 Uhr „Focus": „Mehmet" trotz drohender Festnahme nach München

12.22 Uhr Zwei französische Soldaten in Kosovska Mitrovica verletzt

12.09 Uhr Rexrodt: Liberale in Hessen machen sich unglaubwürdig

12.01 Uhr Legendäre Testpilotin Auriol 82-jährig in Paris gestorben

(13. 2. 2000/afp)

6. a) Wählen Sie aus den „Newsticker Top-Themen" diejenigen aus, die Sie auf die Titelseite Ihrer Zeitung bringen würden. Als Zielgruppe haben Sie eine Leserschaft vor Augen, wie sie in der obigen Karikatur dargestellt ist.
   b) Diskutieren Sie, über welche Fähigkeiten und Kenntnisse ein Redakteur verfügen muss, der eine Titelseite zusammenstellt.

Der Weg einer Zeitungsinformation vom Ereignis zum Leser

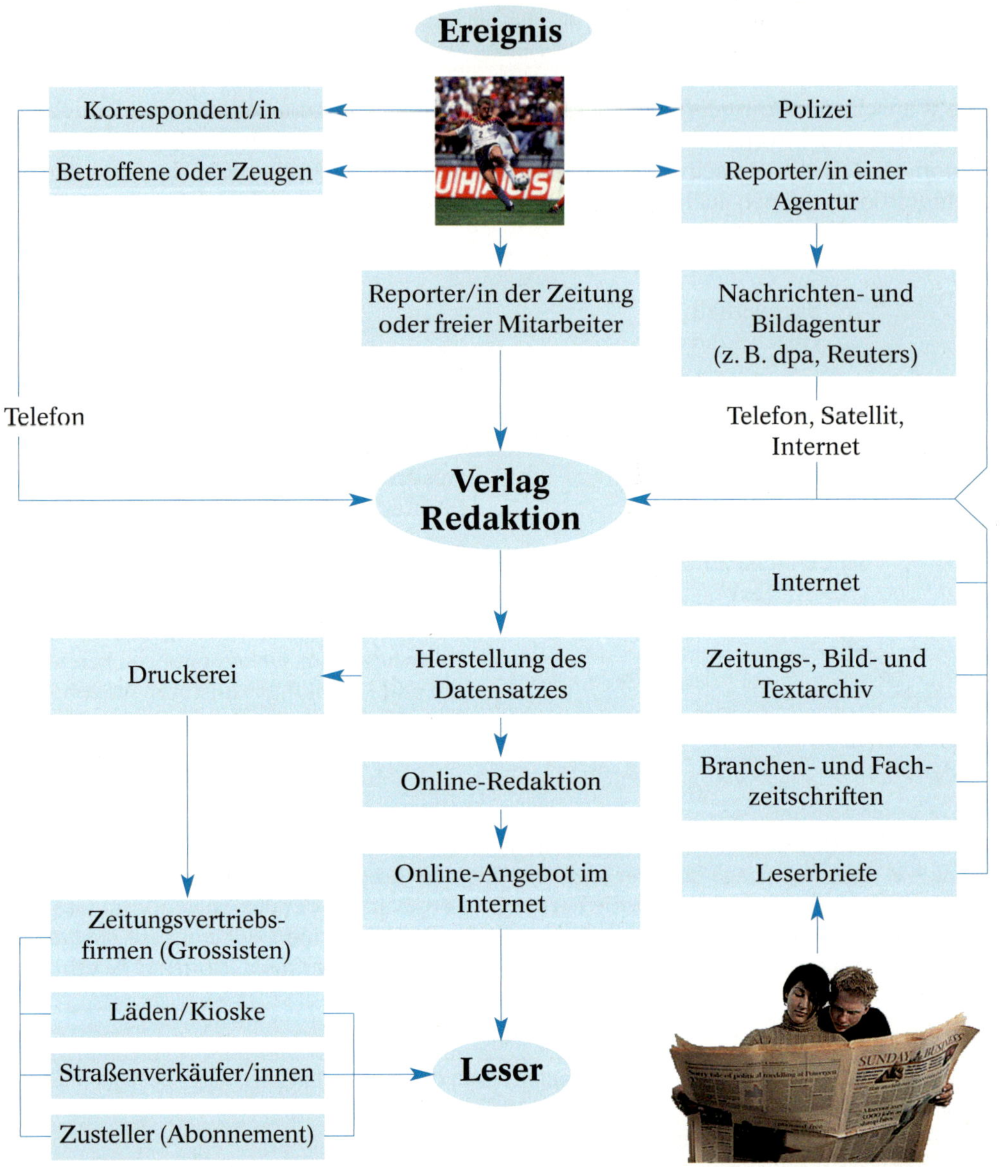

7. a) Beschreiben Sie einen der möglichen Wege, die eine Information von einem Ereignis bis zu den Leserinnen und Lesern der Zeitung zurücklegt.
   b) Zeigen Sie an dieser Zeichnung die Stellen auf, an denen es zu absichtlichen oder unbewussten Veränderungen einer Information kommen kann. Überlegen Sie, welche Abwandlungen vorgenommen werden können und welche Folgen sich daraus ergeben.
8. Schreiben Sie ein Ereignis auf (z. B. Schiedsrichterentscheidung beim Fußballspiel) und dazu zwei unterschiedliche Zeitungsberichte (z. B. in den Lokalzeitungen der beiden Vereine).

1.2 Textarten der Zeitung

1. Die ganze Familie sitzt samstags zu Hause am Frühstückstisch, einer holt die Zeitung herein. Klären Sie in einem kurzen Rollenspiel, wer welchen Teil der Zeitung zuerst haben möchte und warum das so ist.

Da die Wünsche und Anforderungen der Leser/innen an die Zeitung sehr unterschiedlich sind, haben sich auch sehr verschiedene Textarten herausgebildet. So unterscheidet man nach dem **Organon-Modell** des Sprachwissenschaftlers Karl Bühler (1879–1963) drei verschiedene Sprachfunktionen, denen auch Zeitungstexte zugeordnet werden, und zwar:

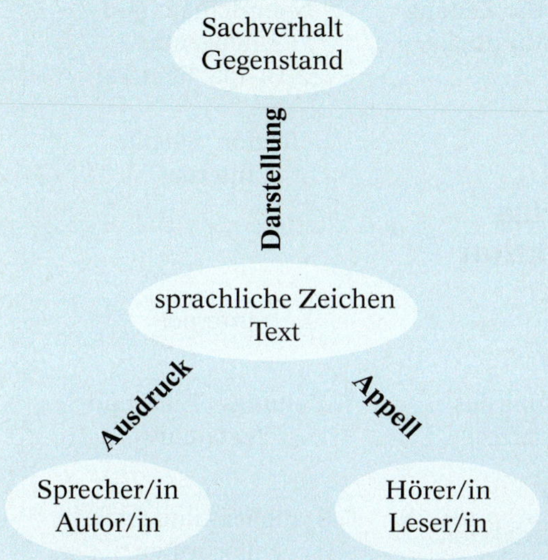

Darstellung: Texte, die vor allem an der Sache, am Vorgang und einem Gegenstand ausgerichtet sind, die Wirklichkeit so objektiv wie möglich darstellen, z. B. Nachrichten in der Zeitung, wissenschaftliche Abhandlungen.
Ausdruck: Texte, die vor allem Gefühle, Eindrücke, Überzeugungen und Meinungen des Sprechers wiedergeben, z. B. Kommentare, Glossen.
Appell: Texte, die vor allem andere Menschen ansprechen, an sie appellieren, die etwas bewirken, Überzeugungen beeinflussen und Handlungen auslösen wollen, z. B. Spendenaufrufe, Werbeanzeigen.

Die meisten Texte haben mehrere Sprachfunktionen, wenn auch in der Regel eine überwiegt. So hat z. B. eine Reportage in erster Linie das Ziel, die Leser/innen zu informieren (Darstellungsfunktion), sie zeigt aber auch die Perspektive des Autors oder der Autorin zum Geschehen (Ausdrucksfunktion). Darüber hinaus will sie die Leser/innen vielleicht auf bestimmte Missstände aufmerksam machen und so die Bereitschaft zu Spendenaktionen o. Ä. erhöhen (Appellfunktion).

2. Lesen Sie die folgenden Texte (▷ S. 119 f.) aufmerksam durch und ordnen Sie ihnen bestimmte Sprachfunktionen zu. Achten Sie darauf,
   - wer oder was im Mittelpunkt des Interesses steht;
   - ob und in welcher Weise die Meinung des Autors zum Ausdruck gebracht wird;
   - ob der Leser unmittelbar angesprochen wird.
3. a) Wählen Sie zwei Texte aus und formen Sie sie so um, dass eine andere Sprachfunktion im Vordergrund steht. Überlegen Sie vorher genau, welche Veränderungen Sie vornehmen müssen:

   - *die Textart wechseln (z. B. aus einer Nachricht einen Leserbrief entwickeln)*
   - *die Wortwahl überprüfen (z. B. statt beschreibender Begriffe wertende verwenden)*
   - *...*

   b) Vergleichen und beurteilen Sie Ihre Ergebnisse.

AUFGESPIESST

Banken wanken

Die deutsche Bankenlandschaft steht vor einem gigantischen Umbruch. Viel schneller als selbst von zukunftsgläubigen Kommunikationsexperten erwartet, werden die Internet-Möglichkeiten unseren täglichen Umgang mit Bank-Dienstleistungen nachhaltig verändern.

Mit den augenblicklich explosionsartigen Zuwachsraten bei Internet-Anschlüssen in Privathaushalten wird auch das Homebanking weiter um sich greifen. Viele Banken forcieren diesen Trend, der Kosten senkt, mit allen Mitteln. So werden Kunden einiger Citibank-Filialen, die am Schalter Überweisungen abgeben, ohne Umschweife aufgefordert, das Geld am Automaten oder per Telefon und PC zu überweisen.

Das von dieser Bank angepriesene „kostenlose" Girokonto ist also nur dann gratis, wenn der Kunde selbst Hand anlegt – oder in Kauf nimmt, dass seine Überweisungen ein, zwei Tage liegen bleiben.

Das ist nur ein aktuelles Beispiel. Aber es zeigt, wohin die Reise geht. Das Internet lässt Bankfilialen wanken – und damit sind auch viele Jobs gefährdet.

wilb

Anti-Baby-Pille nicht von Steuer absetzbar

Die Anti-Baby-Pille kann nach einem Urteil des Finanzgerichts Rheinland-Pfalz nicht von der Steuer abgesetzt werden. Damit ist ein Ehepaar mit dem Versuch gescheitert, 170 DM Kosten für die Pille als „außergewöhnliche Belastung" in der Steuererklärung anzuführen (4K1352/97). *(dpa)*

300 tote Delfine angeschwemmt

BAYONNE (ap) Etwa 300 tote Delfine sind in dieser Woche an die französische Atlantikküste gespült worden. Die Tiere sind wahrscheinlich in Treibnetze von Fischern geraten, vermuten Meeresbiologen. Die Verletzungen der Delfine deuteten darauf hin. Die Treibnetze ziehen sich bis zu sechs Kilometer lang durchs Wasser. Delfine, die sich darin verfangen, ertrinken meistens.

NRW machte deutlich weniger Schulden

NRW hat 1999 weniger Schulden gemacht als geplant. Die Netto-Neuverschuldung lag bei 5 Mrd. DM und damit um 30 % unter dem geplanten Wert. Gründe seien höhere Steuereinnahmen und größere Ausgabendisziplin, so der neue Finanzminister Steinbrück (SPD) bei der Vorlage des Haushaltsabschlusses. Mit weiterem Stellenabbau im öffentlichen Dienst solle der Haushalt saniert werden. Die beschlossenen 12000 Stellen mit dem Vermerk „kann wegfallen" sollten wirklich wegfallen. *(dpa)*

Ostern auf der grünen Insel Föhr: Ferien von Anfang an!

Wählen Sie unter 160 Wohnungen aus: z. B.: Vom Strandappartement mit freiem Meeresblick bis zum „Kapitänshaus" unter Reet in Wyk auf Föhr

Tel. 04681/12345, Fax 04681/12345
Internet: www.foehr.de
E-Mail: foehr@t-online.de

Kaffee konzentriert

JJ. Deutschland gilt in der Welt als das Land der Biertrinker. Dabei ist in Wahrheit nach wie vor Kaffee das beliebteste Getränk der Deutschen. Pro Kopf der Bevölkerung wird jedenfalls deutlich mehr Kaffee getrunken als Bier. Wenn daher jetzt der zweitgrößte deutsche Kaffeeröster Tchibo in Hamburg den viertgrößten Anbieter Eduscho in Bremen übernehmen will, ist das ein Vorgang, der die Kaffeetrinker in der ganzen Republik bewegt. Die in Familienbesitz befindliche Tchibo-Gruppe wird damit der Nummer eins, Jacobs, künftig Paroli bieten. Der Grund für die Konzentration liegt auf der Hand: Seit Jahr und Tag stehen die Kaffeepreise dank heftiger Konkurrenz unter Druck. Kaffee wird vom Handel mit günstigen Preisen gern als Lockmittel eingesetzt wie Waschpulver. Das bedeutet schrumpfende Erträge.

Kaffeeröster wie Tchibo und Eduscho haben daraus seit langem die Konsequenz gezogen und bieten in ihren Verkaufsstellen Waren aller Art, vom Plüschtier bis zum Spargeltopf, vom Ski bis zur Bibel, an. Was bis Mitte der Achtzigerjahre lediglich dazu diente, mehr Kunden in die Kaffeeläden zu bekommen, hat heute strategische Bedeutung gewonnen. Etwa die Hälfte der Milliardenumsätze wird bei ansehnlichen Gewinnen mit solchen Artikeln bestritten. Die Einkäufer der Kaffeeröster gehören heute zu den wichtigsten Kunden der Konsumgüterindustrie in aller Welt.

Herr Goethe sieht aus, als hätte man seinen Geburtstag vergessen.

Dabei gibt es Grußkarten von UNICEF für jeden schönen Anlass. Zurzeit über 150 oft weltbekannte Motive von berühmten Künstlern. Auf erstklassigem Karton. Also schnell und gratis den Grußkarten-Katalog anfordern: **01805-213151**, jederzeit oder www.unicef.de

Grußkarten von
unicef
helfen Kindern.

Nie wieder ...

Gummibärchen

Sie sind süß, fies und machen fett. Natürlich gerät kein kultivierter Mensch je in Versuchung, so ein süßes, fieses, fett machendes Gummiteil in den Mund zu schieben.

Dann aber: Geburtstag im Büro. Das Geburtstagskind ist ein Sonnenschein, durch und durch süß; auf dem Schreibtisch türmen sich Erdnüsse, Chips, Negerküsse. Gummibärchen.

Das Fest nimmt seinen Lauf. Angestoßen wird mit knallbuntem Saft. Hoch die Jubilarin! Das Zeug schmeckt nicht schlecht. Irgendwie ... wie früher. Erinnerung an die Kindheit. Und dann, im Hinausgehen, unbedacht und unerwartet, der Griff in diese riesige, runde Dose mit Gummibärchen.

Warum? Es muss der Saft gewesen sein, dieses süße, sanfte Prickeln, dieses liebliche Aufstoßen, wie damals, als die Händchen noch klebrig und die Nase rotzig waren, es muss der Wunsch gewesen sein, das Kindergefühl noch ein wenig zu kosten ...

Es wurde nichts daraus. Erst quoll das Bärchen zum Bären, dann steckte die Plombe darin fest. Strafe muss sein, spricht reumütig der Gourmet, doch das Geburtstagskind schüttelt den Kopf: Was glaubst du, wie sich das Teil erst im Parmaschinken verheddert hätte!

Gudrun Norbisrath

4. Übertragen Sie die folgende Tabelle auf ein großes Blatt oder eine OHP-Folie und ergänzen Sie sie.

In Zeitungen vertretene Sprachfunktionen

	Darstellung	**Ausdruck**	**Appell**
Sprachliche Besonderheiten	*– kaum wertende Wörter* *– Zitate (Glaubwürdigkeit)* *– Fachbegriffe und Fremdwörter* *– überwiegend Aussagesätze* *– keine eigene Meinung des Autors* *– …*	*– …*	*– …*
Funktion überwiegt bei folgenden Textarten	**Nachrichtenformen, z. B.:** *Nachricht, Bericht, Interview, Reportage*	**Kommentarformen, z. B.:** *Leitartikel, Kommentar, Glosse, Karikatur, Leserbrief*	**Werbeformen, z. B.:** *Familienanzeigen, Kontaktanzeigen, Stellenanzeigen, Werbung in jeder Form*

5. a) Besorgen Sie sich eine regionale Tageszeitung aus Ihrem Wohnort.
   b) Wählen Sie zu den drei Sprachfunktionen (Darstellungsfunktion, Ausdrucksfunktion und Appellfunktion) jeweils fünf Textbeispiele aus dieser Zeitung aus, schneiden Sie sie aus und kleben Sie diese – geordnet nach Sprachfunktionen – auf einen großen Bogen Packpapier. Diesen hängen Sie in Ihrem Klassenraum auf.
   c) Untersuchen Sie die Texte in Kleingruppen:
   - die äußere Form (Überschrift, Verfassername, Länge, Druck, Schrift, Positionierung)
   - die Sprache:
     - Wortarten (beschreibende und wertende Wörter, Nomen, Adjektive und Adverbien), Wortneuschöpfungen/Neologismen, Fremdwörter oder Fachbegriffe sowie Schlüsselwörter und Leitbegriffe
     - Satzarten (Aussage-/Frage- oder Befehlssatz)
     - Satzstrukturen (Hypotaxen: Satzgefüge aus Haupt- und Nebensätzen; oder Parataxen: Satzreihen aus aneinandergereihten Hauptsätzen)
     - Satzlängen
   - Schreiben Sie Ihre Resultate unter die entsprechenden Texte auf das Packpapier, präsentieren Sie Ihrer Klasse die Ergebnisse und vergleichen Sie sie mit denen der anderen Gruppen.

Die Nachricht

Der Aufbau einer Nachricht

Eine Nachricht ist nach dem Prinzip des **Lead-Stils** (lead, engl.: Spitzenstellung) aufgebaut, d. h., sie hat die Form einer Pyramide, an deren Spitze die **Schlagzeile** steht. Groß und fett gedruckt ist sie die wichtigste Information. Dann folgt häufig ein **Untertitel** und der fett gedruckte **Vorspann**. Diese Elemente sollen Kauf- und Leseinteresse wecken. Nur wenn das gelingt, werden die Leserinnen und Leser vielleicht auch den klein gedruckten **Haupttext** zur Kenntnis nehmen. Der Haupttext präsentiert die entscheidenden Einzelheiten, die man wissen muss, wenn man wirklich „mitreden können" will.

Schlagzeile

Der Handy-Boom hält auch 2000 an

Untertitel

Pro Tag 30 000 Stück verkauft

Soll
– zum Kauf anregen
– erstes Leseinteresse hervorrufen

Vorspann

WAZ Bonn. Der Handy-Markt ist im ablaufenden Jahr regelrecht explodiert. An jedem Tag, an dem die Läden geöffnet waren, wurden in Deutschland im Schnitt 30 000 Mobiltelefone verkauft – über 70 % mehr als 1998.

– Wunsch nach Kenntnis von Einzelheiten wecken

Haupttext

Nach Angaben der Regulierungsbehörde für Telekommunikation stieg die Zahl der Handy-Besitzer von 13,5 Millionen auf jetzt 23,1 Millionen. Ein Ende des Booms scheint nicht in Sicht. Auch für 2000 erwartet die Behörde einen Zuwachs von noch einmal wenigstens 10 Millionen Nutzern. Denn trotz dieser riesigen Zuwachsraten ist Deutschland im europäischen Vergleich immer noch ein Handy-Zwerg: Während hierzulande jetzt 27 von 100 Einwohnern ein Handy haben, sind es beim Spitzenreiter Finnland schon 64 und in Italien und Österreich fast 50 von 100.

Marktführer in Deutschland ist weiterhin die Mannesmann-Tochter D2. Sie konnte ihre Kundenzahl in diesem Jahr um 58 % auf 9,5 Millionen steigern. Der Telekom-Firma T-Mobil gingen gar 66 % mehr Kunden in ihr D1-Netz. T-Mobil zählt dort jetzt 9 Millionen Nutzer.

Die Viag-Interkom, die als Nachzügler ihr Mobilfunk-Netz erst im Oktober 1998 in Betrieb nahm, erhöhte die Kundenzahl seit April von 100 000 auf jetzt 900 000. Von E-Plus waren keine aktuellen Zahlen zu bekommen. Anfang September hatte die Firma 3 Millionen Kunden unter Vertrag.

Um den Boom weiter anzustacheln, setzen alle Anbieter auf neue Dienste. Vor allem das WAP-System soll 2000 zusätzliche Nutzer in die mit vielen Milliarden Mark aufgebauten Funknetze locken. WAP ermöglicht mit speziellen Handys den Zugriff auf besonders aufbereitete Internet-Seiten.

Wilfried Beiersdorf

1. a) Welche Informationen enthält die Nachricht auf S. 122? Stellen Sie sich so viele **W-Fragen** wie möglich: Wer berichtet, wann, wo und wie findet das Ereignis statt, warum wird darüber informiert usw.
   b) Woher stammen diese Auskünfte im Einzelnen?
2. a) Untersuchen Sie, welche Wortarten besonders häufig benutzt werden.
   b) Sortieren Sie nach wertenden Wörtern wie „anzustacheln" und beschreibenden Wörtern wie „erwartet".
   c) Überlegen Sie, welche Folgen die Wortwahl für die „Objektivität" der Nachricht hat.
3. Bestimmen Sie die vorherrschende ▷ Sprachfunktion in dieser Nachricht. Belegen Sie Ihre Ansicht, indem Sie die entsprechenden sprachlichen Mittel aufzeigen. ▷ S. 118
4. Stellen Sie die Informationen dieses Textes grafisch dar, durch Schaubilder, Diagramme o. Ä. Nutzen Sie dafür die Hinweise im Kapitel A 2.4: „Visualisieren" (▷ S. 86 ff.).
5. a) Informieren Sie sich bei Anbietern von Handys über die derzeitige Verkaufssituation und ihre Prognose.
   b) Verfassen Sie mit diesen Informationen eine aktuelle Nachricht, die die hier abgedruckte ersetzen könnte. Beachten Sie dabei den Aufbau und die sprachliche Gestaltung.

Der Inhalt einer Nachricht

Wie der formale Aufbau ist auch der Inhalt einer Nachricht festgelegt. Sie soll eine **wertfreie Mitteilung eines allgemein interessierenden aktuellen Sachverhalts** sein. Sie soll nicht mehr als **30 Zeilen** umfassen, weil laut statistischen Untersuchungen sowieso nur jede zweite Nachricht und die auch meist nur bis zur Hälfte gelesen wird. Das Auge des Lesers schweift ab und sucht an anderer Stelle nach Interessantem. **Wer** hat **was, wo, wie** und **warum** getan? ist der leitende Fragenkatalog, dem eine gut gemachte Nachricht folgt. Damit wirkt sie anziehend und lässt sich an einen großen Leserkreis „verkaufen".
Die „Macher" (Branchenjargon) definieren **Nachrichten** anhand folgender Merkmale:

Eine **Nachricht**
- handelt von einem neuen und Aufsehen erregenden Ereignis;
- ist mitteilenswert, wenn sie aktuell ist;
- ist alles, was von wichtigen Gruppen (Parteien, Verbänden, Kirchen usw.) mitgeteilt wird;
- ist jedes interessante Ereignis im Leben einer/eines Prominenten aus Politik, Wirtschaft oder Showgeschäft.

6. Sammeln Sie Nachrichten aus verschiedenen Zeitungen und überprüfen Sie, inwieweit sie die hier genannten Kriterien erfüllen.

Der Bericht

Wenn ein Verfasser der „nackten Nachricht" noch Erläuterungen beigibt, Hintergründe darstellt und sogar noch deren Bedeutung erläutert sowie die Folgen aufzeigt, dann ist für einen Text dieser Art der Begriff Nachricht nicht mehr angebracht; hier spricht man von einem **Bericht**, einer sachlichen Wiedergabe von Tatsachen, Geschehnissen und ihrem Verlauf. Die Meinung des Berichterstatters hat allerdings in dieser Darstellung nichts verloren. Er verzichtet sozusagen auf „Farbe", denn sie würde die Sachlichkeit beeinträchtigen.
Es ist nicht einfach, zwischen Nachricht, Bericht und Reportage zu unterscheiden, denn alle sind der Sachlichkeit verpflichtet. Die Nachricht ist dabei am kürzesten, der Berichterstatter hat zehn bis zwanzig Zeilen mehr zur Verfügung und dem Reporter ist es gestattet, seinen eigenen Blickwinkel stärker einzubringen, ohne dabei die Objektivität aus dem Auge zu verlieren.

98 807 200 000 Mark

Die Mobilfunk-Versteigerung endet mit einem Erlös von fast 100 Milliarden Mark. Deutsche Telekom und Vodafone/Mannesmann mussten einlenken.
Konzerne schenken dem Staat rund 35 Milliarden

Ereignis

Hintergründe/Gründe

BERLIN/MAINZ taz/dpa. Die teuerste Versteigerung der Geschichte ist zu Ende. Gestern Nachmittag fiel der Hammer bei der Versteigerung der deutschen Mobilfunk-Lizenzen bei einem Gesamtbetrag von gut 98,8 Milliarden Mark. Seit einer Woche haben sich die sechs verbleibenden Konsortien Runde um Runde hochgeboten. Nun haben sich alle sechs je zwei Frequenzblöcke und damit eine Lizenz gesichert.

Erläuterungen/Zusatzinformationen

Am tiefsten muss die Deutsche Telekom-Tochter T-Mobil mit 16,58 Milliarden Mark in die Tasche greifen, am billigsten kommt Mobilcom/France Télécom mit 16,37 Milliarden weg. Dazwischen liegen die Konsortien Viag Interkom/British Telecom, Vodafone/Mannesmann, Group 3G und E-Plus/Hutchison.

Erläuterungen

Hintergründe/Folgen

Das gleiche Ergebnis war im Prinzip schon vor einer Woche erreicht: Jeder hatte eine Lizenz. Damals stand die Gesamtsumme jedoch nur bei 63,05 Milliarden Mark. Eine Woche lang versuchten vor allem Telekom und Mannesmann, noch einen Bieter hinauszudrängen. Das klappte nicht. Finanzminister Hans Eichel hat dadurch aber 37,75 Milliarden Mark mehr verdient.

Hintergründe

Konsequenzen

Eigentlich geht es um einen neuen Handy-Standard namens UMTS, Universal Mobile Telecommunications System. Es soll ab 2002 kommen. Damit ist Bildtelefonie oder Musikübertragung online auf das Handy möglich. Die Profite sollen noch höher sein als bei der derzeitigen Handy-Generation.

Bedeutung des Ereignisses

Einschätzung

Angesichts des hohen Versteigerungsergebnisses werden Branchenbeobachter nun langsam skeptisch, ob die Rechnung so aufgeht. Selbst bei den Beteiligten war gestern nicht nur Begeisterung zu spüren: Viag-Interkom-Sprecher Michael Rebstock sagte in einer ersten Reaktion am Donnerstag: „Hier werden sicher nicht die Champagnerkorken knallen. Dafür ist es zu teuer." Es habe eine „gigantische Kapitalvernichtung stattgefunden". Die preistreibende Telekom: „Wir haben dem wirtschaftlichen Wahnsinn ein Ende bereitet."

Konsequenzen

Folgen

Nun werden auf dem Kapitalmarkt Milliarden-Anleihen ausgegeben werden. Denn selbst die reichsten Telekom-Konzerne haben nicht so viel Bargeld. Die Rating-Agentur Standard & Poors hat angekündigt, die Kreditwürdigkeit der künftigen Lizenzinhaber herabzustufen. Damit werden Kredite teurer. Angesichts der zu erwartenden dreistelligen Milliardensummen macht schon ein zehntel Prozent mehr Zins eine Milliarde Mark pro Jahr aus.

1. Untersuchen Sie die sprachlichen Mittel (Satzbau, Nominal-/Verbalstil, Faktennennung, Fremdwörter usw.) in dem Bericht auf S. 124.
2. Überlegen Sie, welche Bedeutung dieser Bericht für die Leser/innen der linksgerichteten Tageszeitung „taz" haben könnte.
3. Gestalten Sie aus dem vorliegenden Bericht eine ▷ **Nachricht**, die an diesem Tag auf der Titelseite einer Tageszeitung gestanden haben könnte. ▷ S. 122 f.

Der Kommentar

Nach dem Zweiten Weltkrieg lernten zahlreiche der später berühmten Journalisten nicht nur aus Deutschland bei Englands BBC (british broadcasting corporation – die britische Rundfunkgesellschaft), wie man im demokratischen Ausland eine niveauvolle Zeitung gestaltet. Diese Grundsätze brachten die deutschen Journalisten mit in die Pressehäuser und wandten sie zunehmend auch auf deutsche Zeitungen an.
Eine der wichtigsten Leitlinien bestand darin, dass in einer seriösen Zeitung **Information** und **Meinung** streng voneinander zu trennen sind. Dieses Prinzip zu übernehmen, bot sich schon deshalb in Deutschland an, da der Presse – auf der Grundlage von Artikel 5 des Grundgesetzes – vor allem drei Aufgaben zugedacht worden waren:

- die Bevölkerung zu informieren;
- dazu beizutragen, dass die Menschen sich eine Meinung bilden können;
- auf diesem Wege die Regierung zu kritisieren und zu kontrollieren.

Daraus lässt sich ableiten, dass ein **Kommentar** anders zu gestalten ist als eine Nachricht.

Der Handy-Boom verändert den Alltag

Rasante Revolution

Noch nie hat ein hochwertiges technisches Gerät den Alltag so schnell erobert wie das Handy. Angesichts der jetzt 23 Millionen Handy-Besitzer in Deutschland ist es kaum zu glauben, dass die digitalen Mobilnetze erst seit sieben Jahren funken.
Für die erste Million Kunden brauchte z. B. Marktführer D2 noch 35 Monate. Den Sprung von 7 Millionen auf 8 Millionen Kunden schaffte das Unternehmen in diesem Jahr binnen 4 Monaten.
Erfreulich: Hier wächst endlich einmal eine Branche, die auch neue Jobs schafft. Wer Tag für Tag 30 000 neue Kunden gewinnt, braucht nun mal viele Servicekräfte.
Ebenfalls erfreulich: Das Ruhrgebiet profitiert vom Handy-Hoch und hat sich zu einem der weltweit wichtigsten Produktionsstandorte für Mobiltelefone entwickelt. Bochum (Nokia) und Kamp-Lintfort (Siemens) versorgen den Weltmarkt mit jährlich mehreren Millionen Handys. Allein Siemens will die Stückzahl im Jahr 2000 verdoppeln.
Ein Wermutstropfen: Die Mitarbeiterzahl stieg dadurch kaum. Die Maschinen werden schneller laufen und ein Handy statt in 6 künftig in nur 3 Minuten zusammenbauen.
Ähnlich rasant wird das Handy auch den Alltag verändern. An jedem beliebigen Ort mit jedem Handy-Besitzer Kontakt aufnehmen zu können, ist dabei nicht mehr das Besondere. Neue Handys verschicken auch E-Mails, Bilder, Musik oder Faxe. Aktien in der Mittagspause auf der Parkbank statt in der Bank zu kaufen – per Handy und Internet ist das spätestens im Sommer 2000 Alltag.
Widerstand scheint angesichts der Marktentwicklung zwecklos. Handylose Menschen dürften in drei Jahren in Deutschland eine Minderheit sein. Und Handy-Gegner müssen sich wohl damit abfinden: Das nervige Gepiepse der Mobiltelefone in Restaurants oder Straßenbahnen ist erst der Anfang – das akustische Signal für eine Kommunikations-Revolution. *Wilfried Beiersdorf*

1. a) Überprüfen Sie an dem Text auf S. 125, welche Sachinformationen gegeben werden und wo der Verfasser seine Meinung kundtut.

▷ S. 118

   b) Welche ▷ Sprachfunktion ist in diesem Kommentar vorherrschend?
2. Inwiefern unterscheidet sich dieser Kommentar auch in der äußeren Form von einer Nachricht?
3. a) Verwenden Sie die folgenden Begriffe zur inhaltlichen Analyse des Kommentars und ordnen Sie ihnen bestimmte Textstellen zu:

Aufnahme von Informationen aus der Nachricht – Erläuterung von Zusammenhängen – kritische oder rhetorische Fragen – Mahnungen – Warnungen – Appell – Bewertungen – Stellungnahme – Zusatzinformationen zur Verbesserung des Verständnisses – Argumente – Beweise – Ironie – Meinung – Tatsachen

   b) Analysieren Sie die sprachlichen Besonderheiten eines Kommentars im Vergleich zur Nachricht.
4. Entwickeln Sie ein Schema für die Analyse von Kommentaren. Erproben Sie es für den oben abgedruckten Kommentar und ergänzen bzw. verändern Sie es gegebenenfalls bei der Untersuchung weiterer Kommentare.

Elemente des Kommentars

	Information	***Meinung***
Inhalt	*– Aufnahme von Informationen aus der Nachricht* – …	…
Sprache	…	

Die Glosse

Glos|se [fachspr.: *glo̲…; gr.-lat.;* „Zunge; Sprache"] *die;* -, -n: 1. Erläuterung eines erklärungsbedürftigen Ausdrucks […]. 2. a) spöttische Randbemerkung; b) kurzer Kommentar in Tageszeitungen mit [polemischer] Stellungnahme zu Tagesereignissen. 3. span. Gedichtform […]. 4. erläuternde Randbemerkung zu einer Gesetzesvorlage.

Wie die Erklärungen aus einem Fremdwörterbuch bereits andeuten, war die **Glosse** ursprünglich eine ergänzende Bemerkung zu einem bereits vorhandenen Text und versteht sich auch heute in der Zeitung als „Randbemerkung". Der Unterschied zum Kommentar besteht also darin, dass in der Glosse selbst keine objektiven Informationen über den Sachverhalt oder das Ereignis gegeben werden müssen. Es kann vorkommen, dass man den Sinn und Witz einer Glosse nur versteht, wenn man bereits eine Nachricht oder einen Bericht über das Thema gelesen hat. Die Glosse steht damit der Karikatur sehr nahe.

Die **Glosse**
- ist eine kurze Form des Kommentars;
- muss keine objektiven Informationen enthalten;
- soll kritisch, ironisch, spöttisch oder polemisch sein;
- darf die eigene Meinung völlig subjektiv zum Ausdruck bringen.

Mobilität

Mobile Telefone sind wunderbar. Wir meinen jetzt nicht die Handtaschen-Wecker, die man am besten abstellt, wenn man sich außer Haus begibt – weil sonst beim unvorhergesehenen Klingeln jeder in der Straßenbahn vorwurfsvoll guckt. Viel besser sind jene Apparate, die in der Wohnung einen festen Platz haben, deren handlicher Teil aber überall mit hingenommen werden kann.

Seitdem wird unter Zuhilfenahme von Schulter und Kinn ungeniert telefoniert – beim Abwasch, beim Puzzle-Legen oder beim Bügeln der weniger anspruchsvollen Teile. Super. Vorausgesetzt, man bringt das Gerät ordentlich wieder zurück ins Häuschen.

Bislang ist der Transfer immer gut gelungen. Bis gestern. Da war in der Früh noch ein wichtiges Gespräch zu führen, und das dafür nötige Equipment war nirgends aufzutreiben. Alle denkbaren Stellen wurden abgesucht. Vergeblich. Bis die Technik zu Hilfe kam. Denn man besitzt noch einen zweiten Telefonanschluss, bei dem alles fest angebunden ist.

Also von hier aus die Nummer des abgängigen Geräts angewählt, und schon meldet es sich – aus dem Bücherregal. Was wären wir bloß ohne moderne Kommunikationstechnik?

Ihre Bastienne

1. Inwiefern ist der Text „Mobilität" als „Randbemerkung" anzusehen?
2. Zeigen Sie die Merkmale einer Glosse an diesem Text auf:
   a) Mit welchem Thema beschäftigt sich Bastienne?
   b) Welche der verwendeten Begriffe enthalten eine Wertung?
   c) Was meint Bastienne mit „Transfer" (▷ Z. 24)?
   d) Welche Funktion hat die Unterschrift „Ihre Bastienne"?
3. a) Beurteilen Sie die Glosse: Erscheint sie Ihnen gelungen? Begründen Sie Ihre Meinung.
   b) Halten Sie es für zeitgemäß, seine Meinung in dieser Art und Weise zu veröffentlichen?
4. Verfassen Sie eine ▷ Nachricht oder einen ▷ Bericht zu der Glosse. Die fehlenden Informationen können Sie erfinden. ▷ S. 122 ff.
5. a) Stellen Sie am Beispiel des Textes „Mobilität" die Ähnlichkeiten einer Glosse mit einer Karikatur dar.
   b) Zeichnen Sie eine Karikatur zu der Glosse.
6. a) Sammeln Sie aus Tageszeitungen Glossen und Karikaturen als Anregung.
   b) Schreiben Sie selber eine Glosse oder zeichnen Sie eine Karikatur zum Thema Handy. Sie können wie Bastienne persönliche Erlebnisse oder z. B. Vorurteile von Handynutzern gegenüber Handyverweigerern und umgekehrt zum Ausgangspunkt Ihres Textes nehmen. Sie können auch ein anderes aktuelles Thema wählen.

Das Interview

Mit einem Interview entsteht eine ganz besondere journalistische Textform. Idealerweise muss die Journalistin/der Journalist den Text nach dem Interview nur noch von einem Tonträger abschreiben. Größere Änderungen des Inhalts ohne Absprache mit der/dem Interviewten können zu berechtigten Protesten führen und vor Gericht enden. Wer jemandem Worte in den Mund legt, die derjenige nicht gesagt hat, überschreitet die durch das Recht der persönlichen Ehre verfassungsmäßig errichtete Grenze der Pressefreiheit (Grundgesetz, Artikel 5, Absatz 2).
Voraussetzung für ein Interview ist also zunächst das Vertrauen der/des Interviewten und dann vor allem die Vorbereitung von Fragen, mit denen die Journalistin/der Journalist interessante Antworten erhält. Mit psychologischem Geschick muss eine gute Gesprächsatmosphäre geschaffen werden. Entscheidend ist letztlich der Mut, die/den Interviewten jederzeit mit einer neuen Frage zu unterbrechen, wenn z. B. eine Antwort ausbleibt oder zu lang zu werden droht. Bis auf wenige Naturtalente greifen die meisten Journalistinnen und Journalisten bei dieser schwierigen Art der Informationsbeschaffung auf regelrechte Strategien zurück.

Fragekonzepte

	Offene Fragestellung	**Geschlossene Fragestellung**	**Alternativfragen**	**Auswahlfragen**
Antworten	Keine Antwortmöglichkeit vorgegeben; freie Auswahl für den Interviewten	Antwortmöglichkeit praktisch festgelegt, kaum Auswahlmöglichkeit für den Interviewten	Auswahl zwischen „ja“ und „nein“; nur sehr eingeschränkte Variationsmöglichkeiten	Auswahl aus einer Skala von Möglichkeiten
Ziele/Anwendungsgebiete	Profilinterview; neue Informationen sollen gewonnen werden; Anregung zum Reden	Genau kontrollierbare Datensammlung; für wissenschaftliche Zwecke unerlässlich	Leicht beantwortbar, gelenktes Gespräch mit wenig Spielraum für den Gesprächspartner	Hilfe und Anregung für den Befragten; breites, aber zuvor festgelegtes Informationsspektrum
Risiken	Ausschließlich verwendet bedeutet diese Art des Fragens eine Überforderung des Interviewten; Beliebigkeit des Inhalts des Interviews	Ausschließlich angewandt für den Interviewten frustrierend, da zu wenig Spielraum für seine Antworten	Ausschließlich angewandt zu wenig informativ und zu eintönig	Ausschließlich angewandt zu wenig Möglichkeiten für Neuigkeiten und für Ideen und Anregungen des Interviewten

Fragearten

- **Tatsachenfragen**, nach Daten, Fakten, Ereignissen
- **Einstellungs-/Meinungsfragen**, nach der Auffassung der Befragten oder nach den Einstellungen anderer Menschen, die sie wiedergeben

Steuerungsfragen
- **Einleitungsfragen**, um in das Gespräch hineinzukommen
- **Pufferfragen**, um mögliche Aufregungen im Gespräch abzufedern
- **Überleitungsfragen**, um ein Thema vorsichtig zu beenden und auf den nächsten Punkt zu kommen

Interviewformen
- Das **offene Interview** wirkt wie ein freies Gespräch. Nur die Themenschwerpunkte sind festgelegt, die Frageformulierungen können frei gewählt werden. Diese Form wird bevorzugt, um Neuigkeiten, Zusammenhänge und Hintergründe zu erfahren.
- Das **halb strukturierte Interview** gibt Reihenfolge und Wortlaut der Fragen vor und lässt nur an vorher festgelegten Stellen Ausdehnung und Alternativen zu. Offene Fragen geben dem Interviewpartner Spielraum. In dieser Form werden z. B. bekannte Persönlichkeiten zu Neuigkeiten befragt.
- Das **strukturierte Interview** legt Reihenfolge und Formulierung aller Fragen exakt fest. Abweichungen müssen unterbleiben und die Antworten im Wortlaut aufgenommen werden, denn diese Form wird meist für wissenschaftliche Zwecke angewandt.

Der Erzähler

Bernhard Schlinks vor fünf Jahren erschienener Roman „Der Vorleser“ wurde ein Welterfolg. Anthony Minghella wird ihn demnächst verfilmen. Gerade kamen bei Diogenes seine neuen Erzählungen „Liebesfluchten“ heraus. Petra Kammann traf den Autor zum Gespräch in Berlin.

Ihr Roman „Der Vorleser“ ist inzwischen in 25 Sprachen übersetzt. Und in Amerika stehen Sie seit längerem an oberster Stelle auf der Bestsellerliste. Gehen Sie bald nach Amerika, um dort weiter zu schreiben?

Ich habe ein so genanntes „Fellowship“ bekommen, das mir erlaubt, für ein dreiviertel Jahr in der New York Public Library zu schreiben, die ein Center für *writers* and *scholars* gegründet hat. Ich freue mich darauf, dort sein und schreiben zu können. Es ist nämlich ein wunderbarer klassizistischer Jahrhundertwende-Bau, in dem ich ein kleines Büro haben werde.

Was fasziniert Sie an New York?

An New York mag ich, dass die Stadt wie keine andere in der ganzen Welt ist: alle Rassen, alle Ethnien, alle Religionen. Alle Berufe, Kultur und Börse, Arm und Reich. Es ist Stadt in allen ihren Erscheinungsformen, von den netten bürgerlichen Einfamilienhaussiedlungen der Gründerzeit mit Grün dazwischen in Queens über die Slums bis zu den glitzernden Büro-Palästen. Ich mag auch, dass es eine Stadt ist, die sehr mit Wasser verbunden ist – Hudson, East River und auch die Nähe des Meeres.

In Ihren Geschichten scheint die Auseinandersetzung mit der Generation der Väter durch. Hat Sie Ihr Vater im Schreiben beeinflusst?

Nein. Mein Vater war Theologe, und mir ist jedenfalls nicht bewusst, dass er mich im Schreiben in besonderer Weise beeinflusst hat – natürlich gilt allgemein, dass wir die Kinder unserer Eltern und von diesen beeinflusst sind.

Hat er Sie nicht zum Schreiben, zum Nachdenken über Schuld angeregt?

Die Beschäftigung mit moralischen Fragen, vor allem Schuldfragen, habe ich wohl von meiner Mutter.

Gab es familiär eine Auseinandersetzung mit der NS-Zeit, die in Ihren neuen Erzählungen nicht mehr durchgängig die Hauptrolle spielt? Sind das Ihre persönlichen Erfahrungen mit Geschichte? Oder rührt das aus Diskussionen Ihrer Studentenzeit?

Es rührt schon aus der Schulzeit. Aber wir hatten Gäste zu Hause mit der KZ-Tätowierung, sodass darüber geredet wurde, und in der Schule gab es einen Lehrer mit der SS-Tätowierung. Dann habe ich als Student viel in der Fabrik gearbeitet, und dort war der Krieg das Thema.

Wann hatten Sie zum ersten Mal das Gefühl, dass Sie schreiben mussten?

Ich hab schon als Schüler geschrieben. Als ich später anfing, wissenschaftlich zu schreiben, dachte ich zunächst, dass sich die Freude am Schreiben in der Freude am wissenschaftlichen Schreiben erfüllen werde. Ich schreibe auch mit Vergnügen wissenschaftliche Texte, bis heute.

Sind Sie ein visueller Mensch, ganz abgesehen davon, dass Ihr erster Krimi ja auch von Nico Hofmann gleich verfilmt wurde?

Ich weiß nicht. Ich habe eine Freundin in New York, die malt. Sie hat eine Serie von Haustüren gemalt und will nun Autoren bitten, dazu Geschichten zu schreiben, New Yorker Tür-Geschichten. Zwei dieser Bilder haben mich ganz lange begleitet, und ich habe lange mit ihnen gespielt, bis daraus Geschichten entstanden sind. Ein Bild allein genügt nicht. Es ist wohl eher das Motiv.

Sie haben zunächst Krimis und dann einen richtigen Roman „Der Vorleser" und jetzt mit den „Liebesfluchten" kleine Erzählungen geschrieben. Gibt es da für Sie Unterschiede beim Schreiben?

Eine Freundin sagte mir, ich schriebe alles mit demselben Engagement, ob für die Vogue einen kleinen Artikel über das Einkaufen von Mode mit Frauen oder einen wissenschaftlichen Aufsatz oder mit Freunden ein Polizeirechtslehrbuch oder einen Roman oder eine Geschichte.

Wie lange haben Sie am „Vorleser" gesessen?

Zwei bis drei Jahre, weil ich nur in den Ferien schreiben kann. Sonst schlagen die Wellen des Semesters und Betriebs so über mir zusammen, dass es nicht geht.

Braucht man nicht die absolute Einsamkeit, um so einen Roman zu schreiben?

Nein. Zum Teil ziehe ich mich zwar ganz zurück. Zum Teil gehe ich aber auch mit anderen in Urlaub und nehme mich immer wieder einmal acht Stunden heraus. Wenn man so wenig Zeit hat wie ich, dann kann man sich den Luxus des Wählerisch-Seins beim Schreiben nicht leisten. Ich habe mich trainiert. Ich kann im Flugzeug, im Zug, auf der Parkbank, eigentlich überall schreiben. Ich schreibe mit der Hand.

Hanna, die Protagonistin im „Vorleser", wirkt nicht wegen ihrer modischen Attraktivität, sondern eher durch menschliche Wärme, wie haben die Leser das wahrgenommen?

Was mich besonders berührt hat, war die Post von jüdischen Lesern und vor allem Leserinnen der älteren Generation, die die Geschichte verstanden, nicht als Versuch des Weißwaschens gesehen, sondern sie als Auseinandersetzung meiner Generation mit der Verstrickung meiner Generation in die Schuld der letzten Generation genommen haben.

Gibt es für Ihr Schreiben einen autobiografischen Zusammenhang?

Diese verschiedenartigen Geschichten, wie soll ich sie alle gelebt haben? Aber ich bin sicher, dass in jede Geschichte immer etwas Autobiografisches mit einfließt, bei mir und bei jedem Autor.

Ist dann das Schreiben für Sie eine Art Reifeprozess?

Ich merke, dass ich beim Schreiben meine Stimme finde. Das ist ein Prozess, ein Arbeits- und in gewisser Weise auch ein Reifeprozess.

Aber Sie versuchen, einen bestimmten Moment in der Entwicklung deutlich zu machen?

Meine Themen sind immer wieder die Verstrickung, die Flucht, der Verrat. Ein Thema auch, das mich oft beschäftigt, ist die Heimat.

Worauf führen Sie das zurück? Heimat ist ja fast ein unmoderner Begriff geworden.

Ich erlebe Heimat stark. Ich fühle mich auch nicht als unbehauster Großstadtmensch. Ich bin in Heidelberg aufgewachsen, und die

Dimensionen von Stadt, in denen ich aufgewachsen bin, reichen mir. Heidelberg selbst ist inzwischen freilich disneylandisiert worden.

Was fasziniert Sie daran?

Es ist die Landschaft, die mich als Heimat fasziniert: die Berge, die Ebene, der Fluss. Wenn der Zug auf die Berge zufährt und ich die roten Sandsteinbrüche sehe, dann berührt es mich.

Dabei wohnen Sie in der aufregendsten Stadt der Republik, in Berlin!

Ich bin kein Berliner. Ich bin Süddeutscher, der in Berlin lebt, der zu schätzen weiß, was an Berlin zu schätzen ist, der aber auch die Defizite der Stadt sieht. Es ist eine Stadt ohne Mitte – geistig wie baulich. Es ist eine Stadt, die über Jahrzehnte ausgehalten wurde, im Osten wie im Westen, die nicht aus eigener Kraft existieren musste. Das tut nicht gut.

Welche Dichter würden Sie mit auf die berühmte Insel nehmen?

Die Literatur, die ich liebe, ist stark die des 19. Jahrhunderts. Wenn ich nur zwei Bücher mitnehmen könnte, wäre es die Ilias und Odyssee und die Bibel. Aber wenn ich eine Bibliothek mitnehmen könnte, wäre es die Bibliothek des 19. Jahrhunderts.

1. a) Verfassen Sie anhand der Informationen aus dem Interview eine Kurzbiografie über Bernhard Schlink.
   b) Suchen Sie in einer Buchhandlung, einer Bibliothek oder im Internet nach weiteren Informationen über diesen Autor.
2. a) Welche Informationen hatte Frau Kammann über Herrn Schlink vor dem Interview?
   b) Welche ▷ Interviewform und welche ▷ Frageformen hat Frau Kammann verwendet? ▷ S. 128 f.
   c) Schreiben Sie an Frau Kammann eine Kritik (positiv oder negativ), in der Sie ihr mitteilen, was Ihnen an dem Interview gefallen hat oder welche Fragen Ihnen gefehlt haben.
3. a) Entwickeln Sie in Gruppen- oder Partnerarbeit einen Fragenkatalog für ein Interview, in dem Sie sich gegenseitig nach Ihrem bisherigen Werdegang fragen wollen.
   b) Führen Sie das Interview mit Tonbandaufnahme durch. Beschränken Sie die Zeit auf ca. 5–10 Minuten. Denken Sie daran, dass Sie nachher alles abschreiben müssen.
4. a) Suchen Sie sich zu zweit eine bekannte Persönlichkeit für ein Interview aus. Achten Sie bei der Erstellung der Fragen darauf, dass sie auch wirklich zu den erwünschten Informationen führen können.
   b) Versuchen Sie einen Termin für das Interview zu vereinbaren. Bei der Durchführung kann jede/r von Ihnen Fragen stellen, aber eine/r muss dabei die Technik beaufsichtigen. Nichts ist ärgerlicher als ein leeres Band nach einem erfolgreichen Interview.

Die Reportage

Bruno Frei

Von Reportagen und Reportern (1934)

Einige Bemerkungen zu Egon Erwin Kischs neuem Buch „Eintritt verboten"

Eines Tages wurde es modern, statt Bericht „Reportage" zu sagen. Der Lokalberichterstatter schrieb nicht einen Bericht über den Warenhausbrand, sondern er schrieb eine „Reportage". Merkwürdigerweise gab es den Reporter, schon lange bevor es eine Reportage gab. Aber der Reporter war nicht sehr angesehen. Er schrieb keine Reportage, er schrieb Reporte. Die Sache änderte sich plötzlich. Die Reportage wurde zum modischen Schlagwort, und kein „Kötzschenbroder Anzeiger" konnte ohne eine eigene Reportage-Seite auskommen. [...]

Was aber ist die Reportage in Wirklichkeit? Was unterscheidet sie vom Report (Bericht)? Es wäre falsch anzunehmen, dass es sich bloß um einen quantitativen Unterschied handelt, etwa so: Reportage ist ein langer Bericht. Das ist nicht der Fall, denn eine Reportage kann auch kurz sein und ein Bericht lang. Der Unterschied liegt vielmehr darin, dass der Bericht ein Ereignis oder einen Tatbestand oder irgendein anderes Objekt der Berichterstattung von einer einzigen Seite aus wiedergibt, die Reportage ist die Erfassung des Objekts in seiner Vielseitigkeit, seine Durchdringung,

seine Zerlegung und Wiederzusammensetzung.
Der Bericht ist eine einfache fotografische Aufnahme, die Reportage ist ein Röntgenbild oder, noch präziser, ein Röntgen-Film. […]
Die meisten Reportagen, die in den Zeitungen erscheinen, sind weit entfernt davon, dieser Bedingung zu entsprechen. Sie begnügen sich meist mit Impressionen[1] und geben daher zwar ein gutes Bild der Seelenverfassung des reportierenden Journalisten, aber ein sehr oberflächliches Bild des reportierten Gegenstandes. […]
Egon Erwin Kisch hat einmal ein Reportagebuch geschrieben, dem er den Namen gab „Der rasende Reporter". Dieser Buchtitel ist so populär geworden, dass er bereits zu einem Namensbestandteil des Verfassers geworden ist. Man spricht vom „rasenden Reporter" und meint den Kisch. Sein neues Reportagebuch, das der Ausgangspunkt dieser Betrachtungen ist, straft das Wort vom rasenden Reporter Lügen. Denn dieser Reporter ist nicht rasend, sondern im Gegenteil besinnlich. Der Reporter ist nicht mit Express und Flugzeug durch exotische Länder gerast, sondern er ist ganz langsam und mit bewundernswerter Geduld durch die Vorstädte von Lyon, durch die Hinterhöfe des Leipziger Brühl, durch die Kontore der Gablonzer Glasfabrikanten und durch die Laderäume im Hafen von Ajoccio gegangen. Kisch hat die Exotik der Nähe entdeckt, die weiten unbekannten Länder in den Nebenräumen des Alltags, die weißen Flecken auf unseren Poharus-Plänen. Der Reporter ist diesmal nicht mit Scherenfernrohr ausgerüstet, sondern mit dem Mikroskop. Eine Glasperle erzählt ihre Wunder. Die halbe Weltpolitik und die ganze Sozialpolitik ist in ihr bei näherer Betrachtung enthalten. Zwei oder drei dieser elf Reportagen sind „exotisch" im engeren Sinne des Wortes. […] Aber nicht darin liegt der Hauptwert des Buches. Dieser Wert liegt in den anderen Berichten, die fast alle Produktionsreportagen sind. Reportagen des Produktionsprozesses. „Die Kinkerlitzchen von Gablonz", die Kohle des Borinage, der Diamantenstaub in Antwerpen, die Kaninfelle in Leipzig, der Roquefortkäse, der nicht aus Roquefort, sondern aus Korsika stammt, zu all diesen Geheimnissen ist der Eintritt normalerweise verboten. […]
Kischs Reportagen sind, wenn man so sagen darf, zündend wahr. Es ist in ihnen mehr enthalten, als man mit den fünf Sinnen wahrnehmen kann. Kisch greift zurück in die Vergangenheit und greift vor in die Zukunft. Und mitten darin, spannungsgeladen, steht der mathematische Punkt der vom Reporter berichteten Wirklichkeit.

Egon Erwin Kisch

1 **Impression:** Sinneseindruck (Wahrnehmung), Gefühlseindruck (Empfindung)

1. a) Informieren Sie sich über Leben und Werk Egon Erwin Kischs.
   b) Worin besteht die besondere Qualität der Reportagen Kischs, wie Frei sie beschreibt?
2. a) Markieren Sie auf einer Kopie des Textes diejenigen Stellen, die Aufschluss über die Frage „Was ist eine Reportage" geben. Nutzen Sie dazu die Hinweise im Abschnitt „Texte markieren" (▷ S. 72 ff.).
   ▷ S. 91 b) Fertigen Sie eine ▷ Schnittmengengrafik an, in der Sie die von Frei genannten Gemeinsamkeiten und Unterschiede von Bericht und Reportage eintragen.
3. Vereinbaren Sie einen Termin mit einem Reporter Ihrer Tageszeitung. Fragen Sie ihn nach seiner Tätigkeit, seiner Berufsausbildung (wie wird man Reporter?) und nach der Technik der Reportage. Sie sollten für das ▷ S. 128 f. ▷ Interview einen Fragenkatalog erstellen.

Ute Thon

Mütter schießen scharf

Als Catherine Murphy am 5. Dezember 1997 nach einer anstrengenden Zwölf-Stunden-Schicht mit Einkaufstüten bepackt in ihre lauschige Wohnstraße auf Staten Island einbiegt und vor dem Haus ein Polizeiauto parken sieht, da weiß sie instinktiv, dass etwas Schreckliches passiert sein muss. Ein Unfall? Mein Mann? Die Kinder? Gedankenfetzen schießen ihr durch den Kopf. Noch ehe sie ihre Haustür erreicht, stürmen zwei Polizisten auf sie zu, nehmen ihr die Tüten ab und drängen sie in den Streifenwagen. „Christopher ist angeschossen worden", sagt einer der Beamten. Wer ist der Täter?, will sie fragen. Doch ihre Stimme versagt, die Beine geben fast nach, alles dreht sich. Auf dem Weg ins Hospital betet sie noch inständig zu Gott, dass sie träume und aus diesem Alptraum erwachen möge. Dann sieht sie ihren Mann mit dem Krankenhauspfarrer über den leblosen Körper ihres 12-jährigen Kindes gebeugt. „Nein", heult sie da plötzlich auf wie ein verwundetes Tier. „Mein Sohn! Mein Sohn ist tot!"

Alltag in Amerika. Zehn bis zwölf Kinder sterben in den USA täglich an Schussverletzungen. Mord durch Waffengewalt unter Jugendlichen von zehn bis 14 Jahren ist inzwischen die vierthäufigste Todesursache. 1997 wurden 4223 Kids durch Gewehrkugeln gekillt. Dennoch tut sich die US-Regierung mit der Einführung strengerer Waffengesetze schwer. Die Gegner solcher Bestrebungen berufen sich auf die amerikanische Verfassung, wo das Recht auf Bewaffnung in einem speziellen Paragrafen, dem „Second Amendment", verankert ist. Für viele gehört der Colt an der Hüfte genauso zum American Way of Life wie Baseball oder Butter auf dem Popcorn. Doch jetzt treffen Washingtons mächtige Waffennarren erstmals auf Herausforderer, denen sie bisher nicht gewachsen scheinen: besorgte Mütter. Wütende Frauen, die die Medien mit ihren traurigen Geschichten füttern und den Politikern Fotos ihrer toten Kinder vorhalten. Alarmiert durch Horrormeldungen von Schulhof-Schießereien, rassistischen Attentätern und sechsjährigen Todesschützen, haben sich

Mr President empfing Waffengegnerin Johnnymae im Oval Office. Ihr Sohn starb durch eine Kugel, die Freunde vertrauen Johnnymae.

Frauen wie Catherine Murphy, die auch Kinder im Kugelhagel verloren haben, erstmals zu einer nationalen Bewegung zusammengeschlossen. Die „Million Moms" fordern lautstark mehr Schutz vor Waffengewalt für ihre Kids. Am Muttertag demonstrierten 750 000 Frauen und ihre Angehörigen vor dem Kapitol – die neue Mama-Power, darunter Promi-Mamas wie Hillary Clinton, Tipper Gore und Talkshow-Star Rosie O'Donnell. Das „Million Mom March"-Motto lautet schlicht: „Sensible Gun Laws, Save Kids". Die engagierten Mütter wollen kein Mitleid, sondern schärfere Zugangsbeschränkungen, Waffenscheine, sorgfältige Checks für Käufer, Sicherheitsschlösser an allen Waffen. Denn oft sind Kinder nicht nur die Opfer, sondern haben auch den Finger am Abzug.

Christopher wurde von einem 12-jährigen Spielgefährten mit der Pistole, die er im Zimmer seines erwachsenen Bruders fand, in den Kopf geschossen. Die Augen geschlossen wie im Schlaf, liegt er nun reglos auf der Bahre. Nur eine kleine Wunde unter dem Auge, ein Bluterguss und ein paar bläuliche Flecken auf den Wangen verraten die tödliche Wucht des 11-Millimeter-Revolvers, den der Nachbarsjunge im Spiel auf ihn gerichtet hat. „Wenn

Johnnymaes Viertel in Brooklyn ist eines der gefährlichsten New Yorks. Sie hat Angst um die Zukunft ihres Jüngsten Gus und seiner Freunde.

eine Pistole aus nächster Nähe abgefeuert wird, hinterlässt das Schwarzpulver auf der Haut Markierungen wie bei einer Tätowierung“, erklärt Catherine in nüchternem Kriminologenton – der einzige Weg für sie, das Unfassbare in Worte zu fassen. Der Tod ihres Sohnes hat Catherines Leben verändert. Die 37-jährige Afro-Amerikanerin mit den kessen Minidreadlocks und dem Rosentattoo am Ohr war einst selbst eine toughe, pistolenschwingende New Yorker Polizistin. Fünf Jahre lang patrouillierte sie als „NYPD-Housing Police Officer“ durch die verrufensten Sozialbaublöcke in Brooklyn. Doch jener Freitag im Dezember hat sie zur Waffengegnerin gemacht. Die Vorstellung, mit einer geladenen Pistole im Holster herumzulaufen und sie vielleicht sogar benutzen zu müssen, ist ihr heute unerträglich. Deshalb hat sie sich auf einen Schreibtischjob versetzen lassen. Privat engagiert sie sich für die Million-Mom-Kampagne, verfasst Petitionen[1], organisiert Demonstrationen, mobilisiert Lokalpolitiker. Dank ihrer Initiative wurde 1998 in New York „Christopher's Law“ verabschiedet, ein neues Gesetz, das Waffenhändler verpflichtet, Gewehre und Pistolen nur noch mit Kindersicherungen am Abzug zu verkaufen. „Ich hoffe, Christopher ist stolz auf mich“, sagt sie und streicht zärtlich über das gerahmte Foto, das sie immer bei sich trägt.

Moms wollen kein Mitleid, sondern Waffenscheine, Checks für Käufer und mehr Sicherheit am Abzug

Elise Richman, 52, kommt gerade von einer Protestveranstaltung in Washington zurück, wo sie mit Gleichgesinnten auf den Stufen des Abgeordnetenhauses Fotos von Schusswaffenopfern enthüllte. Der US-Kongress ist mehrheitlich konservativ und somit auf der Seite der Waffenlobby. […]

1 **Petition:** Bittschrift, Eingabe, Gesuch

1. Diskutieren Sie in der Klasse über den Inhalt dieser Reportage.
2. a) Mit welchen Mitteln löst die Autorin Betroffenheit aus? Beachten Sie insbesondere die Gestaltung und die Zeitform des ersten Absatzes.
   b) Entspricht diese Reportage der Beschreibung Freis (▷ S. 131 f.) im Hinblick auf Vielseitigkeit der Blickwinkel und Durchdringung ihres Gegenstands wie bei einem Röntgenfilm?

▷ S. 125 f.

3. Schreiben Sie einen ▷ Kommentar zu dieser Reportage.
4. a) Notieren Sie sich, welche Bestandteile eine gute Reportage haben sollte.
   b) Schreiben Sie eine Reportage über Ihren Heimweg von der Schule. Stellen Sie sich vor, Sie legten diesen Weg zum ersten Mal zurück. Beobachten Sie entsprechend bewusst und genau.

Reportagen informieren über die objektive und dokumentarisch nachprüfbare Wirklichkeit, aber sie tun dies so, dass dabei auch das persönliche Erleben des Reporters/der Reporterin deutlich wird. Das Motto der Reportage ist: Alle Fakten müssen stimmen, aber die Fakten allein sind nicht genug. Reportagen versuchen Atmosphäre einzufangen und führen mitten in ein Geschehen. Leserinnen und Leser sollen gedanklich und emotional in das Geschilderte hineingezogen werden.
Jede Reportage bietet
- die Darstellung eines **Erlebnisses,**
- **Hintergrundinformationen**
- einen **Kommentar.**

Diese drei Bereiche sind bei längeren Reportagen häufig vermischt.

Der Leserbrief

Die überregionale Frankfurter Allgemeine Zeitung erklärte im Sommer 2000, dass sie zur vor 1998 üblichen Rechtschreibung zurückkehren werde. Eine Flut von Briefen erreichte die Redaktion dieser Tageszeitung. Nur ein Bruchteil dieser Einsendungen konnte abgedruckt werden.

Rückkehr zur Vernunft

Kaum fassbar: Politischem Aberwitz und bornierter Unbelehrbarkeit, unter der wir alle sinnlos leiden mussten, setzt ein Privatunternehmen mit unvergleichlichem Mut eine solch vernünftige Umkehr entgegen. „Endlich“ – sagen wir mehr als erleichtert und spüren, da geht – von dieser richtungweisenden Entscheidung ausgelöst – ein hörbares Aufatmen durch die Republik. Kein rau mehr, wo es noch roh heißt, kein Tipp mehr und kein Delfin und keine Schnelllösungen und Essstörungen, die uns auf den Magen geschlagen sind? Ab morgen soll die Welt orthographisch[1] und damit auch optisch wieder zur Vernunft zurückkehren? Unglaublich – und was für ein Anlass zur Freude. Endlich darf die allein stehende Sozialhilfeempfängerin wieder einfach nur alleinstehend sein, ohne deshalb gleich überall allein da zu stehen? Die Vielfalt der Sprache hat wieder eine Chance.
Wie oft haben wir uns in den letzten Monaten bei der Lektüre auch der F.A.Z. ratlos gefragt: „Ist das ein Druckfehler – oder schreibt man das jetzt etwa so?“ Wer wusste schon die Antwort? Nur heillose Verwirrung überall. Und immer wieder von Mitbürgern die Erklärung: „Jetzt kann man doch alles schreiben, wie man will.“ Das war also – wie entsetzlich – Deutsch. Die Reform zur Reform zur Reform und kein politisch motivierter Ausweg in Sicht. Da kommen Sie und entscheiden, und der Begriff Vernunft erhält endlich wieder eine Dimension der Hoffnung auf Existenz. Mit größter Freude sehen wir der Ausgabe vom 1. August entgegen und der wiedergewonnenen Perspektive, fortan verschont zu bleiben von Ungeheuern, die keinen Sinn ergaben, aber Unsinn schufen ohne Not.
Wir danken der F.A.Z. von ganzem Herzen für diese bahnbrechend mutige Entscheidung. Keine Ideologie verbirgt sich dahinter, nur die pure Lust an der Sprache und die Gewissheit, dass es noch niemals geschadet hat, sie zu beherrschen. Doch welche Freude ist es, sie ernst zu nehmen und zu respektieren. Sie ist unsere Kommunikation, das Mittel zum Verständnis. Sie unverständlich zu machen war ein tumbes, unverzeihliches Vergehen. Sie machen das nicht mehr mit. Nun wird das Lesen wieder ein Spaß. Übrigens: Keine Kriegsveteranen. Wir gehören der jungen Generation an. Um etwaigen Missverständnissen vorzubeugen.
Jens M. Lucke, Kattendorf

1 **orthographisch:** rechtschreiblich

Dem Fortschritt widersetzt

Die Entscheidung Ihrer Zeitung, die Rechtschreibreform wieder rückgängig zu machen, ist grotesk. Und sie macht ausgerechnet die F.A.Z. zum Vorreiter einer neuen anarchistischen Weltordnung. Weg mit diesen Regeln – soll doch jeder nach seiner Façon[1] schreiben. Sie widersetzen sich der alten konservativen Formel, nach der Ordnung, die erste Bürgerpflicht sei – und wir Leser haben bislang immer gedacht, dass Sie das ernst nehmen. Jeder vernünftige Mensch kann da nur den Kopf schütteln. Schüler lernen bereits seit längerem die neuen Rechtschreibregeln. Sie werden nun irgendwann bemerken, dass das doch alles gar nicht so wichtig sein kann, wenn sich selbst eine der führenden Tageszeitungen einen Kehricht darum kümmert.

Die F.A.Z. widersetzt sich dem Fortschritt, denn genau das ist die Rechtschreibreform, und dem gesunden Menschenverstand. Haben Sie wirklich ernsthaft erwartet, dass bereits nach einem Jahr die Mehrheit der Bevölkerung nach den neuen Regeln schreibt? Wenn ja, dann war das doch reichlich naiv. Waren es die massiven Proteste der Leser, die Sie zur Rückkehr in die Vergangenheit bewogen haben? Hatte jemand Verständnisprobleme beim Lesen der Artikel? Erreichten Sie Waschkörbe voll mit Brandbriefen[2]? Wohl kaum.

Michael Thaidigsmann, Brüssel

1 **Façon:** Art und Weise

2 **Brandbrief:** Drohbrief

1. a) Was könnte die FAZ dazu bewogen haben, von den zahlreichen Leserbriefen gerade diese beiden zu veröffentlichen? Untersuchen Sie Aufbau, Argumentation und sprachliche Gestaltung der Briefe.
   b) Stellen Sie Tipps für das Verfassen wirkungsvoller Leserbriefe zusammen.
2. a) Leserbriefe werden in der Regel gekürzt abgedruckt. Diskutieren Sie, was für und was gegen einen solchen Eingriff der Zeitungsredaktion spricht.
   b) Machen Sie Kürzungsvorschläge für den Brief „Rückkehr zur Vernunft". Begründen Sie Ihre Vorschläge mit Blick auf die Interessen des Verfassers, der Redaktion und der Leser/innen.
3. a) Stellen Sie aktuelle Themen zusammen, zu denen Sie gern Ihre Meinung veröffentlichen würden.
   b) Verfassen Sie wirkungsvolle Leserbriefe zu den von Ihnen gewählten Themen.

Tipps für Leserbriefe

▷ S. 98, 44

1. Klarer Bezug: Machen Sie deutlich, zu welchem Text oder Thema Sie sich äußern wollen. Achten Sie darauf, fremde Äußerungen als solche kenntlich zu machen (▷ indirekte Rede, Zitat usw.).

2. Klares Ziel: Machen Sie deutlich, ob Sie etwas kritisieren, unterstützen oder um einen neuen Aspekt ergänzen wollen.

3. Klarer Standpunkt: Geben Sie frühzeitig Ihre eigene Position zu dem Thema zu erkennen und entwickeln Sie eigene Vorschläge, wo es sich anbietet.

4. Gute Argumente: Stützen Sie Ihren Standpunkt durch sachkundige, wirkungsvolle, eventuell auch zugespitzte (dennoch glaubwürdige) Begründungen. Versuchen Sie, Gegenargumente zu widerlegen.

5. Kurzer Text in Briefform: Benutzen Sie die Form eines Briefs (Anrede, Bezug, Gruß), halten Sie Ihren Text knapp und gliedern Sie ihn deutlich.

▷ S. 390 ff.

6. Überarbeitung: ▷ Überprüfen Sie Ihren Text im Hinblick auf Aufbau, Argumentationsgang und sprachliche Richtigkeit.

1.3 Die Zeitung von morgen?

2010 n. Chr., ein Montagmorgen

Am Frühstückstisch liegt die elektronische Zeitung – auf einem flachen, faltbaren, leichten Bildschirm. Über Nacht wurde sie via Satellit mit Daten aufgeladen. Auch Bilder, Klänge und Videosequenzen sind jetzt abrufbar. Ein spezielles Programm, der *information agent*, hat aus der Datenüberfülle nach bestimmten Suchbegriffen eine ganz individuelle Tageszeitung maßgeschneidert.
Aber ob die elektronische Zeitung je den 4-B-Test schaffen wird? Ob man sie auch im Bett, im Bad, im Bus und am Badestrand mühelos lesen wird?

Noch lautet die Prognose, dass Zeitungen zumindest in näherer Zukunft nicht durch die elektronischen Medien verdrängt werden. Internet, Handy, Radio und Fernsehen stellen aber schon heute eine wichtige Ergänzung des Informationsangebotes dar. Wegen des vielseitigen Angebotes sind die Kunden heute daran interessiert, ein möglichst auf ihre Bedürfnisse zugeschnittenes Medium zu nutzen. Wer das Internet viel und versiert nutzt, hat bereits seit Jahren die Möglichkeit, seinen Informationsbedarf ganz individuell zu befriedigen. Bequemer, wenn auch teurer, ist das relativ neue Angebot von Agenturen, „individuelle Zeitungen" ins Haus oder auf den Bildschirm zu liefern. Es ist also möglich, dass bald niemand mehr seine Tageszeitung unbedingt aus dem Briefkasten holen muss. Man kann sie auch vom Computer abrufen.

1. Halten Sie die Zukunftsvision der Zeitung im Jahr 2010 für realistisch?
2. a) Überprüfen Sie im Internet, welche Anbieter Ihnen eine individuelle Zeitung liefern würden. Informieren Sie sich über die Lieferbedingungen und die Möglichkeiten der Zusammenstellung.
   b) Überlegen Sie, welche Vor- und Nachteile diese Art der Informationsvermittlung hat.
3. Stellen Sie sich eine Zeitung zusammen, die Sie gern morgens lesen würden.

2 Fachsprachen

Im Folgenden sollen Fachsprachen im Vordergrund stehen, für die folgende Kennzeichen gelten:

- Sie haben einen eigenen Wortschatz, der immer umfangreicher wird, weil Maschinen, Fertigungsverfahren, Materialien und Kenntnisse explosionsartig zugenommen haben.
- Die Ausdrücke der Fachsprachen sind nicht nur der Allgemeinsprache entnommen, sondern immer häufiger neu gebildet durch Kunstwörter und Neologismen (Wortneuschöpfungen).
- Sie bieten die Möglichkeit der fachinternen Kommunikation, d. h., der Umgang der Fachleute und Spezialisten miteinander wird durch Fachsprachen erleichtert, die Möglichkeit der Differenzierung fachlicher Zusammenhänge wird erweitert.

Demgegenüber kann der Gebrauch der Fachsprachen sich als Kommunikationsbarriere erweisen, wenn es um einen Austausch mit Laien geht. Wer als Laie nichts mehr versteht, kann auch keine angemessenen Fragen mehr stellen. Übertriebener Gebrauch eines Fachvokabulars kann einschüchtern oder imponieren, in manchen Fällen sogar manipulierend wirken.

2.1 Fachsprache in Wirtschaft und Verwaltung

Fachbegriffe

Dollar wird billiger
Euro kann sich ein gutes Stück verbessern

Aus den Unternehmen
Kooperation statt Fusion
Commerzbank will eigenständig bleiben

EZB erhöht Leitzinsen kräftig
Wachstum ohne Inflation
Preise sollen nur um zwei Prozent pro Jahr steigen

Energie
Droht nun die vierte Ölkrise?
Opec-Staaten begreifen nur langsam die Gefahr anhaltend hoher Preise

Mehr Subventionen für umweltfreundliche Energien
Ihr Anteil soll bis zum Jahr 2010 verdoppelt werden / Der Bundestag beschließt das Gesetz

Opec-Konferenz in Wien
Kartell kann sich nicht einigen
Eigentlich war eine Steigerung der Öl-Fördermenge erwartet worden

Die Hausse beim Dax scheint ungebrochen

Europäische Zentralbank
Leitzinsen erhöht
Währungshüter sehen Inflationsrisiko

1. a) Listen Sie die Fachbegriffe aus dem Bereich Wirtschaft auf, die in diesen Zeitungsüberschriften vorkommen.
   b) Notieren Sie aus einem Wirtschaftslexikon deren Erklärung.
   c) Bilden Sie mit den Fachbegriffen jeweils einen Satz.

Fachbegriffe haben in den letzten Jahrzehnten an Bedeutung gewonnen. Immer schon hat es Fachbegriffe gegeben, die zum Verständnis bestimmter Sachverhalte und Arbeitsabläufe wichtig waren. Sie wurden nicht selten auch umgangssprachlich genutzt. So liegt zunächst z. B. die Bedeutung des Ausdrucks „Bilanz ziehen/bilanzieren“ lexikalisch für die Allgemeinheit fest (= denotative Bedeutung); seine Verwendung in der Alltagssprache lässt hingegen auch andere Vorstellungen bzw. Nebenbedeutung zu (= konnotative Bedeutung), was meistenteils am situativen Kontext erkennbar wird. In der Gegenwart werden mit zunehmender Internationalisierung vor allem der Bereiche Wirtschaft und Technik vermehrt Fremdwörter in der Fachsprache benutzt, z. B. Leasing, E-Commerce. Sie finden durch die Medien verstärkt Eingang in die Alltagssprache. In fachbezogenen Texten, z. B. Fachzeitschriften, Lehrbüchern, haben Fachbegriffe vor allem die Funktion sachlicher Information und fachlicher Kommunikation. Sie ermöglichen insbesondere die sprachliche Unterscheidung bestimmter Sachverhalte und erleichtern schließlich nicht nur die Verständigung unter Fachleuten.

Der Fachbegriff

Ein Fachbegriff ist ein Wort, dessen Bedeutung für alle Fachleute eines Gebietes eindeutig definiert ist. Häufig, aber nicht immer werden Fremdwörter (besonders: lateinische, griechische und englische) als Fachbegriffe verwendet, z. B. „Terminus“ (Fachbegriff). Aber nicht jedes Fremdwort ist deshalb gleich ein Fachbegriff. Oft sind Fachbegriffe Abkürzungen, z. B. „EDV“.
Fachbegriffe ermöglichen eine präzise Kommunikation in Forschung, Produktion und Verkauf. Fachbegriffe erschweren aber auch die Kommunikation für jemanden, der fachfremd ist.

Arbeitsmarkt: Koalition sieht sich bestätigt

2. a) Formulieren Sie spontan, was Sie unter „Arbeitsmarkt“ verstehen.
   b) Vergleichen Sie Ihre Formulierungen. Stellen Sie Unterschiede und Gemeinsamkeiten fest.
   c) Definieren Sie den Begriff „Arbeitsmarkt“ als Gesprächsgrundlage in der Klasse.
   d) Stellen Sie die in einem Wirtschaftslexikon aufgeführte Erläuterung zum Begriff „Arbeitsmarkt“ der in der Alltagssprache verwendeten Bedeutung gegenüber. Zeigen Sie Unterschiede und Gemeinsamkeiten auf.

Weltbevölkerung

400 Millionen drängen auf Arbeitsmarkt

Hannover – Die globale Arbeitslosigkeit droht nach einer neuen Studie der Deutschen Stiftung Weltbevölkerung in den kommenden Jahrzehnten rapide[1] zu wachsen. In den nächsten zehn Jahren müssten allein weltweit mehr als 400 Millionen neue Arbeitsplätze geschaffen werden, um nur den gegenwärtigen Stand von Arbeitslosigkeit und Unterbeschäftigung zu halten, sagte ein Sprecher der Stiftung am Freitag in Hannover auf einer gemeinsamen Tagung mit der Konrad-Adenauer-Stiftung. Durch das Bevölkerungswachstum in den Entwicklungsländern würden allein dort bis 2010 jährlich zwischen 40 und 45 Millionen Menschen zusätzlich eine Arbeit suchen.

In den Industrieländern insgesamt wird die Zahl der Erwerbspersonen nach der Untersuchung dagegen annähernd gleich bleiben. Die Studie, die das Washingtoner Population Reference Bureau im Auftrag der Stiftung Weltbevölkerung erstellt hat, prognostiziert bis zum Jahr 2050 sogar ein weltweites Wachsen der Erwerbsbevölkerung um 1,7 Milliarden Menschen. Die Möglichkeiten, für diese Arbeitssuchenden auch Arbeitsplätze zu schaffen, beurteilten die Washingtoner Experten in Hannover pessimistisch. Die Wissenschaftler verlangten stattdessen, das Bevölkerungswachstum zu stoppen. Ziel müsse es sein, dass in den sich entwickelnden Ländern jede Frau im Laufe ihres Lebens nur noch zwei Kinder zur Welt bringe.

Nach Angaben der Stiftung sind in den Entwicklungsländern schon jetzt ein Drittel aller Erwerbspersonen arbeitslos oder unterbeschäftigt. Eine großer Teil, in Mexiko beispielsweise 60 Prozent der Erwerbstätigen, arbeitet im so genannten informellen Sektor. Dort ist die Arbeit vertraglich nicht gesichert, nur gering entlohnt und an keine geregelten Arbeitsbedingungen gebunden.

(ap)

1 **rapide:** (franz.) sehr schnell

3. a) Der Zeitungstext unterscheidet zwischen „Arbeitslosigkeit“ und „Unterbeschäftigung“. Klären Sie die beiden Begriffe und grenzen Sie sie von einander ab.
   b) Die Wissenschaftler sind der Meinung, dass Arbeitslosigkeit behoben werden könnte, wenn das Bevölkerungswachstum gestoppt würde. Verfassen Sie ein Statement (kurze Stellungnahme) zu dieser Meinung für eine Diskussion in der Klasse.

Das Erschließen von Fachbegriffen

▷ S. 26

1. a) Sammeln Sie zum Begriff „Arbeit“ in Form eines ▷ Clusters Begriffe, die eine gleiche oder ähnliche Bedeutung haben.
   b) Zeigen Sie an Beispielsätzen Unterschiede in der jeweiligen Begriffsverwendung auf.

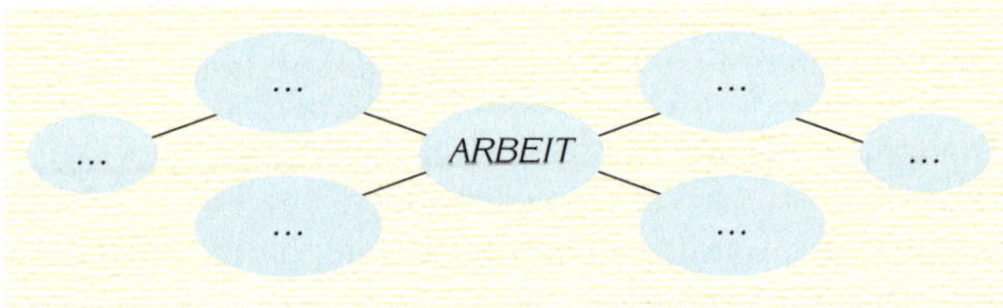

2. Suchen Sie zum Begriff „Arbeit“ Wörter, die das Gegenteil beinhalten.
3. Sammeln Sie Redewendungen/Sprichwörter, die im Alltag mit „Arbeit“ in Verbindung gebracht werden.

Arbeit. I. Begriff/Begriffsentwicklung: Zielgerichtete, soziale, planmäßige und bewusste, körperliche und geistige, typisch menschliche Tätigkeit. Ursprünglich war A. der Prozess der Auseinandersetzung des Menschen mit der Natur zur unmittelbaren Existenzsicherung; wurde mit zunehmender sozialer Differenzierung und →Arbeitsteilung und der Herausbildung einer Tauschwirtschaft und →Geldwirtschaft mittelbar. – In der Antike und im Mittelalter waren die Begriffsinhalte von A. negativ und abwertend: A. galt als unwürdige Tätigkeit, deren sprachliche Synonyme[1] Mühsal, Plage, Last und Not waren; sie wurde dadurch auch zur Angelegenheit der unteren sozialen Schichten. Erst durch die *christliche Religion* erhielt A. eine positive Bestimmung; insbes. in der *protestantischen Ethik* ist A. identisch mit Pflichterfüllung und gottgefälligem Tun, und in einer asketischen, durch A. geprägten Lebensweise wird bereits im Diesseits die Vorbestimmtheit für die ewige Seligkeit sichtbar. Die hohe Bewertung von A. hat sich in den sich früh industrialisierenden westlichen Gesellschaften durchgesetzt; *Max Weber* (1864–1920) sah in der protestantischen Ethik[2] die Voraussetzungen für den kapitalistischen Industrialisierungsprozess. Auch gegenwärtig unterliegt A., auch →Arbeitseinkommen und der sich darin dokumentierende Erfolg, einer positiven sozialen Bewertung.

1 **Synonym,** das: bedeutungsähnliches, -gleiches Wort
2 **Ethik,** die: Normen und Maximen der Lebensführung, die sich aus der Verantwortung anderen gegenüber herleiten
3 **originär:** ursprünglich

II. Volkswirtschaftstheorie: →Produktionsfaktor neben →Boden und →Kapital. A. ist wie Boden ein originärer[3] bzw. ursprünglicher Produktionsfaktor. – Problematisch ist es, dass die Untrennbarkeit von Mensch und Arbeitskraft unberücksichtigt bleibt; deshalb wird A. als eigentlicher Produktionsfaktor, Boden und Realkapital als Produktionsmittel bezeichnet. – Da Person des Arbeitenden und Abgabe von Arbeitsleistungen nicht trennbar sind, stellt eine zunehmende →*Arbeitsteilung* (Spezialisierung) eine Einschränkung der Selbstbestimmung und Selbstentfaltung bis hin zur völligen Fremdbestimmung des Arbeitnehmers dar; kann u. U. Ursache sozialer Spannungen sein. Dem entgegenzuwirken, ist Zweck der Betriebsverfassungs- und Mitbestimmungsgesetze.

III. Arbeitswissenschaft/Industriebetriebslehre: Ursprünglich wurde A. nur als Ausdruck der ökonomisch relevanten[4] Kostengütermenge A. betrachtet. Die Definition hatte auszugehen von den ökonomischen Wirkungen der A., die auf Nutzung der Arbeitskraft in der Zeit beruht: Arbeit = Arbeitskraft × Arbeitszeit. – Arbeitskraft und Arbeitszeit sind jedoch keine ökonomischen Begriffe oder Tatbestände, sondern haben in Physik, Physiologie, Soziologie, Psychologie usw. ihre Wurzeln. Aus diesem Grund wird heute A. wesentlich umfassender als ein Potenzial des Menschen zur Existenzsicherung verstanden, das soziologische, psycholo-

4 **relevant:** bedeutsam, wichtig

gische, physiologische[5] sowie ökonomische, produktive Dimensionen besitzt.

IV. Soziologie: A. wird im Zusammenhang mit den historisch-gesellschaftlichen Bedingungen problematisiert. A. ist ein Prozess, in dem Menschen soziale Beziehungen eingehen, die im gesamten Lebenszusammenhang von zentraler Bedeutung sind. – Die *Formen der A.* bestimmen die Art der sozialen Beziehungen auch über den A.sprozess hinaus und sind Ausdruck des Entwicklungsstandes von Gesellschaften, ihrer sozialen Strukturen, Organisations- und Kooperationsformen und Herrschaftsordnungen; demzufolge stehen sozialer Wandel und die Veränderung von A.sformen und A.sinhalten in enger Beziehung. A. und Gesellschaft sind seit der Industrialisierung einem dynamischen[6] Wandel ausgesetzt, der vorwiegend durch die Entwicklung der Technik determiniert[7] ist, die die A. unmittelbar betrifft und zu Strukturwandlungen in Wirtschaft und Gesellschaft führt. Technik und Arbeitsteilung kennzeichnen industrielle A., und technische Entwicklungen verändern diese permanent[8], z. B. gegenwärtig Automatisierung von Produktionsprozessen und zunehmender Einsatz der Mikroelektronik. – Ein wesentlicher Aspekt für die Zukunft der A. ist die *zunehmende Freizeit*, durch die die zentrale Stellung der A. im menschlichen Lebenszusammenhang und die Bedeutung der A. für die sozialen Beziehungen berührt wird. Auch ist zu vermuten, dass mit dem Bedeutungsverlust von A. auf individueller und sozialer Ebene ein Wandel in der Bewertung von A. einhergeht.

6 **dynamisch:** voll innerer Kraft, bewegt
5 **physiologisch:** die Lebensvorgänge im Organismus betreffend
7 **determinieren:** bestimmen, entscheiden
8 **permanent:** dauernd, ständig

▷ S. 21 4. Erschließen Sie die Ausführungen zum Begriff „Arbeit“ mit Hilfe einer grafischen Methode, z. B. einer ▷ Mind-Map.

5. a) Der Begriff „Arbeit“ wird in der Volkswirtschaftslehre und in der Soziologie im Gegensatz zum Alltag unterschiedlich definiert. Stellen Sie in einer Kurznotiz die unterschiedliche Verwendung im jeweiligen Fachbereich dar.
   b) Zeigen Sie auf, wie der Begriff sich im Laufe der Geschichte entwickelt hat. Vergleichen Sie die unterschiedlichen Auffassungen von Arbeit in der Vergangenheit und der Gegenwart.

6. a) Erschließen Sie in ähnlicher Weise den Begriff „Rationalisierung“.
   b) Stellen Sie die Bedeutung der Rationalisierung für die Wirtschaftlichkeit eines Betriebes heraus.

Irene Kühnlein

Weniger Erwerbsarbeit – mehr Eigenarbeit? Chancen und Potenziale öffentlicher Eigenarbeit (1997)

Wenn das Volumen der Erwerbsarbeit sinkt und die Arbeitslosigkeit steigt, werden nicht nur die Einkommen der privaten Haushalte, sondern auch die öffentlichen Finanzen knapp. Auf den ersten Blick gibt es eine einfache Lösung: Wenn die sozialstaatlichen Institutionen nicht mehr ihre Aufgaben erfüllen können, dann wird von den Individuen mehr Eigeninitiative, Selbsthilfe und bürgerschaftliches Engagement gefordert. Der einzelne Bürger solle wieder mehr Verantwortung für die eigenen Belange übernehmen sowie Güter und Dienstleistungen in *Eigenarbeit* erbringen. Eigenarbeit könne insbesondere für Arbeitslose neben dem Mangel an Einkommen auch den Überfluss an Zeit und die fehlende Sinnerfüllung ausgleichen und gleichzeitig auf gesellschaftlicher Ebene den Sozialstaat entlasten. So gesehen erscheint die Forderung nach mehr Eigenarbeit als ein *praktisches* Patentrezept, das die laufenden Einsparungen

bei den sozialstaatlichen Leistungen ergänzen könnte.
Erste sozialwissenschaftliche Überlegungen zu Eigenarbeit Ende der Siebzigerjahre entstanden jedoch keineswegs aus solchen sozialstaatlichen Sparüberlegungen. Vielmehr stand, wie bei der Selbsthilfebewegung, der emanzipative Aspekt im Vordergrund. Die Diskussion zur Eigenarbeit basierte auf der damals häufig formulierten Kritik am passiven Konsum der Bürger und an der fremdbestimmten Lohnarbeit im Erwerbssystem. Für erste prominente Vertreter wie Christine und Ernst von Weizsäcker ist Eigenarbeit „die ursprüngliche Form der Arbeit. Die Arbeit, deren Produkte man kennt und vielleicht liebt und die einem zu eigen sind, bis man sie für seine Hausgemeinschaft verwendet oder verkauft: die Arbeit, deren Risiko man kennt und zu verantworten weiß."
Damit bleibt Eigenarbeit aber sehr vage bestimmt, und es erstaunt nicht, dass völlig verschiedene Tätigkeiten unter diesen Begriff subsumiert werden. Sie variieren, je nach den theoretischen, gesellschaftspolitischen oder weltanschaulichen Konzepten, in die Eigenarbeit integriert wird: So wird Eigenarbeit aus einer steuerrechtlichen Perspektive als „Schwarzarbeit" bezeichnet, insbesondere wenn sie in Form von familiärer oder Nachbarschaftshilfe (zum Beispiel beim Hausbau) stattfindet. Unter ökonomischen Gesichtspunkten wird Eigenarbeit vor allem als „Sparen durch selber herstellen statt käuflich erwerben" verstanden und dann mit „Selbstversorgung" umschrieben. Aus ökologischer Sicht werden Umweltverträglichkeit und Nachhaltigkeit durch Wiederverwertung von Materialien, Reparaturen und/oder sorgfältigeren Umgang mit selbst hergestellten Gebrauchsgegenständen mit Eigenarbeit verknüpft. Eigenarbeit – so folgert Rainer Duhm – „wird daher bei uns entweder verniedlicht bzw. kommerzialisiert (z. B. als Hobby), mystifiziert (z. B. als mütterliche Opferbereitschaft), in vorgegebenen Reservaten geduldet (z. B. als Eigenleistung und Nachbarschaftshilfe am Bau) oder sie wird diskriminiert bzw. strafrechtlich verfolgt (als Schwarzarbeit oder Arbeitsplatzklau)".

Entgegen den sozialpolitischen Hoffnungen und Appellen zeigen die bisherigen sozialwissenschaftlichen Untersuchungen übereinstimmend, dass die meisten Varianten der Eigenarbeit nicht umstandslos realisiert werden können. Ein wesentlicher Grund dafür ist, dass jede Form der Eigenarbeit an eine Reihe von Voraussetzungen geknüpft ist.

An erster Stelle steht *freie Zeit*, die zur Verfügung stehen muss, um entsprechende Aktivitäten entfalten zu können. Zeitknappheit gilt nicht zufällig als wesentlicher Grund dafür, dass Menschen Tätigkeiten an andere Personen delegieren (Haushaltshilfe), sie automatisieren (Autowaschanlage) oder fertig hergestellte Produkte kaufen (Möbel, Kleidung), anstatt diese Arbeiten selbst durchzuführen. Steht die Zeit zur Verfügung, dann erscheint Eigenarbeit als eine billigere, ja oft sogar kostenlose Tätigkeit. Dies gilt jedoch nur sehr eingeschränkt, denn als zweite zentrale Voraussetzung zur Eigenarbeit wird *finanzielles Kapital* benötigt, um beispielsweise Verbrauchsmaterial und Werkzeug zu beschaffen. Eine dritte wichtige Vorbedingung ist, dass *Raum* als Werkstatt, zur Lagerung von Arbeitsmaterialien und Werkzeugen oder auch als Treffpunkt zur Verfügung steht. Hausbesitzer – insbesondere auf dem Lande –, die diesen notwendigen Raum in der Regel besitzen, sind daher außerhalb der Erwerbsarbeit oft aktiver als Stadtbewohner in Mietwohnungen. Schließlich müssen die Menschen über ein *fachbezogenes Wissen*, Vorerfahrungen, Fertigkeiten und Geschicklichkeiten verfügen und Zutrauen in die eigenen Fähigkeiten haben. Auch darüber hinausgehende berufliche und psychosoziale Qualifikationen erleichtern es, im eigenen Auftrage aktiv zu werden.

Bleiben Menschen auf ihre ganz persönlichen Möglichkeiten verwiesen, dann verstärkt sich die soziale Isolation (jeder arbeitet für sich alleine) und soziale Ungleichheit (nur wer Zugang zu diesen Ressourcen hat, kann tätig werden). Deshalb ist es wichtig, dass zur Eigenarbeit unterstützende und qualifizierende Angebote bereitgestellt werden.

1. a) Schreiben Sie die Ihnen unbekannten Wörter aus dem Text von Irene Kühnlein (▷ S. 142 f.) heraus und erklären Sie diese mit Hilfe eines Wörterbuches.
   b) Notieren Sie zu den einzelnen Abschnitten Stichworte und formulieren Sie jeweils eine Überschrift.
   ▷ S. 118 c) Klären Sie die ▷ Sprachfunktion, die in diesem Text überwiegt, und die Intention des Textes.
2. Verfassen Sie einen Redetext für eine Sitzung der Schülervertretung, in dem Sie Notwendigkeit und Möglichkeit der Eigenarbeit im Umfeld Schule aufzeigen.

Ulrich Beck

Was ist Globalisierung? (1997)

Die Konterrevolution scheitert

In der Zusammenbruchsphase des sowjetischen Imperiums hält Boris Jelzin, der damals noch Präsident der russischen Teilrepublik war, eine mutige Rede von einem Panzerwagen gegen die kommunistischen Putschisten an die Bevölkerung Moskaus, und diese Rede wird nicht vom sowjetischen Rundfunk übertragen (der in den Händen der Altkommunisten war), sondern per Satellit über CNN. In diesem historischen Augenblick politischer Entscheidung wird die eklatante Bedeutung eines globalen Informationsnetzwerkes – symbolisiert durch Satelliten – exemplarisch erkennbar: Die nationalstaatliche Informations-Souveränität als Teil der politischen Souveränität ist außer Kraft gesetzt. Nationalstaaten können sich nicht länger gegeneinander abschotten, ihre mit Waffen geschützten Grenzen sind durchlöchert – jedenfalls was ihre Einbindung in den Raum globaler Kommunikation betrifft: *informatorische Globalisierung*.

Vergiftetes Pinguinfleisch

Lange Zeit davor, in den Sechzigerjahren, fanden Biologen im Fleisch von Pinguinen am Südkap hohe Konzentrationen von Industriegiften, die – auf welchen Wegen auch immer – aus den Produkten und Schornsteinen der Chemiekonzerne in die letzten Winkel der scheinbar unberührten Natur eingedrungen waren. Mit der Umwelt-Gipfelkonferenz von Rio im Jahre 1992 ist diese historische Erfahrung globaler ökologischer Krisen zu der Formel und Forderung „nachhaltiger Entwicklung" politisch konkretisiert und zugespitzt worden. Auch wenn dieses Prinzip im politischen Alltag überall in der Welt von verschiedenen Gruppen verschieden ausgedeutet wird und die Nachfolge-Konferenz in New York im Sommer 1997 zeigt, wie wenig praktische Folgen solche Gipfel zeitigen – es ist nun ein (inhaltlich widersprüchlicher und damit politisch aushandlungsbedürftiger) Maßstab vorhanden, an dem das Tun und Lassen aller gesellschaftlichen Akteure überall in der Welt in fast allen gesellschaftlichen Themenfeldern (vom Konsum über die Produktion bis zur Architektur, Verkehrs-, Kommunalpolitik usw.) gemessen und kritisiert werden kann: *ökologische Globalisierung*.

Finanz-Jongleure

Vor einigen Jahren stürzte ein junger Finanzjongleur durch erlaubt-unerlaubte transnationale Spekulationen ein altehrwürdiges britisches Bankhaus in den Ruin, indem er in kürzester Zeit mehrere Milliarden Pfund Verlust machte. Im Dickicht des Weltmarktes hat sich eine neue *virtuelle Ökonomie* transnationaler Geldströme herausgebildet, die immer weniger an ein materielles Substrat gebunden sind, sondern sich in einem Spiel von Daten und Informationen auflösen. Die hieraus sich ergebenden neuen spekulativen Gefahren entziehen sich den nationalstaatlichen Kontrollen, ja rauben den Nationalökonomien die Grundlagen, ohne dass ein Ordnungsrahmen für Transnational- oder Globalökonomien in Sicht wäre: *ökonomische Globalisierung*.

Berlin-kalifornische Flughafen-Ansage

Es ist einundzwanzig Uhr zehn; auf dem Berliner Flughafen Tegel teilt eine freundlich-rou-

tinierte Stimme den ermüdet wartenden Fluggästen mit, dass ihr Flugzeug nach Hamburg endlich zum Einsteigen bereit ist. Die Stimme stammt von Angelika B. aus Kalifornien, die vor ihrem Bildschirm sitzt.

Der Ansagedienst des Berliner Flughafens wird nach achtzehn Uhr Ortszeit online von Kalifornien aus bedient, und zwar aus ebenso einfachen wie einsichtigen Gründen: Erstens müssen dort keine Zuschläge für Spätdienst bezahlt werden, zweitens liegen die Lohn(neben)kosten für dieselbe Tätigkeit erheblich niedriger als in Deutschland. Telekommunikation macht es möglich. Es zerfällt eine scheinbar unaufhebbare Prämisse des industriegesellschaftlichen Arbeitssystems: Die Notwendigkeit, an einem bestimmten Ort zusammenzuarbeiten, um Güter oder Dienstleistungen herzustellen, gilt nicht länger. Arbeitsplätze können exportiert werden und doch zugleich die Beschäftigten transnational oder sogar transkontinental „kooperieren“ oder in „direktem“ Kontakt mit dem Empfänger und Konsumenten bestimmte Dienstleistungen erbringen. Im Gedankenexperiment gesprochen: Ähnlich wie man eine Weltreise so organisieren kann, dass man auf allen Kontinenten den Frühling erlebt, könnte man theoretisch Arbeits- und Produktionsprozesse so über die Erdkugel verteilt organisieren, dass rund um die Uhr immer der niedrigste Tarif bezahlt und doch die erwünschte Kooperationsleistung erarbeitet wird: *Globalisierung von Arbeitskooperation bzw. Produktion.*

Khalid, der König des Rai

Im Februar 1997 wurde *Aicha*, der jüngste Hit des Exil-Algeriers Khaled, auch „König des Rai“ genannt, auf den französischen Pop-Olymp gehoben und zum besten Chanson des Jahres gekürt. Allein dass sich eine Hymne an ein arabisches Mädchen auf den Plattentellern aller großen französischen Radiostationen (nicht nur in den arabischsprachigen Hinterhofsendern) dreht, ist bemerkenswert. Es markiert das Ankommen der maghrebinischen Migranten in der französischen (Pop-) Kulturnation. Vom Ausland aus gesehen repräsentiert Khaled sogar Frankreich. Seine Musik begeistert in so unterschiedlichen Ländern wie Ägypten, Israel und selbst im erzkonservativen Saudi-Arabien; lokale Co-Versionen existieren in Hebräisch, Türkisch und in Hindi. Khaled musiziert gegen die Arabophobie des Westens. Seine Figur und Musik belegen, dass Globalisierung keine Einbahnstraße sein muss, sondern im Gegenteil regionalen Musik-Kulturen weltweite Bühnen und Bedeutung verschaffen kann: *kulturelle Globalisierung.*

1. a) Sammeln Sie vor der Lektüre des Textes von Ulrich Beck in einem ▷ Brainstorming, was Ihnen zum Begriff „Globalisierung“ einfällt. ▷ S. 34
   b) Bilden Sie mehrere Sätze mit dem Begriff „Globalisierung“. Erläutern Sie, welchem Fach- bzw. Lebensbereich er jeweils zuzuordnen ist.
2. a) Lesen Sie den Text von Ulrich Beck und schreiben Sie alle Begriffe auf, die Ihnen unverständlich sind.
   b) Klären Sie mit Hilfe von Wörterbüchern, Lexika oder Internet in Gruppenarbeit die unverständlichen Begriffe.
3. Formulieren Sie nach Bearbeitung des Textes, was Sie unter „Globalisierung“ verstehen, und vergleichen Sie Ihre Definition mit Ihrer Aussage in der Aufgabe 1.
4. „Globalisierung ist sicher das am meisten gebrauchte – missbrauchte – und am seltensten definierte, wahrscheinlich missverständlichste, nebulöseste und politisch wirkungsvollste (Schlag- und Streit-)Wort der letzten, aber auch der kommenden Jahre“ (U. Beck). Begründen Sie Ihren Standpunkt zu dieser Aussage und erstellen Sie hierzu einen Beitrag für eine Wandzeitung.
5. Bereiten Sie ein ▷ Referat vor, in dem Sie die unterschiedlichen Dimensionen der Globalisierung darstellen. Verwenden Sie zur Veranschaulichung Ihrer Darstellung Folien. ▷ S. 42 ff.

2.2 Fachsprache in der Technik

Weitere Angebote

Wählen Sie weitere Artikel durch Anklicken der Produkte

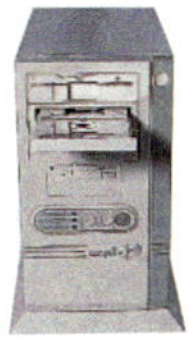

Komplettsystem – Highpaq XI Professional 700 & Highscreen 1500 TFT 15 Zoll

Auf 6 CDs bietet SuSE wieder mehr als 1 500 Anwendungsprogramme. Hinzugekommen sind Programme wie z. B. Broadcast 2000, ein Videoschnittsystem oder Moonlight 3D Atelier, ein 3-D-Zeichenprogramm. Wieder mit dabei sind apache, samba, GIMP, sendmail, der freie RealPl. 5.0 sowie WordPerfect Download Edition und StarOffice.

Technische Informationen

Hersteller:	*Highpaq*
Monitor:	*Highscreen 1500 TFT 15 Zoll – Flachbildschirm, OSD-Control, Kontrast 250:1, Auflösung 1024 x 768 bei 60 Hz, 16. Mio. Farben, TCO 99, 3 Jahre Gewährleistung*
Drucker:	*nein*
Grafikkarte:	*VGA 32 MB Elsa Erazor III LT mit nVidia TNT2-M64*
Festplatte:	*Maxtor 30 GB HDD*
Tastatur:	*Cherry*
Betriebssystem:	*SuSE Linux*
Modem:	*nein*
Sound:	*Creative PCI 128 MB Sound*
Maus:	*Scroll Maus*
Sonstiges:	*inkl. 3 Jahre Garantie, davon 1 Jahr Vor-Ort-Service*
Anwendungssoftware:	*mehr als 1500 Anwenderprogramme*
Prozessor:	*Intel® Pentium® III 700 MHz*
Arbeitsspeicher:	*256 MB SDRAM*
CD-ROM:	*LG 48-fach*
Brenner:	*nein*

▷ S. 118

1. Stellen Sie fest, welche ▷ Sprachfunktionen die verschiedenen Textteile auf dieser Internetseite haben.
2. a) Schreiben Sie alle EDV-Fachbegriffe heraus und versuchen Sie diese zu erläutern. Befragen Sie dazu Ihre Mitschüler/innen oder ziehen Sie Fachbücher oder Lexika zurate.
   b) Simulieren Sie ein Verkaufsgespräch, in dem Sie einem EDV-Laien erklären, welche Informationen sich hinter den Fachbegriffen verbergen.
3. **Projektvorschlag für Teamarbeit:**
   a) Sammeln Sie aus Computerzeitschriften, Werbeprospekten und dem Internet weitere Fachbegriffe zum Bereich Computer. Verwenden Sie Fachlexika, um die Begriffe zu erklären.
   b) Ordnen Sie die Fachbegriffe nach Oberbegriffen, wie z. B. „Hardware/Software".
   ▷ S. 91
   c) Stellen Sie Ihr Begriffsfeld anschaulich in Form eines ▷ Diagramms oder einer Tabelle dar. Präsentieren Sie Ihr Gruppenergebnis der Klasse.

1. Verschaffen Sie sich einen Überblick über die Texte auf S. 147–149.
2. Tragen Sie zusammen, welche Mängel eine Gebrauchsanweisung enthalten kann und welche Folgen daraus für Hersteller und Verbraucher resultieren.
3. Entwickeln Sie eine Checkliste für sinnvolle Gebrauchsanweisungen.

Gebrauchsanweisung

Wer achtet beim Kauf schon auf eine gute Gebrauchsanweisung. Denn zu groß ist die Freude auf die teuer bezahlten Prachtstücke. Die Spannung steigt. Denn gleich geht's los. Und dann: die bittere Enttäuschung. Nichts funktioniert und die Gebrauchsanweisung erweist sich als wahre Stolperfalle. Diese Nuss zu knacken ist harte Arbeit und braucht viel Nervennahrung. Aber jetzt geht's wirklich los. Fehlanzeige. Der Vorhang bleibt zu. Und auf die Idee, bei fehlerhafter Stromzuführung den Netzstecker zu überprüfen, kommt man ja wohl auch ohne Gebrauchsanweisung. Automatischer Suchlauf, selbsttätiger Kontrastregler oder sprechende Fernbedienung. Die Industrie trumpft auf. Ganz anders der Tatendrang bei Gebrauchsanleitungen. Einige Beispiele:

Computermaus
Die Maus kommt völlig geladen aus dem Fabrik. Als die Maus nicht wirkt, müssen Sie es vielleicht laden bevor Gebrauch. Die Maus wider laden, musst in Empfänger/Ladenstand. Ein vollgeladen Maus kann bis 8 Stunde ununterbrochen gebraucht werden. Die Mmaus hat ein fortschrittlich Schlafweise für Stromerhaltung, wenn die Maus kurze Zeit nicht bewegt.

Mobiltelefon
Stellen Sie die Gerte des Singweisen Griffers Zur EINSTELLUNG. Eine nette Singweise wird verbeugen den anderen Teil auf denn Telephon von hörender Yhrer geheimer Unterredung. Stellen Sie die Gerte des Singweisengriff zurück. Zur AUS-Stellung zu nehmen die Telephonunterredung zurück.

Tastatur
1. Beider C/PCAT plug-verträglich
2. Aüsgezeichnete rührende fühlen mechanische taste
3. Niedrige profil und din standard
4. Doppelschiessen stehskulpture staten
5. Viele sprache statatur ist benutzbar: Englisch, Deutshc, Franzozisch, Spanisch, Italische, und Swedisch
6. Verbergte hoch-anpassbar

Birgit Bonk

Gebrauchsanweisungen und Betriebsanleitungen

Gebrauchsanweisungen sind oft der Auslöser für Ärger. Dabei wissen die wenigsten, dass sie laut Gesetz (BGB/Produkthaftungsgesetz und Produktsicherheitsgesetz) Anspruch auf eine einwandfreie Anleitung haben. Ist nämlich die Gebrauchsanleitung mangelhaft, gilt das ganze Produkt als fehlerhaft.
Kommt es durch eine mangelhafte Anleitung zum Schaden für den Kunden, so hat er Anspruch auf Schadenersatz. Aber auch derjenige, der seine Anleitung schlicht nicht versteht, hat Rechte. Er kann sein Produkt zurückgeben, Preisnachlass fordern oder auf einer vernünftigen Anleitung bestehen.
Wie eine Gebrauchsanleitung auszusehen hat, dafür gibt das Deutsche Institut für Normung (DIN) den Herstellern verbindliche Empfehlungen. Zu den einfachsten gehören: Die Anleitungen dürfen nicht fremdsprachlich, müssen überhaupt vorhanden und nicht zuletzt: verständlich sein. Dazu gehört eine einfache Wortwahl, eine logische Struktur, vorgeschriebene Sicherheitshinweise und mehr.
„So erkennen Sie typische Fehler in Anleitungen“ heißt ein Faltblatt für Verbraucher, herausgegeben von Godehard Pötter, Sachverständiger für technische Dokumentation, das Sie mit einem mit 1,10 Mark frankierten Rückumschlag oder in den Verbraucherberatungsstellen erhalten können.

Walter Schmidt

Schreiben wie ein Prediger

Technische Redakteure müssen Kompliziertes mit einfachen Worten erklären

Dass man doch „bitte die Eingangsschnur nicht grausam betreten“ solle, empfiehlt die Gebrauchsanweisung für den neuen CD-Spieler. Im Handbuch für einen Computerbildschirm heißt es rätselhaft: „Wenn der Monitor ein von erkennt, stellen Sie zeitliche Regelung Signale ein, ruft es wieder auf, dass Modus und irgendwelche Gespeicherten Bildschirmanzeigejustage, die Sie eingestellt haben.“ Solchen Unsinn sollen technische Redakteure vermeiden.
Etwa 30000 technische Redakteure, schätzt die Stuttgarter Gesellschaft für technische Kommunikation (tekom), gibt es in Deutschland. Zwar nennen sich nicht alle so, doch ihr Job ist der gleiche: Sie formulieren Konstruktions- und Bedienungsanleitungen von Laptops, Reiseweckern oder Elektroherden und versuchen sich an einer Antwort auf die Frage: Wie sag ich's meinem Kunden? Gerd Götz vom Hi-Fi-Gerätehersteller Philips sagt: „Gebrauchsanweisungen müssen sein wie die Bergpredigt – jeder muss sie verstehen können.“

Ist die Gebrauchsanweisung gut, freut sich der Kunde

Käufer haben einen Rechtsanspruch auf vorhandene und verständliche Produktinformationen. Nach einem Urteil des Bundesgerichtshofs sei ein Kaufvertrag nicht abgeschlossen, wenn die „notwendige Instruktion“ nicht mitgeliefert werde, sagt Godehard Pötter, Sachverständiger für technische Verbraucherinformation in Recklinghausen. Verbraucher hätten in diesem Fall das Recht auf Geldrückgabe, Preisminderung oder Umtausch in vollständige, fehlerfreie Ware. Und nicht nur das: „Wenn etwa nicht ausdrücklich und verständlich beschrieben ist, dass man ein Gerät nicht unter brennbaren Materialien wie Gardinen aufstellen soll, und das Haus in Flammen aufgeht, dann muss der Hersteller meist zahlen“, sagt Pötter.
Weil noch längst nicht jede Gebrauchsanweisung verständlich geschrieben ist und weil zudem immer mehr technische Produkte auf den Markt kommen, bieten sich technischen Redakteuren große Chancen. „Der Arbeitsmarkt für diese Leute boomt“, sagt Gregor Schäfer von der tekom. Der Fachverband schätzt die Zahl offener Stellen auf 10000 bis 15000. Jedes Jahr kämen rund 1000 neue dazu, vor allem in den Bereichen Software und Telekommunikation. Und dabei haben laut Schäfer viele Firmen die Bedeutung guter Verbraucher-

informationen für Marketing und Kundenbindung noch gar nicht erkannt: Wer ein Regal auch nach drei Anläufen nicht zusammenbauen kann, wird den Hersteller kaum weiterempfehlen.

Zu oft beschreiben Gebrauchsanleitungen, ganz im Sinne detailverliebter Konstrukteure, was ein Gerät alles kann. Doch unbedarfte Käufer haben zunächst ganz nahe liegende Fragen: Wie schließe ich den Computer an? Wofür ist die rechte Maustaste gut? Was mache ich, wenn der Bildschirm flimmert? Beim Beantworten solcher Fragen müssten technische Redakteure unbedingt Sprachschatz, Alltagswissen und Gefahrenbewusstsein der Käufer beachten, sagt Pötter.

Das lässt sich lernen. Tekom-Mitglieder bieten beispielsweise Weiterbildungskurse für technisches Personal an, Hochschulabsolventen können bei privaten Instituten in mehrmonatigen Lehrgängen das notwendige Know-how erwerben. Und inzwischen gibt es auch an mehreren Fachhochschulen oder technischen Universitäten spezielle Studiengänge: In der Regel folgen auf vier Semester Maschinenbau oder Elektrotechnik vier weitere in technischer Dokumentation oder Redaktion.

KLAR TECH®

Leicht verständliche Gebrauchsanleitungen und Handbücher für EDV und Elektrotechnik

Kennen Sie das auch: Ihr Chef kauft Ihnen ein DTP- und ein Grafik-Programm und erwartet jetzt von Ihnen, dass Sie ab sofort gute technische Dokumentationen erstellen. Aber sagen Sie selbst: Sind Sie automatisch ein Musiker, nur weil man in Ihr Zimmer ein Klavier stellt und Ihnen die Tasten erklärt? Sicherlich gehört noch mehr dazu. Und genauso braucht es mehr als nur die passende Software, um gute technische Dokumentationen zu erstellen.

Wenn ein Laie eine Gasleitung verlegt, sind die Folgen meist um ein Vielfaches teurer als das, was durch die Selbstverlegung gespart wurde. Genauso ist es mit der technischen Dokumentation. Von der Haftung im Schadenfall durch fehlerhafte Beschreibungen mal ganz abgesehen: Wenn der Entwicklungsingenieur oder die Assistentin die Unterlagen selbst erstellen, dann entstehen Kosten zum Beispiel auch

- durch geringere Produktivität, weil die Routine, das erforderliche Fachwissen und die Motivation für diese Arbeit nicht vorhanden sind,
- durch Reklamationen und erhöhte Inanspruchnahme des Kundendienstes, weil die Unterlagen unverständlich sind, und
- nicht zuletzt auch durch den Imageverlust, wenn Kunden mit der Gebrauchsanleitung unzufrieden sind und künftig die Produkte der Konkurrenz kaufen.

4. a) Sammeln Sie Argumente aus dem Text von Walter Schmidt (▷ S. 148 f.), warum der Berufszweig technische Dokumentation Zukunft hat.
   b) Lässt sich die Herstellung von Gebrauchsanleitungen in Länder mit niedrigeren Lohnkosten verlegen?
   c) Welche Anforderungen werden an die Verfasserin oder den Verfasser von Gebrauchsanleitungen gestellt?
5. Sie müssen entscheiden, ob die Gebrauchsanleitung für ein neues Produkt Ihres Unternehmens von den eigenen Ingenieurinnen/Ingenieuren oder von einer auf technische Dokumentation spezialisierten Firma wie „Klartech" (▷ S. 149) verfasst werden soll.
   ▷ S. 20 a) Sammeln Sie mittels einer ▷ Kartenabfrage Argumente für diese Entscheidung, wobei Sie Vor- und Nachteile der Alternativen benennen.
   ▷ S. 47 b) Verwenden Sie eine ▷ Mehr-Punkt-Abfrage, um die Argumente zu bewerten.
   ▷ S. 41, 39 f. c) Fällen Sie in einer ▷ Fishbowl-Diskussion die Entscheidung. ▷ Protokollieren Sie den Diskussionsverlauf und bewerten Sie das Diskussionsverhalten.
6. a) Sammeln Sie verschiedene Gebrauchsanleitungen und untersuchen Sie sie anhand Ihrer Checkliste (▷ Aufgabe 3, S. 147) auf Fehler und fehlende Gefahrenhinweise.
   b) Korrigieren und ergänzen Sie die fehlerhaften Gebrauchsanleitungen.

2.3 Fachsprache in der Sozialpädagogik

Fachbegriffe – Fachgebiete

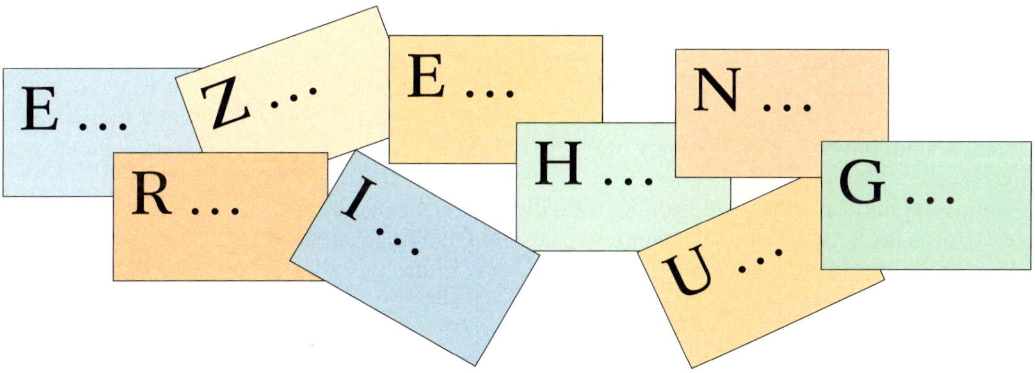

1. Führen Sie in Ihrer Lerngruppe eine **„Reizwortassoziation"** durch. Dazu brauchen Sie wie in der Abbildung oben vorbereitete Karteikarten. Jeder Buchstabe des Begriffes „Erziehung" soll nun zum Anfangsbuchstaben eines Stichwortes werden, das für Sie im Zusammenhang mit Erziehung steht.
   a) Jede/r Teilnehmer/in der Reizwortassoziation beschriftet eine oder mehrere Karteikarten.
   b) Legen Sie die Karten anschließend aus und stellen Sie fest, aus welchen Bereichen des täglichen Lebens Ihre Assoziationen zu dem Begriff stammen.
   c) Bringen Sie die Karten in eine sinnvolle Ordnung und formulieren Sie Überschriften.
2. Recherchieren Sie im Internet unter dem Suchbegriff „Erziehung" und erweitern Sie Ihre Kartei.
3. Bilden Sie Arbeitsgruppen und sammeln Sie weitere Fachbegriffe aus dem sozialpädagogischen Berufsfeld. Gehen Sie in gleicher Weise vor wie in Aufgabe 1. Vergleichen Sie Ihre Arbeitsergebnisse mit anderen Gruppen und formulieren Sie, welche Besonderheiten oder Probleme Sie bei der Fachsprache der Sozialpädagogik erkennen.

§ 1. **[Recht des Kindes; Erziehungsrecht der Eltern]**
(1) Jedes deutsche Kind hat ein Recht auf Erziehung zur leiblichen, seelischen und gesellschaftlichen Tüchtigkeit.
(2) Das Recht und die Pflicht der Eltern zur Erziehung werden durch dieses Gesetz nicht berührt. Gegen den Willen des Erziehungsberechtigten ist ein Eingreifen nur zulässig, wenn ein Gesetz es erlaubt.

Erziehungsziele bestimmen das pädagogische Handeln. Von ihnen hängt ab, welche Vorhaben der Erzieher/die Erzieherin plant, welche Aktivität der Kinder er/sie aufgreift und verstärkt, wo er/sie Grenzen setzt, welche Schwerpunkte er/sie festlegt usw. [...] Erziehungsziele sind bewusst. Die Auseinandersetzung mit ihnen ist deshalb eine wichtige Aufgabe in der beruflichen pädagogischen Arbeit.

Die Sozial-Dimension der Erziehung; die Interaktion
Die jeweilige „Konstellation menschlicher Individuen“, in der sich ein Erziehungsvorgang abspielt, ist eindeutig Gegenstand der Sozialwissenschaften, speziell der Soziologie und der Sozialpsychologie. [...] Wir können daher für diese Konstellation von Individuen auch den in den Sozialwissenschaften geläufigen Begriff „Interaktion“, das heißt „Untereinander-Handeln“, benutzen. Somit dürfen wir die Erziehung umschreiben als einen Lernprozess irgendeiner Art, der sich in einer sozialen Interaktion irgendeiner Art vollzieht.

Erziehungsbeistandschaft. Form der ambulanten (offenen) Erziehungshilfe für Minderjährige, deren „leibliche, geistige oder seelische Entwicklung gefährdet oder geschädigt ist“ (§ 55 JWG). Ihnen wird vom Jugendamt ein Erziehungsbeistand (meist ein hauptamtlich tätiger graduierter Sozialarbeiter) bestellt, wenn eine formlose Erziehungshilfe nach §§ 5, 6 JWG nicht ausreicht, die weiter gehenden Maßnahmen der Freiwilligen Erziehungshilfe bzw. Fürsorgeerziehung (Fremdplatzierung) dagegen nicht erforderlich sind, die Gefährdung abzuwenden oder die Schädigung zu beseitigen.

Die gingen mit ihm um, wie mit einer Puppe. Die wollten mit ihm spielen, ihn als Spielzeug benutzen. Woher nahm der mit Oskar fast gleichaltrige fünfzehnjährige Stephan das Recht, ihn väterlich, immer belehrend und von oben herab zu behandeln? Und jene zehnjährige Marga mit Zöpfen und einem Gesicht, in dem ständig der Mond voll und fett aufging: sah sie in Oskar eine willenlose Ankleidepuppe, die man stundenlang kämmen, bürsten, zurechtzupfen und erziehen konnte? *(Günter Grass: Die Blechtrommel)*

1. Mit Ausnahme eines Textauszuges wird der Begriff „Erziehung“ und seine Zusammensetzungen bei allen auf S. 151 aufgeführten Textbeispielen in fachsprachlichen Zusammenhängen gebraucht.
   a) Stellen Sie fest, um welche Fachgebiete es sich handelt.
   b) Bilden Sie mit diesem Begriff weitere zusammengesetzte Wörter.
   c) Stellen Sie in der Gruppe zur Diskussion, aus welchen Fachgebieten Ihre Beispiele stammen könnten.

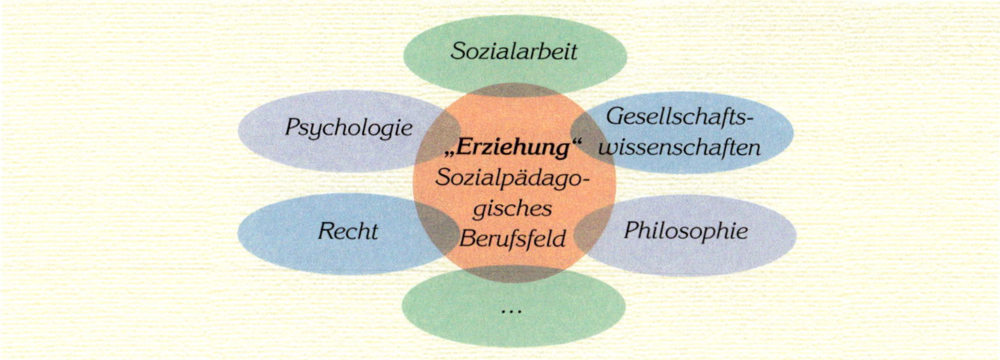

2. Betrachten Sie die Grafik und formulieren Sie, was die vielfältige fachsprachliche Nutzung des Begriffes „Erziehung“ für das sozialpädagogische Berufsfeld bedeutet.

Fachbegriffe definieren – mit Fachsprache arbeiten

Auch im sozialpädagogischen Berufsfeld dient Fachsprache der unmissverständlichen Kommunikation unter Fachleuten. So spricht vielleicht eine Erzieherin in der Teambesprechung eines Jugendzentrums oder Kindergartens ganz selbstverständlich von Möglichkeiten der „Förderung der Selbstbestimmung“ eines Jugendlichen oder Kindes.
In einem Beratungsgespräch mit Eltern verwendet sie dagegen Beispiele und Umschreibungen, um den Begriff „Selbstbestimmung“ verständlich darzustellen.

1. a) Um Fachbegriffe deutlich von der alltagssprachlichen Bedeutung abzugrenzen, werden häufig Fremdwörter gewählt. Stellen Sie aus Ihrem Berufsfeld tabellarisch Fachbegriffe zusammen, die aus anderen Sprachen übernommen wurden oder aus dem Deutschen stammen.
   ▷ S. 21 b) Halten Sie alle alltagssprachlichen und fachlichen Bedeutungen in einer ▷ Mind-Map fest. Was lässt sich in Bezug auf die Mehrdeutigkeit bzw. Missverständlichkeit von Fachbegriffen feststellen?
2. a) Wie wirkt die Verwendung von Fachbegriffen auf Gesprächspartner, die keine Fachleute sind? Erfinden Sie mögliche Gesprächssituationen aus Ihrem Berufsfeld und stellen Sie diese szenisch dar:
   - Schreiben Sie Rollenkarten für die Mitspieler.
   - Entwerfen Sie einen Beobachtungsbogen, der den Zuschauern bei der Auswertung des szenischen Spieles hilft und als Grundlage für eine anschließende Auswertung dienen kann.

   b) Verdeutlichen Sie die auftretenden Verständigungs- und Beziehungsprobleme in einem übersichtlichen Schaubild.
3. Schreiben Sie in Partnerarbeit einen Abschnitt aus einem sozialpädagogischen Fachbuch in einen allgemein verständlichen Zeitungsartikel um.

„Größtmögliche (optimale) Selbstbestimmung des Kindes“ ist eines der bedeutenden Erziehungsziele in sozialpädagogischen Einrichtungen. Das Kind soll, wenn immer möglich und sinnvoll, sein Handeln selbst entscheiden und verantworten (was allerdings nicht mit **Laissez-faire-Erziehungsstil** in Verbindung gebracht werden darf). Ein Kind, das sich immer gehorsam fügt und alle Erwartungen ausführt, ohne eigene Überlegungen oder Wünsche einzubringen, handelt nicht selbstbestimmt. ?

Selbstbestimmung ist nicht mit Selbstständigkeit gleichzusetzen. Ein Kind kann selbstständig sein, z. B. sich aus- und anziehen oder jeden Tag die Pflanzen unaufgefordert gießen (weil es den Auftrag hat), aber im Bereich der Entscheidungen (selbst sein Handeln zu bestimmen) sich von anderen übermäßig leiten lassen.

Das Gegenteil von Selbstbestimmung ist Fremdbestimmung. Autoritäre Erzieherpersonen können eine starke Fremdbestimmung über das Kind ausüben **(autoritärer Erziehungsstil)**. Ihr Handeln, ihr Vorhandensein oder ihre Verstärkungen wie z. B. Lob geben dem Kind möglicherweise keinen ausreichenden Freiraum für Selbstbestimmung. ?

(Freya Pausewang)

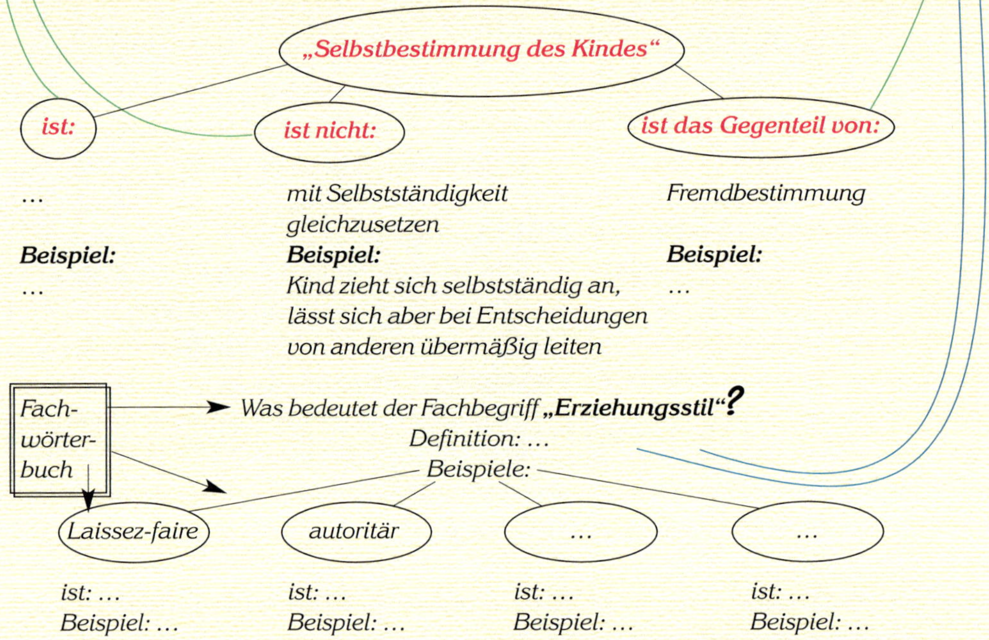

1. Das vorliegende Beispiel zeigt eine Möglichkeit, einen fachsprachlichen Text zu erarbeiten:
   - Wie geht die Autorin bei der Definition des Begriffes „Selbstbestimmung“ vor?
   - Wie gliedert sie den Text?
   - Um den Text überschaubar zu machen, kann er unter Umständen in eine anschauliche grafische Form gebracht werden.

   Vervollständigen Sie das Schaubild auf einer Kopie.
2. Diskutieren Sie, welchen Vorteil bei der Definition des Begriffes „Selbstbestimmung“ in dem Text von Freya Pausewang die Erwähnung von Sachverhalten bietet, die nicht gemeint sind.
3. Klären Sie entsprechend diesem Beispiel auch andere Fachbegriffe Ihres Berufsfeldes. Ziehen Sie dabei Fachliteratur heran.

3 Schreiben über Sachtexte: Analysieren und Erörtern

3.1 Sachtextanalyse

Jede Verfasserin und jeder Verfasser eines Textes möchte erreichen, dass dieser von jemandem gelesen und verstanden wird; dies gilt für Briefe, für Gedichte, für Berichte, aber auch für Kommentare und alles andere Geschriebene. Nun wird selbstverständlich nur in ganz seltenen Fällen eine Anleitung zum Verständnis mitgeliefert, in der Regel muss der Leser oder die Leserin über das nötige Handwerkszeug verfügen, um den Inhalt nicht nur buchstaben- und zeichengetreu zu erfassen, sondern auch den Sinn möglichst so aufzunehmen, wie es der Absicht der Verfasserin oder des Verfassers entspricht. Nur bei umfangreicher Übereinstimmung des Sprachgebrauchs, einem möglichst großen gemeinsamen Code, ist sichergestellt, dass Missverständnisse, Fehldeutungen vermieden werden. Bei der Sachtextanalyse geht man Stufe für Stufe voran, wie bei einer Treppe, um so schließlich alle Einzelheiten zu verstehen. Oben angelangt, hat man dann einen freien Blick auf das Ganze und alle Unklarheiten sind beseitigt.

Auf dem Weg zu einer vollständigen Sachtextanalyse

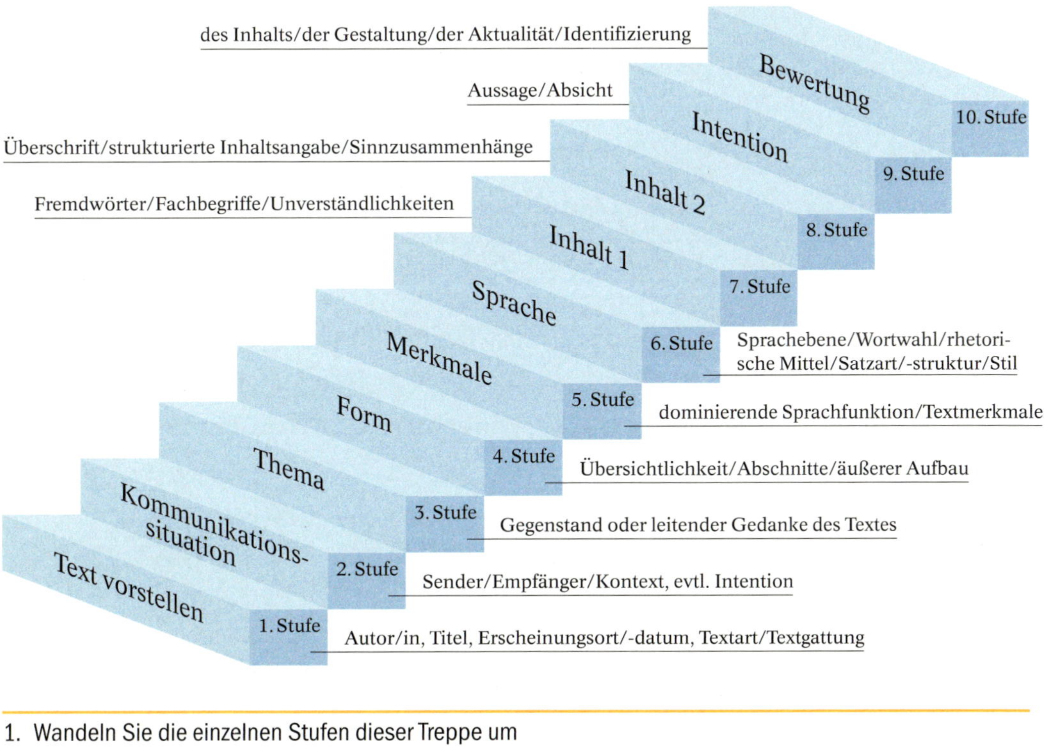

1. Wandeln Sie die einzelnen Stufen dieser Treppe um
   - in Fragestellungen, z. B.: Wer hat diesen Text verfasst, welchen Titel trägt er, wo ist er wann erschienen, zu welcher Textart, welcher Textgattung gehört er ...
   - in eine spannende Kriminalgeschichte, an deren Ende die Lösung, nämlich das vollständige Verständnis des Textes und der Intention (des Tatmotivs) des Verfassers, steht;
   - in ein Gespräch zwischen Leser/in und Verfasser/in, das die einzelnen Stufen in ihrer Verwendung und Wirkung erfragt und erklärt.

Inhaltliche und kommunikative Gesichtspunkte (Thema, Textstruktur, Klärung von Fremdwörtern und Fachbegriffen – Verständlichkeit)

Soziologie: Wissenschaft, die sich mit dem Ursprung, der Entwicklung und der Struktur der menschlichen Gesellschaft befasst

Marotte: Schrulle, wunderliche Neigung, merkwürdige Idee

Psychologie: Wissenschaft von den Erscheinungen des menschlichen Seelenlebens, des bewussten und des unbewussten

Zuordnung zu einem Sachgebiet (Rubrik: Forschung; Teilgebiet: Konsum) für den interessierten Leser

KONSUMFORSCHUNG

Cowboys beim Bummeln

Titel/Schlagzeile: Der Kontrast Cowboys/Bummeln reizt zum Lesen.

Ein Soziologe hat jahrelang seine Mitmenschen beobachtet – und eine Menge geschlechtsspezifischer Marotten entdeckt.

Untertitel: Erste Information, warum die Forschungsergebnisse interessant sind = Intention

Der Kunde steht ratlos an einem Verkaufstisch für Unterwäsche. Plötzlich dreht er seinen Oberkörper, greift an seinen Rücken, zieht ein Stück einer Unterhose hervor und verrenkt den Kopf. Der Mann versucht herauszufinden, welche Unterhosengröße er trägt.

① Illustrierendes Beispiel

Eine solche Szene mit einer Frau? „Unvorstellbar“, meint US-Soziologe Paco Underhill. Frauen zeigten sich beim Einkaufen informiert und bedächtig, Männer aber schwankten zwischen Ratlosigkeit und Verschwendungssucht – dies alles behauptet Underhill in seinem Buch „Warum kaufen wir? Die Psychologie des Konsums“.

Autorität

Meinung/Bewertung

② Thema und These der Forschung (Literaturhinweis)

15 Jahre hat der Amerikaner das Verhalten von Käufern untersucht, hat sie interviewt und beim Bummeln begleitet, hat sie durch Videokameras beobachten lassen, Bewegungsabläufe und Blickrichtungen studiert und schließlich analysiert, wann was warum gekauft wird.

③ Hintergrundinformation über den Forschungsverlauf

Formale Gesichtspunkte (Gliederung in Absätze, Satzzeichen, Verwendung von Statistiken/Grafiken, Zahlen)

Die eigentlichen Kummerkinder der Geschäftsleute sind jedoch nicht kapriziös veranlagte Frauen, es sind die Männer, die mit Cowboy-Allüren durch Läden stapfen. Sie wollen partout keine Hilfe, Fragen ans Fachpersonal, wo sie die begehrte Ware finden können, gelten als verpönt. Wenn sie nicht auf Anhieb fündig werden, irren sie hin und her und schleichen unverrichteter Dinge davon – bloß keine Schwäche zeigen.

Gedankenstrich = Denkpause

Absatz = Lesestopp

Frauen hingegen bestürmen Verkäufer mit Fragen und harren auch sonst länger aus. Underhill hat die geschlechtsspezifische Verweildauer gestoppt und Durchschnittswerte notiert: Im amerikanischen Haushaltswarengeschäft hält sich eine Frau in Begleitung einer Geschlechtsgenossin 8 Minuten und 15 Sekunden auf, in Begleitung eines Mannes verlässt sie den Laden nach 4 Minuten 41 Sekunden.

Die männliche Unlust beim Einkauf kann aber in anderer Hinsicht geschäftsförderlich sein; 65 Prozent der männlichen Kunden kaufen, was sie anprobiert haben, bei Frauen sind es nur 25 Prozent. Der Grund auch hier: Männer wollen die schreckliche Tat schnell hinter sich bringen, Frauen genießen die Qual der Wahl.

*Verwendung von Zahlen und Daten = **glaubwürdig***

*3 Absätze à 6–10 Zeilen: Übersichtlichkeit = **lesefreundlich***

Sprachliche Gesichtspunkte (Sprachebene, Wortwahl, Satzbau, Stilmittel, rhetorische Figuren)

Männliche Muffelei und der Wille zum kurzen Prozess machen massive Maßnahmen nötig: Abteilungen für Herrenbekleidung, so rät der Kunden-Spion, sollten mit ungewöhnlich großen Hinweisschildern ausgestattet sein.

In Damenabteilungen könnten mitgebrachte Männer sinnvoll beschäftigt werden, damit sie nicht unnötig quengeln und fortstreben. Underhill schlägt eine „Männerecke“ vor, in der die Kerle mit einem Computer, Herrenmagazinen und Sportlektüre ruhig gestellt werden – eine Art Spielecke also testosterongerecht.

Nicht nur im Bekleidungsbereich, auch für die Supermarktwelt hat Underhill allerlei Vorschläge parat. Der Supermarkt, so wie er sich in der westlichen Welt präsentiere, sei vom Geist der Sechzigerjahre geprägt: eine Feier der Verpackung und der Sterilität, bloß keine Gerüche, bloß nichts anfassen.

Die Beobachtungen des Konsumforschers weisen aber darauf hin, dass es gerade die sinnlichen Eindrücke sind, die zu Einkäufen, zu ungeplanten zumal, verleiten. Anfassen, riechen, probieren, all das gefällt den Kunden, somit ist ihnen der alte Wochenmarkt näher als monotone Regalmeter mit Fertigprodukten – vom Internet-Handel ganz zu schweigen. In ihm sieht Underhill keine „echte Konkurrenz für den realen Laden“.

Der Forscher empfiehlt, „sinnliches Einkaufen“ zu fördern: Fleischwarenabteilungen, in denen Würstchen gegrillt werden. Putzmittelstände, die nach Seife und Weichspüler riechen, ein aufgepeppter Markenwirrwarr also, bei dem der Kunde viel erleben kann.

Doch wenn der Wirrwarr die Zukunft des Einkaufens bestimmt, bleibt eine bange Frage: Wer nimmt die Cowboys an die Hand?

Susanne Beyer

Alliteration

Ironie (Vergleiche mit Kindern; hormonell bedingte Bedürfnisse) = Lesevergnügen

Anapher = einprägsam

Zitate = glaubwürdig

Wiederholung = Zusammenhang wird suggeriert

HS-Satzreihe = Information

Attribute = Veranschaulichung

HS/NS

Neologismus

HS/HS/HS-Satzreihe

Klimax = Spannungssteigerung

Attribute = Wertung

Ironie (Wiederholung/Variation, s. o.)

2. Bei dem Text auf S. 155 f. wurden die drei Abschnitte jeweils zu unterschiedlichen Schwerpunkten markiert und mit Randbemerkungen versehen.
   a) ▷ Markieren und vermerken Sie auf einer Kopie der Seiten Ihre eigenen Beobachtungen entsprechend den verschiedenen Stufen der Sachtextanalyse. ▷ S. 72 f.
   b) Formulieren Sie für diesen Text eine Gliederung, in der Sie alle Stufen der Sachtextanalyse in den Teilen „Einleitung“, „Hauptteil“ und „Schluss“ unterbringen.

GLIEDERUNG

A Einleitung
- *Bibliografische Angaben*
  - *Autorin: Susanne Beyer*
  - *Titel: Cowboys beim Bummeln*
  - *Erscheinungsort/-datum: „Der Spiegel“, Heft 24/2000, S. 127*
- *Fachspezifische Einordnung*
  Textart: Kommentar
- *Thema: …*
- *…*

B Hauptteil
1 Analyse
1.1 der Form
1.1.1 …
1.1.2 …
1.1.3 …
1.2 der Merkmale
1.2.1 Sprachfunktion: …
1.2.2 Gattungsmerkmale: …
2 Intention des Verfassers
2.1 …

C Schluss
…

   c) Schreiben Sie auf der Grundlage der Gliederung eine ausformulierte Sachtextanalyse des Textes „Cowboys beim Bummeln“.
3. a) Suchen Sie sich einen Sachtext aus, den Sie analysieren wollen (z. B. aus diesem Buch).
   - ▷ Markieren und ▷ exzerpieren Sie alle wichtigen Beobachtungen. ▷ S. 72 f., 80
   - Erstellen Sie eine Gliederung für Ihre Sachtextanalyse nach dem Beispiel oben.
   - Schreiben Sie die Sachtextanalyse.
   b) Hängen Sie Ihre Analysen – ohne den Sachtext – im Klassenraum aus und verfassen Sie eine sachlichen und fairen Kommentar zu der Analyse einer Mitschülerin oder eines Mitschülers.

Sprachliche Aspekte für die Textanalyse

Sprachebenen

Fachsprache
fachintern festgelegt, z. B. IT-Berufe: „512 MB SDRAM“

Hochsprache/ Standardsprache
allgemein verständlich, z. B. Nachrichtensprecher/in im Fernsehen

Dichtung
z. B. Heinrich Heine: „Weiße Lilien, lichtumflossen“

Jugendsprache
eigener Code, der von Erwachsenen abgrenzt, z. B.: „Kick“, „fett“

Umgangssprache
in persönlichen Gesprächen und Briefen, z. B. „runtergehen“, „rauflaufen“

Dialekt
lokale/regionale Mundart, z. B.: „heuer“, „Jeck“

Vulgärsprache
z. B. Schimpfwörter/obszöne Ausdrücke, in vielen Situationen tabuisiert: „shit“, „Schnecke“

Wortwahl

	Beispiel	**Funktion/Wirkung**
Verben	Sie *gehen los*, *kaufen ein* und *kochen* sich etwas.	Verben vermitteln eine lebendige Vorstellung. Deshalb ist der „Verbalstil“ gut lesbar und verständlich.
im Präsens (Gegenwart)	Er *sieht* und *ruft* sie.	... vermitteln den Fortgang einer Handlung.
im Präteritum/Perfekt (Vergangenheit)	Sie *hat* ihn nicht *bemerkt*.	... verdeutlichen, dass etwas nicht mehr veränderbar ist.
im Aktiv	Er *liefert* die Pizza.	Der Handlungsträger ist erkennbar.
im Passiv	Die Pizza *wird geliefert*.	Die Handlung/das Geschehen steht im Mittelpunkt.
im Indikativ (Wirklichkeitsform)	Wir *entlassen* Mitarbeiter.	Eine Ansicht, Absicht oder Handlung wird als realistisch dargestellt.
im Konjunktiv (Möglichkeitsform)	Wir *würden* gerne Mitarbeiter *einstellen*.	Eine Ansicht, Absicht oder Handlung ist ungewiss.

	Beispiel	Funktion/Wirkung
Adjektive	Das ist eine *sinnvolle, durchdachte* Maßnahme.	... wirken wertend oder beschreibend. Sie vermitteln den Eindruck von Genauigkeit.
Nomen	Die *Erschwerung* des *Verständnisses* durch den *Nominalstil* wird kritisiert.	Nomen bezeichnen die Gegenstände des Textes. Der „Nominalstil" ermöglicht die Komprimierung von Inhalten, ist aber leseunfreundlich.
Pronomen persönliche Fürwörter (Personalpronomen)	*Sie* gab *mir* ein Interview, das *ich Ihnen* hier präsentiere.	... klären über die sprechenden, genannten und angesprochenen Personen auf. Sind für die Ermittlung der ▷ Sprachfunktion wichtig. ▷ S. 118
besitzanzeigende Fürwörter (Possessivpronomen)	Nach *seiner* Meinung darf *unser* Kanzler sich zu *ihrer* Politik äußern.	... ordnen die Gegenstände (z. B. Meinungen) den Personen des Textes zu.
Konjunktionen	*und, oder, aber ...*	... gliedern und strukturieren den Text (▷ Satzstrukturen). ▷ S. 160 f.
Interjektionen	*oh, ach, au ...*	... vermitteln Gefühle und machen den Text lebendig.
Zahlen und Ziffern	*48 %* der *17-Jährigen* laufen unter *13* Sekunden auf *100* Meter.	... vermitteln Sachlichkeit und haben eine hohe Überzeugungskraft, weil sie überprüft werden können.
Fremdwörter	*Event* (= Ereignis).	... vermitteln den Eindruck von „Insider"-Kenntnissen, sind aber oft Verständnishürden.
Fachbegriffe	*Bug* (= Käfer; im EDV-Bereich: Fehler)	... ermöglichen exakte oder schnelle Verständigung für Fachleute.
Abkürzungen	*LSG* (= 1. Landessozialgericht; 2. Landschaftsschutzgebiet)	... können zu Missverständnissen führen, da sie oft je nach Gebiet etwas anderes bedeuten.

▷ S. 302 f.

▷ Rhetorische Figuren

	Beschreibung/Beispiel	Funktion/Wirkung
Anapher	Wiederholung desselben Wortes am Satzanfang: *Läuft der Hund, läuft das Herrchen hinterher.*	Eindringlichkeit
Alliteration	Wiederholung desselben Anfangsbuchstabens bei aufeinanderfolgenden Wörtern: *Männliche Muffel machen massive Maßnahmen möglich.*	Aufmerksamkeit/ Sprachgenuss
Ironie	Scheinbares Lob, das darauf abzielt, den Eindruck von Lächerlichkeit zu erzeugen: *Deine Tipps sind immer kolossal hilfreich.*	Humor oder negative Kritik; Betroffenheit
Klimax	Eine Wort- oder Satzreihe wird steigernd aufgebaut (meist dreigliedrig): *Dabeisein, Mitmachen, Gewinnen!*	Spannungssteigerung
Neologismus	Erfindung eines neuen Wortes, dass nicht in Lexika verzeichnet ist: *wortfinderisch*	Abwechslung/ Aufmerksamkeit

Satzbau

Satzarten	**Beschreibung/Beispiel**	**Funktion/Wirkung**
Aussagesatz	Endet mit einem Punkt: *Der Vorstand tritt zurück.*	Darstellung/neutral
Fragesatz	Endet mit einem Fragezeichen: *Tritt der Vorstand zurück?*	Erkundigung/signalisiert Informationsbedarf
Ausrufesatz	Endet mit einem Ausrufezeichen: *Mitarbeiter fordern: Tretet zurück!*	Aufforderung, Befehl/ indirekte Ansprache
Satzstrukturen		
Satzreihe/Parataxe	Eine Aneinanderreihung von mehreren Hauptsätzen: *Sie legte den Stift weg, ich dachte über den Satz nach.*	Aufzählung von Informationen/leichtes Verständnis, wirkt flüssig

Satzgefüge/Hypotaxe	Eine Aneinanderreihung von Haupt- und Nebensätzen: *Der Sinn des Satzes, dessen einzelne Worte ich kannte, blieb unklar, weil er meiner Denkweise fremd war.*	Mitteilung komplizierter Zusammenhänge/ oft schwer zu verstehen, besonders wenn die Bezüge zweideutig sind.
Unvollständiger Satz/Ellipse	Sätze, denen wichtige Bestandteile fehlen: *Wie geht's? Gut, und dir?*	Sparsamkeit/die Umgangssprachlichkeit vermittelt den Eindruck von Nähe.
Satzlänge		
Kurzer Satz	Meist nur Hauptsatz mit höchstens 10 Wörtern: *In der Kürze liegt die Würze.*	... vermittelt Informationen/leichte Verständlichkeit, erfordert wenig Aufmerksamkeit.
Mittellanger Satz	Kann aus 10 bis 20 Wörtern bestehen: *Im Zentrum des mittellangen Satzes steht meist jenes Komma, dessen ausgiebiger Gebrauch den Inhalt nicht auf den Punkt bringt.*	... verdeutlicht Zusammenhänge/vermittelt den Eindruck von einem ernsthaften Informationsgehalt, verlangt etwas Konzentration.
Langer Satz	Sätze, meist Satzgefüge, mit mehr als 20 Wörtern. *Er ist, aufgrund seiner Autoritätsgläubigkeit, Opfer eines dieser verwinkelten, gegen Ende den Anfang längst überholenden, allen Versuchen des Verstehens trotzenden, kommagespickten Sätze geworden, mit denen ihn ein gewisser Großschriftsteller zu Anfang eines jeden seiner endlosen Romane vom Lesen abzuhalten versucht.*	... verdeutlicht komplizierte Zusammenhänge/vermittelt den Eindruck, dass das Thema schwierig ist. Regt die Leser zu intensiver Auseinandersetzung an.

Suchen Sie bei Ihrer Textanalyse nicht schematisch nach jedem der aufgeführten sprachlichen Mittel. Berücksichtigen Sie immer nur diejenigen Gestaltungsmittel, die für den von Ihnen bearbeiteten Text **charakteristisch** sind, ihn prägen und einen wichtigen Beitrag für das **Textverständnis** leisten.

Neil Postman

Das Verschwinden der Kindheit (1993)

Gibt es soziale Institutionen, die stark genug und engagiert genug sind, um sich dem Niedergang der Kindheit zu widersetzen?
Es gibt nur zwei Institutionen, die hieran ein Interesse haben: die Familie und die Schule. Wie schon gesagt, ist die Familie in ihrer Struktur und ihrer Autorität heute dadurch erheblich geschwächt, dass die Eltern die Kontrolle über die Informationsumwelt der Kinder verloren haben. Margaret Mead hat das Fernsehen einmal als den „zweiten Elternteil" bezeichnet, sie meinte damit zweifellos, dass Kinder heute in der Tat mehr Zeit vor dem Fernseher verbringen als mit ihren Vätern. In diesem Sinne müsste man die Väter sogar als den vierten oder fünften Elternteil ansehen, weit abgeschlagen hinter Fernsehen, Schallplatte, Radio und Kino. Offenbar ermuntert durch solche Tendenzen hatte die Firma Bell Telephone die Unverfrorenheit, Vätern vorzuschlagen, für ihre Kinder den Telefon-Service „Wähl dir eine Geschichte" zu benutzen, statt ihnen selbst eine Geschichte zu erzählen. Es ist jedenfalls klar, dass die Medien die Rolle der Familie bei der Ausformung der Wertvorstellungen und Wahrnehmungsweisen von Kindern eingeschnürt haben.
Zudem und möglicherweise aufgrund der verstärkten Einflussnahme der Medien haben viele Eltern das Vertrauen in ihre Fähigkeit, Kinder zu erziehen, verloren: Sie halten ihr Wissen und ihre Ansichten in Erziehungsfragen nicht mehr für zuverlässig. Das hat nicht nur zur Folge, dass sie sich dem Einfluss der Medien nicht widersetzen, sondern auch, dass sie sich zunehmend an Experten wenden, die angeblich wissen, was für die Kinder am besten ist. So dringen Psychologen, Sozialarbeiter, Erziehungsberater, Lehrer und andere Vertreter einer institutionellen Perspektive in immer weitere Bereiche der elterlichen Autorität vor, und zwar meist auf Einladung. Dadurch gehen Intimität, Bindung und Loyalität, die traditionellen Merkmale der Eltern-Kind-Beziehung, immer mehr verloren. Zuweilen wird heute sogar die Auffassung vertreten, die Eltern-Kind-Beziehung sei ihrem Wesen nach neurotisch, und Institutionen seien eher in der Lage, für das Wohl der Kinder zu sorgen, als deren Familien.

Neil Postman

Noch verheerender für die prägende Kraft der Familie ist die Bewegung zur Befreiung der Frau. Um hier nicht missverstanden zu werden, möchte ich vorab klarstellen, dass die Befreiung der Frauen aus ihren begrenzten gesellschaftlichen Rollen eine der wirklich humanen Auswirkungen der technologischen Revolution ist und die volle Unterstützung aufgeklärter Menschen verdient. Es lässt sich aber auch nicht leugnen, dass die traditionellen Formen der Kindererziehung an Bedeutung und Kraft einbüßen, wenn die Frauen sich ihren Platz im Geschäftsleben, in den Künsten, in der Industrie oder in den freien Berufen suchen. Denn sosehr man die Beschränkung ihrer Rolle auf die Aufgaben der Kindererziehung kritisieren mag – es ist doch eine Tatsache, dass die Kindheit in der Vergangenheit unter der Obhut der Frauen – und nur der Frauen – stand, die sie formten und beschützten. Es ist unwahrscheinlich, dass Männer eine ähnliche Rolle, wie die Frauen sie gespielt haben, übernehmen werden, auch wenn dies noch so vernünftig wäre. Wenn sich

nun beide Eltern der Welt außerhalb der Familie zuwenden, werden die Kinder zu einer Belastung, und die Ansicht, die Kindheit solle so früh wie möglich enden, gewinnt immer mehr an Boden. Aus alledem darf man schließen, dass die amerikanische Familie der Verkürzung und Auflösung der Kindheit – sofern die gesellschaftlichen Trends nicht eine Wendung um hundertachtzig Grad machen – keinen aussichtsreichen Widerstand entgegensetzen wird.
Die Schule nun ist die einzige uns verbliebene öffentliche Einrichtung, die auf der Annahme ruht, dass es wichtige Unterschiede zwischen Kindheit und Erwachsenheit gibt und dass die Erwachsenen den Kindern etwas Sinnvolles zu vermitteln haben. Aus diesem Grund gibt es immer noch Optimisten, die Bücher schreiben, in denen sie Pädagogen praktische Ratschläge erteilen. Aber der Autoritätsverfall der Schulen ist unverkennbar, und inmitten einer radikal veränderten Kommunikationsstruktur sind sie (um Marshall McLuhan zu zitieren) eher Haftanstalten als Bildungsanstalten. Bei den Pädagogen breitet sich Verwirrung aus, weil sie nicht mehr recht wissen, was man von ihnen als Lehrer erwartet. Wo es z. B. schwieriger wird, Kindern Lesen und Schreiben beizubringen, verlieren selbst die Pädagogen ihre Begeisterung für diese einst so ehrenvolle Aufgabe und stellen sich die Frage, ob man solchen Unterricht nicht ganz abschaffen sollte. Oder ein anderes, nicht minder deprimierendes Beispiel: An einigen Schulen belastet man Kinder schon im Alter von elf und zwölf Jahren mit einem so genannten „Karriere-Training" – auch dies ein deutliches Symptom für das Wiederaufleben des „kleinen Erwachsenen". Es ist offenkundig, dass die Schule gesellschaftliche Trends eher reflektiert als aktiv dirigiert und dass sie kaum in der Lage ist, sich ihnen zu widersetzen.
Dennoch wird sich die Schule als eine Hervorbringung der Schriftkultur nicht so ohne weiteres dem Angriff auf ihren Ursprung beugen. In der einen oder anderen Weise und unabhängig davon, wie schwach ihre Kräfte sind, wird die Schule das letzte Bollwerk gegen das Verschwinden der Kindheit sein.
Es versteht sich von selbst, dass dieser Widerstand in absehbarer Zeit, wenn alle Lehrer und alle Angehörigen der Schulverwaltung selbst zu Geschöpfen des Fernsehzeitalters geworden sind, nicht nur alle ihm etwa noch verbliebene Kraft verlieren wird, sondern dass dann auch niemand mehr weiß, wogegen er sich richtete.

---

1. a) Lesen Sie den Text von Neil Postman aufmerksam durch.
   b) Markieren Sie auf einer Kopie alle Auffälligkeiten des Textes und machen Sie sich am Rand Notizen wie in dem Beispieltext auf S. 155 f.
2. a) Schreiben Sie in vier bis fünf Sätzen das Thema, die These (Hauptaussage) und zwei wichtige Argumente des Textes auf.
   b) „Verschwindet die Kindheit?" Beantworten Sie diese Frage mit einer These und begründen Sie sie mit zwei Argumenten.
3. a) Erstellen Sie anhand Ihrer Markierungen und Notizen aus den Aufgaben 1 und 2 die Gliederung für eine Sachtextanalyse wie in dem Beispiel auf S. 157.
   b) Verfassen Sie eine Sachtextanalyse zu dem Text. Bewerten Sie am Schluss Ihrer Analyse in wenigen Sätzen die These des Autors. Sie können dabei auf Formulierungshilfen zurückgreifen, die auf S. 171 angeboten werden.

3.2 Die textgebundene Erörterung

In unserem Alltag haben wir häufig die Aufgabe, zu offenen Fragen unsere Meinung zu begründen, einen Standpunkt zu entwickeln, Entscheidungen zu treffen und sie auch anderen gegenüber zu vertreten. Das geschieht in Alltagsdiskussionen, im Beruf, in der Öffentlichkeit oder auch in den Medien.

Arten der schriftlichen Erörterung
Die **textgebundene Erörterung** geht von einem vorgegebenen Text aus, der entweder eine Sachfrage erschließen will oder zu einer Situation oder zu einem Verhalten Stellung bezieht.
▷ S. 66 ff.
Bei der ▷ **freien Erörterung** werden zu einem problemhaltigen Thema die unterschiedlichen möglichen Standpunkte gesammelt und in einer Stellungnahme aus eigener Sicht bewertet. Beide Formen der Erörterung finden sich in der **literarischen Erörterung**, bei der zu einem problemhaltigen literarischen Thema oder im Anschluss an einen Textauszug dazu aufgefordert wird, begründet einen eigenen Standpunkt zu entwickeln und darzulegen.

Zu einem Thema in einer **freien Erörterung** den eigenen Standpunkt zu finden, gelingt vor allem dann, wenn die Problemfrage einen selbst betrifft. Bei der **textgebundenen Erörterung** kann dagegen von den Informationen und Standpunkten ausgegangen werden, die aus dem Text zu erschließen sind. Der Text bietet also Ansatzpunkte für die Entwicklung eines eigenen Standpunkts. Die Erörterung gibt zunächst die Aussagen des vorgegebenen Textes wieder. Erst danach wird zu den Aussagen anhand des eigenen Standpunktes Stellung genommen.
Daraus ergibt sich der mögliche **Aufbau einer textgebundenen Erörterung** entweder nach dem Blockverfahren oder Reißverschlussverfahren. Für die schriftliche Erörterung wird häufig das Blockverfahren gewählt, um beim Schreiben nicht ständig zwischen Textwiedergabe und Stellungnahme wechseln zu müssen.

Blockverfahren

Textwiedergabe
- wichtige Problemstellung
- Argumentationsansatz
- Argumentationsgang
- sprachlich-rhetorische Mittel

Stellungnahme
- Auseinandersetzung mit den im Text vertretenen Auffassungen
- Entwicklung eines eigenen Standpunktes

Reißverschlussverfahren

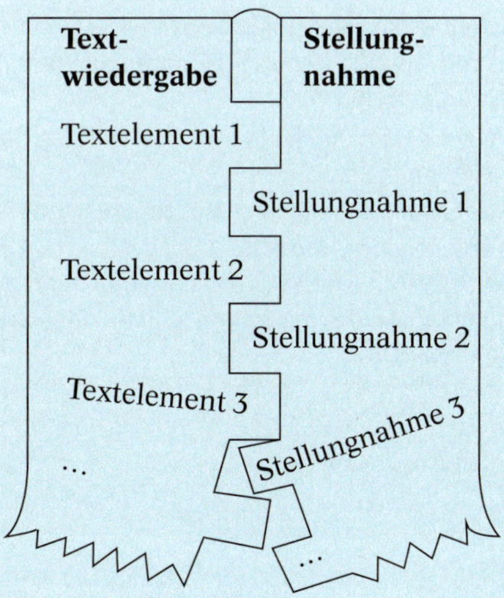

Ray Kurzweil/Gerhard Roth

Künstliche Intelligenz

Im Nachrichtenmagazin „Der Spiegel" antworten zwei Experten in der Reihe „Die Welt im 21. Jahrhundert" auf die Frage „Wann wird ein Computer intelligenter sein als der Mensch?"

Ray Kurzweil, 52, Informatiker aus den USA, hat Spracherkennungssoftware und eine Lesemaschine für Blinde entwickelt. Er ist Autor des Buchs „Homo S@piens".

Kurzweil: Spätestens 2019 wird ein 1000-Dollar-Computer die Rechenleistung eines menschlichen Gehirns erreichen – etwa 20 Millionen Milliarden Rechenvorgänge pro Sekunde. 2029 kommt die Software für Intelligenz hinzu, die Fähigkeit, das eigene Wissen zu organisieren. Ein PC wird dann so viel leisten wie tausend Gehirne.
Ein entschiedener Vorteil nichtbiologischer Intelligenz ist, dass eine Maschine ihr Wissen leicht mit Milliarden anderer Maschinen teilen kann. Wenn ich hingegen Französisch lerne oder „Krieg und Frieden"[1] lese, kann ich meine neuen Kenntnisse, die irgendwo im Gehirn in ein riesiges Geflecht aus Botenstoffen und neuronalen[2] Schaltkreisen eingebettet liegen, nicht auf einen anderen Menschen übertragen. Deshalb werden wir den Kunsthirnen auf jeden Fall Anschlüsse für einen schnellen Download[3] geben.
Die Geschwindigkeit und Speicherkapazität von Computern ist im vergangenen Jahrhundert exponentiell[4] gestiegen – von elektromechanischen Rechenmaschinen über relaisgestützte Computer, Vakuum-Röhren, einzelne Transistoren bis zu, schließlich, integrierten Schaltkreisen. Das nächste Paradigma[5] wird auf dreidimensionalen Schaltkreisen basieren. In einigen Labors arbeitet man bereits mit so genannten Nanoröhen, die aus sechseckigen Anordnungen von Kohlenstoffatomen gebaut werden. Ein Nanoröhrenschaltkreis von einigen Kubikzentimetern Volumen wäre eine Million Mal leistungsfähiger als das menschliche Gehirn.
Nun zur Software für Intelligenz. Es bietet sich an, das menschliche Gehirn zu scannen und seine Funktionsweise zu analysieren, weil es die beste aller verfügbaren intelligenten Einheiten ist. In 30 Jahren werden wir winzige Scanner mit extrem hohem Auflösungsvermögen, nicht größer als Blutzellen, durch die Kapillaren des Gehirns schicken, um es von innen zu erkunden. Und dann werden wir entsprechende Maschinen konstruieren.

Gerhard Roth, 57, ist Neurobiologe an der Universität Bremen und Rektor des Hanse-Wissenschaftskollegs. Dort hat er die Forschungsgruppe „Seele und Gehirn" gegründet.

Roth: Wenn man unter Intelligenz Problemlösen unter Zeitdruck versteht, sind Computer häufig jetzt schon intelligenter als Menschen: Sie verarbeiten Daten schneller und haben eine höhere Speicherkapazität. Doch das Gehirn ist gar nicht dafür eingerichtet, in möglichst kurzer Zeit möglichst viele Datenmengen zu transportieren und zu verrechnen. Seine Stärke ist kreative Intelligenz. Das Gehirn befähigt den Menschen, in einer komplizierten Situation, zum Beispiel einer komplexen sozialen Situation, intuitiv abzuschätzen, was jetzt zu tun ist. Es kann

1 **„Krieg und Frieden":** berühmter Roman von Leo Tolstoj (1828–1910) vor dem Hintergrund der Napoleonischen Kriege
2 **neuronal:** nervenartig
3 **Download:** das Herunterladen, hier: Verbindungen schaffen
4 **exponentiell:** (Steigerung) im Quadrat

5 **Paradigma:** Muster; Denkmuster

Erfahrungen und Vorwissen aus sehr unterschiedlichen Gedächtniszentren in Sekundenschnelle bruchstückhaft zusammensetzen und in einen größeren Bedeutungszusammenhang stellen. Ein Beispiel: Wir kommen in einen Raum voller Menschen. Alle gucken uns an, und wir müssen abschätzen: Wer ist anwesend? Wie verhalte ich mich jetzt? Wir müssen unbewusst analysieren: Fallen die jetzt über mich her, oder nehmen sie mich freundlich auf? Dafür haben wir vielleicht eine Sekunde Zeit. Neurochemisch ist das ein unfassbar komplizierter Vorgang: Wir haben 100 Milliarden Neuronen[6] im Gehirn mit jeweils 1000 bis 10000 Synapsen[7] – jedes ein informationsverarbeitendes System. Millionen von Jahren wurde das Gehirn des Menschen und seiner Vorfahren auf diese Funktionsweise hin selektiert. Vielleicht lassen sich künstliche Systeme entwickeln, die 90 Prozent unserer kreativen Intelligenz abdecken. Doch die letzten zehn Prozent? Ich glaube nicht, dass man die Komplexität, auf der unsere kreative Intelligenz fußt, künstlich wird erzeugen können.

6 **Neuronen:** Nervenzellen im Gehirn
7 **Synapsen:** Verknüpfungsstellen von Nervenzellen

1. a) Stellen Sie in einer Liste die Auffassungen der beiden Experten gegenüber.
   b) Vergleichen Sie die Aussagen.
   c) Ermitteln Sie den jeweiligen Argumentationsansatz: Wovon gehen Ray Kurzweil und Gerhard Roth aus?
   d) Wie sieht der Argumentationsgang (der Weg der Argumentation) der beiden Experten aus?
2. a) Klären Sie das Ziel, das die beiden Experten verfolgen.
   b) Welche Auffassung erscheint Ihnen realistischer? Begründen Sie Ihre Ansicht.
3. Entwerfen Sie eine Gliederung für eine Zusammenfassung Ihrer Ergebnisse (Erörterung). Informieren Sie sich über mögliche Gliederungsmuster im Kapitel A 2.2.4: „Die Problemerörterung“ (▷ S. 66 ff.).

Christine Dankbar

Gleiche Chancen durch getrennten Unterricht

Eigentlich ist es erstaunlich, dass über diese Frage so oft und vehement[1] diskutiert wird. Ein Blick auf die Statistiken müsste eigentlich allen Verfechtern der Koedukation klar machen, dass der gemeinsame Unterricht von Jungen und Mädchen genau das nicht erreicht hat, wofür er in den 60er-Jahren eingeführt wurde: die Gleichberechtigung der Geschlechter. Anders ist es nicht zu erklären, dass in den technischen und naturwissenschaftlichen Studiengängen der Universitäten Studentinnen immer noch mit der Lupe gesucht werden müssen. Findet man dann mal eine, ist die Chance groß, dass sie ihr Abitur an einer reinen Mädchenschule gemacht hat.

Schuld an dieser Situation ist die allzu simple Annahme, dass gemeinsamer Unterricht Chancengleichheit herstellt. Das ist aber spätestens in der Pubertät nicht mehr der Fall. Wer einen Blick auf wahrhaft archaische[2] Verhältnisse werfen will, sollte mal einer Teenagergruppe zuhören. Wenige Stationen mit der U-Bahn genügen, um sich klar zu machen, dass den Möchtegern-Machos in den viel zu großen Jeans nicht gerade das weibliche Mathe-Ass ihrer Klasse imponiert. Auch heute ist es für Mädchen mit dreizehn, vierzehn oft noch besser, sich nicht allzu großer Klugheit verdächtig zu machen.

Ein, zwei Jahre später mag das alles schon wieder ganz anders sein, nur ist der Zug dann häufig schon abgefahren. Deutsch gut, Französisch gut, Mathe mangelhaft, damit haben sich die meisten Schülerinnen dann schon abgefunden. Und glauben wirklich, dass so nun mal ihre wirklichen Talente verteilt sind.

Die Forderung nach getrenntem Unterricht von Jungen und Mädchen sollte daher nicht

1 **vehement:** heftig

2 **archaisch:** altertümlich

länger als verstaubtes Plädoyer[3] für die alte Mädchenschule denunziert[4] werden. Von ein, zwei Jahren getrenntem Mathe-, Physik- und Deutschunterricht könnten Mädchen und Jungen profitieren. Vielleicht lassen sich ohne den Druck der sprachlich überlegenen Mädchen in der Literaturstunde ja ein paar richtig gute Gedichteschreiber entdecken.

3 **Plädoyer:** Verteidigungs(rede)
4 **denunzieren:** anzeigen, als negativ hinstellen

1. Welche Aussage der Journalistin Christine Dankbar gefällt Ihnen am besten, welche am wenigsten?
2. a) Mit welchen Aussagen versucht Christine Dankbar dem Leser ihre Auffassung zu vermitteln?
   b) Wo gelingt ihr das, wo vielleicht nicht?
3. a) Klären Sie Ihre eigene Position zur Chancengleichheit im koedukativen Unterricht. Erstellen Sie nach Geschlechtern getrennt ein Meinungsbild in der Klasse. Diskutieren Sie anschließend das Ergebnis.
   b) Sammeln Sie Auffassungen zur Chancengleichheit von Jungen und Mädchen und zur Koedukation in je einem ▷ Cluster. Übertragen Sie die beiden Cluster auf ein Blatt Papier und ergänzen Sie sie durch Ihre Auffassungen. ▷ S. 26

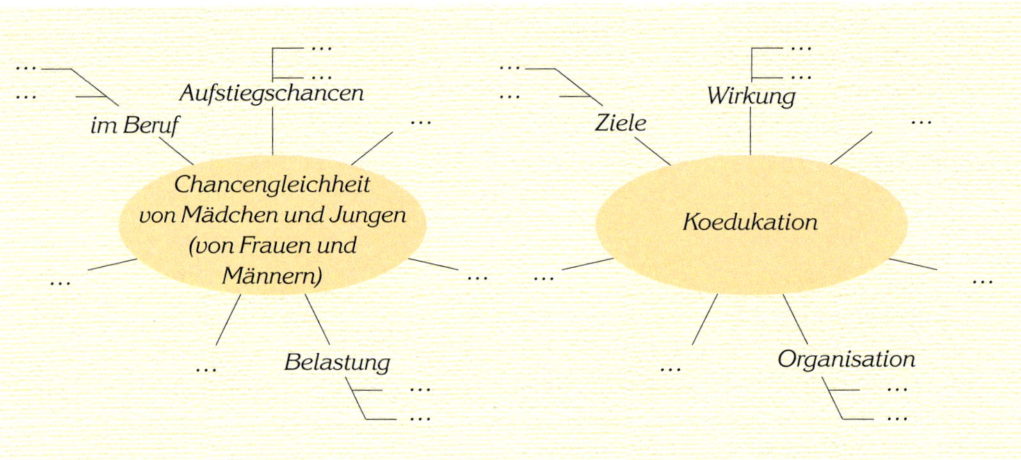

Argumentationsstrukturen

Thesen lassen sich gut vertreten, wenn sie durch überzeugende Argumente gestützt werden. Die Bestandteile einer Argumentation haben unterschiedliche Aufgaben. Die meisten Aussagen kann man den folgenden Funktionen in einer **Argumentationspyramide** zuordnen:

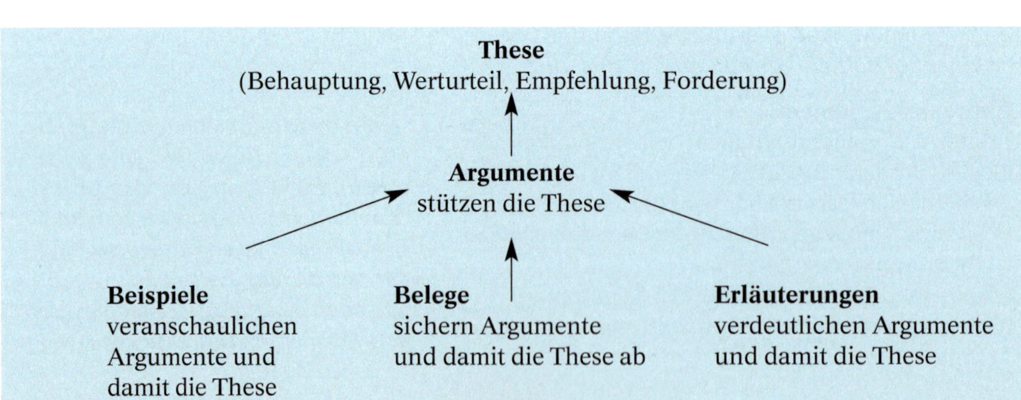

4. Notieren Sie aus Christine Dankbars Text (▷ S. 166 f.)
   - die Thesen (Kernaussagen in Behauptungssätzen);
   - die Argumente in Stichworten, mit denen die Journalistin ihre These stützt;
   - die Beispiele, die ihre Aussagen veranschaulichen.
5. Autoren versuchen oft Thesen, die ihrer Auffassung widersprechen, als nicht stichhaltig zu kennzeichnen. Wo geht die Autorin genau so vor?
6. Entwickeln Sie aus den Ergebnissen in einer Grafik die Argumentationspyramide des Textes.

Argumenttypen und ihre Funktionen

Rationales Argument
Das ist das stärkste Argument. Hier wird argumentiert mit
- Daten, Statistiken, Zahlen
- logischer Beweisführung: *wenn …, dann … unter der Bedingung, dass*
- Verträgen und Gesetzen
- rein logischer Bewertung von Alternativen

„Anders ist es nicht zu erklären, dass in den technischen und naturwissenschaftlichen Studiengängen der Universitäten Studentinnen immer noch mit der Lupe gesucht werden müssen."

Plausibilitätsargument
Das Argument erscheint vielen Menschen aus ihrer eigenen Lebenserfahrung allgemein einleuchtend. Hier wird argumentiert mit
- gesundem Menschenverstand
- Gewohnheit, Tradition
- eigenen Erfahrungen, die jedem verständlich sind
- Einschränkungen wie: *meistens, oft, häufig, im Allgemeinen, fast immer, immer häufiger*

„Wenige Stationen in der U-Bahn genügen, um sich klar zu machen, dass den Möchtegern-Machos in den viel zu großen Jeans nicht gerade das weibliche Mathe-Ass ihrer Klasse imponiert."

Moralisches Argument
Das Argument wirkt durch den Hinweis auf positiv beurteilte Vorschriften und Verhaltensregeln. Hier wird argumentiert mit
- menschlicher Verpflichtung: *Mutter/Kind, Kind/Eltern, Jugend/Alter*
- Vorbildern, Beispielen (analogisierendes Argument)
- Appellen an Anstand und Alltagsmoral: *Wenn einer verzichtet, können andere das auch.*

„Es hat noch keinem geschadet, wenn er zuerst zum Beispiel in Schule und Beruf etwas leistet, bevor er Forderungen stellt."

Indirektes Argument
Indirekte Argumente versuchen die Argumente der Gegenseite als nicht zutreffend oder nicht plausibel erscheinen zu lassen. Hier wird argumentiert mit
- schwachen Gegenargumenten, um den eigenen Standpunkt aufzuwerten
- der Überlegenheit des eigenen Standpunkts
- der Vorwegnahme und Abwertung von Gegenargumenten

„Man könnte annehmen, die Mädchen seien an dieser Situation selbst schuld. Sieht man aber den Druck, dem Mädchen in Gruppen sowohl in Schule und Freizeit ausgesetzt sind, ein bestimmtes Rollenbild zu erfüllen, dann muss man feststellen, dass es schwer ist, diesem Druck auf Dauer standzuhalten."

7. a) Ordnen Sie die Argumente aus dem Text „Gleiche Chancen durch getrennten Unterricht“ (▷ S. 166 f.) den Argumenttypen von S. 168 zu.
   b) Bestimmen Sie den hauptsächlich verwendeten Argumenttyp.

Der Aufbau der Argumentation

Eine Möglichkeit der Argumentation ist der **dialektische Aufbau**. Eine Position wird mit ihrer Gegenposition (Für und Wider) verglichen, woraus sich ein neuer Standpunkt ergeben kann.

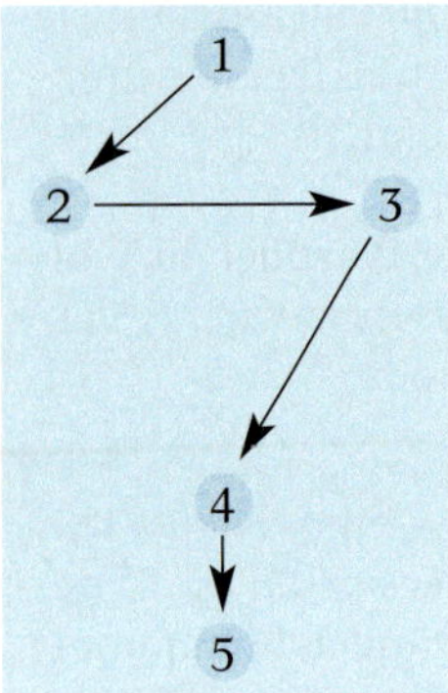

1. Ich behaupte, dass … (Ausgangsthese)
2. Gewiss kann das stimmen, jedoch … (Gegenargument)
3. Aber … (Rückkehr zur These: unterstützendes Argument)
4. Vergleicht man beide Vorstellungen, dann … (Gewichtung der Argumente)
5. Daraus ergibt sich, dass es korrekt wäre, wenn … (Schlussfolgerung)

Ähnlich ist die **Kompromissformel** aufgebaut, bei der Gemeinsamkeiten sonst unterschiedlicher Standpunkte ermittelt werde, um daraus eine Lösung zu entwickeln.

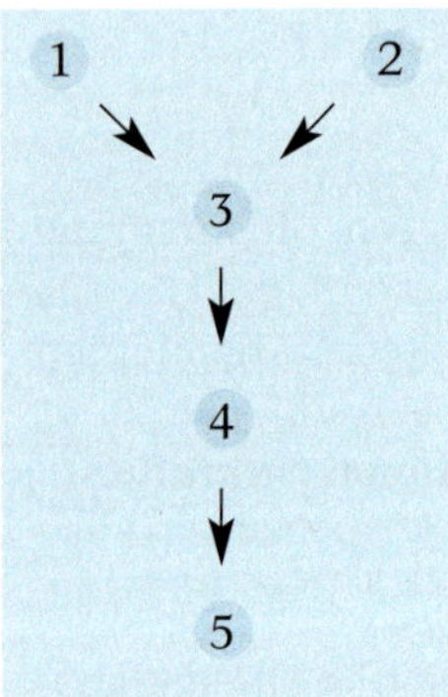

1. Ich behaupte, dass … (Ausgangsthese)
2. Gewiss kann das stimmen, aber … (Gegenargument)
3. Gemeinsam ist beiden Auffassungen, dass … (Gemeinsamkeiten)
4. Daraus könnte sich ein Lösungsweg ergeben, denn … (Bewertung des Kompromisses)
5. Deshalb sollten wir in dieser Richtung weiterdenken und … (Schlussfolgerung)

Die **Argumentationskette** bietet die Möglichkeit, in einer Argumentationslinie zu bleiben, ohne Gegenargumente zu berücksichtigen. Die Wirkung dieses Aufbaus steigt dadurch, dass die überzeugendsten Teile der Argumentation erst am Schluss genannt werden.

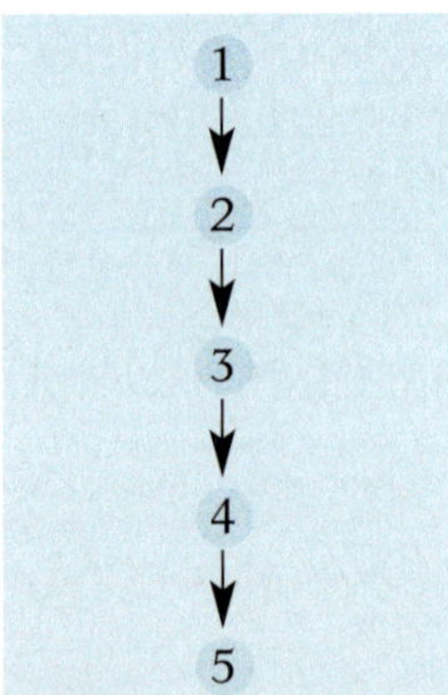

1. Ich behaupte, dass … (These)
2. Ich erinnere nur an die 1000 … (Faktenargument)
3. Ein Beispiel dafür ist … (Beispiel)
4. Das wird durch Wissenschaftler bestätigt, die … (Fakten, rationales Argument)
5. Daraus ergibt sich … (Schlussfolgerung, Ergebnis)

8. Bestimmen Sie nach den Mustern auf S. 169 den Argumentationsgang des Textes „Gleiche Chancen durch getrennten Unterricht" (▷ S. 166 f.).

Die vier Grundtypen der kritischen Auseinandersetzung

Modell I: Begründeter Widerspruch

Sie stimmen mit den Standpunkten des Textes nicht überein. In diesem Fall arbeiten Sie mit **Gegenargumenten** und **Gegenbeispielen**. Die tragenden Argumente des Textes können Sie anzweifeln (Kritik an den Voraussetzungen) und entkräften oder die Gültigkeit der Thesen einschränken („Das-kommt-darauf-an"-Methode).

Modell II: Teilweise Übereinstimmung

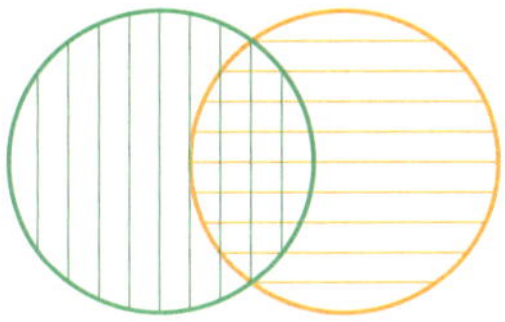

Sie stimmen mit den Standpunkten des Textes teilweise überein. Hier stellen Sie Ihren Standpunkt dar und begründen ihn mit treffenden Argumenten. Gleichzeitig können Sie gegen die Positionen des Textes argumentieren, mit denen Sie nicht übereinstimmen.

Modell III: Begründete Zustimmung

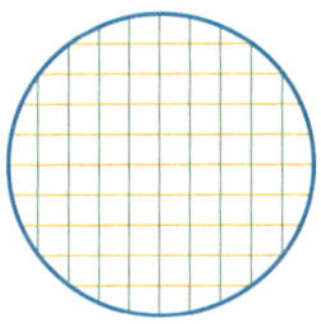

Sie stimmen mit den Standpunkten des Textes überein. Sie können Ihre Zustimmung begründen, indem Sie
- die Textaussage mit weiteren Argumenten oder eigenen Erfahrungen stützen;
- mögliche **Gegenpositionen entkräften**.

Modell IV: Weiterführende Problematisierung

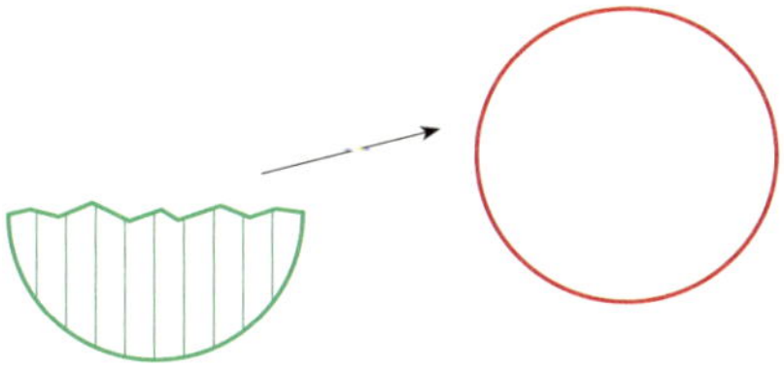

Manchmal kennen Sie sich in einem Sachgebiet aus und können vielleicht auch zusätzliche Gesichtspunkte des Problems betonen oder vom Autor nicht gesehene Konsequenzen darstellen. Sie würden dann über den Argumentationsrahmen des Textes hinaus gehen und ihn in einen **größeren Zusammenhang** einordnen.

9. a) Schreiben Sie eine Erörterung zu dem Text von Christine Dankbar (▷ S. 166 f.), in der Sie sich mit den Argumenten der Autorin kritisch auseinander setzen.
   b) Bestimmen Sie, welchem Grundtyp der kritischen Auseinandersetzung Ihre Erörterung am ehesten entspricht.

Formulierungshilfen für die kritische Auseinandersetzung

Bei einer Erörterung ist es notwendig, die vorhandenen Standpunkte auch mit Worten deutlich voneinander zu unterscheiden. Dazu können Sie folgende Substantive benutzen:

Der Autor eines Textes äußert:	*Sie halten entgegen:*
eine Meinung	eine Gegenmeinung
eine Annahme	einen Einwand
eine Auffassung	eine Entgegnung
eine Ansicht	das Gegenteil
eine Anschauung	einen Gegenpol
eine Behauptung	ihren Widerspruch
eine Überzeugung	einen Kontrast
einen Standpunkt	die andere Seite eines Sachverhalts
eine These	eine Abweichung
	eine Gegenthese/Antithese

10. a) Stellen Sie fest, wo Christine Dankbar (▷ S. 166 f.) diese oder vergleichbare Begriffe verwendet.
    b) Wandeln Sie die Substantive aus der Liste in Verben um oder ergänzen Sie dazu passende Verben.
11. a) Ermitteln Sie den Aufbau der beiden folgenden Argumente aus einer Stellungnahme zu Christine Dankbars Text.

Die Chancen von Frauen und Männern sind nicht in jeder Lebensphase gleich, weil allein schon eine Schwangerschaft einen Einschnitt im beruflichen Leben von Frauen bedeuten kann, wie man an der Zahl der vielen Frauen mit Erziehungspausen ablesen kann.
Genauso sind die beruflichen Chancen der beiden Geschlechter nicht gleich, weil in einigen Berufen Frauen oder Männer bevorzugt beschäftigt werden, denn die Rollenvorstellungen vom geeigneten Mitarbeiter, der geeigneten Mitarbeiterin sind oft noch fest in alten Vorstellungen verankert, wie an Berufen wie Arzthelferin oder Automechaniker erkennbar ist.

    b) Verfassen Sie Argumente nach den verschiedenen Baumustern.
    c) Verknüpfen Sie die einzelnen Argumente zu einer Stellungnahme.

Die textgebundene Erörterung im Überblick

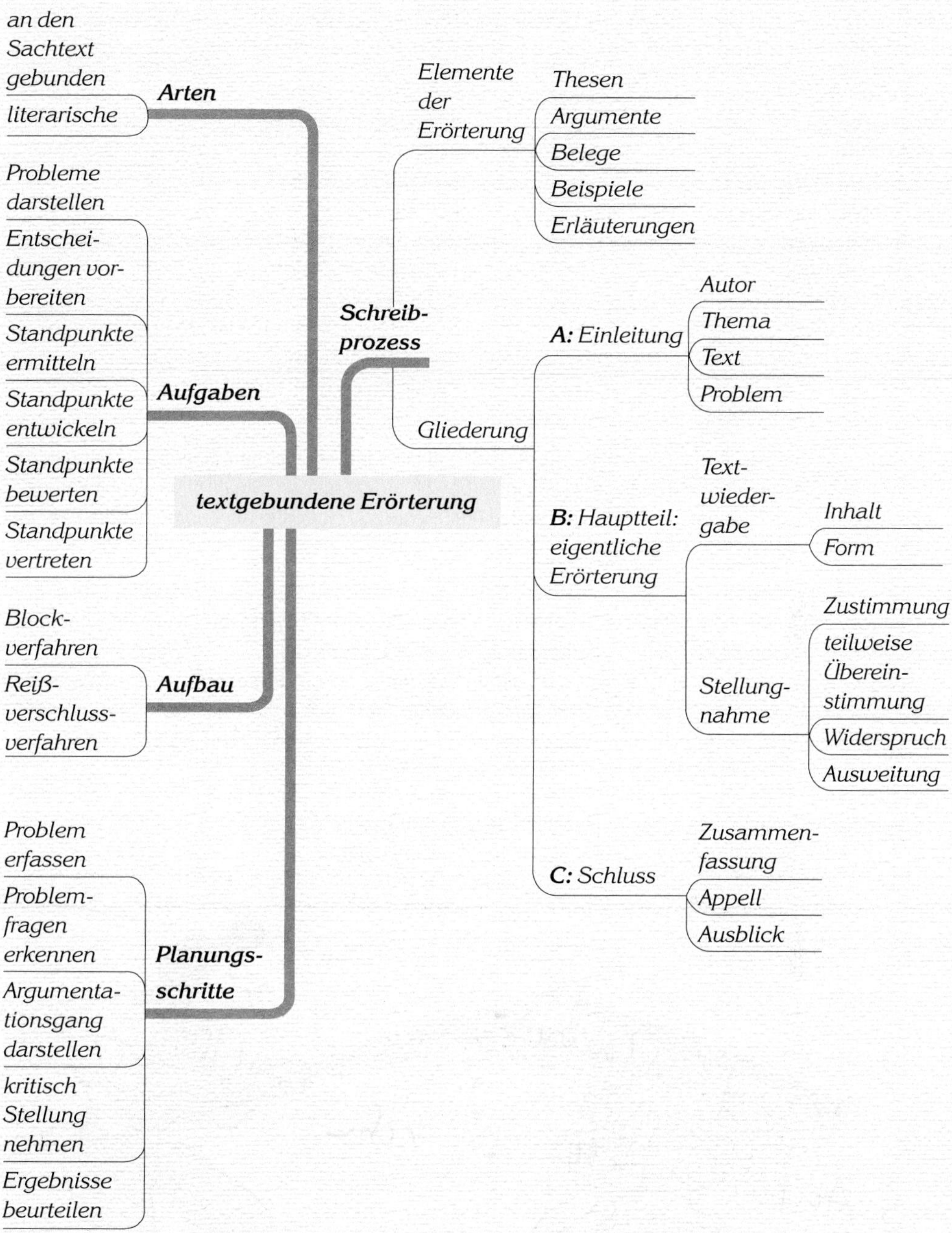

Rolf Langenhuisen

Zivilcourage neu erlernen

Im Parkhaus wird ein Mann überfallen. Die Täter setzen ihn – spärlich bekleidet – am Straßenrand aus. Mehr als 1000 Autos fahren vorbei. Keines hält. Der Mann erfriert.

In der Fußgängerzone schlagen drei Jugendliche einen älteren Mann zusammen. Er liegt blutverschmiert am Boden. Keiner der Passanten kümmert sich um ihn.

Alltag in unseren Städten. Zivilcourage[1] und die Bereitschaft zu helfen sind in den vergangenen Jahren einer Unkultur[2] des Wegsehens gewichen. Wir lassen die Bedrängten allein und die Kriminellen gewähren. Motto: Nichts hören, nichts sehen, nichts sagen.

Wissenschaftler liefern Erklärungen. Die unterlassene Hilfeleistung, sagen die Soziologen, ist die Kehrseite des Individualismus[3] und des Verfalls von Gemeinschaftssinn in unserer Gesellschaft. Der Einzelne sorgt für sich selbst und geht quasi automatisch davon aus: Dafür bin ich nicht zuständig, dafür gibt es Behörden, das ist nicht meine Sache. Kriminologen erklären, dass viele Menschen sich in einer zunehmend aggressiven Umgebung zunehmend bedroht fühlen. Sie sehen deshalb bei Notfällen lieber tatenlos zu – aus Angst, selbst zum Opfer zu werden.

Was können wir tun? Zivilcourage ist gefragt. Zivilcourage und mitmenschliche Verantwortlichkeit müssen neu erlernt werden. Damit fängt man am besten schon in der Familie und in der Schule an. Wenn der Erste die Schwelle des Wegsehens überschreitet, finden auch andere den Mut zu helfen. Ausreden zählen nicht.

1 **Zivilcourage:** der Mut, für seine Meinung auch gegen Widerstände einzutreten
2 **Unkultur:** fehlende Erziehung und Bildung
3 **Individualismus:** Vorrang der Interessen des Einzelnen vor denen der Gesellschaft

12. Beschreiben Sie den Text und erörtern Sie anschließend vom Text ausgehend das Problem der fehlenden Zivilcourage aus Ihrer Sicht. Nehmen Sie dabei die folgende Übersicht zur Anfertigung einer textgebundenen Erörterung zu Hilfe.

Arbeitsschritte bei der Anfertigung einer textgebundenen Erörterung	
Mögliche Arbeitsschritte	**Besondere Anforderungen**
1. Phase: Vorbereitende Textanalyse	
Mehrmaliges Durcharbeiten des vorgelegten Textes; dabei den Verstehensprozess in Notizen umsetzen (Markieren der Hauptthesen, Randbemerkungen zu Argumenttypen, logischen Verknüpfungen, Beispielen usw.). Notieren von Einfällen zur kritischen Auseinandersetzung mit dem Text.	• Sich nicht im Text verlieren; Orientierungspunkte suchen. • Klärung zentraler Begriffe des Textes; Versuch eigener Begriffsdefinitionen und Vergleich mit den vom Autor/von der Autorin vorgenommenen Begriffsfüllungen. • Wichtige von weniger wichtigen Aussagen unterscheiden. • Wertende Aussagen des Textes kennzeichnen. • Aussageabsichten des Autors/der Autorin klären; auch versteckte Wertungen erkennen. • Eigene Kenntnisse (Lektürewissen, Unterrichtsergebnisse usw.) zu den im Text aufgeworfenen Problemen vergegenwärtigen und mit den Textaussagen konfrontieren. • Erst *nach* gründlicher Auseinandersetzung mit dem Text den Aufsatz beginnen.
2. Phase: Einleitung	
Nennung von Autor/in, Titel, Thema im Einleitungssatz. Eröffnung des Aufsatzes durch • Definition eines im Text verwendeten zentralen Begriffs, • Anbindung des Aufsatzthemas an ein aktuelles Ereignis, • Fragen, die das Thema erschließen usw.	• Die vom Autor/von der Autorin vorgenommene Themenerschließung in ihrer Begrenzung genau beschreiben. • Scheinaktualisierung vermeiden.
3. Phase: Argumentationsansatz darstellen	
Klare Wiedergabe der zentralen Problemstellung im gedanklichen Zusammenhang.	• Sich von vorhandenen Vorurteilen lösen. • Dem Text gegenüber eine sachlich-distanzierte Haltung einnehmen. • Wiedergabe der Textaussage ohne Vermischung mit eigenen Wertungen (diese für den Schlussteil aufsparen).
4. Phase: Argumentationsstruktur und sprachliche Mittel analysieren	
Analyse der zentralen Thesen im Argumentationszusammenhang: • Thesen • Argumente • Beispiele • Gedankenverknüpfung • Wortwahl/Stil	• Die Thesen und Argumente des Textes nicht nur additiv nebeneinander stellen, sondern in ihrem sachlich-logischen Zusammenhang wiedergeben. • Funktionslose Wiederholungen von Textaussagen vermeiden. (Es geht nicht mehr um das „Was“, sondern um das „Wie“ des Textes.)

Mögliche Arbeitsschritte	Besondere Anforderungen
5. Phase: Kritische Stellungnahme	
Prüfung der politischen, weltanschaulichen, wissenschaftlichen oder sonstigen Voraussetzungen der im Text vertretenen Positionen. Bewertung der Schlüssigkeit der im Text aufgebauten Begründungen. Begründete Zustimmung zu der im Text entwickelten Position bzw. Ablehnung oder weiterführende Problematisierung.	• Dem Autor/Der Autorin nichts unterstellen und auf unstatthafte Verallgemeinerung von Textaussagen verzichten. • Die Problemstellung des Textes nicht verschieben: Die eigene Stellungnahme nicht vom Aussageschwerpunkt des Textes abschweifen lassen. • Zugleich sich vom Gedankengang des Textes lösen und eigenständige Überlegungen entwickeln, um eine zu enge Anlehnung an den Text und eine bloße gedankliche Wiederholung zu vermeiden. • Die eigene Position mit Argumenten und Beispielen abstützen. Entscheidung zwischen – entfaltendem Verfahren (ein Standpunkt wird sofort mitgeteilt und anschließend durch Argumente, Erläuterungen etc. plausibel gemacht) oder – hinführendem Verfahren (allmählicher Aufbau einer Argumentation von Einzelheiten her bis zur zusammenfassenden These). • Sich nicht in Einzelheiten und Nebensächlichkeiten verlieren, sondern die vom Text aufgeworfenen zentralen Fragen angehen.

Allgemeine Hinweise

- Die Arbeitsschritte können Sie wie folgt auf das **ABC-Schema** verteilen
  A) Einleitung (Arbeitsschritt 2)
  B) Hauptteil (Arbeitsschritte 3 bis 5):
  Die Darstellung des Argumentationsansatzes (Arbeitsschritt 3) und des Argumentationsganges (Arbeitsschritt 4) ist nicht die Hauptaufgabe bei der textgebundenen Erörterung und nimmt deshalb auch nicht den größeren Raum im Hauptteil ein.
  Der Schwerpunkt liegt bei der **Stellungnahme** (Arbeitsschritt 5).
  C) Schluss: Ausblick, Appell zum Handeln, kurze Zusammenfassung
- Bei der Textwiedergabe wird das Präsens verwendet.
- Zitate werden in den eigenen Satzbau integriert.
- Es sollen Redewendungen benutzt werden wie „Der Autor behauptet, dass …“ oder „Mir scheint, dass …“, die genauen Aufschluss über die Urheberschaft von Gedanken geben. Textwiedergabe und eigene Gedankenentwicklung dürfen nicht untrennbar ineinander übergehen, die Position des Autors/der Autorin wird deshalb in der ▷ indirekten Rede wiedergegeben, z. B.: „Rolf Langenhuisen meint, wir *ließen* Bedrängte allein und Kriminelle gewähren“ (Z. 12 f.). ▷ S. 98

C Medien

1 Die Mediengesellschaft

1.1 Das Medienangebot

Aus der Informationsflut gezielt auswählen

Die Informationsflut von Text, Bild und Ton kann vom unbedarften Anwender kaum bewältigt werden. Auch in dem „online" vermittelten Informationsangebot gilt die Kernregel des Umgangs mit der Zeitung: Nur derjenige vermag das riesige Informationsangebot sinnvoll einzusetzen, der selektiv liest/nutzt.

Oswald Schlemmer

Kampf um das Wahrgenommenwerden

Wir sind eine Mediengesellschaft, in der nichts geschehen kann, ohne an Medien gebunden zu sein – sei es nun durch sie verursacht oder beeinflusst, durch sie verstärkt und vermittelt. Was dennoch in den Medien nicht präsent ist, ist in unserer Gesellschaft überhaupt nicht mehr präsent. Der Kampf um einen Platz in den Medien wird zum Kampf um gesellschaftliche Präsenz, um das bloße Wahrgenommenwerden noch vor aller Wirkung.

Presse, Hörfunk und Fernsehen in Deutschland

Die Zahlen der Mediaforscher belegen Unerwartetes: Die verstärkte Nutzung neuer Medien geht nicht zu Lasten der traditionellen Medien (Presse, Bücher). Insgesamt bringen die Bundesbürger heute mehr Zeit mit Medien zu als noch vor zehn Jahren. Dem entspricht ein seit der Einführung des Privatfernsehens 1984 deutlich gewachsenes Medienangebot. Insgesamt standen den Deutschen 1996 1582 Ausgaben von Tageszeitungen mit einer Gesamtauflage in Höhe von 24,6 Millionen Exemplaren zur Verfügung. 179 Radiosender bzw. Rundfunkanstalten machten 1996 Radioprogramme in Deutschland. Gleichzeitig stieg in der Vergangenheit der zeitliche Umfang der Programme. Allein das ZDF steigerte seine Programmleistung zwischen 1975 und 1995 von 3264 auf 5689 Sendestunden jährlich.
Bei Zeitungen ist der Typus der Lokal- und Regionalzeitung dominierend, die in einem begrenzten Raum verbreitet wird und über das dortige Geschehen informiert. Den größten Anteil an der Gesamtzahl aller Zeitschriftentitel haben die Fachzeitschriften inne, die inhaltlich jeweils auf eine spezielle Zielgruppe zugeschnitten sind. Mehr Zeit für die Mediennutzung aufzuwenden, hat aber nicht automatisch zur Folge, dass alle Bürger besser informiert sind. Untersuchungen aus den USA legen vielmehr den Schluss nahe, dass nur diejenigen einen Zugewinn an Wissen erhalten, die sich in der Medienvielfalt bewusst und zielgerichtet orientieren können. Sie suchen gezielt nach Informationen, unterscheiden Wichtiges von Unwichtigem und können das aufgenommene Wissen besser einordnen. Die Bundesrepublik Deutschland zeichnet sich im internationalen Vergleich durch ein reichhaltiges und vielfältiges Angebot aus. Auskunft darüber erteilt die Zeitungsdichte. Im europäischen Vergleich liegt Deutschland mit 324 verkauften Exemplaren je 1000 Einwohner hinter Großbritannien (351 verkaufte Exemplare je 1000 Einwohner) und Österreich (328 verkaufte Exemplare je 1000 Einwohner) auf Platz 3.

1. a) Untersuchen Sie die Texte auf S. 176 im Hinblick auf die folgenden Fragen:
   - Wie wichtig sind die einzelnen Medien?
   - Warum bedeutet ein steigender Medienkonsum nicht automatisch ein steigendes Informationsniveau bei den Nutzern?
   - Wie können die Medien besser genutzt werden?

   b) Stellen Sie Ihre Ergebnisse zum Beispiel in Form einer Wandzeitung dar.
2. **Projektvorschlag: Erstellung eines Medientagebuchs**
   - Erstellen Sie in der Klasse eine Liste mit allen Medien, die von Ihnen genutzt werden. Berücksichtigen Sie dabei auch Medien wie Handy, Plakatwände, Schulbücher oder den Walkman auf dem Schulweg.
   - Notieren Sie eine Woche lang jeden Tag, wie viel Zeit Sie mit welchen Medien verbringen.
   - Werten Sie Ihre Liste nach verschiedenen Gesichtspunkten aus, z. B. Durchschnittswerte für die einzelnen Medien, für bestimmte Nutzergruppen (Jungen/Mädchen, Computerfreaks, Sportler ...) usw. Stellen Sie Ihre Ergebnisse in anschaulichen ▷ Diagrammen dar. ▷ S. 91
   - Versuchen Sie alle von Ihnen ermittelten Mediennutzungen den Bereichen Unterhaltung, Information und Kommunikation zuzuordnen. Erstellen Sie ein entsprechendes Schaubild.
3. Formulieren Sie eine Empfehlung für die Medienausstattung in Ihrer Schule.

1.2 Wirtschaftsfaktor Medien

Bettina Furchheim

Multimedia pulsiert

Nina Hagen brachte es auf den Punkt, als sie röhrte: „Es ist alles so schön bunt hier." Die schrille Sängerin muss die Medienbranche gemeint haben. Vor allem der Bereich Multimedia pulsiert und glitzert – wenn auch langsam in Bahnen und nicht mehr anarchisch wie noch vor wenigen Jahren. Inzwischen gibt es neun Ausbildungs- und 136 Studiengänge, die eine Affinität[1] zu Multimedia haben. Die Berufsaussichten sind, nach Informationen des Deutschen Multimediaverbandes in Düsseldorf, hervorragend. Allerdings lassen sich seriös maximal die nächsten zwei Jahre abschätzen. Vielfach werden Absolventen direkt übernommen In der Branche sind seit 1993 etwa 35 000 neue Stellen geschaffen worden. Bis zum Jahr 2000/2001 dürften es insgesamt 50 000 sein. Jedes Jahr kommen also 6000 neu hinzu.

Spannender Auftritt

Angela Maty stieg gleich in die Praxis ein: Statt Grafikdesign zu studieren, lernte sie ihr Fach in der Praxis. Werbung, Mode, Fernsehen – die jetzt 29-Jährige probierte als Grafikerin vieles aus.

Schließlich entdeckte sie die neuen Medien. Maty ließ sich in der Mediadesign-Akademie Berlin zur Screendesignerin weiterbilden: Gängige Grafikprogramme und der Aufbau von Bildern standen ebenso im Stundenplan wie das digitale Schneiden von Videofilmen. Screendesignerin ist kein staatlich anerkannter Abschluss: Das noch sehr junge Berufsbild ist ständig im Wandel. Interessenten müssen die Angebote im Medienbereich flexibel nach interessanten Stellen durchforsten. Seit Anfang 1999 sorgt Maty für einen spannenden Auftritt mehrerer technischer Fachzeitschriften der Berliner Huss Medien GmbH im Internet.

„Die Redaktion macht das inhaltliche Konzept, aber die Printversion wird natürlich nicht eins zu eins ins Netz gestellt", sagt die 29-Jährige. Denn sie kennt die Erwartung der Nutzer an die Optik einer Webseite einfach besser als die Gestalter der gedruckten Hefte. Doch das Internet ist nicht alles für Maty. Ihr Arbeitgeber weiß auch die erste Berufsausbildung der Screendesignerin zu schätzen: Sie wird im Printgeschäft eingesetzt, entwirft Anzeigen, Plakate und Werbemittel.

1 **Affinität:** Nähe, Beziehung

Ausbildungsplätze gibt es etwa 3000 in den noch jungen Berufen der Branche, die sich in vier Kernbereiche gliedern:

- Das Projektmanagement besitzt eine Koordinierungsfunktion zwischen Projektteam und Kunden. Hier sind besonders betriebswirtschaftliche Kenntnisse gefragt – etwa beim Kommunikationsberater, Fachwirt Direktmarketing oder Diplom-Medienwirt (FH).
- In der Konzeption wird die Basis für die gesamte Produktion entworfen. Hier arbeiten Mediengestalter Bild/Ton oder Redakteure für digitale Medien.
- Im Design werden die drei Darstellungsformen Text, Bild und Ton zu einem Gesamtprodukt zusammengeführt von Multimedia-Producern, 3-D-Designern oder Screendesignern.
- Die Programmierung schließlich setzt multimediale Anwendungen mittels Programmiersprachen und Autorensystemen um. Es entsteht eine lauffähige Anwendung, geschaffen von Onlineprogrammierern, Internetspezialisten und Systementwicklern. [...]

Sprung ins kalte Wasser

Gisela Südbeck fühlte sich wie ein Fisch in unbekanntem Gewässer, als sie ihren Job in der Online-Redaktion der „Rheinischen Post“ in Düsseldorf antrat. „Das Wasser war sehr kalt“, erinnert sich die 31-Jährige. Denn sie hatte bis dahin nur mit gedruckten Medien gearbeitet. Schon während ihres Literatur- und Politikstudiums in Osnabrück schrieb sie für eine Tageszeitung. Südbeck: „Ich wollte unbedingt in den Journalismus, die Studienfächer habe ich aus Vorliebe gewählt.“ Ganz konsequent schloss sie nach dem Magister ein Volontariat bei den „Westfälischen Nachrichten“ in Münster an.

Dann kam Südbeck der Zufall zu Hilfe. Im zeitungsübergreifenden Volontärskurs erfuhr sie von RP-Online. Spontan griff sie zum Telefonhörer und konnte sich prompt zwei Tage später vorstellen.

Wie für die meisten Konkurrenten war das neue Medium auch für die Tageszeitungsvolontärin ein Computer mit sieben Passwörtern. Der Redaktionsleiter wollte deshalb vor allem eines von dem Neuling wissen: „Können Sie lernen?“ Südbeck konnte und wurde nach zwei Tagen Hospitanz eingestellt.

„In der ersten Zeit habe ich es sehr vermisst, mit Leuten zu reden, wie ich es als Lokaljournalistin gewohnt war“, erzählt sie. Jetzt recherchiert sie halt nicht mehr bei der Großmutter am Wohnzimmertisch, sondern mailt mit deren Enkeln.

Seit zwei Jahren leitet die Journalistin die Regionalredaktion Mittlerer Niederrhein in Mönchengladbach. Die ehemalige Lokalredakteurin will auch in Zukunft online bleiben. Der hohen Aktualität wegen. „Neue Ideen lassen sich so schnell umsetzen“, sagt die 31-Jährige und berichtet von einem interessanten Projekt: „Ein Kollege hat einen Liveticker eingerichtet, mit dem Nutzer bedeutende Sportevents wie die Tour de France via Internet verfolgen können!“

1. Erstellen Sie anhand der im Text vorgestellten Werdegänge Anforderungsprofile der Multimediaberufe.
   - Wie ändern die neuen Informations- und Kommunikationstechniken traditionelle Berufsmuster?
   - Welche fachlichen Qualifikationen sind im Beruf heute besonders gefragt?
   - Wie verändern die neuen Technologien die Anforderungen im Arbeitsalltag der Berufstätigen?
   - Welche Konsequenzen hat Multimedia für die Schaffung neuer Berufe?
2. a) Recherchieren Sie, welche Berufe es im Bereich der Medien und der Informations- und Kommunikationstechnik gibt. Kommt für Sie eine Ausbildung oder ein Studium in diesem Bereich in Frage? Begründen Sie Ihre Antwort.
   b) Wählen Sie einen Beruf aus und erkundigen Sie sich nach Ausbildungsmöglichkeiten, Tätigkeitsprofil und Arbeitsmarktchancen. Nutzen Sie dazu die Informationen aus Stellenanzeigen in Zeitungen, auf den Internetseiten der in diesem Bereich tätigen Firmen und des Arbeitsamtes.
   c) Erstellen Sie einen Profilbogen für diesen Beruf, in dem Sie die nötigen Sozialkompetenzen, die technischen und kommunikativen Fähigkeiten, das Fachwissen und die möglichen Tätigkeitsfelder verzeichnen.
   d) Präsentieren Sie das Berufsprofil in einem Kurzreferat vor der Klasse.

Wirtschaftsfaktor Kommunikation

Gegenwärtig vollzieht sich in den Industriestaaten ein grundlegender Wandel. Der Übergang von der Industrie- und Dienstleistungsgesellschaft in die Informationsgesellschaft ist in seinen Auswirkungen vergleichbar mit dem Übergang von der Agrar- zur Industriegesellschaft im letzten Jahrhundert. Der Fortschritt in der Informationsvermittlung und -verarbeitung bildet die Voraussetzung dafür. In völlig neuen Dimensionen ist die Gewinnung, Speicherung, Verarbeitung, Verbreitung und Nutzung von Informationen möglich. Optimal wirtschaftlich gearbeitet werden kann heute nur dann, wenn die jeweils nach Bedarf aufgearbeiteten Informationen zeitgerecht am richtigen Ort verfügbar sind. Über einen Erfolg auf den internationalen Märkten entscheidet immer mehr die Verkürzung von Entwicklungs-, Produktions- und Vertriebsvorgängen durch neue Informationstechniken. So wird Information neben Kapital, Arbeit und Boden zum vierten Produktionsfaktor. Computertechnik, Telekommunikation und Unterhaltungselektronik wachsen zusammen. Die Grenzen zwischen Industrie und Dienstleistungen werden unscharf. Unter dem Begriff Informationswirtschaft lassen sich die mit Informationsinhalten, ihrer Vermittlung und ihrer Verarbeitung befassten Branchen zusammenfassen. Mittlerweile ist jeder zweite Erwerbstätige hierzulande in der einen oder anderen Weise mit der Verarbeitung oder der Weitergabe von Informationen beschäftigt und viele Arbeitnehmer nutzen informationstechnische Systeme. Mit dem Weg in die Informationsgesellschaft sind neue Beschäftigungschancen verbunden. Kaum ein Industriezweig ist von den technischen Innovationen unbeeinflusst. Insbesondere in den Wirtschaftsbereichen, die als Anbieter von neuen Informations- und Kommunikationsdienstleistungen und -techniken auftreten, wird eine positive Beschäftigungsentwicklung erwartet. Aber auch bei den Nutzern sind langfristig positive Beschäftigungseffekte zu erwarten:

Die Verfügbarkeit hochleistungsfähiger Informations- und Kommunikationsmedien wird die Wettbewerbsfähigkeit der Unternehmen und Betriebe stärken. Nach einer Studie der Unternehmensberatung Arthur D. Little werden zwischen 1995 und 2010 rund 210 000 zusätzliche Arbeitsplätze durch Multimedia in Deutschland entstehen.

Damit Deutschland in der globalisierten Weltwirtschaft weiterhin eine Spitzenposition einnehmen kann, müssen die neuen Techniken überall dort, wo es möglich ist, genutzt werden. Von Seiten der Politik werden dazu Hemmnisse abgebaut, Privatinitiativen gestärkt und Existenzgründungen erleichtert. Die neuen Medien müssen für Anbieter und Nutzer frei zugänglich sein. Der rechtliche Rahmen dafür wurde durch das am 1. 8. 1997 in Kraft getretene Informations- und Kommunikationsdienstegesetz geschaffen.

---

1. a) Suchen Sie im Internet und in Printmedien Beispiele für den Einsatz neuer Informations- und Kommunikationstechnologien in Betrieben, Unternehmen oder Verwaltungen.
   b) Stellen Sie die Auswirkungen für das Unternehmen und für den einzelnen Arbeitnehmer anhand eines Beispiels dar.
2. a) Suchen Sie Stellenanzeigen, die den Branchen Telekommunikation, Informationstechnologie, Medien und Elektronik zugeordnet werden können,
      - auf einer Jobseite im Internet;
      - im Anzeigenteil der Wochenendausgabe einer Tageszeitung.
   b) Wie groß ist der Anteil dieser Stellenanzeigen am gesamten Stellenanzeigenaufkommen?

2 Internet

2.1 Möglichkeiten des Internets

WWW – World Wide Wunderbar?

Die Generation Chat

Katharina von Schirach, 17, Schülerin aus München, chattet und recherchiert im Netz. Hausaufgaben online: Interpretiere Tucholskys „Augen in der Großstadt", verlangt der Deutschlehrer. Diese stundenlange Arbeit will sich die Gymnasiastin vereinfachen. Wie? Ich schaue einfach im Netz beispielsweise unter www.hausaufgaben.de nach, dann bin ich in einer halben Stunde fertig." Dort sind unter dem Fach Deutsch von „Alexis Sorbas" bis „Zwei Männer" Schulaufgaben abrufbar. „Das Internet ist kinderleicht zu bedienen", schwärmt die 17-Jährige, „auch anfangs hatte ich keinerlei Probleme, es zu benutzen." Klassenfahrten recherchiert die Münchnerin über das Web, weil sie dort Preise vergleichen kann. Ihre Freizeit plant Katharina mit den Szene- und Nightlife-Tipps auf where2go.de. „Ich gehöre zur Generation @", sagt die Gymnasiastin, „aber das ist schließlich die Zukunft." Als ihre Familie einen eigenen Zugang bekam, chattete Katharina Tag und Nacht. Das Ganze hat dann aber sehr schnell an Reiz verloren. „Die meisten Teilnehmer der Chats lügen oder sind langweilig und kontaktgestört."

Banking auf der Buckelpiste

Andreas Haubitz, 22, Zivildienstleistender in Berchtesgaden, führt sein Konto von zu Hause. Die Bank, bei der der Stuttgarter Haubitz ein Konto besitzt, hatte leider keine Filiale in dem Alpen-Städtchen, in dessen Krankenhaus der 22-Jährige seinen Zivildienst leistet. Die Berge waren es, die den Snowboard-Enthusiasten und seine zwei Mitbewohner vom Schwabenland an den Götschen lockten. Die Lösung: Online-Banking. „Die Finanzen per PC und Modem zu erledigen spart sehr viel Zeit und Stress." Überweisungen und Kontostandabfragen sind damit rund um die Uhr möglich, ohne auch nur einen Fuß vor die Tür zu setzen. Als sicher empfindet Haubitz die Online-Bankgeschäfte trotz des täglichen Gebrauchs dennoch nicht hundertprozentig. „Doch bei meinem Kontostand lohnt es sich für niemanden zu hacken."
Dienstleistungen wie Wetterdaten, Nachrichten, E-Mail und MP3-Musikseiten interessieren Haubitz heute am meisten. „Leider ist das Internet noch zu langsam und unübersichtlich", klagt er.

Do-it-yourself-Börsianerin

Kristine Ringvold, 30, Marketing-Managerin, verwaltet ihr Depot über einen Online-Broker.

Aktienorder nur zu den üblichen Geschäftszeiten empfand die Mannheimerin als „einengend". Deshalb entschied sie sich Anfang des Jahres für einen Discount-Broker. „Ich wollte mein Depot managen, wann ich will." Das kann die gebürtige Norwegerin jetzt 24 Stunden am Tag, sieben Tage die Woche. Zuvor hat die 30-Jährige die Angebote eingehend verglichen. „Ich bezahle mit 2,5 Prozent Ausgabeaufschlag bei Fonds nur die Hälfte von dem, was klassische Aktienhändler verlangen", freut sich Ringvold. Anfangs habe sie Kollegen und Freunde mit ihren Aktien-Deals „fast in den Wahnsinn getrieben", mittlerweile ist sie „cooler". „Ich war in Norwegen bei einem Anlageberater, da ist es schon merkwürdig, wenn man alles plötzlich allein macht."
Sicherheitsbedenken hat die Marketing-Fachfrau nicht. Zugangsberechtigungen in Form von PIN und Transaktionsnummern sollen die Börsengeschäfte sicher machen.

Sammler im World Wide Web

Richard Trtanj, 28, Vorstandsassistent, shoppt und ersteigert im In- und Ausland.

Die Auktionsseiten von ebay.com und ricardo.de überprüft der Multimedia-Specialist dreimal die Woche. „Ob Sammlerspielzeug (Foto), CDs, Bücher oder DVDs, ich nehme alles online mit, außer haptischen[1] Dingen wie Kleider." Der Raritätensammler achtet bei Online-Auktionshäusern darauf, ob sie Informationen über Verkäufer und Käufer veröffentlichen. „Die Ratings geben Sicherheit." Häufig ordert der Wahl-Berliner schwer erhältliche Waren auch im Ausland. Dabei werden häufig Versandkosten bis zu 40 Mark sowie Steuern und Zoll fällig. „Das kann unrentabel sein", weiß Trtanj. Preise vergleicht er vorher immer mit Shopping-Robots. Kreditkartenbezahlung hält der High-Tech-Fan für „bedenkenlos". „Man muss sich die Homepage sehr genau ansehen. Wichtig ist, dass Verschlüsselungen wie SSL angewendet werden." Sollten dennoch Daten missbraucht werden, glaubt Trtanj, dass die Kreditkartenfirmen „kulant sind".

1 **haptisch:** den Tastsinn betreffend

Drei Klicks bis Kanada

Antje Lenk, 23, Studentin aus München. Die Reise in den Semesterferien war lange Zeit geplant. „Leider kein Platz mehr verfügbar“, beschied ein Reisebüro der Studentin. Daheim wollte Lenk die schlechte Nachricht Freunden mailen und sah sich aus Neugier das Internet-Angebot eines Fluganbieters an. Der hatte die gewünschte Reise noch im Angebot. „Drei Klicks, und der Trip war gebucht. Seither will ich das Internet nicht mehr missen!“ Wohnungssuche, Umzugsfirmen oder Fahrpläne: Die Münchnerin geht erst mal online. „Es ist doch viel bequemer, die Angebote im Bademantel am Computer zu finden, als morgens zum Kiosk zu rennen und die Zeitung zu kaufen.“ Für ihren Nebenjob und für Seminararbeiten sucht die Studentin der Werbewirtschaft Informationen aus dem World Wide Web. Dabei schätzt sie vor allem das umfangreiche Wissen von Datenbanken, „die jede Bibliothek in den Schatten stellen“. „Es ist eben nur eine Frage des Klicks.“

1. Stellen Sie zusammen, welche Nutzungsmöglichkeiten des Internets in den verschiedenen Beispielen beschrieben werden.
2. Formulieren Sie Ihre eigene Meinung zum Internet, indem Sie die Sätze „Das Internet ist für mich ...“ und „Internet ist für mich kein(e) ...“ fortsetzen.
3. Tragen sie in Kleingruppen Ihre Ansichten zusammen. Nutzen Sie dabei Möglichkeiten der Visualisierung, wie zum Beispiel einen Ideenstern, mit dem Sie Ihre Schlüsselbegriffe der Klasse präsentieren.

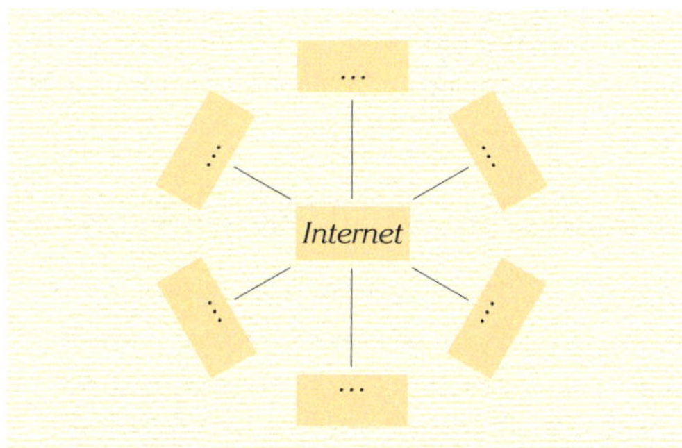

2.2 Internetrecherche

Wenn Sie sich Informationen über das Internet beschaffen wollen, gibt es grundsätzlich drei Strategien:

- eine **Internetadresse** zu benutzen;
- **Suchmaschinen** zu benutzen;
- **Surfen** von Link zu Link.

Das Surfen eignet sich, um in einem bekannten Gebiet bestimmte Informationen zu suchen und neue Anregungen zu finden.

Wenn Sie eine interessante Internetadresse irgendwo gelesen oder mitgeteilt bekommen haben, halten Sie den Schlüssel für Ihre Suche bereits in der Hand. Unternehmen, Verbände, Institutionen und gelegentlich auch bekannte Personen finden Sie meist, indem sie ins Adressenfeld hinter das „http://www.“ direkt den Namen schreiben und dann die wahrscheinliche „domain“ anhängen: „.de“, „.co.uk“, „.com“ usw., z. B. „www.bundeskanzler.de“.

Um Suchmaschinen benutzen zu können, müssen Sie Ihre Internetsuche planen. Ein Suchwort allein führt leider oft zu einem unüberschaubaren Ergebnis.

Planung einer Internetsuche

Leitfragen	*Suchmöglichkeiten*
1. Aus welchem Bereich möchte ich Informationen erhalten? Z. B. Unterhaltung, Wirtschaft, Wissenschaft ...?	Evtl. spezialisierte Suchmaschine für diesen Bereich benutzen.
2. Gibt es in dem Bereich, in dem ich suche, bestimmte Personen, Unternehmen, Institutionen Organisationen, die mir bekannt sind?	Den Namen als Internetadresse ausprobieren.
3. Welche Suchbegriffe fallen mir zum gesuchten Inhalt ein?	Suchmaschinen verwenden. Alternative Begriffe (auch englische) und verschiedene Schreibweisen ausprobieren.
4. In welchem sprachlichen und geografischen Raum möchte ich suchen?	Suche in Suchmaschinen nach Sprache und Raum einschränken.
5. Sind die Informationen von besonderer Art?	Suche in speziellen Foren.

Tipps

- Wenn Sie zu viele Treffer bei Ihrer Suche erhalten, kombinieren Sie mehrere Suchbegriffe oder schließen Sie bestimmte Begriffe aus. Die Suchmaschinen geben Ihnen nähere Informationen, wie Sie vorgehen müssen (unter Links wie „Erweiterte Suche“, „Profisuche“ o. Ä.).
- Probieren Sie einfach auch einmal aus, den Suchbegriff direkt als Adresse einzugeben.
- Verwenden Sie internationale Suchmaschinen, wenn Sie geografisch übergreifende Informationen suchen.
- Nutzen Sie Branchenverzeichnisse, um Unternehmen, Organisationen, Verbände zu finden, die Sie noch nicht kennen.
- Brandaktuelle Informationen sind oft noch nicht über Suchmaschinen zu finden. Hier muss man spezielle Internetseiten kennen, die entsprechende Informationen anbieten, oder auf andere Medien ausweichen (Radio, Zeitung usw.).
- Speichern Sie Suchergebnisse ab und untersuchen Sie sie offline, damit Sie möglichst wenig „Online-Zeit“ vergeuden.

1. Tauschen Sie sich über Ihre Erfahrungen mit der Internetrecherche aus und ergänzen Sie weitere Leitfragen und Tipps.
2. Erstellen Sie für Bereiche, in denen Sie häufig Informationen benötigen, eine Liste mit Suchbegriffen und möglichen Alternativen.
3. Erstellen Sie in Gruppenarbeit Plakate zu Strategien der Internetrecherche.

Die Suchmaschine

Das Internet ist ein unorganisierter Informationspool. Die einzelnen Informationen (Websites) werden von verschiedensten Anbietern ins Netz gestellt, es gibt keine zentrale Kontrolle oder Systematisierung. Die Arbeit mit dem Medium Internet muss daher organisiert und vorbereitet werden.

Eine Suchmaschine ist ein Rechnerverbund, der so programmiert ist, dass er im Internet ständig die Tausenden angeschlossenen Rechner und Server nach Stichworten durchsucht. Dadurch wird die Informationsfülle des Internets überhaupt erst nutzbar.

Wenn die Internetadresse bekannt ist (www.suchadresse.de) kann sie direkt in dieses Feld eingegeben werden. Die Adresse einer Suchmaschine wird ebenfalls hier eingegeben, z. B. http://www.google.de.

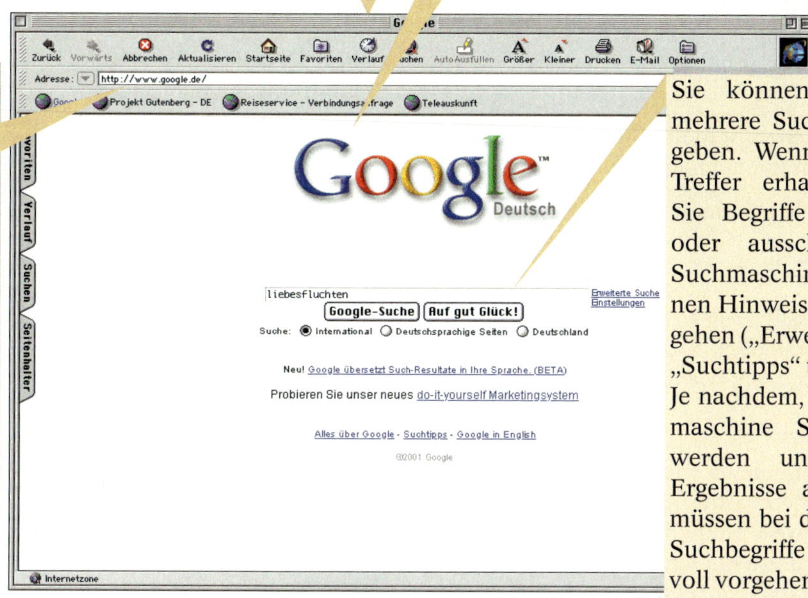

Sie können einen oder mehrere Suchbegriffe eingeben. Wenn Sie zu viele Treffer erhalten, müssen Sie Begriffe kombinieren oder ausschließen. Die Suchmaschinen geben Ihnen Hinweise, wie Sie vorgehen („Erweiterte Suche", „Suchtipps" usw.).
Je nachdem, welche Suchmaschine Sie benutzen, werden unterschiedliche Ergebnisse angezeigt. Sie müssen bei der Wahl Ihrer Suchbegriffe also fantasievoll vorgehen.

Das Suchergebnis ist eine Liste mit Links. Die gefundenen Seiten sollten Sie zunächst nur überfliegen, um sich einen Eindruck zu verschaffen. Brauchbare Seiten speichern Sie ab und lesen Sie gründlicher offline.

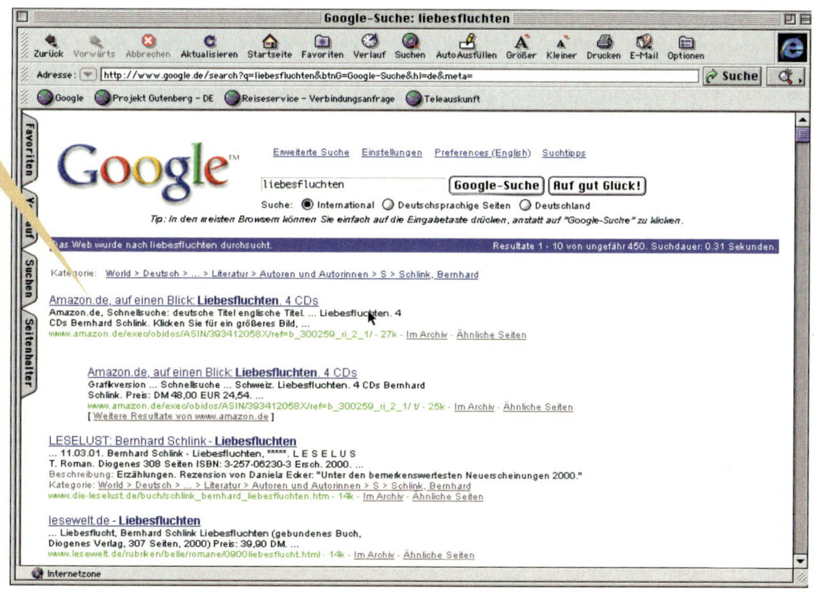

Fragenkatalog zur Bewertung von Internetseiten

	Internetseite x	*Internetseite xy*	…
Passen die gefundenen Informationen zum Suchbegriff?	…	…	…
Sind die Informationen verständlich formuliert?	…	…	…
Wie aktuell sind die präsentierten Informationen?	…	…	…
Unterstützen grafische Elemente die Information bzw. die Benutzung der Seite?	…	…	
Sind die Informationen vielfältig?	…	…	
Gibt es Links, die weitere Informationsquellen eröffnen?	…	…	
Ist das Sprachniveau angemessen?	…		
Was sind die Quellen der Seite? Wer sind die Autoren und Verantwortlichen der Seite?	…		
Sind die Quellen und Informationen vertrauenswürdig?	…		
Ist eine Kontaktaufnahme möglich?	…		
…			

4. a) Finden Sie in Kleingruppenarbeit zu einem der folgenden Themen sinnvolle Suchbegriffe, die eine möglichst breite Information versprechen:
   - Veränderung in der Arbeitswelt
   - Werbetechniken im Internet
   - Politische Parteien in der Bundesrepublik Deutschland
   - Gentechnologie
   - London

   b) Benutzen Sie Ihre Suchbegriffe in verschiedenen Suchmaschinen und vergleichen Sie die Ergebnisse (Trefferzahl, Sortierung, Qualität der gefundenen Seiten). Welche Unterschiede zwischen einzelnen Suchmaschinen werden deutlich?

   c) Wählen Sie mindestens drei der gefundenen Seiten zu Ihrem Thema aus und bewerten Sie sie mit dem oben vorgeschlagenen Fragenkatalog. Präsentieren Sie Ihre Ergebnisse in einem ▷ Kurzreferat. ▷ S. 42 ff.

2.3 Hypertexte

Hypertext
Speziell gekennzeichnete Textstellen sind mit anderen Informationen durch so genannte Hyperlinks gekoppelt. Der Anwender kann die entsprechenden Verweisstellen aufrufen, wobei es sich um jede Art von Dokument (Text, Bild, Ton, Video, Datenbank usw.) handeln kann. Jedes Element kann selbst wieder mit anderen verknüpft werden.
Diese Information muss nicht unbedingt auf dem lokalen System (offline) gespeichert sein, sie kann sich auch in einem Netzwerk oder auf einem Computer im Internet (online) befinden. Die Software stellt dann automatisch die Verbindung zur angegebenen Stelle her.
Der allgemeinen Ansicht zufolge hat Vannevar Bush, der wissenschaftliche Berater Präsident Roosevelts, die ersten Ansätze zu einem Hypertext-System formuliert.
1945 veröffentlichte Bush seine „Überlegungen zu einem assoziativ verknüpften Informationssystem“. Sein „Memory-Extender“ sollte damit im Gegensatz zu alphabetisch oder numerisch geordneten Systemen dem menschlichen Denken entsprechen.

Gerald Jatzek

Vom Buch zum Hypertext

Gedruckter und geschriebener Text wird für gewöhnlich linear gelesen. Die Leserichtung von Texten in lateinischer Schrift verläuft von links nach rechts und von oben nach unten. Unterbrechungen des Textflusses sind durch verschiedene Werkzeuge des wissenschaftlichen Apparates möglich, etwa Anmerkungen und Fußnoten, sowie durch Abbildungen.

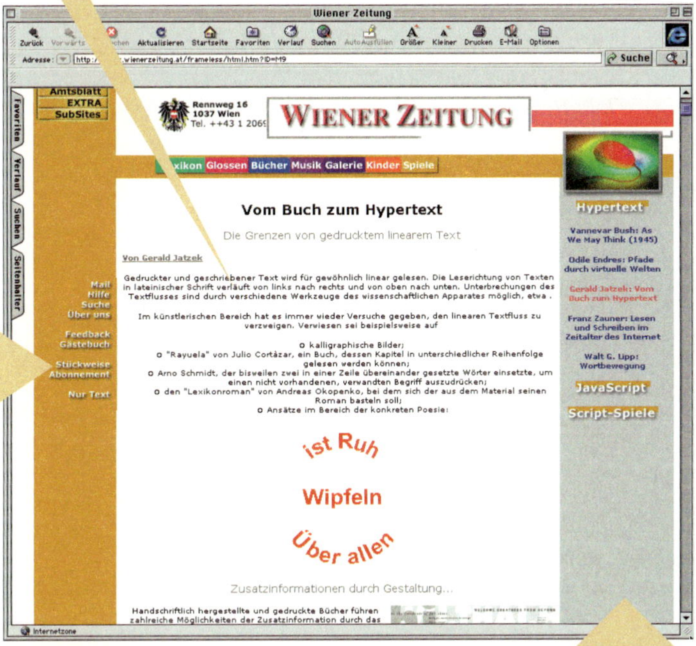

Es gibt zwei Arten von Büchern: solche zum Lesen und solche zum Nachschlagen. Bücher zum Lesen werden bestimmt bleiben, denn sie lesen sich selbst in der Taschenausgabe viel leichter als auf einem Bildschirm. Nachschlagewerke hingegen könnten tatsächlich verschwinden, weil es einfacher ist, sie in elektronischer Form zu haben – zumindest theoretisch.
Das Mittel dafür sind Hypertexte. Sie unterteilen längere Schriften in appetitliche Happen, garnieren sie mit Bildern und Musik. Durch Computerlinks werden sie assoziativ verknüpft. Jeder, der das einmal erlebt hat, empfindet es als Segen. Riesige Textsammlungen können miteinander verbunden werden, ein Stichwort ist das Tor zum nächsten. Ein babylonischer Wortbau, verknüpft mit anderen babylonischen Wortbauten, und alle zusammen bilden die „Gutenberg-Galaxis“. Hier können Texte gelesen werden, die es so gar nicht gibt. Dabei geht jeder früher oder später einmal verloren, weicht von seiner ursprünglichen Intention ab, verliert vor lauter Bibliothek sein Buch aus den Augen. Unser Hirn sieht gerne alles auf einmal, wenn man es lässt. Deshalb bleibt Übersicht des Surfers größtes Problem.

1. Stellen Sie die Unterschiede von linearen Texten und Hypertexten, wie sie auf S. 186 beschrieben werden, in einer Tabelle gegenüber.
2. a) Überlegen Sie, wo Ihnen außerhalb des Internets „Hypertexte" – Texte mit Verweisen auf andere Texte – begegnen.
   b) Diskutieren Sie Vor- und Nachteile des Mediums Internet für Texte, die auf andere Texte verweisen.
3. Erörtern Sie, ob Hypertexte der Art und Weise des menschlichen Denkens entsprechen.

So entsteht ein Hypertext für das Internet

Planung	*Wichtig ist eine möglichst genaue Beschreibung des zu erstellenden Produkts: Sammlung aller Teilthemen, Kennzeichnung inhaltlicher Beziehungen zwischen den Teilthemen. Diese (vorläufige) Struktur sollte von Beginn sichtbar sein*
Qualitätskriterien	*Vor Aufnahme der Arbeit lohnt es sich, an Vorbildern Qualitätskriterien für die eigene Seite zu entwickeln. Folgende Fragen könnten dabei von Interesse sein:* • *Welche Inhalte sind wichtig, welche nicht?* • *Für wen wird der Text geschrieben?* • *Wie lang sind die Texte?* • *Welchen Anteil und Informationswert haben Bilder?* • *Ist ein einheitliches und signifikantes Layout zu erkennen?*
Aufgabenverteilung	*Die Gruppen müssen nun zu ihrem Thema Informationen und Bilder/Grafiken sammeln. Schon zu Beginn der Arbeit sollte ein Zeitrahmen vereinbart werden.*
Schreiben für das Internet	*Geschrieben wird zunächst der Text. Dabei empfiehlt es sich, von vornherein mit einem HTML-Editor zu arbeiten, um Verluste beim späteren Umwandeln der Dateien zu vermeiden. Bei der Konzeption der einzelnen Seiten sollte darauf geachtet werden, dass die Texte möglichst auf einer Bildschirmseite Platz finden, um dem Leser die Benutzung zu vereinfachen. Zu lange Texte sind erfahrungsgemäß Grund genug, eine Seite schnell wieder zu verlassen. Hypertext ist eben nicht linear, sondern lebt von den Querverbindungen, den Links. Passt also ein Text nicht auf eine Bildschirmseite, muss man überlegen, ob er sich nicht in mehrere Texte zerlegen lässt, die getrennt erstellt und sinnvoll verknüpft werden.*
Layout	*Alle Texte sollten ein einheitliches Erscheinungsbild haben. Die Leser erhalten so intuitiv den Eindruck, dass alles zusammengehört. Besonders wichtig ist so eine „Corporate Identity" bei der Veröffentlichung eines Informationsnetzes im WWW. Solche Layout-Vorgaben sind mit der Gruppe zu entwickeln.*
Verknüpfung der Texte	*Fertige Texte werden dann mit den anderen vernetzt, dabei werden die vorgesehenen Verbindungen realisiert. Hyperlinks verweisen auf andere HTML-Seiten, von einer Ausgangsseite auf eine Zielseite. Die Zielseite kann sowohl der Text eines anderen Gruppenmitglieds sein als auch eine beliebige Internet-Seite oder die eigene E-Mail-Adresse, wenn Rückmeldungen erwünscht sind.*

Verknüpfung der Texte (Forts.)	*Damit sich die Leser in dem so entstehenden Netz nicht zu leicht „verlaufen", sollte vereinbart werden, dass jede Seite Hinweise wie „Zurück zur letzten Seite", „Zurück zur Startseite", „Zurück zum Inhaltsverzeichnis" oder Ähnliches enthält, hinter denen sich Links auf die entsprechenden Seiten befinden.*
Einfügen von Bildern/Grafiken	*Bilder werden auf dieselbe Weise in fertige Seiten eingefügt wie Verweise auf die anderen Texte: Die Grafikdateien werden zunächst separat erzeugt; an der Stelle im Text, wo das Bild erscheinen soll, wird dann ein Link auf die entsprechende Grafikdatei eingefügt.*
Überarbeitung	*Eine Überarbeitung schon erstellter Seiten ist am Computer sehr viel leichter als auf Papier, da nicht alles neu geschrieben werden muss.*
Veröffentlichung und Pflege	*Mit der Veröffentlichung ist die Arbeit üblicherweise nicht beendet. Noch vorhandene Fehler müssen entfernt, eventuelle Erweiterungswünsche umgesetzt und hin und wieder Aktualisierungen vorgenommen werden. Das Informationssystem bleibt dynamisch – anders als jedes gedruckte Produkt.*

PROJEKTVORSCHLÄGE

1. a) Erstellen Sie mit Hilfe dieser Anleitung eine **Internetseite über Ihre Klasse**.
   - Jedes Klassenmitglied schreibt eine kurze Selbstbeschreibung. Einigen Sie sich, ob Standardvorgaben (Daten, Hobbys usw.) erfüllt werden sollen oder jede/r frei entscheiden kann, was sie/er über sich schreibt.
   - Weitere Texte z. B. über Lehrer/innen, Fächer, Klassenfahrten usw. können in Gruppenarbeit erstellt werden.
   - Bildmaterial und Layoutvorschläge werden ebenfalls in Gruppenarbeit gesammelt und umgesetzt.
   - Bei der Verarbeitung sollten Spezialisten ihr Wissen einbringen und an die anderen weitergeben.

   b) Führen Sie ein Arbeitstagebuch, in dem Sie die Erfahrungen und Schwierigkeiten des Arbeitsprozesses dokumentieren.

   c) Entwickeln Sie anhand Ihres Arbeitstagebuches einen kurzen „Leitfaden zur Internetpräsentation".
2. Erstellen Sie mit Ihrer Klasse einen **Hypertext zu Bernhard Schlinks Roman „Der Vorleser"** (▷ S. 264 ff.).
   - ▷ S. 34, 48 Ermitteln Sie in einem ▷ Brainstorming oder ▷ Brainwriting Themen Ihres Hypertextes.
   - Denkbare Schwerpunkte könnten sein: Personen, Handlung, Konflikte, geschichtliche Zusammenhänge usw.
   - Bilden Sie eine Redaktionskonferenz und beraten Sie über den Aufbau des Hypertextes.
   - Schreiben Sie die geplante Gliederung Ihres Hypertextes als Ergebnis der Redaktionskonferenz auf eine Wandzeitung.
   - Verteilen Sie die Themen auf Arbeitsgruppen.
   - Lesen Sie noch einmal genau die Tipps auf S. 187 f. durch und schreiben Sie zu Hause oder im PC-Raum Ihrer Schule die vereinbarten Texte.
   - Recherchieren Sie im Internet, welche bereits vorhandenen Informationen über den Roman Sie evtl. benutzen können.
   - Erstellen Sie eine Indexseite, die Ihren Hypertext vorstellt. Von der Seite aus können alle Teile des Hypertextes aufgefunden werden.
   - Benutzen Sie im PC-Raum Ihrer Schule ein Programm, um alle erstellten Seiten miteinander zu verlinken.

2.4 Chatten

Franz Zauner

Lesen und Schreiben im Zeitalter des Internets

Kaffeehäuser mit Internet-Zugang sind eine Realsatire des Informationszeitalters: Im Extremfall kommen Leser und Schreiber nebeneinander zu sitzen und tippen einander stumm etwas zu, ohne zu merken, dass sie im selben Raum sitzen. Schon wagen sich die ersten Kritiker vor, die vor der Ausrottung der direkten Rede warnen. Doch wenn Leute, die sich sonst nie kennen lernen würden, plötzlich massenhaft miteinander „kommunizieren", klingt das zunächst nach Errungenschaft. Woher kommt die stumme Redseligkeit, die eigentlich eine Schreibseligkeit ist? […]

Chats, bei denen man sich über Tausende von Kilometern hinweg in Echtzeit Mitteilungen zutippt, vermitteln eine Vorstellung von den Vorzügen astraler[1] Existenz. Weder Warzen noch Übergewicht trüben die eigene Erscheinung – man ist reiner Geist. Deshalb empfinden Leser und Schreiber an guten Tagen den Cyberspace als überaus angenehmen Ort: Er ist ein virtueller, potenziell unendlicher Raum, der von Engeln bevölkert wird, die eine ideale Kommunikationsgemeinschaft bilden. Selbst der Kapitalismus zeigt sich von seiner schönsten Seite – noch. Er beruht auf dem Wettstreit der besseren Ideen, folgt einer Ökonomie der Aufmerksamkeit, kommt ohne Postwurfsendung und Direct Mailing aus, überredet durch den zwanglosen Zwang des besseren Arguments. […]

In einem „Time"-Essay über Evolutionspsychologie bezeichnete Robert Wright das Internet als Medium, das wieder jenes ursprüngliche Sozialverhalten ermöglichen könnte, für das uns die Natur vor einer Million Jahren genetisch eingerichtet habe. […]

Die Zahl der Verstöße gegen Grammatik, Stil und guten Geschmack mag täglich in die Millionen gehen – die Zitierordnung, die in den gedruckten Büchern langsam, aber sicher verkommt, ist im Usenet jedenfalls heilig. Selbst Debatten über die letzte Folge von „Raumschiff Enterprise" werden mit höchster Genauigkeit geführt. Wenn jemand eine Meinung anficht, zitiert er sie zunächst fein säuberlich. Dann erst äußert er sich dazu. Der Alltag wird mit wissenschaftlicher Präzision bestritten. Fachdiskussionen können binnen Minuten durch Zuträger aus aller Welt zu unübertrefflichen Informationskompendien[2] werden, psychopathische Streitgespräche zu exakt dokumentierten Fallstudien menschlicher Wirrungen.

Das sind die Vorzüge der schriftlichen Existenzweise: „Es gibt im Text keine Maske: Das, was jemand geschrieben hat, ist die Wahrheit. Was man über sich selbst sagt, ist wahr, einfach weil man es sagt. Ihr Text, das sind Sie! […] Es gibt keine anderen Kriterien, auf die sich die übrigen Teilnehmer beziehen können. Text ist im Usenet eine sehr ernste Angelegenheit, selbst wenn er aus Spaß geschrieben wurde: Ich schreibe, also bin ich." Das schrieb die holländische Journalistin Karin Spaink, die in der Newsgroup „nl.misc" als Text lebt. Dieses Forum debattiert über alles und nichts, über Wetter und Sex, über Presse und Gesundheit, über Asylpolitik und Kochrezepte. Die Teilnehmer kennen einander gut. Sich gut kennen heißt in diesem Fall, sich als Text gut zu kennen.

Man ist dabei so „körperlos, wie man nur sein kann", aber auch außerordentlich festgelegt. Eine kleine Abweichung im stilistischen Erscheinungsbild, im sprachlichen Gestus genügt, und schon gilt man nicht mehr als der, der man vorgibt zu sein. Wer seinen Text umschreibt, verändert sich selbst. So viel Macht hatten die Buchstaben schon lange nicht mehr.

1 **astral:** überirdisch, nicht körperlich

2 **Kompendium:** Abriss, kurz gefasstes Lehrbuch

▷ S. 34 1. a) Veranstalten Sie ein ▷ Brainstorming zu dem Text von Zauner (▷ S. 189).
b) Diskutieren Sie Vor- und Nachteile der körperlosen Kommunikation.
2. Können Sie sich vorstellen, dass Bekanntschaften im Netz (ohne leibhaftige Begegnungen) zu echten Freundschaften werden? Erzeugen Sie ein Stimmungsbild in der Klasse und stellen sie das Ergebnis grafisch dar.
3. Berichten Sie von eigenen Chat-Erfahrungen.

Christiane Eichenberg/Ralf Ott

Rollenspiel – Identitäten im Internet

Sandford Lewin, ein New Yorker Psychiater, richtete sich in den Achtzigern einen Account bei CompuServe ein. Bald stieß er auf einen Chatroom des Providers und loggte sich ein. Er wählte einen geschlechtsneutralen Benutzernamen, woraufhin eine Chat-Partnerin ihn für eine Psychiaterin hielt. Er bemerkte eine außergewöhnliche Offenheit in diesem Gespräch, die er als typisch für die Kommunikation unter Frauen ansah.
Um weiterhin in den Genuss dieser Offenheit zu kommen, wählte er beim nächsten Chat bewusst einen weiblichen Benutzernamen. Bald entwickelte sein Experiment eine Eigendynamik und wurde als eines der spektakulärsten Spiele mit Online-Identitäten bekannt: Über Monate agierte Lewin in diversen Chatrooms als Joan Greene, eine nach einem Autounfall an den Rollstuhl gefesselte Frau. Joan war als intime Gesprächspartnerin sehr beliebt und knüpfte enge Freundschaften. Umso größer war die Verwirrung, Enttäuschung und Wut, als Joan sich Monate später als männlicher Psychiater enttarnte, was der Existenz von Joan Greene den Boden entzog. […]
Psychologen untersuchen, wie beliebt es tatsächlich ist, sich hinter fiktiven Identitäten zu verbergen. Sie möchten herausfinden, was Menschen zu einem Rollenwechsel dieser Art motiviert und welche Möglichkeiten das Internet überhaupt bietet, die persönliche Identität auszudrücken. […]
Kollektive Identitäten, die eine Identifizierung mit einer bestimmten Gruppe darstellen, zu der man gehört oder zu der man sich gerne zählen würde, drücken sich im Internet bevorzugt in *Online-Communities* aus. Damit sind Kollektive von Personen gemeint, die sich regelmäßig online austauschen. Dies kann etwa in Mailinglisten, Newsgroups, Diskussionsforen, MUDs (Multi-User-Dungeons, das sind Mehrpersonen-Rollenspiele) oder Chats geschehen.
Wer einer chattenden Community beitritt, macht sich zunächst einmal als Gesprächspartner *identifizierbar*, normalerweise über einen selbst gewählten *Nickname* (Benutzernamen). Um als Mitglied eines Chat-Channels wiedererkannt zu werden, wird typischerweise immer derselbe Nickname gewählt. Es gilt als schwerwiegende Verletzung der „Netiquette“, den Nickname einer anderen Person zu verwenden. […]
Beim ersten Chat stellt sich nicht automatisch ein Gefühl der Zugehörigkeit ein, weil man von den anderen Chattern in der Regel überhaupt nicht wahrgenommen wird. Nach Beobachtungen sorgen erst regelmäßige Teilnahme, das Kennenlernen und Befolgen gruppenspezifischer Normen, das Liefern konstruktiver Beiträge und vertiefte Kontakte zu anderen Mitgliedern dafür, dass man vom Outsider zum Insider wird. Es ist also keinesfalls so, dass „virtuelle Gemeinschaft“ umgehend entsteht. Vielmehr bedarf es der Investition von Zeit und Engagement, das Beweisen von Kompetenz und Vertrauenswürdigkeit, Sympathie und Ansehen, um zu der jeweiligen sozialen Gruppe dazuzugehören. […]
Wie kann aber eine identitätsstiftende soziale Gemeinschaft entstehen, wenn jede vorgefundene Identität auch eine Schein-Identität sein kann? Wie steht es generell um die Ehrlichkeit der Chatter? Eine Studie mit 60 Teilnehmern gab die überraschende Antwort, dass der Chatroom geradezu ein Refugium von Offenheit und Ehrlichkeit darstellt. 83 % der Befragten gaben an, dass sie beim Chatten oft

oder zumindest manchmal ehrlicher und offener anderen Menschen begegnen als im „real life". Umgekehrt berichten 48 %, von anderen beim Chatten oft Intimitäten zu erfahren, die ihre Freunde im normalen sozialen Umfeld ihnen nicht mitteilen. Somit scheint – wenn man den Selbstauskünften trauen darf – die fehlende körperliche Präsenz eine unbefangene Kommunikation zu begünstigen: Der Chatter nutzt die Freiheit, um sich zu öffnen, nicht um sich zu tarnen. [...]

Das Internet ermöglicht noch weitere Spiele mit der Identität, weil es so körperlos ist. Der „Netizen" kann eine Rolle einnehmen, die normalerweise an einen bestimmten Körper gebunden ist, etwa Greis oder Frau. Er kann eine Gruppenidentität ausleben, die im „real life" nicht zum Zuge kommt – ein Trekker findet vielleicht im Internet die Star-Trek-Fans, nach denen er am Wohnort vergeblich gesucht hat. [...]

Überwiegend ist das Experimentieren mit Identitäten im Netz als unterhaltsames Freizeitvergnügen zu verstehen, das durchaus positive Auswirkungen haben kann: Wir haben die Möglichkeit, unseren sozialen Handlungsspielraum zu erweitern, wenn wir die im virtuellen Rollenspiel gemachten Erfahrungen reflektieren und in unser „real life" übertragen.

1. a) Erstellen Sie zwei ▷ Cluster, in denen Sie festhalten, was eine „Identität im Internet" und was eine „Identität im persönlichen Umgang" ausmacht. ▷ S. 26
   b) Diskutieren Sie in der Klasse darüber, was Sie unter der „Identität" eines Menschen verstehen.
   c) Halten Sie Ihre Ergebnisse in Form eines ▷ Thesenpapiers fest. ▷ S. 81
2. Schreiben Sie eine Kurzgeschichte, die das interessante oder problematische Spiel einer Person mit ihrer zweiten „Chat"-Identität behandelt. Sie können einen erzähltechnischen Kunstgriff anwenden, indem Sie abwechselnd in der 1. Person (Ich-Form) und der 3. Person (Er-/Sie-Form) schreiben.

Gerald Jatzek

Gutes Benehmen im Cyberspace

Das Internet ist ein Ort der Begegnung. Wie an allen derartigen Orten gibt es gewisse Verhaltensweisen. Insbesondere die Usenet-Newsgroups, egal ob moderiert oder nicht, haben einige klare Regeln. Wer nicht als Elefant im elektronischen Porzellanladen gelten will, sollte sich an diese halten:

- Auch wenn der Kontakt im Cyberspace stattfindet: Sie haben stets mit Menschen zu tun, die Gefühle und Wertvorstellungen haben, die es zu achten gilt.
- Halten Sie sich an die Gebote der Achtung und Höflichkeit, die Sie vom „wirklichen" Leben her kennen.
- Die Thematik der Newsgroup beachten: Wenn Sie über die Rolling Stones diskutieren wollen, tun Sie dies bitte nicht in einem Forum über Haushaltsgeräte.
- Die FAQs lesen: Die Dokumente mit den „frequently asked questions" geben Auskunft über die Gepflogenheiten in einer speziellen Newsgroup.
- Verwenden Sie bei Ihren Mitteilungen stets präzise, aussagekräftige Titel, also etwa „Spectrum 16 streikt" statt „Soundkarte kaputt".
- Formatieren Sie Nachrichten mit einer Zeilenbreite von 27 oder 80 Anschlägen.
- Zitieren Sie in Antworten nur den Teil, auf den Sie sich beziehen. Zitiert wird mit Anführungszeichen ("..."), spitzen Klammern (<<...>>) oder mit der nach rechts weisenden spitzen Klammer an *jedem* Zeilenanfang (>).
- Nicht alle Antworten interessieren die gesamte Teilnehmerschaft. Denken Sie daran, dass es mitunter effektiver ist, dem Fragesteller eine Mail zu schicken, als die Antwort in der Newsgroup zu posten.
- Verwenden Sie eine klare, verständliche Sprache, die den Erfordernissen der Grammatik und Rechtschreibung Rechnung trägt.

- Schreien Sie nicht: Heftigwerden bis zum Brüllen wird in GROSSBUCHSTABEN ausgedrückt. Da Sie nicht sofort antworten müssen, warten Sie lieber, bis Sie ruhig und besonnen reagieren können.
- Nehmen Sie Kommentaren die Schärfe durch den Einsatz von Smilies: :-)
- Vermeiden Sie „spamming“: Darunter versteht man das Versenden einer Nachricht an zahlreiche Newsgroups. Wenn das Thema mehrere Implikationen[1] hat, ist der Versand in Ordnung. Wenn derlei allerdings zu Werbezwecken geschieht, muss man mit heftigen Reaktionen der Internet-Community rechnen!

1 **Implikation:** Verknüpfung, Verbindung

1. Recherchieren Sie, wie das Chatten technisch abläuft, und formulieren Sie „Regeln für den Chatanfänger“.
2. a) Führen Sie in Ihrer Klasse einen Internetchat über das Schulweb (www.schulweb.de) durch.
   b) Untersuchen Sie Ihren Chat unter folgenden Gesichtspunkten:
   - Wer „spricht“ mit wem?
   - Welche Themen werden behandelt?
   - Welche sprachlichen Besonderheiten stellen Sie fest? (Wortwahl, Satzbau, Zeichensetzung, Emoticons ...)
   - ▷ S. 118 Welche ▷ Sprachfunktionen überwiegen?
3. Stellen Sie Ihren Internetchat szenisch dar. Überlegen Sie in Form einer Ideenbörse, wie spezifische Eigenheiten der virtuellen Kommunikation umgesetzt werden können.
4. Reflektieren Sie Ihre gewonnenen Erfahrungen, indem Sie in Form eines Kommentars auf Zauners Text „Lesen und Schreiben im Zeitalter des Internets“ (▷ S. 189) antworten.
5. Reflektieren Sie abschließend noch einmal die Thesen zu Christiane Eichenbergs und Ralf Otts Text „Rollenspiel – Identitäten im Intenet“ (▷ S. 190 f.).

Abkürzungen im Chat

bab	Bussi aufs Bauchi
bg	big grin (großes Grinsen)
bsg	big satanic grin (breites satanisches Grinsen)
bsvl	biegt sich vor Lachen
bussimz	Bussi mit Zunge
bvid	bin verliebt in dich
bvl	brüllt vor Lachen
dbdb	Du bist der/die Beste!
ES	Evil Smile
ewg	evil wicked grin (teuflisches Grinsen)
fg	freches Grinsen
filwy	falling in love with you
frins	fieses Grinsen
fudhuk	fall um den Hals und knuddel (heftige Begrüßung)
g	grin = grinsen
grmpf	grmpf ... (eben alles, was man sagen will)
hea	Hau endlich ab!
hindik	Hab immer nur dich im Kopf!
ig	ironisches Grinsen
ikd	ich küss dich

2.5 E-Mail

Gundolf S. Freyermuth

Kommunikette

Verbindliche Regeln im digitalen Verkehr steigern die Effizienz

Kommuniziert wird wie nie – aber wie? Die Vielzahl neuer Techniken hat eine babylonische Verwirrung der Verkehrsformen erzeugt. Ein Kommunikations-Knigge tut Not.

Der Geschäftsführer einer alteingesessenen Firma, die gestern noch ausschließlich per Telefon und Dampffax kommunizierte, beginnt seine Mail mit „Hamburg, am …", macht brav einen Absatz, fährt mit „Sehr geehrter Herr …!" fort und endet stilsicher mit „Nach Diktat verreist, i. A.". Der Redakteur eines Lifestyle-Magazins zitiert zwei Bildschirme lang den ausführlichen Themenvorschlag, den er angefordert hatte, bevor endlich weit unten seine nichts sagende Antwort erscheint: „Melde mich, wenn ich mehr weiß." Die von aller Anrede befreiten Stammel-Mails eines Freundes lesen sich dagegen, als seien sie noch nicht durch die Dechiffriermaschine gelaufen: „Hi, shcik btte Adetsse von Ppetre! (mit Psstleitzhal)". Ein anderer Freund plaudert in offenen Online-Gruppen, als wären wir unter vier Augen. Und eine entfernte Bekannte schüttet meine Mailbox tagtäglich mit endlos weitergeleiteten Witzen und Ketten-Mails zu, welche mich mit einem Leben in vollkommener Glücklosigkeit bedrohen, wenn ich sie nicht binnen 24 Stunden an meine zweihundert engsten Freunde weiterschicke.

Nicht nur Funktelefone wandeln sich aber zunehmend durch ihren falschen Gebrauch von vorteilhafter Technik zum Handi- beziehungsweise Handykap. Verunsicherung erzeugt auch die eigentlich viel harmlosere und unauffällige E-Mail. Mitte der 90er-Jahre galt es in den USA noch als recht bedenklich, Geburtstags- oder Festtagswünsche per karger ASCII-Post zuzustellen. Derweil hat der Boom der multimedialen Glückwunschkarten-Sites im WWW die virtuelle Grüßerei gänzlich akzeptabel werden lassen. Doch andere Etikettefragen bleiben, insbesondere das – wirkliche oder vermeintliche – Problem einer Verwilderung der sprachlichen Sitten. Es sei zunehmend schick, sich so beschäftigt zu geben, dass man keine Zeit mehr für Rechtschreibung habe, spottet etwa Robert Wright in Microsofts Online-Magazin Slate: „Nun, da die Sekretärinnen dank E-Mail aus dem Spiel sind, kommen aus den höchsten Kreisen Mitteilungen mit den meisten ausgelassenen Vokalen und kleingeschriebenen Hauptwörtern. Einmal bekam ich eine E-Mail von einem international angesehenen Schriftsteller, die fast komplett unlesbar war. Ich erblasste vor Bewunderung."

Sehnsucht nach Kommunikette

Die Verbreitung von E-Mail und die Verlagerung sozialer Kontakte in den Cyberspace hat Unsicherheit über angemessene Verhaltensweisen produziert und Versuche, guten Rat zu erteilen. Im Internet finden sich zahlreiche Seiten, die über Netiquette informieren. Dienstleistungsanbieter wie „The Etiquette Advantage" florieren, die Geschäftsleuten Nachhilfe in den digitalen Kommunikationssitten geben.

---

1. a) Sammeln Sie in einem ▷ Brainstorming Ideen für Regeln des E-Mail-Verkehrs. ▷ S. 34
   b) Formulieren Sie nach Punkten geordnet Regeln für den E-Mail-Verkehr.
2. a) Vergleichen Sie die „Top-10-E-Mail-Regeln" auf S. 194 f. mit Ihrer eigenen Regelsammlung.
   b) Welche Regeln sind im privaten und welche nur im geschäftlichen Bereich sinnvoll? Begründen Sie mit Beispielen, warum bestimmte Regeln nicht immer eingehalten werden können.
3. Suchen Sie Beispiele für herkömmliche ▷ Geschäftsbriefe. Schreiben Sie die Briefe zu E-Mails um. ▷ S. 393 ff.

Top-10-E-Mail-Regeln

1. **Prägnante Betreffzeilen**
Wer sie lesen will, muss Mails öffnen. Viele erhalten mehr elektronische Post, als sie beim besten Willen lesen können. Wenn die Betreffzeile daher nicht klar das Thema nennt oder neugierig macht, werden Nachrichten, die nicht von bekannten Absendern kommen, später oder gar nicht gelesen.

2. **Informelle Anrede**
Die Anrede hat so informell wie nur möglich zu sein – auch wenn dies in Europa und speziell Deutschland ein besonderes Thema ist, belastet durch die kulturell tief verwurzelte Sitte des differenzierenden Duzens/Siezens. Die Anrede setzt jedoch den Ton für die ganze Post, und E-Mails in umständlich-gewundenen Stil der analogen Epoche nähmen der technischen Errungenschaft ihre Effektivität.
Das andere Extrem, jegliche Anrede wegzulassen, sollte allerdings zweiten und dritten Sendungen in mehrfach hin und her fliegenden E-Mail-Dialogen zwischen guten Bekannten, engen Mitarbeitern etc. vorbehalten bleiben.

3. **Knappe Zitate**
Ein erheblicher Vorteil von E-Mail gegenüber analoger Schriftlichkeit besteht in der Möglichkeit, dass der Empfänger Passagen kopieren und in seine Antwort einfügen kann. So lassen sich klare Bezüge herstellen und indirekte Wiederholungen der Fragestellung vermeiden. Dieser Vorteil wird allerdings zum Ballast und zur Unhöflichkeit gegenüber dem Mail-Partner, wenn die Mail, auf die geantwortet wird, aus mehr als ein paar Sätzen bestand und komplett kopiert wird. Zitiert werden sollten nur kurze Passagen, auf die in der Antwort konkret Bezug genommen wird. Das gänzliche Fehlen von Zitaten ist freilich allemal so unhöflich. Viel beschäftigte Mailer erinnern nicht unbedingt, worauf die jeweilige Antwort sich bezieht. Ein klares „Ja, machen wir" ist ihnen so kryptisch wie hermetische Lyrik.

4. **Nicht BRÜLLEN, lieber :-)**
Großschreibung zu Zwecken der Hervorhebung wird im Mail-Kontext als Brüllen verstanden. Das ASCII-Äquivalent zu Unterstreichungen oder kursivem Text sind Sternchen oder Unterstriche, die das Wort einschließen. Darüber hinaus wird das emotionale Spektrum der Schriftsprache durch Stimmungsbilder erweitert, so genannte Emoticons. Zusätzlich zu Frage- und Ausrufezeichen gibt es etwa Ironie-, Versöhnungs-, Freude- oder Trauerzeichen. Für sie gilt, was für alle Gewürze stimmt: Sparsamer Gebrauch steigert die Wirkung.

5. **Informationsreiche Signatur**
E-Mail-Programme bieten die Möglichkeit, jeder Post eine Signatur anzuhängen, die auf andere Kommunikationswege verweist: Telefon- oder Faxnummer, Postadresse usw. Eine solche Signatur erspart dem Empfänger umständliche Nachfragen.
Die Anreicherung mit Sinnsprüchen, Glaubensbekundungen oder Witzen stört eher – zumal bei häufigen Mailwechsel. Wer will täglich denselben Witz lesen?

6. **Ohne Anhang kommen**
Dateianhänge kosten Online-Zeit und lassen sich häufig nicht öffnen, weil dem Empfänger das betreffende Programm fehlt. Von der Virusgefahr ganz zu schweigen. Sie sind daher zu vermeiden. Gelegentlich, etwa bei der Übermittlung von umbrochenem Text oder von Bilddokumenten, führt an ihnen allerdings kein Weg vorbei. Dann jedoch sollte vorher sichergestellt werden, dass sie willkommen und mit den Mitteln des Empfängers dekodierbar sind.

7. **Mail ist keine Schneckenpost**
Der schriftliche Charakter von E-Mail verführt, sie wie Briefe zu behandeln. Angemessener jedoch ist der Vergleich mit einer Telefonnachricht. Akzeptabel ist daher bei „normalen" Mails ein Beantwortungszeitraum von 24 Stunden. Sendungen, die eher Briefcharakter tragen und längere Beantwortung erfordern,

können auch mehrere Tage warten. Und andere, die keinerlei konkrete Frage stellen und mehr der Kontaktpflege dienen, natürlich noch länger. Im Geschäftsverkehr erwarten kaufwillige Kunden eine sofortige Antwort. Kommt sie nicht binnen weniger Stunden, wird angerufen – im Zweifelsfall bei der Konkurrenz. Woraus sich für geschäftliche Nutzung die Notwendigkeit ergibt, mehrfach am Tag den Posteingang abzurufen und zu beantworten.

8. **Vorsichtiges Weiterleiten**
Individuelle Post ist genauso vertraulich wie ein Brief zu behandeln. Sie darf also nur mit Zustimmung des Absenders weitergeleitet werden.
Witze oder Kettenbriefe können guten Gewissens allenfalls versandt werden, wenn man absolut sicher ist, dass der Empfänger dergleichen mag. Im Zweifelsfall sollte man auf die Belästigung verzichten.

9. **Vorsicht beim ungeschützten Verkehr**
Die Datensicherheit von unverschlüsselten E-Mails gleicht, vor allem im beruflichen Umfeld, der Halböffentlichkeit von Postkarten oder Faxen – niemand weiß, wer sie (zuerst) liest. Geheimnisse, Geständnisse und Bekenntnisse sind daher in E-Mails so gut aufgehoben wie am schwarzen Brett. Selbst wenn die Post mit Sicherheit an eine private Mailbox geht und das sogar verschlüsselt, ist zu bedenken, wie leicht eine solche Sendung an den Rest der Welt weitergeleitet werden kann – heute, morgen, in zehn Jahren. Mit üblen Folgen, wenn das Gegenüber die E-Mail-Antwort nach dem Motto „So wird man bei Firma XY über den Tisch gezogen" in Newsgroups postet oder seine Website damit anreichert.

10. **Imitation macht den Kommunikationsmeister**
Originalität und Individualität besitzen unter demokratischen Verhältnissen einen hohen Stellenwert. Kommunikation ist jedoch in dem Maße zivilisiert(er), indem sie nicht oder wenigstens nicht allein dem Egoismus des Senders, sondern der Information und dem Wohlbefinden des Empfängers dient. Der direkte Weg zu einer solchen Zivilität besteht darin, Gleiches mit Gleichem zu vergelten.
Wenn im Zweifel, folge man daher dem Vorbild der letzten Mail, die man von der jeweiligen Person erhalten hat: Wie formell war die Anrede, wie ausführlich der Text, wie vertraulich der Stil, wie fehlerfrei die Rechtschreibung? So lassen sich unbeabsichtigte Unhöflichkeiten und Beleidigungen am einfachsten vermeiden.

2.6 Marktplatz Internet

Das Kaufhaus Internet

Online-Shopping

Der virtuelle Supermarkt ist Tag und Nacht geöffnet. Einfach Computer anstellen, ein Mausklick, und die Lebensmittel kommen frei Haus. Aber das ist nur eine von vielen Möglichkeiten, im Internet auf die ganz bequeme Tour zu shoppen

Karstadt und Kaufhof, Spezialanbieter und Tante-Emma-Läden, Autohändler und Modeboutiquen – sie alle haben einen neuen Konkurrenten: das globale „Kaufhaus Inter-

net". Nie war es bequemer, Dinge des Alltags, Garderobe oder Luxusartikel direkt vom Schreibtisch aus einzukaufen. Ein paar Mausklicks genügen dem Internet-gerüsteten PC-Nutzer, und die ganze Warenpalette der Konsumgesellschaft tut sich auf. In vielen deutschen Großstädten funktioniert dieser Service bereits. Hamburger bestellen alle Supermarkt-Artikel ganz bequem unter www.einkauf24.de, Berliner shoppen bei www.reichelt-ag.de, die Kölner zieht's zum www.einkaufsservice.de und Stuttgarter lassen von www.onkelemma.de anliefern. Ganz Deutschland hat www.direktkauf.de als Liefergebiet – mit der Folge, dass es auch mal 48 Stunden dauern kann, bis die Ware eintrifft. [...]

Über 80 Prozent aller Internet-Nutzer wollen nach Umfragen der Firma W3B (www.w3b.de) in den nächsten sechs Monaten „bestimmt" oder „vielleicht" online einkaufen. Fast drei Viertel aller Nutzer haben in den letzten sechs Monaten mindestens 100 Mark im Internet ausgegeben.

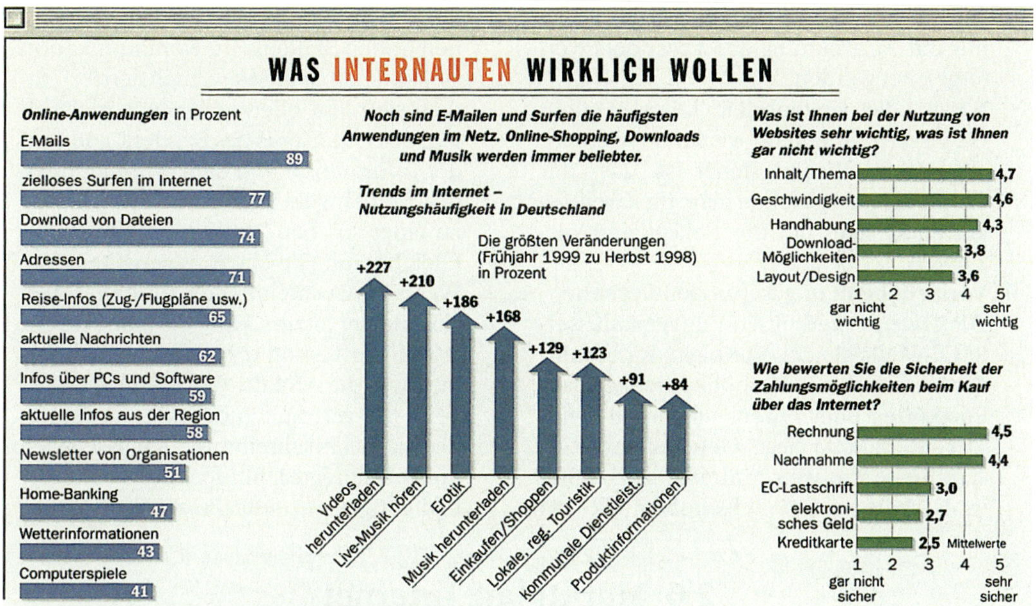

Quelle: v. links nach rechts, ARD und ZDF Fernsehforschung, GfK Online-Monitor, Net-Business (beide)

Fächerübergreifende Projektvorschläge

1. Entwickeln Sie auf der Grundlage der Statistiken „Was Internauten wirklich wollen" ein Konzept für einen **Internethandel**. Wählen Sie aus, welche Produkte angeboten werden sollen, welche Zielgruppe Sie erreichen wollen und welche ▷ Werbestrategien Sie für sinnvoll halten. ▷ S. 232 ff.
   Planen Sie Ihre Arbeit in Form eines Unterrichtsprojekts, wobei Sie die einzelnen Projektphasen dokumentieren, Ihre Arbeitsschritte in einem Vortrag erläutern und abschließend Ihre Ergebnisse angemessen präsentieren. Verwenden Sie dabei visuelle Unterstützungsmöglichkeiten (Wandplakate, Overhead-Folien, Powerpoint ...).
2. Untersuchen Sie verschiedene **Internetanbieter**. Beurteilen Sie den Auftritt der Anbieter im Web und entwickeln Sie mit Hilfe der Statistiken „Was Internauten wirklich wollen" jeweils Verbesserungsvorschläge. Dokumentieren Sie Ihren Arbeitsprozess und erläutern Sie Ihre Vorgehensweise. Präsentieren Sie abschließend Ihre Ergebnisse in visuell aufbereiteter Form.

2.7 Internetkritik

Lorenz Borsche

Von Surfern, Egomanen und den neuen Telefontarifen (1995)

Didi

Mein Ex-Arbeitgeber und Ist-Kollege, ein EDV-Dienstleister und alter Computer-Hase, klang ziemlich deprimiert, fast verzweifelt. „Eben war ich zwei Stunden im Internet, wir haben nämlich jetzt auch eine Homepage, Lorenz, sag mir doch bitte, was ich da soll, wofür das gut ist, ich fühl mich ganz leer im Kopf! Überall bin ich rumgesaust, aber ich weiß immer noch nicht, welchen Sinn das Ganze eigentlich hat." Nach kurzem Disput waren wir uns sehr einig: eine medienwirksam aufgebauschte Nullnummer, die vom Steuerzahler, also uns, finanziert wird. Eine Wundertüte für Politiker und Journalisten, die uns das Internet als Allheilmittel für alle Wehwehchen verkaufen wollen, unter denen unsere Gesellschaft leidet: Arbeitslosigkeit, Sinnkrise, kollabierende Märkte und zu allem Überfluss auch noch Erklärungsnotstände auf allen Ebenen. Dank Internet werden wir, so versucht man uns zu überzeugen, Millionen neuer Arbeitsplätze zu Hause schaffen und die Märkte ankurbeln.

Hoffnung, Ernüchterung, Enttäuschung

Eine Branchenzeitschrift bittet mich um einen Fachartikel zu EDV-Systemen. Ausnahmsweise werde ich rechtzeitig fertig. Nun möchte ich, dem Redakteur zu Gefallen, den Text nicht per Fax oder Brief versenden – dann müsste dieser ja wieder gesetzt, sprich abgetippt werden –, sondern elektronisch. Diskette wäre einfach und dauert einen, allenfalls zwei Tage, aber der Herr Redakteur hat ja neuerdings E-Mail! Wir einigen uns auf das Text-Format (WinWord), ich packe meine Dateien auf eine Diskette und begebe mich zu einem Freund mit Internet-Anschluss. Es dauert nur wenig mehr als eine halbe Stunde, bis wir die 30-kB-Datei an die kurze Mitteilung, nämlich: dass jetzt eine Winword-Datei kommt, angehängt und verschickt haben – das Gerede vom Stau auf dem Datenhighway hat leider einen realen Hintergrund. Und einfach ist es natürlich auch nicht, denn zuerst mal müssen wir die Datei kodieren (U-Encoding), damit sie zusammen mit der ASCII-Mitteilung verschickt werden kann. Danach erfreuen wir uns mal wieder am reibungslosen Zusammenarbeiten verschiedener Computerkomponenten (5 Abstürze beim Versuch, ein mit dem HP-Drucker-Fax gescanntes Foto mit 4 verschiedenen Programmen weiterzuverarbeiten) und hüpfen ein wenig durchs Internet, aber davon später. Ich bringe die Mühle beim Herumbrausen öfter zum Stillstand und erfahre dabei übers Internet, was ich schon immer geahnt habe – auch davon später. Am nächsten Tag ruft mich der Herr Redakteur an: Die Mitteilung ist angekommen, prima, aber leider kann er den kryptischen[1] Kram hintendran (die U-kodierte Word-Datei) überhaupt nicht lesen. Er geht über T-Online rein, aber ob sein Browser über einen U-Decoder verfügt, weiß er nicht, und auch nicht, wie er's rauskriegen soll. Das verstehe ich – gerade als EDV-Profi – sehr gut. Also tüte ich meine Diskette ein und schicke sie ihm per „Schnecken"-Post. Es dauert einen Tag, aber es klappt!

Infomanie

Für 9 von 10 Anwendern ist das Internet ein Spielzeug, die virtuell[2] endlose Fortsetzung der Computerspielerei, die ja schon immer die Fortsetzung des präpubertären Modelleisenbahnspielens für Erwachsene war. Haben Sie sich schon mal gewundert, dass ihre Freunde stundenlang vorm Monitor ... wetten, dass die genauso enthusiastische[3] Modelleisenbahner sein könnten? Für Ehen oder andere Paarbeziehungen ist beides gleich schädlich – wobei ein Computer allerdings erheblich weniger Platz braucht als eine Modellbahn. Und natürlich den Vorteil hat, dass man das Kindisch-Spielerische daran nicht sofort erkennt –

1 **kryptisch:** unklar, dem Verständnis Schwierigkeiten bereitend
2 **virtuell:** der Kraft oder Möglichkeit nach vorhanden (aber nicht immer wirklich existierend)
3 **enthusiastisch:** begeistert, schwärmerisch

gilt er doch als ernsthaftes Werkzeug und nicht als reine Unterhaltungskiste für Leute, die anders nicht mehr kommunizieren können.

Wofür das Netz wirklich gut ist und was die Telefongebühren damit zu tun haben

Und dabei gibt es zwei „Verdienste" des Netzes, für die wir einmal dankbar sein werden: Das ist zum einen HTMLx, die weltumspannende, gemeinsame Dokumenten-Layout-Sprache. Im Jahr 2000&x werden alle Text-, Tabellen-, Grafik- und Layoutprogramme HTML lesen und schreiben können, und wir können endlich ohne Probleme Dokumente austauschen und weiterverarbeiten, sogar zwischen verschiedenen Rechnerwelten, und ohne dass Bill Gates uns dazwischenfunkt. Und zum anderen die allgemeine, gleiche, gemeinsame Mailbox für Faxe, Daten, Dokumente. Anders als beim Papier-Fax ist dort nie besetzt und Nachrichten werden so lange aufgehoben, bis sie gelesen werden, d. h., ich entscheide, wann ich meinen Rechner an- und damit den Postkasten aufmache. Und neben Texten, die, anders als beim Papier-Fax, dann auch weiterverarbeitbar sind, kann ich Bilder, Daten und Programme schicken – wenn die Browser so funktionieren, dass auch Laien damit umgehen können. Denn das muss erst noch geleistet werden: eine simple, einheitliche Zugangssoftware nach dem Motto: What do you want to do today? Während man früher wissen musste, ob zwischen CompuServe und MCI-Mail oder dem GEO-Netz ein Übergang möglich war, und vor allem wie, hängen wir morgen, egal über welchen Zugang, alle gemeinsam im Internet. Und wenn ich tatsächlich mal den Busfahrplan oder eine Zugauskunft brauche, dann könnte das übers Internet möglicherweise bequem zu ermitteln sein ... zugunsten der Deutschen Telekom natürlich, oder hat irgendjemand noch nicht kapiert, weshalb die Tarife ganz plötzlich so umstrukturiert wurden? Eines aber wird es sicher auch in Zukunft nicht geben: Wirklich wertvolle Informationen umsonst! Warum sollte man verschenken, was man auch verkaufen kann?

Peter Glaser

Die Vergangenheit der Zukunft

Und wieder treffen dieser Tage auf der Cebit die Mitglieder einer menschlichen Spezies[1] zusammen, die sich gerade vom Homo sapiens fortentwickelt: die Gattung der Homo silicon-valleyer (der „Siliziumtaler"). Es sind Menschen, deren Seele und Verstand sich auf eine für den alten Homo sapiens unbegreifliche Weise nicht mehr nur im Körper befinden, sondern sich hinausverlängert haben in verschiedenste Geräte, die immer mehr und kleiner werden und bald alle online miteinander kommunizieren können sollen. Können sollen: Die Cebit ist die weltgrößte Feier des Konjunktivs.

Information nennt sich das leuchtende Fluidum[2], das diese Menschheitserweiterung durchströmt. Computer und Internet erlauben uns heute, Dinge viel schneller zu tun, die überhaupt nicht getan werden müssen. Das nennt man digitale Revolution. Die Erde wird wieder zur Scheibe, diesmal dreht sie sich als planetarer Datenträger durch das All. Information bewegt sich aber nicht immer nur, manchmal möchte sie sich auch irgendwo hinsetzen. In ein Buch, eine Bibliothek, auf eine Diskette.

Wie selbstverständlich wird davon ausgegangen, dass alles, was mit dem Informationszeitalter zusammenhängt, sowieso gespeichert wird. Aber suchen Sie einmal nach Aufzeichnungen aus den frühen Jahren des Internets, von den 60er- bis zu den 80er-Jahren. Fehlanzeige. Websites von 1995? Verweht. Das Internet vergisst sich selbst. Es hat kein Gedächtnis. Nirgendwo wird festgehalten, wie die globale Informationsstruktur vor einem oder vor ein paar Jahren ausgesehen hat.

War die Höhlenmalerei der verlässlichere Datenträger? Der Stoff, aus dem Mikrochips gefertigt werden, ist geschmolzener Quarz. Die winzigen Schaltmuster auf der Oberfläche der Siliziumplättchen bedeuten so viel wie: Wir haben wieder angefangen auf Steintäfelchen

1 **Spezies:** Gattung

2 **Fluidum, das:** lat. „das Fließende", besondere von einer Person oder Sache ausgehende Wirkung, die eine bestimmte Atmosphäre schafft

zu schreiben. Im Prinzip ist das ganz vernünftig, da Stein und auch Papier überaus haltbare Datenträger sind. Manche Papyrusrollen[3] haben 3000 Jahre überdauert. Wir aber scheinen uns zu einer neuen Art von Frühmenschen zu entwickeln, die nicht mal Bilder an den Felswänden hinterlassen.

„Digitale Information hält für immer oder fünf Jahre – je nachdem, was zuerst kommt", spotten Experten, die sich mit der Haltbarkeit von modernen Datenträgern, ob magnetbeschichtete Bänder oder Kunststoffscheiben wie CD und DVD, befassen. Was noch am längsten durchhält, sind Festplatten. Aber die Daten, die nicht durch ermüdende Oberflächen und Lesekopfabrieb unlesbar werden, müssen spätestens alle drei bis fünf Jahre auf die jeweils neueste Datenträger-Generation überspielt werden. Denn es genügt nicht, nur die Daten aufzuheben. Mangels geeigneter Lesegeräte können viele digitale Aufzeichnungen, oft kaum älter als ein Jahrzehnt, nicht mehr gelesen werden.

Ein Mangel an Qualität bei den Datenträgern ergänzt sich mit einem Übermaß an Quantität bei den Inhalten zu einer verhängnisvollen Mischung.

3 **Papyrus, der:** Papier der Antike in Blatt- und Rollenform

Datenschutz hat immer mehr mit der Frage zu tun: Wie schütze ich mich vor Daten? Nun kommt uns die Industrie dankenswerterweise bei der Informationsdesintegration[4] entgegen. WAP etwa, das Wireless Application Protocol, bringt das Internet aufs Handy-Display, indem es ungefähr eine Trilliarde technisch nicht konformer Webseiten ignoriert und den Rest auf spartanische, vierzeilige Textmaggiwürfel zusammenschiebt. Die Effizienz der neuen Kommunikationsmethode erinnert dabei an Rauchsignale, die man mit einem Lagerfeuer erzeugt, das aus Geldbündeln betrieben wird.

In den 80er-Jahren behauptete ein viel reisender amerikanischer Kongressabgeordneter, die beste Methode, um zu verhindern, dass die Russen eine Atomrakete finden, sei, sie am Flughafen von Chicago als Gepäckstück einzuchecken. Nun, im 21. Jahrhundert, sind nicht mehr Kernwaffen die Symbole der Macht, sondern Informationen. Die beste Methode, brisante Informationen zuverlässig zu verstecken, besteht heute darin, sie ins Internet zu stellen.

4 **Desintegration, die:** Spaltung, Auflösung eines Ganzen in seine Teile

1. Fassen Sie in wenigen Sätzen die Einstellung von Lorenz Borsche (▷ S. 197 f.) zum Internet zusammen und vergleichen Sie sie mit der Einschätzung des Internets in der Öffentlichkeit. Beachten Sie dabei, wie das Verhältnis von Mensch und Medium dargestellt wird.
2. Welche Gefahr für Informationen im Internet beschreibt Peter Glaser (▷ S. 198 f.)?
3. Schreiben Sie alle Abkürzungen und Fachbegriffe aus dem Computerbereich aus beiden Texten heraus und erklären Sie sie mit Hilfe von Fachlexika oder Internetrecherche.
4. Verfassen Sie zu einem der Texte eine ▷ Sachtextanalyse. Beachten Sie dabei sprachliche Gestaltungsmittel, den Argumentationsgang und insbesondere die Anwendung von Fachbegriffen und Abkürzungen. ▷ S. 154 ff.
5. Verfassen Sie eine Entgegnung an einen der beiden Autoren in Form eines ▷ Leserbriefs. ▷ S. 135 f.
6. a) Sammeln Sie Ihre eigenen Erfahrungen mit dem Internet:
   - Wofür nutzen Sie es?
   - Werden Ihre Erwartungen, mit denen Sie das Internet nutzen, immer erfüllt?
   - Wie viel Zeit verbringen Sie mit der Internetnutzung?
   - Wie stehen Familienmitglieder, Freunde usw. zu Ihren Internetgewohnheiten?
   - Wie teuer ist für Sie die Nutzung? (Kalkulieren Sie die Hardware-Kosten mit ein.)

   b) Erstellen Sie eine ▷ Mind-Map zu positiven und negativen Aspekten des Internets. ▷ S. 21

3 Fernsehen

Matthias Wörther

An den Lagerfeuern des 20. Jahrhunderts

Über die Seichtheit des Fernsehangebotes lässt sich in der Regel schnell Einigkeit herstellen und folglich muss es oft als Sündenbock für eine Reihe negativer Entwicklungen herhalten. Auf der anderen Seite ist das Fernsehen im Medienensemble[1] das Leitmedium, das von den allermeisten genutzt und dem die meiste Freizeit gewidmet wird.

Neuere Untersuchungen arbeiten heraus, dass Fernsehen offenbar weit mehr ist als eine bloße Unterhaltungsmaschinerie, die womöglich auch noch der Verdummung dient: „Die Hauptaufgabe des Fernsehens – des massivsten Kommunikationsmediums der modernen Gesellschaft – ist es, für die symbolischen Funktionen zu sorgen, die früher nur von den populären Religionen vermittelt wurden. Die weithin voraussagbaren Szenarien von Nachrichten, Fernsehfilmen, Dramen, ‚intimen' Talkshows, denen Millionen zuschauen, können ohne weiteres als die Rituale[2], Kulte[3], Passionsspiele[4] und Mythen[5] der Moderne gelten."

Fernsehen besitzt also neben seinem bloßen Unterhaltungswert auch eine Orientierungs- und Stabilisierungsfunktion. Es bestätigt Jugendliche in ihren Überzeugungen, strukturiert den Tagesablauf und bietet Weltdeutungen an. Es ist die Gesellschaft in ihrer Gesamtheit, die hier den Mythos ihrer Gegenwart formuliert, feiert und sogar reflektiert. Insofern kann es nicht nur falsch sein, wenn sich die Kinder mit ihren Eltern vor den elektronischen Lagerfeuern sammeln.

Beim Fernsehen liegt der Schwerpunkt auf der Alltagskommunikation. In vielerlei Hinsicht führt es das unablässige Gespräch, in dem wir uns mit unserer Umgebung befinden, auf einer gesamtgesellschaftlichen Ebene fort. Wie das Alltagsgerede ist dieser Strom an Bildern und Worten oft banal, aber trotzdem wichtig und sogar lebensnotwendig. Es versichert uns Tag für Tag und unaufhörlich, dass unsere Welt Bestand hat und man ihrer Normalität vertrauen kann. Deshalb kann man die Freude von Kindern und Jugendlichen an Fernseh-Serien durchaus auch positiv interpretieren: Sie tauchen in eine Welt ein, die gleich bleibenden und zuverlässigen Regeln folgt und in der sie sich problemlos orientieren können.

1 **Ensemble,** das: zusammengehörende, aufeinander abgestimmte Gruppe
2 **Ritual,** das: das Vorgehen nach festgelegter Ordnung (v. a. bei Religionsausübung)
3 **Kult,** der: Religionsausübung einer Gemeinschaft
4 **Passionsspiel,** das: volkstümliche dramatische Darstellung der Leiden von Jesus Christus
5 **Mythos,** der (pl. Mythen): überlieferte Dichtung, Sage o. Ä. aus der Vorzeit eines Volkes

1. Machen Sie an Beispielen deutlich, was der Autor mit seinen Aussagen über das Fernsehen meint.
2. Welche Funktionen erfüllt das Fernsehen für Sie? Notieren Sie Ihre Bedürfnisse und Erwartungen.
3. Stellen Sie Ihren Wunschprogrammplan für einen Tag aus einer Fernsehzeitschrift zusammen. Präsentieren Sie den Plan vor der Klasse und begründen Sie dabei Ihre Auswahl.

3.1 Bilder können lügen

Originalfoto von Prinzessin Diana und Computerbearbeitung in der englischen Zeitung „The Mirror" 1997 mit der Schlagzeile „Hot Lips"

„Lass uns das anders machen"

„Gib noch einen Schuss Blau rein. Lass uns die ganze Angelegenheit noch mal mit mehr Kontrast ansehen. Noch etwas mehr. Kannst du den Himmel etwas zurücknehmen? Jieeh, braune Augen und ein blaues Hemd? Lass uns das Hemd grün machen. Nein, dunkler. Es ist großartig – bis auf den merkwürdigen Kerl direkt hinter ihm. Können wir den bitte rausnehmen?" „Dir gefällt der Typ nicht? Wie wär's mit dem hier?"

Roman Herzog

Zeigen Medien die Wirklichkeit?

Natürlich hoffen wir, dass die Informationen, die immer reichlicher über den Bildschirm unser Auge erreichen, nicht als solche virtuell sind, sondern möglichst nahe an die Wahrheit herankommen. Natürlich möchten wir die Möglichkeit behalten, uns ein eigenes Urteil über den Wahrheitsgrad der Information zu bilden.

Aber nun komme ich zurück zur Demokratie. Wollen es auch die, die in der Lage sind, die Multimedien in den Dienst des politischen Machterhalts zu stellen? Wie wirkt es sich auf die Demokratie aus, wenn die Wirklichkeit der Medien sich allzu weit von der objektiven Wahrheit entfernt?

Bilder der Wirklichkeit?

Das Bild ist heute zum wichtigsten Zeichen der Massenkommunikation geworden. Die Welt wird uns immer mehr durch Bilder und immer weniger durch Wörter erklärt. Wörter muss man verstehen und Begriffe begreifen, Bilder bloß erkennen. Sprache, Begriffe, Urteile stellen Zusammenhänge her, das kann das Bild nicht. Hinzu kommt, dass man Bilder im digitalen Zeitalter leicht (viel leichter als Begriffe!) verändern kann.

In den Studios der großen Fernsehanstalten errechnen Computer heute in Echtzeit neue Hintergründe, zum Beispiel eine Wetterkarte, die für die Zuschauer dann hinter Moderatorinnen und Moderatoren zu sehen sind (Blue Screen). Ein Szenario ist vorstellbar, bei dem auf zwei nebeneinander stehenden Monitoren zwei unterschiedliche Filme laufen. Auf einem Monitor sieht man zum Beispiel zwei Politiker händeschüttelnd vor dem Hintergrund einer internationalen Konferenz. Auf dem zweiten Monitor findet vor gleichem Hintergrund eine handgreifliche Auseinandersetzung zwischen beiden statt. Welches Bild hier aus dem Computer und welches live aufgenommen wurde, lässt sich dann vielleicht nicht mehr feststellen. Bewegte Bilder können bewirken, dass der Zuschauer etwas zu sehen glaubt, was im Bild nicht zu sehen ist. Dies resultiert vor allem daraus, dass Ein-

drücke nicht aufgrund einzelner Szenen und Bilder gewonnen werden, sondern durch eine Kombination im Denken der Zuschauer. Beispielhaft hierfür ist die Wahrnehmung der folgenden Szenensequenz aus einem Spielfilm:

1. Ein Mann hebt einen Telefonhörer ab und wählt.
2. Eine Frau hebt einen Hörer ab und wählt.
3. Das Telefon des Mannes ist besetzt.
4. Das Telefon der Frau ist besetzt.

Der Zuschauer kombiniert, dass beide miteinander telefonieren wollten. Aus einer Bilderfolge wird eine Handlung. Die Handlung existiert nur im Kopf der Zuschauer. Die Intention der Filmemacher bestimmt, welche oder auch wie Realität vermittelt wird. Die neuen Techniken der digitalen Bildbearbeitung, mit denen jeder einzelne Bildpunkt verändert werden und aus mehreren Bildelementen ein neues, künstliches Bild erzeugt werden kann, bringen eine neue Dimension in die Filmproduktion hinein. Veränderungen von Bildern können technisch mittlerweile so gut vorgenommen werden, dass man sie nachher oft nicht mehr nachweisen kann. Werden sie in der Werbung und bei kommerziellen Spielfilmen eingesetzt, können die Zuschauer noch schließen, dass keine Realität dargestellt wird. Werden sie jedoch bei Dokumentarfilmen und -berichten verwendet, besteht die Gefahr, dass die Zuschauer das Gesehene für Realität hatten. Daher ist eine Kenntnis der technischen Möglichkeiten heute so wichtig.

Kay Hoffmann

Bilder sind keine Abbilder der Wirklichkeit

Ein Umbruch ist im Gange. Er betrifft unseren Umgang mit Bildern, insbesondere dokumentarischen. Denn viele Zuschauerinnen und Zuschauer begreifen den Dokumentarfilm als Abbild der Wirklichkeit, was zu keinem Zeitpunkt gerechtfertigt war. In der Filmwissenschaft herrscht mittlerweile ein Konsens darüber, dass es sich hierbei um für die Kamera aufbereitete und inszenierte Realität handelt. Jeder Filmemacher verfolgt ein bestimmtes Ziel; das Ergebnis seiner Arbeit hängt nicht nur stark davon ab, was er dreht, sondern vor allem, wie er es dreht und welche Passagen letztlich Eingang in den Film finden. Dem Publikum bleiben diese Gestaltungsprinzipien größtenteils verborgen. Unser Vertrauen in das bewegte Bild hat eine kurze Tradition. Zuvor waren alle Bilder von der Welt gemalt und gezeichnet, d. h. ganz offensichtlich individuell gestaltet. Mit der Fotografie kam die Idee auf, dass wir nun ein Medium hätten, das ein wirkliches Abbild der Wirklichkeit darstellt. Doch diese Vorstellung wurde schnell erschüttert. Das bewegte Bild galt lange Zeit als schwer manipulierbar. Dies ändert sich nun – einen ähnlich kritischen Blick, wie wir ihn im Umgang mit der Fotografie und den Printmedien gelernt haben, müssen wir uns nun für die bewegten Bilder aneignen.

1. a) Warum wird Realität in bildlichen Darstellungen verändert? Ab wann kann man von Lügen sprechen?
   b) Stellen Sie die Beschreibungen, wie Fotos verändert werden können, in Zusammenhang mit der Frage nach der Glaubwürdigkeit der Medien. Zu welchen Schlüssen kommen Sie?
2. a) Informieren Sie sich über Möglichkeiten der Bildbearbeitung (Computersoftware, Fernseh- und Filmproduktion).
   b) Scannen Sie ein Foto ein und bearbeiten Sie es mit entsprechender Software.
3. Wie beurteilen Sie die Entwicklung, dass in Filmen Zeitfolgen verändert, Töne zugemischt und weggeschaltet sowie Bilder digital umgestaltet werden können, ohne dass es am Ende jemand dem Produkt anmerkt? Führen Sie mögliche Risiken/Gefahren auf.
4. a) Stellen Sie sich vor: 1. Bild: Ein Mann rennt. 2. Bild: Ein anderer Mann rennt mit einem Messer in der Hand. Wie werden Zuschauer/innen diese Bildfolge auffassen?
   b) Nehmen Sie mit der Videokamera zwei Bilder auf, die in ihrer Kombination (im Kopf des Zuschauers) einen ähnlichen Effekt erzielen.

PROJEKTVORSCHLAG: ANALYSE VON NACHRICHTENSENDUNGEN

- Zeichnen Sie die Abendnachrichten verschiedener Fernsehsender auf und vergleichen Sie sie in arbeitsteiliger Gruppenarbeit:
  - Welche Reihenfolge und welche Dauer haben die einzelnen Nachrichten?
  - Welche Nachrichten finden sich in allen Sendungen, welche nur in bestimmten?
- Analysieren Sie die jeweilige Hauptnachricht des Tages im Detail:
  - Verschriftlichen Sie den gesprochenen Text. Lassen Sie neben dem Text die Hälfte der Seite frei für die Analyse der Bilder und ihrer Montage.
  - Notieren Sie neben dem Nachrichtentext die zugehörigen Bilder. Welche Informationen erhalten Sie durch die Bilder, welche Empfindungen werden möglicherweise ausgelöst? Werden durch Bildwechsel (Schnitte) bestimmte Zusammenhänge vielleicht nur vorgetäuscht?
- Überlegen Sie sich, wie Sie ihre Beobachtungen anhand der Videoaufzeichnung in der Klasse vorstellen können. Erarbeiten Sie einen genauen Plan für einen Kurzvortrag mit ausgewählten Videosequenzen.

3.2 Fernsehserien (Soaps)

Michaela Krützen

Alles Seife

Soap-Operas erzählen Geschichten. Es geht um Liebe und Liebeskummer, um Leid und Leidenschaft. Anna verliebt sich in den Popstar Dennis, Sebastian lässt sich auf eine kriminelle Gang ein, Laura soll nach Tokio verschleppt werden – all diese Abenteuer passieren in nur einer Folge, werden in weniger als dreißig Minuten gezeigt.

Es ist leicht, diese Geschichten pauschal als trivial zu verdammen. Seit Neil Postmans Bucherfolg „Wir amüsieren uns zu Tode“ lässt sich die These, das Fernsehen mache seine Zuschauer von Minute zu Minute dümmer, sogar bequem nachlesen. Anhängern dieser Überzeugung gelten Soaps als bester Beleg für Postmans Abrechnung mit der TV-Kultur, der „Guck-Guck-Welt“. Solch ein Unsinn müsse doch zwangsläufig zur Verblödung führen. Die Dialoge seien dümmlich, die Kulissen billig, die Schauspieler schlecht und die Handlung hanebüchen. Wie – so lautet dann die Frage – kann sich ein vernünftiger Mensch nur solchen Unfug ansehen? Und: Warum vergeuden Millionen von Teenagern ihre Freizeit mit derartigem Nonsens?

1. Welche Fernsehserien („Soaps“) kennen Sie?
   a) Formulieren Sie für mehrere Soaps, die Sie kennen, deren „Plot“ (Handlungsgerüst), sodass Konflikte und Personenkonstellationen deutlich werden. Halten Sie Ihre Ergebnisse auf Plakaten fest und erläutern Sie diese vor der Klasse.
   b) Beschreiben Sie Ähnlichkeiten und Unterschiede zwischen den verschiedenen „Soaps“.
2. Entwickeln Sie ein Konzept für eine eigene Soap. Orientieren Sie sich dabei an Ihren Fernsehgewohnheiten.
3. Formulieren Sie einen Eintrag für ein Medienlexikon unter dem Stichwort „Soap“, in dem Sie die Soap von anderen fiktionalen Fernsehformen (z. B. Spielfilm) unterscheiden.

Hans W. Geißendörfer

Aufbau einer Serienfolge

Der Aufbau einer Folge zeigt jeweils drei Erzählstränge. Im Strang A läuft die Hauptgeschichte. Sie darf etwa 10 bis 12 Minuten der Folge in Anspruch nehmen. Im Strang B wird eine zweite Geschichte entwickelt, deren dramatischer Höhepunkt in einer der nächsten Folgen erzählt wird oder deren dramatischer Höhepunkt bereits in einer Folge davor erzählt wurde. B-Stränge verlaufen also im Unterschied zum A-Strang vergleichsweise ruhig, ebenmäßig und ohne beherrschenden

Höhepunkt. Sie erzählen eine Geschichte weiter, vermeiden aber, den A-Strang an Spannung oder Dramatik zu überbieten. Ein Beispiel: Wenn im A-Strang erzählt wird, dass jemand stirbt, wird im B-Strang z. B. über die Vorbereitung auf eine Urlaubsreise mit all ihren kleinen Lästigkeiten und Freuden berichtet. Es wäre falsch, im B-Strang einen Einbruch oder eine dramatische Liebessituation anzusiedeln. Der C-Strang ist der kürzeste und bereitet entweder eine größere Geschichte vor oder erzählt die Fortsetzung einer Geschichte und kann auch als Netz zwischen dem A- und dem B-Strang benutzt werden. Die Bälle von A und B fliegen entweder über ihn hinweg oder bleiben in seinen Maschen hängen. Das heißt, im C-Strang hat auch alles Platz, was eher kommentierend zu A und B benötigt wird – als Ergänzung oder als Spielfeld für Komödiantisches oder für Humor. […]
Das vierte Glied im Aufbau einer Folge ist der Cliff-Hanger. Er steht immer am Ende einer Folge und hat keine andere Aufgabe, als den Zuschauer neugierig auf die Fortsetzungen zu machen. Der Cliff-Hanger muss aus der Handlung des A- oder B- oder C-Stranges entwickelt werden. Er muss von Figuren „getragen“ werden, die im Verlauf der Folge wichtig waren. Der Cliff-Hanger muss Spannung vermitteln oder zumindest neugierig machen. Er muss mit Effekten arbeiten, die Erinnerungskraft haben und den Zuschauer neugierig, nervös oder sogar ärgerlich stimmen, weil er nicht sofort erfährt, was nun Sache ist. Spannung zu erzeugen ist ein legitimes Mittel der Unterhaltung. […]
Am besten vergleicht man dieses „In- oder Miteinander-verwoben-Sein“ der drei Stränge mit einem Zopf, der aus drei Haarsträngen oder aus drei unabhängig voneinander bereitliegenden Seilen geflochten wird. Am Ende des Zopfes wird eine Schleife gebunden, die alles zusammenhält. Diese Schleife ist der Cliff.

4. a) Analysieren Sie den erzähltechnischen Aufbau einer selbst gewählten Soap nach der Einteilung Geißendörfers. Notieren Sie die Länge der einzelnen Stränge.
   b) Analysieren Sie die Konstruktion dieser Soap über den Zeitraum einer Woche. Stellen Sie das Ergebnis grafisch auf einem Wandplakat dar.
5. Untersuchen Sie die Figuren einer Soap, ihre Beziehungen untereinander und die Möglichkeit, sich mit ihnen zu identifizieren. Beachten Sie dabei folgende Fragen:
   - Welche Zielgruppen (Zuschauer/innen) werden angesprochen?
   - Welche Figuren haben eine negative, welche eine positive Funktion?
   - Welche sozialen Verhaltensweisen werden als positive und welche als negative Beispiele vorgeführt?
   - Welche Funktion haben Situationen (Beruf, Urlaub, Mahlzeiten usw.) und Orte (Haus, Wohnung, Restaurant, Straße, Strand usw.) für das Interesse der Zuschauer/innen?

3.3 Talkshows

Eine Überdosis Unsinn

Sechs Stunden Talkshow am Tag – ein Selbstversuch

Von HANS HOFF

Ich bin dumm. Mir muss man die Welt erklären – täglich. Ich habe keine Ahnung von Sex, von Frauen, von Männern, eigentlich von überhaupt nichts. Deshalb bin ich dankbar, dass da welche sind, die helfen. Jörg, Vera, Sonja, Arabella, Bärbel, Thommie, Ilona, Andreas, Hans und Jürgen stehen mir bei, liefern Lebenshilfe frei Haus.

Am Freitag war Jörg der Erste. Pünktlich um elf pilawate er aus meinem Fernseher und stellte gleich Alexandra vor. „Ich will ein Kind von einem Star", verkündete die 25-Jährige und hatte für ihren Sprössling in spe auch schon den richtigen Vater parat. Kevin von den Backstreet Boys soll es sein, was Jörgs Gast Heino überhaupt nicht gefällt, und schon nach ein paar Minuten ist von Bespringen die Rede. Jörgs Publikum quittiert so etwas mit ausgelassenem Grölen und verstummt auch nicht, als die 15-jährige Bettina vom MTV-Moderator Holger schwärmt. Plötzlich steht Holger im Studio, und Jörg sagt zu Bettina: „Los, frag ihn was." Doch Bettina stammelt nur: „Ja, hallo." TV-Profi Holger fragt sich da sicher, warum man dieses arme Mädchen so schutzlos vor die Kamera gelassen hat.

Um zwölf kommt Vera und stellt mir Menschen vor, die einen Herzenswunsch haben. Da weint die 53-jährige Irena schon zum Start, weil sie ihre Tochter seit vier Jahren nicht gesehen hat, und Sandra gesteht Sandor ihre Liebe so offen, dass ich peinlich berührt auf dem Sessel hin- und herrutsche. Natürlich freut sich Vera, die Moderatorin, auf deren Stimmbändern das Timbre von Margarethe Schreinemakers zwischengelagert wird, über so viel Offenheit. Erst mal stellt sich die Frage, ob diese Sendungen nicht mit Beipackzettel ausgestrahlt werden sollten. „Achtung, zu viel Lebenshilfe zerstört Eigeninitiative und Durchblick."

Anschaffen – die lockere Mark

Letzterer fehlt mir ganz offensichtlich, denn unter dem Titel „Anschaffen – die lockere Mark nebenbei" erwarte ich um 13 Uhr von Sonja Tipps, wie ich am Monatsende mein überschüssiges Geld investieren soll. Doch dann sitzt da plötzlich Silvia auf der Bühne und verkündet, während ich über den Tellerrand linse und mir die Lippen an der Suppe verbrenne, sie wolle gerne Domina werden. Dann serviert mir Sonja die Frage: „Wie lebst du deine sexuellen Fantasien aus?" Und während ich zwischen Hauptgang und Dessert noch um Antwort ringe, merke ich erst, dass sie von mir gar nichts wissen will. Eher von ihren TV-Gästen, die allesamt eine Meinung oder Erfahrung zum Thema Prostitution beizutragen haben.

Herrschte bis dahin trotz fragwürdiger Themen noch eine halbwegs gepflegte Diktion vor, so werden um 14 Uhr die Löwen rausgelassen. Dann kommen nämlich Arabella und Bärbel gemeinsam zu Besuch. Und zumindest bei Arabella kapiert man sofort, was Kritiker unter dem Schmähbegriff Brüllshow zusammengefasst haben. Da plustert sich ein Möchtegern-Macho nach dem anderen; outet sich ein gewisser Hakan als Fremdgeher, und Arabella fasst ihn dafür zärtlich ans Kinn. Kein Zweifel: Sie ist die Matadorin in der Wortkampfarena. Ganz nach Belieben hetzt sie die Parteien aufeinander und zähmt sie, wie sie will. Sie könnte auch dafür sorgen, dass hier übersichtliche Kommunikation gepflegt wird, aber das wäre nicht quotenträchtig. Hier ist wichtig, dass prollig gebrüllt wird, schließlich passt das zum Thema „Männer verstehen Frauen nicht".

„Alles andere ist Zensur“

Die Talkmaster legen Wert darauf, dass „zu einer funktionierenden Meinungsvielfalt das offene Reden auch über kontroverse Themen gehört“, wie Kiesbauer sagt. „Wenn dann mal ein Wort zu viel fällt, bedaure ich das. Alles andere aber ist Zensur.“ Alle Gäste würden vor der Sendung gebeten, sich in ihrer Ausdrucksweise vorzusehen. Sollten alle Stränge reißen, werden „bestimmte Wörter rausgepiepst“. Schlüpfrige Themen seien nicht allein Sache der Talkshows, wie Hans Meiser betont. Von den Vorschlägen, einen Verhaltenscodex zu entwickeln, hält er nichts. Ilona Christen sagt, dass das Thema Sex ohnehin bei ihr eine Ausnahme darstelle.

1. Überprüfen Sie am Beispiel eines Talkshow-Nachmittags, ob die Kritik des Textes von Hans Hoff (▷ S. 205) gerechtfertigt ist.
2. Formulieren Sie Ihre Eindrücke in einem Zuschauerbrief an die Moderatorin oder den Moderator einer Talkshow.

Rudolf Großkopff

Ihr macht mich krank

Intimes am laufenden Band: Wer sich der Flut von Talkshows aussetzt, muss um Leib und Seele bangen. Ein Selbstversuch vor dem Fernseher

Wichtigtuerei und menschliche Tragödien: Sechs Stunden mit Ilona Christen, Jürgen Fliege und all den anderen sind eine heftige Attacke auf das Schamgefühl. Das zeigt das Protokoll eines Talk-Tages. Der Psychoanalytiker Wulf-Volker Lindner fordert deshalb: „Die Fähigkeit, sich zu schämen, muss wieder als gesellschaftlicher Wert gelten.“

Reden am Stück. Seit einiger Zeit laufen an jedem Werktag im deutschen Fernsehen Talkshows von 11 bis 17 Uhr, jede Stunde eine andere, zeitweise mehrere. Was geschieht in Tageszeiten, wenn Otto Normalseher arbeitet, auf dem Bildschirm? Wie viel ist von den 360 Minuten ohne Schaden für Leib und Seele auszuhalten? Knabberbox und viel Mineralwasser auf den Tisch, ein hartes Kissen in den Rücken: Ein-Mann-Selbsterfahrungsgruppe. […]

Esssucht und andere Gebrechen

13 Uhr, Mitleid: „Sonja“ (Zietlow) auf SAT.1 mit dem Thema „Das Abnehmen bringt mich noch um“. Es treten Frauen auf, die an Bulimie und Magersucht leiden oder gelitten haben, und Angehörige von ihnen. Kein Streit, nur Staunen und Anteilnahme. Der krasseste Fall ist der einer 17-Jährigen, die etliche Jahre des wahllosen Essens und Erbrechens hinter sich hat, dazu drei Selbstmordversuche. Sie hat die Mechanismen der Krankheit und ein bisschen auch von den Ursachen verstanden. Aber ihre eigene Nachdenklichkeit und die ihrer Mutter gehen unter in einem Schwall von plumpen Fragen wie: Wie gehst du jetzt damit um? Wie sah der letzte Selbstmordversuch aus? Wie war das für dich, als du sie gefunden hast? (zur Mutter). Die Moderatorin hält das wohl für zupackenden Journalismus.

Selbstbeobachtung 2: Trotz allem, was ich schon weiß, bin ich verwundert, wie leicht Menschen dazu gebracht werden können, ihr Inneres nach außen zu stülpen und sich, zum Beispiel mit einer Nase oder einem psychischen Problem, vorführen zu lassen. Die Talkshow als Ersatz für das zweiköpfige Kalb auf dem Jahrmarkt. Erstaunen, dass mich die aufgeregteste Veranstaltung, die Diskussion übers Rauchen, am meisten gelangweilt hat. Von einer Sendung heißt es, man werde sie später auf Video für fast 40 Mark erwerben können. Das empfinde ich als Drohung.

Stolz auf den eigenen Egoismus

15 Uhr, Rollenspieler: Ilona Christen auf RTL mit dem Thema „Ich bin mir selbst der Nächste“. Versammelt ist eine Schar von Männern

und Frauen, die alle, manche mit Stolz, von sich sagen, sie seien eigensüchtig. Allerdings ist das Spektrum breit. Es reicht von dem schweizerisch sprechenden Ekelpaket („Ich scheiß auf alle") bis zur lieben Hausfrau, die jedem hilft, sich allerdings zwischendurch Stunden des Eigennutzes gönnt, zum Beispiel bei einem Einkaufsbummel. Jeder hat seinen festen Part, den er auch durchhält. Darum kommt kein Gespräch zustande. Die Moderatorin tut so, als nehme sie Partei für die weniger Egozentrischen, ein „Kulturwissenschaftler" unklarer Herkunft ist in der Lage, die Psyche der Teilnehmer nach wenigen Sätzen zu analysieren.

16 Uhr, die Seriösen: Jürgen Fliege auf der ARD mit dem Thema „Ich habe blaues Blut geerbt – die Kinder Adeliger" und Hans Meiser auf RTL mit dem Thema „Das neue Gesicht". Eine schwere Wahl, also hilft nur, hin und her zu schalten. Beide Moderatoren muten im Verhältnis zu den Vorgängern ernsthafter an. Sie fragen brav ihre Zettel leer und manchmal auch nach. Bei Fliege treten frische junge Menschen aus dem Hochadel auf, die über ihre immer noch bestehende Sonderstellung berichten sollen. Bei Meiser sitzen Frauen, die sich das Gesicht haben korrigieren lassen. Eine mehr als 70-Jährige wollte einfach besser aussehen, eine junge Frau hat 21 Operationen hinter und einige vor sich. Ihr Ziel ist es, das Antlitz mit ihrem Seelenleben in Übereinstimmung zu bringen. Das Ergebnis ist bisher eine Erinnerung an Frankenstein.

Das Publikum: Keine Talkshow ohne Zuschauer, die das Fernsehvolk draußen vertreten. Sie sitzen in der Regel brav aufgereiht den Gästen gegenüber und verhalten sich immer so, wie es gerade gefragt ist. Sie klatschen, wenn Gäste hereintreten; sie buhen, wenn einer aggressiv ist; sie seufzen, wenn jemand von besonders schlimmen Erfahrungen berichtet; sie lachen, wenn ein Witz gemacht wird, und sei er noch so mäßig. Die Gäste: Bei Ilona Christen fällt besonders ins Auge, dass ihre Gesprächspartner festgelegte Typen sind. Aber auch für die anderen Shows sind sie sorgfältig so ausgesucht, dass eine Stunde Spannung garantiert ist.

Wer höflich ist, wird zum Sonderling

Viele sind erstaunlich beredt, bei manchen hat man den Verdacht, dass sie das Spiel schon kennen. Niemand wehrt sich gegen zudringliche Fragen, zum Beispiel nach dem Geschlechtsleben. Manche haben einen von niemandem gerügten Hang zur Fäkalsprache und zur Entblößung. Der junge Mann, der mit jener schlanken und gleichwohl unglücklichen Frau aus Kerners Sendung verheiratet

ist, sagt zum Beispiel auf die Frage, welchen Körperteil er an ihr besonders schätze: „Ihren Arsch, aber den will sie sich ja absaugen lassen." Ein junger Mann verletzt das Rollenspiel, als er sich in der Egoismus-Sendung vorsichtig über Anpöbeleien beschwert, aber das verstärkt noch seinen zugewiesenen Part als unsicherer und dem Spott preisgegebener Sonderling.

Die Moderatoren: Tägliche Übung und die festgelegte Funktion im Programm haben auch bei ihnen feste Verhaltensformen eingeschliffen. Spontaneität und wirkliche Aufmerksamkeit sind ebenso rar wie ein tatsächliches Interesse an Themen und Personen. Der Routinierteste ist Meiser, er spult seine Stunde mit der kalten Präzision eines Computers herunter. Fliege wirkt wie eine Mischung aus alles verstehendem Sozialarbeiter und um Humor bemühtem Journalisten. Merkwürdig einige Fehler, unprofessionell zum Beispiel seine Neigung, die Gäste mit leisem „Ja, ja" oder „Hm, hm" zu bestätigen. Ilona Christen ist von einer flapsigen Eloquenz[1], die an die Grenze des Erträglichen geht. Kerner spielt die Rolle des fröhlichen Jungen, der auch mal einen Schuss Selbstironie einstreut. Von den beiden Mittagstalkerinnen auf SAT.1 („Vera" und „Sonja") bleibt vor allem ihre erbarmungslose Oberflächlichkeit im Gedächtnis. Das Höchstmaß an Ausgebufftheit erreicht Bärbel Schäfer. Eine Frau zum Fürchten.

Selbstbeobachtung 3: Nach sechs Stunden leichte Erschöpfung, ein bisschen Niedergeschlagenheit. Ich habe Anfälle von Verärgerung und Aggressivität hinter mir. Am Schluss, bei Meiser, habe ich gedacht: Bitte nicht schon wieder Menschen, die unter einem Nasenhöcker oder abstehenden Ohren leiden. Diese Fixierung auf körperliche Mängel ist in dieser geballten Form wohl nur für geschulte Seelen zu ertragen. Das Problem Rauchen ist ebenso verschenkt worden wie das Thema Egoismus. Ich weiß, ich weiß, so einen Stoff kann man im Fernsehen nicht in der Art eines Wochenzeitungs-Essays abhandeln. Aber das Verhältnis von Eigen- und Gemeinnutz muss sich in Zeiten der Individualisierung ganz neu zurechtrütteln. Es gehört darum zu den wichtigsten Themen überhaupt, und wenn während einer Stunde nicht einmal Spurenelemente von dieser gesellschaftlichen Bedeutung auftauchen, dann ist das einfach ein bisschen wenig. Aber habe ich etwas anderes erwartet? Eigentlich nicht. Nicht erwartet habe ich allerdings auch etwas anderes.

Ich habe mehrere Male gemerkt, dass ich die Distanz zu verlieren begann: Ich geriet in die Gefahr, nicht mehr zu merken, dass das, was hier geschah, mit dem tatsächlichen Leben kaum noch etwas zu tun hatte. Und es war mir zwischendurch nicht mehr ganz klar, dass es hier um eine Sonderform der Unterhaltung geht, bei der alle Beteiligten sich so verhalten müssen, als gehe es um Realitäten. Bedenklich, dieser Verlust an Abstand. Auch darum das Bedürfnis, nach den sechs Stunden mit anderen über das Gerede zu reden.

1 **Eloquenz:** Beredsamkeit

1. a) Legen Sie eine dreispaltige Tabelle zu dem Text von Rudolf Großkopff an.
   - Schreiben Sie in die erste Spalte die Erwartungen und Fragen, mit denen er an seinen „Selbstversuch vor dem Fernseher" herangeht.
   - Fassen Sie in der zweiten Spalte die Eindrücke, die er bei seinem Versuch gewonnen hat, stichwortartig zusammen.
   - Notieren Sie in der dritten Spalte die Thesen, die der Autor aus seinen Beobachtungen ableitet.

   b) Verfassen Sie eine Stellungnahme zu den Thesen des Autors.

▷ S. 61 2. Veranstalten Sie eine ▷ Podiumsdiskussion mit den Rollen: Moderator/in, Talkshow-Gast, Studiozuschauer/in, Fernsehzuschauer/in, Kritiker/in, Expertin/Experte (z. B. Psychologin/Psychologe) und Sendeleitung (mit Blick auf die Quote). Erstellen Sie Rollenkarten mit einer genauen Beschreibung der Teilnehmer/innen. Jeder Diskussionsteilnehmer stellt kurz sein Interesse an Talkshows in einem Kurzvortrag (höchstens eine halbe getippte Seite) dar. Anschließend können Fragen aus dem Publikum und untereinander gestellt werden. Eine Person moderiert die Diskussion. Der Titel der Diskussion könnte z. B. lauten: „Führen Talkshows zur Verdummung?"

4 Film

4.1 Subtexte

Die Truman-Show

mit: Jim Carrey, Laura Linney, Ed Harris u. a.

Regie: Peter Weir, USA 1997

115 Minuten

DRAMA
Versicherungsmakler Truman Burbank hat das Gefühl, beobachtet zu werden. Er hat keine Ahnung, wie richtig er damit liegt.

Jede Sekunde jedes Tages, vom Moment seiner Geburt an, die ganzen letzten 30 Jahre lang war Truman Burbank der ahnungslose Star der erfolgreichsten, langlebigsten Dokumentar-Soap aller Zeiten – so was wie „Lindenstraße“, nur ohne Schauspieler und ohne Drehbuch.

Die wunderbare Sauberstadt „Seahaven“, umgeben vom Blau des wunderbar sauberen Meeres, die Truman sein Zuhause nennt, ist in Wirklichkeit nichts anders als eine gigantische Studiokulisse.

Trumans Freunde, seine Familie – jedermann/-frau, den/die er trifft – sind Schauspieler. Er lebt jede Sekunde seines Lebens unter ca. 5 000 versteckten Kameras …

Eines Tages fällt Truman ein Scheinwerfer vor die Füße. Buchstäblich aus heiterstem Himmel!

Dieser Vorfall nährt eine ungewisse Ahnung in Truman. Was genau für eine Ahnung? Das kann er auch nicht sagen. Es ist nur … die Menschen benehmen sich immer so gleich.

Jeden Tag dieselben Sprüche, dieselben alten Männer, die ihn gegen ein Plakat schubsen … und dann ist da dieser Fahrstuhl, hinter dessen Tür irgendwelche Menschen gerade irgendwas tun … nur nicht in einem Fahrstuhl stehen.

Sein Traum, „Fidschi" am anderen Ende der Welt zu besuchen, wird stärker. Seine Ehe beginnt zu kriseln. Truman denkt häufig an seine College-Liebe, die unter mysteriösen Umständen aus seinem Leben verschwand. Und so kommt der Tag, an dem Truman endlich beschließt, „die Welt zu sehen".

Leider hat der gute Truman nicht mit der Macht von Christof gerechnet, der die Show erfunden hat und sie von Beginn an betreut. Christof steht auf dem Standpunkt: „Ich habe Trumans Geburt live einem Milliarden-Publikum in die Wohnzimmer übertragen, ich kann also auch Trumans Tod live einem Milliarden-Publikum in die Wohnzimmer übertragen!"

Willkommen in der „Truman-Show". Und die ganze Welt schaut zu!

Was für ein Film!

„Dummschwätzer" Jim Carrey und Regisseur Peter Weir („Der einzige Zeuge", „Club der Toten Dichter", „Green Card") tun sich zusammen, machen einen großen Film und demontieren Carreys Grimassen-Image. Atemlos sitzt der Zuschauer da, staunt über so viel Boshaftigkeit, fiebert mit Truman, dem dieselben Schicksalsschläge widerfahren wie vielen von uns – nur sind sie bei Truman nicht gottgegeben, sondern von Menschenhand designed.

„Felix" wagt, nachdem er den Film am 3. Juni 1998 in einer Kinopolis-Preview gesehen hat, schon mal die Forderung, dass Ed Harris in der Rolle des „Christof" auf die Liste der fünf OSCAR-Nominierungen 1999 gehört! Ebenso wie die Drehbuchautoren.

Eingefleischte Carrey-Fans jedenfalls werden sich umsehen: Seinen grimassierenden, schrillen Humor hat der Mann, der „Ace Ventura" war, an der Studiotür abgegeben. Auf dass uns das Lachen im Halse stecken bleibe …

1. Lesen Sie die Rezension (Filmkritik) zu „Die Truman-Show" durch. Würden Sie sich den Film aufgrund dieser Besprechung anschauen? Begründen Sie Ihre Haltung schriftlich, indem Sie auf Aufmachung, Aufbau, sprachliche Haltung und inhaltliche Schwerpunkte eingehen.

Judith Weston

Aufgeschlagen

Der Subtext ist das, was nicht gesagt wird. Wenn es im Drehbuchdialog heißt: „Mach bitte die Tür zu“, sind verschiedene Subtexte möglich. „Mach bitte die Tür zu (du Idiot)“; „Mach bitte die Tür zu (damit wir mit unserer geschäftlichen Besprechung beginnen können)“; „Mach bitte die Tür zu (damit wir endlich unter uns sind, Liebling)“; „Mach bitte die Tür zu (und sperr diesen Verrückten aus)“. Der gesprochene Satz ist immer derselbe, aber er klingt, je nach dem Subtext, ganz unterschiedlich. Der Subtext ist in gewissem Sinne entscheidend für die Betonung einer Dialogpassage.

Der Subtext ist das, was eine Person in Wirklichkeit meint. Wir kennen das aus unserem täglichen Leben. „Du hast dir die Haare schneiden lassen (endlich – es sah scheußlich aus)“ oder aber: „Du hast dir die Haare schneiden lassen (schade – vorher gefielst du mir besser)“. Im Subtext kann sich das Gegenteil dessen ausdrücken, was die Worte sagen. Bestimmt hat jeder von uns schon einmal ein „Es tut mir Leid“ gehört, in dem der Subtext „Ich bin immer noch der Meinung, dass es eigentlich deine Schuld war“ mitschwang.

Der Subtext ist geeignet, ein Gefühl der Zielstrebigkeit oder des unbedingten Wollens zu erzeugen. In der Liste der wichtigsten Aktionsverben habe ich jedem Verb zur Verdeutlichung einen Subtext zugeordnet. Wenn Sie einen Schauspieler beispielsweise dazu bringen wollen, das Verb „herabsetzen“ zu spielen, können Sie ihm sagen: „Der Subtext lautet: ‚Du bist nichts wert.‘“

Manchmal bitte ich Schauspieler, eine Szene so zu spielen, als ginge es bei allem, was sie sagen, im Grunde um nichts anderes als um Sex. Sie sollen konkret und bildhaft sein, es aber nicht laut aussprechen, sondern es als Subtext mitschwingen lassen. Das ist besonders effektiv, wenn die betreffende Szene absolut nichts mit Sex zu tun hat. Ich will mit dieser Übung nicht erreichen, dass es in der Szene wirklich um Sex geht, sondern dass die Akteure das Interesse an der Szene nicht verlieren und lebendig aufeinander zugehen.

Es gibt Szenen, in denen die Charaktere zwar interagieren, aber keinen Dialog haben, beispielsweise in dem Film „Die große Liebe meines Lebens“, als Cary Grant und Deborah Kerr zusammen an der Schiffsreling stehen. Keiner von beiden sagt ein Wort, aber ihr Mienenspiel verrät uns, dass eine Kommunikation zwischen ihnen stattfindet. Der Austausch findet im Subtext statt. Wenn Sie erreichen wollen, dass ein Schauspieler seinem Partner einen bestimmten – vielleicht skeptischen – „Blick“ zuwirft, und Sie wollen das Adjektiv vermeiden, können Sie als Subtext vorgeben: „Ist das dein Ernst?“ Allerdings müssen Sie auf der Hut sein vor einem allzu vordergründigen Gebrauch von Subtext, der sich nur dem Zuschauer vermitteln will, nicht aber an den anderen Schauspieler, den eigentlichen Partner der Kommunikation, gerichtet ist.

2. Versuchen Sie aus den Bildern der „Truman-Show“ (▷ S. 209 f.) Subtexte abzuleiten.
3. a) Üben Sie in Kleingruppen kurze Dialogausschnitte mit den Sätzen: „Mach bitte die Tür zu“ oder „Es tut mir Leid“, bei denen Sie jeweils bestimmte Subtexte festlegen. (Sie können sich auch andere Sätze ausdenken.)
   b) Spielen Sie die Ausschnitte vor der Klasse vor. Lassen Sie Mitschülerinnen und Mitschüler raten, welcher Subtext festgelegt wurde.
4. a) Betrachten Sie einen Film Ihrer Wahl auf Video und notieren Sie sich Stellen, an denen Sie Subtexte erkennen. Versuchen Sie die Subtexte zu benennen.
   b) Schreiben Sie eine Besprechung zu diesem Film. Sie können sich dabei (auch in Bezug auf die Länge) an der Rezension zu „Die Truman-Show“ orientieren.

4.2 Grundlagen der Filmanalyse

▷ S. 20
1. Tauschen Sie sich über Ihre Erfahrungen mit Filmen aus. Führen Sie eine ▷ Kartenabfrage durch:
   - Welche Filme haben Sie besonders angesprochen oder beeindruckt?
   - Welche Filme haben Sie abgestoßen oder fanden Sie langweilig?
   - Warum haben Ihnen die Filme gefallen bzw. nicht gefallen?
2. Systematisieren Sie Ihre Einschätzungen, indem Sie Ihre Aussagen den Kategorien „Handlung“, „Figuren“, „Bilder“, „Ausstattung“ und „Erzählweise“ zuordnen.
3. Formulieren Sie auf der Grundlage dieser Zuordnungen Kriterien zur Analyse von Filmen. Halten Sie Ihre Ergebnisse in Form eines ▷ Thesenpapiers fest.

▷ S. 81

Einstellungsgrößen

Wie auch andere filmsprachliche Kategorien ist „Einstellungsgröße“ ursprünglich eine produktionstechnische Kategorie. Sie bestimmt, wie groß das Dargestellte auf der Leinwand oder dem Bildschirm zu sehen ist. Sie vermittelt den Zuschauerinnen und Zuschauern zugleich einen Eindruck von der Entfernung des Objekts.
Zwischen extremer Nähe und extremer Entfernung hat sich eine achtstufige Skala von Einstellungsgrößen eingebürgert, die für eine differenzierte Analyse hilfreiche Kategorisierungen anbieten:

Weit

Total

Halbtotal

Halbnah

Amerikanisch

Nah

Groß

Detail

Weit: In dieser Einstellung kommt es auf Einzelheiten nicht an: Landschaften, Sonnenuntergänge, Skylines und anderes werden Weit gezeigt. Häufig als Beginn oder Abschluss einer Handlungssequenz soll die Weiteinstellung Atmosphäre vermitteln, symbolische Bilder entwerfen, eine Handlung gefühlvoll oder monumental eröffnen bzw. beschließen. Die Beispiele aus Westernfilmen sind hier besonders anschaulich. Eine Weiteinstellung zeigt z. B. eine Wüstenlandschaft, an der am Horizont eine Staubwolke auftaucht; oder der Showdown ist entschieden, der Held reitet fort in eine weite Landschaft, bis er sich am Horizont verliert. Diese gefühlvoll-symbolische Darstellung wird dabei häufig musikalisch verstärkt.

Total: Die Totale hat schon die Möglichkeit, Einzelnes erkennen zu lassen – eingebettet in eine Landschaft etwa. So besitzt sie häufig eine dramaturgische Funktion: Gezeigt wird die Handlung im Gesamtüberblick; die Zuschauer/innen gewinnen Übersicht über das Geschehen, auch räumliche Orientierung. Die Totale ist also – im Gegensatz zur Weiteinstellung – stärker handlungsbezogen. Vorhergehende oder nachfolgende nähere Einstellungen des Geschehens werden räumlich eingeordnet. Sie sehen nun das ganze Kampffeld, das ganze Haus usw., in dem die Nah gezeigten Aktionen stattfinden.

Halbtotal: In dieser Einstellung ist die Distanz zu den Zuschauerinnen und Zuschauern immer noch recht groß. Man sieht jetzt Menschen von Kopf bis Fuß, kann ihre Handlungen insgesamt verfolgen; die Körpersprache ist gut zu sehen, die Mimik jedoch nicht genau zu erkennen. Die Umgebung der Handelnden tritt stärker in den Vordergrund.

Halbnah: Diese Einstellungsgröße wird gelegentlich mit der folgenden („Amerikanisch“) zusammengefasst, aber es gibt doch charakteristische Funktionsunterschiede, die für die Analyse von Bedeutung sein können. In der Halbnaheinstellung sieht man Menschen etwa von den Knien an; die Beziehung von Figuren zueinander sind ebenso gut beobachtbar wie die kommunikative Situation.

Amerikanisch: Diese Einstellungsgröße zeigt eine Person etwa bis unterhalb der Hüfte: So lässt sich bei Westernhelden das Ziehen des Colts beobachten. Die Einstellungsgröße Amerikanisch ist auch nah genug, damit der Zuschauer bei Duellen, etwa beim Showdown als Höhepunkt eines Western, selbst sehen kann, wer zuerst den Colt zieht, schießt und so Sieger bleibt.

Nah: Diese Einstellung entspricht etwa einem Brustbild einer Person. Im Fernsehen ist Nah die dominante Einstellungsgröße der Sprecher und Moderatoren. Im Film wird sie häufig dann gewählt, wenn die Aufmerksamkeit auf die Mimik der Personen, oft auch auf die Gestik gelenkt werden soll.

Groß: Diese Einstellung zeigt den Kopf eines Menschen bis zum Hals bzw. Schulteransatz – die Wahrnehmung der Zuschauer/innen wird ganz auf die Mimik konzentriert. Insbesondere für die filmische Darstellung von Gefühlen und Empfindungen ist die Beobachtung von Details (zuckender Mundwinkel, Augensprache, Naserümpfen u. Ä.) von großer Bedeutung für die Rezeption.

Detail: In dieser Einstellung ist ein extrem kleiner Ausschnitt einer Person oder eines Gegenstandes zu sehen – diese erscheint riesig vergrößert, extreme Nähe des Betrachters wird suggeriert. Die so verzerrt wirkende Einstellung bedarf des Zusammenhangs, vorhergehende oder nachfolgende weite Einstellungen stellen ihn her. Eingesetzt wird die Detaileinstellung oft zur emotionalen Intensivierung oder Spannungssteigerung.

Kameraperspektive

Durch die Position der Kamera werden die Zuschauer/innen in eine bestimmte Wahrnehmungsperspektive gedrängt. Neben der **Normalsicht,** die Authentizität und Objektivität suggeriert, kann die Unter- oder Aufsicht das Abbild von Realität verfremden.

Froschperspektive (Untersicht): Personen/Gegenstände werden als überlegen, mächtig, bedrohlich erlebt. Die Zuschauer/innen fühlen sich klein und unterlegen.

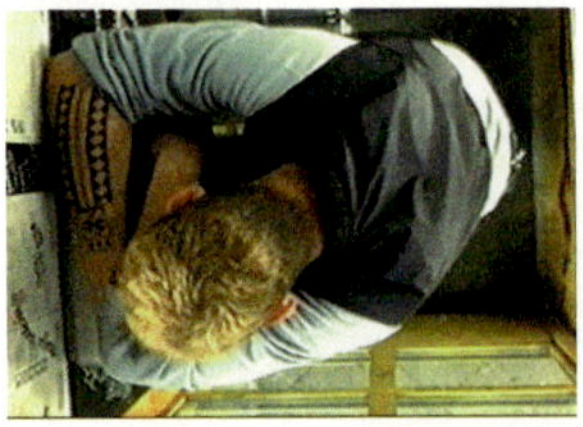

Vogelperspektive (Aufsicht): Personen/Gegenstände werden als untergeordnet, schwach, verloren erlebt. Die Zuschauer/innen fühlen sich überlegen, können aber auch die angstvolle Situation der Filmfigur miterleben.

Kamerabewegung

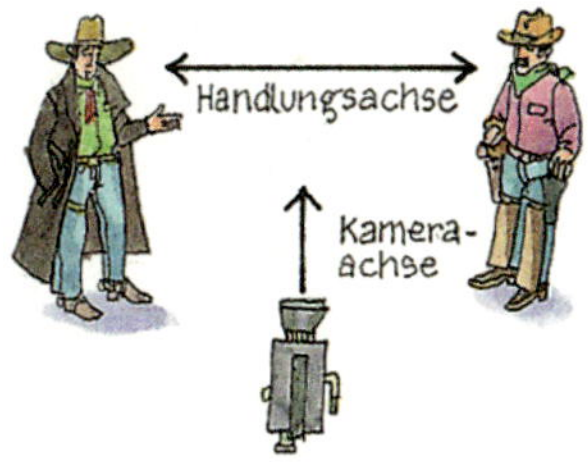

Im Film können sich zwei Dinge bewegen: die Objekte vor der Kamera und die Kamera selbst. Verläuft die Handlung vor der stillstehenden Kamera, so hat der Betrachter das Gefühl, distanzierter Beobachter der Szene zu sein.
Die Bewegung der Kamera selbst erzeugt zumeist eine hohe Realitätsillusion und das Gefühl unmittelbaren Dabeiseins. Beim **Kameraschwenk** verändert die stillstehende Kamera den Winkel schräg zum Objekt, sodass dem Betrachter suggeriert wird, die Kamerabewegung entspräche seiner Kopfbewegung. Bei der **Kamerafahrt** bewegt sich die Kamera ohne Winkelveränderung zum Objekt von der Stelle. Mit dem **Zoom** kann man Bewegung vortäuschen, indem bei unbewegter Kamera Objekte „herangeholt" bzw. „entfernt" werden.
Gespräche werden häufig durch **Schuss-Gegenschuss-Verfahren** gestaltet. Die Handlungsachse wird dabei mit jedem Schnitt gewechselt. Die Zuschauer/innen nehmen wechselweise die Blickrichtung eines der Gesprächspartner ein. So können sie sich einerseits mit den Figuren identifizieren, aber zugleich auch die Reaktionen auf dem Gesicht des Gegenübers ablesen. Die emotionale Beteiligung der Zuschauer/innen wird mit diesem Gestaltungsmittel gesteigert.
Die **subjektive Kamera** bzw. **Handkamera** entspricht der Perspektive eines Menschen in Bewegung. Die Kamera wird mit der Hand bewegt, sie wackelt und erzeugt unpräzise Ausschnitte. Die Wirkung ist die der Authentizität. Nervosität und Irritation der Kameraführung übertragen sich auf den Betrachter, der das Gefühl hat, unmittelbar dabei zu sein.

Montage

Der französische Begriff **„Montage"** meint das Zusammenfügen einzelner Einstellungen, also die Schnittfolge der Filmbilder. Die „Organisation der Bilder in der Zeit", wie der Filmwissenschaftler André Bazin die Montage nennt, ist das wesentlichste Gestaltungsmittel des Films. Sie gibt den Rhythmus vor, lenkt Assoziationen und erzeugt einen Sinnzusammenhang. Der russische Regisseur Wsewolod Pudowkin belegte in den 20er-Jahren die Wirkung der Montage mit einem Beispiel: „Stellen wir uns vor, wir hätten drei Filmstücke: Auf dem einen ein lächelndes Gesicht, auf dem zweiten dasselbe Gesicht, aber angstvoll blickend, und auf dem dritten eine Pistole, die auf jemanden gerichtet wird. Kombinieren wir nun die Stücke in verschiedener Reihenfolge, und nehmen wir an, als Erstes würden wir das lächelnde Gesicht, dann die Pistole und dann das angstvolle Gesicht zeigen; das zweite Mal käme das angstvolle Gesicht zuerst, dann die Pistole und zuletzt das lächelnde Gesicht. Die erste Reihenfolge würde den Eindruck ergeben, dass derjenige, dem das Gesicht gehört, ein Feigling ist, in der zweiten Reihenfolge wäre er mutig."

Erzählende Montage: Die Einstellungen sind inhaltlich so aufeinander bezogen, dass man die Schnitte kaum wahrnimmt (z. B. Wechsel von Totale auf Nah bei demselben Motiv). Es können aber auch räumlich und zeitlich sehr unterschiedliche Einstellungen verbunden werden, solange die erzählerische Kontinuität, z. B. die Fortsetzung einer Handlung, gewahrt wird.
Kontrastmontage: Hier prallen Gegensätze aufeinander, die zu einer Stellungnahme auffordern (z. B. lachende Person in Gesellschaft/dieselbe Person traurig und allein).
Assoziationsmontage: Auch hier werden unterschiedliche Einstellungen miteinander konfrontiert, allerdings müssen die Zuschauer/innen selbst eine gedankliche Verbindung schaffen (z. B. schlafendes Gesicht/Südseelandschaft = die Person träumt von der Landschaft).
Analogmontage: Kontraste in Raum, Zeit oder Gesellschaft werden überbrückt, indem in unterschiedlichen Zusammenhängen eine gemeinsame Handlung/Haltung gezeigt wird (z. B.: ein Astronaut steigt aus seinem Raumschiff/eine Person steigt aus ihrem Auto).
Parallelmontage: Unterschiedliche Begebenheiten werden miteinander verschachtelt, indem sie mehrfach hintereinander abwechselnd gezeigt werden. So werden Handlungen miteinander in Beziehung gesetzt (z. B. wartende Person an einer Straßenecke/ein heranrasendes Auto). Die Zuschauer/innen haben dabei mehr Informationen als die Filmfiguren.

Dramaturgie

Filmhandlung lässt sich als dramatisches Geschehen fassen: Als Auftreten von Figuren, als Handlung innerhalb eines begrenzten Raumes, geprägt durch einen Konflikt und dessen Lösung. Die Dramaturgie strukturiert das Geschehen durch die Einteilung in einzelne Szenen, organisiert nach dem Stoff selbst, aber auch nach den technischen Realisationsmöglichkeiten. Handlung im Film stellt sich also als eine Kette von Ausschnitten dar, die wesentliche Momente des Geschehens zeigen. Umgekehrt bedeutet dies, dass die Zuschauer/innen in der Regel alles, was gezeigt wird, auch für den Konflikt und dessen Lösung für wichtig halten.
Es haben sich nun verschiedene dramaturgische Modelle entwickelt: Das traditionelle Modell der Dramaturgie leitet sich von der ▷ antiken Dramentheorie her und reicht über die Aufklärung bis in die Gegenwart. Man könnte es auch als eine Dramaturgie der **geschlossenen Form** verstehen. Der Film bildet eine geschlossene Einheit, die sich nach einem bestimmten Schema beschreiben lässt: Der Anfang hat als Exposition (Einführung) die Aufgabe, uns als Zuschauer/innen an die Geschichte heranzuführen, uns vertraut zu machen mit den Figuren, mit einer Situation, mit einem Konflikt. Der Anfang enthält auch die Vorgeschichte, hier wird das Wissen vermittelt, das notwendig ist, um die Figuren in ihrer Situation zu verstehen. Nach der Exposition wird dann der Konflikt vorbereitet, es gibt erste Wendepunkte, die uns auf diesen Konflikt zusteuern lassen. Es wird Spannung erzeugt, weil etwas in Bewegung kommt. In der Hollywood-Dramaturgie wird dieser Punkt Wendepunkt genannt. Der Handlungsverlauf eines Films wird häufig auch durch Verzögerungen, die die absehbare Katastrophe oder das glückliche Ende hinausschieben, bestimmt; sie sind in der Regel spannungssteigernd.

▷ S. 281 ff.

Das Gegenmodell ist die **offene Form**, die eine Vielfalt von verschiedenen Varianten umfasst. Mit Offenheit ist zunächst die Bauform des Films gemeint: Er kann unvermittelt einsetzen, der Konflikt bleibt am Ende ungelöst; es können Brüche in den Figuren und Figurenkonstellationen auftreten. Häufig besteht ein solcher Film aus episodischen Abfolgen. Darüber hinaus wird den Zuschauerinnen und Zuschauern kein eindeutiger Sinn des Geschehens nahegelegt. Zur offenen Form gehören Filme und Fernsehspiele, die sich an die Dramaturgie des ▷ epischen Theaters anlehnen.

▷ S. 284 f.

Offene Formen sind im Fernsehen in ungleich größerem Umfang durch die Entwicklung der ▷ Serie vorhanden, wobei die einzelnen Folgen auf Fortsetzung hin angelegt, also offen sind. Gleichzeitig sind die Handlungsstränge innerhalb einer Serienfolge aber in der Regel nach den Prinzipien der geschlossenen Form gestaltet.

▷ S. 203 f.

Point of view und Erzählhaltung

Für den Erzähler im Spielfilm lassen sich im Wesentlichen zwei Konzepte unterscheiden:

▷ S. 276
- Der ▷ **auktoriale Erzähler**, den auch das literarische Erzählen kennt. Während die Innenperspektive der Figuren häufig durch einen Off-Sprecher wahrgenommen wird oder durch Einschübe einzelner Einstellungen und Sequenzen (Träume, Visionen, innere Bilder), wird die Außenperspektive stärker von der erzählenden Kamera und dem Schnitt bzw. der Montage bestimmt. Um die Gesamtheit der Geschichte entwickelt der Erzähler seine erzählerischen Strategien. Erkennbar ist dies daran, dass im Spielfilm die Kamera oft „weiß", was die Figuren, die sie wahrnimmt, tun werden. Dazu gehört auch, dass die Erzählposition innerhalb eines Geschehens wechselt und dabei das Geschehen aus wechselnden Perspektiven aufgenommen wird. Das Erzählen ist auf diese Weise in die Kamerahaltung und über sie in den Ablauf des Geschehens integriert.

▷ S. 276
- Der ▷ **Ich-Erzähler** und die **subjektive Kamera**. Der Ich-Erzähler in der Literatur erzählt das Geschehen, an dem er als Handelnder beteiligt ist, aus einer subjektiven Sicht. Die Möglichkeiten des Films zur Darstellung subjektiver Sichtweisen sind begrenzt, weil der Kamerablick als technischer Vorgang scheinbar objektiv ist und dazu drängt, als Realität wahrgenommen zu werden. Die Kamera muss deshalb den Zuschauerinnen und Zuschauern durch Abweichungen von den gewohnten Formen filmischer Aufnahme deutlich machen, dass das Gezeigte dem Blick einer direkt im Geschehen beteiligten Figur entspricht. Die subjektive Kamera verzichtet deshalb auf alle technischen Mittel der Ruhigstellung des Bilds durch das Stativ, leistet sich also Reißschwenks, Unschärfen, Verwacklungen usw.

---

1. a) Verschaffen Sie sich auf S. 212–216 einen Überblick über technische, methodische und inhaltliche Möglichkeiten des Films und des Filmemachens.
   b) Klären Sie unbekannte Begriffe oder unklare Zusammenhänge und Aussagen.
   c) Recherchieren Sie in einschlägigen Lexika, Zeitschriften, Internet usw. nach weiteren Erläuterungen.
   d) Stellen sie die Ergebnisse Ihrer Arbeit in verschiedenen Plakaten dar. Erläutern Sie dabei die jeweiligen Aussagen durch anschauliche Beispiele (Zeichnungen, Bilder ...).
2. Ergänzen Sie Ihre eingangs formulierten Kriterien zur Filmanalyse (▷ Aufgabe 3, S. 212).
3. a) Sehen Sie sich gemeinsam einen von Ihnen gewählten Film an. Gehen Sie – wenn möglich – ins Kino, besorgen Sie sich aber auch eine Videokopie für die spätere Analyse.
   b) Bearbeiten Sie anhand der Videokopie in Kleingruppen folgende **Beobachtungsaufgaben:**
   - Fassen Sie den **Plot** (das Handlungsgerüst) des Films knapp zusammen.
   - Charakterisieren Sie die **Hauptfiguren**.
   - Erstellen Sie einen **Sequenzplan** zum Film. Eine Sequenz ist eine Handlungseinheit, die durch einen Ortswechsel oder die Veränderung der Figurenkonstellation von anderen inhaltlichen Einheiten abgegrenzt ist. Handlungsführung und Figurenkonstellationen werden hier in ihrer Abfolge festgehalten. Gestalten Sie Ihren Plan so, dass rechts eine Spalte für Kommentare steht.

Sequenz	*Dauer*	*Figuren*	*Inhalt*	*Kommentar*
...	...	...	...	...

   - Untersuchen Sie den **dramaturgischen Aufbau** der Handlung: Wie sind Einleitung und Schluss gestaltet, gibt es Rückblenden, zeitliche Sprünge usw.?
   - Notieren Sie auffallende **filmtechnische Mittel**. Achten Sie insbesondere auf Einstellungsgrößen, Kameraperspektiven, Kamerabewegung und Montageformen.
   - Notieren Sie, welche **Musik** das Geschehen jeweils begleitet.
4. Verfassen Sie eine ausführliche **Rezension** des von Ihnen untersuchten Films für eine Fachzeitschrift.

4.3 Projekte

FILMPROJEKT: 5 × 5 × 5

Drehen Sie in Gruppen von ca. fünf Personen einen Videofilm, der dem klassischen dramaturgischen Handlungsaufbau in fünf Akten folgt und fünf bekannte Filme zitiert. Beispiel:

Exposition *(Einführung): Wie in „Spiel mir das Lied vom Tod“ erwarten drei Gangster am Bahnhof die Ankunft des Zuges. Der Zug kommt an, ein Fremder steigt aus. Im Hintergrund sieht man auf dem Bahnsteig zwei „Men in Black“, die gerade eine verdächtige Person abführen ...*
Konfliktaufbau: *In einem Restaurant weist ein wohlhabender Mann seine junge Verlobte zurecht (Dialog zwischen Rose und Cal aus „Titanic“). Da taucht der Fremde auf ...*
Höhepunkt: *Ein Blick auf die Uhr zeigt: Es ist kurz vor „Zwölf Uhr mittags“ ...*
Retardierung *(Verzögerung): ...*
Schluss: *...*

Dauer: Beschränken Sie sich auf kurze Filme (nicht mehr als fünfzehn Minuten). So wird die Konzentration auf Wesentliches, Prägnantes notwendig und Längen werden vermieden.

Kamerabewegung: Jede ▷ Kamerabewegung erzeugt Unruhe; sie muss daher eine inhaltliche Funktion haben. ▷ S. 214 Vermeiden Sie häufiges Zoomen, Wackeln und heftige Schwenks. Um Probleme beim Schneiden zu vermeiden, sollte jede Kamerabewegung ein stehendes Anfangs- und Endbild haben.

Einstellungen: Die verschiedenen ▷ Einstellungsgrößen enthalten unterschiedliche Informationen und haben ▷ S. 212 f. unterschiedliche Funktionen. Jede Einstellung sollte so gewählt sein, dass die Information von den Zuschauerinnen und Zuschauern optimal erfasst werden kann. Filmen Sie ein Objekt, eine Person zur Probe aus unterschiedlichen Entfernungen. Achten Sie bei der Montage auf Abwechslung bei den Einstellungsgrößen.

Montage: Die ▷ Montage ist das bewusste Gestalten einer Aussage, die wir in bestimmter Weise manipulie- ▷ S. 214 f. ren können. Orientieren Sie sich an den unterschiedlichen Montageformen, um Aussagen durch Bilderfolgen und nicht nur durch Worte zu treffen. Beim Kürzen zu lang geratener Einstellungen sollte man einen Zwischenschnitt einfügen, um Anschlussfehler zu vermeiden (z. B. wenn sich die Personen bewegt haben). Der Zwischenschnitt sollte etwas zeigen, was außerhalb der Einstellung liegt und sich nicht bewegt.

PROJEKT: LITERATUR VERFILMEN

- Schreiben Sie die folgende Kurzgeschichte von Ernest Hemingway in ein Drehbuch für eine Verfilmung um.
  - Untersuchen Sie den Text zunächst auf Passagen, die Sie für verfilmbar halten, und unterteilen Sie diese in einzelne Sequenzen bzw. Szenen.
  - Überlegen Sie, was mit den nicht verfilmbaren Passagen geschehen soll: Können sie entfallen oder müssen sie durch neu entwickelte Filmhandlungen ersetzt werden?
  - Schreiben Sie in arbeitsteiligen Gruppen ein Drehbuch, in dem Sie festhalten, welche filmischen Darstellungsmittel Ihnen für die Umsetzung einzelner Textpassagen geeignet erscheinen (z. B. ▷ Kameraeinstellungen, -perspektiven und -bewegungen). ▷ S. 212 ff.
  - Legen Sie eine Schnittfolge der Einzelbilder fest. Beachten Sie die Möglichkeiten unterschiedlicher ▷ Montageformen und der Schnittgeschwindigkeit. ▷ S. 214 f.
  - Welche Kulissen (Räume, Landschaften) und Requisiten eignen sich?
  - Überlegen Sie auch, wie die Darsteller der literarischen Figuren wirken sollen. Welche Mimik, Gestik, Körperhaltung sollen sie haben?
  - Welche Textstellen wollen Sie wortwörtlich übernehmen (als Off-Kommentar oder als Dialog), welche Textstellen müssen Sie umschreiben (z. B. indirekte Rede zu wörtlicher Rede)?
- Tauschen Sie Ihre Drehbuchteile aus, überarbeiten Sie sie gemeinsam und erstellen Sie eine Endfassung. Setzen Sie Ihr Drehbuch in eine Videoverfilmung um und präsentieren Sie diese der Schulöffentlichkeit.

Ernest Hemingway

Katze im Regen (1938)

Im Hotel wohnten nur zwei Amerikaner. Von all den Leuten, die ihnen auf ihrem Weg in ihr Zimmer auf der Treppe begegneten, kannten sie niemanden. Ihr Zimmer war in der zweiten Etage mit dem Blick aufs Meer und auch auf die öffentlichen Anlagen und das Kriegerdenkmal. In den öffentlichen Anlagen gab es große Palmen und grüne Bänke. Bei gutem Wetter war da immer auch ein Maler mit seiner Staffelei. Maler mochten die Art, wie die Palmen wuchsen, und die leuchtenden Farben der Hotels, die den Gärten und dem Meer gegenüberlagen. Italiener kamen von weit her, um an dem Kriegerdenkmal emporzusehen. Es war aus Bronze und glänzte im Regen. Es regnete. Der Regen tropfte von den Palmen. Wasser stand in Pfützen auf den Kieswegen. Das Meer durchbrach in einer langen Linie den Regen, glitt über den Strand zurück und kam herauf, um sich wieder in einer langen Linie im Regen zu brechen. Die Autos waren von dem Platz beim Kriegerdenkmal verschwunden. Auf der Schwelle eines gegenüberliegenden Cafés stand ein Kellner und blickte über den leeren Platz.

Die junge Amerikanerin stand am Fenster und sah hinaus. Gerade unter ihrem Fenster hockte eine Katze unter einem der von Regen triefenden Tische. Die Katze suchte sich so zusammenzuballen, dass es nicht auf sie tropfen konnte.

„Ich geh runter und hole das Kätzchen", sagte die junge Amerikanerin.

„Ich werd's machen", erbot sich ihr Mann vom Bett her.

„Nein, ich hol's. Das arme Kätzchen da draußen; was es sich anstrengt, um unter dem Tisch trocken zu bleiben."

Ihr Mann las weiter; er lag am Fußende des Bettes auf die zwei Kopfkissen gestützt.

„Werd nicht nass", sagte er.

Seine Frau ging hinunter, und der Hotelbesitzer stand auf und verbeugte sich, als sie am Büro vorbeikam. Sein Pult stand ganz hinten im Büro. Er war ein alter und sehr großer Mann.

„*Il piove*", sagte die Frau. Sie mochte den Hotelbesitzer.

Ernest Hemingway

„*Si, si, Signora, brutto tempo*. Es ist sehr schlechtes Wetter."

Er stand hinter seinem Pult in der Tiefe des dämmerigen Zimmers. Die Frau mochte ihn. Sie mochte die todernste Art, mit der er alle Beschwerden entgegennahm. Sie mochte seine Würde. Sie mochte die Art, wie er ihr gegenüber immer dienstbereit war. Sie mochte, wie er sich als Hotelbesitzer fühlte. Sie mochte sein altes, schweres Gesicht und seine großen Hände. Sie mochte ihn, machte die Tür auf und sah hinaus. Es regnete stärker. Ein Mann in einem Gummicape überquerte den leeren Platz zum Café. Rechts um die Ecke musste die Katze sein. Vielleicht konnte sie unter der Dachtraufe trocken bis dahin gelangen. Während sie auf der Schwelle stand, öffnete sich hinter ihr ein Regenschirm. Es war das Mädchen, das ihr Zimmer aufräumte.

„Sie sollen nicht nass werden", sagte sie lächelnd auf Italienisch. Natürlich hatte sie der Hotelbesitzer geschickt.

Das Mädchen hielt den Schirm über sie, während sie auf dem Kiesweg unter ihr Fenster ging. Der Tisch stand da, vom Regen hellgrün gewaschen, aber die Katze war fort. Sie war plötzlich enttäuscht. Das Mädchen sah fragend zu ihr auf.

„*Ha perduto qualque cosa, Signora?*"

„Da war eine Katze", sagte die junge Amerikanerin.

„Eine Katze?"

„*Si, il gatto.*"

„Eine Katze?", lachte das Mädchen. „Eine Katze im Regen?"

„Ja", sagte sie, „unterm Tisch", und dann:

„Ach, ich wollte sie so gern haben. Ich wollte so gern ein Kätzchen haben.“

Als sie Englisch sprach, nahm das Gesicht des Zimmermädchens einen verschlossenen Ausdruck an.

„Kommen Sie, Signora“, sagte sie, „wir müssen wieder hinein, Sie werden sonst nass.“

„Vermutlich“, sagte die junge Amerikanerin.

Sie gingen den Kiesweg zurück und überschritten die Schwelle. Das Mädchen blieb draußen, um den Schirm zuzumachen. Als die junge Amerikanerin an dem Büro vorbeiging, verbeugte sich der Padrone hinter seinem Pult. Sie fühlte sich innerlich irgendwie sehr klein und wie zugeschnürt. Beim Anblick des Padrone fühlte sie sich sehr klein und gleichzeitig wirklich wichtig. Einen Augenblick hatte sie ein Gefühl von höchster Wichtigkeit. Sie ging weiter, die Treppe hinauf. Sie öffnete die Zimmertür. George lag lesend auf dem Bett.

„Hast du die Katze?“, fragte er und legte das Buch hin.

„Sie war weg.“

„Wo sie wohl hin sein mag?“, sagte er, während er seine Augen vom Lesen ausruhte.

Sie setzte sich aufs Bett.

„Ich wollte sie so furchtbar gern haben“, sagte sie. „Ich weiß eigentlich gar nicht, warum ich sie so gern haben wollte. Ich wollte das arme Kätzchen haben. Es ist kein Spaß, ein armes Kätzchen draußen im Regen zu sein.“

George las wieder.

Sie ging hinüber, setzte sich vor den Spiegel ihres Toilettentischs und besah sich in ihrem Handspiegel. Sie besah sich prüfend ihr Profil, erst eine Seite, dann die andere. Dann betrachtete sie ihren Hinterkopf und ihren Nacken.

„Was meinst du, wäre es nicht eine gute Idee, wenn ich meine Haare wachsen ließe?“, fragte sie und besah sich nochmals ihr Profil.

George blickte auf und sah ihren Nacken, der wie bei einem Jungen ausrasiert war.

„Ich mag es so, wie es ist.“

„Ach, ich hab’s so über“, sagte sie. „Ich hab’s so über, wie ein Junge auszusehen.“

George veränderte seine Lage auf dem Bett. Er hatte, seitdem sie redete, nicht von ihr weggesehen.

„Du siehst ganz verteufelt hübsch aus“, sagte er.

Sie legte den Spiegel auf den Toilettentisch, ging zum Fenster hinüber und sah hinaus. Es wurde dunkel.

„Ich möchte meine Haare ganz straff und glatt nach hinten ziehen und hinten einen schweren Knoten machen, den ich wirklich fühlen kann“, sagte sie. „Und ich möchte ein Kätzchen haben, das auf meinem Schoß sitzt und schnurrt, wenn ich es streichle.“

„Wahrhaftig?“, sagte George vom Bett her.

„Und ich will an meinem eigenen Tisch mit meinem eigenen Besteck essen, und ich will Kerzen. Und ich will, dass es Frühling ist, und ich will mein Haar vor dem Spiegel richtig bürsten können, und ich will ein Kätzchen haben, und ich will ein paar neue Kleider haben.“

„Nun hör schon auf und nimm dir was zu lesen“, sagte George. Er las wieder.

Seine Frau sah aus dem Fenster. Draußen war es jetzt ganz dunkel, und es regnete immer noch in den Palmen.

„Auf jeden Fall will ich eine Katze haben“, sagte sie. „Ich will eine Katze haben. Ich will sofort eine Katze haben. Wenn ich keine langen Haare oder sonst ein bisschen Spaß haben kann, eine Katze kann ich haben.“

George hörte nicht zu. Er las sein Buch. Seine Frau sah aus dem Fenster auf den Platz, wo die Laternen jetzt angezündet waren.

Jemand klopfte an die Tür.

„*Avanti*“, sagte George. Er sah von seinem Buch auf.

In der Tür stand das Zimmermädchen. Sie hielt eine große, schildpattfarbene Katze eng an sich gepresst, die an ihrem Körper herunterhing.

„Verzeihung“, sagte sie. „Der Padrone sagte, ich soll dies der Signora bringen.“

5 Der Buchmarkt

5.1 Bestseller

Bestseller

Im Auftrag des SPIEGEL wöchentlich ermittelt vom Fachmagazin „Buchreport"

Belletristik

1 (1) **Joanne K. Rowling** Harry Potter und der Stein der Weisen *Carlsen; 26 Mark*

2 (2) **Henning Mankell** Mittsommermord *Zsolnay; 45 Mark*

3 (3) **Bernhard Schlink** Liebesfluchten *Diogenes; 39,90 Mark*

4 (7) **Joanne K. Rowling** Harry Potter und die Kammer des Schreckens *Carlsen; 26 Mark*

5 (5) **Isabel Allende** Fortunas Tochter *Suhrkamp; 49,80 Mark*

6 (6) **John Grisham** Das Testament *Heyne; 46 Mark*

Eine Erbengemeinschaft reibt sich – verfrüht – die Hände

7 (4) **Noah Gordon** Der Medicus von Saragossa *Blessing; 48 Mark*

8 (10) **Stephen King** Das Mädchen *Schneekluth; 38 Mark*

9 (9) **Doris Dörrie** Was machen wir jetzt? *Diogenes; 39,90 Mark*

10 (11) **Joanne K. Rowling** Harry Potter und der Gefangene von Askaban *Carlsen; 28 Mark*

Sachbücher

1 (1) **Marcel Reich-Ranicki** Mein Leben *DVA; 49,80 Mark*

2 (2) **Bodo Schäfer** Der Weg zur finanziellen Freiheit *Campus; 39,80 Mark*

3 (4) **Sigrid Damm** Christiane und Goethe *Insel; 49,80 Mark*

4 (3) **Dietrich Schwanitz** Bildung *Eichborn; 49,80 Mark*

5 (5) **Hans J. Massaquoi** Neger, Neger, Schornsteinfeger! *Fretz & Wasmuth; 39,90 Mark*

6 (6) **Joschka Fischer** Mein langer Lauf zu mir selbst *Kiepenheuer & Witsch; 29,90 Mark*

7 (7) **Dale Carnegie** Sorge dich nicht, lebe! *Scherz; 46 Mark*

8 (8) **Malika Oufkir/Michèle Fitoussi** Die Gefangene *Marion von Schröder; 39,90 Mark*

9 (–) **André Kostolany** Die Kunst über Geld nachzudenken *Econ; 39,90 Mark*

Die Bilanz eines langen und erfolgreichen Börsenlebens

10 (9) **Ulrich Wickert** Vom Glück, Franzose zu sein *Hoffmann und Campe; 36 Mark*

1. a) Notieren Sie kurz, welche Vorstellungen die Buchtitel bei Ihnen wecken. Nennen Sie nach Ihrer Einschätzung auch die Romanart.
   b) Besorgen Sie sich eine aktuelle Bestseller-Liste (z. B. aus der Zeitschrift „Der Spiegel" oder aus dem Branchenmagazin „Buchreport") und vergleichen Sie sie mit der abgedruckten.
2. Entwickeln Sie unter Verwendung der Vorlage auf S. 221 einen Fragebogen zur Mediennutzung Ihrer Mitschüler/innen.

Alter:

Geschlecht: *männlich* *weiblich*

- ***Wie viele Stunden verbringst du pro Woche mit***

  Fernsehen
  Videos
  Kino
  Sport
  Lesen
  Freunden
  Familie
  *Sonstigem, z. B.*__________________________?

- ***Welche Medien benutzt du?***

  Buch
  Zeitung/Zeitschriften
  Walkman
  Radio
  Fernsehen
  Videorekorder
  Computer
  *Sonstige, z. B.*__________________________

- ***Welche Art von Büchern bevorzugst du?***

  Abenteurerroman
  Science-Fiction
  Tierbücher
  Bücher über fremde Länder
  Krimis
  Western
  Liebesromane
  Comics
  *Sonstige, z. B.*__________________________

- ***Welches Buch hast du zuletzt gelesen?***
  - *Was hat dir an dem Buch besonders gefallen?*__________________________
  - *Was hat dir überhaupt nicht gefallen?*__________________________

3. a) Werten Sie die Ergebnisse der Befragung aus.
   b) Präsentieren Sie die Ergebnisse mit Hilfe von Folien dem Gremium zur Anschaffung von Medien in der Schülerbücherei.
4. Erkundigen Sie sich, welche Bücher in Ihrer Schülerbücherei am meisten ausgeliehen werden, und erstellen Sie eine Hit-Liste.

Beteiligte des Buchmarktes sind zum einen als Anbieter die Buchproduzenten, d. h. Schriftsteller und Verleger, und zum andern als Nachfragende das Lesepublikum. Wenn ein Verlag sich entscheidet, das Manuskript einer Schriftstellerin oder eines Schriftstellers als Buch zu veröffentlichen, überlegt er sich sehr wohl, ob die Herausgabe des Buches sich kostenmäßig lohnt und letztlich auch einen Gewinn abwirft. Manche Bücher erreichen große Verkaufserfolge und werden dann in den Bestseller-Listen geführt.
Oft geht dem Buchvertrieb eine intensive Werbeaktion in verschiedenen Medien voraus. Bekanntheitsgrad des Schriftstellers, medienwirksame Darstellung und Öffentlichkeitsarbeit erleichtern den Zugang zum Buchmarkt und steigern schließlich die Verkaufsauflage. Gleichfalls bedeutsam für den Buchabsatz sind aber auch Bedürfnisse und Erwartungen der Leser/innen. Nicht selten orientieren sich deshalb Schriftsteller/innen und Verlag in der inhaltlichen und formalen Buchgestaltung am Publikumsgeschmack oder suchen mit ihren Themen und Problemdarstellungen den jeweiligen Zeitströmungen zu entsprechen. So werden häufig „Memoiren" erfolgreicher Stars und Sportler auf den Markt gebracht und ebenso aktuelle Themen von bekannten Politikern in Buchform angeboten.
Inwieweit ein Buch nicht nur als Ware am Markt existiert, sondern auch zu Auseinandersetzungen anregt und Welt erschließt, darüber urteilen Literaturkritiker/innen mit ihren Rezensionen in Zeitungen, Zeitschriften, im Radio und im Fernsehen.

5. Erstellen Sie ein Schaubild, das die Beteiligten des Buchmarkts, ihre Rollen und ihre Interessen übersichtlich darstellt.
6. Sammeln Sie Beispiele für Buchtitel zu bestimmten Trends und aktuellen Themen.

Auf Kollegenschelte ist der deutsche „Literaturpapst" und ebenso geachtete wie gefürchtete Kritiker *Marcel Reich-Ranicki* eingestellt gewesen. Das überwältigende Lob der Medien und die anhaltende Nachfrage der Leser nach seiner Autobiografie „Mein Leben" dürfte der 79-Jährige wohl nicht erwartet haben. Schon kurze Zeit nach Erscheinen wurde das Buch auf den Top-Positionen der Bestsellerlisten notiert. Über 200000 Exemplare des 570-Seiten-Werks sind vor Beginn des Weihnachtsgeschäfts über die Ladentische gegangen, auch „live" ist Marcel Reich-Ranicki gefragt wie nie. Beweis genug, dass der Mann nicht nur ein brillanter Kritiker ist, sondern auch das Handwerk des Schriftstellers beherrscht und Leser und Zuhörer zu unterhalten versteht. An Dramatik mangelt es seiner Vita nicht: Als Vorhut der Familie reist er als Kind allein von seiner polnischen Heimatstadt in die Metropole Berlin, lebt und erlebt eine Welt der Kultur, um dann übergangslos ins Dunkel der Deportation, in eine Atmosphäre permanenter Todesangst zu stürzen. Geistiger Rettungsanker und Ariadnefaden ist in den Jahren des Grauens die deutsche Literatur. Später hat er sie zu seinem Lebensinhalt gemacht. Marcel Reich-Ranicki wäre nicht Marcel Reich-Ranicki, kämen Bücher und Autoren in seiner Autobiografie nur am Rande vor. „Nur herzlose Leser werden sich diesem Drama in Prosa entziehen können", lobte der „Spiegel".

Marcel Reich-Ranicki: **Mein Leben.**
568 Seiten, geb., 49,80 DM / 363 öS / 46 sFr.
Deutsche Verlags-Anstalt

Marcel Reich-Ranicki, viel bewundert und viel gescholten, ist so bekannt und populär, so einflussreich und schließlich auch so umstritten wie wohl nie ein deutscher Kritiker zuvor. Mit seinem „Literarischen Quartett“ beweist er seit 1988, dass die Vermittlung von anspruchsvoller Literatur im Fernsehen höchst unterhaltsam sein kann. Was steckt hinter Reich-Ranickis unvergleichlichem Aufstieg, hinter diesem verblüffenden Erfolg?

Als er, kaum neun Jahre alt, aus seiner polnischen Geburtsstadt Wloclawek nach Berlin übersiedelt, verabschiedet ihn seine Lehrerin mit den Worten: „Du fährst, mein Sohn, in das Land der Kultur.“ Doch das Land der Kultur stellt sich schon dem Kind nicht ohne düstere Seiten dar. Wie ein roter Faden zieht sich diese widerspruchsvolle Erfahrung durch sein weiteres Leben: Das Glück, das er der deutschen Literatur verdankt, der deutschen Musik und dem deutschen Theater, scheint untrennbar verknüpft mit der Angst vor der deutschen Barbarei.

Im Jahre 1938 wird Reich-Ranicki nach Polen deportiert. Als Jude erfährt er im Warschauer Getto die schrecklichsten Demütigungen, die Menschen Menschen bereiten können. Zusammen mit seiner Frau Tosia überlebt er das Inferno. Im Polen der Nachkriegsjahre wird er Kommunist und Zeuge des größten Verrats an der Idee einer gerechten Gesellschaft. 1958 kehrt er nach Deutschland zurück und wird beinahe sofort als Kritiker anerkannt.

In diesem Buch bewährt sich Reich-Ranicki als temperamentvoller und anschaulicher Erzähler. Farbig, pointiert und anekdotenreich schildert er die Stationen seines so bewegten wie bewegenden Lebens. Er berichtet über die „Gruppe 47“, er beschreibt seine Jahre als ständiger Kritiker bei der „Zeit“ und später als Literaturchef bei der „Frankfurter Allgemeinen“, er erinnert sich an Begegnungen mit Bertolt Brecht und Anna Seghers, mit Ingeborg Bachmann, Elias Canetti und Thomas Bernhard, mit Böll, Koeppen, Frisch, Grass und vielen anderen. So skizziert er ein ebenso aufschlussreiches wie überraschendes Bild des literarischen Lebens in Deutschland.

Reich-Ranickis Autobiografie ist Bekenntnis und Darstellung in einem, eine zeitkritische Chronik und zugleich die Geschichte einer Ehe, es ist ein Buch über die Literatur und nicht zuletzt über die Liebe. Ob der Autor es wollte oder nicht, es ist ein Epochenbuch geworden, ein Deutschlandbuch, geschrieben von einem, der nicht ohne Trotz erklärt: „Wohin ich kam, da war deutsche Literatur.“

buch aktuell *Leseprobe*

Links oder rechts, Tod oder Leben

„Tosia und ich hatten, da ich als Übersetzer noch gebraucht wurde, die begehrten ‚Lebensnummern‘ erhalten – ob die Deutschen diese Nummern auch wirklich honorieren würden, dessen waren wir nicht sicher, das musste sich bald zeigen: Wir wurden auf den Platz geführt, auf dem sich heute das 1947 errichtete Warschauer Getto-Denkmal befindet, und dort gab es, wie nun schon üblich, einen etwas gelangweilten jungen Mann mit einer offenbar nagelneuen Reitpeitsche. Hier sollte sich wieder einmal entscheiden, ob wir nach links gehen mussten, also zum ‚Umschlagplatz‘, zu den Waggons nach Treblinka, oder nach rechts, also vorerst am Leben bleiben durften. Die Peitsche zeigte nach rechts. ● Meine Eltern hatten schon ihres Alters wegen – meine Mutter war 58 Jahre alt, mein Vater 62 – keine Chance, eine ‚Lebensnummer‘ zu bekommen, und es fehlte ihnen Kraft und Lust, sich irgendwo zu verbergen. Ich sagte ihnen, wo sie sich anstellen mussten. Mein Vater blickte mich ratlos an, meine Mutter erstaunlich ruhig. Sie war sorgfältig gekleidet: Sie trug einen hellen Regenmantel, den sie aus Berlin mitgebracht hatte. Ich wusste, dass ich sie zum letzten Mal sah.“

7. a) Erläutern Sie, worauf Ihrer Meinung nach der Verkaufserfolg des Buches von Marcel Reich-Ranicki „Mein Leben“ (▷ S. 222 f.) zurückzuführen ist.
   b) Äußern Sie sich dazu, inwieweit der Klappentext (▷ S. 223 oben) Sie veranlassen könnte, das Buch „Mein Leben“ zu lesen bzw. nicht zu lesen.
   c) Überlegen Sie, welches Leserbedürfnis die Textprobe (▷ S. 223 unten) zu befriedigen sucht.
8. „Mein Leben“ von Marcel Reich-Ranicki hatte in der Bestseller-Liste des „Spiegels“ Platzziffer 1 inne. Dies hat unterschiedliche Auswirkungen auf den Buchmarkt. Zeigen Sie auf, welche möglichen Folgen die Platzierung in der Bestseller-Liste auf
   - den Verlag,
   - die Leser/innen,
   - den Buchhandel,
   - die Büchereien

   hat. Verweisen Sie hierbei auch auf den Warencharakter des Buchs.
9. Verfassen Sie einen Lexikonartikel zu dem Begriff „Bestseller“. Nutzen Sie dafür die folgenden Stichpunkte:

Definitionen
Bestseller: 100 000 Exemplare im ersten Jahr nach Erscheinen
Longseller: hohe Verkaufszahlen über Jahre hinweg

Kriterien:
Der Bestseller gibt Antwort auf eine bestimmte (geschichtliche, gesellschaftliche oder politische) Situation.
Er erfüllt die Erwartungen der Leser durch:
- *Unterhaltungswert*
- *Eingehen auf Wünsche und Vorstellungen*
- *…*

*Die **erzählerische Qualität** wird bestimmt durch:*
- *szenisches Erzählen*
- *kontrastierenden, Spannung schaffenden Aufbau und*
- *…*

Häufig werden Bestseller besonders intensiv durch Werbung am Markt positioniert.

5.2 Vermarktung von Büchern

Schriftsteller/innen verfassen ihre Texte in der Regel mit der Absicht, sie auch zu veröffentlichen. Die Buchverlage setzen zur Vermittlung ihrer Bücher an eine Leserschaft verschiedene Medien ein. Dies erweist sich aufgrund des umfänglichen, z. T. unüberschaubaren Bücherangebotes als notwendig. Deshalb haben die Buchverlage im Rahmen ihrer Vermarktungsstrategie oft bereits vor Veröffentlichung eines Buches die Werbekampagne vorbereitet. Prospekte und Kataloge, Anzeigen in Zeitungen und Zeitschriften, Schaufensterauslagen sowie Besprechungen in den Medien sollen zum Buchkauf anregen.
Bücher werden inzwischen nicht nur beim Buchhandel, bei Buchgemeinschaften oder über den Versandhandel, sondern auch über das Internet gekauft.

Sabine Werz
KIOSK
Roman
Ehrenwirth

Er erfüllt Kinderträume vom Schlaraffenland. Für die Großen ist er Klatschbörse, Beichtstuhl und Ort für spontane Begegnungen – der Kiosk!

So auch der Kiosk auf dem Kattenbug. Der Kattenbug ist eine »verlotterte Drecksgasse«, behauptet der mürrische Antiquar Hans-Karl, der seinem Freund, dem verstorbenen Kioskbesitzer Jakob, in stummer Wut nachtrauert. Drecksgasse oder nicht, Hans-Karl würde nie wegziehen. Ebenso wenig wie Rose Quittländer, die die einst florierende Gasse noch vor dem Krieg erlebte. Oder Nikita, das traurige Kind, das mit Gott und Gespenstern spricht. Oder Lenchen, Jakobs Witwe, die um ihre Existenz bangt.
Bauunternehmer Krahwinkel rückt dem Kattenbug mit der Abrißbirne zuleibe. Dem Kiosk und all seinen Kunden droht die Vertreibung aus ihrem Paradies. Bis eine Fremde auftaucht: Karla – Archäologin und Historikerin zwischen zwei Jobs und zwei Affären – , die an einen verirrten Engel erinnert oder an Jakob. Doch Karla ist alles andere als ein Engel.

Eingebettet in eine packende Erzählung gelingt der Autorin die literarische Fotografie des Kattenbug, der eine wechselvolle und sehr deutsche Geschichte hat. Sabine Werz erzählt ohne falsche Sentimentalität alltägliche Mysterien, die unserer nüchternen und rationalen Gegenwart zurückgeben, was wir alle benötigen: anrührende, komische, wahrhaftige Geschichten.

6

1. Mit seinen Anzeigen (▷ S. 225 f.) wendet sich der Verlag in erster Linie an den Buchhandel. Untersuchen Sie, mit welchen Mitteln die Buchhändler/innen dazu veranlasst werden sollen, den Titel „Kiosk“ in ihr Sortiment aufzunehmen und ihren Käuferinnen und Käufern zu empfehlen. Nutzen Sie dazu die Hinweise des Kapitels „Analyse von Werbeanzeigen“ auf S. 238 ff.
2. a) Besorgen Sie sich in einer Buchhandlung Prospektmaterial über Neuerscheinungen.
   b) Überprüfen Sie das Material im Hinblick auf einen möglichen Verkaufserfolg. Beziehen Sie bei der Analyse Inhalt des Buches, Aufmachung, Verkaufspreis und Zielgruppe ein.
   c) Zeigen Sie auf, wie die Werbung ihre Zielgruppe anspricht und wie sie die Absicht der Autoren vermittelt.
3. Bereiten Sie ein Interview mit einem Autor/einer Autorin für die Schülerzeitung vor.

Sonderformen der Produktion und Vermarktung

Die Entwicklung zur Informationsgesellschaft hat mit zunehmender Freizeit auch das Bedürfnis nach Unterhaltung verstärkt. Nicht selten werden Fortsetzungsromane aus Zeitungen oder Zeitschriften, Heftromane und Taschenbücher verfilmt oder dienen als Grundlage für Fernsehserien. Insofern kommt es vermehrt zum **Medienverbund**, den die Verlage zur Verbesserung ihrer Marktchancen nutzen. So erscheinen immer häufiger in Serien und hohen Auflagen standardisierte Buchtexte verschiedener Art, z. B. Frauenromane oder Kriminalromane. Die preiswerten Taschenbuchausgaben sind auch an zentralen und verkehrsreichen Plätzen, z. B. in Warenhäusern und Kiosken, erhältlich. Ihre Produktion erfordert aufgrund eines geringeren Verkaufspreises eine hohe Auflage. Von daher werden Aufmachung, Inhalt und Sprache verschiedener Taschenbuchreihen einem breiten Publikumsgeschmack angepasst. Verlage dieser Romanserien geben deshalb im Hinblick auf die Erwartungen der Leserschaft ihren Autorinnen und Autoren bestimmte inhaltliche und formale Vorgaben.
In den letzten Jahren gewinnt das **Internet** verstärkt Bedeutung für den Buchmarkt. Man geht davon aus, dass die Anzahl der Internet-Anschlüsse weiter zunehmen wird. Da heute nahezu jedes Produkt online bestellt werden kann, lassen sich Güter, deren Qualität nicht unbedingt durch Augenschein beurteilt werden muss, auch über das Internet vermitteln. Da es für Bücher auf dem deutschen Markt ohnehin eine Preisbindung gibt, d. h. alle Händler ein Buch zu demselben, vom Verlag festgesetzten Preis verkaufen müssen, erübrigt sich ein Preisvergleich.

1. a) Sammeln Sie Titel von Unterhaltungsromanen, die Sie in letzter Zeit gelesen haben.
   b) Ordnen Sie die Titel nach Genres, z. B. Kriminalromane, Horrorromane ...
   c) Nehmen Sie zu einzelnen Titeln Stellung: Was hat Ihnen daran (nicht) gefallen? Begründen Sie Ihre Beurteilung.

Wenn Sie eine gute Idee für die eine oder andere Serie haben, schicken Sie uns doch bitte unverbindlich ein kurzes Exposé von 1–2 Seiten und die ersten 10 Seiten des geplanten Romans. Daraus kann man schon grundsätzlich sehen, ob Sie Themen und Sprache richtig treffen, und eventuelle Änderungen etc. gleich absprechen.
Inhaltlich sollen es moderne Liebesgeschichten (Frauenschicksale) sein, allerdings mit viel Gefühl geschrieben, in einer einfachen, verständlichen Sprache mit einprägsamen Bildern. Der Stoff muss in die jeweilige Serie passen, so müssen z. B. Fürsten-Romane im höheren Adelsmilieu spielen.
Silvia-Romane spielen nicht unbedingt in Adelskreisen, aber doch auf Gütern, Herrensitzen oder zumindest in gesellschaftlich gehobenem Milieu; bei den Fürsten-Serien sollten der Held oder die Heldin Fürst oder

Prinzessin sein, Berg- und Heimatromane sind in bäuerlicher, alpenländischer Umgebung angesiedelt.
Die Geschichte, in der immer die große Liebe zwischen zwei Menschen im Mittelpunkt steht, soll möglichst aktionsreich sein, d.h., die Handlung wird nicht durch innere Vorgänge, sondern durch Ereignisse von außen vorangetrieben. Wichtig ist auch ein spannender Anfang, der die Leser gleich zum Weiterlesen animiert. Die Kapitel sollten nicht länger als fünf bis sechs Schreibmaschinenseiten sein, und die Sprache soll wenig Fremdwörter und keine komplizierten Schachtelsätze enthalten.
Tabu sind rassistische und weltanschauliche Auseinandersetzungen, die Diskriminierung von sozialen Minderheiten, Grausamkeiten, Verherrlichung von Gewalt und Krieg. Auch so schwierige und für die Betroffenen oft so schmerzliche Probleme wie Homosexualität oder Selbstmord sollen unbedingt vermieden werden, da man diesen Dingen in einem Unterhaltungsroman in keinem Fall mit allen Konsequenzen gerecht werden kann.
Zur äußeren Form des Manuskriptes: Der Umfang des fertigen Romans beträgt max. 165000 Anschläge. Es soll einseitig mit doppelter Zeilenschaltung geschrieben sein, d.h. 30 Zeilen pro Seite und etwa 60 Anschläge pro Zeile, die Leertasten mitgerechnet. Absätze werden durch Einrücken kenntlich gemacht. Die Gesamtlänge beträgt dann ca. 90 Manuskriptseiten.

BASTEI-VERLAG
Gustav H. Lübbe GmbH & Co.
– Frauenromanlektorat –

2. a) Beschreiben Sie anhand der Verlagsanweisung,
   - welche Bedürfnisse der Leser/innen befriedigt werden sollen,
   - wodurch dies erreicht werden soll und
   - welche Wirkung nach Ihrer Meinung die vermehrte Lektüre dieser Romane haben kann.

   b) Vergleichen Sie die dargestellte Welt mit der Realität.
3. Analysieren Sie die Anzeige des Aufbau-Taschenbuch-Verlags auf S. 229. Gehen Sie dabei insbesondere auf das Stichwort „Medienverbund" ein. Nutzen Sie bei Ihrer Untersuchung die Hinweise des Kapitels „Analyse von Werbeanzeigen" auf S. 238 ff.
4. Fordern Sie ein kostenloses Kundenjournal des Aufbau-Taschenbuch-Verlags an (AtV, PF 193, 10105 Berlin bzw. www.aufbau-verlag.de oder www.buch.de).
5. Verfassen Sie eine Anleitung zur Buchbestellung über das Internet. Geben Sie dabei auch Tipps, wie man mit den verschiedenen Formen von Werbung für Bücher und andere Medien auf den Seiten der Internethändler umgehen sollte.
6. Bereiten Sie eine Pro-und-Kontra-Diskussion vor, in der das Thema „Buchbestellung über das Internet" erörtert wird.

Buchmarketing

Jedes Jahr im Herbst werden auf der Frankfurter Buchmesse mehrere Tausend Neuerscheinungen präsentiert. Die Vielzahl und Vielfalt der Angebote auf dem Buchmarkt erschweren den Leserinnen und Lesern die Übersicht. Nicht jeder findet zudem die Zeit und die Muße, sich in einer Buchhandlung beraten zu lassen oder Einblick in die große Zahl auszuwählender Bücher zu nehmen. Hilfreich kann dann die häusliche Lektüre einer Buchbesprechung in einer Zeitung oder einer Zeitschrift (▷ S. 230 f.) oder das im Buchhandel kostenlos erhältliche Magazin „buch aktuell" sein. Darüber hinaus werden Maßnahmen ergriffen, den Absatz von Büchern planmäßig vorzubereiten und durchzuführen, z.B. Hörfunkbesprechung, „Literarisches Quartett" im ZDF, Anzeigen und Vorabdrucke von Textauszügen in Zeitungen und Zeitschriften.

Aufbau Taschenbuch
ARD
Das Erste
Jetzt im Ersten
Die Tagebücher des Victor Klemperer
Einmalige Sonderausgabe
Original Soundtrack
Ein Leben in Deutschland
KLEMPERER
DANIEL BARENBOIM
STAATSKAPELLE BERLIN
Original Soundtrack auf CD
Daniel Barenboim
Staatskapelle Berlin
ISBN 3-89813-020-7
Teldec 3984-29457-2
DM 39,95
(unverb. Preisempf.)
TELDEC
KLEMPERER
»Ich will Zeugnis ablegen bis zum letzten.«
Tagebücher 1933 – 1945
Victor Klemperer
TAGEBÜCHER
1933 – 1934
Victor Klemperer
TAGEBÜCHER
1942
Victor Klemperer
TAGEBÜCHER
1937 – 1939
Victor Klemperer
TAGEBÜCHER
1940 – 1941
Victor Klemperer
Ich will Zeugnis ablegen
bis zum letzten
Tagebücher 1933–1945
8 Bände in Kassette
1800 Seiten. AtV 5514-5
nur DM 59,90
AtV
Fordern Sie Ihr kostenloses Kundenjournal an: AtV,
PF 193, 10105 Berlin, www.aufbau-verlag.de
www.klemperer.de
Foto: ARD/Sandor Domonkos

Bernhard Schlink

Last der Vergangenheit

Weiter geht's mit starken Geschichten: „Liebesfluchten“

Von Jürgen Jacobs

Bernhard Schlink, der schon 1987 einen ersten Kriminalroman veröffentlicht hat, ist ein prominenter Jurist, Professor in Berlin und Verfassungsrichter in Nordrhein-Westfalen. Ins Rampenlicht der literarischen Szene ist er mit dem sensationellen Erfolg des 1995 zuerst erschienenen Romans „Der Vorleser“ geraten. Allein in den USA sind fast zwei Millionen Exemplare dieses Buches verkauft worden. Ohne Übertreibung lässt sich sagen, dass der „Vorleser“ nach Hochhuths „Stellvertreter“ und Grass' „Blechtrommel“ der deutschen Gegenwartsliteratur wieder einmal internationale Aufmerksamkeit verschafft hat.

Der Erfolg von Schlinks Roman gründet in seiner irritierenden Geschichte: Ein Fünfzehnjähriger wird von einer sehr viel älteren Frau verführt. Da sie Analphabetin ist, muss er ihr nach den obligaten Liebesspielen jeweils vorlesen. Eines Tages ist sie plötzlich verschwunden. Erst viele Jahre später kommt es zu einer Wiederbegegnung. Sie steht als ehemalige KZ-Wärterin vor Gericht und wird zu einer langen Gefängnisstrafe verurteilt.

Das ist eine beklemmende Geschichte, die nicht zuletzt daraus eine verstörende Wirkung bezieht, dass sie in einer präzisen und nüchternen Sprache erzählt ist und trotzdem das politisch-moralische Problem nicht einfach mit seiner juristischen Erledigung als gelöst betrachtet. Nach dem großen Erfolg des „Vorlesers“ nimmt man jetzt mit einer gewissen Spannung Schlinks neues Buch „Liebesfluchten“ in die Hand – und man wird nicht enttäuscht. Es geht in den sieben Erzählungen des Bandes um Menschen unserer unruhigen Epoche, die zu der Erkenntnis kommen, in ihrem Leben versagt zu haben, die sich ihren Bindungen entziehen, die sich durch ihre Vergangenheit beschädigt oder durch ererbte Schuld belastet fühlen.

Da gibt es in der wohl besten Geschichte des Bandes jenen alternden Ministerialbeamten, der nach dem Tod seiner Frau entdeckt, dass sie eine Affäre mit einem anderen Mann hatte. Er lernt den verflossenen Liebhaber kennen, entlarvt ihn als bramarbasierenden Luftikus und versteht doch am Ende, was seine Frau bei ihm selber vermissen musste und was sie zu dem anderen trieb.

Stasi führt in die Krise

In einigen Erzählungen spielt wieder – wie schon im „Vorleser“ – die Last einer schuldbeladenen Vergangenheit eine Rolle. Einmal ist es die verheimlichte frühere Tätigkeit für die Stasi, die eine Ehe in die Krise treibt, dann ist es die Schuld der Väter in der Zeit des Nationalsozialismus, die eine spätere Generation bedrückt und befangen macht.

In der pessimistisch gefärbten Liebesgeschichte eines jungen deutschen Juristen und einer amerikanischen Jüdin schildert Schlink, dass die durch den Holocaust verursachten Gefühle einer unaufhebbaren Distanz, eines heimlichen Misstrauens, der Gehemmtheit und Unsicherheit sich letztlich nicht überwinden lassen – auch nicht durch die große Liebe.

Dem durchweg ernsten Ton von Schlinks Erzählen hält das Mittelstück des Buches mit dem Titel „Zuckererbsen“ die Balance. Es geht hier um einen beruflich sehr erfolgreichen Mann, der sich neben seiner Ehefrau noch zwei Geliebten dauerhaft widmet.

Nach einigen Jahren fühlt er sich durch das permanente Pendeln überlastet und flüchtet als eine Art falscher Mönch in ein Vagabundenleben. Nach einem Unfall sieht er sich an den Rollstuhl gefesselt. In einer burlesken Schlussszene verbünden sich seine drei Frauen in einer Art Verwertungsgesellschaft gegen ihn und machen Anstalten, seinen Namen und seine Talente auszubeuten.
All das ist in einer selbstverständlichen, überlegenen Manier erzählt, mit sensiblem Gespür für die seelischen Verwicklungen, denen die Figuren ausgesetzt sind. Schlink erweist sich auch hier in diesem neuen Band als virtuoser Erzähler, der seine Geschichten effektvoll komponiert und ihnen dadurch einen besonderen Reiz sichert, dass er die dargestellte Problematik nicht kommentierend wegerklärt oder glatt auflöst. Am Ende dieser Erzählungen bleibt immer ein verstörender Rest, eine offene Frage, die den Leser an der Geschichte festhält, auch nachdem er den letzten Satz gelesen hat.

Bernhard Schlink: **„Liebesfluchten“**, Geschichten, Diogenes, 308 S., 39,90 DM

Bernhard Schlink:
Als Jurist muss er viele moralische Fragen ungeklärt lassen, aber als Schriftsteller kann er trefflich über sie räsonieren.

1. Untersuchen Sie die Rezension von Jürgen Jacobs:
   - Wie ist der Artikel aufgebaut?
   - Welche Informationen erhalten Sie über Autor und Werk?
   - Welche Absichten verfolgt der Rezensent?
2. a) Beschaffen Sie sich weitere Informationen zu Bernhard Schlinks „Liebesfluchten“ und entwickeln Sie ein Faltblatt, das in der Schülerbücherei an Ihre Mitschüler/innen verteilt werden kann.
   b) Gestalten Sie ein Plakat im Aushang Ihrer Schule, das zur Lektüre des Buches „Liebesfluchten“ anregt.
3. a) Sammeln Sie Rezensionen von Büchern aus Zeitungen, Klappentexten und Prospekten zu Neuerscheinungen in Buchhandlungen.
   b) Vergleichen und bewerten Sie die Informationen, die Sie jeweils erhalten.
4. Tauschen Sie sich darüber aus, aus welchen Quellen Sie für gewöhnlich Ihre Informationen über Bücher beziehen. Was regt Sie am ehesten zur Lektüre eines Buchs an?
5. Empfehlen Sie ein gelesenes Buch Ihrem Freund/Ihrer Freundin als Ferienlektüre. Verwenden Sie dazu Aspekte einer Romanrezension, aber auch eigene Gesichtspunkte für eine Buchkritik.

6 Werbung

6.1 Werbung als Form der Marktkommunikation

1. Geben Sie spontan Ihren Eindruck von dieser Anzeige wieder.

Das Grundbedürfnis des Menschen, mit anderen Menschen in Beziehung zu treten, Meinungen, Gedanken und Informationen auszutauschen, äußert sich im Marktgeschehen in der Weise, dass nunmehr Produzent und Konsument die Rolle von Sender und Empfänger einnehmen. Im Mittelpunkt der Marktkommunikation steht der Vorgang der Übermittlung von Informationen über Sachgüter und Dienstleistungen, die am Markt zwischen Anbieter und Nachfrager Austauschprozesse (z. B. Kauf, Reparaturauftrag usw.) auslösen können.
Am Kommunikationsprozess sind folgende Elemente beteiligt:

	Kommunikation	**Marktkommunikation**
Wer sagt	Sender	Werbender (= Produzent)
was	Information	Werbebotschaft (= Produkt)
zu **wem**	Empfänger	Umworbener (= Konsument)
auf welchem **Weg**	Medien	Werbemittel (z. B. Bilder, Sprache)
mit welchem **Effekt**?	Wirkung	Werbewirkung (= marktrelevante Verhaltensweisen der Verbraucher)

2. Klären Sie anhand der Werbeanzeige auf S. 232: Wer sagt was zu wem auf welchem Wege mit welcher Wirkung? Beziehen Sie in Ihrer Aussage den Aufbau des Textes sowie die farbliche und bildliche Darstellung ein.

Günter Wöhe

Die Absatzwerbung

Alle absatzpolitischen Maßnahmen haben den Zweck, bestehende Verkaufswiderstände am Markt zu beseitigen: Neben der Preispolitik, der Gestaltung der Produkte, der Auswahl der Absatzmethoden und der Sortimentsgestaltung spielt die Werbung als absatzpolitisches Instrument eine wichtige Rolle. Der Begriff der Werbung beschränkt sich nicht nur auf den wirtschaftlichen Bereich, sondern bezieht sich auch auf andere Bereiche des menschlichen Lebens. Werbung ist ein Instrument, um Menschen zur freiwilligen Vornahme bestimmter Handlungen zu veranlassen, z. B. zum Kauf einer bestimmten Ware oder zur Unterstützung der Zielsetzungen einer politischen Partei oder einer Religionsgemeinschaft; sie erfolgt durch den Einsatz sog. Werbemittel. […]
Aus den Funktionen, die die Werbung erfüllen kann, können zugleich die Aufgaben der Werbung abgelesen werden. Man unterscheidet folgende Funktionen:

(1) **Information:** Die Werbung soll den Verbraucher und den Fachmann informieren, mit den Produkten bekannt machen und zugleich die Markttransparenz erhöhen. Information ist aber nicht die zentrale Aufgabe der Werbung; sie ist mehr eine Nebenwirkung. Der eigentliche Zweck liegt auch hier in der Beeinflussung der Kaufentscheidungen.
(2) **Suggestion:** Mit Hilfe der Werbung soll das Seelenleben anderer beeinflusst werden, wobei der suggerierte Inhalt aus dem kritischen Denken losgelöst und so der Kaufwiderstand weitgehend ausgeschaltet wird.
(3) **Repräsentation:** Werbung, die hierauf abzielt, ist eine Firmenwerbung. Eine Produktwerbung kann sich nur als Nebenwirkung ergeben.
(4) **Bedarfsweckung:** Die Werbung erzeugt eine Änderung des Verbrauchs oder weckt neuen Bedarf.
(5) **Absatzerleichterung:** Werbung kann spätere Verkaufsanbahnungen erleichtern.

Eva Heller

Von der Unmöglichkeit, nicht manipuliert zu werden

Alle sprechen von der Manipulierbarkeit der Konsumenten. Wer zu behaupten wagt, dass der Mensch noch in seiner Funktion als Konsument ein vernunftbegabtes Wesen bleibt, wird mit Experimenten konfrontiert, die beweisen, wie leichtgläubig die Verbraucher sogar auf die abgedroschensten Reklamesprüche hereinfallen.

Verzichtet man zunächst auf die Wertungen der Beweise und bleibt konkret bei ihren Inhalten, so fällt auf, dass sich diese meistens gleichen: Meistens geht es um Seife!

Nun können die Manipulationsforscher ihre Liebe zur Seife plausibel erklären: Seife wird überwiegend von Frauen eingekauft. Deren „naturgemäß" kaum rationalem Denken zugängliche Psyche erscheint als besonders ergiebiges Terrain, um nach irrationalen Motiven zu schürfen. Man darf diese Liebe darüber hinaus mit der Auftragslage begründen: Seife ist ein werbeintensives Produkt. Da scheint sich das Beispiel allemal von selbst zu ergeben.

Was die Werbung aus Seife gemacht hat, schildert Ernest Dichter mit großen Worten: „Alljährlich stecken die großen Hersteller Millionen in die Werbung, um den Verbraucher davon zu überzeugen, dass ihm Liebe und Glück zufliegen werden, wenn er nur die Marke X oder Y kauft. Die Frage, ob sich dieses Versprechen auch halten lässt, ist für den Psychologen bedeutungslos. Ihn interessiert ausschließlich die Tatsache, dass es der Werbung gelungen ist, aus einem so simplen Artikel, wie es die Seife ist, ein Mittel zur Erlangung von Schönheit und Glück zu machen."

Trotz aller psychologischen Kniffe mussten die Hersteller in den letzten Jahren erkennen, dass die Verbraucher nicht willens sind, nur für das schönste Seifenbildchen meterweit zu laufen. Sie wählen bereitwillig zwischen dem, was sie im Regal vorfinden. Immer mehr entscheidet der Handel, womit sich der Verbraucher wäscht. Deshalb konzentriert sich das Interesse der Seifenhersteller immer mehr auf die Interessen der Händler. Und hier ist alle psychologische Manipulation vergebens: Wenn Handelskonditionen ausgehandelt werden, dann geht es ums Geld.

Ratschlag an Verbraucher: Egal, was man einem Manipulationsstrategen auf die listige Frage, warum man denn gerade diese Seife kaufe, antwortet, man wird immer der erfolgreichen Manipulation durch die Werbung überführt werden können. Wer sich nicht länger die eigene Manipulierbarkeit vormachen lassen will, sollte die Gegenfrage nach einer „manipulationsfreien" Alternative stellen. Und solange eine vernünftige Antwort noch aussteht, kann man die Erkenntnisse jener Manipulationsstrategen, die sich rühmen, Leute zum Kauf von existenziell notwendigen Dingen zu bringen, gelassen hinnehmen.

1. Stellen Sie Aufgabe und Funktion von Werbung aus betriebswirtschaftlicher Sicht dar: Fassen Sie die Informationen aus dem Text von Günter Wöhe (▷ S. 233) in einer grafischen Übersicht zusammen.
2. Überprüfen Sie die These von Eva Heller, dass bei keiner Kaufentscheidung Manipulation durch Werbung ausgeschlossen werden kann. Schreiben Sie zu Ihrer letzten eigenen Kaufentscheidung Argumente für und gegen Manipulation in eine Tabelle.
3. Begründen Sie Ihren Standpunkt zur Kritik an der Werbung in einem Statement. Führen Sie selbst gewählte Beispiele an.

6.2 Inhalte und Sprache der Werbung

Verkaufsargumente

Viele Werbebotschaften erreichen ihre beabsichtigte Wirkung nicht, weil die Bedürfnisse der Verbraucher falsch eingeschätzt wurden. Diese Erkenntnis hat die Werbeforschung dazu veranlasst, vom jeweiligen Kaufobjekt abhängige Verkaufsargumente systematisch zu sammeln. Eine solche Sammlung soll effizientere Werbeaussagen über Sachgüter und Dienstleistungen ermöglichen.

Systematik der Sammlung von Verkaufsargumenten

Bedürfnisse	*Motive*	*Vorteile*	*Beweise und Begründung*
Selbsterhaltung	Hunger – man will satt werden. Durst – man muss trinken. Schlaf – das Dach über dem Kopf ist nötig. Sex – nach innerem Antrieb.	Nahrungsmittel, Getränke, der primitive tägliche Wohnbedarf sind nicht aufschiebbar, auch nach Verschleiß nicht. Ein Grundbedarf ist immer vorhanden.	Neben dem Preisargument steht vorwiegend das der Qualität, des besonderen Geschmacks und der Ausführung. In diesem Bereich macht der das Rennen, der sich abheben kann. Sexsymbole sind heute wie früher wesentliche Anreizmöglichkeiten der Werbung, wenn sie auch heute wieder dezenter zum Einsatz gebracht werden müssen.
Sicherheit	Die Ware muss die gewünschten Eigenschaften haben, vor allem dauernde und hohe Funktionstüchtigkeit.	Hohe Stabilität, lange Lebensdauer, an- und umbaufähig, große Strapazierfähigkeit und geringer Verschleiß.	Hinweise auf hochwertige Materialien, Stahl, Holz, und Kunststoffe, beste Oberflächenbehandlung. Widerstandsfähigkeit gegen Mikroben, Verschleiß oder andere Belastungen. Bei normaler Belastung keine Gefahr des Zerbrechens.
Freundschaft und sozialer Kontakt	Die Einrichtung muss mithelfen, Menschen einladen zu können; man muss mit anderen gleichziehen.	Für soziale Bedürfnisbefriedigung wird mehr ausgegeben als für die ersten beiden Bedürfnisse.	Erst wenn die Selbsterhaltung und die Sicherheit, diese immer gewährleistet zu haben, gegeben sind, lassen sich diese Motivationen, die rund die Hälfte der Mitbürger haben, nutzen.
Pflegebedürfnis	Sauberkeit und Hygiene machen die Wohnung und Umwelt angenehm.	Moderne Stoffe und andere Materialien lassen sich leicht reinigen.	Die Pflegeleichtigkeit von Kunststofffenstern brachte einen derartigen Vorsprung, dass sie in wenigen Jahren den Marktanteil des Holzfensters halbierten.

Bedürfnisse	*Motive*	*Vorteile*	*Beweise und Begründung*
Ordnungsbedürfnis	Übersichtliches Unterbringen von Gegenständen aller Art spart Zeit und Arbeit.	Bei gleichartigen Grundeinrichtungen lassen sich durch Einbauten Variationen schaffen.	Die Küchenmöbelindustrie hat es genauso wie die Büromöbelbranche geschafft, bei gleichen Grundeinrichtungen individuelle Ausstattungen anzubieten und zu verkaufen: eine bedeutende Umsatzsteigerung.
Bequemlichkeitsbedürfnis	Man will mit wenig Aufwand viel Effekt erreichen, Gegenstände leicht und einfach handhaben.	Das Streben nach Entspannung, Liegen, Sitzen erlaubt besondere Varianten im Entwurf.	Müheloses Sauberhalten spart Zeit und Geld, leichte Umgestaltungsmöglichkeiten Varianten ohne viel Arbeit, starke Polsterungen und neue Werkstoffe, angenehmes Sitzen und Liegen.
Gewinnbedürfnis	Streben nach Profit und hoher Gegenleistung bei geringem eigenem Aufwand.	Günstige Anschaffungen mit hohem Gegenwert anbieten, Konkurrenzpreise zeigen.	Ausgewählte Werkstoffe, verarbeitet von leistungsfähigen Herstellern, Lieferung und Montage im Preis enthalten, leicht erreichbarer Kundendienst.
Geltungsbedürfnis	Streben nach Prestige und Anerkennung, Nachahmen großer Vorbilder.	Wer etwas Besonders sein will und sich hervorhebt, sieht nicht auf den Pfennig.	Repräsentative, elegante Einrichtungen lassen sich verkaufen, geben Geltung. Elegantes, eigenwilliges, exklusives Design wirkt modern.
Gestaltungsbedürfnis	Individuelle Gestaltung, Veränderbarkeit und harmonische Ergänzungen verstärken die Wohnlichkeit.	Möbel und Einrichtungen müssen variabel sein, bei zunehmendem Platzbedarf anbaufähig.	Lieferung von Einrichtungen in den verschiedensten Längen und Breiten, Farben und Designs oder nach Wunsch individuell gefertigt. Lässt sich immer wieder anpassen.
Selbstentfaltung	Sehnsucht nach guter optischer Wirkung, gutem Design, individuellen, schönen Farben und Formen.	Elegante, in Form und Farbe attraktive und wirkungsvolle Einrichtungen, Farbkontraste.	Besondere Linienführung nach eigenen oder von guten Architekten erstellten Entwürfen, exklusive Besonderheiten in Stil und Geschmack erlauben ein deutliches Abheben vom Durchschnitt.

1. Wählen Sie aus der Sammlung die Bedürfnisse aus, die Sie bei der Werbung für Sportbekleidung besonders herausstellen würden, und begründen Sie Ihre Entscheidung.
2. Die Werbung spricht unterschiedliche Motive einzelner Zielgruppen an, um diese bei ihrer Entscheidung gezielt zu beeinflussen. Formulieren Sie verschiedene Werbeschlagzeilen für Sommerreiseangebote, die sich an folgende Zielgruppen richten: Jugendliche, Familien, Kegelclubs, Senioren.

MARKETING

Schwarz, kalt und kultig

Die Kaffeeindustrie im Jugendwahn: Schrill verpackt und eiskalt serviert, soll aus dem Traditions- ein Kultgetränk werden.

Kaffee-Bar (in Hamburg): Hauch der großen, weiten Welt

Abgestanden, übrig geblieben, Bodensatz: Lange Zeit war kalter Kaffee das Synonym für Langeweile und Lustlosigkeit. Nun soll alles anders werden. Kalter Kaffee ist cool, glaubt die Industrie, der die jungen Konsumenten abhanden kamen. Produkte wie „K-fee", „Mr. Brown" oder „Nescafé Xpress" werden als trendy vermarktet, aus Omas Kaffee soll ein Lifestyleprodukt werden: schwarz, kalt, kultig.
Denn in Deutschland hat der gute alte Filterkaffee ein Generationsproblem: Zwar trinken die Deutschen im Schnitt 160 Liter pro Jahr – mehr als Cola oder Bier. Doch Jugendliche lassen sich kaum noch zu einem Kaffeekränzchen locken.
Bereits vor fünf Jahren gab schon fast ein Viertel der Befragten in der Altersgruppe von 16 bis 24 Jahren an, „nie" oder „seltener als einmal im Monat" Bohnenkaffee zu trinken. Inzwischen, so das Münchner Marktforschungsinstitut IconKids & Youth, ist diese Zahl um über 27 Prozent auf 2,42 Millionen Abstinenzler gestiegen. Der Grund: Jungen Leuten ist Kaffee schlicht zu bitter. Schlimmer noch: Er steht für „Spießertum, Konventionalität, Konformismus und Langeweile".
So viel Konsumverweigerung ist für die erfolgsgewohnte Kaffeeindustrie natürlich unakzeptabel. Sie hält dagegen – mit neuen Produkten, Sponsoring-Aktionen und Coffee-Bars. Mit Millionenaufwand soll das Image des braunen Koffeingetränks aufpoliert werden.
Bei Nestlé heißt das Ergebnis jahrelanger Feldforschung „Nescafé Xpress": Kalter Kaffee trinkfertig in Dosen, black wie schwarz und white mit Milch. Eine Dose mache so wach wie zwei Tassen starker Kaffee, sagt der Hersteller.
Für die Markteinführung drang Nestlé tief in die Diaspora vor und pirschte sich an Rudel jugendlicher Kaffeeverweigerer heran. Spezielle Kühlschränke sollten zunächst in Clubs, Kinos und Plattenläden und dann in Tankstellen die junge Szene erobern. Und mit dem Slogan „Kipp die Tradition" räumt Nestlé auch in der Werbung mit dem Tante-Frieda-Image auf. In diesem Jahr rechnet der Konzern mit Verkaufszahlen im zweistelligen Millionenbereich. „Im Oktober haben wir bereits dreimal so viel verkauft wie zur gleichen Zeit im Vorjahr", sagt Kajetan Gressler, Xpress-Manager. Frieder Rotzoll, Hauptgeschäftsführer des Deutschen Kaffee-Verbands, pflichtet bei: „Die Doseninvasion ist längst überfällig." […]
Wie der Kaffee-Kosmos für junge Menschen im Idealfall aussehen soll, hat eine Studie von IconKids & Youth definiert: Für einen Bohnen-Boom bei Jugendlichen sollte „eine eigene, junge Kaffeewelt mit jungen Produkten geschaffen werden".
Die Kaffeeindustrie gibt ihr Bestes: Tchibo veranstaltet für das Produkt „Gran Cafe" Kino-Partys mit Filmstar Hugh Grant in neun deutschen Großstädten. Nescafé lässt das „Café Mobil" touren: Mit dreirädrigen Kaffee-Bars, auf Basis einer italienischen Piaggio Vespa konstruiert, kommt Kaffee zu Partys und Konzerten.
Auch stationär soll Kaffee vermehrt unters Jungvolk gebracht werden. Coffee-Shops gelten als urban, schnell und weltoffen. Sie bringen einen Hauch der großen, weiten

Welt – auch nach Münster und Bad Oldesloe. Tchibo hat sein „Aroma House", Nestlé das „Café Nescafé", hinzu kommen Ketten wie die „World Coffee-Shops", von denen es in Deutschland bereits 16 Filialen gibt. Wenn es nach dem Gründer Roman Koidl geht, sind es in vier Jahren 235 Läden.

Die Coffee-Shops werden der deutschen Kaffeekultur nicht helfen, meint dagegen der Frankfurter Doktorand Peter de Vries, 24, ein gebürtiger Niederländer – zu viel Milch, zu wenig Kaffee: „Deutsche sind Weicheier. Sie tun alles, um den Kaffeegeschmack loszuwerden."
Karen Naundorf

1. Erläutern Sie anhand des Artikels „Schwarz, kalt und kultig":
   - Welche Werbebotschaft will die Kaffeeindustrie den Jugendliche nahe bringen?
   - Mit welchen Motiven will sie Jugendliche überzeugen?
   - Welche Bedürfnisse der Jugendlichen verspricht die Kaffeeindustrie zu erfüllen?
   - Welche organisatorischen Mittel setzt sie für die Werbekampagne ein?
2. Diskutieren Sie, wie Sie den Erfolg einer solchen Werbekampagne einschätzen.

Analyse von Werbeanzeigen

Hinweise zur Analyse einer Werbeanzeige

Zur Einleitung
1. Klärung des Sachverhalts: Produzent – Konsument (Zielgruppe), Ort und Zeitpunkt der veröffentlichten Anzeige

Zur Beschreibung
2. Aufbau der Anzeige; Anordnung von Text und Bild sowie Abfolge von Schlagzeile, Haupttext und Slogan

Zur Textanalyse
3. Kennzeichnung der Werbebotschaft; Art der angesprochenen Bedürfnisse, Eigenschaften und Vorzüge des Produkts, Assoziationen zum Produkt beim Lesen der Aussagen
4. Sprache des Textes; Wortwahl im Hinblick auf die Zielgruppe, Dominanz einzelner Wortarten, Fremd- und Fachwörter, Schlüsselwörter, Besonderheiten des Satzbaus, Arten und Wirkung der rhetorischen Mittel
5. Verstärkung der Textaussage durch farbliche und bildliche Darstellungen, ihr Zusammenhang und ihre Wirkung beim Betrachter

Zur Bewertung
6. Gesamteindruck und Beurteilung der Anzeige, Gegenüberstellung von Absicht und Wirksamkeit der Anzeige

Fachbegriffe zur Analyse von Anzeigen

Abtönung: Farbabstimmung, Stilgestaltung
Blickfang: auffallendes Element (Bild/Text)
Blickfolge: Art und Weise, wie der Leser die Teile der Anzeige wahrnimmt
Logo: Schriftzug des Produktes oder Unternehmens
Motiv: a) Beweggrund, durch den jemand veranlasst wird, etwas Bestimmtes zu tun b) Bildgegenstand, Leitgedanke einer bildlichen Darstellung
Positionierung: Stellung des Produkts in den Augen der Verbraucher; auch: Stellung eines Bilds/Texts in der Anzeige
Schlagzeile/Headline: zentrale Aussage
Slogan: kurze, formelhafte und einprägsame Textzeile, die über längere Zeit immer wieder in Verbindung mit dem Produktnamen benutzt wird und dadurch einen hohen Wiedererkennungswert erhält
Verbrauchernutzen: Grundnutzen, z. B. Bekleidung; Zusatznutzen, z. B. Prestige
Werbebotschaft: inhaltliche Kernaussage
Werbeträger: Medium, durch das Werbung verbreitet wird, z. B. Zeitung, TV; auch: prominente Personen
Zielgruppe: Personenkreis mit vergleichbar ähnlichen Merkmalen, z. B. Jugendliche, Hausbesitzer, Wintersportler

1. Geben Sie einen ersten Eindruck wieder, den die Anzeigen bei Ihnen wecken.
2. Analysieren Sie die Anzeigen mit Hilfe der Übersichten auf S. 238 und 240 f.

Sprachliche Mittel in Werbetexten	Beispiele	Funktionen
Wortbildung • Zusammensetzung • Neuschöpfungen • Produkt/Firmennamen	 *Schnell-Lieferservice* *Menü-Display* *Sympatex*	 Neuartigkeit des Produkts hervorheben, Abgrenzung zur Konkurrenz betonen, Besonderheiten nennen
Wortwahl • Häufigkeit bestimmter Wortarten • Aufwertung • Hochwertwörter • Schlüsselwörter • Fach-/Fremdwörter • verschiedene Sprachebenen	 z. B. mehrere Attribute Komparative, Superlative *optimales Handling* *neu, jung, modern* *Farbdisplay, Regensensor* *exquisit, supergünstig*	 Bewertung von Eigenschaften, Vorstellungen entwickeln, Neugier wecken, Leser beeindrucken
Satzbau • kurze Sätze • unvollständige Sätze • Satzzeichen	 *Diese Zeitung macht Karriere.* *Zum Beispiel meine.* *Ein Auto wie Sie: aktiv – modern – temperamentvoll*	 Wesentliches hervorheben, Leseweise beeinflussen
Rhetorische Mittel • Worthäufigkeit • Behauptung • Befehl • Anrede • einleitende Frage • Dreierfigur • Antithese • Wortspiel • Reimform • Alliteration • Beschönigung/ Euphemismus • Metaphorik	 mehrmalige Wiederholung *Nur die Wirklichkeit wirkt wirklich* *Rufen Sie an!* *Fragen Sie Ihren Apotheker* *Zahnfleischprobleme?* *Sie sparen sich: Umwege, Staus und Nerven* *Heute lesen, morgen online* *Wer einsteigt, will nie wieder aussteigen* *Haribo – macht Kinder froh und Erwachsene ebenso* *getanzt – gelacht – getrunken* *Dritte Zähne* *einen guten Fang machen*	 eindringlich und einprägsam in der Aussage, Spannung erzeugen, Kommunikation herstellen, zur Handlung anleiten, Sachverhalte veranschaulichen

3. Sammeln Sie aus mehreren Zeitschriften Anzeigen der Zahnpasta-/Duschcreme-Werbung.
   a) Analysieren Sie diese Werbetexte. Entwickeln Sie dazu ein Raster, das verschiedene Aspekte der Anzeigenanalyse für die einzelnen Arbeitsgruppen festlegt.
   b) Stellen Sie Unterschiede und Gemeinsamkeiten heraus.
   c) Belegen Sie an Beispielen, welche Wertvorstellungen die Werbeanzeigen im Einzelnen vermitteln.
   d) Verfassen Sie einen kritischen Beitrag zur Zahnpasta-/Duschcreme-Werbung.
4. Zeichnen Sie mit Hilfe eines Video-Gerätes Beispiele der TV-Werbung auf. Erläutern Sie die Auswahl Ihrer Beispiele und bewerten Sie diese im Hinblick auf ihre Wirksamkeit.

Formulierungshilfen zur Analyse einer Werbeanzeige

Zur Einleitung

Die Werbeanzeige erschien am … in der Zeitung/Zeitschrift „…“. Das Unternehmen … wirbt mit dieser Anzeige für …, ein neuartiges Produkt, das es auf dem Markt anbieten will.

Zur Beschreibung

Die Anzeige umfasst Text und Bild. Der Text besteht aus … Das Bild stellt … dar und ist in der Anzeige … platziert. Der Anteil von Text und Bild steht in einem Verhältnis von …

Am Ende der Anzeige findet sich der Slogan …/das Firmen-Logo …

Zur Textanalyse

Dem Betrachter fällt zunächst … auf. Als Kernaussage der Werbebotschaft kann die Formulierung … verstanden werden. Der Satzbau ist … und damit für den Leser …

Umgangsprachliche Wendungen wie … belegen, dass … Zielgruppe dieser Werbung sind.

Der Produktname … tritt insgesamt … mal auf. Damit soll erreicht werden, dass …

An mehreren Stellen des Textes werden die Eigenschaften des Produktes genannt, z.B. …

Das bewirkt beim Leser, dass …

Mit Hilfe verschiedener rhetorischer Mittel wie … will die Anzeige Aufmerksamkeit und Interesse beim Leser wecken und ihn dazu bewegen, … Hierfür lassen sich weitere Belege anführen: …

Zur Bewertung

Nach meiner Ansicht ist die Anzeige … gelungen/nicht gelungen, weil …

Ich halte die Anzeige für … werbewirksam/nicht werbewirksam, denn der Verbraucher …

Neue Werbeformen

Familie X will ein neues Auto kaufen; man versammelt sich vor dem Fernseher und stellt mit der Fernbedienung im BMW-Katalog seine Wunschlimousine zusammen. Wie passt das blaue Polster zu silbermetallic? Oder wollen wir doch lieber ein Cabrio mit hellem Verdeck nehmen? Was kostet der Wagen mit dem 1,8-Liter-Motor, was der Wagen mit 2,6-Liter-Sechszylinder? Wenn alles stimmt, lässt der Hausherr den Traumwagen noch einmal auf einer Drehscheibe auf dem Bildschirm rotieren, dann drückt er den Bildschirmcursor auf das Tastenfeld „Probefahrt“ und drückt den Eingabeknopf.

Eine Stunde später steht das Auto vor der Tür. Es ist zwar nur ein Vorführwagen, aber der Verkäufer bringt in seinem Laptop den fertigen Kaufvertrag mit. Ist man sich einig, geht der Auftrag am Ende der Probefahrt per Funkmodem über das digitale Mobilfunknetz direkt in die BMW-Zentrale. Von dort kommt schon eine Minute später die Bestätigung mit dem genauen Lieferdatum.

„Herzlich willkommen, ich bin Watson, Ihr Begleiter beim Einkauf.“ In einem Kieler Supermarkt sprechen seit Montag die Einkaufswagen mit den Kunden. In einem dreimonatigen Test wird das weltweit erste Modell einer redenden Supermarktkarre erprobt. 100 Wägelchen in dem Markt können plaudern, nach der Begrüßung preist „Watson“ bisher drei Produkte an: Clementinen, Joghurt und den Wein des Monats.

Der Wagen plappert nicht unentwegt. Zu Wort meldet er sich erst, wenn er in die Nähe der Produkte kommt, die besonders angepriesen werden sollen. Der Wagen reagiert auf kleine Infrarot-Sendeanlagen, die ihm die jeweilige Botschaft übermitteln.

5. a) Sammeln Sie auf Karteikarten Argumente für und gegen diese neue Werbemethoden.
   b) Führen Sie eine ▷ Pro-und-Kontra-Diskussion durch. ▷ S. 59 ff.

6.3 Projekte: Gestaltung von Werbeanzeigen

In der Regel geht einer Werbeproduktion ein Planungsprozess voraus. Am Anfang der Überlegungen steht das eigentliche Werbeobjekt. Seine Merkmale, seine Verwendungsmöglichkeiten und Vorzüge sind eindeutig zu beschreiben und auf die Interessen der Zielgruppe abzustimmen. Erst dann wird unter Berücksichtigung der AIDA-Formel die Werbebotschaft formuliert.

A = Attention (Aufmerksamkeit erregen)
I = Interest (Interesse am Produkt wecken)
D = Desire (Besitzwunsch erzeugen)
A = Action (Kauf tätigen)

Helmut Dittrich

Richtlinien zur Gestaltung von Werbeaussagen

Bei der Vielfältigkeit der Zielgruppen und Werbeaufgaben ist es zwangsläufig schwer, eine wirksame Richtliniensammlung aufzustellen. Aber es gibt zahlreiche Problemkreise, die sich bei den verschiedenen Aufgaben gut überdecken. Ein Teil davon soll hier gezeigt werden:

- Mit *Blickfang und Schlagzeile* sind immer Neugier, Aufnahmefähigkeit und Aufmerksamkeit der Passanten oder Leser zu wecken. Bereits die Überschrift muss interessant und provozierend sein.
- Werbung muss so klar sein, dass jeder die *Werbeaussage* versteht. Niemand wird versuchen, Rätsel zu lösen. Obwohl die Form wesentliche Bedeutung hat, ist immer noch das wichtiger, was man sagen will.
- Was zu sagen ist, *muss wichtig sein*. Ohne eine einmalige Idee wird man kaum einen Erfolg erreichen. Nebensächlichkeiten sind überflüssig und schaden nur. Aufgenommen wird eine große, geschlossene Aussage.
- Wesentlich ist die *Distanzierung von anderen.* Man soll nie Bild und Text anderer übernehmen. Informationen sind eigenständig zu verpacken – die Wünsche, Hoffnungen und Haltungen der Zielgruppe sind wesentlich.
- Die Werbung muss ausschließlich auf die *Zielpersonen* ausgerichtet sein, alles andere ist unwichtig. Sie sind zur geistigen Auseinandersetzung, zu Kontaktaufnahme und Kauf aufzufordern.
- Auch eine *Anzeige* soll offen sprechen und „lächeln“. Alle Aussagen müssen Tatsachen oder einen Gebrauchsvorteil zeigen, Vertrauen wecken, überzeugen. Menschen verstehen nur eine einfache Sprache, die des Gefühls.
- Werbemittel dürfen *nie langweilig* sein, sie sollen zeitgemäß wirken, gute Manieren zeigen, keine Clownerien treiben, gerade auf das Ziel losgehen.
- *Übertreibungen,* Verallgemeinerungen und Gemeinplätze sind tödlich. Urteile in der Aussage verstärken jede Wirkung. Werbeaussagen sollen verkaufen helfen, keine Preise gewinnen.
- *Blinde Überschriften,* die nur Inhalt bekommen, wenn man den Text liest, wirken nicht. Wenn man einmal eine gute Anzeige oder andere Werbeaussage gefunden hat, sollte man sie so lange wiederholen, bis sie nicht mehr wirkt.
- Jede Werbeaussage sollte genau sein, den Nutzen zeigen, zum Handeln veranlassen. Werbung immer so gestalten, dass der Interessent auch eine *Handlungsmöglichkeit* zur Kontaktaufnahme oder zum Kauf in dem Moment hat, in dem er ein Bedürfnis dazu verspürt.

Werbeaussagen müssen auf fundiertem Wissen basieren, leicht verständlich sein, zu reaktionsschnellem Handeln aufrufen. Deshalb sollen immer die *Bedürfnisse des Verbrauchers* an vorderster Stelle stehen.

1. Entwerfen Sie unter Beachtung der „Richtlinien zur Gestaltung von Werbeaussagen" (▷ S. 242) ein **Werbeplakat** für ein Produkt Ihrer Wahl:
   a) Was fällt Ihnen spontan zum gewählten Produkt ein? Notieren Sie Ihre Einfälle und Ideen in Stichworten (▷ Brainstorming). ▷ S. 34
   b) Verwenden Sie Ihre Einfälle und Ideen, um die Nutzungsmöglichkeiten für das Produkt herauszustellen, und beschreiben Sie diese in einigen Sätzen.
   c) Überlegen Sie, wie der Textinhalt zu formulieren ist und welche Abbildungen sinnvoll sind, um Aufmerksamkeit und Interesse zu wecken.
   d) Gliedern Sie das Plakat übersichtlich durch Blickfang und Headline und setzen Sie in der Werbeaussage Schwerpunkte, z. B. durch Hervorhebung von Umfrageergebnissen bzw. Urteilen der Zeitschrift „test" (Stiftung Warentest).
   e) Gestalten Sie ein Firmen-Logo.
   f) Überprüfen Sie das Plakat und insbesondere den Text auf Verständlichkeit und Lesbarkeit sowie persönliche Ansprache der Zielgruppe.
2. In Ihrer Klasse sind unterschiedliche Ziele für eine **Klassenfahrt** im Gespräch. In der Elternpflegschaftsversammlung soll die Entscheidung getroffen werden. Hierzu sollen von Klassenmitgliedern die jeweiligen Reiseziele vorgestellt werden.
   a) Sammeln Sie Material für den gewählten Zielort einer Klassenfahrt.
   b) Erstellen Sie daraus eine Collage, mit der Sie Eltern und Mitschüler/innen überzeugen wollen, und tragen Sie Ihre Argumente für Ihr Reiseziel vor.
   c) Fertigen Sie zusätzlich Handzettel an, die Ihren Redebeitrag unterstützen sollen.
3. Zur **Schul-Fete** sollen Schülerinnen und Schüler benachbarter Schulen eingeladen werden. Überlegt wird, ob man hierzu mehrmals einen Werbespot im Lokalfunk senden, eine Anzeige in einer wöchentlich kostenlos verteilten Zeitung aufgeben oder in den benachbarten Schulen Plakate aushängen soll. Da aus finanziellen Erwägungen Werbeaufwand und Nutzen in einem angemessenen Verhältnis stehen sollen, sind zunächst die Kosten zu ermitteln.
   a) Ermitteln Sie die Kosten für die verschiedenen Werbeträger.
   b) Verfassen Sie einen Text für die unterschiedlichen Werbeträger.
   c) Begründen Sie Ihre Entscheidung für den gewählten Werbeträger in der SV.
4. Am Informationstag Ihrer Schule soll ein **Video-Clip** von 90 Sekunden eingesetzt werden, der aus Schülersicht die Vorzüge der von Ihnen besuchten Schulform herausstellen soll.
   a) Erstellen Sie ein Drehbuch, das die einzelnen Szenen des Video-Clips zeitlich festlegt und die verschiedenen Gestaltungselemente, die zum Einsatz kommen sollen, näher beschreibt. Verwenden Sie zur Skizzierung Ihres Drehbuchs folgende Vorlage:

Szene/Zeit	*gesprochener Text*	*Bild*	*Geräusche/Musik*	*Kameraeinstellung*
...	...	...	...	...

   b) Klären Sie:
      - Inwieweit fand der Video-Clip Zustimmung bzw. Ablehnung?
      - Waren die Aussagen klar bzw. missverständlich?
      - Halten Sie die Darstellung für wirkungsvoll oder wenig überzeugend?

      Diskutieren Sie hierüber in der Klasse.

Diskussion: Werbung – Leitbild oder Spiegelbild der Gesellschaft?

Eva Heller

Frauen und Männer in den Anzeigen einer männerorientierten Zeitschrift

Wie also sind die Frauen in den Anzeigen im „Stern" zu sehen?

Da gibt es zwei Luxusgeschöpfe im Tigerkleid mit Orchideen im Haar, die Likör trinken. Eine andere Dame trinkt Magenbitter, weil sie, so der Anzeigentext, morgen heiraten wird. Dabei ist das Leben der Ehefrauen – wie es die Werbung vorführt – doch höchst erstrebenswert: Eine Dame sitzt an fein gedeckter Kaffeetafel, eine im Kaminrock auf dem Teppich, weitere Frauen in häuslicher Atmosphäre sitzen im Schaumbad, duschen, eine nimmt einen Brillantring vom Gatten in Empfang.

Meist aber ist die Frau von heute unterwegs. Man sieht sie im Auto – nur am Steuer, da sitzt natürlich ein Mann; Frauen, die Auto fahren, gibt es in der Werbung nicht. Zweimal ist eine Tennisspielerin zu sehen; zweimal Damen, die sich am Strand entspannen. Eine schlendert über Wiesen, eine über den Trödelmarkt. Eine schmückt die schöne Bergwelt, eine andere eine Opernloge. Eine posiert barbusig als Boxerin, was nicht sehr professionell wirkt; aber ein anderes junges Mädchen, mit lyrischer Sanftmut im Blick, wird ausdrücklich bei der Arbeit vorgestellt – sie nimmt Ballettunterricht.

So weit die Aktivitäten der Frauen, was tun die Männer? Sie spülen Berge von Geschirr, sie kochen, sie zeigen ihre schwieligen Hände vor. Was sie tun, tun sie professionell: Sie sind Tellerwäscher, Koch, Arbeiter. Die weiteren Herren, die in den Anzeigen im „Stern" präsentiert werden, haben jedoch bedeutend honorigere Berufe: Es werben in diesem Heft ein – jeweils authentischer – Sportpräsident, Rennfahrer, Buchverleger, Schauspieler, Professor. Ganz klar: Die Welt der Männer ist die Welt der Arbeit. Nur selten ist sie idealistisch verklärt wie im Klischee des markigen Cowboys. Norm ist der Mann im Stress, der von einem Termin zum anderen hetzt – sieht man ihn im Restaurant, dann handelt es sich betont eindeutig um ein Arbeitsessen. Faszinierend, wie sinnvoll Männer ihre Freizeit nutzen: Im Sportdress am Heimtrainer telefoniert man nebenbei mit dem Geldberater; ein Segelflieger legitimiert sich nicht nur als Professor für Design, er ist sogar noch Segelflugweltmeister. Ansonsten streichen Männer in ihrer knappen Freizeit die Wände, schneiden die Gartenhecke, informieren sich über den Bau eines Eigenheims, prüfen den Wert ihrer Münzsammlung und spielen mit den Kindern – sie müssen es schließlich tun, die Reklamefrauen haben mit Kindern nichts im Sinn.

Eine Anzeige illustriert das Verhältnis von Mann und Frau in der Werbung vortrefflich: Er, der berühmte Schauspieler, zeigt ein Bündel Geldscheine vor, und sie, seine namenlose Ehefrau, das Foto, das sie vom fleißigen Ehemann gemacht hat. So weit die Bilder der Werbung im „Stern".

Das Fazit ist eindeutig: Männer arbeiten, Frauen beschäftigen sich.

1. Bilden Sie mehrere Gruppen, die aktuelle Zeitschriften (z. B. „Stern", „Brigitte", „Men's health", „Allegra") hinsichtlich der Darstellung von Männern und Frauen in der Werbung untersuchen.
   a) Welches Bild von der Frau bzw. dem Mann vermitteln die mehr männerorientierten Illustrierten?
   b) Wie werden in den Frauenzeitschriften Frauen und Männer in der Werbung dargestellt?
   c) Vergleichen Sie die Ergebnisse mit Ihren Erfahrungen.
   d) Verfassen Sie Leserbriefe an die Zeitschriften, in denen Sie Ihre Positionen zur Darstellung der Geschlechterrollen in der Werbung darlegen.
2. Bereiten Sie eine ▷ Podiumsdiskussion vor zum Thema: „Werbung – Leitbild oder Spiegelbild der Gesellschaft?" Fertigen Sie über diese Veranstaltung ein ▷ Protokoll an.

▷ S. 61
▷ S. 39 f.

D Die literarischen Gattungen

1 Einführung

Anja Hegemann

Überstunden (1965)

Die Neonlampe gellt. Du bist noch hier?
Sind denn die Zeiger aus der Uhr gefallen?
Vielleicht. Die Zeit ist zäh. So geht es allen.
Du wischst gelangweilt vom Kanzleipapier

Ein graues Nachtinsekt. Sein Flügelstaub
Verbleibt. Wie sonderbar, auf Totem Spuren
Von etwas, das noch lebt. Fern schlagen Uhren.
Und plötzlich fühlst du: Ich. O welch ein Raub.

Dann schreibst du weiter. Wechselkonto, Bank.
Vielleicht wird keiner je dies alles lesen.
Die Zeit ist zäh. Ja, solche Stunden: Spesen,
Verbraucht und nicht verbucht. Und niemals Dank.

Den Wechsel Dasein unterschriebst du einst.
Noch ungeboren. Jetzt im Lampengrinsen
Befällt es dich: das also sind die Zinsen.
Du legst die Hände ans Gesicht und weinst.

Nein, wirf den Rotstift hin und geh nach Haus.
Dein Schritt erschreckt Verliebte, die sich küssen.
Der Mond steht halb. Mit unserm Leben müssen
Wir zahlen, dass wir leben. – Schlaf dich aus,

Denn mehr kannst du nicht tun. Du bist verdammt
Zu deiner späten Rente und zum Alter.
Auf deiner Wange ruhte nachts ein Falter?
Wasch ab die Illusion. Du musst ins Amt.

Heinrich Böll

Anekdote zur Senkung der Arbeitsmoral (1963)

In einem Hafen an einer westlichen Küste Europas liegt ein ärmlich gekleideter Mann in seinem Fischerboot und döst. Ein schick angezogener Tourist legt eben einen neuen Farbfilm in seinen Fotoapparat, um das idyllische Bild zu fotografieren: blauer Himmel, grüne See mit friedlichen schneeweißen Wellenkämmen, schwarzes Boot, rote Fischermütze. Klick. Noch einmal: klick, und da aller guten Dinge drei sind und sicher sicher ist, ein drittes Mal: klick. Das spröde, fast feindselige Geräusch weckt den dösenden Fischer, der sich schläfrig aufrichtet, schläfrig nach seiner Zigarettenschachtel angelt; aber bevor er das Gesuchte gefunden hat, hat ihm der eifrige Tourist schon eine Schachtel vor die Nase gehalten, ihm die Zigarette nicht gerade in den Mund gesteckt, aber in die Hand gelegt, und ein viertes Klick, das des Feuerzeugs, schließt die eilfertige Höflichkeit ab. Durch jenes kaum messbare, nie nachweisbare Zuviel an flinker Höflichkeit ist eine gereizte Verlegenheit entstanden, die der Tourist – der Landessprache mächtig – durch ein Gespräch zu überbrücken versucht.

„Sie werden heute einen guten Fang machen." Kopfschütteln des Fischers.

„Aber man hat mir gesagt, dass das Wetter günstig ist." Kopfnicken des Fischers.

„Sie werden also nicht ausfahren?"

Kopfschütteln des Fischers, steigende Nervosität des Touristen. Gewiss liegt ihm das Wohl des ärmlich gekleideten Menschen am Herzen, nagt an ihm die Trauer über die verpasste Gelegenheit.

„Oh, Sie fühlen sich nicht wohl?"

Endlich geht der Fischer von der Zeichensprache zum wahrhaft gesprochenen Wort über. „Ich fühle mich großartig", sagt er. „Ich habe mich nie besser gefühlt." Er steht auf, reckt sich, als wolle er demonstrieren, wie athletisch er gebaut ist. „Ich fühle mich fantastisch."

Der Gesichtsausdruck des Touristen wird immer unglücklicher, er kann die Frage nicht mehr unterdrücken, die ihm sozusagen das Herz zu sprengen droht: „Aber warum fahren Sie dann nicht aus?"

Heinrich Böll

Die Antwort kommt prompt und knapp. „Weil ich heute Morgen schon ausgefahren bin."

„War der Fang gut?"

„Es war so gut, dass ich nicht noch einmal auszufahren brauche, ich habe vier Hummer in meinen Körben gehabt, fast zwei Dutzend Makrelen gefangen ..."

Der Fischer, endlich erwacht, taut jetzt auf und klopft dem Touristen beruhigend auf die Schultern. Dessen besorgter Gesichtsausdruck erscheint ihm als ein Ausdruck zwar unangebrachter, doch rührender Kümmernis.

„Ich habe sogar für morgen und übermorgen genug", sagt er, um des Fremden Seele zu erleichtern. „Rauchen Sie eine von meinen?"

„Ja, danke."

Zigaretten werden in Münder gesteckt, ein fünftes Klick, der Fremde setzt sich kopfschüttelnd auf den Bootsrand, legt die Kamera aus der Hand, denn er braucht jetzt beide Hände, um seiner Rede Nachdruck zu verleihen.

„Ich will mich ja nicht in Ihre persönlichen Angelegenheiten mischen", sagt er, „aber stellen Sie sich mal vor, Sie führen heute ein zweites, ein drittes, vielleicht sogar ein viertes Mal aus und würden drei, vier, fünf, vielleicht gar zehn Dutzend Makrelen fangen ... stellen Sie sich das mal vor." Der Fischer nickt.

„Sie würden", fährt der Tourist fort, „nicht nur heute, sondern morgen, übermorgen, ja, an jedem günstigen Tag zwei-, dreimal, vielleicht

viermal ausfahren – wissen Sie, was geschehen würde?"
Der Fischer schüttelt den Kopf.
„Sie würden sich in spätestens einem Jahr einen Motor kaufen können, in zwei Jahren ein zweites Boot, in drei oder vier Jahren könnten Sie vielleicht einen kleinen Kutter haben, mit zwei Booten oder dem Kutter würden Sie natürlich viel mehr fangen – eines Tages würden Sie zwei Kutter haben, Sie würden ...", die Begeisterung verschlägt ihm für ein paar Augenblicke die Stimme, „Sie würden ein kleines Kühlhaus bauen, vielleicht eine Räucherei, später eine Marinadenfabrik, mit einem eigenen Hubschrauber rundfliegen, die Fischschwärme ausmachen und Ihren Kuttern per Funk Anweisungen geben, Sie könnten die Lachsrechte erwerben, ein Fischrestaurant eröffnen, den Hummer ohne Zwischenhändler direkt nach Paris exportieren – und dann ...", wieder verschlägt die Begeisterung dem Fremden die Sprache. Kopfschüttelnd, im tiefsten Herzen betrübt, seiner Urlaubsfreude schon fast verlustig, blickt er auf die friedlich hereinrollende Flut, in der die ungefangenen Fische munter springen. „Und dann", sagt er, aber wieder verschlägt ihm die Erregung die Sprache.
Der Fischer klopft ihm auf den Rücken, wie einem Kind, das sich verschluckt hat. „Was dann?", fragt er leise.
„Dann", sagt der Fremde mit stiller Begeisterung, „dann könnten Sie beruhigt hier im Hafen sitzen, in der Sonne dösen – und auf das herrliche Meer blicken."
„Aber das tu ich ja schon jetzt", sagt der Fischer, „ich sitze beruhigt am Hafen und döse, nur Ihr Klicken hat mich dabei gestört."
Tatsächlich zog der solcherlei belehrte Tourist nachdenklich von dannen, denn früher hatte er auch einmal geglaubt, er arbeite, um eines Tages nicht mehr arbeiten zu müssen, und es blieb keine Spur von Mitleid mit dem ärmlich gekleideten Fischer in ihm zurück, nur ein wenig Neid.

Urs Widmer

Top Dogs (1996)

DEÉR: Natürlich verstehen wir uns, Frau Wrage. Ich habe damals die Reorganisation im Catering[1] selber maßgeblich begleitet. War sogar meine Initiative, kann man in gewisser Weise so sagen. Mir war klar, dass wir schwarze Zahlen schreiben konnten, anders als im reinen Flugbetrieb. Heute sind wir grundsolide. Das ist nicht wie bei der Mutter.
WRAGE: Sie müssen jetzt zu Ihren ureigensten Gefühlen finden, Herr Deér.
DEÉR: Tu ich, tu ich. Ich habe damals auch durchgedrückt, dass wir eine Arbeitsbereichsanalyse gemacht haben, Büro in London, Top-Adresse. Hatten dann allerdings wenig Ahnung von den spezifischen Anforderungen hier in der Schweiz. Die haben manchmal mit mir geredet, als ob ich den ganzen Tag nur die Gabeln und Löffeln zählen würde, die Löffel und Gabel, meine ich, die Teller und Tasser. Tassen.
WRAGE: Herr Deér. Ich verstehe Ihre Erregung sehr gut.
DEÉR *erregt:* Ich bin nicht erregt! Ich bin völlig cool! Der Catering-Bereich setzt im Jahr mehr als eine Million Mahlzeiten um, worldwide. Wir beliefern siebenunddreißig Airlines, von der Singapore bis zur Edelweiss.
WRAGE: Sie sehen ja selbst, wie Sie das emotional involviert[2].
DEÉR: Catering ist ein hochsensibler Bereich. Ich weiß nicht, ob Sie das wirklich überblicken, liebe Frau Wrage. Ich MUSS nicht mit Ihnen zusammenarbeiten.
WRAGE: Natürlich müssen Sie das nicht, ...
DEÉR: ... Da gibt es Dutzende von Firmen wie Ihre, die würden mit Handkuss mit der Swissair zusammenarbeiten ... Mit Handkuss ... mit Handkuss ...
WRAGE: ... aber überlegen Sie sich unüberlegte Schritte zweimal. Sie sind jetzt geschockt. Wir unterstützen Sie nicht nur logistisch, sondern auch psychologisch.
DEÉR: Und wir haben riesige Zuwachsraten, wir sind in nur vier Jahren das drittgrößte Ca-

1 **Catering:** Beschaffung von Lebensmitteln, Verpflegungswesen
2 **involvieren:** betreffen

tering-Unternehmen der Welt geworden. Alles lief problemlos. Und dann höre ich, dass sie einen SAS[3]-Mann holen wollen, exakt meine Qualifikation. Einkauf, auch er. Ohne mich in der Sache auch nur zu begrüßen. Hab den sogar schon gesehen. In meinem Büro. Saß darin als seis seins.
WRAGE: Ist seins.
DEÉR: Saß an meinem Schreibtisch! Füße drauf, im Stuhl zurückgelehnt, telefoniert dröhnend! Wie kommt der dazu?
WRAGE *heftig:* Es ist sein Büro!
DEÉR *ebenso, Echo:* Das ist mein Büro!
WRAGE: Sie haben kein Büro mehr!
DEÉR: Da könnten Sie Recht haben! Lange mach ich das nicht mehr mit! Nicht mehr lange!
WRAGE *wieder gefasst:* Wir federn den Schock der Entlassung ab. Wir erfassen Ihre Persönlichkeitsstruktur aufgrund von umfangreichen Tests. Wir trainieren das Vorstellungsgespräch. Bis hin zum Erscheinungsbild des Probanden[4]. Die Krawatte zum Beispiel.
DEÉR: Wenn ich den Einkauf nicht mehr mache, wenn das diese Pfeife von der SAS macht, dann werden die ja sehen. Smörrebröd[5] auf Fernostflügen. Sie werden sehen. Die haben doch keine Ahnung. Also mir ist das egal. Scheißegal. – Was für eine Krawatte?

Schweigen. Dann:

WRAGE: Ihre Krawatte, Herr Deér. Nur zum Beispiel. *Jäh fällt uns auf, dass die anderen Herren dynamische farbenleuchtende Krawatten tragen.* Ist in keinster Weise persönlich gemeint. Aber dieser Wimpel da signalisiert jedem Personalchef: Schiff in Not. Dabei sind wir nicht im Geringsten in Not, Herr Deér, nicht wahr. – Schenken Sie die, wenn Sie rausgehen, dem nächsten Obdachlosen. „Häsch mr e Schtutz[6]?" – „Nei, aber e Krawatte." *Heiterkeit des Chors.* Und warten Sie mit dem Kauf einer neuen, bis unsere Beraterin Ihr Erscheinungsbild evaluiert[7] hat. – Noch Fragen?

Pause. Dann:

DEÉR: Haben Sie was gesagt?
WRAGE: Wir fangen jetzt an, Herr Deér.

3 **SAS:** Skandinavische Fluglinie
4 **Proband:** Testperson
5 **Smörrebröd:** *dän.* smørrebrød, eigtl. „Butterbrot", mit Delikatessen belegtes Brot
6 **„Häsch ...":** „Hast du einen Franken (schweiz. Währung) für mich?"
7 **evaluieren:** bewerten

1. Klären Sie Gemeinsamkeiten und Unterschiede der drei Texte auf S. 245 ff. in Inhalt und Art der Darstellung.

Die Literaturwissenschaft unterscheidet die drei Gattungen **Lyrik**, **Epik** und **Dramatik**. Diese Begriffe und ihre Geschichte reichen zurück bis in das antike Griechenland.
Unter **Lyrik** versteht man die verschiedensten Arten von Gedichten. Der Begriff geht zurück auf die Lyra (ein antikes Saiteninstrument), das zur musikalischen Begleitung eines Vortrages eingesetzt wurde. Die Bandbreite der Lyrik reicht von formal streng vorgegebenen und durchstrukturierten Formen bis zu freien, sehr prosanahen Gedichten.
Der Sammelbegriff für die erzählende Dichtung ist die **Epik**. Ihre Geschichte reicht zurück bis zu Homer und seinen Versepen. Sie umfasst die fahrenden Sänger des Mittelalters, die dem Publikum ihre ausgeschmückten Geschichten vortrugen, und sie endet bei den Kurzgeschichten und den Romanen, den heute wohl bekanntesten Formen erzählender Literatur.
Die **Dramatik** entstand im fünften Jahrhundert vor Christus. „Drama" bedeutet im Griechischen „Handlung"; in der Literatur ist damit die Handlung auf einer Bühne gemeint. Das Drama richtet sich also nicht in erster Linie an eine Leserin oder einen Leser, sondern an Zuschauer/innen und Zuhörer/innen. In der Aufführung eines Dramas durch Regisseur/in und Schauspieler/innen wird es möglich, Menschenschicksale in zugespitzter Form mitzuerleben.

2. Ordnen Sie die Textbeispiele auf S. 245 ff. den drei Gattungen zu.
3. Schlagen Sie in Lexika unter **Lyrik**, **Epik** und **Dramatik** nach und stellen Sie ausgearbeitete Definitionen der Begriffe zusammen.
4. Legen Sie eine Liste Ihnen bekannter literarischer Werke an und ordnen Sie sie nach den drei Gattungen.

Literarische Gattungen und ihre Formen					
Epik	*Großformen* Roman Epos Verserzählung Volksbuch *Mittlere Formen* Erzählung Novelle Brief *Kleinformen* Kurzgeschichte Fabel Parabel/Gleichnis Anekdote Märchen Sage/Legende Schwank Kalender-geschichte	**Drama**	*Grundformen* Tragödie (Trauerspiel) Tragikomödie Komödie (Lustspiel) *Sonderformen* Volksstück Schwank Lehrstück Dokumentarstück Episches Theater Absurdes Theater Hörspiel	**Lyrik**	*Formen des lyrischen Gedichts* Sonett Ode Hymne Elegie Lied *Sonderformen des Gedichts* Ballade Erzählgedicht Lehrgedicht Song Epigramm Konkrete Poesie Lautgedicht Alltagslyrik
Gattungsübergreifende Formen Satire, Groteske, Parodie, Travestie					

5. a) Übertragen Sie die Übersicht auf eine Wandzeitung und finden Sie Beispiele aus Ihrer Leseerfahrung für einzelne der Formen.
   b) Ergänzen Sie weitere Beispiele in der Übersicht im Laufe Ihrer Arbeit mit literarischen Texten.

2 Epik

2.1 Fabel und Parabel

Verkleidete Wahrheiten

Franz Kafka

Kleine Fabel (1920)

„Ach“, sagte die Maus, „die Welt wird enger mit jedem Tag. Zuerst war sie so breit, dass ich Angst hatte, ich lief weiter und war glücklich, dass ich endlich rechts und links in der Ferne Mauern sah, aber diese langen Mauern eilen so schnell aufeinander zu, dass ich schon im letzten Zimmer bin, und dort im Winkel steht die Falle, in die ich laufe.“ – „Du musst nur die Laufrichtung ändern“, sagte die Katze und fraß sie.

Das ist eine Fabel, weil Tiere wie Menschen reden.

Quatsch, es ist eine Parabel, weil man das so doch gar nicht versteht!

Das sind doch gar keine Fabeltiere!

Es steht doch schon in der Überschrift, was es ist. Der Autor muss es doch wissen!

1. Helfen Sie den Schülerinnen und Schülern auf S. 250 in ihrer Argumentation, indem Sie zunächst aus folgenden Texten die Merkmale der Fabel herausarbeiten.
   a) Fertigen Sie anhand des Textes von Theophil Spoerri ein ▷ Flussdiagramm zur Entwicklung der Fabel an. ▷ S. 90
   b) Erstellen Sie anhand des Textes von Erwin Leibfried eine ▷ Mind-Map zur Fabel. ▷ S. 21
   c) Formulieren Sie aus den Ergebnissen aus Flussdiagramm und Mind-Map eine allgemein verständliche Definition der Fabel.

Theophil Spoerri

Über die Entstehung der Fabel

Die sagenhafte Gestalt des Sklaven Äsop[1] steht am Anfang der abendländischen Fabeltradition. Im Ionien[2] des sechsten vorchristlichen Jahrhunderts war die Herrenschicht, in deren Palästen dic Gcsänge Homers[3] geklungen hatten, am Zusammenbrechen, während die großen Handelsstädte mächtig emporstrebten. Das Volk, das sich an den Dreiwegen[4], auf dem Markte und an den Landungsplätzen sammelte, verlangte nicht mehr, von Göttern und Helden zu hören. An Stelle des Epos trat die Prosaerzählung: Schelmenstreiche und Tiermärchen, in denen der kleine Mann sich wiedererkannte. Sie stellen ihn dar, wie er sich durch seine Findigkeit und seinen Mutterwitz gegen die Ungerechtigkeit der Großen wehrt. So zeigt das Volksbuch vom phrygischen[5] Sklaven Äsop die Überlegenheit seines Helden, indem es ihn aus allen bedrängten Lagen durch das Erzählen einer Fabel einen Ausweg erfinden lässt. Der missgestaltete Sklave wird zum Symbol der unteren Welt. Um ihn herum kristallisiert sich die ganze Fabelliteratur.

1 **Äsop** (6. Jh. v. Chr.): Die ihm zugeschriebenen Fabeln, Anekdoten und Schwänke wurden nur mündlich überliefert und erst später aufgeschrieben; er gilt als der erste Fabelerzähler.
2 **Ionien:** griech. Landschaft
3 **Homer** (8. Jh. v. Chr.): griech. Dichter
4 **Dreiweg:** Weggabelung
5 **phrygisch:** aus der kleinasiatischen Landschaft Phrygien (heute Teil der Türkei)

Erwin Leibfried

Über den dialogischen Charakter der Fabel

Die Zahl der Tiere, die in der Fabel überhaupt auftreten, ist nicht sehr groß. Wolf (Löwe), Fuchs und Esel erscheinen häufiger als Schaf, Rabe, Pferd, Bär, Hund, Hamster, Ameise. Auch treten in den einzelnen Fabeln meistens zwei, höchstens drei Tiere auf; der Figurenkatalog ist begrenzt. Dieses Merkmal weist auf den dialogischen Charakter der Fabel: Eine größere Zahl an Personen würde die Handlung ausdehnen. Bei den einzelnen Motiven reichen zwei Figuren aus, um die Absicht zu demonstrieren. Wenn mehrere Tiere auftreten, werden Gruppen gebildet, sodass doch nur zwei Parteien vorhanden sind [...].
Es zeigt sich hier die Tendenz der Fabel zur Zweigliedrigkeit, zur Polarität[1] ihrer Figuren. [...] In dieser äußeren Erscheinung der Zahl der handelnden Figuren wird das innere Bauprinzip der Fabel deutlich: polare[2] Gegenüberstellung bestimmter Thesen, von denen eine verifiziert[3], die andere als weltunklug bzw. als unmoralisch, unreligiös, unsozial dargestellt wird.

1 **Polarität:** Gegensätzlichkeit
2 **polar:** gegensätzlich; nicht vereinbar
3 **verifizieren:** nachprüfen, die Richtigkeit einer Behauptung beweisen

2. Überprüfen Sie Ihre Fabeldefinition an dem folgenden Beispiel Lessings aus der Zeit der Aufklärung (1720–1800), in der zur Belehrung der Bürger viele Fabeln entstanden (▷ S. 252).
   a) Markieren Sie auf einer Kopie des Textes mit verschiedenen Zeichen bzw. Farben die einzelnen Fabelmerkmale.
   b) Präsentieren Sie Ihren Mitschülern in einem Kurzvortrag Ihr Ergebnis. Formulieren Sie dazu auch die „Moral", die der Autor vermitteln möchte.

Gotthold Ephraim Lessing

Der Rabe und der Fuchs (1759)

Ein Rabe trug ein Stück vergiftetes Fleisch, das der erzürnte Gärtner für die Katzen seines Nachbars hingeworfen hatte, in seinen Klauen fort. Und eben wollte er es auf einer alten Eiche verzehren, als sich ein Fuchs herbeischlich und ihm zurief: „Sei mir gesegnet, Vogel des Jupiter!" – „Für wen siehst du mich an?", fragte der Rabe. – „Für wen ich dich ansehe?", erwiderte der Fuchs. „Bist du nicht der rüstige Adler, der täglich von der Rechten des Zeus auf diese Erde herabkömmt, mich Armen zu speisen? Warum verstellst du dich? Sehe ich denn nicht in der siegreichen Klaue die verfehlte Gabe, die mir dein Gott durch dich zu schicken noch fortfährt?"

Der Rabe erstaunte und freute sich innig, für einen Adler gehalten zu werden. „Ich *muss*", dachte er, „den Fuchs aus diesem Irrtume nicht bringen." – Großmütig dumm ließ er ihm also seinen Raub herabfallen und flog stolz davon.

Der Fuchs fing das Fleisch lachend auf und fraß es mit boshafter Freude. Doch bald verkehrte sich die Freude in ein schmerzhaftes Gefühl; das Gift fing an zu wirken und er verreckte.

Möchtet ihr euch nie etwas anderes als Gift erloben, verdammte Schmeichler!

In der **Fabel** handeln und sprechen zumeist Tiere. Viele dieser Tierfiguren verkörpern in feststehender Weise menschliche Charaktereigenschaften: Der Fuchs gilt als schlau, der Esel als dumm, der Löwe als machthungrig, der Wolf als gierig. Die Tiere sind häufig Gegner (Fuchs und Rabe, Wolf und Lamm, Löwe und Esel), der Stärkere oder der Listigere siegt. Aus den Fabeln soll man Lehren für das eigene Verhalten gegenüber anderen Menschen ziehen. Fabeln können wie Gedichte in Versen oder aber auch in Prosa geschrieben sein.

Die **Parabel** gehört wie die Fabel zu den epischen Kleinformen, die nicht direkt eine Aussage vermitteln, sondern in Bildern sprechen, die zum Verständnis in den Alltag des Lesers bzw. Hörers übertragen werden müssen. Sie hat also lehrhaften Charakter und enthält meist eine allgemeine Erkenntnis oder Lebensweisheit.
Parabeln sind unter der Bezeichnung **Gleichnis** bereits aus der Bibel bekannt und werden z. B. vom Priester den Gläubigen erläutert. Dazu gehört auch das Gleichnis vom barmherzigen Samariter in der Version des Apostels Lukas (um 80 nach Chr., ▷ S. 253).
Im 20. Jahrhundert gehören Franz Kafka (1883–1924, ▷ S. 250) und Bertolt Brecht, (1898–1956, ▷ S. 254) zu den bedeutendsten Parabelschreibern.
Die Abgrenzung der beiden epischen Kleinformen ist nicht immer leicht. Im Laufe der Jahrhunderte vermischten die Autoren die Formen von Fabel und Parabel. Besonders im 20. Jahrhundert spielen sie kreativ mit ihnen.

3. Diskutieren Sie anhand Ihrer Ergebnisse und der Erläuterungen zu Fabel und Parabel das Problem der vier Schüler/innen (▷ S. 250) in Bezug auf Kafkas Text „Kleine Fabel".
   a) Wählen Sie eine Schüleräußerung aus, die Sie bestätigen oder widerlegen möchten.
   b) ▷ S. 91 Stellen Sie in einer ▷ Schnittmengengrafik dar, was für die Einordnung des Textes als Fabel spricht und was für die Einordnung als Parabel.
4. Untersuchen Sie, wie in den folgenden Texten (▷ S. 253 ff.) mit verschiedenen Bauelementen einzelner Textarten und sogar Gattungen gespielt wird, um auf alten Formen aufbauend neue Vorstellungen zu erzeugen. Lassen Sie sich anregen, selbst kreativ zu werden und eigene Texte zu den verschiedenen Themen zu verfassen.

Samariter und andere gute Menschen

Lukas

Der barmherzige Samariter
(um 80 n. Chr.)

Und siehe, ein Gesetzeslehrer trat auf, ihn [Jesus] zu versuchen[1]. Er sagte: Meister, was muss ich tun, um ewiges Leben zu erlangen? Dieser erwiderte ihm: Was steht im Gesetz geschrieben? Wie liesest du? Jener antwortete: Du sollst den Herrn, deinen Gott, lieben aus deinem ganzen Herzen und deiner ganzen Seele, mit deiner ganzen Kraft und mit deiner ganzen Vernunft und deinen Nächsten wie dich selbst. Er erwiderte ihm: Du hast richtig geantwortet. Tu das, so wirst du leben! Jener aber wollte sich rechtfertigen und fragte deshalb Jesus: Wer ist mein Nächster? Da nahm Jesus das Wort und sprach: Ein Mann ging von Jerusalem nach Jericho hinab und fiel unter die Räuber. Diese plünderten ihn aus, schlugen ihn wund, gingen weg und ließen ihn halbtot liegen. Zufällig kam ein Priester des Weges hinab; er sah ihn und ging vorüber. Ebenso ein Levit[2]; er kam an jenen Ort, sah ihn und ging vorüber. Ein reisender Samariter aber, der in seine Nähe kam, sah ihn und ward von Mitleid gerührt. Er ging hinzu, verband seine Wunden und goss zugleich Öl und Wein darauf. Dann setzte er ihn auf sein Reittier, brachte ihn in die Herberge und sorgte für ihn. Am andern Tage zog er zwei Denare[3] heraus und gab sie dem Herbergwirt mit den Worten: Sorge für ihn, und was du noch darüber aufwendest, will ich dir bezahlen, wenn ich zurückkomme. Wer von diesen dreien scheint dir für den unter die Räuber Gefallenen der Nächste gewesen zu sein? Jener antwortete: Der ihm Barmherzigkeit erwiesen hat. Jesus sprach zu ihm: Geh hin und tu desgleichen!

1 **versuchen:** auf die Probe stellen

2 **Levit:** Tempeldiener im Alten Testament (Bibel)

3 **Denar:** eine altrömische Münze

1. a) Klären Sie mit Hilfe eines Lexikons bzw. des Internets den Begriff „Samariter".
   b) Vielleicht kennen Sie die Bezeichnung Arbeiter-Samariter-Bund. Welche Aufgabe hat sich diese Vereinigung gegeben?
2. a) Warum wählt Jesus die Figur des Samariters für sein Gleichnis?
   b) Untersuchen Sie den Aufbau des Gleichnisses:

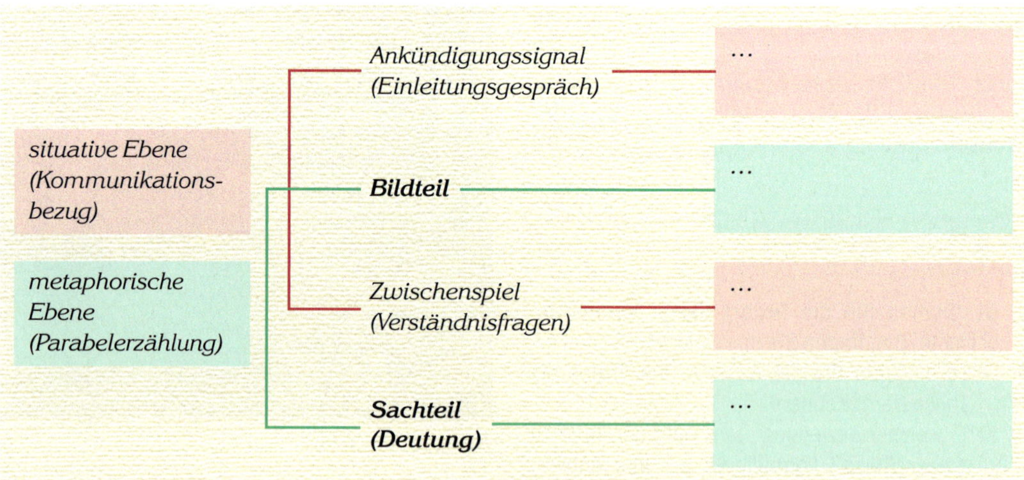

   c) Erläutern Sie die Funktion des Gleichnisses. Gehen Sie dabei vom letzten Satz des Textes aus.
3. Schreiben Sie das Gleichnis so um, dass es in unsere heutige Zeit passt.

Kurt Schwitters

Die Fabel vom guten Menschen (1933)

Es war einmal ein guter Mensch, der freute sich seines Lebens. Da kam eine Mücke geflogen und setzte sich auf seine Hand, um von seinem Blut zu trinken.
Der gute Mensch sah es und wusste, dass sie trinken wollte; da dachte er: „Die arme kleine Mücke soll sich einmal satt trinken", und störte sie nicht. Da stach ihn die Mücke, trank sich satt und flog voller Dankbarkeit davon. Sie war so froh, dass sie es allen Mücken erzählte, wie gut der Mensch gewesen wäre, und wie gut ihr sein gutes Blut geschmeckt hätte.
Da wurde der Himmel schwarz von Mücken, die alle den guten Menschen sehen und sein gutes Blut trinken wollten.
Und sie stachen und stachen ihn und tranken und tranken, und wurden nicht einmal satt, weil es ihrer zu viele waren.
Der gute Mensch aber starb.

1. Formulieren Sie mit Ihren Worten die Aussageabsicht des Textes.
2. Bestimmen Sie die Textart und begründen Sie Ihre Antwort. Berücksichtigen Sie dabei die Überschrift.
3. Vergleichen Sie den Text mit dem Gleichnis vom barmherzigen Samariter.
4. Informieren Sie sich über den Inhalt des Dramas von Bertolt Brecht „Der gute Mensch von Sezuan" (▷ S. 287 ff.). Vergleichen Sie die Textaussagen.
5. Schreiben Sie eine eigene Fabel vom guten Menschen.

Bertolt Brecht

Wenn Herr K. einen Menschen liebte (um 1950)

B. Brecht (1898–1956) schrieb die Geschichten von Herrn K. oder auch vom Herrn Keuner von 1935 bis zu seinem Tod.

„Was tun Sie", wurde Herr K. gefragt, „wenn Sie einen Menschen lieben?" „Ich mache einen Entwurf von ihm", sagte Herr K. „und sorge, daß er ihm ähnlich wird." „Wer? Der Entwurf?" „Nein", sagte Herr K., „der Mensch." R

1. Bestimmen Sie die Textart dieser Keuner-Geschichte. Begründen Sie Ihre Ansicht.
2. a) Formulieren Sie die Aussage des Textes als These Herrn Keuners.
   b) In welcher Beziehung steht wohl der Autor zu dieser These? Formulieren Sie Ihre Antwort ebenfalls als These.
   c) Beziehen Sie begründet Stellung zu den Thesen.

Bertolt Brecht

Sterne und andere Himmelskörper

James Thurber

Der Nachtschmetterling und der Stern (1943)

Der amerikanische Schriftsteller und Journalist James Thurber (1894–1961) schrieb seine Fabeln zunächst für die Zeitung „New Yorker", 1943 erschienen Sie zum ersten Mal als Buch.

Ein junger, empfindsamer Nachtschmetterling hatte einst sein Herz an einen bestimmten Stern gehängt. Er erzählte seiner Mutter davon, und sie riet ihm, er solle sein Herz lieber an eine Leselampe hängen. „Sterne sind nicht das Richtige für unsereinen", sagte sie. „Das einzig Richtige sind Lampen."
„Ja, bei denen kommt man zu etwas", bestätigte der Vater des Nachtschmetterlings. „Wer aber Sternen nachjagt, der kommt zu gar nichts."
Der Sohn hörte nicht auf seine Eltern. Jeden Abend, kaum dass es dämmerte, unternahm er den Versuch, zu dem Stern hinaufzufliegen, und jeden Morgen bei Tagesanbruch kehrte er mit lahmen Flügeln zurück, erschöpft von seinem vergeblichen Bemühen. Eines Tages sagte sein Vater zu ihm: „Du hast dir in all den Monaten nicht einen Flügel verbrannt, mein Junge, und mir sieht's ganz so aus, als würdest du es niemals tun. Alle deine Brüder haben sich beim Rundflug um Straßenlampen schwer verbrannt, und alle deine Schwestern haben sich beim Rundflug um Hauslampen tüchtig versengt. Also vorwärts, nimm dir ein Beispiel an ihnen. Hinaus mit dir! Ein großer, stämmiger Nachtschmetterling-Bengel wie du und noch ohne eine Narbe am Leib!"
Der Nachtschmetterling verließ die elterliche Wohnung, aber er flog nicht um Straßenlampen, und er flog nicht um Hauslampen. Er setzte seine Bemühungen fort, zu dem Stern zu gelangen, der vier und ein Drittel Lichtjahre – das sind fünfundzwanzig Trillionen Meilen – entfernt war. Davon wusste der Nachtschmetterling jedoch nichts; er dachte, der Stern habe sich nur in den Wipfelzweigen einer Ulme verfangen. Obgleich er ihn nie erreichte, versuchte er es immer wieder, Nacht für Nacht. Schließlich, als er schon ein steinalter Nachtschmetterling war, bildete er sich ein, er habe den Stern erreicht, und er teilte es jedermann mit. Von einem großen, bleibenden Glück erfüllt, lebte er noch lange gesund und zufrieden. Seine Eltern und seine Geschwister waren alle in der Blüte ihrer Jahre verbrannt.

Moral: Flieg hinaus aus unserer Welt der Sorgen, dann bleibst du wohlbehalten heut und morgen.

1. Untersuchen Sie den Aufbau des Textes. Bilden Sie Abschnitte und formulieren Sie entsprechende Überschriften.
2. Erläutern Sie, welche Textart Thurber hier aufgreift und wie er sie abwandelt.
3. Nehmen Sie Stellung zur „Moral", die der Autor aus seinem Text zieht. Begründen Sie Ihre Aussage an eigenen Beispielen.
4. Schreiben Sie eine Fabel zu der von Thurber aufgestellten Moral. Vielleicht regt Sie das folgende Schülerbeispiel (▷ S. 256) zu einer eigenen Version an.

Es war einmal eine kleine Ameise. Die wollte nicht mit den anderen Ameisen Vorräte sammeln, sondern wanderte auf der Insel herum. Die Königin sprach sie eines Tages an: „So geht das nicht mehr weiter. Die anderen Ameisen arbeiten den ganzen Tag, und du erkundest aus Langeweile die Insel." Doch die kleine Ameise wollte nichts davon wissen und hielt sich nicht daran. Sie hasste die Hektik und liebte das ruhige Leben außerhalb des Baus.
Im Herbst mussten alle Ameisen in den Bau gehen, um zu überwintern. Die kleine Ameise war ganz traurig, da sie nun nicht mehr spazieren gehen konnte. In dieser Zeit versuchten alle anderen Ameisen, die Kleine zu überzeugen, dass es nichts bringt, die Insel zu erkunden. Sie solle lieber helfen, Vorräte zu sammeln. Am Ende des Winters glaubten alle Ameisen, dass sie die Kleine überzeugt hatten. Doch es war nicht so; sobald sie wieder hinauskonnten, rannte die kleine Ameise in die Ferne. Aber als sie eines Abends wieder zurückkam, waren alle anderen Ameisen von einem Ameisenbären gefressen worden.
Die kleine Ameise war traurig darüber, hatte aber im Bau noch genügend Vorräte, um sich für den Rest ihres Lebens davon zu ernähren.

Moral: Fliege hinaus aus unserer Welt der Sorgen, dann bleibst du wohlbehalten heut und morgen.

Alexandra Claes, 17 Jahre

1. a) Beschreiben Sie mit Ihren Worten die Aussage der nebenstehenden Abbildung.
   b) Suchen Sie Gemeinsamkeiten und Unterschiede zu Thurbers „Der Nachtschmetterling und der Stern" (▷ S. 255).
2. Besorgen Sie sich aus der Bibliothek das Märchen „Sterntaler" der Gebrüder Grimm. Vergleichen Sie es mit den Texten von James Thurber, Alexandra Claes und der nebenstehenden Abbildung.

Väter und Schätze

Äsop

Der Schatz
(6. Jh. v. Chr.)

Ein Landmann, der sein Ende nahen sah, wollte, seine Kinder sollten erfahrene Landwirte werden, rief sie zu sich und sprach: „Meine Kinder, ich scheide nun aus dem Leben. Wenn ihr sucht, was in meinem Weinberg verborgen liegt, werdet ihr alles finden." Die Söhne glaubten nun, es sei dort irgendwo ein Schatz vergraben, und wühlten nach dem Ableben des Vaters die ganze Erde des Weinbergs um und um. Einen Schatz fanden sie nicht, aber der Weinberg, tüchtig umgegraben, brachte vielfältige Frucht.

1. Erläutern Sie mit Ihren Worten die Aussage des Textes von Äsop (▷ S. 256).
2. Bestimmen Sie die Textart und begründen Sie Ihre Ansicht.
3. Die Ringparabel, die Gotthold Ephraim Lessing (1729–1781) zum Kernstück seines Dramas „Nathan der Weise" von 1779 machte, ist die vielleicht berühmteste Parabel der deutschsprachigen Literatur. Mit dieser Parabel begründet Lessing die Möglichkeit eines friedlichen Miteinanders der drei großen Religionen Christentum, Islam und Judentum. Zuvor hatte Lessing versucht, den gleichen Gedanken in Zeitungen zu veröffentlichen. Dies war ihm jedoch verboten worden. In der Ringparabel geht es, wie in dem Text von Äsop, um einen Vater, der seinen Kindern etwas Kostbares vererben will.
   a) Besorgen Sie sich die Ringparabel aus der Bibliothek oder aus dem Internet.
   b) Formulieren Sie mit Ihren Worten die Kernaussage dieses Textes.
   c) Diskutieren Sie die heutige Gültigkeit der Aussage.
   d) Schreiben Sie den Dialog der Ringparabel-Szene in eine heute allgemein verständliche Sprachform um.

James Thurber

Der Vater und sein Töchterchen (1943)

Ein kleines Mädchen bekam zum siebenten Geburtstag sehr viele Bilderbücher, und ihr Vater – er hätte sich lieber ums Geldverdienen kümmern und alles andere seiner Frau überlassen sollen – vertrat die Ansicht, seine Tochter könne ruhig zwei oder drei von den neuen Büchern an einen Nachbarsjungen namens Robert verschenken, den der Zufall oder vielleicht die Habgier gerade an diesem Tag ins Haus geführt hatte.

Ein kleines Mädchen zu überreden, dass es Bücher oder sonst etwas hergibt, ist ebenso schwierig, wie einem Araber seine Waffen oder einem Säugling den Schnuller zu entreißen, aber der Vater setzte seinen Kopf durch, und Robert ging mit zwei Bilderbüchern fort. „Dir bleiben ja immer noch neun", sagte der Vater, der sich für einen großen Philosophen und Kinderpsychologen hielt und es einfach nicht fertig brachte, solche blöden Reden zu unterlassen.

Einige Wochen später ging der Vater in seine Bibliothek, um im Lexikon das Wort Vater nachzuschlagen und sich an den Lobeshymnen zu ergötzen, die im Laufe der Jahrhunderte auf die Vaterschaft gesungen worden sind. Aber er suchte vergebens nach dem Band V–Z, und dann entdeckte er, dass auch die Bände A–B, F–G und L–M fehlten. Er stellte mit allen Mitgliedern seines Haushalts ein strenges Verhör an und fand bald heraus, was es mit den fehlenden vier Bänden auf sich hatte.

„Heute Morgen hat ein Mann an der Haustür geklingelt", berichtete sein Töchterchen. „Er wusste nicht, wie man von hier nach Torrington und von Torrington nach Winsted kommt, und weil er so nett war, viel netter als Robert, habe ich ihm vier von deinen Büchern geschenkt. Das Lexikon besteht ja aus dreizehn Bänden, also bleiben dir immer noch neun."

Moral: Was du nicht willst, das man dir tu, das füg auch keinem andern zu.

1. Thurber arbeitet in diesem Text mit vielen Kommentaren. Markieren Sie diese auf einer Kopie und erläutern Sie, welche Funktion sie haben.
2. a) Wie stellt sich die Rollenverteilung in dieser Vater-Tochter-Beziehung dar?
   b) Vergleichen Sie Ihr Ergebnis mit der Rollenverteilung im Text von Äsop (▷ S. 256).
3. a) Sie haben auf den Seiten 250–257 einige Fabeln und Parabeln des 20. Jahrhunderts kennen gelernt. Mit welcher Absicht benutzen die Autoren die bekannten Textarten?
   b) Beschreiben Sie eine Lebenssituation, in der Sie selbst eine Fabel oder Parabel erzählen würden.

2.2 Kurzgeschichte

Peter Bichsel

Die Tochter (1964)

Peter Bichsel

Abends warteten sie auf Monika. Sie arbeitete in der Stadt, die Bahnverbindungen sind schlecht. Sie, er und seine Frau, saßen am Tisch und warteten auf Monika. Seit sie in der Stadt arbeitete, aßen sie erst um halb acht. Früher hatten sie eine Stunde eher gegessen. Jetzt warteten sie täglich eine Stunde am gedeckten Tisch, an ihren Plätzen, der Vater oben, die Mutter auf dem Stuhl nahe der Küchentür, sie warteten vor dem leeren Platz Monikas. Einige Zeit später dann auch vor dem dampfenden Kaffee, vor der Butter, dem Brot, der Marmelade.

Sie war größer gewachsen als sie, sie war auch blonder und hatte die Haut, die feine Haut der Tante Marie. „Sie war immer ein liebes Kind", sagte die Mutter, während sie warteten.

In ihrem Zimmer hatte sie einen Plattenspieler, und sie brachte oft Platten mit aus der Stadt, und sie wusste, wer darauf sang. Sie hatte auch einen Spiegel und verschiedene Fläschchen und Döschen, einen Hocker aus marokkanischem Leder, eine Schachtel Zigaretten.

Der Vater holte sich seine Lohntüte auch bei einem Bürofräulein. Er sah dann die vielen Stempel auf einem Gestell, bestaunte oft das sanfte Geräusch der Rechenmaschine, die blondierten Haare des Fräuleins, sie sagte freundlich „Bitte schön", wenn er sich bedankte. Über Mittag blieb Monika in der Stadt, sie aß eine Kleinigkeit, wie sie sagte, in einem Tearoom. Sie war dann ein Fräulein, das in Tearooms lächelnd Zigaretten raucht.

Oft fragten sie sie, was sie alles getan habe in der Stadt, im Büro. Sie wusste aber nichts zu sagen.

Dann versuchten sie wenigstens, sich genau vorzustellen, wie sie beiläufig in der Bahn ihr rotes Etui mit dem Abonnement aufschlägt und vorweist, wie sie den Bahnsteig entlanggeht, wie sie sich auf dem Weg ins Büro angeregt mit Freundinnen unterhält, wie sie den Gruß eines Herrn lächelnd erwidert.

Und dann stellten sie sich mehrmals vor in dieser Stunde, wie sie heimkommt, die Tasche und ein Modejournal unter dem Arm, ihr Parfum; stellten sich vor, wie sie sich an ihren Platz setzt, wie sie dann zusammen essen würden.

Bald wird sie sich in der Stadt ein Zimmer nehmen, das wussten sie, und dass sie dann wieder um halb sieben essen würden, dass der Vater nach der Arbeit wieder seine Zeitung lesen würde, dass es dann kein Zimmer mehr mit Plattenspieler gäbe, keine Stunde des Wartens mehr.

Auf dem Schrank stand eine Vase aus blauem schwedischem Glas, eine Vase aus der Stadt, ein Geschenkvorschlag aus dem Modejournal.

„Sie ist wie deine Schwester", sagte die Frau, „sie hat das alles von deiner Schwester. Erinnerst du dich, wie schön deine Schwester singen konnte."

„Andere Mädchen rauchen auch", sagte die Mutter.

„Ja", sagte er, „das habe ich auch gesagt."

„Ihre Freundin hat kürzlich geheiratet", sagte die Mutter.

Sie wird auch heiraten, dachte er, sie wird in der Stadt wohnen.

Kürzlich hatte er Monika gebeten: „Sag mal etwas auf Französisch." – „Ja", hatte die Mutter wiederholt, „sag mal etwas auf Französisch." Sie wusste aber nichts zu sagen.

Stenografieren kann sie auch, dachte er jetzt.

„Für uns wäre das zu schwer", sagten sie oft zueinander.

Dann stellte die Mutter den Kaffee auf den Tisch. „Ich habe den Zug gehört", sagte sie.

Gabriele Wohmann

Schönes goldenes Haar (1975)

„Ich versteh dich nicht", sagte sie, „so was von Gleichgültigkeit versteh ich einfach nicht. Als wär's nicht deine Tochter, dein Fleisch und Blut da oben." Sie spreizte den Zeigefinger von der Faust und deutete auf die Zimmerdecke. Aufregung fleckte ihr großes freundliches Gesicht. Sie ließ die rechte Hand wieder fallen, schob den braunen Wollsocken unruhig übers Stopfei. Gegenüber knisterte die Wand der Zeitung. Sie starrte seine kurzen festen Finger an, die sich am Rand ins Papier krampften: fette Krallen, mehr war nicht von ihm da, keine Augen, kein Mund. Sie rieb die Fingerkuppe über die Wollrunzeln.

„Denk doch mal nach", sagte sie. „Was sie da oben vielleicht jetzt treiben. Man könnt meinen, du hättest deine eigene Jugend vergessen" Seine Jugend? Der fremde freche junge Mann; es schien ihr, als hätten seine komischen dreisten Wünsche sie nie berührt. Sie starrte die fleischigen Krallenpaare an und fühlte sich merkwürdig losgelöst. Es machte ihr Mühe, sich Laurela vorzustellen, da oben, über ihnen, mit diesem netten, wirklich netten und sogar hübschen und auch höflichen jungen Mann, diesem Herrn Fetter – ach, war es überhaupt ein Vergnügen für Frauen? Sie seufzte, ihr Blick bedachte die Krallen mit Vorwurf. Richtige Opferlämmer sind Frauen. „Ich versteh's nicht", sagte sie, „deine eigene Tochter, wirklich, ich versteh's nicht." Der Schirm bedruckter Seiten tuschelte.

„Nein, ich versteh's nicht." Ihr Ton war jetzt werbendes Gejammer. Wenn man nur darüber reden könnte. Sich an irgendwas erinnern. Sie kam sich so leer und verlassen vor. Auf den geräumigen Flächen ihres Gesichtes spürte sie die gepünktelte Erregung heiß. Er knüllte die Zeitung hin, sein feistes viereckiges Gesicht erschien. „Na was denn, was denn, Herrgott noch mal, du stellst dich an", sagte er.

Sie roch den warmen Atem seines Biers und der gebratenen Zwiebeln, mit denen sie ihm sein Stück Fleisch geschmückt hatte. Sie nahm den Socken, bündelte die Wolle unterm Stopfei in der heißen Faust. Nein: das hatte mit den paar ausgeblichenen Bildern von damals überhaupt nichts mehr zu tun.

„Na, weißt du", sagte sie, „als wärst du nie jung gewesen." Sie lächelte steif, schwitzend zu ihm hin.

Er hob wieder die Zeitung vors Gesicht: Abendversteck. Jung? Sein Hirn schweifte zurück. Jung? Und wie. Alles zu seiner Zeit. Er rülpste Zufriedenheit aus dem prallen Bauch überm Gürtel. Kein Grund zur Klage. Richtige Hühner, die Frauen, ewiges Gelächter. Er spähte über die Zeitung in ihr hilfloses redseliges Gesicht: mit wem könnte sie quasseln und rumpoussieren, wenn Laurela erst mal weg wäre? Er stand rasch auf, drehte das Radio an. Die Musik schreckte das Wohnzimmer aus seinem bräunlichen Dösen.

Sie sah ihm zu, wie er zum Sessel zurückging, die Zeitung aufnahm, sich setzte. Sie lehnte sich ins Polster, presste das Stopfei gegen den Magen. Das war ihr Abend, gewiss, er und sie hier unten, sie mussten warten, das war von jetzt an alles. Und oben Laurela. O Laurelas Haar. Sie lächelte. Kein Wunder, dass sie ihr nachliefen. Sie wollte nachher noch anfangen mit dem blauen Kleid, ganz eng unterm Busen, das hob ihn so richtig in die Höhe. Das Blau passte gut zum Haar. So hübsches Haar. Wenn es goldene Seide gäbe, sähe sie aus wie Laurelas Haar. Sie räusperte sich, hörte das pappende Geräusch ihrer Lippen, saß mit offenem Mund, starrte die Zeitung an, die fetten kräftigen Krallen rechts und links.

„Sie hat hübsches Haar", sagte sie. „Wie Seide, wie Gold."

Er schnickte die Seiten in ihre gekniffte Form zurück.

„Na klar", sagte er.

Sie sah die Krallenpfoten zum Bierglas tappen und es packen. Sie hörte ihn schmatzen, schlucken. So schönes goldenes Haar. Sie bohrte die Spitze der Stopfnadel in den braunen Wollfilz. Seine und ihre Tochter. Sie betrachtete die geätzte Haut ihres Zeigefingers. Seine und ihre Tochter. Sie reckte sich in einem warmen Anschwellen von Mitleid und stolzer Verwunderung. [R]

Wolf Wondratschek

Über die Schwierigkeiten, ein Sohn seiner Eltern zu bleiben (1982)

Wolf Wondratschek

Das begann alles viel früher, das hört auch nicht so schnell auf. So ist es immer. Vater war nicht Donald Duck. Auch in der Badehose sah er nicht aus wie Robinson. Für Karl May und Tom Prox hatten wir nicht den passenden Garten. Ich wurde zwar rot, aber kein Indianer.

Ich habe gesehen, wie ich keine Schwester bekam, ich bekam Schläge. Aber ich habe gelernt, mich zwischen Frühstück, Schule und Tagesschau zurechtzufinden.

Ich wusste nie, wie den Eltern zumute war, wenn sie sagten, ihnen sei gar nicht zum Lachen zumute. Ich zog bald weg von zu Hause. Als Kind war ich ein Spielverderber. Mutter sagte dann, das hätte ich von Vater geerbt. Vater behauptete das Gegenteil. Ich hatte dann immer das Gefühl, dass wir doch alle irgendwie zusammengehören.

Vater zeigte mir, woher der Wind wehte. Ich hatte eine stürmische Jugend. Wenn wir von Krieg reden, sagt Mutter, wir können von Glück reden.

Ich denke an das Leben, sagt Vater, wenn er an mich denkt. Ich denke, du solltest dir mal Gedanken machen. Mutter ist die Frau von Vater. Auch sie denkt, ich solle mir endlich mal Gedanken machen. Und ich denke nicht daran.

Vater: ein strenges Labyrinth. Mutter: der Ariadnefaden[1]. Ich begreife das heute noch nicht.

Als das Einfamilienhaus fertig war, war ich mit der Familie fertig. Früher ging ich einfach ins Kino. Ich hatte Freunde. Aber das sind keine Lösungen. Auch eine Freundin ist keine Lösung.

Mutter weinte manchmal. Vater schrie manchmal. Auch Mutter schrie manchmal. Aber Vater weinte nie. Als ich sah, wie Vater den Hut vom Kopf nahm, um seinen Feinden die Stirn zu zeigen, wurde ich erwachsen.

Freitags Fisch. Samstags Fußball. Sonntags Familie. Vater rauchte, als gehe es um sein Leben. Mutter legte eine Patience[2]. Ich habe drei Brüder. Morgen ist Montag.

Ich erzähle einen schlechten Witz. Vater kann nicht lachen, weil Fritz erst 16 ist. Mutter wird nicht rot. Sie hat Geburtstag.

Ich werde oft gefragt, ich frage mich oft selbst. Aber es ist nicht zu ändern. Wir sind tatsächlich perfekt. Vater ist Beamter, Mutter Hausfrau, ein Bruder Oberleutnant, ein anderer Automechaniker, wieder ein anderer Student. Mutter sagt, nimm endlich mal die Hände aus den Hosentaschen, tu endlich mal was Gescheites, endlich mal sagt sie gern, das ist einer ihrer Lieblingsausdrücke, besinn dich endlich mal, wie es jetzt weitergehen soll, so jedenfalls kann es unmöglich weitergehen, kauf dir endlich mal einen Kamm, kämm dich endlich mal, schau endlich mal in den Spiegel und schau, wie du aussiehst, früher hast du anders ausgesehen, sie sagt mein Gott, geh endlich mal zum Frisör, die Haare hängen dir ja schon über den Hemdkragen hinaus, hast du deine Schulaufgaben gemacht, hast du gelernt? Ja,

1 **Ariadnefaden:** etwas, das aus einer verworrenen Lage heraushilft

2 **Patience:** Geduldspiel

ich habe schon als Kind gelernt, dass der liebe Gott ein Frisör ist.

Neben dem Klingelknopf ist ein Namensschild montiert. Damit sind wir alle gemeint.

Es kommt vor, dass wir alle einmal zur gleichen Zeit im Wohnzimmer sitzen. Das kommt natürlich nicht sehr häufig vor, aber dann geschieht, was auch in den besten Familien vorkommt, es gibt Krach! Jeder schreit, jeder ist im Recht, keiner weiß, worum es geht. Aber darum geht es ja nicht. Mutter schließt schnell die Fenster. Vater beruhigt den Hund. Ich sehe Tiger an der Decke.

Vater ist wer. Jeder ist, wie er eben ist. Aber dafür sind die Schulferien da.

Der Sonntag ist so etwas wie eine höfliche Drohung, eine saubere Sackgasse. An Sonntagen sehen Familien aus, als hätte man sie auf dem Friedhof zusammengeklaut.

Es ist schwierig, ein Sohn seiner Eltern zu bleiben. Die Familie ist eine Bombe mit roten Schleifchen.

An Weihnachten nehmen wir uns zusammen. An Weihnachten gelingt uns nahezu alles. Wir trinken Sekt, und da ist nichts zu befürchten, weil wir anstoßen müssen bei Sekt. Die Kinder werden kurzerhand wieder Kinder. Vater fühlt sich als Großvater. Draußen ist es dunkel. Weihnachten hat nichts mehr mit Schnee zu tun. Mutter wird auch nächstes Jahr keinen Persianer[3] bekommen.

Sonnenuntergänge und Feiertage geben uns immer wieder das Gefühl, dass alles nicht so schlimm sein kann. Wir glauben wieder an Kalbsbraten und selbst gedrehte Nudeln. Der Hund bellt die Umgebung leer und frisst aus der Hand. Auch das ist eine Version.

Vater führt an der Leine. Er ist Herrchen im Haus.

Die Wiederholung ist das Gegenteil. Unsere Fehler entsprechen unserer Imitation[4]. Fritz heißt Fritzchen und denkt an die Chinesen. Ich mache mir einen Reim auf das Ende vom Lied.

Wir sitzen künstlich und vollzählig in den Polstergarnituren. Der offene Kamin sorgt für Nestwärme. Das Beste wäre, Mutter hätte jeden Tag Geburtstag.

6 Personen sind schon ein Trost. Wir wechseln ab. Einer wehrt sich dagegen, dass gerade der andere Recht hat. Dieses Muster gilt. Die Opfer können sich am nächsten Tag als Angreifer erholen. Wenn die Gäste kommen, erfinden wir Italien im Garten.

Wir verstehen keinen Spaß.

3 **Persianer:** Pelz aus Lammfell
4 **Imitation:** Nachahmung

1. Vergleichen Sie Situation und Figurenkonstellation in den Texten von Peter Bichsel, Gabriele Wohmann und Wolf Wondratschek (▷ S. 258–261).
2. Legen Sie ein Raster an, in dem Sie die vorgestellten Geschichten anhand der folgenden Kriterien beschreiben und gegenüberstellen:

	P. Bichsel	*G. Wohmann*	*W. Wondratschek*
Länge			
Situation			
Anfang			
Ende			
Zeitspanne			
Personenzahl			
Räumlichkeit			
Sprachliche Besonderheiten			

Die Literaturwissenschaft bezeichnet Texte wie die von Bichsel, Wohmann oder Wondratschek als **Kurzgeschichten** oder als **Kurzprosa**.
Der Durchbruch der deutschen Kurzgeschichte erfolgt unmittelbar nach dem 2. Weltkrieg. Es sind vor allem zwei Umstände, denen sie ihre Ausprägung zu einer eigenständigen literarischen Form verdankt:

- Aus dem Ausland strömen Übersetzungen in das 12 Jahre lang hermetisch abgeschlossene Deutschland, u.a. auch von **Short Stories** anglo-amerikanischer Herkunft. Besonders die „49 stories“ von Hemingway üben als Anregung und Vorbild einen starken Einfluss auf die Entwicklung der deutschen Kurzgeschichte aus.
- Es sind aber nicht nur fremde Vorbilder, sondern auch die Katastrophe des Krieges mit ihren Folgen, welche die neue Kurzform entstehen lassen. Es entspricht nicht dem Zeitgeist, lange Romane zu schreiben. Wie Wolfdietrich Schnurre (1920–1989) sagt, drängte man „zu einer atemlos heruntergeschriebenen, keuchend kurzen, misstrauisch kargen Mitteilungsform“.

Gerade zu aktuellen Themen schreiben auch heute viele Autorinnen und Autoren Kurzgeschichten, oft unter Verwendung neuer experimenteller Formen. Der Begriff „Kurzgeschichte“ wird häufig durch den Begriff „Kurzprosa“ verdrängt. Wie auch immer diese Form bezeichnet wird – sie ist meist durch folgende Darstellungstechniken gekennzeichnet:

Merkmale der Kurzgeschichte
- Unvermittelter Beginn und offenes Ende
- Begrenzung der Personenzahl
- Kürze und Verdichtung des Geschehens auf einen Ort und auf einen Augenblick, der für die dargestellten Personen von Bedeutung ist
- Wiedergabe des inneren Geschehens durch Gedankenzitate, erlebte Rede, inneren Monolog usw.
- Alltäglichkeit von Thematik und Sprache
- Verwendung von Wörtern, Sätzen und Symbolen, die leitmotivartig wiederkehren

3. Schreiben Sie auf der Basis der folgenden Filmankündigungen eine Kurzgeschichte. Beachten Sie dabei die auf S. 262 aufgeführten Merkmale dieser Textsorte.

Einsam durchs Leben

Ein Genie und Rebell

Er besitzt eine verwegene Ausstrahlung, ist ein unmögliches Genie und ein totaler Rebell. Es ist schwierig, Will Hunting (Matt Damon), den Helden aus Gus van Sants „**Good Will Hunting**“, mit wenigen Worten zu beschreiben. Er lebt in einem Arbeiterviertel Süd-Bostons von Gelegenheitsjobs. Nach einer Schlägerei landet er vor Gericht und wird verurteilt. Seine einzige Hoffnung ist fortan Therapeut Sean McGuire (Robin Williams), der nur zu gut weiß, was es heißt, sich einsam durchs Leben zu schlagen.

Neurotischer Griesgram

Melvin Udall (James Nicholson) ist in James L. Brooks Filmkomödie „**Besser geht's nicht**“ ein erfolgreicher Schriftsteller. Im alltäglichen Umgang allerdings kann Melvin mit Menschen wenig anfangen. Die Einzige, die den Schimpftiraden des Griesgrams Paroli bietet, ist Carol (Helen Hunt), Kellnerin in dem Lokal, das Melvin mit neurotischer Exaktheit jeden Tag zur selben Zeit aufsucht. Durch eine Verkettung von Umständen überschneiden sich ihre Schicksalslinien.

Diese Frau kriegt jeden Mann

Alle lieben Mary (Cameron Diaz). Auch Ted (Ben Stiller), der diesem fabelhaften Wesen in der romantischen Komödie „**Verrückt nach Mary**“ von Bobby und Peter Farelly als Teenager begegnet, sie durch einen dummen Zufall wieder aus den Augen verliert und sie seitdem nicht vergessen hat. 15 Jahre später engagiert er den schmierigen Privatdetektiv Healy (Matt Dillon), der herausfinden soll, wo sie jetzt lebt. Natürlich verliebt auch Healy sich sofort in Mary.

Lola rennt für Manni

Lola und Manni sind Anfang zwanzig und ein Liebespaar. Manni (Frauenliebling Moritz Bleibtreu) jobbt in „Lola rennt“ als Geldkurier für einen kriminellen Autoschieber. Auf der Flucht vor Fahrscheinkontrolleuren verliert er eine Tüte mit 100000 Mark. Wenn er sie nicht in 20 Minuten wiederbesorgen kann, ist er tot, und wenn ihm jetzt überhaupt noch jemand helfen kann, dann seine Freundin Lola (Franka Potente). Nach Mannis Anruf prescht Lola los, um ihm aus der Patsche zu helfen.

2.3 Roman

Romanvorstellung

„Es gibt wenige deutsche Autoren, die so raffinierte und sarkastische Plots schreiben wie Schlink und ein so präzises, unangestrengt pointenreiches Deutsch.“

Frankfurter Rundschau

Auf dem Nachhauseweg gerät der fünfzehnjährige Michael Berg in eine heikle Situation. Eine Frau, Mitte dreißig, kümmert sich um ihn. Später kommt der Junge mit einem Blumenstrauß, um sich zu bedanken. Und er kommt wieder. Hanna ist die erste Frau, die er begehrt. Eine heimliche Liebe beginnt.

Doch es ist etwas Düsteres, Reizbares um Hanna. Seine Fragen, wer sie war und ist, weist sie schroff zurück. Eines Tages ist sie verschwunden. Aus Michaels Leben, nicht aus seinem Gedächtnis.

Als Jurastudent sieht er Hanna im Gerichtssaal wieder. Der junge Mann erleidet einen Schock. Er hat eine Verbrecherin geliebt.

Vieles an Hannas Verhalten im Prozess ergibt keinen Reim. Bis es ihm wie Schuppen von den Augen fällt: Sie hat nicht nur eine grauenhafte Tat zu verantworten, sie hat auch ihr verzweifelt gehütetes Geheimnis.

Die Vergangenheit bricht auf – die seiner Liebe und die deutsche Vergangenheit. Michael muss erleben, dass er von beiden Vergangenheiten nicht loskommt.

Eine Frauengestalt, mit der man auch als Leser nicht einfach fertig wird. Und das Dilemma einer Generation.

BERNHARD SCHLINK, geboren 1944 bei Bielefeld, lebt heute als Jurist in Bonn und Berlin. Für sein erstes Buch *Die gordische Schleife* erhielt Schlink den „Glauser“ der Vereinigung deutscher Kriminalschriftsteller „Syndikat“, für den zuletzt erschienenen Roman *Selbs Betrug* den Deutschen Krimi-Preis 1993.

Volker Hage

Gewicht der Wahrheit

Ein Roman des deutschen Schriftstellers Bernhard Schlink macht weltweit Furore – die Filmrechte wurden nach Hollywood verkauft.

Vor vier Jahren hatte der Jurist Bernhard Schlink eine sonderbare Idee: Er wollte, dass sein gerade abgeschlossener Roman „Der Vorleser" zuerst in den USA erscheint, und zu diesem Zweck ließ er sogar auf eigene Kosten eine englische Übersetzung anfertigen. So, glaubte er, wäre auch die Aufmerksamkeit der amerikanischen Filmstudios am leichtesten zu erregen.

Der Schweizer Verleger Daniel Keel, bei dem Schlink, heute 54, zuvor schon drei erfolgreiche Kriminalromane (zuletzt „Selbs Betrug") publiziert hatte, konnte ihm die Idee ausreden: Das Literaturwerk des in der Nähe von Bielefeld geborenen und in Heidelberg aufgewachsenen Autors erschien 1995 ganz gewöhnlich in der Sprache, in der es geschrieben war, nämlich auf Deutsch. Und der Diogenes-Verlag rang dem zögerlichen Schlink auch die Filmrechte ab – mit dem Versprechen, einen Hollywood-Produzenten bei eventueller Nachfrage zu bevorzugen.

Daran glaubte damals im Ernst niemand. Als Autor war Schlink lediglich Krimifreunden ein Begriff, und sein Roman „Der Vorleser" war alles andere als leichte Kost (SPIEGEL 47/1995): Das heikle Thema Auschwitz wird darin mit einer gewagten Liebesgeschichte gekoppelt und zudem aus ungewohnter Perspektive erzählt.

Auch das war im Übrigen ein Grund, warum der viel beschäftigte Jurist, den es zur Literatur zog („Es fehlte einfach noch etwas in meinem Leben"), sein Buch lieber zunächst im Ausland publiziert hätte. Schlink fürchtete, in Deutschland falsch verstanden zu werden.

Sein Held Michael Berg, Jurist wie der Autor, ist als Schüler von einer älteren Frau in die Liebe eingeführt worden: „Vorlesen, duschen, lieben und noch ein bisschen beieinander liegen – das wurde das Ritual unserer Treffen." Das war Mitte der fünfziger Jahre in einer deutschen Kleinstadt. Viel später, zur Zeit der Auschwitz-Prozesse, trifft er seine Hanna im Gerichtssaal wieder: als Angeklagte und schwerer Verbrechen Beschuldigte.

Der Clou des Romans besteht nicht nur in der konsequent eingehaltenen Erzählperspektive des Nachgeborenen, sondern auch in ihrer Gebrochenheit: Der Student Berg hat sich zeitgemäß mit den Kommilitonen der „Aufarbeitung der Vergangenheit" verschrieben und kann doch die einstige KZ-Aufseherin und frühere Geliebte nicht ohne Mitgefühl betrachten – die Anklagerituale der eigenen Gruppe und Generation kommen ihm plötzlich schal vor: Das blendend erzählte Buch ist Liebesgeschichte und Traktat über den Holocaust und seine moralischen Folgen gleichermaßen. „Wir müssen unsere Biografien immer wieder neu schreiben", sagte Schlink nach Erscheinen des Romans, „um uns dessen zu vergewissern, wer und wo wir sind. Das heißt, wir müssen durch die Vergangenheit immer wieder durch."

Als „political incorrect" stufte der Autor sein Werk selbst ein. Doch es kam weder zu Protesten noch zu dem vom Autor weit mehr befürchteten Zuspruch von falscher Seite. Die Reaktionen waren im Gegenteil einhellig positiv: Die deutsche Literaturkritik zeigte sich für Ihre Verhältnisse von dem flüssigen Erzählwerk äußerst angetan, das Buch wurde von begeisterten Lesern weiterempfohlen – inzwischen ist es sogar Schullektüre.

Auch international hat „Der Vorleser" eine beachtliche Karriere gemacht, zu vergleichen mit jener der deutschen Romane „Die Blechtrommel" (1959) von Grass und „Das Parfum" (1985) von Patrick Süskind. Der Schweizer Verlag verkaufte bisher rund eine halbe Million Exemplare des Schlink-Werks, das Buch wurde in 25 Sprachen übersetzt und war in Frankreich (200 000 verkaufte Exemplare) und Großbritannien (100 000) Bestseller.

Nun ist auch Amerika im „Vorleser"-Fieber: „The Reader" (so der angelsächsische Titel) führt derzeit die Bestsellerliste der „New York Times" an. Schon im Herbst 1997, als der Roman – mit bescheidener Startauflage – in Amerika herauskam, hatte ihn das US-Blatt mit hymnischen Kritiken begrüßt. „Gerade in dem Moment, wo alles über Deutschland und

den Krieg gesagt zu sein scheint, kommt dieses fesselnde, philosophisch elegante und moralisch komplexe Buch von Bernhard Schlink", schrieb die „New York Times". Am Ende sei der Leser bewegt und verstört, erschüttert und irritiert – und vor allem „mächtig angesprochen von einer Erzählung, die das Gewicht der Wahrheit auf ihren Schultern trägt".

Andere amerikanische Zeitungen waren ebenso begeistert, das anspruchsvolle Magazin „New York Review of Books" begann seine umfangreiche Rezension des 200-Seiten-Werks mit den Worten: „Nur selten vermag ein Roman von diesem bescheidenen Umfang solche Anforderungen an seine Leser zu stellen." Auch Hollywood hat sich gemeldet – und, wie versprochen, den Zuschlag erhalten. Schon vor knapp einem Jahr wurden die Verträge mit dem Erfolgsstudio Miramax („Shakespeare in Love") unterschrieben. Die Verhandlungen hatte der Verlegersohn und Filmstudent Philipp Keel, 30, in aller Ruhe führen können – dem Verlag lagen jede Menge Angebote auf dem Tisch: 34 Anfragen allein aus den USA, außerdem 21 aus Deutschland und noch einmal rund 30 aus dem übrigen Europa. Als Regisseur ist derweil Oscar-Preisträger Anthony Minghella („Der englische Patient") im Gespräch, doch hält Daniel Keel, 68, auch eine andere Lösung, etwa mit europäischer Beteiligung, für möglich.

Als hätte sich der kühne Traum des Autors Schlink damit nicht schon mehr als erfüllt, wurde Ende Februar im amerikanischen Fernsehen noch der triumphale i-Punkt auf die Erfolgsstory gesetzt: In der Kultsendung „Oprah's Book Club" wurde „The Reader" als Tipp des Monats vorgestellt – als erstes europäisches Werk überhaupt. Eine TV-Empfehlung von Talkmasterin Oprah Winfrey stellt selbst den begeistertsten „Quartett"-Tipp von Marcel Reich-Ranicki weit in den Schatten: Der US-Verlag legte sofort 600 000 Paperbacks vom „Reader" auf und erhöhte die amerikanische Gesamtauflage des Romans damit auf rund eine Dreiviertelmillion. Am Dienstag dieser Woche wird Schlink zudem in Winfreys Talkshow zu Gast sein.

Birgit Vanderbeke, geboren 1956 in Dahme, lebt als freie Schriftstellerin in Frankfurt am Main und im Süden Frankreichs. Für „Das Muschelessen" erhielt sie 1990 den Ingeborg-Bachmann-Preis. 1999 erhielt Birgit Vanderbeke den Solothurner Literaturpreis für ihr erzählerisches Gesamtwerk.

Die wenigen Stunden, die der Familienvater sich verspätet und während deren die Frau und die beiden jugendlichen Kinder wartend am Abendessenstisch sitzen, genügen, um aus der sorgfältig ausbalancierten Kleinfamilie einen Haufen zersprengter Einzelteile zu machen.

Die drei sitzen vor einem Berg Muscheln, die sich eklig schmatzend öffnen und die eigentlich niemand außer dem Vater gerne isst, und sie beginnen in dieser unerwarteten Auszeit miteinander zu sprechen. Es entsteht so plötzlich wie überraschend ein Riss in der familiären Scheinidylle. Der Vater wird besichtigt, und es bleibt unter den ungerührten Augen der Erzählerin nicht besonders viel übrig von diesem Mann und seiner fragwürdigen väterlichen Autorität.

Birgit Vanderbeke lässt das Labor Familie in die Luft fliegen, sie zieht den Stöpsel, und durch eine kleine Veränderung in der Versuchsanordnung kommen der repressive Mief und der kleinbürgerliche Ehrgeiz, aber auch die versteckte Liebe zutage.

„Am Ende der Erzählung wandert ein ideologischer Grundpfeiler des Bürgertums auf den Müll: die Idee der Familie. Das Idyll der Geborgenheit und Sicherheit erweist sich als Mischung aus heiliger Inquisition, Sträflingsgaleere und Gummizelle.“

die tageszeitung

Holger Fock

Der Vater als gespenstische Erscheinung

Eine Familiengroteske aus der deutschen Nachkriegszeit

Um halb sechs sind die Muscheln geputzt, die Pommes geschnitten. Mutter, Sohn und Tochter sitzen am gedeckten Tisch. Punkt sechs wollte der Vater heimkommen, als frisch gebackener „Herr Direktor“. Drei nach sechs kippt die Stimmung der Tochter um. Kurz nach sieben hätte es keiner mehr bedauert, wenn der Vater einfach nicht käme. Gegen acht macht die Mutter die Spätlese auf, und alle drei kommen sich wie Revoluzzer vor. Nach der zweiten Spätlese kommt heraus, dass die Mutter insgeheim Medea[1] verehrt. Als um drei Viertel zehn das Telefon klingelt, hebt keiner mehr ab. Auch die Mutter nicht. Die Muscheln wandern ungegessen in den Müll. „Eine kleine Verschiebung weg vom Normalen, und plötzlich ist alles anders.“

Was ist in den vier Stunden des Wartens passiert? Ein Familienbuch wurde aufgeschlagen, ein Vater vorgeführt. Ein ganz normales Familienoberhaupt. Fast jeder kennt es. Es geht ihm immer ums Prinzip. Vernunft und Sachlichkeit werden gegen Sentimentalitäten und Fantasien ins Feld geführt. Er verachtet Schwächlinge und Drückeberger, sein Lebensideal sieht er im sportlichen Wettkampf, nichts liegt ihm mehr am Herzen als der familiäre Zusammenhalt:

„Alles in dieser Familie drehte sich nur darum, dass wir so tun mussten, als ob wir eine richtige Familie wären, wie mein Vater sich eine Familie vorgestellt hat, weil er keine gehabt hat und also nicht wusste, was eine richtige Familie ist, wovon er jedoch genaueste Vorstellungen entwickelt hatte, und die setzten wir um …“

Zu dumm, dass nicht jeder dieser Vorstellung entspricht. Ausgerechnet der Sohn ist das Schmusekind, ist von der Mutter verzärtelt worden, ein Feigling und Versager, der nur Vieren heimbringt und keinen Sprung vom Dreimeterbrett wagt. Die Tochter dagegen der reinste „Satansbraten“, verstockt schon seit frühester Kindheit, unhübsch und gefühlskalt. Schuld an allem ist natürlich die Mutter, zuständig für Erziehung, Haushalt und Finanzverwaltung. Aufopferungsvoll nimmt sie stets die Schuld auf sich. Weil sie es nicht aushält, wenn der Haussegen schief hängt. Nur manchmal überkommen sie Tränen, dann setzt sie sich ans Klavier und spielt Schumann-Lieder.

Ordnung ist das halbe Leben, und weil das in seiner Abwesenheit regelmäßig in Unordnung gerät, genießt es der Vater, in der Familie aufzuräumen. Dazu knüpft er sich die Familienmitglieder abends einzeln vor. Kein Wunder, dass er immer alles weiß, alles sieht, alles hört. Nach einem guten Schluck Kognak wird die Prügelstrafe als logische Schlussfolgerung zelebriert. Das Geld zusammenhalten musste die Mutter, weil der Vater immer so großzügig ist beim Trinkgeld wie bei den japanischen Aktien, die er sich nach jeder Baisse[2] aufs

1 **Medea:** in der griech. Sage eine Königstochter, die ihre Kinder ermordet

2 **Baisse:** Sinken der Börsenkurse

Neue aufschwatzen ließ. Bleibt als Geldanlage nur die Briefmarkensammlung. Vollständig, selbstverständlich, DDR und BRD, seit 45, wie die „Spiegel“-Ausgaben, die alljährlich in Jahresmappen gebunden werden.
Er war nie sehr praktisch veranlagt, der Vater. Bevor sich die Familie in den Westen absetzte, zeigte er sich unfähig, auch nur ein Kilo Bananen in den Osten zu schmuggeln. Im Flüchtlingslager musste immer die Mutter, die zwei Gören am Arm, um Lebensmittelkarten anstehen. Kein Wunder, dass der ganze Haushalt zusammenbricht, wenn die Mutter mal weg ist, im Krankenhaus zum Beispiel, wegen ihrer dauernden Gallenbeschwerden. Er hat es eben immer schwer gehabt, dieser Vater, hat sich durchboxen müssen, als unehelicher Sohn, der sich für seine Mutter schämte und sie möglichst wenig besuchte, weil es bei ihr immer nach Schmutz und Armut roch. Freilich, als sie starb, sorgte er für ein Begräbnis, wie es pompöser nicht hätte sein können.
Dies sind nur ein paar wenige Beispiele aus dem schier endlosen Erinnerungsband, das Birgit Vanderbeke in ihrer Erzählung abspult. Dabei handelt es sich, wohlgemerkt, nicht um eine der üblichen autobiografischen Abrechnungen mit der eigenen Familiengeschichte. Dieser Gefahr entging die Autorin durch einige äußerst geschickte literarische Kunstgriffe. Als Erstes hat sie den langen Erinnerungsprozess erzählerisch auf vier Stunden komprimiert. Die vermeintlich reale Alltagssituation entpuppt sich als nahezu surreal. Die von der Tochter erzählten Erinnerungen treten nicht mit logischer oder chronologischer Folgerichtigkeit auf, sondern werden fast wie im Traum mittels Verschiebung und Verdichtung aneinander geknüpft zu einer scheinbar endlos dahinfließenden Prosa.
Zum Zweiten vermeidet die Autorin jeden klagenden oder anklagenden Tonfall, schildert nüchtern und kühl, in fast heiterer Gelassenheit, schafft sich und dem Leser eine wohltuende Distanz. Dabei lässt sie nach und nach alle unausgesprochenen Gebote, unterschwelligen Mittel und Methoden Revue passieren, die den Zöglingen der deutschen Nachkriegsgeneration das Heranwachsen schwer gemacht haben. Unter den zwischen 1950 und 1975 geborenen Lesern wird sich kaum einer finden, den die Lektüre nicht fortwährend an seine eigene Geschichte erinnert. Darin besteht die eigentümliche Stärke und Kraft dieser Erzählung. Durch die Erinnerungen setzt ein Prozess der Bewusstwerdung ein: Plötzlich versteht man, was man sich als Kind immer gefragt hat – wie nämlich die väterliche Autorität funktioniert. Nach vier Stunden hat der Leser mehr über den Zwangscharakter der Familie und die Entstehung von Neurosen erfahren, als die meisten einschlägigen Fachbücher verraten.
Am Ende der Erzählung wandert mit den ungegessenen Muscheln ein ideologischer Grundpfeiler des Bürgertums auf den Müll: die Idee der Familie. Das Idyll der Geborgenheit und Sicherheit erweist sich als Mischung aus heiliger Inquisition[3], Sträflingsgaleere und Gummizelle. Doch der schreckliche Tyrann, so hat sich herausgestellt, ist auch bloß ein armseliges Würstchen, eine gespenstische Erscheinung, die nur noch im Schloss der Erinnerungen durch die Gänge spukt und ihr Unwesen treibt.
Der Verzicht auf die namentliche Benennung der Figuren zeigt, dass Birgit Vanderbeke nicht eine bestimmte Familie meint, sondern einen bestimmten Typ. Mit großer erzählerischer Kunst – für die sie zu Recht mit dem diesjährigen Ingeborg-Bachmann-Preis ausgezeichnet wurde – stürzt sie eine Elterngeneration vom Sockel, die ihre Ideale in der Aufopferungsbereitschaft der Trümmerfrauen und der ungebremsten Überlebenswut der Kriegsheimkehrer fand, eine Generation, die wieder ganz unten anfing, um wieder ganz hoch hinaus zu kommen, die den banalen Alltag als Hochleistungssport betrieb und die mit der ihr eigenen Gründlichkeit den „gesamtdeutschen Vollständigkeitstraum“ in der Briefmarkensammlung verwirklicht hat. Die deutsche Nachkriegsgeschichte: kein Familiendrama, sondern eine familiäre Groteske.

3 **Inquisition:** Verfolgung Andersgläubiger durch die katholische Kirche im Mittelalter

Max Frisch, am 15. Mai 1911 in Zürich geboren, begann nach sieben Semestern Studium der Germanistik als freier Journalist zu arbeiten und bereiste Südosteuropa. 1936 bis 1941 studierte er Architektur und schloss diese Ausbildung mit Diplom ab. 1942 erhielt er den ersten Preis in seiner Architektenlaufbahn, gründete sein eigenes Büro und arbeitete die Pläne für ein Zürcher Schwimmbad aus. Zehn Jahre lang war er zugleich als Architekt und als Schriftsteller tätig. Nach dem Ende des Zweiten Weltkriegs bereiste er Europa, die USA und Mittelamerika. 1955 beendete er seine Arbeit als Architekt und wandte sich ganz der schriftstellerischen Arbeit zu. Der mit zahlreichen internationalen Preisen ausgezeichnete Autor gewann in den Fünfzigerjahren als Dramatiker und Romancier internationales Ansehen bei der Kritik und beim Publikum.

Zu diesem Buch

Walter Faber, ein Ingenieur von 50 Jahren, hat sich daran gewöhnt, Menschliches als technisch regulierbar zu sehen und zu handhaben. Doch eines Tages gerät er in eine Serie von zunächst noch technischen Pannen, die dazu führen, dass er seinen Freund Joachim, der sich auf eine Plantage in Mexiko zurückgezogen hat, nicht vor dem Selbstmord retten kann. Dieser Zwischenfall gibt Faber Anlass, sich an Hanna zu erinnern, die einmal seine Braut war und danach – vorübergehend – Joachims Frau. Auf der Überfahrt nach Europa begegnet Faber dem Mädchen Sabeth, das später – wie Faber sich eingestehen muss – aufgrund kaum noch rationalisierbarer Regungen seine Geliebte wird. Sabeth begleitet Faber auf seiner Urlaubsreise durch Italien und Griechenland, und beide erleben eine Zeit der Gemeinsamkeit, die Faber bisher nicht eingesehene Aspekte des Menschlichen öffnet. Doch erst als Sabeth durch einen Unglücksfall jäh ums Leben kommt, erfährt Faber, dass sie seine Tochter war. Schuldlos schuldig geworden als einer, der sehend, doch ohne Einsicht mit Menschen lebte, der Ordnungsmechanismen organisierte und die fundamentalen Risiken der Unordnung nicht erkannte, muss er nun sein eigenes Ende ins Auge fassen.

Karl Schmidtmann

Mondfinsternis mit Sabeth

Tragödie eines Technikers in Max Frischs „Homo faber“

Die Fabel des neuen Buches von Max Frisch hat die Wucht einer antiken Tragödie. Wer sie freilich nur obenhin liest, weil sie so spannend ist, wird Max Frisch für einen leichtfertigen Flegel der Literatur halten, den kein Hauch der Tragödie je berührte. Es ist vorauszusehen, dass man Max Frisch einer frivolen[1] Schnoddrigkeit bezichtigen wird, weil er die dunklen Verstrickungen in der Fabel seines neuen Buches gar nicht recht ernst zu nehmen scheint. Nun hat aber Frisch sein Buch „Homo faber“ ausdrücklich nicht als einen Roman, sondern als einen Bericht bezeichnet. Demnach spricht in diesem Buch nicht Max Frisch, sondern jener Mann namens Faber, der uns einen Bericht aus seinem Leben gibt, und alles, was man Frisch an Schnodderigkeiten und Frivolitäten vorwerfen könnte, geht zu Lasten des Herrn Faber, den Max Frisch uns gerade durch diese Eigenarten des Berichtes so eindringlich charakterisiert. Die lapidare Schnodderigkeit der Weltanschauung, das kalte Kalkül und die sprunghafte Stenografie, das Wegschlucken halber Satzteile in der Diktion des Berichtes sind Eigenschaften des Herrn Faber, die besser gar nicht beschrieben werden könnten als in ihrer eigenen Sprache.

Walter Faber ist Techniker. Im Auftrag der UNESCO montiert er in unterentwickelten Ländern moderne Industriewerke. Er ignoriert alles, was nicht berechenbar ist. Menschen, die etwas „erleben“, sind ihm suspekt: „Gefühle sind Ermüdungserscheinungen, nichts weiter, jedenfalls bei mir. Man macht schlapp!“ Noch im Abgrund der Tragödie notiert Faber im Speisewagen: „Ich weine nicht. Ich möchte bloß nicht mehr da sein.“ In Florenz findet er die Bilder von Fra Angelico „etwas kitschig“, und nichts ist ihm peinlicher, als unrasiert zu sein: „Ich habe dann das Gefühl, ich werde etwas wie eine Pflanze, wenn ich nicht rasiert bin.“ Das ist eine der aufschlussreichsten Anmerkungen des Herrn Faber über sich selbst, derweilen er der Überzeugung lebt, dass die Welt mit Technik und Statistik hinreichend bewältigt werden kann. In New York hat er eine Freundin, aber er findet die Liebe absurd.

Mag sein, dass Max Frisch seinen Walter Faber ein wenig so ausstaffiert hat, wie sich der alte, der aussterbende Abendländer einen Homo faber vorstellt. Aber solche gelinden Überzeichnungen können nicht darüber hinwegtäuschen, dass ähnliche Menschenexemplare wie Walter Faber schon ziemlich häufig vorkommen; sie sind nicht einmal unsympathisch übrigens, und das ist vielleicht eine der glänzendsten Leistungen von Max Frisch, dass er uns seinen Faber mit überlegener Grandezza[2] des Geistes immer wieder sympathisch macht. Diesem Mann, der die Welt hantiert, anstatt zu leben, begegnet nach einem Strudel unberechenbarer Zwischenfälle (die warnenden Zeichen der antiken Tragödie!) ein zwanzigjähriges Mädchen, dem er an seinem fünfzigsten Geburtstag einen Heiratsantrag macht, den ersten seines Lebens, wenn man die Freundin seiner Studentenjahre nicht rechnen will, die damals ein Kind von ihm erwartete, aber das Kind nicht zur Weit bringen wollte, weil Faber sie schwerlich heiraten konnte.

Mit dem jungen Mädchen in den schwarzen Cowboyhosen, das er Sabeth nennt, reist Faber im Auto von Paris nach Rom, sehr gemächlich gegen seine sonstige Gewohnheit. In Avignon werden sie von einer Mondfinsternis überrascht. Diesen kleinen Abschnitt muss man dreimal lesen, weil er so spröde ist, absichtlich spröde. Faber notiert: „Dabei war es, als bloßer Anblick, eher beklemmend, eine immerhin ungeheure Masse, die da im Raum schwebt beziehungsweise saust, was die sachlich gerechtfertigte Vorstellung nahe legte, dass wir, die Erde, ebenso im Finstern schweben beziehungsweise sausen.“ In dieser Nacht kam Sabeth zu Faber. Es war Mondfinsternis. Sabeth befand sich auf der Heimreise zu ihrer Mutter, die als Archäologin in Athen arbeitet. Faber begleitet Sabeth nach Griechenland.

1 **frivol:** leichtfertig, schlüpfrig

2 **Grandezza:** würdevoll-elegantes Benehmen

Einen Tag vor Athen, während sie am Strand liegen, wird Sabeth von einer giftigen Schlange gebissen. Unter schrecklichen Strapazen gelingt es Faber, das Mädchen noch rechtzeitig in eine Klinik nach Athen zu bringen. Dort erfährt er, dass Sabeth seine Tochter ist. Der Keulenschlag der antiken Tragödie ist gefallen.

Manche Leser werden entsetzt sein, dass sich auch nach diesem Keulenschlag der schnodderige Ton des Berichtes kaum verändert. „Sabeth fand, ich untertreibe immer", hieß es einmal während der Reise. Darauf muss man achten. Faber kultiviert die Untertreibung wie seine Rasur. Deshalb muss man die Mondfinsternis dreimal lesen und auch später, während Faber schon wieder von einer Montage zur anderen fliegt, jenen kurzen Dialog mit der Mexikanerin Juana: „Meine Frage, ob Juana an eine Todsünde glaubt ..., ob Juana glaubt, dass Schlangen (ganz allgemein) von Göttern gesteuert werden beziehungsweise von Dämonen." Sabeth ist unterdessen gestorben, nicht freilich am Schlangengift, sondern an einem unbemerkten Schädelbasisbruch, den sie sich zuzog, als sie nach dem Schlangenbiss ohnmächtig wurde und auf einen Stein stürzte. Und nun kommen da so merkwürdige Notizen zwischendurch: „Mein Entschluss, anders zu leben ..." oder bald darauf: „Leben ist nicht Stoff, nicht mit Technik zu bewältigen." Das sind geringe Spuren einer dunklen Tragödie, die ein Mann wie Faber nicht einmal halbwegs begreifen kann.

Mit Hanna, der Geliebten seiner Studentenjahre, die Sabeth dann doch zur Welt brachte, hatte Faber in Athen eine Auseinandersetzung. Unterwegs notiert er: „Diskussion mit Hanna – über Technik (laut Hanna) als Kniff, die Welt so einzurichten, dass wir sie nicht erleben müssen." Eine Tragödie, aufgezeichnet nach ihren spärlichen Spuren in dem Mann namens Faber, der auf nichts weniger gefasst war als auf eine Tragödie, als auf den Schlangenbiss. Sein Bericht bricht ab, während er zur Operation geholt wird. Er ist überzeugt davon, dass die Ärzte ihm sagen werden, es sei nichts mehr zu retten. Magenkrebs.

Ein kritikwürdiges, vielleicht auch widriges Buch, doch sehr ehrlich, wie mir scheint, denn wie könnte sich der Einbruch der Tragödie in die verdünnte Erlebniskraft des technischen Menschen anders niederschlagen, als es in diesem Bericht geschieht. Gerade in diesem fast unmerklichen Zusammenprall zwischen dem tragischen Frevel[3] und der unterkühlten Schnodderigkeit des Homo faber wird eine andere Tragödie sichtbar, die Tragödie des Menschen nämlich, der im eigentlichen Sinne nicht mehr „lebensfähig" ist. Das Leben aber, das er aus seiner Existenz ausgeklammert wähnte, holt ihn plötzlich ein und zermalmt ihn. Der Leser weiß von Anfang an, was da geschehen wird, er weiß, dass Sabeth Fabers Tochter ist. Gerade deswegen liest er das Buch pausenlos zu Ende, ein helles, gescheites, spottlustiges Buch, das Mondfinsternis und Schlangenbiss hartnäckig zu untertreiben versucht: „Manie des Technikers, die Schöpfung nutzbar zu machen, weil er sie als Partner nicht aushält, nichts mit ihr anfangen kann ..."

3 **Frevel:** Verstoß (gegen die göttliche Weltordnung)

1. a) Stellen Sie in arbeitsteiliger Gruppenarbeit die Informationen zusammen, die Sie dem Buchcover, den Klappentexten, den Kurzbiografien und den Rezensionen auf S. 264–271 entnehmen können.
   b) Präsentieren Sie Ihre Ergebnisse in Gruppenreferaten.
2. Welchen der drei Romane würden Sie aufgrund der Klappentexte oder Rezensionen gern lesen? Begründen Sie Ihre Einschätzung.
3. a) Leiten Sie aus den Rezensionen Kriterien ab, nach denen Romane bewertet werden.
   b) Schreiben Sie zu einem Roman Ihrer Wahl eine Rezension für Ihre Mitschülerinnen und Mitschüler.
4. Stellen Sie in Ihrer Klasse Romane vor, die Sie gern gelesen haben:
   - Fassen Sie den Inhalt kurz in Form eines Klappentextes zusammen.
   - Wählen Sie eine Textprobe aus, die Sie Ihren Mitschülerinnen und Mitschülern vortragen.
   - Begründen Sie abschließend Ihre Bewertung des Romans.

Welttag des Buches

Lesen, lesen, lesen

VON HELLA KEMPER

Immer locker bleiben: Das Buch lebt. Und wie! Allen Unkenrufen zum Trotz. Rund 600 Jahre nach der Geburt des Buchdruck-Erfinders Johannes Gutenberg besteht überhaupt kein Grund zur Panikmache um die Zukunft des Buches. Zur Leipziger Buchmesse kamen so viele Besucher wie nie zuvor, laut einer Umfrage der Bertelsmann Stiftung lesen die Deutschen wieder lieber und das Buch ist im Internet präsenter, als mancher Computer-Muffel es wahrhaben möchte.

Wer das Internet als Bedrohung fürs Buch sieht, ist ein Schwarzseher. Als der amerikanische Bestsellerautor Stephen King vor einigen Wochen seinen neuen Thriller nicht als Buch verlegte, sondern im Internet zum Runterladen bereitstellte, versuchten das über 400 000 Leser innerhalb der ersten 24 Stunden für nur fünf Mark. Inklusive Ausdruck ist das billiger als eine Taschenbuchausgabe, aber trotzdem kein Buchkiller, sondern ein Sprungbrett, eine zusätzliche Möglichkeit, ans Lesefutter zu kommen. Auch das viel gefürchtete Rocket-e-book ist keine Konkurrenz für die Belletristik. Wer schon möchte den neuesten Schmöker von Rosamunde Pilcher auf einem Bildschirm lesen? Oder die nächsten 800 Seiten von Günter Grass? Sie etwa? Eine Bedienungsanleitung oder ein schmales Fachbuch vielleicht, aber keinen Roman. Und durch „Books on demand" haben auch vergriffene Bücher wieder eine Chance, gedruckt zu werden. Der Online-Buchhandel wächst: 20 000 Leser besuchen täglich booxtra.de oder buch.de. Surfkundschaft ist kauffreudig. Deshalb zeigt der Buchhandel mit Dependancen im Internet Flagge. Denn traditioneller Handel und Distribution, nicht das Buch, sind durchs Internet bedroht. Für das Buch ist das Internet eine Chance, keine Gefahr. Deshalb: Lesen, lesen, lesen – Harry Potter oder das bibliophile[1] Lyrikbändchen.

1 **bibliophil:** für Bücherliebhaber schön ausgestaltet

5. a) Fassen Sie die Aussagen der Autorin zur Zukunft des Lesens und des Buches zusammen.
   b) Diskutieren Sie diese Einschätzungen aufgrund Ihrer Lesegewohnheiten und Ihres Leseverhaltens.

Traditioneller und moderner Roman

Karl Migner

Kennzeichen des modernen Romans

Die Figur

Die Frage nach dem Menschen als mehr oder weniger genau bestimmbarem Wesen ist eines der zentralen Probleme des modernen Romans. Das gilt sowohl inhaltlich wie formal, denn die Struktur des Ganzen ist entscheidend von der Konzeption dieses im Mittelpunkt stehenden Dichtungsgegenstandes abhängig. Historisch gesehen, gehört der Romanheld als vorbildhafte, bestimmten Normvorstellungen verpflichtete Figur vergangenen Epochen an und wirkt bis ins 18. Jahrhundert hinein. Er entspricht einem statischen Bild vom Menschen und von der Welt, das in einer festen Ordnung begründet liegt. Im 18. Jahrhundert setzt sich der unverwechselbare individuelle Mensch als Romanheld durch, der erstmals im Don Quijote[1] in Erscheinung trat. Mit ihm ziehen das psychologische Interesse in den Roman ein und eine Gestaltungsweise, die nach dem Prinzip von

1 **Don Quijote**: der 1605 und 1615 in zwei Teilen erschienene Roman „Der scharfsinnige Edelmann Don Quijote de la Mancha" des spanischen Schriftstellers Miguel de Cervantes Saavedra, der als erster bedeutender europäischer Roman der Neuzeit gilt

Ursache und Wirkung vorgeht und etwa erkennbar vom Charakter einer Figur auf ihre Handlungen schließt und umgekehrt.
Diese Sicherheit, den Menschen durch Beschreibung und Analyse durchschaubar machen zu können, geht im 20. Jahrhundert endgültig verloren. Auch das Interesse am Einzelschicksal eines Menschen verblasst. Und so dient die Gestaltung der Heldenfigur in zunehmendem Maße der Frage nach den Möglichkeiten und Grenzen des Menschen in der gegenwärtigen Zeitsituation. Demgemäß werden sein Selbstverständnis, sein Lebensgefühl, seine etwa für die Gegenwart charakteristische Bewusstseinslage wichtiger als singuläre[2] Erlebnisse von geringer Repräsentanz[3]. Die Heldenfigur inmitten einer ihr keineswegs mehr selbstverständlich vertrauten Umwelt, die Heldenfigur in unter Umständen keineswegs mehr schlüssig erklärbaren Aktionen, die Heldenfigur in oftmals unvollständiger, beispielsweise auf bestimmte Verhaltensweisen reduzierter Gestaltung tritt immer mehr in den Mittelpunkt des modernen Romans. Versucht man eine Kategorisierung der Erscheinungsformen des Helden von der Konzeption der Figur – und nicht von der an ihr dargestellten Problematik – her, so lassen sich drei sehr stark ineinander übergehende Heldenbilder entwerfen. Sie alle sind zumindest tendenziell auf die Verkürzung des Menschen angelegt. Das gilt ganz besonders für den auf bestimmte Inhalte reduzierten Helden, dessen Bewusstsein oder dessen Weltverständnis allein interessieren. Das gilt für den verfremdeten Helden, der als Anti-Held, als Don-Quijote-Figur oder als verkrüppelter Außenseiter erscheint. Und das gilt ganz ausgesprochen für den Helden als Kunstfigur, als Homunkulus-Gestalt[4] etwa oder als Phänotyp[5] unserer Epoche.

Die Struktur

Neben der neuen Position, die Erzähler und Held im modernen Roman einnehmen, ist vor allem die veränderte Rolle zu nennen, die die Geschichte, die Fabel[6], spielt. In dem Maße, in dem der Erzähler nicht mehr primär um der Unterhaltung willen erzählt und in dem der Held nicht mehr als singuläres Individuum interessant ist, kommt es auch nicht mehr darauf an, eine in größerem oder geringerem Umfang abenteuerliche – und vor allem: geschlossene – Geschichte zu erzählen. Zweifellos kann auch das individuelle Schicksal eines Einzelnen genügend allgemeine Repräsentanz gewinnen, aber insgesamt ist die Gefahr, dass eine solche Darstellung stark verengt, sehr groß. Dabei kommt es heute immer mehr darauf an, die Frage nach dem Menschen, nach seiner Stellung in der Welt prinzipiell zu stellen. Dadurch rückt eine Zuständlichkeit eher in den Mittelpunkt als ein chronologischer Ablauf, ein Einzelproblem eher als eine Folge von Geschehnissen und prinzipiell die offene Frage, der Zweifel, die Unsicherheit eher als die gläubige Hinnahme der vorgefundenen Gegebenheiten.
Für die Bauform eines Romans hat das eine grundsätzliche Konsequenz: Die strukturierende Funktion von Held und Fabel, die durch ihre Konstitution und durch ihren Fortgang gewissermaßen „organisch" für eine gegliederte Form sorgen, fällt ebenso aus wie ordnende Kategorien Raum, Zeit und Kausalität. Artistische Konstruktion, Montage unterschiedlicher Elemente müssen eine sehr viel kunstvollere Bauform herstellen.

2 **singulär:** einzigartig
3 **Repräsentanz:** Verkörperung des Typischen, Wesentlichen
4 **Homunkulus:** künstlicher Mensch
5 **Phänotyp:** Erscheinungsbild
6 **Fabel,** hier: Handlungskern eines epischen oder dramatischen Werkes

1. a) Stellen Sie in einer Liste zusammen, was nach Karl Migner das Neue und Andersartige im modernen Roman ist.
   b) Aus Migners Darstellung können Sie Rückschlüsse auf die Figurenkonstellation und die Erzählstruktur im traditionellen Roman ziehen. Stellen Sie diese in einer parallel angelegten Liste den Kennzeichen des modernen Romans gegenüber.
2. Untersuchen Sie Migners Text auf Gründe für den Wandel des Erzählens im modernen Roman.

Alexander Raab/Ellen Oswald

Postmodernes Erzählen

Die Achtzigerjahre des 20. Jahrhunderts sind gekennzeichnet durch einen weitreichenden und immer schnelleren Wandel in allen Bereichen menschlicher Kultur. [...]

Es entsteht ein neues, diffuses Lebensgefühl, das gekennzeichnet ist durch den Verlust aller Bildungsideale und ein Unbehagen gegenüber dem technisch Machbaren. Mit der *Parole „anything goes"* wird eine Beliebigkeit ausgerufen, die alles Verbindliche zum Spiel werden lässt.

Aus diesem Zeitgeist heraus, der mit dem umstrittenen Begriff „Postmoderne" etikettiert werden kann, tritt eine neue Generation von Schriftstellern auf den Buchmarkt, die mit den ästhetischen Normen der klassischen Moderne brechen. [...]

Diesen postmodernen Schriftstellern, zu denen wir auch Patrick Süskind („Das Parfum", 1985) zählen, geht es nicht mehr um eine erkenntnisorientierte Weltinterpretation oder die Problematisierung des herkömmlichen Geschichtenerzählens. Ihre Romane, wie z. B. Umberto Ecos „Der Name der Rose" (1980), Christoph Ransmayrs „Die letzte Welt" (1988) oder Bodo Kirchhoffs „Infanta" (1990), lassen sich auf der Textoberfläche fast durchgängig als Unterhaltungsliteratur, bisweilen an der Grenze zum Trivialen, lesen. Ihr Stoff ist reizvoll, die Handlung spannend konstruiert und die sprachliche Darbietung voller Effekte. Sie bieten für jeden etwas: historische Belehrung, fantastische Geschichte, Sex and Crime im *virtuosen Bestsellermix*: Sie sind Autoren einer *Massenkultur*.

Trotzdem handelt es sich hierbei nicht um Trivialliteratur im eigentlichen Sinne. Von gehobener amerikanischer Trivialliteratur etwa, wie z. B. „Die Nebel von Avalon" (1982) von Marion Zimmer Bradley oder „Der Medicus" (1986) von Noah Gordon, unterscheiden sich die postmodernen Schriftsteller u. a. durch die weniger holzschnittartige Charakterisierung der Figuren, die größere Komplexität der Handlung und vor allem durch das höhere sprachlich-stilistische Niveau. Intelligent, belesen und geistreich streuen sie literarische, historische und geistesgeschichtliche Anspielungen in ihre Texte, um auch dem Belesenen etwas zu bieten. Diese Anspielungen bezeichnet man mit dem Begriff *Intertextualität*, wenn sie auf andere, zum kulturellen (Bildungs-)Wissen gehörende Texte beziehbar sind.

Ein wichtiges Element dieser Literatur ist das Erzeugen von Spannung beim Leser; das gelingt häufig durch Anleihen beim Kriminalroman. Postmoderne Schriftsteller spielen mit literarischen Formen und Genres, wobei der *Unterhaltung als literarischem Wert* eine besondere Rolle zukommt. Wie postmoderne Architekten treiben sie geschickt ein Spiel mit den bekannten literarischen Mustern. Bewusst – und mit Erfolg – schreiben sie an der Grenze zwischen ernster und unterhaltender Literatur.

Die Handlung wird gern in *vergangene Zeiten* verlegt. Aber der Leser wird durch diese historische Perspektive nicht direkt zu einer bewussten Auseinandersetzung mit der eigenen Geschichte veranlasst.

Die Handlung spielt häufig *an entlegenen, manchmal recht exotischen Orten*. Der Leser kann sich gemütlich zurücklehnen; mit seiner eigenen Welt haben diese Orte – zunächst einmal – nichts zu tun.

Der Held macht – ganz traditionell – eine Entwicklung durch. Anders aber als bei der Nabelschau und psychologisierenden Selbstverständigung, die die Lektüre vieler deutschsprachiger Texte der Siebzigerjahre so mühsam machte, kann der Leser diese Entwicklung aus einer *angenehmen Distanz* verfolgen. Er muss sich nicht unbedingt mit dem Helden identifizieren.

Der *postmoderne Erzähler* ist in den Texten *kaum mehr greifbar*. Er hat keinen ausgeprägten Charakter mit Stärken und Schwächen und Eigenheiten. Er ist zumeist ironisch-distanziert, liebt das Parodistische, das Übertreibende und ist weltanschaulich nicht festgelegt. Interpretierende Rückschlüsse vom Erzähler auf den Autor, so problematisch sie immer schon waren, sind nun kaum mehr möglich.

Das Erzählte problematisiert zwar durchaus individuelle Verhaltensweisen und politische Zustände. Der Erzähler drängt aber dem

Leser *keine didaktisch-moralisierende Botschaft* auf. Der Roman als Instrument der Aufklärung ist tot, denn es gibt keine absolut zu setzenden moralischen Standpunkte mehr: „anything goes“. Der postmoderne Schriftsteller verzichtet darauf, sich zum moralischen Gewissen seiner Leserschaft zu erklären. Diese Literatur hat, man mag es bejubeln oder beklagen, ihren Appellcharakter verloren. Die Frage „Was will der Autor uns damit sagen?“ verfehlt die Intention dieser Schriftsteller.

1. Stellen Sie die Merkmale des postmodernen Erzählens in einem übersichtlichen Schaubild dar.
2. Welche Romane, die Sie in letzter Zeit gelesen haben, würden Sie dem postmodernen Erzählen zuordnen? Stellen Sie die Titel in der Klasse vor und begründen Sie Ihre Einordnung.
3. Lesen Sie lieber „postmoderne“ oder „traditionelle“ Romane? Führen Sie eine ▷ Pro-und-Kontra-Diskussion durch. ▷ S. 59 ff.

2.4 Elemente literarischen Erzählens

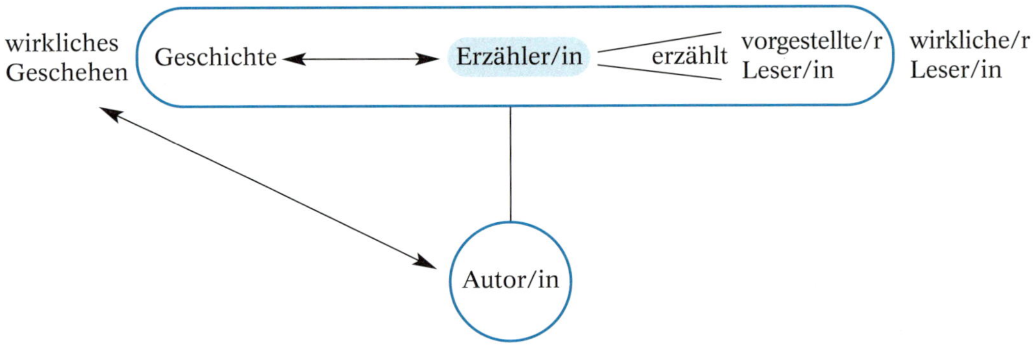

Ein Autor oder eine Autorin erschafft sich einen Erzähler oder eine Erzählerin, der/die einer vorgestellten Leserschaft eine Geschichte erzählt. Die Ideen für die Geschichte können auf ein wirkliches Geschehen zurückgehen, das der Autor/die Autorin erlebt hat oder das ihm/ihr aus Geschichtsbüchern, Zeitungsartikeln usw. bekannt ist. Oft ist die Geschichte aber auch fiktiv (erfunden), wobei die Fiktionen wiederum der eigenen Fantasie oder vorgefundenem Material (z. B. Literatur, Filme) entstammen können. Vollendet wird der Vorgang des Erzählens erst, wenn reale Leser/innen das Erzählte aufnehmen.

Das Erzählsystem

Das entscheidende Merkmal, das die Epik von den anderen literarischen Gattungen trennt, ist der **Erzähler** bzw. die **Erzählerin**.

Der Erzähler/Die Erzählerin ist streng vom Autor zu unterscheiden, dessen Name auf dem Buchrücken eines Romans oder neben dem Titel einer Kurzgeschichte steht. Vielmehr ist er/sie eine fiktive, im Text mehr oder weniger deutlich hervortretende Figur, die der Autor/die Autorin erfindet, um die Geschichte zu präsentieren.

Jeder Autor schafft für seinen Erzähler ein bestimmtes **Erzählsystem**, indem er innerhalb einer Reihe von Erzählkategorien, bewusst oder unbewusst, Auswahlentscheidungen trifft. Im Folgenden (▷ S. 276 ff.) sollen einige dieser Kategorien vorgestellt werden.

Erzählkategorien (Merkmale des Erzählens)	Definition/Erklärung	Beispiele
1. Erzählform a) Er-/Sie-Form	Der Erzähler tritt als Person ganz in den Hintergrund, sodass die Leser und Leserinnen nichts oder kaum etwas über seinen Charakter und sein Leben erfahren. Der Erzähler ist Vermittler der Geschichte und erscheint hauptsächlich in Kommentaren zum Erzählten.	*Es war der „Chef", der um elf das Krankenzimmer betrat und etwas verlegen am Bett des Alten Platz nahm, ohne den Wintermantel abzulegen, den Hut in der Hand. Bärlach wusste, was dieser Besuch bedeuten sollte …* (Friedrich Dürrenmatt: Der Verdacht)
b) Ich-Form	Der Erzähler erscheint gleichzeitig als erlebende und erzählende Person. Dabei kann zwischen dem erlebenden und dem erzählenden Ich ein großer oder kleiner Abstand bestehen, je nachdem, ob der Ich-Erzähler unmittelbar aus der dargestellten Situation heraus erzählt oder später mit zeitlichem Abstand auf die Situation zurückblickt.	**1. Beispiel:** *Mein Vater hat mich eingeschlossen, und ich will ihn fragen, was er vorhat mit mir …* (Ingeborg Bachmann: Malina) **2. Beispiel:** *Als ich Jenö kennen lernte, war ich neun …* (Wolfdietrich Schnurre: Jenö war mein Freund)
2. Erzählhaltung a) auktorial	Der Er-/Sie- oder Ich-Erzähler greift in den Erzählvorgang ein, er leitet den Leser mehr oder weniger sanft mit Hilfe von Kommentaren, Vorausdeutungen, Urteilen über die Personen und Ansprachen an den Leser.	**1. Beispiel:** *Da wir Madame Gaillard an dieser Stelle der Geschichte verlassen und ihr auch später nicht mehr begegnen werden, wollen wir in ein paar Sätzen das Ende ihrer Tage schildern …* (Patrick Süskind: Das Parfum) **2. Beispiel:** *Die Hitze war unmäßig, soll ich das anführen? Sie war afrikanisch; die Schreckensherrschaft der Sonne … Mögen Sie das?* (Thomas Mann: Mario und der Zauberer)

Erzählkategorien (Merkmale des Erzählens)	**Definition/Erklärung**	**Beispiele**
b) personal	Der Erzähler erzählt aus der Sicht **(Perspektive)** einer Person oder wechselnd aus der Sicht mehrerer Personen. Hierbei tritt der Erzähler nicht unmittelbar auf, kommentiert nicht, sondern bleibt in der Sichtweise einer Figur verhaftet.	*Sie sind da. Pille kann das sehen. Was draußen ist, sieht er sowieso besser als das, was hier drin geschieht. Auch wenn die Rollläden fast ganz heruntergelassen sind. Alles nur wegen dieser öden Dias. Wen juckt's, was vor mehr als fünfzig Jahren in einem Hinterhaus in der Prinsengracht in Amsterdam abgegangen ist, wenn draußen ein Auto vorfährt. Lass ihn die Dias zeigen; lass ihn reden …* (Peter Grosz: Unerlaubter Weitschuss)
c) neutral	Fakten und Vorgänge werden sachlich beschrieben bzw. berichtet. Oder der Erzählvorgang besteht darin, dass Gespräche ohne Zwischenbemerkungen, wie protokolliert, wiedergegeben werden (szenisches Erzählen).	*10.53 Uhr* *Ein kanariengelber Fiat tastete sich vorsichtig in die Kurve, schlitterte trotzdem, die junge Frau am Steuer hatte Mühe, das Fahrzeug in der Gewalt zu behalten. Sie fuhr Schritt-Tempo aus der Kurve heraus, sie bemerkte den Wagen am Baum, sie schloss einen Moment die Augen, sie schrie leise auf.* *Ihre Mutter, die neben ihr saß, bekreuzigte sich, flüsterte: Else, um Himmels willen, fahr weiter …* *Wir müssen das der Polizei melden, Mutter.* *Polizei? Kind, fahr weiter …* (Max von der Grün: Das Stenogramm)

Erzählkategorien (Merkmale des Erzählens)	Definition/Erklärung	Beispiele
3. Formen der Darbietung		
a) Erzählbericht	Der Erzähler vermittelt den Erzählgegenstand. Er wendet sich der Handlung und den Figuren zu, streut als auktorialer Erzähler Kommentare, Überlegungen und Betrachtungen ein.	(siehe Beispiele zum auktorialen Erzählverhalten, ▷ S. 276)
b) Figurenrede	Der Erzähler lässt die Figuren zu Wort kommen. Dazu hat er verschiedene Möglichkeiten:	(alle folgenden Beispiele aus: Renate Welsh: Was geht's dich an?)
• direkte Rede	Gespräche werden wie bei kleinen Dramenszenen in direkter Dialogform wiedergegeben und stehen meistens in Anführungszeichen.	*„So, wie die sich anmalen, ist es kein Wunder, wenn der eine oder andere …“ „Hör auf, du siehst doch, es sind Kinder im Wagen …“*
• indirekte Rede	Wiedergabe im Konjunktiv bzw. durch redeeinleitende Sätze; hier kann der Erzähler wieder etwas stärker in den Vordergrund treten.	*Hemma … erklärte mit lauter Stimme, … ich solle doch daran denken, dass der arme Mann wahrscheinlich eine ganz schreckliche Kindheit gehabt habe …*
• innerer Monolog	Wie die erlebte Rede (s. u.) eine im modernen Erzählen häufig angewandte Technik der Wiedergabe von Gedanken, Gefühlen usw. in der 1. Person (Ich-Form)	*Wer würde auf uns hören? Trotzdem müssten wir etwas sagen. Wir sind doch nicht auf den Mund gefallen.*
• erlebte Rede	Wiedergabe von Gedanken, Gefühlen in der 3. Person (Er-/Sie-Form)	*Es war nicht möglich, dass Hemma resignierte. Nicht Hemma, sie doch nicht. Dann schon eher Doris selbst …*

Die Geschichte

Der Autor eines epischen Textes erzählt nicht irgendetwas, was er fertig vorgefunden hat. Er erschafft seine Geschichte erst im Akt des Erzählens, sie ist seine Fiktion (Erfindung). Dabei ist es völlig gleichgültig, woher er das Geschehen mit seinen Schauplätzen und Figuren nimmt. Das Material kann aus der Wirklichkeit stammen, aus überlieferter Literatur oder aus der Fantasie des Autors. Auf dieses Material greift der Autor zurück und lässt auf dieser Basis den Erzähler seine fiktionale Welt errichten, die nicht mit der realen Welt verwechselt werden darf.

Die Figuren

Eine wichtige Rolle im Aufbau einer Geschichte spielen die **Figuren** mit ihrem Aussehen, ihrer Herkunft, ihrer beruflichen und sozialen Stellung, ihrem Charakter, ihrem Weltbild, ihren Fähigkeiten und Schwächen, ihren Wünschen und Zielen. Das Beziehungsgeflecht der Figuren untereinander nennt man **Figurenkonstellation**.

Der Raum

Der **Raum** in einer Erzählung ist nicht der zufällige Ereignisort. Er erhält über seine reine Gegenständlichkeit hinaus Bedeutung, indem er zum Beispiel mit den Gefühlslagen und Stimmungen der Figuren oder mit der Art des Handlungsverlaufs in Beziehung steht.

Die Zeit

Es muss zunächst gefragt werden, ob sich die Geschichte einer **historischen Situation** zuordnen lässt und welche Bedeutung der zeitliche Rahmen für das erzählte Geschehen hat.
Unter dem Aspekt der Erzähltechnik ist auch zu fragen, wie das Verhältnis von **Erzählzeit** (der Zeit, in der die Geschichte erzählt bzw. gelesen wird) und **erzählter Zeit** (der Zeitraum, in dem das erzählte Geschehen sich abspielt) gestaltet ist. Drei Möglichkeiten sind zu unterscheiden:

- Zeitdeckung: Die beiden Zeiträume sind annähernd gleich;
- Zeitdehnung: Die Erzählzeit ist länger als die erzählte Zeit;
- Zeitraffung: Die Erzählzeit ist kürzer als die erzählte Zeit.

Zur Zeitgestaltung gehört weiterhin der Umgang des Erzählers mit der **Chronologie** des erzählten Geschehens. Er kann sich streng an die zeitliche Reihenfolge der Ereignisse halten, also chronologisch erzählen, er kann aber auch in **Vorausdeutungen** nach Belieben weit vorgreifen, und er kann in **Rückblenden** Vorgeschichten und Voraussetzungen in die laufende Handlung einfügen. Es können auch mehrere **Parallelhandlungen** ineinander verschachtelt werden.

1. Stellen Sie die Informationen dieses Kapitels „Elemente literarischen Erzählens" in einer ▷ Mind-Map dar. ▷ S. 21
2. Suchen Sie in den literarischen Texten dieses Buches weitere Beispiele für die verschiedenen Erzählformen und Erzählhaltungen.
3. Zeigen Sie die Figurenkonstellation der Geschichte „Ein netter Kerl" (▷ S. 280) in einer Grafik (Soziogramm) auf.
4. a) Wählen Sie eine Kurzgeschichte (▷ S. 258–261) dieses Buches aus und beschreiben Sie deren Erzählsystem, also Erzählform, Erzählhaltung und Darbietungsformen.
   b) Verändern Sie das Erzählsystem der ausgewählten Kurzgeschichte, indem Sie zum Beispiel die Erzählform, die Erzählhaltung oder die Darbietungsformen ändern.

3 Drama

Gabriele Wohmann

Ein netter Kerl (1978)

Ich habe ja so wahnsinnig gelacht, rief Nanni in einer Atempause. Genau wie du ihn beschrieben hast, entsetzlich.

Furchtbar fett für sein Alter, sagte die Mutter. Er sollte vielleicht Diät essen. Übrigens, Rita, weißt du, ob er ganz gesund ist?

Rita setzte sich gerade und hielt sich mit den Händen am Sitz fest. Sie sagte: Ach, ich glaub schon, daß er gesund ist. Genau wie du es erzählt hast, weich wie ein Molch, wie Schlamm, rief Nanni. Und auch die Hand, so weich.

Aber er hat dann doch auch wieder was Liebes, sagte Milene, doch, Rita, ich finde, er hat was Liebes, wirklich.

Na ja, sagte die Mutter, beschämt fing auch sie wieder an zu lachen; recht lieb, aber doch gräßlich komisch. Du hast nicht zuviel versprochen, Rita, wahrhaftig nicht. Jetzt lachte sie laut heraus. Auch hinten im Nacken hat er schon Wammen, wie ein alter Mann, rief Nanni. Er ist ja so fett, so weich, so weich! Sie schnaubte aus der kurzen Nase, ihr kleines Gesicht sah verquollen aus vom Lachen.

Rita hielt sich am Sitz fest. Sie drückte die Fingerkuppen fest ans Holz.

Er hat so was Insichruhendes, sagte Milene. Ich find ihn so ganz nett, Rita, wirklich, komischerweise.

Nanni stieß einen winzigen Schrei aus und warf die Hände auf den Tisch; die Messer und Gabeln auf den Tellern klirrten.

Ich auch, wirklich, ich find ihn auch nett, rief sie. Könnt ihn immer ansehn und mich ekeln.

Der Vater kam zurück, schloß die Eßzimmertür, brachte kühle nasse Luft mit herein. Er war ja so ängstlich, daß er seine letzte Bahn noch kriegt, sagte er. So was von ängstlich.

Er lebt mit seiner Mutter zusammen, sagte Rita. Sie platzten alle heraus, jetzt auch Milene.

Das Holz unter Ritas Fingerkuppen wurde klebrig. Sie sagte: Seine Mutter ist nicht ganz gesund, soviel ich weiß.

Das Lachen schwoll an, türmte sich vor ihr auf, wartete und stürzte sich dann herab, es spülte über sie weg und verbarg sie: lang genug für einen kleinen schwachen Frieden. Als erste brachte die Mutter es fertig, sich wieder zu fassen.

Nun aber Schluß, sagte sie, ihre Stimme zitterte, sie wischte mit einem Taschentuchklümpchen über die Augen und die Lippen. Wir können ja endlich mal von was anderem reden.

Ach, sagte Nanni, sie seufzte und rieb sich den kleinen Bauch, ach ich bin erledigt, du liebe Zeit. Wann kommt die große fette Qualle denn wieder, sag, Rita, wann denn? Sie warteten alle ab.

Er kommt von jetzt an oft, sagte Rita. Sie hielt den Kopf aufrecht.

Ich habe mich verlobt mit ihm.

Am Tisch bewegte sich keiner. Rita lachte versuchsweise und dann konnte sie es mit großer Anstrengung lauter als die anderen, und sie rief: Stellt euch das doch bloß mal vor: mit ihm verlobt! Ist das nicht zum Lachen!

Sie saßen gesittet und ernst und bewegten vorsichtig Messer und Gabeln.

He, Nanni, bist du mir denn nicht dankbar, mit der Qualle hab ich mich verlobt, stell dir das doch mal vor!

Er ist ja ein netter Kerl, sagte der Vater. Also höflich ist er, das muß man ihm lassen.

Ich könnte mir denken, sagte die Mutter ernst, daß er menschlich angenehm ist, ich meine, als Hausgenosse oder so, als Familienmitglied.

Er hat keinen üblen Eindruck auf mich gemacht, sagte der Vater.

Rita sah sie alle behutsam dasitzen, sie sah gezähmte Lippen. Die roten Flecken in den Gesichtern blieben noch eine Weile. Sie senkten die Köpfe und aßen den Nachtisch. R

1. a) Geben Sie den Inhalt der Kurzgeschichte von Gabriele Wohmann (▷ S. 280) wieder.
   b) Welche Problematik wird darin aufgezeigt?
2. a) Stellen Sie Überlegungen an, wie der Text umgestaltet werden muss, wenn Sie ihn in eine Spielszene umsetzen und als Theaterstück aufführen wollen.
   b) Verfassen Sie anschließend einen Text, der es Schauspielern ermöglicht, das Stück „Ein netter Kerl" aufzuführen.

3.1 Das klassische Drama

Die Literaturwissenschaft bezeichnet eine gespielte Handlung als **Drama**.

Das europäische Drama hat seinen Ursprung im antiken Griechenland. Das zeigen schon einige wichtige gattungsspezifische Bezeichnungen, die alle aus dem Griechischen stammen: **Drama** (Handlung, gespielte Handlung, Schauspiel), **Theater** (Zuschauerraum, Schauspielhaus), **Szene** (Bühne, Teil der Bühnenhandlung), **Dialog** und **Monolog** (Wechselrede zweier bzw. mehrerer Personen und Einzelrede), **Tragödie** und **Komödie** (Trauerspiel und Lustspiel). Das Drama hat religiöse Wurzeln und entwickelte sich aus Kulthandlungen mit Umzügen, Gesang und Tanz. Auch in der Blütezeit Athens im 5. und 4. Jahrhundert v. Chr., als es schon feste Theaterbauten gab, wurden die Schauspiele noch für Kultfeste geschrieben. Die Schauspieler standen auf Kothurnen (Schuhen mit hohen Sohlen) und trugen Masken zur rollenspezifischen Typisierung der Personen. Inhalte der Dramen waren Geschehnisse aus der Geschichte und dem Mythos. Der bekannteste griechische Tragödiendichter ist SOPHOKLES (496–406 v. Chr.). Zwei seiner Stücke gehören bis heute zum festen Bestand der Theaterspielpläne: „König Ödipus" und „Antigone".

Der Erste, der eine Theorie des Dramas entwickelte und dabei Grundsätzliches zu dessen Struktur formulierte, war der griechische Philosoph ARISTOTELES (384–322 v. Chr.) in seiner Schrift „Über die Dichtkunst". Diese Theorie war nichts anderes als die systematische Zusammenfassung seiner Eindrücke und Beobachtungen zu den Theaterstücken seiner Zeit. Ein Problem für die Nachwelt war, dass diese Schrift des Aristoteles nur in Bruchstücken überliefert ist und dass sie überdies wohl eher Notizen für den Unterricht an seiner Philosophenschule darstellte als eine ausgearbeitete Theorie. Dennoch galten die erhalten gebliebenen Definitionen und Lehrsätze in der Geschichte des europäischen Theaters lange Zeit als oberster Maßstab. Bis ins 19. Jahrhundert hinein waren Dichter bestrebt, ihre Werke an der Theorie des Aristoteles zu orientieren.

Aristoteles

Aber auch die modernen Theaterschriftsteller, die sich bewusst vom traditionellen Drama abwandten wie Bertolt Brecht (▷ S. 284 f.), setzten in ihren theoretischen Überlegungen meist bei Aristoteles an, wenn sie das Neue und Andersartige ihrer Stücke aufzeigen wollten.

Aristoteles

Kennzeichen der Tragödie (um 335 v. Chr.)

- Die Tragödie ist die Nachahmung einer edlen und abgeschlossenen Handlung von einer bestimmten Größe in gewählter Rede, derart, dass jede Form solcher Rede in gesonderten Teilen erscheint und dass gehandelt und nicht berichtet wird und dass mit Hilfe von Mitleid und Furcht eine Reinigung (Katharsis) von eben derartigen Affekten bewerkstelligt wird.
- Es dürfen also Handlungen, die gut aufgebaut sein sollen, weder an einem beliebigen Punkte beginnen noch an einem beliebigen Punkte aufhören.
- Die Teile der Handlung müssen so zusammengesetzt sein, dass das Ganze sich verändert und in Bewegung gerät, wenn ein einziger Teil umgestellt oder weggenommen wird. Wo aber Vorhandensein oder Fehlen eines Stückes keine sichtbare Wirkung hat, da handelt es sich gar nicht um einen Teil des Ganzen.
- Die Tragödie versucht so weit wie möglich, sich in einem einzigen Sonnenumlauf oder doch nur wenig darüber hinaus abzuwickeln.

1. Schlagen Sie in Fachlexika die Begriffe „Akt“, „Szene“, „Dialog“, „Monolog“ und „Komödie“ nach.
2. Versuchen Sie, Aristoteles' „Kennzeichen der Tragödie“ in eigenen Worten wiederzugeben.

Gustav Freytag

Fünf Teile und drei Stellen des Dramas (1863)

Der Schriftsteller und Literaturwissenschaftler Gustav Freytag hat 1863 in seinem Buch „Die Technik des Dramas“ die Theorie des klassischen, aristotelisch geprägten Dramas in stark schematisierter Form zusammengefasst, indem er die Dramenstruktur als „pyramidalen Bau“ beschrieb:

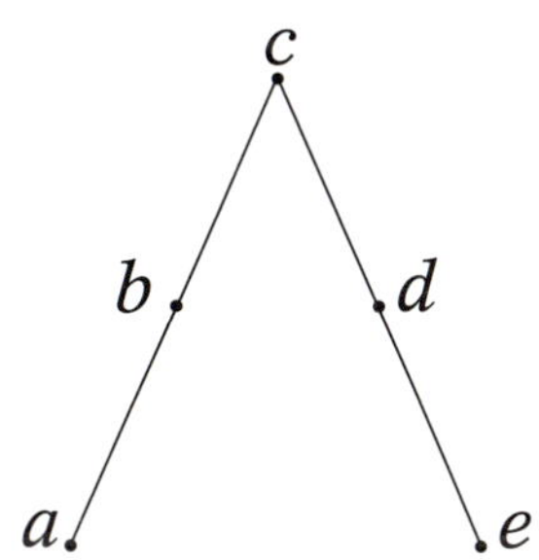

Durch die beiden Hälften der Handlung, welche in einem Punkte zusammenschließen, erhält das Drama – wenn man die Anordnung durch Linien verbildlicht – einen pyramidalen Bau. Es steigt von der Einleitung mit dem Zutritt des erregenden Moments bis zu dem Höhenpunkt, und fällt von da bis zur Katastrophe. Zwischen diesen drei Teilen liegen die Teile der Steigerung und des Falles. Jeder dieser fünf Teile kann aus einer Szene oder aus einer gegliederten Folge von Szenen bestehen, nur der Höhenpunkt ist gewöhnlich in einer Hauptszene zusammengefasst.

Diese Teile des Dramas, a) Einleitung, b) Steigerung, c) Höhenpunkt, d) Fall oder Umkehr, e) Katastrophe, haben jeder Besonderes in Zweck und Baueinrichtung. Zwischen ihnen stehen drei wichtige szenische Wirkungen, durch welche die fünf Teile sowohl geschieden als verbunden werden. Von diesen drei dramatischen Momenten steht eines, welches den Beginn der bewegten Handlung bezeichnet, zwischen Einleitung und Steigerung, das zweite, Beginn der Gegenwirkung, zwischen Höhenpunkt und Umkehr, das dritte, welches vor Eintritt der Katastrophe noch einmal zu steigern hat, zwischen Umkehr und Katastrophe. Sie heißen hier: das erregende Moment, das tragische Moment, das Moment der letzten Spannung. Die erste Wirkung ist jedem Drama nötig, die zweite und dritte sind gute, aber nicht unentbehrliche Hilfsmittel. […]

Aus den angeführten Bestandteilen – entweder allen oder den notwendigen – ist jedes Kunstdrama alter und neuer Zeit zusammengefügt.

Wesentlich für die Struktur des klassischen Dramas sind die auf Aristoteles zurückgehenden drei Einheiten: **die Einheit der Handlung, der Zeit und des Ortes.** Jede Szene des Dramas erweist sich als Teil des einen geradlinigen, zeitlich eng begrenzten und an einen Ort gebundenen Handlungsstranges. Die Szenen (Auftritte) sind zu fünf Akten (Aufzügen) gebündelt. Diese fünf Akte stehen in einem die Spannung aufbauenden Funktionszusammenhang, sie bilden die Etappen, die den dramatischen Prozess in einer idealtypischen Verlaufsform gliedern.

1. Akt, **Einleitung** (Exposition): Die Zuschauer/innen werden eingeführt in Zeit, Ort, Atmosphäre der Handlung; sie lernen die für die Handlung wichtigen Personen direkt (sie treten auf) oder indirekt (es wird über sie gesprochen) kennen; sie erfahren die Vorgeschichte.
2. Akt, **Steigerung** (steigende Handlung) mit **erregendem Moment**: Die Handlung erhält den entscheidenden Anschub, Interessen stoßen aufeinander, Intrigen werden gesponnen, der Ablauf des Geschehens beschleunigt sich in eine bestimmte Richtung.
3. Akt, **Höhepunkt**: Die Entwicklung des Konflikts erreicht ihren Höhepunkt, der Held/die Heldin steht in der entscheidenden Auseinandersetzung, in der sich das weitere Schicksal entscheidet, das **tragische Moment**, d. h. der Wendepunkt (die Peripetie), führt zu Sieg oder Niederlage, zu Absturz oder Erhöhung.
4. Akt, **Fall oder Umkehr** (fallende Handlung) mit dem **Moment der letzten Spannung** (retardierendes Moment): Die Handlung fällt jetzt auf das Ende zu; dennoch wird die Spannung noch einmal gesteigert, indem die Entwicklung im so genannten retardierenden Moment verzögert wird. Die Handlung scheint einen anderen Verlauf zu nehmen, als im Wendepunkt angedeutet.
5. Akt, **Katastrophe**: Die Schlusshandlung bringt die Lösung des Konfliktes mit dem Untergang des Helden/der Heldin. Häufig ist jedoch der äußere Untergang, der Tod, mit einem inneren Sieg oder der Verklärung des Helden/der Heldin verbunden.

3. Lässt sich das Schema von Gustav Freytag auf das von Ihnen erarbeitete Theaterstück „Ein netter Kerl" (▷ S. 281, Aufgabe 2) übertragen?
4. Vervollständigen Sie Ihr Theaterstück nach der Dramentheorie Freytags.

Die so genannte Apfelschuss-Szene als Höhe- und Wendepunkt in Friedrich Schillers Drama „Wilhelm Tell" (Inszenierung von Claus Peymann am Wiener Burgtheater 1989)

3.2 Bertolt Brechts episches Theater

Das Drama, das sich an die Regeln des Aristoteles hält, wird auch als das Drama der **geschlossenen Form** bezeichnet. Ihm steht das nichtaristotelische Drama der **offenen Form** gegenüber, dessen herausragender Vertreter das epische Theater Bertolt Brechts ist. Obwohl Theaterstücke der offenen Form schon seit dem Mittelalter existieren, z. B. in Spielen zu den hohen christlichen Feiertagen, entfalteten sie erst in der Moderne eine gegenüber dem geschlossenen Drama gleichberechtigte, wenn nicht sogar dominante Wirkung. Dabei konnten sich die modernen Theaterautoren auf Experimente mit einer offenen Dramenform bei Dichtern wie Goethe („Faust I") oder Büchner („Woyzeck") berufen.

1. Beschreiben Sie, welche Folgen für die Struktur eines Theaterstücks sich daraus ergeben, dass die drei aristotelischen Einheiten von Zeit, Ort und Handlung aufgegeben werden. Denken Sie dabei auch an die Konsequenzen für den Anfang und den Schluss des Stücks.

BERTOLT BRECHT (1898–1956) entwickelte sein so genanntes **episches Theater** Ende der 20er-Jahre des 20. Jahrhunderts. Dabei vermied er für seine Werke bewusst den Begriff „Drama" und nannte sie einfach **Stücke** und sich selbst Stückeschreiber. Er setzte die geschlossene Form mit dem Drama schlechthin gleich, bezeichnete sie als „dramatische Form" des Theaters, der er seine „epische Form" entgegensetzte. In den „Anmerkungen zur Oper Aufstieg und Fall der Stadt Mahagonny" (▷ S. 285) stellt Brecht tabellarisch die beiden Formen des Theaters einander gegenüber, betont dabei allerdings, dass dieses Schema „nicht absolute Gegensätze, sondern lediglich Akzentverschiebungen" zeige.

Rudolf Schlichter: Bert Brecht (1928)

Bertolt Brecht

Die dramatische und die epische Form des Theaters (1938)

Dramatische Form des Theaters	Epische Form des Theaters
Die Bühne „verkörpert" einen Vorgang	sie erzählt ihn
verwickelt den Zuschauer in eine Aktion und	macht ihn zum Betrachter, aber
verbraucht seine Aktivität	weckt seine Aktivität
ermöglicht ihm Gefühle	erzwingt von ihm Entscheidungen
vermittelt ihm Erlebnisse	vermittelt ihm Kenntnisse
der Zuschauer wird in eine Handlung hineinversetzt	er wird ihr gegenübergesetzt
es wird mit Suggestion gearbeitet	es wird mit Argumenten gearbeitet
die Empfindungen werden konserviert	bis zu Erkenntnissen getrieben
der Mensch wird als bekannt vorausgesetzt	der Mensch ist Gegenstand der Untersuchung
der unveränderliche Mensch	der veränderliche und verändernde Mensch
Spannung auf den Ausgang	Spannung auf den Gang
eine Szene für die andere	jede Szene für sich
die Geschehnisse verlaufen linear	in Kurven
natura non facit saltus	facit saltus[1]
die Welt, wie sie ist	die Welt, wie sie wird
was der Mensch soll	was der Mensch muß
seine Triebe	seine Beweggründe
das Denken bestimmt das Sein	das gesellschaftliche Sein bestimmt das Denken[2]

R

1 **natura (non) facit saltus** (lat.): Die Natur, das Geschehen macht (keine) Sprünge.
2 Kernthese der Philosophie von Karl Marx (1818–1883)

2. Wählen Sie drei Gegenüberstellungen aus und erläutern Sie diese mit eigenen Worten. Benutzen Sie bei Ihrer Erläuterung Beispiele aus den beiden folgenden Verlaufsübersichten zu „Iphigenie" und „Der gute Mensch von Sezuan" (▷ S. 286 ff.).
3. Welches Stück, das in Ihren Augen eine offene Form hat, kennen Sie aus der Lektüre oder einer Inszenierung?

3.3 Klassisches und modernes Theater im Vergleich

Johann Wolfgang Goethes „Iphigenie auf Tauris“ (1787)

I. Aufzug, 1.–3. Auftritt
Ort: Hain vor dem Tempel der Diana
Iphigenie, in der griechischen Sage die Tochter des Königs Agamemnon, ist von der Göttin Diana auf die Insel Tauris entführt worden, wo sie nun das Amt einer Priesterin ausübt. Thoas, der König der Taurier, wirbt um sie, wird jedoch abgewiesen. Aus Zorn darüber befiehlt er ihr, zwei Fremdlinge, die auf der Insel gelandet sind, zu opfern. Bisher hat Iphigenie den Brauch, Fremdlinge auf dem Altar der Diana zu opfern, immer verhindern können. Nun steht sie vor der Frage, wie sie mit dem grausamen Befehl des Königs umgehen soll.

II. Aufzug, 1.–2. Auftritt
Ort: Hain vor dem Tempel der Diana
Die beiden Fremdlinge sind Orest, Iphigenies Bruder, und dessen Freund Pylades. Orest hat die Mutter erschlagen, die am Tod des Vaters Schuld trägt, und leidet nun unter seelischen Qualen, die ihn nicht zur Ruhe kommen lassen. Nach einem Orakelspruch des Gottes Apoll kann Orest von der Verfolgung durch Rachegöttinen befreit werden, wenn er die Schwester aus Tauris nach Griechenland bringt. Allerdings missversteht Orest den Rat Apolls und glaubt, die Statue der Göttin Diana, der Schwester Apolls, nach Griechenland entführen zu müssen. In einem Gespräch mit Pylades erfährt Iphigenie von der Schuld des Orest, ohne zu wissen, dass es sich um ihren Bruder handelt.

III. Aufzug, 1.–3. Auftritt
Ort: Hain vor dem Tempel der Diana
Iphigenie und Orest stehen sich zum ersten Mal gegenüber und erkennen, dass sie Geschwister sind. Orest ersehnt den Tod als Sühne für seine Tat. Die Tatsache aber, dass die Schwester als Priesterin den Bruder töten muss, versetzt ihn in wachsenden Wahnsinn, bis er bewusstlos zusammenbricht. Iphigenies Seelengröße und Sanftmut und ihr Gebet vertreiben die Rachegöttinen, und als Orest erwacht, fühlt er sich vom Bewusstsein seiner Schuld befreit. Mit Pylades bereiten sie nun die gemeinsame Flucht vor.

IV. Aufzug, 1.–5. Auftritt
Ort: Hain vor dem Tempel der Diana
Iphigenie ist zwar glücklich über den Fluchtplan, aber mehr und mehr wird ihr bewusst, dass sie mit ihrem Vorhaben Thoas, der ihr stets wohlgesinnt war, und dessen Volk hintergeht. Diese Erkenntnis kann sie mit ihrem Streben nach uneingeschränkter Aufrichtigkeit nicht vereinbaren. Pylades versucht ihre Bedenken zu zerstreuen, doch es gelingt ihm nicht.

V. Aufzug, 1.–6. Auftritt
Ort: Hain vor dem Tempel der Diana
Thoas hat inzwischen von den Fluchtvorbereitungen erfahren und verlangt von Iphigenie Aufklärung. Iphigenie ist unfähig zur Lüge und offenbart dem König den Fluchtplan. Thoas fühlt sich hintergangen und ist zunächst außer sich vor Zorn, zeigt sich dann aber tief beeindruckt von der Ehrlichkeit und dem Vertrauen Iphigenies in seine Großmut. Als er gerade zum Einlenken bereit ist, erscheint Orest und will die Schwester mit Gewalt befreien. Es droht eine Auseinandersetzung mit Waffen. Doch Iphigenie in ihrer unbeirrbaren Menschlichkeit gelingt es, den Kampf zu verhindern und Thoas endgültig von der Richtigkeit seines großmütigen Nachgebens zu überzeugen. Die Geschwister und Pylades können mit der Statue der Diana die Insel Tauris in Frieden verlassen.

Schaubühne Berlin 1998

Bertolt Brechts „Der gute Mensch von Sezuan“ (1943)

Vorspiel

Ort: Eine Straße in der Hauptstadt von Sezuan

Als Abgesandte des Götterhimmels sind drei Götter zur Erde herabgestiegen. Sie wollen beweisen, dass die Welt so bleiben kann, wie sie ist, da es gute Menschen gibt, die ein menschenwürdiges Dasein leben können. Sie sind fürs Erste zufrieden, wenigstens einen guten Menschen gefunden zu haben: die Prostituierte Shen Te. Sie ist als Einzige bereit, ihnen ein Nachtquartier zu geben. Dass sie sich an die Gebote der Götter nicht immer hält, rechtfertigt sie damit, dass sie anders ihre Miete nicht bezahlen kann. Daraufhin geben ihr die Götter als Dank für das Nachtquartier 1000 Silberdollar.

1

Ort: Ein kleiner Tabakladen

Mit dem Geld der Götter hat sich Shen Te einen kleinen Tabakladen gekauft, um viel Gutes tun zu können. Sie versorgt aber bald so viele Arme, die in ihrem Laden Unterschlupf suchen, dass ihrem Geschäft der Bankrott droht. Auch setzen sie der Schreiner, der die Regale im Laden gebaut hat, und ihre Vermieterin unter Druck. In ihrer Not hört sie schließlich auf den Rat einer der armen Frauen in ihrem Laden und erfindet einen Vetter Shui Ta, der alle ihre finanziellen Verpflichtungen übernehmen soll.

Zwischenspiel

Ort: Unter einer Brücke

Die Götter beauftragen den Wasserverkäufer Wang, nach Shen Te zu sehen und ihnen von ihr zu berichten.

2

Ort: Der Tabakladen

Am nächsten Morgen werden die im Laden schlafenden Leute von einem jungen Herrn geweckt, der sich als Shui Ta vorstellt. Er bezeichnet die Armen als Schmarotzer und Diebe und wirft sie mit Hilfe der Polizei hinaus. Den Preis für die Regale des Schreiners drückt er auf ein Minimum. Um die Vermieterin, die Sicherheiten verlangt, zu beruhigen, lässt er eine Heiratsannonce für Shen Te aufsetzen.

3

Ort: Abend im Stadtpark

Der arbeitslose Flieger Sun will sich im Park erhängen. Shen Te gesellt sich zu ihm und bewahrt ihn vor dem Selbstmord.

Zwischenspiel

Ort: Wangs Nachtlager in einem Kanalrohr

Wang berichtet den erbosten Göttern von Shui Ta's Vorgehen.

4

Ort: Platz vor Shen Te's Tabakladen

Shen Te wendet sich an das Publikum und schildert begeistert die morgendliche Stadt. Ein Teil der Armen hat sich schon wieder vor dem Tabakladen eingefunden. Glück hat Shen Te, weil ein altes Teppichhändlerpaar ihr 200 Silberdollar für die Halbjahresmiete leiht. Dieses Geld gibt sie jedoch der Mutter Suns, der Aussicht hat, für 500 Silberdollar eine Postfliegerstelle zu bekommen.

Zwischenspiel

Ort: Vor dem Vorhang

Shen Te tritt auf, in den Händen die Maske und den Anzug des Shui Ta. Sie singt „Das Lied von der Wehrlosigkeit der Götter und Guten“. Während des Liedes setzt sie die Maske des Shui Ta auf und fährt mit seiner Stimme zu singen fort.

5

Ort: Der Tabakladen

Shui Ta steht im Laden, als Sun erscheint. Er versichert Shui Ta, Shen Te heiraten zu wollen, um mit ihr in Peking eine neue Existenz aufzubauen. Dafür soll der Laden an die Vermieterin verkauft werden, die 300 Silberdollar zu zahlen bereit ist, genau das Geld, das Sun noch für seine Fliegerstelle fehlt. Als Sun jedoch eröffnet, er wolle zunächst einmal allein nach Peking gehen, wird Shui Ta misstrauisch und jagt ihn davon. Um den Laden zu retten, verspricht er dem reichen Barbier Shu Fu seine Kusine, auf die dieser schon längst ein

Auge geworfen hat. Shu Fu wartet im Laden auf Shen Te. Sun kommt zurück, und als Shen Te erscheint, gewinnt er erneut ihr Herz. Sie verlässt mit ihm den Laden.

Zwischenspiel
Ort: Vor dem Vorhang
Shen Te erzählt dem Publikum, dass sie dem alten Paar die geliehenen 200 Silberdollar zurückzahlen und den Laden weiterführen will. Sie geht davon aus, dass Sun aus Liebe zu ihr auf die Fliegerstelle verzichtet.

6
Ort: Nebenzimmer eines billigen Restaurants in der Vorstadt
Shen Te und Sun befinden sich im Kreise ihrer Hochzeitsgesellschaft. Sun wartet auf Shui Ta und 300 Silberdollar aus dem Verkauf des Ladens, um seine Fliegerstelle endgültig bezahlen zu können. Zwei Fahrkarten nach Peking hat er gekauft und glaubt damit Shui Ta's Widerstand gegen die Hochzeit zu überwinden. Mit der Trauungszeremonie will er warten, bis Shui Ta mit dem Geld kommt. Shen Te's immer verzweifelter werdende Hinweise, ihr Vetter werde nicht kommen und sie brauche die 200 Silberdollar für das alte Paar, beachtet er nicht. Die Hochzeit findet nicht statt.

Zwischenspiel
Ort: Wangs Nachtlager
Wang fordert die Götter auf, Shen Te zu helfen, was diese aber ablehnen.

7
Ort: Hof hinter Shen Te's Tabakladen
Shen Te muss den Laden nun endgültig verkaufen, um den Alten die 200 Silberdollar zurückgeben zu können. Sie besitzt nur noch einen Wagen mit ein wenig Hausrat. Auch den ist sie zu verschenken bereit, um dem verletzten Wasserverkäufer Wang zu helfen. Dem Publikum stellt sie ihren kleinen Sohn vor, den sie im Leibe trägt und der wie sein Vater Flieger werden soll. Den Blankoscheck, den ihr der Barbier Shu Fu, von ihrer Güte beeindruckt, anbietet, zögert sie anzunehmen. Da greift Shui Ta wieder ein. Er füllt den Scheck mit 10 000 Silberdollar aus und eröffnet in den Baracken, die der Barbier den Armen als Bleibe geboten hat, eine Tabakfabrik. Die Armen dienen ihm als billige Arbeitskräfte.

Zwischenspiel
Ort: Wangs Nachtlager
Wang bittet die Götter, ihre Erwartungen an Shen Te zu verringern. Die Götter sehen sich dazu aber nicht in der Lage.

8
Ort: Shui Ta's Tabakfabrik
Shui Ta beutet in seiner Tabakfabrik die Arbeiter rücksichtslos aus. Er stellt auch Sun ein, zieht ihm aber die 200 Silberdollar, die dieser von Shen Te erhalten hatte, nach und nach vom Lohn ab. Sun versteht es jedoch, sich bei Shui Ta einzuschmeicheln, und wird zum Aufseher befördert, der von den Arbeitern bald als gnadenloser Antreiber gefürchtet wird.

9
Ort: Shen Te's Tabakladen
Shui Ta, der sehr dick geworden ist, kann die hartnäckigen Nachfragen des Wasserverkäufers und anderer Freunde Shen Te's über deren

Staatsschauspiel Dresden, 1994

Verbleib immer schwerer beantworten. Als Sun erfährt, dass Shen Te bei ihrem Weggang schwanger war, stellt er sich auf die Seite der skeptischen Frager. Er schaltet die Polizei ein und Shui Ta wird verhaftet unter dem Verdacht, Shen Te ermordet zu haben.

Zwischenspiel
Ort: Wangs Nachtlager
Die Götter sind bei ihrer Suche nach weiteren guten Menschen gescheitert, sie setzen alle Hoffnung auf Shen Te.

10
Ort: Gerichtslokal
In den Richterroben stecken die drei Götter. Shui Ta wird von den Zeugen in die Enge getrieben und bricht schließlich zusammen. Auf seine Bitte hin lassen die Richter den Saal räumen und Shui Ta gibt sich als Shen Te zu erkennen. Sie führt den Göttern vor Augen, dass man in einer schlechten Welt nicht gut sein kann, wenn man darin überleben will. Die Götter verschließen vor dieser Einsicht jedoch die Augen, wollen in Shen Te nur ihren guten Menschen sehen und schweben auf einer rosa Wolke singend zum Himmel empor.

Epilog
Vor den Vorhang tritt ein Spieler und wendet sich entschuldigend an das Publikum, man habe keinen rechten Schluss gefunden, so sei der Vorhang nun zu, aber alle Fragen offen. Sollte der Mensch oder die Welt anders sein, brauche man andere Götter oder vielleicht keine? Am Ende empfiehlt er dem Publikum, sich selbst einen Schluss zu suchen.

1. Erarbeiten Sie eine Gegenüberstellung, in der Sie anhand der Verlaufsübersichten alle Unterschiede in der **Struktur** von Goethes „Iphigenie“ und Brechts „Der gute Mensch von Sezuan“ auflisten.

	„Iphigenie“	*„Der gute Mensch von Sezuan“*
Äußerer Aufbau		
Handlungsführung und Spannungsaufbau		
Orte und zeitliche Gliederung		
Figurenkonstellation		
Anfang und Schluss		
Verhältnis von Bühnengeschehen und Publikum		
…		

2. Diskutieren Sie in Ihrer Klasse, welches der beiden Stücke Sie als Lektüre und/oder als Aufführung stärker interessiert.

4 Lyrik

4.1 Lyrik als Ausdruck von Subjektivität

ICH bin was ich bin im GEDICHT

Ich bin der Glaube
Ich bin der große Derdiedas
Ich bin dir lieb
Ich bin ein Feuerbrand
Ich bin ein freier Mann
Ich bin ein Gründer
Ich bin ein treuer Untertan
Ich bin einer der Versunkenen
Ich bin fremd
Ich bin im braunen Cognac-See
Ich bin in das Gesetz
Ich bin klein
Ich bin nur in wörtern
Ich bin rot
Ich bin sehr alt
Ich bin sehr reich
Ich bin, wie du, ein armer Knecht
Ich blies die Kerze aus
Ich danke Gott, dass ich zu Fuß
Ich danke Gott und freue mich
Ich darf wohl von den Sternen singen
Ich denke, also bin ich
Ich denke dein, wenn sich
Ich denke dein im tiefsten Bergverlies
Ich denke dein, wenn mir
Ich, der brennende Wüstenwind
Ich, der ich klein und jung
Ich du er sie es
Ich empfinde fast ein Grauen
Ich erinnere mich
Ich erkläre dir die Berge
Ich erstaune tief in Scheu
Ich finde keinen Rat
Ich frühstückte und ging
Ich fühle luft von anderem planeten
Ich fühle mich tot
Ich gebe zu
Ich ging im Walde so für mich hin
Ich ging unter Erlen
Ich glaube an den großen Pan
Ich gleiche nicht mit dir
Ich grübe mir gern in die Stille ein Grab
Ich hab dir einen Regenpalast erbaut
Ich hab es getragen sieben Jahr
Ich hab in kalten Wintertagen
Ich hab meine Tante geschlachtet
Ich habe dich Gerte getauft
Ich habe gerochen
Ich habe immer vor dem Rauschen
ich habe kein anderes alibi
Ich habe Leute über Hölderlin
Ich habe mein Land abgesteckt
Ich habe was Liebes
Ich habe zu Hause ein blaues Klavier
Ich habs gewagt mit Sinnen
Ich hân mîn lêhen
Ich hatt einen Kameraden
Ich hatte dich lieb, mein Töchterlein
Ich hatte einst ein schönes Vaterland
Ich hört ein Bächlein rauschen
Ich hörte gestern von einem Dichter
Ich hörte heute Morgen
Ich hört ein Sichellin rauschen
Ich hôrt ûf der heide
Ich irrte hin und her
Ich kann den Blick nicht von euch wenden
Ich kann die Wolke nicht mehr
ich kann viele bäume malen
Ich kann's nicht fassen
Ich lebe mit Tischen
Ich lag. Und neben mir
Ich lebe mein Leben
Ich lehne am geschlossenen Lid der Nacht
Ich liege wach
Ich ließ die Türe offen
Ich machte diese Vers'
Ich möchte hingehn wie das Abendrot
Ich möcht so was für meine sorgen
Ich nahm den Stab
Ich säume liebentlang
Ich sah des Sommers letzte Rose stehn
Ich sahe mit betrachtendem Gemüte
Ich saz ûf eime steine
Ich schlafe zwar, ihr werten Brüder
Ich seh den Mond des Februar
Ich sehe Dich in einer Kerze Licht
Ich sehe dich in tausend Bildern
Ich sehe eine Vogelwolke

Ich, sein Geschöpfe
Ich selbst bin Ewigkeit
Ich singe nicht der deutschen Adler Kriege
Ich singe nicht für euch
Ich sitz über Deutschlands weißem Schnee
Ich sitze am Straßenrand
Ich spreche im Slang
Ich spreche Mond
Ich steh auf des Berges Spitze
Ich steh auf hohem Balkone
Ich steh in Gottes Hand
Ich stehe am Fließband
Ich stehe gern vor dir
Ich stehe im Waldesschatten
Ich stehe, kaum gehe
Ich sterb und lebe Gott
Ich suche allerlanden eine Stadt
Ich suche Sternengefunkel
Ich träumte viel
Ich trage Gottes Bild
Ich trage leicht an dem
Ich und Du
Ich Uralter kanns erzählen
Ich versuche, mich zu vergewissern
Ich wandle unter meinen händen
Ich wandre durch die stille Nacht
Ich war an Kunst und Gut
Ich war auch jung
Ich war ein Baum
Ich weiß doch

1. a) Lesen Sie den Text still und notieren Sie dabei alle Gedanken, die Ihnen beim Lesen durch den Kopf gehen: Beobachtungen, Fragen, Erklärungsversuche ...
   b) Besprechen und vergleichen Sie in der Klasse, wie Sie den Text aufgenommen haben.
2. Stellen Sie aus einzelnen Zeilen neue, sinnvolle Texte zusammen. Sie können dabei auch Strukturen wie Reim, Strophen, Titel etc. nutzen.
   Ein Beispiel:

Aussage

Ich erinnere mich

Ich ging im Walde so für mich hin
Ich ging unter Erlen
Ich irrte hin und her
ich habe kein anderes alibi

Ich gebe zu
Ich hab meine Tante geschlachtet

Ich empfinde fast ein Grauen

Was wie die Litanei eines Egozentrikers anmutet, ist eine Seite aus einer großen Sammlung deutscher Gedichte – eine Seite aus dem alphabetischen Verzeichnis der Gedichtüberschriften und Gedichtanfänge. Es gibt in diesem Register wie auch in denen anderer Gedichtsammlungen kein zweites sinntragendes Wort, mit dem so viele Gedichte anfangen, wie das Wort **„Ich“.**

3. Wählen Sie einen der Gedichtanfänge aus. Versuchen Sie eine Fortsetzung des Gedichts zu skizzieren oder treten Sie in einen Dialog mit dem lyrischen Ich.
4. Besorgen Sie sich aus der Bibliothek „Das große deutsche Gedichtbuch“ von K. O. Conrady und schlagen Sie die Gedichte nach, auf die Sie durch den Titel/Gedichtanfang neugierig geworden sind und mit denen Sie sich intensiver beschäftigt haben. Vergleichen Sie die Originale mit Ihren eigenen Produktionen.
5. Wie erklären Sie sich die Tatsache, dass „Ich“, die erste Person Singular, in ungezählten Gedichten an erster Stelle – und damit wohl auch im Mittelpunkt – steht?

In vielen Gedichten spielt das **Ich** eine zentrale Rolle. Lyrik wird deshalb gerne als die subjektivste der dichterischen Gattungen betrachtet, als eine Form der Dichtung, in der Erlebnisse und Empfindungen, Gefühle und Gemütslagen am unmittelbarsten ausgedrückt werden können. Aber welches Subjekt ist es, das sich im Gedicht ausspricht? Der **Autor** oder die **Autorin** eines Gedichts kann nicht einfach gleichgesetzt werden mit dem **Sprecher** im Gedicht. Das Ich, das im Gedicht spricht, kann (muss aber nicht) in Beziehung stehen zu einer Stimmung oder einem persönlichen Erlebnis des Autors. Durch die dichterische Gestaltung in Wort und Form gibt es im Gedicht eine Instanz, vergleichbar dem Erzähler in einem epischen Text, von der aus die Perspektive des Gedichts organisiert wird.

Dieser Sprecher im Gedicht tritt oft in Form eines Ichs, des so genannten **lyrischen Ichs** in Erscheinung, er kann aber ebenso die zweite oder dritte Person benutzen oder im Plural sprechen.

Besonders in der politischen Lyrik ist es oft nicht ein Individuum, sondern ein Kollektiv, das spricht oder für das und von dem gesprochen wird. Außerdem steht hier häufig nicht der Ausdruck von Stimmungen, sondern der Appell zum Handeln im Vordergrund. Dort, wo ein Ich im Gedicht spricht, kann die Beziehung zwischen diesem Ich und dem Autor-Ich unterschiedlich nah oder distanziert sein.

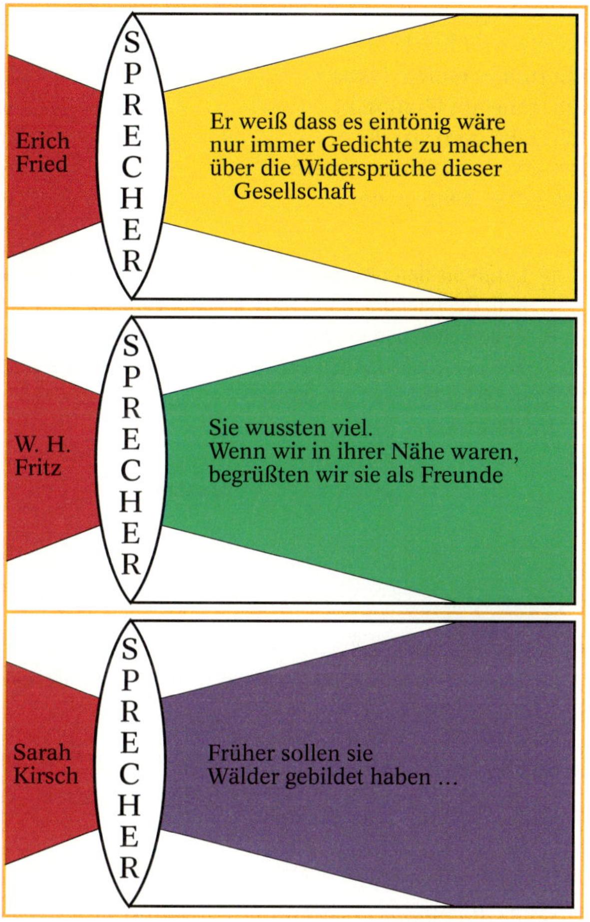

1. Beschreiben Sie die Unterschiede zwischen den Sprechern in Erich Frieds „Neue Naturdichtung“ und den beiden Gedichten mit dem Titel „Bäume“ von Sarah Kirsch und W. H. Fritz (▷ S. 311).
2. Neben dem Sprecher gibt es im Gedicht auch einen – mehr oder weniger deutlich – angesprochenen Adressaten, der nicht mit dem realen Leser/der realen Leserin gleichzusetzen ist. Entwerfen Sie ein Schaubild, das neben dem Autor und dem Sprecher im Gedicht auch den gedichtinternen Adressaten und den realen Leser mit einbezieht.
3. Untersuchen Sie, wie in den folgenden Gedichten der Sprecher/die Sprecherin sich selbst wahrnimmt und sich selbst darstellt.
   Für eine sprachliche und formale Untersuchung der Gedichte finden Sie Anregungen auf S. 298 ff.

Ulla Hahn
Bekanntschaft (1983)

Die Fehler sind bekannt: ich hab sie längst
begangen
Schuld oder Unschuld trifft mich ganz allein
Ich bin auf meinen eigenen Leim gegangen
Ich fiel auf keinen als mich selber rein

Was ich auch tue macht die Fehler schwerer
die Fehler machen bald mein Leben aus
Ich bin in diesem Leben eingefangen
ich komme nicht aus meiner Haut heraus

die narbenstrotzend an mir klebt und knittert
und mit den Jahren deutlicher verwest
Ich bin die Einzige die vor mir zittert
ich weiß dass niemand mich von mir erlöst.

Frieda Kahlo: Die Zeit fliegt (1929)

Friederike Mayröcker
Der Aufruf (1974)

Mein Leben:
ein Guckkasten mit kleinen Landschaften
gemächlichen Menschen
vorüberziehenden Tieren
wohl bekannten wiederkehrenden Szenerien

plötzlich aufgerufen bei meinem Namen
steh ich nicht länger im windstillen Panorama
mit den bunten schimmernden Bildern

sondern drehe mich wie ein schrecklich
glühendes Rad
einen steilen Abhang hinunter
aller Tabus und Träume von gestern entledigt
auf ein fremdes bewegtes Ziel gesetzt:

ohne Wahl
aber mit ungeduldigem Herzen

Ursula Krechel
Umsturz (1977)

Von heut an stell ich meine alten Schuhe
nicht mehr ordentlich neben die Fußnoten
häng den Kopf beim Denken
nicht mehr an den Haken
freß keine Kreide. Hier die Fußstapfen
im Schnee von gestern, vergeßt sie
ich hust nicht mehr mit Schalldämpfer
hab keinen Bock
meine Tinte mit Magermilch zu verwässern
ich hock nicht mehr im Nest, versteck
die Flatterflügel, damit ihr glauben könnt
ihr habt sie mir gestutzt. Den leeren Käfig
stellt mal ins historische Museum
Abteilung Mensch weiblich. R

1. Was verändert sich an der Aussage der Gedichte, wenn das Personalpronomen „ich" durch die 2. oder 3. Person Singular ersetzt wird?
2. a) In zwei der drei Gedichte ist die Sprecherin eindeutig als Frau zu identifizieren. Welche Hinweise können Sie feststellen?
   b) Erörtern Sie, ob für Mayröckers „Der Aufruf" auch ein Mann als Sprecher-Ich denkbar ist.
3. Welche Vorstellung haben Sie von den Ich-Sprecherinnen in den Gedichten? Skizzieren Sie eine Personenbeschreibung, z. B. Alter, Aussehen, Familienstand, Beruf, Charaktereigenschaften.
   Machen Sie sich bewusst, welche sprachlichen Signale diese Vorstellungen in Ihnen ausgelöst haben.
4. Vergleichen Sie eines der Gedichte mit Frieda Kahlos Selbstbildnis.

Nicolas Born

Selbstbildnis (1967)

Oft für kompakt gehalten
für eine runde Sache
die geläufig zu leben versteht –
doch einsam frühstücke ich
nach Träumen
in denen nichts geschieht.
Ich mein Ärgernis
mit Haarausfall und wunden Füßen
einssechsundachtzig und Beamtensohn
bin mir unabkömmlich
unveräußerlich kenne ich
meinen Wert eine Spur zu genau
und mach Liebe wie Gedichte nebenbei.
Mein Gesicht verkommen
vorteilhaft im Schummerlicht
und bei ernsten Gesprächen.
Ich Zigarettenraucher halb schon Asche
Kaffeetrinker mit den älteren Damen
die mir halfen
wegen meiner sympathischen Fresse und
die Rücksichtslosigkeit mit der
ich höflich bin.

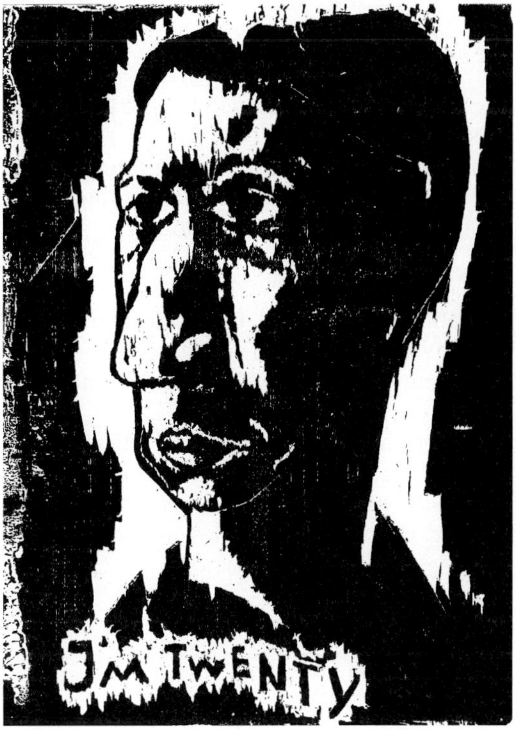

Günter Kunert: Selbstporträt (1949)

Ralf Thenior

Alles Gute, Alter (1978)

Ich werde jetzt erst mal Geburtstag haben,
ich werde ganz ruhig bleiben
und nichts machen
und einfach Geburtstag haben,
ich werde mir die Hand schütteln,
mir auf die Schulter klopfen,
herzlichen Glückwunsch, alter Junge,
alles Gute und so weiter,
halt die Ohren steif,
werde ich mir
zum Geburtstag sagen,
nachts um halb drei
auf dem Balkon
mit der elften Bierflasche
unter grauem Morgenhimmel.

1. a) Stellen Sie eine Beziehung zwischen dem Bild Günter Kunerts und dem Gedicht von Born her.
   b) Worin unterscheiden sich das bildliche und das sprachliche Selbstporträt?
   c) Entwerfen Sie ein Gedicht zu Kunerts „Selbstporträt“ mit dem gleichen Titel.
2. Beschreiben Sie Stimmung, Perspektive und sprachliche Gestaltung des Gedichts von Ralf Thenior.

Gerhard Rühm

licht (1970)

licht
l ich t
l ich t
l ich t
l ich t
l ich t
l ich t
l ich t
l ich t
ich
ich
ich
ich
ich
ich

---

3. a) Das Gedicht von Gerhard Rühm ist ein Beispiel für so genannte „konkrete Poesie". Informieren Sie sich in einem Literaturlexikon über diesen Begriff und suchen Sie in Gedichtsammlungen nach weiteren Beispielen.
   b) Entwerfen Sie selbst ein „Ich-Gedicht" mit den Mitteln der konkreten Poesie.

Jugendsünden oder erste Meisterwerke: Projekt Lyrikheft

„Jeder fängt einmal klein an" und „Früh übt sich, was ein Meister werden will" sind gern zitierte Redensarten, die auch auf berühmte Schriftsteller zutreffen. Was heute viel geehrte und anerkannte Dichterinnen auf der Suche nach ihren allerersten Texten wiedergefunden haben und wie sie sie heute kommentieren, können Sie hier in Beispielen nachlesen:

*Ursula Krechel (*1947)*

November (1962)

Viele Menschen tragen schwarze Mäntel
Chrysanthemenrauch liegt in der Luft
und die Kälte macht die Nasen rot.
Pfefferkuchen, Schokoladen-Nikoläuse
viel zu früh –
so wie die starben,
deren Mütter jetzt mit roten, kalten Nasen
Kreuze auf die braunen Gräber zeichnen.

Im Tagebuch findet sich unter demselben Datum die Eintragung: „Ich weiß, daß diese Gedichte nicht gut sind. Vielleicht sind es noch gar keine Gedichte, weil nichts verdichtet wurde. Ich habe mich um sie nicht besonders bemüht, sie kamen so über mich. Es ist ein schönes berauschendes Gefühl, wenn etwas über einen kommt. Ich wollte, es wäre öfter." [R]

Ursula Krechel (1962 und 1990)

*Friederike Mayröcker (*1924)*

Oktober (10/39)

qualvoll hingehauchte Schleier
herbstvollkommen ruht die Welt
Laubblut sickert ins Gemäuer
Tod ist's der das Leben stellt

Wehe Erde Nebelbäume
knorrig stülpt der Ast sich auf
sommerlich verbuhlte Träume …
Mond um Mond nimmt seinen Lauf

Es hat damit begonnen, dass ich als Kind mit sechs, sieben oder acht Jahren in der Idylle von Deinzendorf an einem Brunnen gesessen bin gegenüber dem Haus und Mundharmonika gespielt habe. Im Rückblick weiß ich es jetzt, damals habe ich es nicht gewusst: Da habe ich eine Art von wehmütigem Gefühl gehabt, das ganz genau das gleiche ist all die Jahrzehnte hindurch, das mich beim Schreiben begleitet bzw. jeweils das Vorspiel des Schreibens war und ist. Ich habe diese ersten Gedichte ganz spontan niedergeschrieben. Da waren keine Vorfassungen, und leider habe ich damals gereimt. Schriftstellerin zu werden – das konnte ich mir damals überhaupt nicht vorstellen. Es waren schwere Zeiten.

1. Informieren Sie sich über die Biografie der auf S. 296 vorgestellten Dichterinnen und lesen Sie spätere Werke zum Vergleich. Sie finden dafür Beispiele auch in diesem Deutschbuch (▷ S. 293).
2. Wie beurteilen Sie die frühen Schreibversuche? In welches Licht werden sie durch die (rückblickenden) Kommentare der Autorinnen gesetzt?

PROJEKT: LYRIKHEFT

Wenn *Sie* später auf lyrische Jugendsünden zurückblicken wollen, müssen Sie sie *heute* begehen! Und wenn Sie später auch an den frühen Lyrikversuchen Ihrer Mitschüler und -schülerinnen Ihr Vergnügen haben wollen, sollten Sie jetzt daran arbeiten:
Entwerfen Sie mit Ihrer Klasse ein Lyrikheft. Bei Planung und Herstellung ist Folgendes zu beachten:

- Gedichte schreiben kann man schwerlich auf Befehl: Setzen Sie sich einen nicht zu knapp bemessenen zeitlichen Rahmen, in dem jede/r sich zu seiner Zeit ans Schreiben begeben kann.
- Legen Sie einige wenige Richtlinien für die optische Gestaltung fest: Format? Manuskripte getippt oder auch handgeschrieben? Bilder zu den Texten? Bunt oder schwarzweiß? etc. Bedenken Sie dabei, dass das Heft sicherlich für alle vervielfältigt werden soll.
- Lesen Sie Ihre Gedichte zunächst einer Person Ihres Vertrauens oder in einer kleinen Gruppe vor. Im ersten Gespräch über Ihre Werke ergeben sich vielleicht noch Verbesserungsmöglichkeiten oder neue Impulse.

Das einfachste Prinzip für die inhaltliche Gestaltung lautet „Jeder wählt sein Thema selbst“. Reizvoller kann es aber sein, sich ein gemeinsames Thema zu stellen, das dem Lyrikheft dann einen stärkeren inneren Zusammenhalt gibt. Einen Vorschlag dazu finden Sie im Folgenden – natürlich gibt es noch viele andere Möglichkeiten!

Naturlyrik

Die Natur hat den Dichterinnen und Dichtern zu allen Zeiten Anregungen gegeben – warum lassen nicht auch Sie sich von ihr inspirieren? Eine Jahreszeit, ein Wald, ein See etc. kann Thema für viele Gedichte sein. Wenn die Ideen auf sich warten lassen: Blättern Sie in Gedichtsammlungen. Die Geschichte der Lyrik bietet einen unermesslichen Fundus an Naturgedichten (Kap. D 4.3: „Natur: Ein lyrisches Motiv in verschiedenen Epochen“, ▷ S. 304 ff.). Viele berühmte Gedichte haben spätere Dichterinnen und Dichter zu Antworten gereizt. Sicherlich finden auch Sie ein Gedicht, das Sie herausfordert. Ein Beispiel:

Eduard Mörike

Er ist's (1832)

Frühling lässt sein blaues Band
Wieder flattern durch die Lüfte;
Süße wohl bekannte Düfte
Streifen ahnungsvoll das Land.
Veilchen träumen schon,
Wollen balde kommen.
– Horch, von fern ein leiser Harfenton!
Frühling, ja du bist's!
Dich hab ich vernommen!

Rainer Brambach

Das blaue Band (1977)

Das blaue Band, wie Mörike es sah,
flatternd in den Lüften, wo?
Ich sehe einen Kondensstreifen
quer über den Himmel gezogen –
aber die Amsel ist abends immer da
auf dem First gegenüber singt sie ihr Lied
unsäglich –

4.2 Zur Struktur lyrischer Texte: Grundlagen der Gedichtinterpretation

Gedichte sind sprachliche Gebilde, die ein besonders hohes Maß an Strukturiertheit aufweisen. Die moderne Literaturwissenschaft spricht von der **Überstrukturiertheit** lyrischer Texte, ohne damit aber eine negative Wertung im Sinne eines Zuviel, eines Übertreibens zu verbinden. Überstrukturiertheit heißt: Die lexikalische Bedeutung der Wörter (Denotation) wird auf vielfältige Weise überlagert von sprachlichen Bezügen und Verbindungen; diese rufen bei den Lesern/Leserinnen verschiedene assoziative Mitbedeutungen (Konnotationen) hervor und verleihen dem Gedicht seine schillernde Vieldeutigkeit.
Die folgenden Aufgaben und Informationen sollen eine Beobachtungs- und Formulierungshilfe bieten bei der Beschäftigung mit den unterschiedlichen sprachlichen Ebenen, auf denen sich der Vorgang der Überstrukturierung abspielt.

Der Vers: Grundelement des Gedichts

Lyrische Texte sind in der Regel in **Versen** abgefasst – das heißt, die Zeilen brechen an einer vom Dichter und nicht zufällig vom Buchformat bestimmten Stelle ab. Diese Brechung des Sprachflusses gibt den Wörtern durch ihre besondere Stellung (z. B. am Versanfang oder -ende) eine besondere Akzentuierung. Neben den horizontalen Bezügen, die sich durch die Wort- und Satzfolge ergeben, stellen sich durch die Anordnung der Verse vertikale Bezüge her, die durch klangliche und optische Mittel verstärkt werden können.

Roman Ritter

Zeilenbruch und Wortsalat (1982)

Es gab Zeiten, in denen man meinte, ein Gedicht sei das, was sich reimt. Es gab Zeiten, in denen man meinte, ein Gedicht sei das, was unverstanden bleiben muss. Heute weiß man: Ein Gedicht ist das, was die Zeilen bricht. Moment mal – warum eigentlich die perlenden Einfälle vor die Prosa werfen?

Es gab Zeiten,
in denen man meinte,
ein Gedicht sei das,
was sich reimt.

Es gab Zeiten
in denen man meinte,
ein Gedicht sei das,
was unverstanden bleiben muss.

Heute
weiß man:
Ein Gedicht ist das,
was die Zeilen bricht.

Dieser Text spricht aus, warum er sich zum Gedicht erhebt: weil die Zeilen brechen.

Rolf Dieter Brinkmann

Gedicht (1975)

Zerstörte Landschaft mit Konservendosen, die Hauseingänge leer, was ist darin? Hier kam ich mit dem Zug nachmittags an, zwei Töpfe an der Reisetasche festgebunden. Jetzt bin ich aus den Träumen raus, die über eine Kreuzung wehn. Und Staub, zerstückelte Pavane, aus totem Neon, Zeitungen und Schienen dieser Tag, was krieg ich jetzt, einen Tag älter, tiefer und tot? Wer hat gesagt, dass so was Leben ist? Ich gehe in ein anderes Blau.

1. Brinkmanns Text trägt den Titel „Gedicht". Bringen Sie den Text in eine Form, die Ihrem Empfinden nach dieser Bezeichnung entspricht. Vergleichen Sie Ihre Ergebnisse zunächst in Ihrer Klasse, dann mit dem Original in Brinkmanns Gedichtsammlung „Westwärts 1 & 2".
2. Beschreiben Sie genau, wie sich in den Texten von Brinkmann und Roman Ritter zusätzliche Betonungen und Bedeutungen durch die Anordnung der Zeilen als Verse ergeben.

Verhältnis von Vers und Satz im Gedicht

Zeilenstil	**Zeilensprung**	**Hakenstil**
Satzende und Versende stimmen überein; der Vers schließt mit einer Pause.	Der Satz überspringt das Versende und setzt sich im folgenden Vers fort. Am Versende entsteht keine Pause (auch: Enjambement).	Eine Folge von Zeilensprüngen, sodass die Verse durch die übergreifenden Satzbögen gleichsam verhakt erscheinen.

Klang, Reim und Rhythmus

Wesentlich beteiligt am Sinnaufbau eines Gedichtes ist die lautliche Ebene, die in einigen Extremformen lyrischer Gestaltung, wie sie z. B. in der Romantik oder in der konkreten Poesie zu finden sind, sogar zum Hauptbedeutungsträger wird. Dort ist die Sprache nur noch Klang- bzw. Bildmaterial, ihre inhaltliche Bedeutung tritt ganz zurück.
Doch auch in weniger von Wortmusik und Buchstabencollagen bestimmten Gedichten sind ▷ End- und Binnenreime, ▷ Alliterationen und Lautmalereien an dem Entstehen von Bedeutung beteiligt. Dasselbe gilt für die metrisch-rhythmische Ausgestaltung der Gedichte. Fallende und steigende Versmaße beeinflussen durch ihre Rhythmisierung (fließend, wogend, schreitend, drängend, abgehackt etc.) den Hör- bzw. Leseprozess und damit das Verständnis. ▷ S. 300, 303

Ulla Hahn

Winterlied (1981)

Als ich heute von dir ging
fiel der erste Schnee
und es machte sich mein Kopf
einen Reim auf Weh.

Denn es war die Kälte nicht
die die Tränen mir
in die Augen trieb es war

Ach da warst du schon zu weit
als ich nach dir rief
und dich fragte wer die Nacht
in deinen Reimen schlief.

Ulla Hahn

1. a) In Ulla Hahns Gedicht fehlt ein Vers. Begründen Sie, an welcher Stelle.
   b) Formulieren Sie einen Vers, der an jener Stelle passen würde. Beachten Sie dabei Form und Inhalt des Gedichts.
2. Lesen Sie in Ulla Hahns Gedichtsammlung „Herz über Kopf" nach, wie der Vers im Original lautet. Erläutern Sie den Einsatz und die Wirkung von Reim und Rhythmus im Gedicht.

Reim

Endreim
Der genaue Gleichklang der Versenden vom letzten betonten Vokal an („Wind“ – „Kind“; „Erden“ – „werden“)
Endreimschemata:
Paarreim: aa
Kreuzreim: abab
umarmender Reim: abba
Schweifreim: aabccb
dreifache Reimreihe: abcabc
Haufenreim: aaa …

Binnenreim
Zwei oder mehrere Wörter in ein und demselben Vers reimen sich.

Anfangsreim
Reim der ersten Wörter zweier Verse

Schlagreim
Zwei unmittelbar aufeinander folgende Wörter reimen sich.

Unreiner Reim
Nur die Vokale, nicht aber die Konsonanten stimmen überein: „sagen“ – „Raben“ (auch: Assonanz).

Stabreim
Mehrere Wörter beginnen mit demselben Buchstaben (auch: Alliteration).

Versmaß

Die Lehre vom Versmaß nennt man **Metrik.** Die Metrik orientiert sich an den Grundprinzipien der Sprache, die sie beschreibt. Für die antiken Sprachen war das die Länge/Kürze der Silben, für die deutsche Sprache ist dies vor allem das Prinzip von betonten und unbetonten Silben. Auch die Versmaße deutscher Lyrik werden in der Regel mit den alten griechischen Begriffen bezeichnet. Kleinste Einheit eines Metrums ist der so genannte Versfuß:

Jambus (steigend): x x́ z. B. Gedícht
Trochäus (fallend): x́ x z. B. Díchter
Anapäst (steigend): x x x́ z. B. Anapä́st
Daktylus (fallend): x́ x x z. B. Dáktylus

(x́ = Hebung/betont x = Senkung/unbetont)

Gedichtformen

erste strophe erste zeile
erste strophe zweite zeile
erste strophe dritte zeile
erste strophe vierte zeile

zweite strophe erste zeile
zweite strophe zweite zeile
zweite strophe dritte zeile
zweite strophe vierte zeile

dritte strophe erste zeile
dritte strophe zweite zeile
dritte strophe dritte zeile

vierte strophe erste zeile
vierte strophe zweite zeile
vierte strophe dritte zeile

(*Gerhard Rühm, 1970*)

1. a) Das Gedicht von Gerhard Rühm trägt als Titel den Namen einer Gedichtform: welchen?
   b) Informieren Sie sich über die von Rühm dargestellte Gedichtform: Welche Merkmale hat Rühm in seinem Text umgesetzt, welche nicht?
2. Lesen Sie andere Gedichte, die in der von Rühm bedichteten Form geschrieben sind, und untersuchen Sie die Funktion der Form für die Aussageabsicht.

Gedichtformen

Ballade
Strophisch regelmäßig gegliederte, längere Gedichtform mit Reim und Tendenz zu festem Metrum. Wesentlich für die Ballade ist ihr erzählender Charakter.

Hymne
Ein der Ode verwandter, feierlicher Preis- und Lobgesang, Ausdruck hoher Begeisterung. Entsprechend dem ekstatischen Ausdruck kennt die Hymne keine formalen Regelmäßigkeiten: kein Reim, freie Rhythmen, kein fester Strophenbau.

Lied
Strophisch gebaute Gedichtform mit relativ kurzen Versen und Reimbindung. Reim und Metrum werden oft nicht streng durchgehalten. Zuweilen ist ein **Refrain** (Kehrreim) zu finden, d. h. die regelmäßige Wiederholung eines oder mehrerer Verse an einer bestimmten Stelle jeder Strophe.

Ode
Reimlose, strophisch gegliederte, lange Gedichtform, die einem festen Metrum folgen kann, aber nicht muss. Typisch für die Ode ist der hohe, pathetische Sprachstil, der zur Würde und Größe der behandelten Themen passt.

Sonett
Zwei vierzeiligen Strophen (Quartetten), meist mit dem Reimschema abba/abba, folgen zwei dreizeilige Strophen (Terzette), wobei Letztere in der Regel im Reimschema verbunden sind, z. B. cdc/dcd oder cde/cde oder ccd/eed. Der formalen Zäsur (Einschnitt) zwischen Quartetten und Terzetten korrespondiert in der Regel auch ein inhaltlicher Kontrast.

Sprachliche Bilder

Das vielleicht wichtigste Element für die Bedeutung lyrischer Texte ist die Ebene der Bildlichkeit. Die Art und Weise, wie die sprachlichen Bilder konstruiert und kombiniert sind, bestimmt die Aussage eines Gedichtes weitgehend. Unterschieden werden können

- rational nachvollziehbare Übertragungsvorgänge zwischen Sach- und Bildbereich, wie sie für **Wie-Vergleiche** typisch sind, z. B.: „das Leben ist wie ein Jahrmarkt“;
- verstandesmäßig nicht auflösbare Verschmelzungen von Sach- und Bildbereich, wie sie für viele **Metaphern** bezeichnend sind, z. B.: „Da steht im Wald geschrieben/Ein stilles ernstes Wort“ (▷ S. 306);
- die von aller Wirklichkeit und allem alltäglichen Sprachgebrauch abgelösten, Bild- und Sachbereich scheinbar willkürlich zusammenzwingenden **Chiffren**. Man spricht hier auch von „absoluten Metaphern“. Ihr Sinn ist nur aus dem Zusammenhang eines Gedichts oder aller Gedichte eines Autors erschließbar, z. B.: „ihr ehernen Altäre/Die heiße Flamme des Geistes nährt heute ein gewaltiger Schmerz“ (▷ S. 309).

Bedeutungsvoll für den Sinn eines Gedichts sind auch

- die Sprachschicht (Hochsprache, Umgangssprache, Jargon usw.);
- Wortfelder (Bereich der Natur, der Technik, der Verwaltung usw.);
- die Sprechweise (pathetisch/feierlich ergriffen, lakonisch/kurz angebunden, belehrend usw.).

1. „Eine neue Liebe ist wie ...“: Suchen Sie Vergleichsmöglichkeiten aus dem Bereich der Natur.
2. „Wie lacht die Flur!“ – „Es dringen ... tausend Stimmen/Aus dem Gesträuch“ – „... o Liebe. So golden schön/Wie Morgenwolken/Auf jenen Höhn“ – „Im Blütendampfe/Die volle Welt“:
   a) Erläutern Sie, was diese Bilder aus Goethes „Maifest“ (▷ S. 305) ausdrücken sollen.
   b) Beschreiben Sie die Sprechweise in Goethes Gedicht.
   c) Untersuchen Sie das Gedicht mit Hilfe der Übersicht auf S. 303 auf weitere rhetorische Mittel.
   d) Stellen Sie sich vor: Ein halbes Jahr später ist die Liebe aus dem Gedicht „Maifest“ zerbrochen. Schreiben Sie einen Gegentext unter dem Titel „Novemberstimmung“. Orientieren Sie sich dabei in Sprechweise und bildlicher Gestaltung an Goethes Gedicht.
3. „Der verkrüppelte Baum im Hof/Zeigt auf den schlechten Boden, aber/Die Vorübergehenden schimpfen ihn einen Krüppel/Doch mit Recht.“
   a) Geben Sie die Aussage dieser Verse aus Brechts Gedicht „Schlechte Zeit für Lyrik“ (▷ S. 310) mit eigenen Worten wieder. Bleiben Sie dabei zunächst auf der Bildebene.
   b) Untersuchen Sie dann, was das Bild im Kontext des gesamten Gedichtes bedeuten soll: Wer ist mit dem verkrüppelten Baum gemeint? Wofür steht der schlechte Boden? Wofür die Reaktion der Vorübergehenden?
4. In Georg Trakls Gedicht „Grodek“ (▷ S. 309) verbinden sich Kriegserfahrungen mit Naturbildern. Setzen Sie sich mit dem Gedicht auseinander, bis Sie ein Bild von der beschriebenen Situation vor Augen haben. Versuchen Sie dann, Ihr inneres Bild in Form einer Collage oder einer farbigen Skizze umzusetzen.

Rhetorische Figuren

Die nachfolgend aufgeführten rhetorischen Figuren (▷ S. 303) werden keineswegs nur in der Lyrik, sondern in Texten aller Gattungen eingesetzt. Besonders bedeutend ist ihr Gebrauch zum Beispiel in der öffentlichen Rede (bei Gericht, in der Politik) oder in der Werbung. Dort werden diese Mittel gezielt eingesetzt, um eine bestimmte Wirkung zu erzielen.
Ein Großteil der Stilmittel ist seit der Antike bekannt, was sich noch heute an den meist griechischen Fachbegriffen ablesen lässt. Wichtiger als die Kenntnis dieser „Vokabeln“ ist es für Sie zunächst, ein Gespür für den bewussten Umgang mit sprachlichen Mitteln zu entwickeln. Bei einem Satz wie „Im Traum/nicht einmal mehr/suche ich/mein verlorenes Paradies/bei dir“ sollten Sie z. B. auf die ungewöhnliche Stellung der Satzglieder aufmerksam werden. Diese Besonderheit kann man umschreiben, man kann sich darüber aber auch mit dem Fachbegriff „Inversion“ verständigen – das ist bei manchen rhetorischen Figuren unkomplizierter und kürzer. Es zeigt zudem das Verständnis dafür, dass hier nicht eine sprachliche Ungeschicktheit unterlaufen ist, sondern ein Stilmittel bewusst eingesetzt wird, um eine bestimmte Wirkung zu erzielen. Für eine kompetente Verständigung über die sprachlichen Strategien von Lyrik und anderen Texten ist die Kenntnis rhetorischer Begriffe hilfreich.

1. Das Erkennen von rhetorischen Mitteln ist kaum um seiner selbst willen von Interesse, sondern hauptsächlich für das Verständnis ihrer Funktion und Wirkung, die z. B. liegen können in einem Zugewinn von
   - Anschaulichkeit, Vorstellbarkeit,
   - Nachdruck, Betonung, Eindringlichkeit,
   - Sinnlichkeit, ästhetischem Reiz,
   - Kommunikation, Einbezug des Adressaten,
   - Spannung, Erwartung.

   Überlegen Sie, welches Wirkungspotenzial in den nachfolgend aufgelisteten rhetorischen Mitteln jeweils hauptsächlich vorhanden ist.
   Beachten Sie: Endgültige Aussagen über die Wirkung bestimmter sprachlicher Mittel können nur unter Berücksichtigung des jeweiligen Kontextes getroffen werden!

Rhetorische Figur	Beispiel	Definition
Alliteration	*Milch macht müde Männer munter.*	Wiederholung des Anfangslauts von Wörtern
Anapher	*Er schaut nicht die Felsenriffe/ Er schaut nur hinauf …*	Wiederholung eines oder mehrerer Wörter an Satz-/Versanfängen
Ellipse	*Je früher der Abschied, desto kürzer die Qual.*	unvollständiger Satz; Auslassung eines Satzteils/Wortes
Epipher	*Doch alle Lust will Ewigkeit,/ will tiefe, tiefe Ewigkeit!*	Wiederholung gleicher Wörter am Satz-/Versende
Euphemismus	*verscheiden* statt *sterben*	Beschönigung
Hyperbel	*ein Meer von Tränen*	starke Übertreibung
Inversion	*Der Schultern warmer Schnee wird werden kalter Sand.*	Umkehrung der geläufigen Wortstellung im Satz
Ironie	*Das hast du ja mal wieder toll hinbekommen!*	unwahre Behauptung, die durchblicken lässt, dass das Gegenteil gemeint ist
Klimax	*Ich kam, sah und siegte.*	dreigliedrige Steigerung
Metapher	*Der verstand ist ein messer in uns*	Bedeutungsübertragung; sprachliche Verknüpfung zweier semantischer Bereiche, die gewöhnlich unverbunden sind
Metonymie	*Das Weiße Haus macht wieder einmal Schlagzeilen.*	Ersetzung eines gebräuchlichen Wortes durch ein anderes, das zu ihm in unmittelbarer Beziehung steht, z. B. Ort für Person(en)
Neologismus	*Berufsjugendliche; Nebelspinne*	Wortneuschöpfung
Paradoxon	*Vor lauter Individualismus tragen sie Uniform.*	Scheinwiderspruch
Parallelismus	*Das Schiffchen fliegt, der Webstuhl kracht.*	Wiederholung gleicher syntaktischer Fügungen
Personifikation	*Vater Staat*	Vermenschlichung
Rhetorische Frage	*Wer ist schon perfekt?*	scheinbare Frage, bei der jeder die Antwort kennt
Symbol	*Taube* als Symbol des Friedens; *Ring* als Symbol der Treue und Ewigkeit	Sinnbild, das über sich hinaus auf etwas Allgemeines verweist; meist ein konkreter Gegenstand, in dem ein allgemeiner Sinnzusammenhang sichtbar wird
Vergleich	*Achill ist stark wie ein Löwe.*	Verknüpfung zweier semantischer Bereiche durch Hervorhebung des Gemeinsamen

4.3 Natur: Ein lyrisches Motiv in verschiedenen Epochen

Zu den Bereichen der Lebenswelt, die Lyrikerinnen und Lyriker von jeher zu poetischem Schaffen inspiriert haben, gehört neben Liebe, Kunst und politischem Geschehen die Natur. Unerschöpflich scheint die Vielfalt der Motive und Themen, die sich hier finden lassen. Daran hat sich bis heute grundsätzlich nichts geändert, auch wenn mit der Bedrohung der Natur viele neue, ungewohnte Töne in die Naturgedichte Eingang gefunden haben.
Die kleine Auswahl an Naturgedichten auf den folgenden Seiten bietet Ihnen einen Längsschnitt durch die Literaturgeschichte vom 18. Jahrhundert bis heute. Ergänzend dazu erhalten Sie Kurzinformationen über einige besonders wichtige Epochen, Zeitabschnitte der literarhistorischen Entwicklung. Einen groben Überblick über die Geschichte nicht nur der Literatur, sondern auch des Weltgeschehens, der Kultur und der Wissenschaften finden Sie auf den Innenseiten des Buchdeckels.

Antonio Diziani (1737–1797): Der Sommer

Aufklärung (1720–1800)
Wenn man aus unserer heutigen Perspektive rückwärts in die Geschichte schaut, erscheinen das 18. und das beginnende 19. Jahrhundert als Zeit eines großen Umbruchs in West- und Mitteleuropa. Es kommt zu Veränderungen im Denken der Menschen und damit auch in Gesellschaft und Politik, die bis in unsere heutige Zeit hinein wirksam sind.
Von dem Philosophen Immanuel Kant (1724–1804) stammt die berühmte Definition „Aufklärung ist der Ausgang des Menschen aus seiner selbst verschuldeten Unmündigkeit“, d. h., der Mensch befreit sich von Vorurteilen, Aberglauben, Intoleranz und Bevormundung, indem er seine **Vernunft** selbstständig gebraucht. So werden allgemein Phasen, in denen sich Vernunft und kritisches Denken durchsetzen, als Aufklärung bezeichnet, im Besonderen aber ebenjene Epoche des 18. Jahrhunderts, in der die Ideale der Aufklärung sich schnell öffentlich verbreiteten und ein neues Weltbild prägten. Die Fähigkeit vernünftigen Denkens erschien als Garant für die **Selbstbestimmung** des Menschen und den **Fortschritt** der Menschheit sowohl in sittlicher als auch in wissenschaftlich-technischer Hinsicht.
Die Aufgabe der Literatur wird in dieser Zeit darin gesehen, sowohl zu unterhalten als auch nützlich, nämlich lehrreich zu sein. Einfache, auf Belehrung ausgerichtete Formen, wie zum Beispiel **Fabeln** oder **Sinnsprüche** (Aphorismen), wurden gerne benutzt. Durch die Einführung der allgemeinen Schulpflicht (in Preußen z. B. 1716/17) wuchs das mögliche Lesepublikum am Ende des 18. Jahrhunderts auf 15–20 % der Gesamtbevölkerung von ca. 20 Mio. Das gesteigerte Lesebedürfnis wurde vor allem durch die so genannten **Moralischen Wochenzeitschriften** befriedigt, die die Erkenntnisse der Gelehrten und Philosophen möglichst vielen bürgerlichen Leserinnen und Lesern vermitteln wollten. Neu entstand das **bürgerliche Trauerspiel**, das gesellschaftliche Konflikte zwischen Adel/Hof einerseits und Bürgertum andererseits auf die Bühne bringt. Einer der wichtigsten literarischen Vertreter der Aufklärung in Deutschland war Gotthold Ephraim Lessing (1729–1781).

Johann Wolfgang Goethe

Maifest (1771)

Wie herrlich leuchtet
Mir die Natur!
Wie glänzt die Sonne!
Wie lacht die Flur!

Es dringen Blüten
Aus jedem Zweig
Und tausend Stimmen
Aus dem Gesträuch

Und Freud und Wonne
Aus jeder Brust.
O Erd', o Sonne,
O Glück, o Lust,

O Lieb', o Liebe,
So golden schön
Wie Morgenwolken
Auf jenen Höhn,

Du segnest herrlich
Das frische Feld,
Im Blütendampfe
Die volle Welt!

O Mädchen, Mädchen,
Wie lieb ich dich!
Wie blinkt dein Auge,
Wie liebst du mich!

So liebt die Lerche
Gesang und Luft,
Und Morgenblumen
Den Himmelsduft,

Wie ich dich liebe
Mit warmen Blut,
Die du mir Jugend
Und Freud' und Mut

Zu neuen Liedern
Und Tänzen gibst.
Sei ewig glücklich,
Wie du mich liebst!

Francois Boucher: Der Frühling (1755)

Sturm und Drang (1765–1785)
Gegen die ausschließliche Betonung der Rationalität, der Vernunft des Menschen in der Aufklärung entwickelte sich in der Zeit zwischen 1765 und 1785 eine literarische Bewegung, die das Geniale des Menschen in den Vordergrund rückte: Aus seinem individuellen Empfindungsvermögen heraus kann der Mensch schöpferisch tätig werden. Nicht mehr die Beherrschung von Regeln, sondern Originalität wurde zum Qualitätsmerkmal von Literatur. Die Dichter bevorzugten ungekünstelte Formen (z. B. das Lied, Hymnen in freien Rhythmen) bis hin zu derben Kraftausdrücken. Gefühlvolle Hinwendung zur Natur und Auflehnung gegen die Unterdrückung des Individuums waren Hauptthemen, die Begeisterungsfähigkeit für etwas Bedeutsames, Großes wie Liebe, Freundschaft, Kunst oder Vaterland die Grundstimmung dieser Epoche. Der Begriff „Sturm und Drang" stammt vom Titel eines Dramas des Goethe-Freunds MAXIMILIAN KLINGER (1752–1831), in dem sich ein tugendhafter junger Mann gegen die erstarrten Strukturen der Gesellschaft auflehnt. Als bedeutendste Dichter des Sturm und Drang gelten JOHANN WOLFGANG GOETHE (1749–1832), JAKOB MICHAEL REINHOLD LENZ (1751–1792) und FRIEDRICH SCHILLER (1759–1805).

1. Untersuchen Sie die Bedeutung der Natur in Goethes Gedicht „Maifest".
2. Welcher Epoche würden Sie Goethes Gedicht zuordnen – der Aufklärung oder dem Sturm und Drang? Begründen Sie Ihre Entscheidung.
3. Informieren Sie sich genauer über den Lebensabschnitt Goethes, in dem dieses Gedicht entstand.

Johann Wolfgang Goethe

Natur und Kunst (1800)

Natur und Kunst, sie scheinen sich zu fliehen
Und haben sich, eh' man es denkt, gefunden;
Der Widerwille ist auch mir verschwunden,
Und beide scheinen gleich mich anzuziehen.

Es gilt wohl nur ein redliches Bemühen!
Und wenn wir erst in abgemessnen Stunden
Mit Geist und Fleiß uns an die Kunst gebunden,
Mag frei Natur im Herzen wieder glühen.

So ist's mit aller Bildung auch beschaffen:
Vergebens werden ungebundne Geister
Nach der Vollendung reiner Höhe streben.

Wer Großes will, muss sich zusammenraffen;
In der Beschränkung zeigt sich erst der Meister,
Und das Gesetz nur kann uns Freiheit geben.

Klassik (1786–1805)
Mit dem Begriff Klassik wird allgemein die Phase der höchsten Vollendung einer Kultur bezeichnet. Die deutsche Klassik wird meist von 1786–1805 datiert, d. h. von JOHANN WOLFGANG GOETHES (1749–1832) Reise nach Italien, wo er sich intensiv mit der Antike auseinander setzte, bis zum Tod FRIEDRICH SCHILLERS (1759–1805). Nach den Vorstellungen der Klassik liegen allem Sichtbaren und Vergänglichen zeitlos gültige Gesetzmäßigkeiten und Urbilder (Ideale) zugrunde. Der Mensch soll sich zu einer allseitig gebildeten Persönlichkeit entwickeln und dabei Gegensätze des Charakters überwinden. Angestrebt wird die vollkommene Harmonie von Vernunft und Gefühl, Geist und Natur, Gesetz und Freiheit. Kunst und Literatur haben in dieser Epoche einen besonders hohen Stellenwert, da man in ihnen die Möglichkeit sieht, den Menschen in seiner idealen Form sichtbar zu machen.

1. Vergleichen Sie die Gedichte „Maifest" (▷ S. 305) und „Natur und Kunst" im Hinblick auf Inhalt, Form und Sprache.
2. Stellen Sie in einer Wandzeitung Gedichte aus verschiedenen Phasen von Goethes literarischem Schaffen zusammen.

Joseph von Eichendorff

Abschied (1810)

O Täler weit, o Höhen,
O schöner, grüner Wald,
Du meiner Lust und Wehen
Andächtger Aufenthalt!
Da draußen, stets betrogen,
Saust die geschäftge Welt,
Schlag noch einmal die Bogen
Um mich, du grünes Zelt!

Wenn es beginnt zu tagen,
Die Erde dampft und blinkt,
Die Vögel lustig schlagen,
Dass dir dein Herz erklingt:
Da mag vergehn, verwehen
Das trübe Erdenleid,
Da sollst du auferstehen
In junger Herrlichkeit!

Da steht im Wald geschrieben,
Ein stilles, ernstes Wort
Vom rechten Tun und Lieben,
Und was des Menschen Hort.
Ich habe treu gelesen
Die Worte, schlicht und wahr,
Und durch mein ganzes Wesen
Wird's unaussprechlich klar.

Bald werd ich dich verlassen,
Fremd in der Fremde gehn,
Auf bunt bewegten Gassen
Des Lebens Schauspiel sehn;
Und mitten in dem Leben
Wird deines Ernsts Gewalt
Mich Einsamen erheben,
So wird mein Herz nicht alt.

Caspar David Friedrich: Baum mit Raben (1822)

Romantik (1795–1840)
Als eine Gegenströmung zur Klassik kann die Epoche der Romantik gesehen werden, die in Deutschland von ca. 1795 bis 1840 dauerte. Hier sind es keine objektiven Gesetzmäßigkeiten, keine Ideale, die hinter der Wirklichkeit stehen, sondern es ist das Subjekt, das Ich, das für die Erschaffung geistiger Beziehungen und die Entdeckung des Sinns der Welt verantwortlich ist. Der Dichtung als der ursprünglichsten Ausdrucksform des Menschen wird eine besondere Rolle zugeschrieben, da sich in ihr alle Bereiche des menschlichen Wesens miteinander verbinden. Dabei bleiben Ideal und Wirklichkeit in einem unauflösbaren Widerstreit, der sich in der romantischen Ironie ausdrückt. Zentraler Gegenstand der Romantik war die menschliche Seele, die nicht auf die Vernunft reduziert, sondern in ihrer ganzen Tiefe ergründet werden sollte. Von daher ist die romantische Hinwendung zu Volksliedern und Volksmärchen zu verstehen, da in diesen der ursprüngliche Ausdruck der menschlichen Seele vermutet wurde, ebenso wie in Produkten der Fantasie und des Traums. Ein inniges Verhältnis verband die Romantiker mit der Natur, die in ihrer Ursprünglichkeit idyllisch verklärt gesehen wurde.

▷ S. 306, 307

Realismus (1830–1890)

Sowohl in der ▷ Klassik als auch in der ▷ Romantik griffen die Künstler in ihren Werken auf eine allgemeine Idee des Menschen zurück. Dies änderte sich in der Zeit ab 1830: Jetzt versuchte die Kunst aufgrund genauer Beobachtung die wahrnehmbare Wirklichkeit möglichst getreu, realistisch abzubilden. Innerhalb dieser Zeit gab es unterschiedliche Strömungen und Entwicklungen, vom politisch engagierten **Vormärz** (1830–1848) bis hin zum stark naturwissenschaftlich orientierten **Naturalismus** (1880–1900). Dem so genannten **bürgerlichen Realismus** (1848–1890) geht es bei der Darstellung der Wirklichkeit nicht einfach nur um eine bloße Widerspiegelung der Realität, sondern auch um deren künstlerische Gestaltung. Stilistisches Merkmal vieler Werke des poetischen Realismus ist der Humor, der Distanz zur Wirklichkeit und mehr oder weniger scharfe gesellschaftskritische Akzentuierungen ermöglicht, die aber nie das System als Ganzes in Frage stellen. Im Zentrum der Werke steht der einzelne Mensch, das Individuum; viele Einsichten der (noch nicht entwickelten) Psychologie wurden hier literarisch vorweggenommen. Vor allem Romane und Novellen waren die bevorzugten Gattungen des Realismus. Zu den bekanntesten Dichtern dieser Epoche gehören THEODOR STORM (1817–1888, „Der Schimmelreiter"), THEODOR FONTANE (1819–1898, „Effi Briest"), CONRAD FERDINAND MEYER (1825–1898) und GOTTFRIED KELLER (1819–1890, „Kleider machen Leute").

Conrad Ferdinand Meyer

Schwarzschattende Kastanie (1882)

Schwarzschattende Kastanie,
Mein windgeregtes Sommerzelt,
Du senkst zur Flut dein weit Geäst,
Dein Laub, es durstet und es trinkt,
Schwarzschattende Kastanie!
Im Porte badet junge Brut
Mit Hader oder Lustgeschrei,
Und Kinder schwimmen leuchtend weiß
Im Gitter deines Blätterwerks,
Schwarzschattende Kastanie!
Und dämmern See und Ufer ein
Und rauscht vorbei das Abendboot,
So zuckt aus roter Schiffslatern
Ein Blitz und wandert auf dem Schwung
Der Flut, gebrochnen Lettern gleich,
Bis unter deinem Laub erlischt
Die rätselhafte Flammenschrift,
Schwarzschattende Kastanie!

Max Ernst: Der große Wald (1927)

1. Sowohl in Joseph von Eichendorffs „Abschied" (▷ S. 306) als auch in C. F. Meyers „Schwarzschattende Kastanie" wird die Natur direkt angesprochen.
   a) Vergleichen Sie die Grundstimmung der Sprecher in beiden Gedichten und ihre Sprechabsicht.
   b) Untersuchen Sie die beiden Gedichte auf Merkmale romantischen bzw. realistischen Schreibens.
2. Beschreiben Sie die unterschiedliche Gestaltung des Motivs „Wald" in Eichendorffs Gedicht und in dem Bild „Der große Wald" von Max Ernst.

Georg Trakl

Grodek[1] (1915)

Am Abend tönen die herbstlichen Wälder
Von tödlichen Waffen, die goldnen Ebenen
Und blauen Seen, darüber die Sonne
Düstrer hinrollt; umfängt die Nacht
Sterbende Krieger, die wilde Klage
Ihrer zerbrochenen Münder.
Doch stille sammelt im Weidengrund
Rotes Gewölk, darin ein zürnender Gott wohnt
Das vergossne Blut sich, mondne Kühle;
Alle Straßen münden in schwarze Verwesung.
Unter goldnem Gezweig der Nacht und Sternen
Es schwankt der Schwester Schatten durch den schweigenden Hain,
Zu grüßen die Geister der Helden, die blutenden Häupter;
Und leise tönen im Rohr die dunkeln Flöten des Herbstes.
O stolzere Trauer! ihr ehernen Altäre
Die heiße Flamme des Geistes nährt heute ein gewaltiger Schmerz,
Die ungebornen Enkel.

1 **Grodek:** Trakl wurde in der Schlacht von Grodek/Rawa-Ruska (September 1914) als Sanitäter eingesetzt.

Expressionismus (1905–1925)
(Expressionismus, lat. = Ausdruckskunst) Wurzel des Expressionismus war die Kritik junger Autoren und Autorinnen an der autoritären Gesellschaft und der als unmenschlich empfundenen Industrialisierung zu Beginn des 20. Jahrhunderts. Besonders in der Lyrik wurden Themen wie „Großstadt", „Krieg" oder die Forderung nach einem „neuen Menschen" leidenschaftlich und unter Sprengung der traditionellen literarischen Formen und Sprachregeln zum Ausdruck gebracht. Durch das Aufbrechen grammatischer Strukturen, Wortneuschöpfungen und eine ganz eigene Art metaphorischer Sprache werden die Gefühle der Menschen, die durch existenzielle Veränderungen und Bedrohungen erschüttert werden, mit einer völlig neuen Intensität dargestellt.

Anselm Kiefer: Varus (1976)

1. Zeigen Sie an Georg Trakls Gedicht „Grodek" typische Merkmale der expressionistischen Sprache.
2. Wählen Sie aus einer Gedichtsammlung (z. B. Karl Otto Conrady: „Das große deutsche Gedichtbuch") weitere expressionistische Gedichte aus, die Sie der Klasse vorstellen. Erproben Sie einen angemessenen Vortrag der Gedichte.

Bertolt Brecht

Schlechte Zeit für Lyrik (1939)

Ich weiß doch: nur der Glückliche
Ist beliebt. Seine Stimme
Hört man gern. Sein Gesicht ist schön.

Der verkrüppelte Baum im Hof
Zeigt auf den schlechten Boden, aber
Die Vorübergehenden schimpfen ihn einen Krüppel
Doch mit Recht.

Die grünen Boote und die lustigen Segel des Sundes[1]
Sehe ich nicht. Von allem
Sehe ich nur der Fischer rissiges Garnnetz.
Warum rede ich nur davon
Daß die vierzigjährige Häuslerin[2] gekrümmt geht?
Die Brüste der Mädchen
Sind warm wie ehedem.

In meinem Lied ein Reim
Käme mir fast vor wie Übermut.

In mir streiten sich
Die Begeisterung über den blühenden Apfelbaum
Und das Entsetzen über die Reden des Anstreichers[3].
Aber nur das zweite
Drängt mich zum Schreibtisch. R

1 **Sund:** Meerenge. Brecht lebte damals im Exil in Skovsbostrand bei Svendborg in Dänemark.
2 **Häuslerin:** Dorfbewohnerin, die zwar ein kleines Haus, aber kein eigenes Feld besitzt, sodass sie Lohnarbeit leisten muss
3 **Anstreicher:** Anspielung auf Hitlers Scheitern als Künstler, Maler; von Brecht wiederholt gebrauchte Spottbezeichnung für Hitler

Exilliteratur (1933–1945)
Mit der so genannten Machtergreifung Hitlers 1933 änderte sich das Geistesleben in Deutschland grundlegend. Meinungsfreiheit galt den neuen Machthabern als eine Gefahr, die sofort beseitigt werden musste. Das neu geschaffene Reichsministerium für Volksaufklärung und Propaganda kontrollierte in kürzester Zeit das gesamte Pressewesen, den Rundfunk, den Film und über die Unterabteilung der Reichsschrifttumkammer auch die Literatur. Die Werke aufklärerisch-rationaler Literaten der Weimarer Republik wurden in einer als spontane Aktion des Volkszorns getarnten Bücherverbrennung am 10. Mai 1933 als unübersehbares Warnzeichen an ihre Autoren vernichtet. Viele von ihnen flohen denn auch, sofern dies nicht schon geschehen war, ins Exil. Zurück blieben die regimetreuen „Blut-und-Boden-Schreiber" sowie einige Vertreter der so genannten „inneren Emigration". Diese stellten ihre literarische Tätigkeit ein oder wichen auf politikferne Themen und Genres aus.
Die Exilliteratur entwickelte ein vielgestaltiges Erscheinungsbild. Einige der verbannten oder geflohenen Schriftsteller vermochten die Entwicklung der Ereignisse nicht zu ertragen und nahmen sich das Leben (Kurt Tucholsky, Stefan Zweig). Anderen gelang es, unter den schwierigen Bedingungen des Emigrantendaseins ihr Werk fortzusetzen, sodass eine gewisse Kontinuität in der deutschen Literatur erhalten blieb (Thomas Mann, Bertolt Brecht, Anna Seghers).

1. „In meinem Lied ein Reim/Käme mir fast vor wie Übermut." Untersuchen Sie die formale Gestaltung von Brechts Gedicht vor dem Hintergrund dieser Aussage.
2. Stellen Sie in Kurzreferaten die Biografien von Bertolt Brecht und anderen Exilschriftstellerinnen und -schriftstellern vor.

Literatur nach 1945
Das Kriegsende 1945 markiert einen tiefen Einschnitt in der deutschen Geschichte. Das in Besatzungszonen aufgeteilte Deutschland stand vor der Aufgabe, in Auseinandersetzung mit der Schuld am Krieg und Völkermord einen politisch-gesellschaftlich-kulturellen Neuanfang zu finden. Aus den Besatzungszonen wurden im Zuge des „Kalten Krieges" zwischen den Siegermächten zwei deutsche Staaten, die Bundesrepublik Deutschland und die Deutsche Demokratische Republik. Die anfänglichen Bemühungen der Schriftsteller/innen, die kulturelle und darüber auch die staatliche Einheit zu bewahren, scheiterten an den ideologischen Grundsätzen. So entwickelten sich zwei deutsche Literaturen, zwischen denen es jedoch auch Verbindungen und Bezüge ab.
Mit der deutschen Wiedervereinigung 1990 ist wiederum eine neue Situation für die Literatur entstanden. Nach eher unpolitischen Tendenzen in der Literatur der 80er-Jahre entstand nach der Wende eine Fülle von Literatur zur Wiedervereinigung. Insgesamt ist die gegenwärtige Literatur gekennzeichnet von einer Vielfalt der Formen und Schreibstile, die es unmöglich macht, einheitliche Epochenmerkmale zu definieren.

Erich Fried
Neue Naturdichtung (1972)

Er weiß dass es eintönig wäre
nur immer Gedichte zu machen
über die Widersprüche dieser Gesellschaft
und dass er lieber über die Tannen am Morgen
schreiben sollte
Daher fällt ihm bald ein Gedicht ein
über den nötigen Themenwechsel und über
seinen Vorsatz
von den Tannen am Morgen zu schreiben

Aber sogar wenn er wirklich früh genug aufsteht
und sich hinausfahren lässt zu den Tannen am Morgen
fällt ihm dann etwas ein zu ihrem Anblick und Duft?
Oder ertappt er sich auf der Fahrt bei dem Einfall:
Wenn wir hinauskommen
sind sie vielleicht schon gefällt
und liegen astlos auf dem zerklüfteten Sandgrund
zwischen Sägemehl Spänen und abgefallenen Nadeln
weil irgendein Spekulant den Boden gekauft hat

Das wäre zwar traurig
doch der Harzgeruch wäre dann stärker
und das Morgenlicht auf den gelben gesägten Stümpfen
wäre dann heller weil keine Baumkrone mehr
der Sonne im Wege stünde. Das
wäre ein neuer Eindruck
selbst erlebt und sicher mehr als genug
für ein Gedicht
das diese Gesellschaft anklagt

Sarah Kirsch
Bäume (1984)

Früher sollen sie
Wälder gebildet haben und Vögel
Auch Libellen genannt kleine
Huhnähnliche Wesen die zu
Singen vermochten schauten herab.

Walter Helmut Fritz
Bäume (1976)

Wieder hat man in der Stadt,
um Parkplätze zu schaffen,
Platanen gefällt.
Sie wussten viel.
Wenn wir in ihrer Nähe waren,
begrüßten wir sie als Freunde.
Inzwischen ist es fast
zu einem Verbrechen geworden,
nicht über Bäume zu sprechen,
ihre Wurzeln,
den Wind, die Vögel,
die sich in ihnen niederlassen,
den Frieden,
an den sie uns erinnern

1. a) Erörtern Sie, ob der Titel „Neue Naturdichtung" für das Gedicht von Erich Fried (▷ S. 311) angemessen ist.
   b) In dem folgenden Text von Thomas Rothschild wird Fried als „der entschiedenste Vertreter der deutschsprachigen politischen Dichtung seit dem Tode Brechts" bezeichnet: Handelt es sich auch bei „Neue Naturdichtung" um ein politisches Gedicht?
2. Vergleichen Sie die beiden „Bäume" betitelten Gedichte von Sarah Kirsch und Walter Helmut Fritz (▷ S. 311) inhaltlich sowie sprachlich-formal. Achten Sie dabei besonders auf die Position der Sprechenden und auf die zeitliche Perspektive.
3. Inszenieren Sie im Rollenspiel ein (Streit-)Gespräch zwischen Joseph von Eichendorff, Bertolt Brecht und Erich Fried zu der Frage: Sind Bäume ein angemessener Gegenstand für ein Gedicht, und wenn ja, wie sollte man sie poetisch behandeln?

Thomas Rothschild

Zum Naturgedicht der Gegenwart (1977)

Machen wir uns nichts vor: das Naturgedicht steht – um im passenden Bild zu sprechen – nach wie vor in voller Blüte. In der von den Literaturgeschichtsschreibern ernst genommenen Lyrik lebte es nach dem Zweiten Weltkrieg im Westen (Eich, Piontek, Bachmann ...) ebenso fort wie in der DDR (Huchel, Bobrowski ...), und in der Lyrik der zweiten Garnitur bis hin zu Albumversen und Schlagern feiert es fröhliche Urständ. Das ist eigentlich insofern erstaunlich, als die Bedingung von Naturgedichten, Natur nämlich, zunehmend verschwindet. [...]

Der Mensch hat die Natur in einem Maße verändert, wie es Lyriker und Philosophen des 19. Jahrhunderts nicht vorherahnen konnten. Diese „durchgearbeitete Landschaft" (Volker Braun) – man kann sie mit Stolz und Optimismus sehen, als Dokument menschlicher Intelligenz und Leistungsfähigkeit, man kann sie aber auch mit Zorn und Trauer betrachten: als Zerstörung von menschlichem Lebensraum. Die Hinwendung zur Natur – sie muss, da diese nur noch in Überresten existiert, nicht mehr, wie vor hundert Jahren, Widerstand bedeuten gegen industriellen Fortschritt, gegen eine Entwicklung, die notwendig war, um Not und Armut von Millionen zu lindern. Sie kann heute Protest sein gegen verantwortungslose Ausbeutung der allen zustehenden Quellen der Gesundheit und des Wohllebens im Interesse der Profitmaximierung einiger weniger. Wer heute politisch – also realistisch – von Natur spricht, berichtet auch von ihrer Zerstörung. Die zertrümmerte Natur ist selbst politisch geworden: Ein Sprechen über sie ist also nicht weniger politisch als das Schweigen während des Nationalsozialismus. Einmal mehr wird hier deutlich, wie sehr eine ahistorische[1] Literaturbetrachtung zu kurz greift. Gleiche Themen sind in sich veränderndem Kontext, in einer sich verändernden Umwelt nicht mehr gleichbedeutend. Zu fragen ist nach ihrer jeweiligen Funktion. In diesem Zusammenhang ist es keineswegs verwunderlich, wenn der entschiedenste Vertreter der deutschsprachigen politischen Dichtung seit dem Tode Brechts, Erich Fried, der es nie für der Lyrik unwürdig hielt, Tagesereignisse zu kommentieren, ein Gedicht programmatisch „Neue Naturdichtungen" betitelt.

Jean Dubuffet: Gruppe von vier Bäumen (1972)

1 **ahistorisch:** geschichtliche Gesichtspunkte außer Acht lassend, nicht historisch

5 Analyse literarischer Texte

Literarische Texte versteht man bei jedem erneuten Lesen besser. Sie haben eine komplexe Struktur und fordern die analytische Leistung der Leserinnen und Leser in besonderer Weise heraus.
Die Textanalyse ist die umfassende Auseinandersetzung mit einem literarischen Werk, die dazu verhelfen soll, die Aussagen in mehreren, auch zunächst verborgenen Schichten des Textes zu entdecken und sie zueinander in Beziehung zu setzen.
Zudem sind literarische Texte oftmals mit so genannten Leerstellen versehen. Darunter versteht man, dass einiges nicht ausgesprochen wird, sodass die Leserinnen und Leser die Bedeutung des Textes selbst aktiv erschließen müssen.
Eine literarische Analyse erfordert deshalb zunächst eine gründliche Erarbeitung des Textes. Erst dann kann eine Deutung (Interpretation) erfolgen.
Beim Verfassen einer Textanalyse ist zu beachten, dass sie sich grundsätzlich an Leserinnen und Leser wendet, die den Text nicht kennen. Zwar kann davon ausgegangen werden, dass Leserinnen und Leser die Fachtermini beherrschen, alle grundlegenden Informationen über den Text müssen jedoch gegeben werden. Besonders bei Klausuren sollten Sie darauf achten, dass Sie textbezogene Informationen nicht voraussetzen, sondern immer für einen **vorgestellten uninformierten Leser** schreiben.

Die **Textanalyse** umfasst die im Folgenden behandelten Arbeitsschritte und Textelemente:

1. Intensives Lesen und Festhalten erster Leseeindrücke
2. Einleitung
3. Textbeschreibung
4. Textdeutung
5. Wertung

Diese Elemente werden im Folgenden Schritt für Schritt anhand der Analyse eines kurzen Prosatextes erarbeitet.
Kürzere Beschreibungen und besondere Hinweise für die Analyse eines Romanauszuges (▷ S. 318 f.) sowie einer Dramenszene (▷ S. 319 ff.) schließen sich an.
Den Abschluss bildet ein ausführlicher Teil zur Gedichtanalyse (▷ S. 322 ff.).

5.1 Analyse eines kurzen Prosatextes

Intensives Lesen und Festhalten erster Leseeindrücke

Für die erste Begegnung mit einem Text empfehlen sich die folgenden Schritte:

- Text aufmerksam durchlesen
- Überblick über den Inhalt insgesamt verschaffen
- Unverständliche Wörter oder Textpassagen ▷ markieren ▷ S. 72 f.
- Unklarheiten in einem zweiten Lesegang erschließen, wenn nötig Hilfsmittel wie Fremdwörterbuch oder Lexika heranziehen
- Textteile markieren, die Ihnen für das Textverständnis besonders wichtig erscheinen oder die Sie besonders beeindrucken
- Zusätzliche Informationen über Autor/in, Werk oder Entstehungszeit heranziehen, falls Ihnen dies für das Textverständnis wichtig erscheint

1. Erproben Sie diese Schrittfolge an Gabriele Wohmanns Kurzgeschichte „Schönes goldenes Haar“ (▷ S. 259).

Die Einleitung

Die Einleitung zur Textanalyse sollte folgende Angaben zur Textvorlage enthalten:

- Autorin/Autor
- Titel des Textes
- Textsorte
- Erscheinungsjahr
- ggf. Quellenangabe
- Thema

2. Formulieren Sie einen oder zwei einleitende Sätze zu Gabriele Wohmanns „Schönes goldenes Haar“ (▷ S. 259).

Die Textbeschreibung

Die Darlegungen zur Textbeschreibung sollten relativ knapp gefasst sein. Sie sollten den Inhalt der Textvorlage wiedergeben und die strukturellen Besonderheiten eines Textes darstellen.
Die Merkmale, nach denen sich ein Prosatext untersuchen lässt, finden Sie im Kapitel D 2.4: „Elemente literarischen Erzählens“ (▷ S. 275–279).

3. Legen Sie anhand des Kapitels D 2.4: „Elemente literarischen Erzählens“ eine Checkliste an, mit der Sie Prosatexte untersuchen können.
4. Verfassen Sie anhand Ihrer Checkliste eine Beschreibung des Textes „Schönes goldenes Haar“ von Gabriele Wohmann.

Die Textdeutung

Bei der Deutung literarischer Texte gibt es zwei grundsätzliche Verfahrensweisen:
Die erste besteht darin, den Text Schritt für Schritt, Zeile für Zeile zu interpretieren. Hierbei handelt es sich um ein **lineares Verfahren**. Der Gedankengang der Deutung folgt dem Lesegang. Das Verfahren ist besonders für kurze Prosatexte, wie z. B. Kurzgeschichten, oder für die Interpretation von Lyrik geeignet.
Das **aspektorientierte Verfahren** versucht eine Deutung, die an inhaltlich-systematischen Gesichtspunkten orientiert ist. Beim Lesen des Textes werden Gesichtspunkte festgelegt, die bei der Interpretation eine besondere Rolle spielen sollen. Dann werden alle Textbeobachtungen zusammengezogen, die sich den verschiedenen Gesichtspunkten zuordnen lassen. Dieses Verfahren ist für die Langformen der Epik (Roman) oder für die Dramenanalyse besonders geeignet.
In enger Verbindung mit den vorgestellten Vorgehensweisen stehen die **Methoden**, die bei der Deutung literarischer Texte angewandt werden können. In der Geschichte der Literaturwissenschaft sind zu bestimmten Zeiten bestimmte Methoden bevorzugt worden. Heute werden viele Methoden nebeneinander als grundsätzlich berechtigt angesehen, sofern sie in der Lage sind, die Aussage und die Qualität eines dichterischen Textes herauszuarbeiten. Die wichtigsten Methoden werden im Folgenden vorgestellt:

Werkimmanente Methode

Die werkimmanente Methode umfasst eine Reihe möglicher Deutungsschritte. Immer geht es dabei darum, verschiedene Aspekte eines literarischen Textes zu benennen und den Sinnzusammenhang dieser Elemente herauszuarbeiten. Die wichtigsten Denkoperationen ergeben sich aus der folgenden Übersicht:

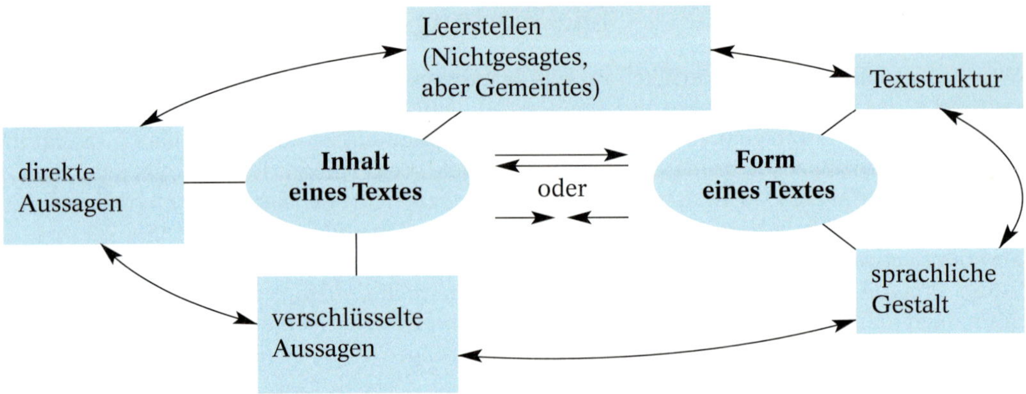

Bei der werkimmanenten Methode versucht der/die Interpretierende, möglichst viele Aspekte des Textes genau zu registrieren, sie verstehend aufeinander zu beziehen und so zu einer gesicherten Deutung der Textaussage zu kommen. Da literarische Texte aufgrund verschlüsselter Aussagen oder „Leerstellen" und eines besonderen Verhältnisses von Inhalt und Form in sich interpretationsbedürftig sind, ist die werkimmanente Deutung die Basis jeder weiterführenden Interpretation. Sie bleibt innerhalb der Grenzen des Textes (immanent), versucht den Text also aus sich selbst heraus zu verstehen. Auf Hintergrundwissen (Biografie der Autorin/des Autors, geschichtliche Bezüge, Epochenzusammenhang usw.) wird zunächst nicht zurückgegriffen.

Werkübergreifende Methoden

Aus der Vielzahl der literaturwissenschaftlichen Ansätze, die ein literarisches Werk in übergreifenden Zusammenhängen zu deuten versuchen, sollen hier exemplarisch drei Methoden angedeutet werden:
Die **biografische Methode** zieht die Biografie der Autorin/des Autors – und besonders eigene Lebenszeugnisse – für die Deutung heran. Geprüft wird, ob und wie Lebenserfahrungen von Autorinnen und Autoren sich auf Themenwahl, inhaltliche Entfaltung und Darstellungsweise eines literarischen Textes ausgewirkt haben.
Die **literaturgeschichtliche Methode** prüft, wie eine Autorin/ein Autor im Epochenzusammenhang, in dem sie/er sich befunden hat, beeinflusst worden ist und welche Deutungsmöglichkeiten sich aufgrund solcher Zusammenhänge ergeben. Diese Methode erlaubt es, Aussagen darüber zu machen, ob eine Autorin/ein Autor mit ihren/seinen Texten für eine Epoche stilbildend war oder ob sie/er der Zeit vielleicht sogar voraus gewesen ist.
Die **rezeptionsästhetische Methode** untersucht das Verhältnis zwischen einem dichterischen Text und seiner Leserschaft. Werden Leserreaktionen über längere Zeiträume betrachtet, spricht man von der Rezeptionsgeschichte. Geprüft wird, welche unterschiedlichen Verstehensprozesse ein literarischer Text bei Leserinnen und Lesern unterschiedlicher sozialer Herkunft und verschiedener geschichtlicher Zeitpunkte ausgelöst hat.

5. a) Informieren Sie sich in einem Literaturlexikon über weitere werkübergreifende Methoden.
   b) Wählen Sie nach Interesse Methoden aus und stellen Sie sie in ▷ Referaten Ihrer Lerngruppe vor. ▷ S. 42 ff.
6. a) Formulieren Sie die zentrale(n) Aussage(n) von Gabriele Wohmanns „Schönes goldenes Haar" (▷ S. 259) möglichst knapp und treffend.
   b) Verfassen Sie eine ausführliche Deutung der Kurzgeschichte, indem Sie die zentrale(n) Aussage(n) näher erläutern und durch Textstellen belegen.

Die Wertung

Was professionelle Literaturkritiker in den Feuilletons von Tages- und Wochenzeitungen vorführen, das fällt Schülerinnen und Schülern oft nicht leicht: die Wertung eines literarischen Textes. Wenn es darum geht, einen Prosatext oder ein Gedicht zu beurteilen, haben Literaturkritiker einen großen Vorsprung, denn sie kennen viele vergleichbare Texte. Es gibt jedoch eine Reihe von Wertungsfragen, die Sie aus Ihrer persönlichen Sicht ebenso beantworten können. Es ist dabei nur notwendig, dass Sie Ihre Wertungen begründen und am Text belegen.
So könnte etwa die innere Schlüssigkeit eines Textes beurteilt werden: Sind die Elemente des Textes sinnvoll aufeinander abgestimmt? Passen inhaltliche Aussage und formale Gestaltung zusammen? Gibt es „Brüche“ ohne einen erkennbaren Zweck? Ist die gedankliche Entfaltung der Aussage überzeugend oder gibt es Gedankensprünge, Abschweifungen, Wiederholungen usw., die die Aussagekraft des Textes schmälern?
Auch außerhalb des Textes gibt es Ansatzpunkte für wertende Äußerungen. So könnte der Text in seiner Aussagekraft mit anderen Werken derselben Zeit oder mit themengleichen Werken verglichen werden.
Ebenso könnten die Aussagen im Vergleich mit anderen Positionen kritisch hinterfragt werden: Ist die Sichtweise des Autors/der Autorin akzeptabel? Ist seine/ihre Wirklichkeitsdarstellung, sein/ihr weltanschaulicher Standpunkt aus heutiger Sicht noch nachvollziehbar oder gar unterstützenswert? Zu prüfen wäre auch die Frage, ob der Text für die Leser/innen aktuell von Bedeutung ist.

7. a) Legen Sie eine Liste von Wertungskriterien an.
   b) Ergänzen Sie Ihre Liste anhand der Rezensionen im Kapitel 2.3: „Roman“ (▷ S. 264 ff.).
   c) Vervollständigen Sie die Liste durch Kriterien, die Sie in aktuellen Rezensionen Ihrer Tageszeitung finden.
8. Bewerten Sie die Kurzgeschichte „Schönes goldenes Haar“ (▷ S. 259) anhand der von Ihnen zusammengetragenen Kriterien.

Beispiel für die Analyse eines Prosatextes

Gabriele Wohmann: „Schönes goldenes Haar“

Einleitung

Die Kurzgeschichte „Schönes goldenes Haar“ stammt aus dem Sammelband „Ländliches Fest“ von Gabriele Wohmann aus dem Jahre 1980. Die Autorin stellt einen kurzen Ausschnitt aus dem Leben eines Ehepaares dar, der deutlich macht, dass die Beziehung zwischen den Ehepartnern stark gestört ist.

Textbeschreibung

Die Tochter der beiden, Laurela, hat in ihrem Zimmer einen jungen Mann zu Besuch, und die Frau versucht, mit ihrem Mann ein Gespräch über ihre damit verbundenen Sorgen zu beginnen. Der Mann verbirgt sich hinter seiner Zeitung und geht dem Dialog aus dem Weg. Die Bemühungen der Frau scheitern. Der Schluss bleibt offen.

Dass sich das Ehepaar auseinander gelebt hat, wird auch deutlich, wenn man betrachtet, wie die auktoriale Erzählerin das Verhältnis von direkter Rede der Personen und Erzählerbericht gestaltet. Direkte Rede und Erzählerbericht wechseln sich regelmäßig ab. Auf eine kurze Bemerkung einer Person folgt in der Regel ein längerer Erzählerbericht. Diese erzählenden Passagen überwiegen bei weitem die direkte Rede. Es kommt zu keinem Dialog, beide Eheleute gehen in erster Linie ihren Gedanken nach.

Textdeutung

Beim Lesen des Textes fallen die ungewöhnlichen Formulierungen auf, mit denen der Mann gekennzeichnet wird: z. B. „fette Krallen“ (Z. 12), „fleischige[n] Krallenpaare“ (Z. 22), „feistes viereckiges Gesicht“ (Z. 40), „Krallenpfoten“ (Z. 50). Der Begriff „Krallen“ stammt aus dem Tierreich. Wilde Tiere setzen ihre Krallen dazu ein, Beutetiere zu schlagen. Im vorliegenden Text wird die Bedeutung dieses Wortes in den menschlichen Bereich übertragen. Es soll zum Ausdruck bringen, dass die Frau wie ein Beutetier ein Gefühl des Ausgeliefertseins an ihren Ehemann empfindet. An anderer Stelle vergleicht sie in diesem Sinne Frauen auch mit „Opferlämmer[n]“ (Z. 30). Außerdem verdeutlicht der Begriff „Krallenpfoten“ die Abneigung, den Ekel der Frau gegenüber ihrem Mann. Dieses Sprachbild entspricht dem dargestellten Verhältnis zwischen den Ehepartnern. Der Mann hat seine Frau in Besitz genommen. Sie scheint lediglich ein Instrument zur Befriedigung seiner Bedürfnisse zu sein. Darüber hinaus besteht zwischen diesen beiden Menschen keine Beziehung mehr. Die Gleichgültigkeit und die Abwehrhaltung des Mannes veranschaulicht Gabriele Wohmann durch verschiedene Metaphern: Zwischen den Eheleuten baut sich eine „Wand der Zeitung“ (Z. 10) oder ein „Schirm bedruckter Seiten“ (Z. 32 f.) auf. Der Mann benutzt die Zeitung als „Abendversteck“ (Z. 63).

Die Charakterisierung der Ehefrau fällt nicht so negativ aus wie die des Mannes. Sie hat ein „großes freundliches Gesicht“ (Z. 6 f.) und wird als die typische Hausfrau und Mutter dargestellt, die nur für ihre Familie lebt. Trotz der Gleichgültigkeit des Mannes hat sie ihm mit Zwiebeln „sein Stück Fleisch geschmückt“ (Z. 45). Noch spät am Abend ist sie mit der Hausarbeit beschäftigt und will darüber hinaus noch mit dem Nähen eines Kleides für ihre Tochter beginnen. Zugunsten ihrer Familie scheint sie auf die Verwirklichung eines eigenen Lebens verzichtet zu haben. So ist es auch nicht verwunderlich, dass sie außerhalb der Familie keine Kontakte hat: „[...] mit wem könnte sie quasseln und rumpoussieren, wenn Laurela erst mal weg wäre?“ (Z. 69 ff.). Die Zuneigung zur Tochter verdichtet Gabriele Wohmann in dem Bild „schönes goldenes Haar“.

Wertung

Gabriele Wohmann geht es in diesem Text um die Darstellung einer Erfahrung, die wohl viele Frauen machen. Die jahrelange schwere Arbeit als Ehefrau und Mutter hat sie erschöpft. Sie wissen, dass ihr Mann für sie nichts mehr empfindet. Da die Familie über viele Jahre ihr einziger Lebensinhalt gewesen ist, gibt es auch keine Ansatzpunkte für eine anderweitige Selbstverwirklichung. Deshalb fürchten sie angesichts des Erwachsenwerdens des Kindes den Verlust ihrer bisherigen Lebensaufgabe. Das Desinteresse ihres Mannes macht ihnen ihre Einsamkeit bewusst.

9. Analysieren Sie nach dem vorliegenden Muster die Kurzgeschichte „Die Tochter“ von Peter Bichsel (▷ S. 258).

5.2 Analyse eines Romanauszugs

Während bei der Analyse eines kurzen Prosatextes der gesamte Text die Grundlage der Analyse ist, wird beim Romanauszug lediglich ein Teil eines Ganzen zum Untersuchungsgegenstand, der aber immer vor dem Hintergrund des Ganzen analysiert werden muss.

Für das **Festhalten erster Leseeindrücke** gilt das Gleiche wie beim kurzen Prosatext (▷ S. 313). Zu beachten sind darüber hinaus Bezüge zum Ganztext, zu weiteren Textstellen oder zu Besonderheiten der Figuren.
Die **Einleitung** kann sich auf den Gesamtroman beziehen. Sie sollte die allgemeinen Angaben enthalten (▷ S. 314) und kurz auf den Autor/die Autorin sowie die Entstehungszeit eingehen.
Als Überleitung zur **Textbeschreibung** sollte der vorliegende Auszug in den Zusammenhang des Gesamttextes eingeordnet werden, indem der Entwicklungsstand des Geschehens bis zum Auszug kurz dargelegt wird. In der weiteren Textbeschreibung werden die vorkommenden Figuren vorgestellt und eine knappe Darstellung des inhaltlichen Schwerpunktes des Auszuges gegeben. Außerdem sind die erzähltechnischen Merkmale zu beschreiben und erzähltechnische Besonderheiten im Bezug zum Gesamttext (z. B. Rückblende usw.) aufzudecken.
Bei der **Deutung** sollten die meist durch die Aufgabenstellung vorgegebenen Aspekte im Mittelpunkt stehen. Denkbar sind u. a. Vergleiche mit ähnlich gelagerten Textauszügen, das Aufdecken von Besonderheiten im Handlungsverlauf oder die Charakterisierung besonderer Verhaltensweisen handelnder Figuren.
Aus dem Schwerpunkt der Deutung ergeben sich die zentralen Ansatzpunkte der **Wertung**, die sich auf die Aspekte der Aufgabenstellung beziehen sollten.

Max Frisch
Homo faber (1957)

Ich erinnere mich genau. Es war die Nacht (13. V.) mit der Mondfinsternis, die uns überraschte; ich hatte keine Zeitung gelesen, und wir waren nicht darauf gefaßt. Ich sagte: Was ist denn mit dem Mond los? Wir hatten im Freien gesessen, und es war ungefähr zehn Uhr, Zeit zum Aufbrechen, da wir in der Morgenfrühe weiterfahren wollten. Die bloße Tatsache, daß drei Himmelskörper, Sonne und Erde und Mond, gelegentlich in einer Geraden liegen, was notwendigerweise eine Verdunkelung des Mondes verursacht, brachte mich aus der Ruhe, als wisse ich nicht ziemlich genau, was es mit einer Mondfinsternis auf sich hat – ich zahlte, als ich den runden Erdschatten auf dem Vollmond bemerkte, sofort unseren Kaffee, und wir gingen Arm in Arm hinauf zur Terrasse über der Rhone, um eine volle Stunde lang, nach wie vor Arm in Arm, in der Nacht zu stehen und die verständliche Erscheinung zu verfolgen. Ich erklärte dem Mädchen noch, wieso der Mond, vom Erdschatten gänzlich überdeckt, trotzdem so viel Licht hat, daß wir ihn deutlich sehen konnten, im Gegensatz zum Neumond, deutlicher sogar als sonst: nicht als leuchtende Scheibe wie sonst, sondern deutlich als Kugel, als Ball, als Körper, als Gestirn, als eine ungeheure Masse im leeren All, orange. Ich erinnere mich nicht, was ich alles redete in jener Stunde. Das Mädchen fand damals (daran erinnere ich mich) zum ersten Mal, daß ich uns beide ernst nehme, und küßte mich wie nie vorher. Dabei war es, als bloßer Anblick, eher beklemmend, eine immerhin ungeheure Masse, die da im Raum schwebt, beziehungsweise saust, was die sachlich gerechtfertigte Vorstellung nahelegte, daß wir, die Erde, ebenso im Finstern schweben, beziehungsweise sausen. Ich redete vom Tod und Leben, glaube ich, ganz allgemein, und wir waren beide aufgeregt, da wir noch nie eine dermaßen klare Mondfinsternis gesehen hatten, auch ich nicht, und zum ersten Mal hatte ich den verwirrenden Eindruck, daß das Mädchen, das ich bisher für ein Kind hielt, in mich verliebt war. R

1. Verfassen Sie anhand der Informationen zu „Homo faber" auf S. 269 f. eine Einleitung zu dem auf S. 318 abgedruckten Auszug.
2. Geben Sie eine kurze Inhaltsangabe des vorliegenden Romanauszuges und beschreiben Sie die angewandten erzählerischen Mittel.
3. Gehen Sie auf das Erlebnis der Mondfinsternis genauer ein und schildern Sie die Stimmung, die dabei erzeugt wird.
4. a) Besorgen Sie sich ein Exemplar des „Homo faber" und vergleichen Sie den vorliegenden Auszug mit der Textstelle zu Beginn des Romans, in der ebenfalls eine Mondbeobachtung beschrieben wird („Ich habe mich schon oft gefragt, was die Leute eigentlich meinen, wenn sie von Erlebnis reden ... Ich weigere mich, Angst zu haben aus bloßer Phantasie, beziehungsweise phantastisch zu werden aus bloßer Angst, geradezu mystisch.").
   b) Nehmen Sie zu den Unterschieden der beiden Textauszüge Stellung.

5.3 Analyse eines Dramenauszugs

Bei der Untersuchung einer Dramenszene muss man zunächst berücksichtigen, dass es verschiedene Arten von Dramen gibt. Wir unterscheiden hauptsächlich zwischen der **Tragödie**, bei der die Konflikte tragisch enden, und der **Komödie**, bei der eine heitere Darstellung vorherrscht und die einen glücklichen Ausgang nimmt. Außerdem gibt es unterschiedliche Konzeptionen dramatischer Gestaltung, die ▷ klassische Form des Dramas (geschlossene Form) und das ▷ epische Theater Bertolt Brechts (offene Form). ▷ S. 281 ff., 284 f.

Brecht entwickelte eine Reihe von Gestaltungselementen, die die Distanz der Zuschauer/innen zur Handlung und zu den Figuren verstärken und eine bloße Einfühlung verhindern sollten. Zusammengenommen ergeben sie den so genannten **Verfremdungseffekt** (V-Effekt):

Brechts Technik der Verfremdung

Dramaturgische Mittel der Verfremdung:
- Abbau von äußerer Spannung (weg von der Was-Spannung hin zur Wie-Spannung)
- Unterbrechung und Kommentierung der Handlung durch Lieder/Songs
- Widersprüche zwischen Selbstaussagen und Handlungen (z. B. Gesten) der Figuren

Sprachliche Mittel der Verfremdung:
- Umdeutung von Hochwertwörtern (z. B. „Ordnung") durch die Figuren
- Verwendung von Umgangssprache und Dialekt
- polemische Entlarvung von überhöhenden Aussagen und Relativierung von Wertvorstellungen
- Einsatz bekannter Redewendungen, Sprichwörter usw. in ungewohnten Zusammenhängen
- gewollte Missverständnisse

Die Analyse eines Dramenauszugs erfolgt in denselben Schritten wie bei einem Prosatext: Festhalten erster Leseeindrücke, Formulierung der Einleitung, Textbeschreibung, Textdeutung und Wertung (▷ S. 313–316).

Folgende Gesichtspunkte sind im Einzelnen zu berücksichtigen:

Hinweise zur Analyse einer Dramenszene

1) Stellung der Szene im Handlungsverlauf
- Wo steht die Szene im Handlungsverlauf?
- Was ist ihr unmittelbar vorausgegangen?
- Was folgt der Szene?

2) Inhalt der Szene
- Wovon handelt die Szene?
- Was sind wichtige Abschnitte (Handlungsschritte)?
- Was ist das Thema?

3) Figuren der Szene und ihr Verhältnis zueinander
- Was lässt sich über Herkunft, Stand und Vorgeschichte der Figuren sagen?
- Welche Gedanken, Gefühle, Eigenschaften der Figuren werden deutlich?
- Was sind ihre offensichtlichen und verborgenen Absichten und Handlungsmotive?
- Welche typischen Tätigkeiten, Gebärden und Verhaltensweisen zeigen die Figuren und was drücken diese aus?
- Wie sind die Beziehungen zu anderen Personen?
- Welche sprachlichen Auffälligkeiten charakterisieren die Personen?

4) Bedeutung der Szene für die Aussage des Dramas
- In welcher Weise wird das Thema des Dramas in der Szene entfaltet?
- Welche Bedeutung hat die Szene für die Ausgestaltung oder Veränderung des Charakters der Hauptfigur? In welchem Sinne gelangt die Hauptfigur in der Szene in eine bedeutsame Entscheidungssituation?
- Welche Wirkung erzielt die Szene im Zusammenhang des Dramas? (Tragen z. B. die Formmerkmale des epischen Theaters zu dieser Wirkung bei?)

Bertolt Brecht

Der gute Mensch von Sezuan
(1943)

Bild 10

Es tritt eine plötzliche Stille ein.

Shui Ta ist auf seinen Stuhl gesunken: Ich kann nicht mehr. Ich will alles aufklären. Wenn der Saal geräumt wird und nur die Richter zurückbleiben, will ich ein Geständnis machen.

ALLE: Er gesteht! – Er ist überführt!

DER ERSTE GOTT: *schlägt mit dem Hammer auf den Tisch:* Der Saal soll geräumt werden. *Der Polizist räumt den Saal.*

DIE SHIN: *im Abgehen, lachend:* Man wird sich wundern!

SHUI TA: Sind sie draußen? Alle? Ich kann nicht mehr schweigen. Ich habe euch erkannt, Erleuchtete!

DER ZWEITE GOTT: Was hast du mit unserm guten Menschen von Sezuan gemacht?

SHUI TA: Dann laßt mich euch die furchtbare Wahrheit gestehen, ich bin euer guter Mensch! *Er nimmt die Maske ab und reißt sich die Kleider weg, Shen Te steht da.*

DER ZWEITE GOTT: Shen Te!

SHEN TE: Ja, ich bin es. Shui Ta und Shen Te, ich bin beides.

Euer einstiger Befehl
Gut zu sein und doch zu leben
Zerriß mich wie ein Blitz in zwei Hälften. Ich
Weiß nicht, wie es kam: gut sein zu andern
Und zu mir konnte ich nicht zugleich
Andern und mir zu helfen, war mir zu schwer.
Ach, eure Welt ist schwierig! Zu viel Not, zu viel Verzweiflung!
Die Hand, die dem Elenden gereicht wird
Reißt er einem gleich aus! Wer den Verlorenen hilft

Ist selbst verloren! Denn wer könnte
Lang sich weigern, böse zu sein, wenn da stirbt, wer kein Fleisch ißt?
Aus was sollte ich nehmen, was alles gebraucht wurde? Nur
Aus mir! Aber dann kam ich um! Die Last der guten Vorsätze
Drückte mich in die Erde. Doch wenn ich Unrecht tat
Ging ich mächtig herum und aß vom guten Fleisch!
Etwas muß falsch sein an eurer Welt. Warum
Ist auf die Bosheit ein Preis gesetzt und warum erwarten den Guten
So harte Strafen? Ach, in mir war
Solch eine Gier, mich zu verwöhnen! Und da war auch
In mir ein heimliches Wissen, denn meine Ziehmutter
Wusch mich mit Gossenwasser! Davon kriegte ich
Ein scharfes Aug. Jedoch Mitleid
Schmerzte mich so, daß ich gleich in wölfischen Zorn verfiel
Angesichts des Elends. Dann
Fühlte ich, wie ich mich verwandelte und
Mir die Lippe zur Lefze wurd. Wie Asche im Mund
Schmeckte das gütige Wort. Und doch
Wollte ich gern ein Engel sein den Vorstädten. Zu schenken
War mir eine Wollust. Ein glückliches Gesicht
Und ich ging wie auf Wolken.
Verdammt mich: alles, was ich verbrach
Tat ich, meinen Nachbarn zu helfen
Meinen Geliebten zu lieben und
Meinen kleinen Sohn vor dem Mangel zu retten.

Shui Ta/Shen Te (Staatsschauspiel Dresden, 1994)

Für eure großen Pläne, ihr Götter
War ich armer Mensch zu klein.

DER ERSTE GOTT *mit allen Zeichen des Entsetzens:* Sprich nicht weiter, Unglückliche! Was sollen wir denken, die so froh sind, dich wiedergefunden zu haben! [R]

1. Bereiten Sie in Kleingruppen eine Analyse des Textauszugs aus Brechts „Der gute Mensch von Sezuan" vor. Achten Sie beim Schreiben auf den Gebrauch des richtigen Tempus (Präsens).
2. Ordnen Sie den Dramenauszug in den Zusammenhang des Gesamttextes ein. Benutzen Sie dazu die Verlaufsübersicht auf S. 287 ff.
3. Geben Sie kurz den Inhalt des vorliegenden Dramenauszugs wieder.
4. Beschreiben Sie auffällige sprachliche Mittel und Merkmale des ▷ epischen Theaters. ▷ S. 284 f., 319
5. Versuchen Sie ein Deutung des Dramenauszugs. Benutzen Sie dazu die „Hinweise zur Analyse einer Dramenszene" (▷ S. 320).
6. Tauschen Sie Ihre Ergebnisse aus und machen Sie Verbesserungsvorschläge.

5.4 Analyse eines Gedichts

Gedichte drücken ihre Aussage in wenigen Zeilen, in einer meist kunstvollen und bilderreichen Sprache aus und sind daher besonders interpretationsbedürftige Gebilde. Grundsätzlich gelten auch für die Gedichtanalyse die Arbeitsschritte und Methoden, die für die Prosa beschrieben worden sind (▷ S. 313–316). Zusätzlich sollen Ihnen hier einige Methoden vorgestellt werden, die den Zugang zu und die Analyse von Gedichten erleichtern können.

Erste Leseeindrücke umsetzen – zum Beispiel in ein Bild

Ulla Hahn

Ich bin die Frau (1983)

Ich bin die Frau
die man wieder mal anrufen könnte
wenn das Fernsehen langweilt

Ich bin die Frau
die man wieder mal einladen könnte
wenn jemand abgesagt hat

Ich bin die Frau
die man lieber nicht einlädt
zur Hochzeit

Ich bin die Frau
die man lieber nicht fragt
nach einem Foto vom Kind

Ich bin die Frau
die keine Frau ist
fürs Leben.

1. a) Betrachten Sie die drei Abbildungen von Frauen. Wählen Sie ein Foto aus, das Ihrem Bild von der Frau im Gedicht am ehesten entspricht, und begründen Sie Ihre Wahl. Sie können auch selbst Fotografien mitbringen, die Ihnen passend(er) erscheinen, z. B. aus Zeitschriften.
   b) Welche Einsichten in die Aussage des Gedichts ergeben sich durch die Zuordnung eines Bildes?

Fragen an das Gedicht stellen

Lässt sich der Inhalt des Gedichts abschnittsweise zusammenfassten?

Aus wie vielen Strophen besteht das Gedicht? Welche Form haben die Strophen? Wie viele Verse? ▷ Reimschema? Reime über Strophen hinweg? Gibt es einen Refrain?

▷ S. 300

Wie ist die Sprache des Gedichts: einfach oder kunstvoll? Umgangssprache, Dialekt, Fachsprache, Hochsprache, poetische Sprache?

Wie sind die Sätze gebaut? Hauptsätze, Nebensätze, Fragen, Ausrufe, wörtliche Rede, Zeilensprung, ungewöhnliche Stellung der Satzglieder …?

Aus welcher Perspektive ist das Gedicht geschrieben?

Gibt es einen Sprecher, ein „lyrisches Ich“? Um was für eine Person handelt es sich dabei?

Wie ist die Sprechweise: feierlich, ironisch, belehrend, anklagend, kritisch, gefühlvoll, nüchtern, distanziert …

▷ S. 302 f.

Finden sich weitere ▷ rhetorische Mittel? Welche Funktion haben sie?

Werden Vergleiche oder Metaphern benutzt? Aus welchen Lebensbereichen stammen sie? Was bewirken sie?

Stellt das Gedicht etwas in Frage? Fordert es zu etwas auf? Will es Gefühle wecken?

Nennt das Gedicht Dinge, Personen, Ereignisse usw. direkt beim Namen? Oder umschreibt es sie? Werden sie nur verhüllt genannt?

Welche Wörter fallen besonders auf, sind besonders bedeutungsvoll?

Hat das Gedicht einen logischen (argumentativen) Aufbau? Gibt es eine Entwicklung? Eine Pointe? Oder einen Rahmen (Anfang und Ende des Gedichts rahmen den Mittelteil ein)?

2. a) Die oben zusammengestellten Fragen lassen sich an jedes Gedicht stellen: Welche erscheinen Ihnen für das Gedicht von Ulla Hahn besonders fruchtbar?
   b) Ergänzen Sie Fragen, die sich für Sie speziell zu dem Gedicht „Ich bin die Frau“ ergeben.
   c) Suchen und begründen Sie unterschiedliche Möglichkeiten, die Fragen zu sortieren oder zu gruppieren.

Intensives Lesen: Sammeln und Markieren von Beobachtungen

Ulla Hahn

Ich bin die Frau (1983)

Ich bin die Frau …
die man wieder mal anrufen könnte
wenn das Fernsehen langweilt

Ich bin die Frau …
die man wieder mal einladen könnte
wenn jemand abgesagt hat

Ich bin die Frau …
die man lieber nicht einlädt
zur Hochzeit

Ich bin die Frau …
die man lieber nicht fragt
nach einem Foto vom Kind

Ich bin die Frau …
die keine Frau ist
fürs Leben.

Randnotizen links:

- *alle Strophen beginnen mit Titelzeile + 2. Satz: Relativsatz = nähere Bestimmung*
- *man ≙ Außensicht: was andere von ihr denken*
  → Gegensatz zur Ich-Form

Strophe I + II: positiv = was man tun könnte (nur scheinbar positiv)

Strophe III + IV: negativ = was man nicht tun sollte

Strophe V: auch negativ (keine), etwas kürzer = Fazit

Paradoxon

= Redewendung wird aufgelöst

Sprache des Gedichts:

- *umgangssprachlich*
- *sachlich*
- *knapp*
- *emotionslos*

→ kein Hinweis, wie die Frau ihre Lage verarbeitet (Verzweiflung? Resignation?)

Randnotizen am Gedicht:

Pointe (Strophe III)

Pointe (Strophe IV)

Enjambement
Pointe (Strophe V)

einziges Satzzeichen = Schluss. Punkt. So ist es. Aus.

Randnotizen rechts:

Unterschiedliche Deutungsmöglichkeiten:
1) Schuldbekenntnis?
2) Werbung für sich selbst?

2. Vers jeweils zunächst positiv

3. Vers dann Wendung ins Negative: Lückenbüßerin, kein wirkliches Interesse, „2. Wahl"

Warum nicht? – Rücksichtnahme, die auf bemitleidenswerten Zustand schließen lässt.

⇒ Ursache:

- *kein Glück mit Männern*
- *nicht attraktiv genug*
- *keine feste Bindung möglich?*

Insgesamt:

- *Antwort auf die Frage: Wer bin ich?*
  → wie andere sie sehen → wenig Selbstbewusstsein
- *nüchterne Bestandsaufnahme*
- *darin erschütternd: Einsamkeit, Beziehungslosigkeit*

3. a) Untersuchen Sie die unterschiedlichen Markierungsmittel (z. B. Farben, Symbole, Einrahmungen) auf ihre Funktion.
   b) Erläutern Sie die in den Randnotizen und Markierungen vermerkten Beobachtungen.

Die Wirkung von Gestaltungsmitteln erproben

Welche Wirkung die Verwendung bestimmter sprachlicher Mittel, die Anordnung von Versen oder Strophen hat, kann man sich mit Hilfe kleiner Textexperimente, z. B. durch Umstell- oder Ersatzproben, oft deutlicher machen als durch die reine Textanalyse.

4. a) Verändern Sie die Titelzeile von Ulla Hahns „Ich bin die Frau“ (▷ S. 322), die insgesamt sechsmal verwendet wird, auf unterschiedliche Art und Weise. Ersetzen Sie z. B den bestimmten durch den unbestimmten Artikel oder lesen Sie „der Mann“ statt „die Frau“.
   b) Stellen Sie die Strophen untereinander um.
   c) Verschieben Sie die Satzglieder so, wie Sie sie in einem „normal“ gesprochenen Satz anordnen würden, z. B.: „Ich bin die Frau, die keine Frau fürs Leben ist.“
5. Beschreiben Sie jeweils genau, wie sich die Aussage/Wirkung des Gedichts verändert.

Die Interpretation konzipieren und ausformulieren

6. a) Bringen Sie Ihre Ergebnisse aus den vorangegangenen Aufgaben in eine schlüssige Reihenfolge. Halten Sie Ihr Konzept in Stichworten fest.
   b) Ergänzen Sie Ihr Konzept anhand des Kapitels D 4.2 (▷ S. 298 ff.).
7. Schreiben Sie nun mit Hilfe Ihrer Vorarbeiten eine vollständige Gedichtinterpretation.
8. Wählen Sie aus dem Kapitel D 4: „Lyrik“ (▷ S. 290 ff.) ein weiteres Gedicht aus, auf das Sie die hier vorgestellten Methoden selbstständig anwenden.

5.5 Zusammenfassender Überblick zur Analyse literarischer Texte

Textbeschreibung bei unterschiedlichen Gattungen		
Romanauszug	**Szenen eines Dramas**	**Gedicht**
Angaben zu formalen Besonderheiten wie Erzähler, Erzählperspektive usw. und damit Einordnung des Textes in die Gattung „Roman“	Angaben zu formalen Besonderheiten wie szenischer Aufbau, Dialog, Monolog etc. und damit Einordnung in die Gattung „Drama“	Angaben zu formalen Besonderheiten wie Strophengliederung, Reim(schema) und Versmaß und damit Einordnung in die Gattung „Lyrik“
Einordnung des Auszugs in den Gesamttext (Vorstellung der hier vorkommenden Figuren, Entwicklungsstand des Geschehens usw.)	Einordnung der Szene/n in das Gesamtdrama (Vorstellung der hier vorkommenden Figuren, Entwicklungsstand der Handlung usw.)	
kurze Darstellung der inhaltlichen Schwerpunkte des Auszugs	kurze Darstellung der inhaltlichen Schwerpunkte der Szene/n	gegliederte Wiedergabe des Gedichtinhalts in eigenen Worten
Angaben zu erzähltechnischen Besonderheiten (z. B. Rückblende, Vorausdeutung, szenisches Erzählen usw.)	Angaben zu strukturellen Besonderheiten der Szene/n (z. B. Auf-, Abtritte, Raumsymbolik usw.)	Anmerkungen zur Haltung des lyrischen Ichs/des Sprechers
Angaben zur Stilebene des Textes, zu seiner rhetorischen Gestaltung und zur Syntax		

Arbeitsschritte zur Anfertigung eines Interpretationsaufsatzes	
Arbeitsschritte	**Besondere Anforderungen**
1. Phase: Erstes Lesen/Spontanreaktion	
Erstes Lesen des Textes. Spontanreaktion auf dem Arbeitsblatt stichpunktartig festhalten.	
2. Phase: Vorbereitende Textanalyse	
Mehrmaliges Lesen des Textes. Dabei Verstehensprozesse in Notizen umsetzen (Unterstreichungen, Textgliederungslinien, Einkreisungen und Pfeile zur Markierung von Bezügen, Gegensätzen usw.; Symbole für Reimschemata und andere formale Besonderheiten). Die anfänglichen Spontanreaktionen jetzt als Ideen-Steinbruch verwenden.	Dem Drang zum verfrühten Beginn des Interpretationsaufsatzes widerstehen. Die formalen Eigenheiten des Textes nicht vernachlässigen. Nicht nur Details des Textes betrachten, sondern die Elemente in ihrer gedanklichen Verknüpfung rekonstruieren.
3. Phase: Formulieren der zentralen Textaussagen	
Die zentralen Aussagen des Textes mit eigenen Worten möglichst knapp und treffend schriftlich festhalten („Wegweiser“ für die spätere Niederschrift). Zuordnung der Notizen auf dem Arbeitsblatt zu den zentralen Textaussagen (evtl. mit Hilfe verschiedenfarbiger Text-Marker).	Nicht nur den Inhalt des Textes wiedergeben. Inhaltliche Überschneidungen vermeiden.
4. Phase: Eröffnung des Interpretationsaufsatzes	
Formulierung einer Einleitung (Autor/in, Titel, Thema ...) und Skizzierung des Inhalts Mitteilung der ersten Leseerfahrungen und Klärung des Verstehenshorizonts (inhaltliche, sprachliche und sonstige Zugänglichkeit des Textes)	
5. Phase: Kurze Textbeschreibung	
Kurze Auseinandersetzung mit der Struktur des Textes.	

Arbeitsschritte	**Besondere Anforderungen**
6. Phase: Geordnete Wiedergabe der Textanalyse	
Schriftliche Wiedergabe der im Anschluss an die zentralen Textaussagen (Phase 3) geordneten Analyseergebnisse. Nutzung der zentralen Aussagen zur Abschnittbildung und als „roten Faden" (Reihenfolge: 1. Textaussage, 2. textanalytische Erläuterungen dazu).	Keine bloße Textwiedergabe (Inhaltsangabe); den Gedankengang immer bis zur **Deutung** vorantreiben. Nicht zu eng an der Wörtlichkeit des Textes „kleben". Den Text gedanklich rekonstruieren und in die eigene Sprache „übersetzen". Interpretatorische Behauptungen nicht ohne „Beweis" (stützende Detailarbeit am Text) lassen, sonst sind sie für den Leser – und Bewerter – nicht plausibel. Nicht mit der Länge des Aufsatzes beeindrucken wollen, sondern mit Präzision, Stichhaltigkeit und gründlicher Entfaltung des eigenen analytischen Gedankens.
7. Phase: Kontextuierung	
Eventuell Wissen über eine literarische Epoche, die Biografie des Autors/der Autorin, politisch-soziale, geistesgeschichtliche und sonstige Hintergründe des Textes usw. zur weiterführenden Kommentierung des Textes nutzen.	Den von der Aufgabenstellung geforderten Textbezug beachten. Nicht nur „Wissensgepäck" abladen. (Kriterium für die Verwendung von Hintergrundwissen ist, ob sich damit die Deutung des Textes weiter entfalten lässt.)
8. Phase: Wertung	
Formulierung eines Textabschlusses in Form einer Wertung.	Nicht auf formelhafte Wendungen ausweichen.
9. Phase: ▷ Textkontrolle/Textüberarbeitung	
Prüfung des Aufsatzes, insbesondere im Hinblick auf Fehler in sprachlichem Ausdruck, Rechtschreibung und Zeichensetzung.	Grammatikalische und orthografische Sicherheit.

▷ S. 92 ff.

Die ▷ **Methoden** der Literaturinterpretation können im Interpretationsaufsatz in den jeweiligen Abschnitten angegeben und in ihrem Beitrag zur Erschließung des Textes reflektiert werden.	Die im Unterricht erarbeiteten **Fachbegriffe** sollen im Interpretationsaufsatz angemessen verwendet werden. Solche Fachbegriffe liefern manchmal zusätzliche analytische Impulse.	Auf korrektes ▷ **Zitieren** (unveränderter Wortlaut, Einpassen des Zitats in die eigene Syntax, Zeilen- oder Seitenbeleg) sollte geachtet werden.

▷ S. 314 f., 44

E Sprache

1 Die Struktur der Sprache

1.1 Der Zeichencharakter der Sprache

Günther Anders

Der Löwe (1966)

Als die Mücke zum ersten Male den Löwen brüllen hörte, da sprach sie zur Henne: „Der summt aber komisch."
„Summen ist gut", fand die Henne.
„Sondern?", fragte die Mücke.
„Er gackert", antwortete die Henne. „Aber das tut er allerdings komisch."

Erich Fried

Definition (1964)

Ein Hund
der stirbt
und der weiß
dass er stirbt
wie ein Hund

und der sagen kann
dass er weiß
dass er stirbt
wie ein Hund
ist ein Mensch.

1. a) Halten Sie Ihre ersten Assoziationen zu den Texten von Anders und Fried in Stichworten fest.
   b) Erläutern Sie die Pointen der beiden Texte.
2. a) Sammeln Sie Alltagsbeispiele, in denen Wörter/Sätze und Bedeutung nicht eindeutig zugeordnet sind.
   b) Erörtern Sie den Zusammenhang von Sprache und Bedeutung.

Die Sprache ist ein sehr vielschichtiges Gebilde, das sich unter regionalen, sozialen und anderen Einflüssen laufend umgestaltet. Bei aller Vielfalt unterliegen sämtliche menschlichen Sprachformen jedoch gemeinsamen Gesetzmäßigkeiten, von denen einige in den folgenden Texten vorgestellt werden. Dabei geht es u. a. um folgende Fragen: Wie kann man mit Hilfe der Sprache neue, vorher unbekannte Sachverhalte zum Ausdruck bringen? Wie funktioniert das Zusammenspiel der einzelnen sprachlichen Zeichen, und was heißt es, wenn man sagt: „Sie bedeuten etwas"? Wie hängt die Lautstruktur eines Wortes mit der Bedeutung, die es vermitteln soll, zusammen? Wie ist es möglich, dass es in einer Sprache für ein und denselben Sachverhalt mehrere verschiedene Wörter geben kann (z. B. Möhre/Karotte)? Ist es möglich und sinnvoll, die in einer Sprachgemeinschaft üblichen Verbindungen von Wort und Bedeutung aufzulösen und neue Verbindungen an ihre Stelle zu setzen? Was reizt gerade junge Leute an solchen Ausbrüchen aus traditionellen sprachlichen Verbindungen? Geht es dabei vielleicht gar nicht so sehr um die Bezeichnung von Sachverhalten? Welche anderen Funktionen hat die Sprache noch?

EXPERIMENT: SPRACHLICHE ZEICHEN – DIE VERBINDUNG EINER VORSTELLUNG MIT EINEM LAUTBILD

1. Bilden Sie Dreiergruppen und spielen Sie:
   - Sehen Sie sich die Bilder oben eine Weile an.
   - Verdecken Sie anschließend die Bilder.
   - Zwei Mitspieler/innen nennen abwechselnd je einen der Gegenstände auf den Bildern.
   - Der/die Dritte kontrolliert dies anhand der für die anderen nicht sichtbaren Bilder und schreibt für jede richtige Nennung der Gruppe einen Punkt gut. Für jede Doppelnennung gibt es einen Minuspunkt. Welches Team erzielt die meisten Punkte?
2. Lesen Sie den folgenden Text „Beliebigkeit und Konventionalität des sprachlichen Zeichens" (▷ S. 330 f.). Wie lässt sich in Bezug auf das von Ihnen durchgeführte Experiment folgende Aussage erläutern (Z. 4 ff.): „Ferdinand de Saussure versteht unter sprachlichem *Zeichen* die Verbindung (association) einer Vorstellung mit einem Lautbild"?

Werner Kallmeyer u. a.

Beliebigkeit und Konventionalität des sprachlichen Zeichens

Nach de Saussure[1] ist das sprachliche Zeichen nicht ein Etikett, das auf eine Sache geklebt wird, es ist nicht einfach Name für ein Ding. Ferdinand de Saussure versteht unter sprachlichem *Zeichen* die Verbindung (association) einer Vorstellung mit einem Lautbild. Mit einer bestimmten Lautäußerung sei stets untrennbar eine Vorstellung (concept) verknüpft. Beides gehöre zusammen wie Vorder- und Rückseite einer Münze: Im Zeichen seien *Bezeichnendes* (signifiant) und *Bezeichnetes* (signifié) einander zugeordnet. Ein Zeichen konstituiere sich erst durch die Verbindung eines Bezeichnenden (Zeichenkörper) mit einem Bezeichneten (Zeicheninhalt). Die Doppelseitigkeit des (sprachlichen) Zeichens wird grafisch wie folgt dargestellt:

Beliebigkeit

Definiert man das Zeichen als die Verbindung von Bezeichnendem und Bezeichnetem, so stellt sich die Frage, welcher Art denn diese Verbindung sei. Welchen Zusammenhang gibt es zwischen Lautbild und Vorstellung? Woher kommt es, dass die Mitglieder einer Sprachgesellschaft anscheinend Bezeichnendes und Bezeichnetes in derselben Weise einander zuordnen? Gibt es zwischen beiden einen kausalen oder naturgesetzlichen Zusammenhang?

In diesem Zusammenhang führt man oft Beispiele an, die beweisen sollen, dass selbst innerhalb einer Sprachgemeinschaft verschiedene Lautbilder für ein und dieselbe Vorstellung verwendet werden, z. B.:

Mit unterschiedlichen Lautkörpern werden identische Inhalte verbunden. Offensichtlich gibt es keinen kausalen[2] Zusammenhang zwischen Bezeichnendem und Bezeichnetem. Der Vergleich zwischen verschiedenen Sprachen würde dieses Ergebnis noch bestätigen: Die Verbindung von Bezeichnendem und Bezeichnetem ist *beliebig* (arbitraire). Nichts im Lautbild ist kausal aus der Vorstellung ableitbar und umgekehrt.

Anzeichen

Umgangssprachlich sprechen wir sehr oft von Zeichen, wenn keine beliebige Verbindung von Bezeichnendem und Bezeichnetem vorliegt. Wir sagen z. B., Erröten sei ein Zeichen von Verlegenheit oder das Abreisen der Zugvögel ein Zeichen für den Beginn des Winters. Im Unterschied zum oben definierten Zeichen lässt sich hier die Zuordnung von z. B. Erröten und Verlegenheit nicht willkürlich ändern, sie ist naturgesetzlich festgelegt, d. h., es steht nicht im Ermessen des Menschen, den Zusammenhang festzulegen. Er kann ihn nur unter bestimmten Voraussetzungen erkennen. Solche Fälle, in denen keine „Beliebigkeit“ vorliegt, werden auch terminologisch von den anderen unterschieden. Wir interpretieren Phänomene als *Anzeichen*, sofern wir sie als Erklärung oder Indiz für etwas anderes ansehen, ganz gleich, ob dieses andere seinerseits der Beobachtung zugänglich ist oder nicht. Erröten kann also als Anzeichen (Symptom) für Verlegenheit interpretiert werden. Aufgrund von Anzeichen stellt z. B. der Arzt seine Diagnose auf. [...]

Konventionalität

Die oben veranschaulichte Beliebigkeit der Zuordnung von Bezeichnetem (Vorstellung) und Bezeichnendem (Lautbild) könnte zunächst nahe legen, dass man diese Zuordnung willkürlich ändern könnte, da ja im Unterschied zum Anzeichen beim Zeichen nichts im Bezeichnenden als vom Bezeichneten verursacht angesehen werden kann. Und in der Tat lässt sich feststellen, dass sich z. B. mit manchen Wörtern (es seien hier Wörter und

1 **Ferdinand de Saussure** (1857–1913): bedeutender schweizerischer Sprachforscher

2 **kausal:** ursächlich

Bezeichnendes einmal identisch gesetzt) im Laufe der Zeit andere Vorstellungen verbunden haben, wie beispielsweise mit „Weib“ oder „Wagen“. Insgesamt weist jedoch die Zuordnung von Bezeichnendem und Bezeichnetem, d.h. das Zeichen, eine relative Stabilität auf. Unter den Zeichenbenutzern besteht gleichsam eine stillschweigende *Konvention* hinsichtlich der Zuordnung von Bezeichnendem und Bezeichnetem. Die Zuordnung hat sich als soziale Übereinkunft verfestigt. Daraus resultiert die *Geltung* der Zeichen in einer bestimmten Gemeinschaft. Diese Geltung lässt sich vom Einzelnen gar nicht, von politischen Gruppen oder Organisationen nur schwer aufheben.

1. Übertragen Sie das Kreuzworträtsel auf S. 332 auf kariertes Papier und lösen Sie es mit Hilfe des Textes von Werner Kallmeyer. Das Lösungswort verrät Ihnen, welche Regel im Verhältnis zwischen Bezeichnetem und Bezeichnendem René Magritte in seinem Bild „Der Schlüssel der Träume“ verletzt.
2. a) Übersetzen Sie mit Hilfe eines Französisch-Wörterbuchs die Worte auf dem Bild von Magritte.
   b) Erläutern Sie das Bild, indem Sie die entsprechenden Fachbegriffe aus dem Text von Kallmeyer verwenden.
3. Beschaffen Sie sich die Geschichte „Ein Tisch ist ein Tisch“ von Peter Bichsel. Erläutern Sie die von Kallmeyer beschriebenen Eigenschaften sprachlicher Zeichen anhand dieser Geschichte.
4. Welches Lautbild ist mit der Vorstellung „“ in anderen Sprachen verbunden? Sammeln Sie möglichst viele Beispiele.
5. Untersuchen Sie, wie die Vorstellung „“ in Gedichten „Schwarzschattende Kastanie“ (▷ S. 308) und „Schlechte Zeit für Lyrik“ (▷ S. 310) umgesetzt wird. Hat „“ darin metaphorische Bedeutung? Erklären Sie die Bedeutung von „“ mit den Begriffen de Saussures.

René Magritte: Der Schlüssel der Träume (1930)

Beliebigkeit und Konventionalität des sprachlichen Zeichens

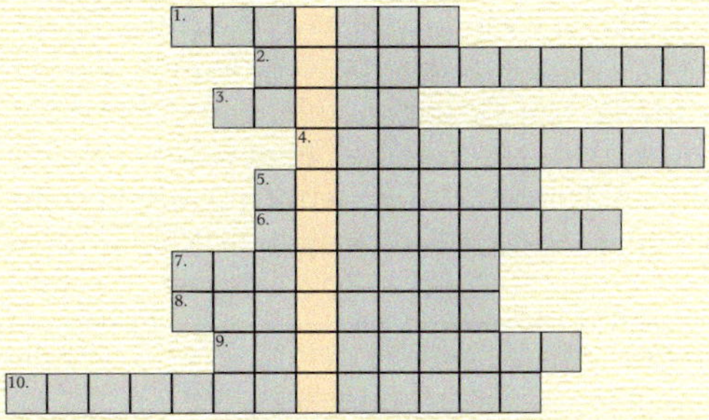

1. *Nach de Saussure ist dies das sprachliche Zeichen nicht.*
2. *Sie bildet nach de Saussure zusammen mit dem Lautbild das sprachliche Zeichen.*
3. *Sie ist ein Sinnbild für das sprachliche Zeichen.*
4. *Man kann ein Zeichen definieren als … von Bezeichnendem und Bezeichnetem.*
5. *Seine Merkmale sind Beliebigkeit und Konventionalität.*
6. *Das Erröten ist eigentlich kein Zeichen von Verlegenheit, sondern ein …*
7. *Es steht mit der Vorstellung im Zusammenhang und gehört zum Zeichen.*
8. *Die Verbindung von Bezeichnendem und Bezeichnetem ist „**arbitraire**", d. h. …*
9. *Sie hat sich als soziale Übereinkunft verfestigt.*
10. *Ein Bestandteil des sprachlichen Zeichens, Gegenstück zum Bezeichneten.*

1.2 Die grundlegenden Funktionen der Sprache

Der Sprachwissenschaftler Karl Bühler (1879–1963) hat in seiner „Sprachtheorie" eine dreifache Leistung jedes Sprechens herausgearbeitet. Jede Äußerung, so erklärt Bühler, sei ein Zu-
▷ S. 118 sammenwirken der ▷ drei Funktionen **Darstellung**, **Ausdruck** und **Appell**. Darstellungs-, Ausdrucks- und Appellfunktion der Sprache seien in verschiedenen Äußerungen jedoch in ganz unterschiedlicher Intensität spürbar.

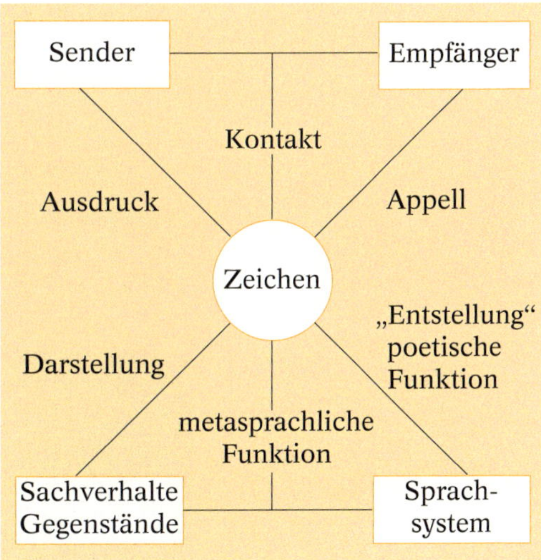

Sprachwissenschaftler wie Roman Jakobson (1896–1982) haben das so genannte Organon-Modell Bühlers weiterentwickelt. Für Jakobson hat die Sprache nämlich über die von Bühler genannten Funktionen hinaus weitere Aufgaben. Sie lassen sich schematisch wie im nebenstehenden Schaubild darstellen. Für Jakobson ist die Aufrechterhaltung des **Kontaktes** zwischen Kommunikationspartnern eine wichtige Funktion des sprachlichen Zeichens. Der Wissenschaftler betont hier die soziale Funktion der Sprache. Weiterhin führt er eine **metasprachliche Funktion** der Sprache an. Damit ist gemeint, dass sprachliche Äußerungen auch dazu dienen können, sich auf sich selbst zu beziehen.

Die **poetische Funktion** der Sprache erläutert Umberto Eco (*1932): „Als dichterisch gilt für gewöhnlich jene Redeweise, die, indem sie Laut und Begriff, Laute und Wörter in ein völlig neues Verhältnis zueinander bringt und Sätze in ungewohnter Weise zusammenfügt, zugleich mit einer bestimmten Bedeutung auch eine neuartige Emotion vermittelt; und dies so sehr, dass die Emotion auch dann entsteht, wenn die Bedeutung nicht sofort klar wird."

Im folgenden Text (▷ S. 333 f.) verwendet der Autor die Begriffe Bühlers in leicht variierter Form.

Jost Trier

Sprechabsichten und Leistungen der Sprache

Wir unterscheiden drei Richtungen des Meinens: Wirken, Ausdrücken, Darstellen. In den primitivsten Sätzen, die es gibt, in den erhaltenen uralten Möglichkeiten der Einwortsätze wie Komm!, Hilfe!, Feuer! sehen wir das Wirkungsmoment am gewaltigsten überwiegen. Feuer! – das meint: Kommt her und helft löschen. Alles scheint auf die Wirkung gestellt. Dennoch sind im und unter dem Wirkungsmoment die beiden anderen (Ausdrücken und Darstellen) doch auch da. Das Ausdrucksmoment ganz deutlich, indem die Sorge, die Angst des Rufenden sich ausspricht und bis in die Lautgebung eines solchen Hilferufs akustisch sich verkörpert. Endlich enthalten solche primitiven Rufsätze sogar ein Darstellungsmoment, indem ein Ruf wie Feuer! eben doch auch eine Darstellung der Tatsache gibt, dass im Haus des Rufenden Feuer ausgebrochen ist und ihn und seine Habe bedroht.

Die Sätze eines Lehrbuchs, die Sätze einer Vorlesung werden selbstverständlich von der Richtung des Darstellens beherrscht. Aber nur darstellend sind selbst sie nicht. Es sieht freilich zunächst so aus, als wären sie es. Wenn einer eine Vorlesung über elektrische Lokomotiven hält, dann scheint es nur auf die sachlichen Gegebenheiten anzukommen. Die rein herauszubringen, d.h. darzustellen, scheint die einzige Aufgabe des Lehrenden zu sein. Den Sätzen einer Vorlesung gegenüber scheint nur die Frage zulässig: Ist das, was er sagt, richtig oder falsch – denn dies, die Frage nach richtig oder falsch, ist die Frage, deren vorzügliche Anwendbarkeit den darstellenden Satz kennzeichnet. Dennoch schwingt auch in den scheinbar rein darstellenden Sätzen der Vorlesung das Moment des Ausdrucks mit. Denn diese Sätze bringen ja auch zum Ausdruck, was die wissenschaftliche Überzeugung des Vortragenden ist. Insofern sie dies tun (oder auch nicht tun), kann man an sie eine ganz andere Frage richten, eine Frage, deren vorzügliche Anwendbarkeit den Satz mit Ausdrucksmoment kennzeichnet. Und das ist die Frage nicht nach richtig oder falsch, sondern nach wahr oder unwahr, d.h. übereinstimmend mit der persönlichen Überzeugung des Vortragenden oder nicht mit ihr übereinstimmend.

Endlich erhalten die Sätze einer Vorlesung oder eines Lehrbuches auch das Moment der Wirkung. Denn sie würden ja gar nicht gesprochen oder geschrieben, wenn mit ihnen keine Wirkung, kein Zweck beabsichtigt wäre. Sie wollen dahin wirken, dass der Hörer oder Leser seine Aufmerksamkeit den dargestellten Dingen zuwendet, sie sich mitdenkend zu Eigen macht, sie seinem Kenntnisschatz einbaut. Diesem Wirkungsmoment gegenüber gilt nicht die Frage richtig oder falsch, auch nicht die Frage wahr oder nicht wahr, unwahr, gelogen, sondern dem Wirkungsmoment gegenüber gilt allein die Frage zweckmäßig oder unzweckmäßig, geschickt oder ungeschickt.

[…]

Der Bauer sitzt am Sonntag hinterm Ofen und liest die Zeitung. Die Bäuerin kommt etwas heftig in die Tür, und indem sie die noch offene an der Klinke festhält und im Türrahmen so stehen bleibt, sagt sie: „Ein Has ist im Garten und frisst am Kohl." Dies sagt sie und nichts weiter. Sie schweigt, aber sie behält ihre Stellung in der geöffneten Tür bei, die Hand an der Klinke. – […] Wir sind, wenn wir nur den Satz als Satz betrachten und die Gesamtszenerie und die Haltung der Personen dabei vernachlässigen, zunächst geneigt, diesem Satz eine überwiegend darstellende Funktion zuzuschreiben. Schön, da ist also ein Hase, und der frisst den Kohl. Vortrefflich. Möge es ihm munden. Ein behagliches Winterbild. Übrigens ein korrekt dargestellter, objektiver Sachverhalt. An der Richtigkeit zu zweifeln, haben wir keinen Grund. Auch an der Wahrheit nicht. Bei weiterer Vertiefung merken selbst wir in unserer Ferne von der Gesamtlage, dass Emotionen mitschwingen, recht deutlich sogar mitschwingen.

Wir kommen darauf, dass möglicherweise das Ausdrucksmoment das Darstellungsmoment überwiegt, indem ja die Bäuerin ihrer Empörung über die Frechheit des Hasen und ihrer Sorge ob des schon eingetretenen und weiterhin zu erwartenden Schadens Ausdruck gibt.

Der Ausdruck ist offenbar wichtiger als die Darstellung, obwohl der Satz als isoliertes sprachliches Gebilde und abgesehen von der Situation, in der er gesprochen wird, sich wie ein wesentlich darstellender Satz gebärdet. Indem wir zu dieser Einsicht vordringen, haben wir die Gesamtszenerie in die Betrachtung hineingezogen.

Wenn wir einmal so weit gegangen sind, so kann uns nicht entgehen, dass die Gesamtszenerie noch viel mehr sagt. Der Garten ist dicht beim Haus. Es kostet nur ein paar Schritte, hinauszugehen. Der Bauer hat gerade nichts Dringendes zu tun. Die Bäuerin ist in der Tür stehen geblieben. Sie erwartet etwas, offensichtlich. Deshalb hat sie die Tür nicht geschlossen. Sie verharrt in der Haltung dessen, der vom Angesprochenen eine augenblickliche Reaktion verlangt. Sie hat eine Mitteilung gemacht, etwas dargestellt, aber nicht, um dies nur darzustellen, auch nicht nur, um ihrer Empörung zum Ausdruck zu verhelfen, sondern was sie eigentlich will, ist etwas, das, wenn es mit Redemitteln gesagt würde, etwa die Worte ergeben würde: „So nimm doch schon deine Flinte und brenn ihm eins auf den Pelz!" Das aber sagt sie nicht, das lässt sie von der Lage sagen.

Sie lässt den Bauern selbst aus der Lage finden, was jetzt zu tun ist. Sie selbst schweigt von dem Augenblick an, in welchem ihre scheinbar nur ausdrucksgetönte Darstellung beendet ist. Was aber die Lage sagt, ist ein Imperativ, zum Mindestens ein Adhortativ[1]. Hier ist das Wirkungsmoment nicht wie bei der Vorlesung oder im Lehrbuch der Gehilfe, der Diener des Darstellungsmoments, sondern umgekehrt die Darstellung nur ein Hilfsmittel des Wirkungswillens. Es liegt der Fall eines so genannten impliziten oder implizierten Imperativs vor.

1 **Adhortativ:** Möglichkeitsform mit ermahnender Bedeutung

1. Entwerfen Sie selbst Situationen, in denen ein scheinbar darstellender Satz appellierende Funktion hat oder der Sprecher/die Sprecherin eigentlich eine Empfindung ausdrücken möchte.
2. Bilden Sie zu den Sprachfunktionen Bühlers „Ausdruck", „Darstellung" und „Appell" je eine oder zwei Arbeitsgruppen. Jede Gruppe wählt aus diesem Buch einen Text aus, in dem die jeweilige Sprachfunktion überwiegt, und erläutert ihn unter Verwendung der auf S. 332 ff. eingeführten Fachbegriffe. Inwiefern spielen auch andere Sprachfunktionen jeweils eine Rolle?
3. Klären Sie an weiteren Beispielen aus diesem Buch die metasprachliche und poetische Funktion der Sprache, wie sie Jakobson und Eco auf S. 332 erläutern.
4. Untersuchen Sie das Wortfeld „sprechen" hinsichtlich der drei Sprachfunktionen nach Bühler. Sammeln Sie zunächst möglichst viele Verben, die zu diesem Wortfeld gehören (auch mit Hilfe der Wortschatz- oder Thesaurusfunktion eines Computerprogramms), und legen Sie anschließend eine grafische Übersicht an.

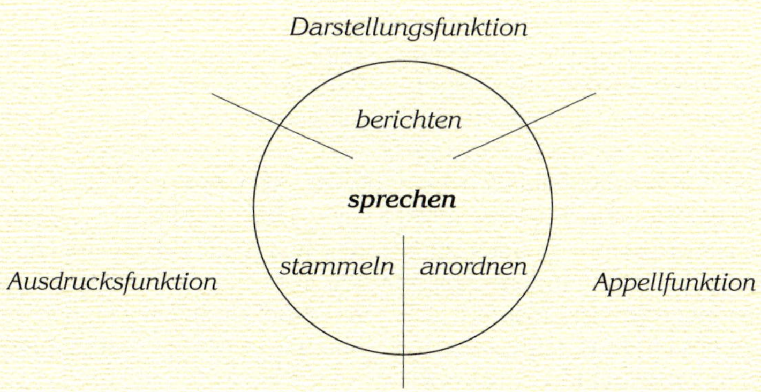

2 Spracherwerb

Wer im sozialpädagogischen Berufsfeld arbeitet, begegnet häufig auch Kindern, die die Sprache noch nicht vollständig beherrschen – sei es, dass ein Kind noch klein ist, dass seine Sprachentwicklung aufgrund einer Behinderung verzögert ist oder dass Deutsch für Kinder bzw. Jugendliche eine neu zu erlernende Fremdsprache darstellt.

1. Berichten Sie über Ihre Erfahrungen mit dem Thema Spracherwerb. Tragen Sie Ihre Beiträge zu einem ▷ Cluster zusammen. ▷ S. 26

Die Frage, wie Kinder die Sprache erlernen, beschäftigt eine Vielzahl von Wissenschaften, so die Biologie, die Medizin, die Psychologie, die Soziologie und die Sprachwissenschaft; eine abschließende Antwort ist noch nicht gefunden. Vereinfacht formuliert stellt sich das folgende Grundproblem: Ist der Spracherwerb auf angeborene Eigenschaften des Menschen zurückzuführen oder ist er Folge äußerer Einwirkungen in kommunikativen Beziehungen und sozialen Situationen?
In den letzten Jahren haben besonders neuere hirnphysiologische Erkenntnisse und biologische Erklärungsansätze die kontroverse öffentliche Diskussion bestimmt.

TIPPS FÜR UNTERSCHIEDLICHE ZUGANGSWEISEN ZUM THEMA „SPRACHERWERB“

2. Gehen Sie von Ihrer eigenen „Sprachbiografie“ aus: Können Sie sich an das Erlernen bestimmter Wörter oder Wendungen erinnern? Was wissen Sie aus Erzählungen? Tauschen Sie Ihre Erinnerungen mit der ▷ S. 39 Methode des ▷ „Kugellagers“ untereinander aus.
   Bilden Sie anschließend Arbeitsgruppen und formulieren Sie möglichst präzise Fragen, die sich aus Ihren Erinnerungen ergeben. Die Fragen können auf Karteikarten festgehalten, mit den anderen Gruppen verglichen, geordnet und als Leitfragen für die weitere Erarbeitung des Themas „Spracherwerb“ auf einem Plakat oder einer Wandzeitung festgehalten werden.
3. Beobachten Sie Kinder in Ihrer Umgebung, im Kindergarten oder einer anderen Einrichtung. Achten Sie besonders auf
   - erste Laute und Wörter,
   - fantasievolle selbst erfundene Laut- und Wortgebilde,
   - Auffälligkeiten des Satzbaus (Kurzsätze, eigenartige Wortstellungen, ungrammatische Endungen).

   Was fällt Ihnen an der Kommunikation zwischen Kindern und Bezugspersonen darüber hinaus auf? Lässt sich feststellen, wie die Verständigung trotz unfertiger sprachlicher Mittel funktioniert?
   Vergleichen Sie anschließend die Ergebnisse Ihrer Beobachtungen mit den Ausführungen von Gerhard Augst und Brigitte Seidel (▷ S. 337 f.).
4. Anhand der drei Texte von Steven Pinker, Gisela Szagun und Els Oksaar (▷ S. 342 ff.) können Sie die gegenwärtige wissenschaftliche Kontroverse um den Spracherwerb aufarbeiten. Halten Sie bei der Auseinandersetzung mit den drei Autoren alle Fragen fest, die Ihrer Ansicht nach offen bleiben und noch geklärt werden sollten.
5. Wenn Sie das Thema „Spracherwerb“ in besonderer Weise interessiert, können Sie ein größeres fächerverbindendes Projekt durchführen. Nutzen Sie hierfür die Anregungen auf S. 344.
6. Gibt es in Ihrer Lerngruppe eine größere Zahl von Schülerinnen und Schülern, die zweisprachig aufgewachsen sind oder in der beruflichen Praxis mit ausländischen Kindern arbeiten, so könnte eine Beschäftigung mit dem Thema „Zweisprachigkeit/Zweitspracherwerb“ reizvoll sein. Dabei sind folgende Teilschritte denkbar:
   - Eigene empirische Erkundungen: Erfahrungen mit Zweisprachigkeit im berufspraktischen Bereich (Arbeit mit Kindern und Jugendlichen, im Team).
   - Beschaffen und Auswerten von Informationen zu Zweisprachigkeit und Zweitspracherwerb. Sozialpädagogische Fragestellungen zum Thema können Sie im Rahmen eines fächerübergreifenden Projektes einbeziehen.

Gerhard Augst

Spracherwerb – ein faszinierendes Geschehen

Fast ein Jahr lang nach der Geburt passiert gar nichts – manche meinen jedoch, dass sehr viel passiert – und dann glauben Vater, Mutter oder ältere Geschwister plötzlich, das Kind habe „Papa“ oder „Mama“ gesagt. (Bei manchen Kindern soll das erste Wort „Auto“ sein.) Aber kurze Zeit später können auch Außenstehende bestätigen: Das Kind spricht einzelne Wörter; obwohl sie oft darüber staunen, was Vater und Mutter meinen, was das Kind gerade gesagt habe. Aber woher sollen sie auch wissen, dass „Fft“ der „Vogel“ und dann das „Flugzeug“ ist und dass – ein halbes Jahr später – „Mama lo“ heißt: „Ich möchte jetzt mit dir in dem Katalog lesen und dann schlafen gehen, genauso wie gestern und vorgestern nach dem Essen.“ Trifft nun derselbe Außenstehende nach etwa drei Jahren das Kind wieder – es ist also jetzt viereinhalb Jahre alt –, so kann es sich perfekt mit ihm unterhalten, sofern der Gesprächsgegenstand im kindlichen Horizont liegt. Das Kind erzählt, argumentiert, beschreibt; berichtet über Vergangenes und Zukünftiges. Ja, es weiß sogar, dass es manches in der Sprache noch nicht weiß, und es kann damit umgehen: „Wie heißt das?“, hören Eltern und Kindergärtnerinnen ebenso häufig wie „Was ist das?“, aber auch die Frage: „Warum heißt das so?“ Gelegentlich vernehmen die Erwachsenen auch noch einen falschen Plural oder eine Lautkombination, die etwas merkwürdig klingt. Die Eltern gehen jedoch meist darüber hinweg, weil dies die Verständigung so gut wie nie gefährdet und weil Korrekturversuche sich als relativ fruchtlos erweisen. Andererseits waren die kauzigen (?) Bemühungen eines Linguisten, die schöne Form „datten“ im Spracherwerb seiner Tochter zu konservieren, ebenso fruchtlos. Mit etwa dreieinhalb Jahren wies das Kind seinen Vater zurecht: „Papa, das heißt nicht ‚datten‘, sondern ‚danke‘.“

Die Eltern, Kindergärtnerinnen und Kinderärzte, sie alle sind es gewohnt und finden es daher auch völlig normal, dass der Spracherwerb sich in einer großen Spannweite vollzieht. Manche Kinder beginnen mit neun Monaten, andere machen mit 18 Monaten noch keine Anstalten, ein Wort zu sprechen. Manche Kinder sind mit gut drei Jahren sprachlich nicht mehr von der sprechenden Umgebung zu unterscheiden, andere zeigen Auffälligkeiten bis ins siebte oder achte Lebensjahr. Allgemein scheint der Spracherwerb heute schneller zu verlaufen. Benutzte ein Kind eines berühmten Professors um 1910 mit etwa sechs Jahren ca. 2000 Wörter aktiv, so verwendete ein Kind eines wesentlich weniger berühmten Professors um 1975 mit sechs Jahren über 5000 Wörter aktiv.

1. Fassen Sie den von Gerhard Augst skizzierten Verlauf des Spracherwerbs in Form einer Tabelle zusammen. Ergänzen Sie die Ausführungen Augsts mit Beispielen aus Ihrer eigenen Beobachtung oder Erinnerung.

Alter	*Spracherwerb*	*Beispiel*
Erstes Jahr nach der Geburt	*Kind spricht einzelne Wörter*	*„Papa“, „Mama“, „Fft“ („Vogel“)*
Kurze Zeit später	…	…
Zwischen neun und 18 Monaten	…	
Anderthalb Jahre		
Viereinhalb Jahre		

2. Vergleichen Sie Ihre Übersicht nach Augst mit der tabellarischen Übersicht auf S. 340. Welche Gemeinsamkeiten und Unterschiede stellen Sie fest?
3. Welcher Vorteil, welche Gefahr liegt in einer schematischen Darstellung der kindlichen Entwicklung, insbesondere des Spracherwerbs?

Brigitte Seidel

Wörter im Sprachbewusstsein

Schon im frühen Kindesalter können Kinder über den Klang von Wörtern lachen oder ihn experimentierend so lange wiederholen, bis er seltsam fremd wird. Auch Variationen des Wortkörpers werden als lustvoll empfunden; erinnert sei nur an die „dru Chunusun mut dum Kuntrubuss“, die das sprachlich normal entwickelte Kind im Kindergartenalter immer wieder erfreuen. Zweifellos nehmen Kinder bei diesen Klangspielen Wörter als von ihren Referenzobjekten[1] abgelöst wahr. Dazu kommen andere Erfahrungen, die auf die Wörter selbst aufmerksam werden lassen. Das Kind erfährt immer wieder, dass ihm Wörter fehlen für das, was es zur Sprache bringen will, oder dass ihm Wörter begegnen, für die es die Bedeutung nicht oder nicht genau ausmachen kann. So erlebt es, dass Sache und Wortbedeutung sich nicht immer zur gleichen Zeit einstellen oder sich automatisch decken. Zwar operiert das kleine Kind, entsprechend seiner kognitiven[2] Entwicklung, mit privaten, etwa durch Übergeneralisierung von Erwachsenensprache abweichenden Bedeutungen, die ihm in frühen Erwerbsphasen als Vorstufen zu den konventionellen Wörtern genügen. Es lernt aber aus kommunikativen Misserfolgen auch bald, Fragen nach der Bedeutung eines Wortes und nach der Bezeichnung eines Gegenstandes zu stellen. [...]

Augsts These über die besondere Rolle der Metakommunikation[3] für den Erwerb von Wörtern erscheint uns sehr plausibel. Diese These besagt, dass Syntax und Phonetik[4] zwar gefördert werden können, aber nicht ursächlich abhängig vom metakommunikativen Verhalten der Eltern sind, dass aber für den Erwerb von Bedeutungen und Bezeichnungen Metakommunikation zwischen Eltern und Kind konstitutiv[5] ist, und zwar deshalb, weil lexikalisch-semantische Phänomene – anders als syntaktische und phonetische – nicht nach Regeln geordnet, sondern teils ungeordnet, teils komplexhaft-assoziativ vorliegen und deshalb einzelheitlich gelernt werden müssen.

1 **Referenzobjekt:** der von einem Wort bezeichnete Gegenstand
2 **kognitiv:** geistig
3 **Metakommunikation:** das Sprechen über Sprache
4 **Syntax und Phonetik:** Satzbau und Lautbildung
5 **konstitutiv:** notwendig

1. Nutzen Sie die Forschungsergebnisse von Augst (▷ S. 337) und Seidel, um Ihre eigenen Beobachtungen zum Spracherwerb von Kindern zu ordnen.
2. Formulieren Sie mit eigenen Worten, wie sich das Sprachbewusstsein bei Kleinkindern nach Brigitte Seidel beschreiben lässt.
3. Versuchen Sie zu folgenden Fragen, die der Sprachdidaktiker Gerhard Augst einmal gestellt hat, eine vorläufige Antwort zu formulieren:
   „Wie lernt ein Kind sprechen? Ja, ist ‚lernen‘ der richtige Ausdruck? Oder entwickelt sich die Sprache oder das Sprechen in ihm? Was tut dabei das Kind, was tut sich in dem Kind und was tut die sprechende ‚Umgebung‘?“

Kindersprache

Die beiden folgenden Dialoge sind Ausschnitte aus Aufzeichnungen von Gesprächen aus dem „Dortmunder Korpus der spontanen Kindersprache“. Sie wurden auf Tonträger aufgenommen und anschließend niedergeschrieben. Zugunsten besserer Lesbarkeit sind beide Gespräche hier wie Theaterdialoge dargestellt, die schriftlichen Kommentare der wissenschaftlichen Aufzeichnung erscheinen daher wie Regieanweisungen.

Katrin ist zum Zeitpunkt der Aufnahme ein Jahr und fünf Monate alt. Sie ist das einzige Kind ihrer Eltern. Der Vater ist evangelischer Pfarrer, die Mutter steht kurz vor dem Abschluss ihres Lehramtsstudiums, das sie im Anschluss an eine Erzieherinnenausbildung aufgenommen hat. Die Familie lebt in einer Großstadt im Ruhrgebiet.

Katrin *(läuft zum Spieltelefon):* Hajo, büs da da? [Hallo, bist du da?] *(hält den Hörer in der Hand)* Gingen. [Ich lass das Telefon klingeln.] Hajo, büs da da? Hajo, bit du da? [Hallo, bist du da?] Nich da? Teiner da? [Nicht da? Keiner da?] Hojn. [Holen] *(lässt das Telefon klingeln)* Bejowon jeijt. [Das Telefon schellt.] Hajo, büs de da? Hajo, bis du da? [Hallo, bist du da?] *(reicht der Mutter das Telefon)*
Mutter: Hallo, wer ist da? *(spielt und spricht mit einer Bekannten)* Guten Morgen, Elisabeth, hast du gut geschlafen?
Katrin: Ja. *(Mutter fordert Katrin auf, mit Elisabeth zu reden)* Teiner da? [Keiner da?]
Mutter: Ist keiner mehr da?
Katrin: Nein.
Mutter: Ja, dann müssen wir auflegen.
Katrin: Wenn er wällt, dann heit er. Wällt er in Jump … [Wenn er fällt, dann schreit er. Fällt er in den Sumpf …] *(reitet auf Mutters Fuß)*

Andreas ist zum Zeitpunkt der Aufnahme zwei Jahre und einen Monat alt. Er hat einen Bruder im Alter von viereinhalb Jahren. Der Vater arbeitet im elektrotechnischen Bereich, die Mutter ist nicht mehr berufstätig und beschäftigt sich viel mit ihren beiden Söhnen. Eine weitere Bezugsperson ist der Urgroßvater „Opa Ernst“. Die Familie lebt in einer Großstadt im Ruhrgebiet.

Opa: Kann man mit [damit] telefonieren?
Andreas: Ja, hm, hallo!
Opa: Ruf mal!
Andreas: Hallo! *(artikuliert hallooo; gedehnt)*
Opa: Oma!
Andreas: Oma!
Opa: Ruf Oma!
Andreas: Oma Hilde!
Opa: Komm rein.
Andreas: Pomm hein. [Komm rein.]
Opa: Bist du in Mengede?
Andreas: Bit in Megede? [Bist du in Mengede?]
Opa: Was machst du da?
Andreas: E ma du da? [Was machst du da?]
Opa: Hast du schon Kuchen gebacken?
Andreas: Ha du Kuchen hebacken? [Hast du Kuchen gebacken?]
Opa: Musst auch nicht die Nase so nah drauftun *(meint das Mikrofon)*. Frag mal Oma Hilde: Hast du schon einen Brief geschrieben an den Weihnachtsmann?
Andreas: E Weihnachtsmann? [An den Weihnachtsmann?]
Opa: Einen Brief geschrieben?
Andreas: Bief hefieben? [Brief geschrieben?]
Opa: Hm. [Ja.]
Andreas: Nein.
Opa: Nein? Hat sie nein gesagt?
Andreas: M. [Ja.]
Opa: Sag mal: Ich hab einen Brief geschrieben.
Andreas: Ich hab ein Bief hefieben.
Opa: Auf Fensterbank gelegt.
Andreas: Fenterbank gelegt.
Opa: Christkindchen …
Andreas: Fistindken …
Opa: Soll mal was Schönes bringen.
Andreas: *(plötzlich, laut)* Ja – Nein.
Opa: Ja, doch.
Andreas: Ich möchte teine Sachen.
Opa: Du möchtest keine Sachen?
Andreas: Nein.
[…]
Opa: Warum möchtest du denn keine Sachen?
Andreas: Daha dahum. [Darum.]
Opa: Andreas, hör mal …

1. a) Lesen Sie die beiden Dialoge auf S. 339 in verteilten Rollen. Welche sprachlichen Fähigkeiten (z. B. Satzbau, Aussprache, Angemessenheit der sprachlichen Äußerungen) sind bei Katrin und Andreas jeweils zu erkennen? Halten Sie Ihre Beobachtungen in zwei ▷ Mind-Maps fest. ▷ S. 21
   b) Vergleichen Sie Ihre Ergebnisse mit der folgenden „Übersicht Spracherwerb".
   c) Was lässt sich anhand der beiden schriftlichen Aufzeichnungen über den Einfluss der erwachsenen Gesprächsteilnehmer auf die sprachlichen Äußerungen der Kinder vermuten?
2. Wird die Kommunikationssituation durch das Aufnehmen auf Tonträger verfälscht? Machen Sie Aufnahmen von eigenen Alltagsgesprächen und tauschen Sie Ihre Erfahrungen aus. (Wer Tonaufnahmen von Gesprächen macht, ist verpflichtet, das Einverständnis aller Sprecher/innen einzuholen.)
3. a) Überlegen Sie, welche Probleme die Niederschrift (Transkription) gesprochener Sprache mit sich bringt. Welche Vorteile bietet eine Niederschrift gegenüber einem in Ton (und Bild) aufgezeichneten Gespräch?
   b) Versuchen Sie in Partnerarbeit, etwa zehn Sekunden (!) Ihre selbst aufgezeichneten Gespräche schriftlich festzuhalten. Was stellen Sie fest? Führen Sie eine ▷ Kartenabfrage zu Ihren Beobachtungen bei der Transkription durch. ▷ S. 20

Übersicht Spracherwerb

Alter	Äußerungen	Sprachliche Fähigkeiten	Wortschatz
Geburt	Schreien/Lallen/Brabbeln		0
1 Jahr	erste einzelne Wörter	Auffordern – Hinweisen erste Wortbedeutungen	
	Einwortsätze	Grundliste sprachl. Laute	
2 Jahre	Zweiwortsätze	Baumuster: Thema + Kommentar Hinweisen – Aussagen	
	Dreiwortsätze	Grundsätze: „Subjekt-Objekt-Prädikat"-Regel „Attribut/Adverbial"-Regel	
	3–5 Wörter	3. Person Präsens Plural	
3 Jahre		Präpositionen *in, auf* Partizip Perfekt Imperfekt	
	5–10 Wörter	Weitere Verbformen Artikel	
4 Jahre		Konjunktionen	
		Im 1. Schuljahr ungefähr:	25 000 Wörter

Bei dieser Tabelle ist zu beachten: Die *Reihenfolge* der einzelnen Schritte der *Sprachentwicklung* ist bei allen Kindern ziemlich gleich. Dagegen ist das Alter, in dem die Kinder die einzelnen Schritte vollziehen, ziemlich unterschiedlich. Die Altersangaben sind deswegen Durchschnittswerte, von denen einzelne Kinder stark abweichen können.
Das bedeutet auch: „Sprachbegabte" Kinder lernen Sprache vielleicht schneller, sie beherrschen aber nicht „mehr Sprache" als andere Kinder. Die Bewertung der *sprachlichen*

Fähigkeiten eines Kindes als minderwertig bedeutet meist: In seiner Sprachgemeinschaft hat es eine andere als die „hochwertige“ Standardsprache gelernt – eine Bewertung frei nach dem bewährten Motto: „Dialekt macht dumm!“ Ganz anschaulich wird dieses Bild des Spracherwerbs erst dann, wenn man selbst ein kleines Kind (am besten jünger als vier Jahre) beim Spielen, beim Essen, in der Badewanne, beim Vorlesen von Bilderbüchern [...] beobachtet. Wenn man die Äußerungen des Kindes auf Band aufnimmt und zusammen mit denen der Gesprächspartner abschreibt, dann kann man eine Reihe von interessanten Fragen beantworten: Welche sprachlichen Fähigkeiten hat das Kind schon erlernt, und welche muss es noch lernen? [...] An welcher Stelle der grafischen Übersicht (▷ S. 340) kann dieses Kind eingeordnet werden? Ist es „schon weit für sein Alter“ – ist es eher ein „Spätzünder“?

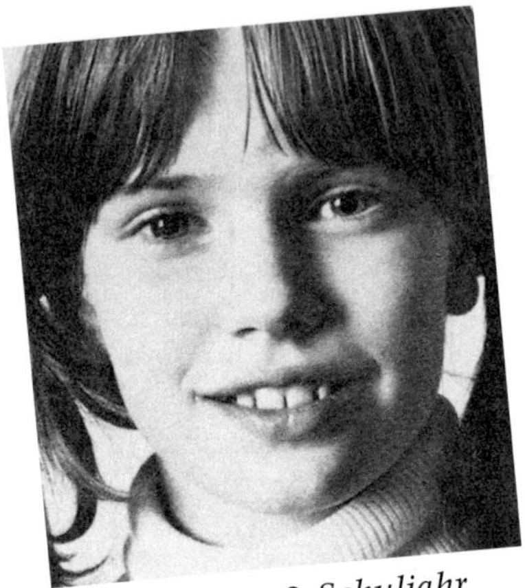

Karin, 8 Jahre, 2. Schuljahr

Susanne Kilian

Na und? (1972)

Ich liege im Bett. Abend ist schön. Vor dem Fenster steht eine große Tanne. Als sie eingefroren war, hat sie, wenn der Wind kam, laut geknackt. Mama liest vor, und mein Bruder wackelt in seinem Bett herum. Das Schlaflied mag ich gern. [...] In der Schule habe ich ein komisches Wort gehört: Waggon. Ich sage es dauernd leise vor mich hin: „Waggonwaggonwaggonwaggonwaggonwaggonwaggonwaggonwaggon ...“ Am Ende weiß ich nicht mehr, was es heißt. Ich denke an die Rechenarbeit, und da fällt es mir ein: Eisenbahnwagen.

Ernst Jandl

ich lernen (1977)

mama mich haben *ich* lernen
vielen Jahren vor ihren tod
haben papa ich gleich zeigen was lernen
wenn sein nachhauskommen von Büro
sein seither immer ich gwesen
niemanden anderen sonst
sein alles was irgendwer sein könn
können aber sein auch wüst und leer

---

1. Susanne Kilian und Ernst Jandl machen Gebrauch von bestimmten Merkmalen kindlichen Sprechens. Um welche Merkmale handelt es sich jeweils?
2. a) Worin unterscheidet sich die „kindliche“ Sprache in diesen beiden Texten von gesprochener Kindersprache? Ziehen Sie zum Vergleich die Dialoge auf S. 339 heran.
   b) „Übersetzen“ Sie das Gedicht von Ernst Jandl in Standardsprache und beschreiben Sie die unterschiedliche Wirkung von Original und „Übersetzung“.
3. Schreiben Sie eine eigene Kindheitssituation nieder. Nutzen Sie dabei die Form des inneren Monologes ähnlich dem Text von Susanne Kilian oder schreiben Sie ein Gedicht.

Steven Pinker

Der Sprachinstinkt

Sprache ist kein kulturelles Artefakt[1], das wir auf dieselbe Art und Weise erlernen wie das Lesen einer Uhr oder den Aufbau der Bundesregierung. Sie bildet vielmehr einen klar umrissenen Teil der biologischen Ausstattung unseres Gehirns. Sprache ist eine komplexe, hoch entwickelte Fertigkeit, die sich ohne bewusste Anstrengung oder formale Unterweisung beim Kind ganz spontan entwickelt und sich entfaltet, ohne dass das Kind sich der ihr zugrunde liegenden Logik bewusst wird; sie ist qualitativ bei allen Menschen gleich und von allgemeineren Fähigkeiten wie dem Verarbeiten von Informationen oder intelligentem Verhalten zu trennen. Aus diesen Gründen beschreiben einige Kognitionswissenschaftler Sprache als psychologisch eng umgrenzte Fähigkeit, als mentales Organ, neuronales System oder als Berechnungsmodul. Ich persönlich jedoch ziehe den zugegebenermaßen merkwürdigen Begriff „Instinkt“ vor. In ihm drückt sich die Vorstellung aus, dass das Sprachvermögen des Menschen mehr oder weniger mit der Webkunst der Spinne vergleichbar ist. Die Herstellung eines Spinnennetzes wurde nicht etwa von irgendeinem in Vergessenheit geratenen Spinnengenie erfunden und ist unabhängig von einer soliden Ausbildung oder der Begabung zum Architekten oder Bauingenieur. Vielmehr spinnt eine Spinne ihr Netz, weil sie ein Spinnengehirn besitzt, das in ihr den Drang zu spinnen weckt und sie befähigt, diesem Drang mit Erfolg nachzugeben. Auch wenn zwischen Spinnweben und Wörtern gewisse Unterschiede bestehen, so möchte ich Sie doch dazu anhalten, das Sprachvermögen in diesem Lichte zu betrachten, weil die hier untersuchten Phänomene dann leichter zu verstehen sind.

Sprache als einen Instinkt zu betrachten heißt, die öffentliche Meinung – insbesondere die von den Geistes- und Sozialwissenschaften tradierte – umzukehren. Sprache ist genauso wenig eine kulturelle Erfindung wie der aufrechte Gang. In ihr manifestiert sich auch nicht eine allgemeine Fähigkeit, mit Symbolen umzugehen – wie wir sehen werden, ist ein dreijähriges Kind ein grammatisches Genie, aber völlig unbeschlagen auf dem Gebiet der bildenden Kunst, der religiösen Ikonografie[2], der Verkehrszeichen und den anderen Bereichen des semiotischen Spektrums[3]. […]

Die Komplexität der Sprache ist, vom Standpunkt des Wissenschaftlers aus betrachtet, Teil unseres biologischen Geburtsrechts. Sie ist nichts, was Eltern ihren Kindern beibringen oder was in der Schule verfeinert werden müsste. […]

Die berühmtesten Argumente dieses Jahrhunderts für die Instinkthaftigkeit der Sprache stammen von Noam Chomsky, dem Linguisten, der die Komplexität des Systems als Erster aufgedeckt und möglicherweise den größten Beitrag zur modernen Revolution in der Sprach- und Kognitionswissenschaft[4] geleistet hat. In den Fünfzigerjahren wurden die Sozialwissenschaften vom Behaviorismus dominiert, den John B. Watson und B. F. Skinner bekannt gemacht haben. Mentale Begriffe wie „wissen“ und „denken“ wurden als unwissenschaftlich gebrandmarkt, und Wörter wie „Geist“ oder „angeboren“ durfte man nicht in den Mund nehmen. Man erklärte sämtliches Verhalten anhand einiger Gesetze des Reiz-Reaktions-Lernens und untersuchte sie an Ratten, die auf Hebel drückten, und Hunden, die auf bestimmte Geräusche mit Speichelfluss reagierten. Chomsky aber wies auf zwei grundlegende Eigenschaften von Sprache hin. Erstens besteht buchstäblich jeder Satz, den eine Person äußert oder versteht, aus einer völlig neuen Wortkombination, die in der Geschichte des Weltalls bislang nie da gewesen ist. Von daher kann eine Sprache kein Repertoire aus verschiedenen Reaktionsmöglichkeiten sein; vielmehr muss das Gehirn über eine Anleitung oder ein Programm verfügen, das aus einer endlichen Wortliste eine unendliche Menge von Sätzen erzeugen kann. Dieses Programm kann man als mentale Grammatik bezeichnen (nicht zu verwechseln mit pädagogi-

1 **Artefakt:** Kunsterzeugnis

2 **religiöse Ikonografie:** Deutung religiöser Bildnisse

3 **semiotisches Spektrum:** das vielfältige Gebiet der Zeichen

4 **Kognition:** Erkennen, Wahrnehmung

schen oder stilistischen „Grammatiken", die nichts weiter sind als Verhaltensmaßregeln für das Verfassen von Prosatexten). Die zweite grundlegende Eigenschaft besteht darin, dass Kinder diese komplexen Grammatiken außerordentlich schnell und ohne formale Unterweisung entwickeln und schlüssige Interpretationen für völlig neuartige Satzkonstruktionen liefern können, mit denen sie bis zu diesem Zeitpunkt nie Bekanntschaft gemacht haben. Laut Chomsky müssen Kinder deswegen mit einem angeborenen Plan ausgestattet sein, der den Grammatiken sämtlicher Sprachen gemeinsam ist – mit einer Universalgrammatik, die ihnen sagt, wie aus der gesprochenen Sprache ihrer Eltern die syntaktischen Muster[5] herauszufiltern sind.

5 **syntaktische Muster:** Satzbaumuster

Gisela Szagun

Kritik an den Theorien von einer angeborenen Sprache

Linguistische[1] Spracherwerbstheorien machen starke *nativistische[2] Annahmen*. Sprachliche Strukturen werden zu einem großen Teil als angeboren konzipiert. So soll es universell gültige grammatische Strukturen geben, die angeboren sind, und Optionen, die zwar auch angeboren sind, aber über die jeweilige Muttersprache, die ein Kind hört, gewählt werden. Je nachdem, wie die Muttersprache, die das Kind hört, z. B. die Subjekt-Objekt-Relation ausdrückt, wird die Option aus den vorhandenen gewählt. Das geschieht über einen Alles-oder-nichts-Prozess und nicht als allmähliches Lernen. Es wird auch immer wieder axiomatisch[3] behauptet, dass Kinder kein Feed-back[4] darüber erhalten, wenn sie Fehler machen. Daher werden ihnen keine Hinweise gegeben, ob etwas, das sie an Sprache produzieren, korrekt oder fehlerhaft ist. Weil aber solche Hinweise fehlen, so muss vieles an der Sprache angeboren sein, denn sonst könnten Kinder sie unmöglich erwerben. So die Argumentation.

Seltsamerweise wird die Beweislast nicht auf der Seite derer gesehen, die solche Behauptungen aufstellen. Die Vertreter derartiger nativistischer Spracherwerbstheorien müssten den empirischen Beweis erbringen, dass Kinder, die Fehler machen und solche Fehler korrigieren – d. h. die korrekte Form erwerben –, dieses tun, ohne dass sie je Feed-back über die Richtigkeit oder Fehlerhaftigkeit der Form erhalten haben. Ein solcher Beweis – wenn er denn zu bringen ist – wurde bisher nie erbracht. Dennoch werden die Behauptungen aufrechterhalten. Allerdings ist der Gegenbeweis erbracht worden: Erwachsene reagieren unterschiedlich auf korrekte und auf fehlerhafte kindliche Äußerungen. Damit geben sie implizit Feed-back darüber, ob eine grammatische Form korrekt oder fehlerhaft ist. Weiter konnte gezeigt werden, dass Kinder aus solchem Feed-back lernen. Die Behauptung, dass Kinder kein korrektives Feed-back erhalten, ist falsch.

1 **linguistisch:** auf der modernen, beobachtend-beschreibenden Sprachwissenschaft beruhend
2 **nativistisch:** auf eine Theorie vom Angeborensein (der Sprache) zielend
3 **axiomatisch:** unbestreitbar und daher nicht weiter begründet
4 **Feed-back:** Rückmeldung

1. Stellen Sie in Gruppenarbeit den Aufsatz Pinkers absatzweise in eigenen Worten dar.
2. Halten Sie in Stichworten fest, was Gisela Szagun den linguistischen Spracherwerbstheorien vorwirft.
3. a) Geht der Spracherwerb auf eine angeborene Anlage zurück oder ist er eine Kultur- und Lernleistung? Stellen Sie die gegensätzlichen Argumente von Pinker und Szagun übersichtlich in einer Tabelle zusammen. Schlagen Sie unbekannte Fachwörter nach.
   b) Führen Sie auf der Grundlage Ihrer Tabelle eine ▷ Pro-und-Kontra-Debatte durch. ▷ S. 61 f.
4. Wie beurteilen Sie die unterschiedlichen Positionen zum Spracherwerb unter dem Aspekt der sozialpädagogischen Berufspraxis, z. B. von Erzieherinnen und Erziehern?

Els Oksaar

Sprache als Ausdrucks- und Kommunikationsmittel

Sprache als ein typisch menschliches und soziales Phänomen dient als Zeichensystem den Denk-, Erkenntnis- und sozialen Handlungsprozessen, spiegelt die Lebensäußerungen einer Gesellschaft wider und ist somit für deren Mitglieder das wichtigste Ausdrucks- und Kommunikationsmittel. Es muss hervorgehoben werden, dass ein Kind ja nicht eine Sprache an sich erwirbt, als Selbstzweck, sondern – in jeder Gesellschaft auf andere Art – um Kontakt mit anderen Menschen herzustellen und um seine Gedanken und Gefühle auszudrücken. Sprache ermöglicht nicht nur Kontakte in einer Gruppe, sondern bestimmt auch selbst die Gruppenzugehörigkeit. Für den Sprecher ist sie somit auch ein Faktor der Identität, für den Hörer ein Faktor der Identifikation: „Er spricht anders" impliziert oft „er ist nicht einer von uns". Auch diese Seite der Sprache lernt das Kind mit der Zeit; im Vorschulalter scheint dies aber noch kaum ausgeprägt zu sein, dieser Aspekt müsste jedoch untersucht werden.

Sprache kann als sozial bedingte Konvention gelten, gleichzeitig ist sie aber auch eine Norm, die jeder Mensch, der ja immer in eine Sprachgemeinschaft hineinwächst, akzeptieren muss. Weicht er von dieser Norm ab, riskiert er, missverstanden oder überhaupt nicht verstanden zu werden. Im Sozialisationsprozess[1] werden dem Kinde viele soziale Normen vermittelt, das Medium ist die Sprache, die selbst ebenso Norm ist.

1 **Sozialisationsprozess:** Erlernen sozialen Handelns und sozialer Rollen

1. Welchen Aspekt des Spracherwerbs stellt Els Oksaar in den Mittelpunkt ihrer Überlegungen? Fassen Sie die zentralen Thesen des Textes in eigenen Worten zusammen.
2. Beobachten Sie, wie Kleinkinder und Erwachsene miteinander umgehen. Achten Sie dabei besonders auf die nonverbale Kommunikation (Gestik, Mimik, Körpersprache) im Vergleich zur gesprochenen Sprache. Wie hoch ist ihr Anteil? Welche Funktion hat sie?

FÄCHERVERBINDENDES PROJEKT ZUM THEMA „SPRACHERWERB"

Die nachfolgende Übersicht zeigt Teilbereiche der Fächer Deutsch, Didaktik-Methodik/Pädagogik, Kinder- und Jugendliteratur und Biologie, die für das Thema „Spracherwerb" eine Rolle spielen.

Notieren Sie Fragestellungen, denen Sie weiter nachgehen wollen, und konzipieren Sie ein fächerverbindendes Vorhaben. Besprechen Sie mit den verschiedenen Fachlehrkräften Ihrer Schule, in welcher Form Sie bei Ihrem Projekt Hilfestellung erhalten können.

Deutsch	*Didaktik-Methodik/ Pädagogik*	*Kinder- und Jugendliteratur*	*Biologie*
Kommunikation	*Kommunikation und Gesprächsführung*	*Kinderliteratur und ihre Zielgruppen*	*Artikulationsorgane*
Sprache und Denken	*Sprachförderung*	*Bilderbuch und Sprache*	*Verhaltensbiologie*
Ursprung der Sprache	*Entwicklungspsychologie*	*Kinderlyrik*	*tierische Kommunikation*
Zweitspracherwerb	*Soziologie*	*Kinder- und Jugendtheater*	

3 Sprachwandel

Das Ipsophon hört selbstständig Telephonanrufe ab, zeichnet sie auf und gibt sie auf Wunsch wortgetreu wieder. Das Tischgerät unterscheidet sich äußerlich kaum von einem gewöhnlichen Fernsprechapparat. Die Bedienung ist einfach.

1. Das „Ipsophon" galt 1950 als revolutionäre Erfindung. Heute gehört es zum Alltag – allerdings nicht unter diesem Namen. Welche Begriffe aus der Bildunterschrift erscheinen veraltet? Geben Sie die Bildunterschrift in moderner, allgemein verständlicher Form wieder.
2. Unsere Sprache entwickelt sich weiter. Welche Ursachen und Gründe lassen sich dafür finden? Führen Sie eine ▷ Kartenabfrage durch und bringen Sie die Ergebnisse in eine sinnvolle Ordnung. ▷ S. 20

TIPPS FÜR UNTERSCHIEDLICHE ZUGANGSWEISEN ZUM THEMA SPRACHWANDEL

- Begriffe und Wendungen aus dem Englischen und Amerikanischen begegnen uns in der deutschen Sprache immer häufiger. Wenn Sie sich für diesen Aspekt des Sprachwandels besonders interessieren, können Sie zunächst in Gruppen eine „Fotosafari" durchführen, um z. B. in der Umgebung Ihrer Schule oder Ausbildungsstätte **Anglizismen** auf Werbetafeln, Plakaten usw. zu dokumentieren. Ihre Fotos können Sie zur Gestaltung einer Wandzeitung zum Thema „Anglizismen" verwenden. Ergänzend bietet es sich an, Anglizismen aus Zeitschriften und Zeitungen zu sammeln und hinzufügen. Weiterführende Texte und Anregungen finden Sie auf S. 349 ff.
- Ein Projekt zum Thema **„Jugendsprache"** (▷ S. 354) ermöglicht Ihnen Querverbindungen zu den Fächern Pädagogik, Politik oder Gesellschaftslehre. Eigene empirische Erkundungen zur Sprache der Erwachsenen und Jugendlichen können Sie wirkungsvoll in einer Ton- oder Videoproduktion präsentieren.
- Sie können ein Projekt zum Thema **„Gegenwartssprache"** durchführen. Dabei sollten Sie von Ihren Erfahrungen mit Anglizismen in der privaten und öffentlichen Kommunikation ausgehen. Sie können die Besonderheiten der Sprache in Ihrem Berufsfeld (z. B. Computersprache, Jugendsprache) mit einbeziehen. Weitere Anregungen finden Sie auf S. 355.
- **Neologismen:** Lernen Sie in einem Planspiel die „Worterfindungsarbeit" einer Branding-Agentur kennen und erkunden Sie praktisch die Bedeutung sprachlicher Neubildungen für die Werbung (▷ S. 356 ff.).
- Beziehen Sie unter dem Aspekt des Sprachwandels auch Texte aus Kap. B 2: „Fachsprachen" (▷ S. 138 ff.), C: „Medien" (▷ S. 176 ff.) sowie D 4: „Lyrik" (▷ S. 290 ff.) mit ein.

3.1 Entwicklungen der Gegenwartssprache

Tullio Pericoli

Günther Drosdowski

Ist unsere Sprache noch zu retten? (1989)

Die meisten Menschen – darf man demoskopischen[1] Zahlen vertrauen, sind es fast 84 Prozent – glauben, dass das Neue in der Sprache schlechter als das Alte, das Überkommene sei. Sie befürchten, dass es mit unserer Sprache – und in Verbindung damit auch mit unserem Denken – unaufhaltsam bergab gehe. Woher, so müssen wir uns also fragen, rühren die Ängste vieler Menschen vor dem Sprachverfall, und sind ihre Klagen, die heute so laut in die Öffentlichkeit dringen, berechtigt?
Ich werfe einen Blick in die Zeitungen und finde Bildungen wie „bezuschussen, verklappen, verunklaren, verkehrsberuhigt" und „kostendämpfend", und im Anzeigenteil lese ich von „kentersicheren Booten, knitterarmen Geweben, drehfreudigen Motoren, spurtreuen Schiern" und „hautfreundlicher Seife".
Nun, alle diese Wörter sind absolut korrekt nach den Regeln der deutschen Sprache gebildet und ich kann beim besten Willen nicht einsehen, warum „Ellenbogengesellschaft", „Richtgeschwindigkeit" oder „hautfreundlich" unschöne oder gedankenlose Bildungen sein sollten. Wenn man sie anprangert, dann doch wohl nur deshalb, weil sie neu in der Sprache sind.
Das hervorstechendste Merkmal der deutschen Sprache ist nun aber ihre Komposi-

1 **Demoskopie:** Meinungsumfrage

tionsfreudigkeit. Sie ermöglicht, da echte Neuschöpfungen – wie etwa „Schnulze", das auch noch auf einem Versprecher beruhen soll – ganz selten sind, den Ausbau des Wortschatzes, sie bietet uns neue Ausdrucksmöglichkeiten und erlaubt uns, inhaltliche Nuancierungen oder semantische[2] Abstufungen vorzunehmen – etwa mit „schadstofffrei" und „schadstoffarm". Sie sorgt außerdem für schnelle Information, denn Komposita[3] sind ja Komprimierungen aus Fügungen oder ganzen Sätzen. So wird z. B. die Fügung „Hotels, die Kindern gegenüber freundlich eingestellt sind" zu „kinderfreundliche Hotels" verdichtet. In der Tat hat der Wortschatz unserer Sprache im 20. Jahrhundert eine gewaltige Differenzierung und Ausweitung erfahren, was aber völlig natürlich ist, denn der Wortschatz spiegelt den technischen Fortschritt, die kulturelle Entwicklung und alle politischen und gesellschaftlichen Neuerungen wider. Kam zu Beginn der Neuzeit ein Bauer in einem Alpental oder ein Holzfäller im Schwarzwald mit etwa 800 Wörtern aus, so verfügen Kinder heute bereits ein Jahr vor der Einschulung im Durchschnitt über 5000 bis 6000 Wörter, und der Wortschatz eines erwachsenen Durchschnittssprechers umfasst heute etwa 14000 bis 15000 Wörter.

2 **semantisch:** die Bedeutung betreffend
3 **Kompositum:** zusammengesetztes Wort

---

1. Beschreiben Sie die Karikatur von Tullio Pericoli und deuten Sie sie im Hinblick auf das Thema Sprachwandel. Halten Sie Ihre Eindrücke schriftlich fest und begründen Sie sie am Bild.
2. Günter Drosdowski war Leiter der Duden-Redaktion. Welche typische Eigenart der deutschen Sprache stellt er fest? Worin sieht er Ursachen für die Veränderung der Sprache? Vergleichen Sie Drosdowskis Überlegungen mit den vorläufigen Ergebnissen Ihrer Kartenabfrage (▷ Aufgabe 2 auf S. 345).
3. Stehen Sie selbst dem Wandel der Sprache skeptisch oder aufgeschlossen gegenüber?
   a) Sammeln Sie in Kleingruppen Argumente für beide Positionen auf Karteikarten. Tragen Sie die Karten aller Gruppen zusammen und ordnen Sie sie.
   b) Führen Sie mit Hilfe der von Ihnen gesammelten Argumente eine ▷ Fishbowl-Diskussion durch. ▷ S. 41

Im Chatroom ist „kopf schuettel" schon okay

Nette Leute kennen lernen, flirten mit Wildfremden? „ganz lieb und verfuehrerisch guck", so schaut man eben nur im Internet-Chat. „kopf schuettel" wird in diesem Kommunikations-Medium „schon okay sei". Und wer einem besonders netten Chat-Partner ein paar freundliche Worte über die Datenleitung schickt, kann sich auf ein „Re: knuddel weil ich ein baer bin" freuen. Solche innovativen Ausdrucksformen konnten die Sprachwissenschaftler bisher in der Kommunikation nicht beobachten, höchstens im Comic.

Keine neue Sprache

Trotzdem widerspricht Peter Schlobinski vom Seminar für deutsche Literatur und Sprache der Universität Hannover der von Computer- und Internetzeitschriften aufgestellten Hypothese, dass sich im Internet eine neue Sprache entwickele. „Es gibt dort keine Sondersprache. Und auch die These, dass die Rechtschreibreform im Internet stattfindet, stimmt so nicht", sagt Schlobinski, der gemeinsam mit zwei Studenten ein Jahr lang E-Mails, Chats und Newsgroups sprachwissenschaftlich beobachtet hat. Entstanden ist daraus die erste Monografie zum Thema „Sprache und Kommunikation im Internet".

Nach dieser Untersuchung sind Schlobinski und die Studenten zu dem Ergebnis gekommen, dass sich die Sprache im Internet nicht etwa neu, sondern aus einem Stilmix zu-

sammensetzt. Und der richtet sich nach dem jeweiligen Anwendungsgebiet. Formelle E-Mails von Behörden, Anwälten oder Firmen halten sich nach Schlobinskis Beobachtungen streng an die konventionelle Schreibweise. „Im privaten Bereich wird eher mal kleingeschrieben“, sagt Schlobinski. Fast durchgängige Kleinschreibung haben die Internet-Forscher dagegen im Chat beobachtet. Doch diese Form der Rechtschreibung hat nach Meinung von Schlobinski nichts mit Reform zu tun, sondern entspringt praktischen Gründen.

„Beim Chatten schreibt man schneller, und es läuft online, also fast zeitgleich“, erklärt der Sprachwissenschaftler. Abkürzungen und Zeichen würden ebenfalls weit seltener verwendet als angenommen. Von der unendlichen Palette der Smilies würden nur der lächelnde und der nicht lächelnde gebraucht. Und jeder, der sich schon einmal in einem Chatroom bewegt hat, kann auch mit der Silbe „re“ etwas anfangen, mit der so mancher Titel der elektronischen Post beginnt. „Re“ steht für replay. Auf diesen Antwortknopf kann der Internet-Nutzer einfach drücken, um eine Botschaft zu beantworten. Also kein geheimnisvolles Kürzel, sondern eine Einrichtung der neuen Technik. Die hat am Anfang ebenfalls dafür gesorgt, dass die Umlaute nicht als solche geschrieben wurden.

Von diesen Ausnahmen abgesehen halten sich die Internet-Nutzer an die gültigen Sprachregeln. „Da gibt es kaum Unterschiede zu Briefen“, sagt der Sprachwissenschaftler und erinnert sich an den Brief einer 16-jährigen Schülerin. Eine Rolle spielt auch die amerikanische Sprache. 20 Prozent der Pseudonyme, unter denen die User im Internet surfen, stammen aus diesem Sprachkreis. „Das Internet wird nach wie vor von den USA dominiert“, erklärt Schlobinski. Doch nicht nur im neuen Medium wird Amerikanisch zur Begrüßungsformel. „Wenn man in Jugendzeitschriften schaut, findet man auch dort immer häufiger Anglizismen.“

Mythos um neues Medium

Die angeblich neue Sprache im Internet ist für Schlobinski ein Mythos. Ein Mythos, der sich anscheinend um jedes neue Medium rankt. „Am Anfang auch ums Fernsehen.“ Warum sich trotz allem keine neue Mediensprache entwickelt, hat für den Sprachwissenschaftler einen einfachen Grund: „Wenn jeder so schreiben würde, wie er wollte, könnte ihn keiner mehr verstehen.“

Marita Jüngst

1. Welche Merkmale zeigt nach den Untersuchungen des Sprachwissenschaftlers Peter Schlobinski Sprache im Internet? Fassen Sie die Ergebnisse zusammen.
2. a) Lesen Sie einen Chat im Internet. Wo können Sie die oben genannten Merkmale feststellen?
   b) Untersuchen Sie den Chat auch unter den im Kapitel C 2.4: „Chatten“ (▷ S. 189 ff.) angesprochenen Gesichtspunkten.
3. a) Wie reagieren Gesprächspartner im Internet, wenn Sie Schreib- und Sprachkonventionen bewusst durchbrechen? Führen Sie in einem Chatroom einen Versuch durch.
   b) Dokumentieren Sie Ihre Versuchs-Chats und werten Sie die Reaktionen der Gesprächspartner aus. Berichten Sie über Ihre Ergebnisse.
4. ▷ S. 164 ff. Welche Bedeutung haben neue Medien für den Sprachwandel? ▷ Erörtern Sie diese Frage schriftlich anhand des Artikels von Marita Jüngst.

3.2 Anglizismen

Anglizismen in Alltag und Beruf

Das Anuga-Wörterbuch

Convenience-Food:

Der Begriff „Convenience-Food“ stammt aus dem Englischen und bezeichnet Lebensmittel, die schon weitgehend zubereitet sind und wenig Mühe machen. Dazu gehören Trocken- und Nassfertiggerichte sowie Tiefkühlkost. Als „Convenience-Shops“ werden Geschäfte bezeichnet, in denen man wie an Tankstellen auf die Schnelle auch außerhalb der gewöhnlichen Ladenöffnungszeiten einkaufen kann.

Cook-Chill-System:

Das Cook-Chill-System ist eine moderne Technik der Lebensmittelindustrie zur Produktion und Konservierung von Speisen. Die Mahlzeit wird dabei nach dem Garen in der Industrieküche rasch abgekühlt, keimarm verpackt und kühl gelagert.

Ethnic oder Ethno-Food:

Hinter „Ethnic“ oder „Ethno-Food“ verbergen sich Lebensmittel, die nach Rezepturen aus fremden Ländern oder anderen Kulturkreisen zubereitet wurden. Rezepte aus Mexiko, China, Japan und dem Mittelmeerraum sind in Deutschland besonders beliebt. Ethnic-Food-Anhänger schätzen vor allem die exotischen und oft scharfen Gewürze.

Fast Food und Junk-Food:

Unter „Fast Food“ versteht man Speisen in Schnellrestaurants, an Imbissbuden und Ständen, die ohne großen Zeitaufwand verzehrt werden können. Klassiker sind Currywurst und Hamburger. Mit „Junk-Food“ werden Speisen bezeichnet, die ernährungsphysiologisch keinen hohen Wert haben, aber den Magen rasch füllen. Die Übersetzung des englischen Begriffs lautet „Ramsch- oder Mist-Essen“.

Wellness-Produkte:

Der Begriff „Wellness“ vereint die Trends Lust auf Genuss, Gesundheit und „Convenience“. Er steht für Suche nach „Wohlgefühl-Garantie“. „Wellness“-Produkte sollen gesundheitsfördernd sein. Beispiele sind Orangensaft mit Kalziumzusatz oder stilles Mineralwasser. *(1997)*

1. Die „Westdeutsche Zeitung“ veröffentlichte dieses Wörterbuch im Vorfeld der Anuga, einer bedeutenden Lebensmittel-Messe.
   a) Stellen Sie weitere Wörter zusammen, die im Deutschen verwendet werden und die offensichtlich englischen Ursprungs sind oder deren Ursprung Sie im Englischen vermuten. Sammeln sie zu zweit in zehn Minuten so viele Wörter wie möglich.
   b) Sortieren Sie das Wortmaterial nach verschiedenen Bereichen, z. B. Sport, Medien, Computer, Wirtschaft, Alltagskommunikation.
2. Schlagen Sie in sprachgeschichtlichen Wörterbüchern nach, wann die Bezeichnungen „Boot“, „Streik“, „starten“, „Sport“, „Training“, „Tennis“, „Lift“ und „Tunnel“ aus der englischen in die deutsche Sprache übernommen worden sind.

„Das ist ja fast Food!“

Sprachschützer unterstützen abgemahnten Diplom-Ingenieur bei der Lufthansa-Technik

„Wer deutsch spricht, riskiert Arbeitsplatz"

Dortmund (dpa) – Peter Vogelsang (52) war es leid, seinen „time frame" im Auge zu behalten, um die „alert line nicht zu overshooten". Als Diplom-Ingenieur bei einer deutschen Firma, findet er, sollte er mit seinen Kollegen deutsch reden. Auch sieht er nicht ein, warum „ganz banale Dinge" im dienstinternen Schriftverkehr mit englischen Fremdwörtern bezeichnet werden sollen. Daher tauschte er die so genannten Anglizismen wiederholt gegen deutsche Vokabeln aus. Seine Arbeitgeberin, die Lufthansa Technik AG in Frankfurt, hat ihn deshalb abgemahnt und mit Entlassung bedroht: Das Unternehmen könne derlei „Manipulationen in einem sensiblen Sicherheitsbereich nicht dulden".

Der 52-Jährige klagt gegen diese „Disziplinierungsversuche" beim Arbeitsgericht in Frankfurt. Zugleich wandte er sich Hilfe suchend an den Steinhuder Professor Walter Krämer, dessen „Verein zur Wahrung der deutschen Sprache" (Sitz Dortmund) speziell gegen die Durchsetzung des Deutschen mit englischen Begriffen kämpft. Krämer ist empört: „Jetzt sind wir so weit: Wer in Deutschland deutsch spricht, muss um seinen Arbeitsplatz fürchten." Die Deutsche Lufthansa AG, deren 100-prozentige Tochter die Technik AG ist, habe sich „ein weiteres Mal als Vorreiter der internationalen Sprachversklavung ausgewiesen", sagte der Wissenschaftler. Sein Verein hatte das Flugunternehmen schon vor Bekanntwerden dieses Falles wegen „Englisch-Marotten" mit dem Titel „Sprachverhunzer" gebrandmarkt.

Die Lufthansa Technik AG wirft Vogelsang einen klaren Verstoß gegen die Dienstanweisung vor, in der „die Benutzung spezifischer Fachausdrücke zweifelsfrei geregelt" sei. Seine eigenmächtigen Übersetzungen – Beispiele: Tragflächen für wings oder Triebwerk für engine – führten „zu zusätzlichem Arbeits- und Zeitaufwand", weil sich die deutschen Begriffe in den „offiziellen Arbeitsunterlagen" nicht wiederfänden. Die von dem Maschinenbau-Ingenieur verwendeten Ausdrücke entsprächen „nicht dem Standard eines Wartungsbetriebs für Luftfahrtgerät". Wenn diese und ähnliche „Manipulationen" der Wochenberichte durch den Dienstleiter nicht unterblieben, werde man vor „einer Beendigung des Arbeitsverhältnisses" nicht zurückschrecken. […]

Der gescholtene Beschäftigte Vogelsang vertritt den Standpunkt, die Verwendung der von ihm übersetzten englischen Begriffe sei in einem deutschen Unternehmen „nicht notwendig". Das „ganze englische Imponiergehabe" trage vielmehr „zur Verwirrung" bei, zumal es sich nicht wirklich um Fachausdrücke, sondern um „ganz banale Bauteile eines Flugzeugs" handele. Die von ihm gewählten deutschen Wörter seien allesamt „gebräuchlich". Insofern seien Arbeitsverzögerungen ausgeschlossen. […]

Ein Gütetermin beim Arbeitsgericht Frankfurt ist gescheitert, der Prozess für nächstes Frühjahr anberaumt. *(1998)*

1. a) Was spricht für, was gegen den Standpunkt der Lufthansa Technik AG? Sammeln Sie Argumente mit Hilfe einer ▷ Mind-Map. ▷ S. 21
   b) Formulieren Sie Ihre Argumente so stichhaltig wie möglich aus und halten Sie sie schriftlich fest.
2. Organisieren Sie die Gerichtsverhandlung, in der über den Fall entschieden wird. Arbeiten Sie die Plädoyers von Anklage und Verteidigung, in denen Sie auch auf das Grundsatzproblem des Gebrauchs von Anglizismen im Deutschen eingehen, sorgfältig aus.
3. Schreiben Sie einen Zeitungskommentar, in dem Sie Ihren Leserinnen und Lesern anhand des vorliegenden Falls klar machen, warum Spezialisten in vielen Berufen englische Fremdwörter verwenden/nicht verwenden müssen. Beziehen Sie dabei eine eindeutige Stellung in dem Meinungsstreit.

Ärgerliche Anglizismen

Der „Verein zur Wahrung der deutschen Sprache“ hat es sich zur Aufgabe gemacht, unsere Sprache vor schädlichen Einflüssen aus anderen Sprachen zu bewahren. Der Vereinsvorsitzende, Walter Krämer, verwies vor kurzem auf die aus Sicht des Vereins „ärgerlichsten und überflüssigsten Anglizismen“, die da lauten: „event“, „kids“, „statement“, „highlight“ und „service point“. Für die Auswahl waren mehrere Kriterien maßgeblich. Zum einen müsse der englische Ausdruck in der deutschen Sprache bereits tief verankert sein. Zum anderen müsse es für das englische Wort mindestens drei treffendere deutsche Wörter geben. Außerdem müsse der englische Ausdruck geeignet sein, die zwischenmenschliche Verständigung zu behindern. „Man kann doch nicht die Bahnauskunft als service point bezeichnen, wenn man weiß, dass 45 Prozent der Bundesbürger und 80 Prozent der in Deutschland lebenden Ausländer kein Englisch können“, sagte Krämer.
Eine weitere Bedingung für die Indizierung eines englischen Ausdrucks sei, dass er die deutsche Sprache ärmer mache. Dies gelte für die fünf indizierten Ausdrücke in besonderer Weise, weil sie die Vielfalt des Deutschen durch das Verdrängen treffenderer deutscher Wörter einebneten.
Krämer versicherte, dass der Verein kein „Klub von Fremdwortfressern“ sei. Er begrüße neue Wörter aus anderen Sprachen immer dann, wenn sie die Sprache als Werkzeug der Verständigung bereicherten. Wie viele Menschen aber eine „unsinnige Verfremdung“ der deutschen Sprache ablehnten, zeige die Mitgliederentwicklung des erst im vergangenen Jahr gegründeten Vereins: Innerhalb weniger Monate habe er rund 2200 Mitglieder gewonnen. *(1998)*

1. Entwickeln Sie eine „Ja, aber …“-Argumentation:
   a) Stellen Sie die Bedingungen zusammen, unter denen nach Ansicht des „Vereins zur Wahrung der deutschen Sprache“ englische Wörter ins Deutsche übernommen werden können.
   b) Stellen Sie dar, wann nach Ansicht der Sprachschützer ein in der deutschen Sprache auftauchendes englisches Wort zurückgedrängt werden sollte.
   c) Klären Sie, welche der von Ihnen gesammelten Wörter englischen Ursprungs (▷ Aufgabe 1, S. 349) von dem Sprachverein abgelehnt werden müssten und welche nicht.
   d) Formulieren Sie abschließend schriftlich eine „Ja, aber …“-Position. Verwenden Sie darin auch Beispiele.

Anglizismen in der Werbung

1. a) Übersetzen Sie die Begriffe auf dem Bild mit Hilfe eines Wörterbuchs und gestalten Sie am Computer ein ähnliches Schaufenster mit den deutschen Begriffen. Welche Wirkung erzielen Sie?
   b) Sammeln Sie werbewirksame Begriffe aus anderen Branchen und erproben Sie damit weitere Schaufensterbeschriftungen, indem Sie ausschließlich auf englische Vokabeln zurückgreifen.
2. Auf welche Kommunikationsschwierigkeiten könnten unterschiedliche Kundentypen in dem oben abgebildeten Geschäft stoßen? Stellen Sie mögliche Situationen szenisch dar.
3. Stellen Sie für nicht englisch sprechende Kunden oder Geschäftspartner eine Liste von Anglizismen aus Ihrer eigenen Berufsrichtung zusammen und erläutern Sie sie.

Lippenbekenntnisse – Warum Schönheitspflege zum Zungenbrecher wird

Was bitte heißt eigentlich „Moisture online“? Feuchtigkeit aus dem Internet? Oder „Super Anti Oxidant Complex“? Der Laie könnte dahinter ein Silberputzmittel mit Anlaufschutz vermuten. Das aber wäre ebenso falsch wie die Annahme, beim „Lift minceur“ handle es sich um einen Nachfolger des Paternosters.
Willkommen im Reich der Care-Companies und Beauty-Concepts. Sorry, man kann es auch ganz simpel sagen: Es geht um das, was wir uns täglich ins Gesicht schmieren für viel Geld, mit großer Hoffnung auf kleine Wirkung.
Aber eins ist doch wohl klar: Zunächst müssen wir uns blind auf die Versprechungen der jungen, faltenlosen Werbegesichter verlassen. Denn um herauszufinden, was wirklich hinter „100 % Time Release Moisturizer with Bio Mineral Water“ steckt, brauchen wir sehr viel Sprachgefühl und Selbstbewusstsein. Oder bringen Sie „Firm Believer Body Toning Treatment“ problemlos über die Lippen?
Warum eigentlich dieser ganze Zirkus? Viviane von Kapherr, PR-Managerin der Firma Guerlin:
„Das ist Trend, den viele Kosmetikriesen heute mitmachen. Wir haben jetzt festgestellt, dass die komplizierten Namen unsere Käufer abschrecken, werden jetzt wieder einfache Titel einführen.“
Versteh einer die Konsumenten! Bei L’Oreal war es genau andersherum. Der deutsche Name „Haar-Längen-Zement“ rief zu große Baustellenassoziation hervor, blieb deshalb in den Regalen liegen. Jetzt heißt der Festiger „Haar-Länge-Ciment“ und geht weg wie warme Semmeln.
Doch die Zeiten von einfachen Namen wie Nivea und Penatencreme werden wohl nie wiederkommen. Und „All about lips“ wird Ihnen keinesfalls mehr über Ihre Lippen verraten, sondern ist eine „federleichte Lotion, die Ihren Lippenstift noch besser aussehen lässt“. Fettstift ist eben lange noch nicht Fettstift.

Christian Deysson

Werbung – Beschleuniger beim Sprachtransport (1995)

„Hier wird deutsch gespuckt.“ So spottete der Wiener Kulturkritiker Karl Kraus vor 90 Jahren über den Sprachpurismus im Deutschen Kaiserreich, wo der Gebrauch von Fremdwörtern fast schon an Vaterlandsverrat grenzte. Die deutsche Sprache sei zwar die tiefste, die deutsche Rede jedoch die seichteste, krittelte der scharfzüngige Österreicher. Dieses Ungleichgewicht ist jetzt endlich beseitigt. Die deutsche Rede ist immer noch seicht – doch die deutsche Sprache ist es inzwischen auch. Im globalisierten Deutschland wird deutsch gespeakt.
Die Werbetexter machen uns täglich vor, wie so etwas geht: „Sign. Oder nicht sein.“ Mit diesem haarsträubenden deutsch-englischen Wortspiel warb kürzlich eine Technologiefirma mit dem urdeutschen Namen HighwayOne für ihre Aktienemission am Neuen Markt. „Flexible bandwidth, high Speed access, digital networks, value added services, broadband“ und, nicht zu vergessen, „State-of-the-art-Technologie“ – so umschreibt der in München ansässige Computerspezialist seine Kompetenzen. Die Firmenphilosophie bringt er auf die gut bajuwarische Formel: „Speed up your biznet.“
Was diese Werbung wirklich drollig macht, ist ein klein gedruckter Hinweis des Inserenten, dass sich der Anzeigentext an Investoren mit Wohnsitz in Deutschland wendet und deshalb „nur in deutscher Sprache abgefasst“ sei. In deutscher Sprache? Selbst wenn es sich bei diesem Kauderwelsch tatsächlich um die deutsche Sprache handeln würde, wäre es vergebliche Müh: In Deutschland spricht bald niemand mehr Deutsch. […]

„Die Werbung spielt eine Verstärker- und Beschleunigerrolle beim Sprachtransport und bei der Verbreitung von Sprachen“, sagt der Düsseldorfer Werbeberater Peter Zernisch, ein alter Meister des Metiers. Kein Wunder also, dass kaum ein Großkonzern (von Internetunternehmern ganz zu schweigen) heute darauf verzichten mag, reichlich englische und amerikanische Brocken in seine Werbung einzusprenkeln – oder seine Botschaft gleich ganz auf Englisch zu verkünden. [...]
Doch ähnlich wie Schlagertexte und Künstlernamen wirken auch Plattitüden auf Englisch nicht ganz so peinlich kleinkariert wie im heimischen Idiom. Liz Taylor hört sich irgendwie besser an als Liesel Schneider, William Shakespeare besser als Willy Schütelspeer. Insofern hat Englisch einen ähnlichen Effekt wie gewisse Sonnenbrillen, die alles ein wenig intensiver, aufregender, großzügiger wirken lassen, indem sie sozusagen das Banale aus dem Sichtbaren herausfiltern.
Den Sonnenbrilleneffekt des Anglophonen setzen die Werber gekonnt ein. Die Telefongesellschaften strapazieren ihn sogar bis zum Überdruss. Der texanische Linguist und Ethnologe Richard McCormack, der dem weltweiten Einfluss der englischen Sprache in einer amüsanten Untersuchung – R. W. B. McCormack: „Travel Overland – eine anglophone Weltreise“ (Verlag C. H. Beck, München 1999) – nachspürte, identifiziert die Deutsche Telekom mit ihrem anglophonen Tarifjargon (Xtra card, International Roaming, Global Call, Local Call, Regio-Call, Weekend Call, Data-only Call) als den klaren „Marktführer bei der Verbreitung englischer Begriffe“. Andere Telefonanbieter rühren bei der Sprachpanscherei kräftig mit. [...]
So irritierend die Inflation der Anglizismen und Amerikanismen auf Menschen mit Kultur auch wirken mag, so sinnlos ist der Versuch, die Sprache durch staatliche Eingriffe schützen zu wollen. Sprachen sind lebende Organismen, die sich dem gesellschaftlichen und kulturellen Wandel der jeweiligen Sprachräume anpassen. Wäre dies nicht so, würde die Sprache den Weg der Saurier gehen. Sprachen sind wie Märkte. Abschotten hilft nicht. Das Beispiel Frankreichs zeigt die Nutzlosigkeit solcher Unterfangen. Trotz des linguistischen Hegeinstinkts der Regierung, strengen Sprachgesetzen und Strafandrohung bis zu sechs Monaten Haft (wie in Italien zuletzt unter Benito Mussolini) setzt sich der Vormarsch der Mischsprache Franglais fort.
„Treffen zwei Sprachen aufeinander, behält das Englische die Oberhand“, sagt der Sprachforscher McCormack. Diese Regel bewahrheitet sich heute noch mehr als früher. Was der englischen Sprache neuerdings zu solcher Verbreitung verhilft, ist nicht der oft angeprangerte amerikanische Kulturimperialismus, sondern ihr spezifischer Charakter. Die englische Sprache, die Schopenhauer als ein „aus Lappen heterogener Stoffe zusammengeflicktes Gedankenkleid“ bezeichnete, ist das ideale Vehikel für eine von Geschwindigkeit, Ökonomisierung, Technisierung und Versportung geprägte Zeit.
Die meisten englischen Wörter sind einsilbig, kurz und knapp. Damit wird Englisch zum Esperanto[1] einer Welt, in der die Kommunikationstechnik immer perfekter, aber das Mitgeteilte immer dürftiger wird. Die englische Sprache ist auch wie geschaffen für ein Tech-

1 **Esperanto:** künstlich geschaffene Weltsprache

nikzeitalter, das „Wörter zusammenschlägt und durch Silbenamputation auf Kürzel reduziert“ (Zernisch). Es ist gleichsam die Turbosprache für eine Gesellschaft, die sich am liebsten in verknappten Zeichen und Formeln verständigt.
Und wer sagt denn, dass das Werbeenglisch immer nur als Einbahnstraße funktionieren muss? Hier und da unternehmen die Amerikaner ja auch rührende Versuche, sich in ihrer Werbung dem kontinentaleuropäischen Sprachgut zu nähern. Mit einem Slogan, der nach kalifornischen Maßstäben schon von tiefer intellektueller Durchdringung europäischer Kulturen zeugt, warb American Airlines in Los Angeles vor einiger Zeit für die Einführung zweier neuer Direktflüge nach Paris und München: „Oh-la-la und Hump-ta-ta!“

1. Schreiben Sie alle unverständlichen Wörter aus den Texten „Lippenbekenntnisse – Warum Schönheitspflege zum Zungenbrecher wird“ (▷ S. 352) sowie „Werbung – Beschleuniger beim Sprachtransport“ heraus und klären Sie ihre Bedeutung mit Hilfe von Lexika und Internet.
2. Erörtern Sie den Satz „Die Werbung spielt eine Verstärker- und Beschleunigerrolle beim Sprachtransport und bei der Verbreitung von Sprachen“ (Z. 38 ff.).
3. Worin besteht der „Sonnenbrilleneffekt des Anglophonen“ (Z. 60)?
4. Führen Sie das Planspiel „Produktnamen entwickeln“ auf S. 358 durch. Bilden Sie dazu Arbeitsgruppen, die ausschließlich anglophone Namen entwickeln, sowie Arbeitsgruppen, die gänzlich auf den Wortbestand und die Wortbildungsmöglichkeiten des Deutschen zurückgreifen. Legen Sie die Auswertung Ihrer Versuche schriftlich nieder.

Projekte: Gegenwartssprache

Günther Drosdowski

Jugendsprache (1989)

Wenn es um die Vulgarisierung[1] unserer Sprache geht, dann wird an erster Stelle die Jugendsprache genannt, werden Bildungen und Ausdrucksweisen angeführt wie „abgefuckt, Schleimi, tote Hose, keinen Bock haben, gut drauf sein“, „Die Tussi törnt mich unheimlich an“ oder „Der beknackte Opa hat null Durchblick, der rafft das nicht“. Viele Erwachsene befürchten, dass die Jugendsprache die Hochsprache zugrunde richte oder in einigen Jahren die Sprache der Allgemeinheit sein würde, die sie sich auch aneignen müssten. Sie verkennen dabei völlig, dass sich die Jugendlichen mit dieser Sprache ganz bewusst von den Erwachsenen absondern wollen und es scheußlich finden, wenn sich Erwachsene bei ihnen sprachlich anbiedern und die „Erkennungsmelodie“ ihrer Gruppe übernehmen.

1 **Vulgarisierung:** Verrohung

PROJEKT JUGENDSPRACHE

Wie steht es um die Verständigung unter Jugendlichen oder zwischen Jugendlichen und Erwachsenen? Sie können aus Ihrem privaten oder beruflichen Umfeld aktuelle Sichtweisen über das Verhältnis der Generationen in Bezug auf Sprache gewinnen.

1. Entwickeln Sie in Ihrer Arbeitsgruppe Fragebögen oder Interviewfragen und sammeln Sie
   - Aussagen von Erwachsenen über die Jugendsprache,
   - Aussagen von Jugendlichen über die Erwachsenensprache.
2. Werten Sie Ihre Umfrageergebnisse aus und gestalten Sie ein Radiofeature für das Schul- oder Lokalradio, eine Videodokumentation Ihrer Umfrage für das Lokalfernsehen oder entwerfen Sie Plakate zum Thema.

FREMDWORT-ÜBERTRAGUNG IN FACHSPRACHE UND ALLTAGSSPRACHE

1. **Anglizismen in der privaten und öffentlichen Kommunikation**
   a) Untersuchen Sie authentische Sprachverwendungen in der privaten und öffentlichen Kommunikation im Hinblick auf den anglo-amerikanischen Bestand an Wörtern und Wendungen. Zeichnen Sie Alltagsgespräche auf und verfassen Sie selbst fiktive Dialoge zu folgenden Themen:
   - Sport/Fitness
   - Mode
   - Pop-Musik
   - Werbe-Management

   b) Untersuchen Sie audio-visuelle oder in den Printmedien veröffentlichte Werbetexte zu den Bereichen:
   - Tourismus
   - Genussmittel (Kaffee, Zigaretten, Getränke)
   - Auto
   - Kommunikation (Telefon/TV/Computer/Internet)
   - Investment/Banken

2. **Anglizismen in der Computersprache**
   a) Beschaffen Sie sich Gebrauchsanleitungen für PCs oder Drucker sowie Werbetexte für Software und untersuchen Sie sie auf ihren Sprachgebrauch hin. Listen Sie die fachsprachlichen Nomen und Verben auf und verschaffen Sie sich einen Überblick über den Anteil deutsch-/englischsprachiger Wörter.

   b) Falls Sie einen Internet-Anschluss nutzen können oder Erfahrungen mit dem Schreiben von E-Mails haben, können Sie Beispiele für die Veränderung des Schreibens unter dem Aspekt der „Sprachrichtigkeit" zusammentragen und analysieren. Stellen Sie einige der in solchen weltweiten Kommunikationen üblichen „Emoticons" (Sonderzeichen für Mailbox-Benutzer) vor und erklären Sie die Grenzen des ASCII-Codes für den deutschsprachigen Benutzer. Kennen Sie Beispiele von Network-Poesie oder satirische Texte, in denen im Stile amerikanischer Informatik-Studenten kommuniziert wird?

   c) Untersuchen und kommentieren Sie die folgenden Übertragungen aus der Computer- in die Alltagssprache:

megageil gigageil Hast du einen Chipinfarkt/ einen Systemabsturz?

Du kriegst wohl gar nichts auf deinen Schirm!

Da muss ich ein neues Fenster öffnen.

   d) Wie ist umgekehrt die Übernahme von Begriffen und Metaphern aus der Alltagssprache in die Computersprache zu erklären? Erläutern Sie den Bildgehalt der folgenden Begriffe:

Menü Fenster Maus
Netz Maske Viren
Absturz Papierkorb
Pufferspeicher
Debugging (bug = Wanze, Insekt)
Escape-Taste

3. **Alltagssprache und Wissenschaftssprache**
   Sprachkritiker behaupten, dass sich in unserer Alltagssprache einige wissenschaftlich anmutende Wörter zu Worthülsen degeneriert haben. Sie nennen folgende Beispiele:
   „Kommunikation", „Information", „Ebene", „Problem", „Energie", „Austausch", „Beziehung", „Transparenz", „Rezeption", „Struktur", „System", „Interaktion".
   Beobachten Sie Ihre eigene und die öffentliche Sprachverwendung (z. B. in Lehrbuchtexten aus dem sozialwissenschaftlichen Bereich). Stellen Sie entsprechende Sätze oder Wendungen zusammen. Ermitteln Sie unterschiedliche Bedeutungen gleicher Wörter.

3.3 Neologismen

Lewis Carroll/Christian Enzensberger

Alice hinter den Spiegeln
(1872/1963)

Verdausig wars, und glasse Wieben
Rotterten gorkicht im Gemank;
Gar elump war der Pluckerwank,
Und die glassen Schweisel frieben.

„Hab Acht vorm Zipferlak, mein Kind!
Sein Maul ist beiß, sein Griff ist bohr!
Vorm Fliegelflagel sieh dich vor,
Dem mampfen Schnatterrind!“

[…] „Es klingt recht hübsch“, sagte sie, als sie damit zu Ende war, „nur ist es leider *etwas* schwer verständlich!“ (Dass sie sich überhaupt keinen Vers darauf machen konnte, wollte sie nämlich nicht eingestehen, nicht einmal sich selbst gegenüber.) „Irgendwie kommen mir dabei lauter Gedanken in den Kopf – aber ich weiß nicht genau, welche!“

---

1. a) Kommen Ihnen beim Lesen der beiden Strophen auch „Gedanken in den Kopf“? Vielleicht finden Sie (im Gegensatz zu Alice) heraus, welche.
   Schreiben Sie alle Gedanken auf, die Ihnen spontan einfallen. Halten Sie alle Einfälle Ihrer Lerngruppe ▷ S. 26 in einem ▷ Cluster fest.
   b) Beschaffen Sie sich den Roman „Alice hinter den Spiegeln“ von Lewis Carroll und lesen Sie die „Erklärung“ des Gedichts im sechsten Kapitel. Was halten Sie von dieser Deutung?
2. Nehmen Sie Buchstabenkarten oder ein Scrabble-Spiel und erfinden Sie selbst neue Wörter durch die Kombination der Buchstaben.
   a) Setzen Sie die Buchstaben nach dem Zufallsprinzip zusammen.
   b) Denken Sie sich selbst ein neues Wort aus und schreiben sie es auf. Sie können sich an dem Gedicht von Carroll orientieren.
   c) Vergleichen Sie Ihre Ergebnisse aus Aufgabe 2 a und b miteinander. Was lässt sich bezüglich der Bildung von Neologismen, also sprachlichen Neuschöpfungen, aussagen?
   d) Wählen Sie aus dem Kapitel D 4: „Lyrik“ (▷ S. 290 ff.) ein Gedicht aus und ersetzen Sie Nomen und Verben durch selbst erfundene Wörter. Lassen Sie Ihren Nachbarn erraten, von welchem Gedicht sie ausgegangen sind.
3. Vergleichen Sie Ihre Worterfindungen mit der Bildunterschrift auf S. 345 („Das Ipsophon“) und dem Anuga-Wörterbuch auf S. 349. Wo finden Sie Parallelen, wo zeigen sich Abweichungen in der Wortbildung?

Neologismus [Pl. Neologismen; griech. *neos* ‚neu‘, *logos* ‚Wort‘]. Neugebildeter sprachlicher Ausdruck (Wort oder Wendung) zur Bezeichnung neuer Sachverhalte (z. B. in der Technik) oder neuer Konzepte (z. B. in Politik und Kultur). Neben Tendenzen zur Präzisierung bzw. Verdeutlichung üben sprachökonomische und stilistische Faktoren einen entscheidenden Einfluss aus. In formaler Hinsicht wird unterschieden in (a) Bildung neuer Ausdrücke auf der Basis vorhandener morphologischer[1] Mittel und Konstruktionsregeln (z. B. *Entsorgung, Lauschangriff*); (b) Bedeutungsübertragung (z. B. *Linse, Strom*) und (c) Entlehnungen aus anderen Sprachen (z. B. *Team*, wobei diese drei Quellen nicht immer exakt voneinander zu trennen sind (vgl. *Mondfähre, Herzschrittmacher*); (d) Zusammensetzungen mit einer metaphorisch[2] gebrauchten Konstituente[3] *(Müllschlucker)*.

1 **morphologisch:** die sprachlichen Formen betreffend
2 **metaphorisch:** im übertragenen Sinn
3 **Konstituente:** sprachliche Einheit

4. Sammeln Sie sprachliche Veränderungen oder Neuerungen aus Ihrer eigenen Berufsrichtung und legen Sie eine Tabelle nach folgendem Muster an:

Neologismen – Sprachliche Neubildungen auf der Basis von:			
a) vorhandenen Mitteln und Konstruktionsregeln der Wortbildung	*b) Bedeutungsübertragung*	*c) Entlehnungen aus anderen Sprachen*	*d) Zusammensetzungen mit einem Wortbestandteil, der als Metapher verwendet wird*
z.B. „Entsorgung" (Wortbildung entsprechend „Entbindung", „Entscheidung")	*z.B. „Linse" (Hülsenfrucht → optische Linse)*	*z.B. „Team" (aus dem Englischen)*	*z.B. „Müllschlucker"*
...	...	...	...
...			

Titus Arnu

Der Branding-Experte

Als Manfred Gotta noch bei einer Frankfurter Werbeagentur angestellt war, musste er einmal ein neues Tierfutter bewerben, das „Katzenschmaus" heißen sollte. Das Wort klingt für Deutsche ein wenig beknackt, aber für Franzosen und Amerikaner ist es schlicht unaussprechbar. Der Hersteller beharrte auf dem Titel, und der Werbefachmann kündigte. Gotta beschloss, sich fortan hauptberuflich Namen für neue Produkte auszudenken. Freunde und Kollegen hielten ihn für verrückt.

Mittlerweile verdient der 50-jährige Manfred Gotta mit dem Erfinden von Fantasiebegriffen gutes Geld. Er benannte eine Luxuslimousine mit dem seltsamen Wort „Xedos", einen kleinen Flitzer taufte er „Twingo", einen Mittelklassewagen „Vectra", ein neuartiges Waschpulver „Megaperls".

Mehr als 80 Firmen aus Europa, Japan und den USA sind Kunden der Gotta GmbH in Frankfurt. In Gottas Namen werden Autos, Süßigkeiten und Telefone verkauft. Für einen national einsetzbaren Namen verlangt Gotta rund 100000 Mark, für einen europaweit tauglichen Kunstbegriff mehr als das Doppelte. Verglichen mit den Gesamtentwicklungskosten eines Autos oder eines Schokoriegels ist das ein Klacks. Aber der Name ist maßgeblich beteiligt am Image und somit oft wichtiger als Farbe und Form des Produktes. Wie im Wilden Westen, wo die Cowboys ihre Kühe brandmarkten, um sie unverwechselbar zu machen, ist es in der freien Marktwirtschaft absolut notwendig, ein Produkt einmalig erscheinen zu lassen – obwohl es nur eines unter tausend gleichen ist.

Ein guter Name, erklärt der professionelle Namensgeber, „weckt positive Assoziationen, ist international verwendbar und einzigartig". Das gilt sowohl für japanische Autos, die in Europa und Amerika Käufer finden sollen, als auch für deutsches Bier, das in alle Welt exportiert wird. „Als global arbeitendes Unternehmen muss man an eine globale Identität denken", sagt Manfred Gotta.

Ein neues Produkt muss auffallen um fast jeden Preis. Je exotischer und unbekannter ein Begriff ist, desto mehr Neugier weckt er. Sperrige Wörter wie „Xedos" oder „Kelts" müssen dabei um Gottes willen kein Hindernis sein, im Gegenteil: „Besser ein eckiges Etwas als ein rundes Nichts."

Mit Gottas Hilfe soll sogar das Maskottchen der Weltausstellung in Hannover, der Expo 2000, weltberühmt werden. Gotta taufte das komische Kerlchen „Twipsy". Auf so einen Namen kommt Gotta durch bloßes Herumspinnen. Er schließt sich eine viertel bis halbe

Stunde lang mit dem namenlosen Objekt in ein Zimmer ein, betrachtet das Ding eingehend, versucht, dessen Wesen in Worte zu fassen. Bei diesem Brainstorming entstehen meistens mehrere Variationen eines Namens, die Gotta anschließend mit seinen Mitarbeitern diskutiert.

Der kreative Teil ist aber erst der Anfang einer Wortschöpfung. Wochenlang recherchieren Gottas Mitarbeiter dann, ob die Rechte für einen Namen weltweit frei sind, ob das Wort in irgendeiner Sprache schlecht auszusprechen ist oder zufällig eine anzügliche oder beleidigende Bedeutung hat. Mitsubishi hatte mit seinem „Pajero“ in spanischsprachigen Ländern zum Beispiel wenig Glück, weil das Wort dort ein übles Schimpfwort ist.

Im Idealfall klingt ein Markenname weltweit sinnfrei und passt zum Produkt. Für seinen „Twingo“ erhielt der Branding-Profi das bisher schönste Lob: Das Auto sei so originell wie sein Name. Nur der Name seines jüngsten Produktes bereitete Manfred Gotta echtes Kopfzerbrechen. Der kreative Hesse war „etwas befangen“ bei der Namenswahl für den eigenen Sohn. Nun heißt der Junge Julian. Das ist zwar nicht einzigartig, aber es klingt schön und ist auf jeden Fall international einsetzbar.

PLANSPIEL: PRODUKTNAMEN ENTWICKELN

Bilden Sie Teams, die als konkurrierende „Branding-Agenturen“ arbeiten sollen. Einigen Sie sich zunächst auf eine bestimmte Art von Produkten (z. B. Lebensmittel, Autos oder eine andere, für Ihre berufliche Richtung typische Produktgruppe), für die anschließend in den „Agenturen“ neue Markennamen entwickelt werden sollen.

Erste Spielphase: Die Arbeit der „Branding-Agenturen“ (Arbeitsgruppen)

1. Überlegen und notieren Sie gemeinsam, was an Ihrem Produkt besonders charakteristisch sein könnte und durch einen Markennamen unterstrichen werden soll.
2. Jedes Gruppenmitglied schreibt nun (für die anderen nicht sichtbar) auf kleine Zettel alle Namen, die ihm spontan zu dem Produkt einfallen. Überlegen Sie nicht lang, sondern schreiben Sie einfach möglichst viele Namen auf.
3. Legen Sie nach einigen Minuten alle Zettel auf einem Tisch aus. Gehen Sie die Vorschläge durch und einigen Sie sich auf einen Namen.
4. Schreiben Sie den Namen groß und gut lesbar auf eine leere Verpackung oder ein großes Blatt.

Zweite Spielphase: Wie bewähren sich die neuen Namen? (Gesamtgruppe/Plenum)

5. Alle Gruppen legen nun dem Plenum ihr Arbeitsergebnis vor. Erläuterungen werden nicht gegeben.
6. Versuchen Sie, allein anhand der Namen Rückschlüsse
   a) auf die Art und
   b) auf charakteristische Merkmale der Produkte zu ziehen.
      - Wie wurden die Namen gebildet? Ziehen Sie Ihre Tabelle zu Neologismen auf S. 357 heran.
      - Welche Arbeitsgruppe erzielte das eindeutigste Ergebnis?
7. Führen Sie in der Gesamtgruppe eine Umfrage über die mutmaßliche Preislage der von den Arbeitsgruppen benannten Produkte durch. Oft ist es möglich, allein aufgrund der Namen etwas über den Produktpreis auszusagen. Wie kommt es dazu?

F Sprechen und Schreiben

1 Alltagsgespräche

1.1 Kontakt aufnehmen

EIN BILD KONSTRUIEREN NACH DEN WORTEN EINES ANDEREN

- Bringen Sie Postkarten und Bilder aus Zeitschriften mit Landschaftsaufnahmen von zu Hause mit und legen Sie sie auf einem Stapel zusammen.
- Setzen Sie sich paarweise mit Ihren Stühlen Rücken an Rücken verteilt in den Raum.
- Einer übernimmt die Sprecher-, einer die Zuhörerrolle.
- Der Sprecher/die Sprecherin wählt ein Bild aus dem Stapel.
- Der Sprecher/die Sprecherin beschreibt das Bild, während der Zuhörer/die Zuhörerin ohne Kommentar oder Fragen nur zuhört.
- Anschließend wird das beim Zuhörer/bei der Zuhörerin entstandene Bild mit dem tatsächlichen Bild gemeinsam verglichen.
- Sie können dann mit einem anderen Bild die Rollen tauschen.

1. a) Fassen Sie Ihre Eindrücke von dieser Bildbeschreibung aus der Sicht der beiden Rollen zusammen.
   b) Wodurch entstanden Schwierigkeiten?
   c) Welche Verständigungsmittel hätten die Bildbeschreibung erleichtert?
   d) Erstellen Sie eine Liste der Möglichkeiten, mit denen man sich verständigen kann.

Gespräch an der Haltestelle

A: Also, der Bus könnte langsam kommen.
B: Hm. Ja. Warten schon lange genug.
A: Schon zehn Minuten auf die 16. Bei diesem Wetter.
B: Wirklich schlecht das Wetter. Und so kalt.
A: Ich kriege ganz schön Ärger, wenn ich zu spät komme.
B: Das ist bei mir kein Problem, bei ein paar Minuten.
A: Aber sich immer für die entschuldigen, macht keinen Spaß.
B: Pünktlich die Busse und Bahnen. Da kommt die 16.
A: Wurde auch Zeit. Also, tschüss.
B: Tschüss.

Gespräch nach der Schule

A: Hallo Bettina!
B: Hi, Claudia! Alles gerafft?
A: Nee, nichts. Nichts ist klar. BWL wieder.
B: Richtig kapiert hab ich das heute noch nicht.
A: Ich auch nicht. Wir könnten ja zusammen lernen. Bei mir.
B: Meinst du jetzt gleich?
A: Nein!
B: Ja …
A: Also wann …?
B: So um vier?
A: O. K., um vier. Bis dann. Tschüss!
B: Tschüss!

2. a) Untersuchen Sie den Aufbau der beiden Gespräche und ermitteln Sie ihre Bestandteile.
   b) Vergleichen Sie Ihr Ergebnis mit der folgenden Grafik (▷ S. 360).

Gespräch
Handlungsplan z. B.: Kontakt herstellen

Gesprächsrahmen

Gesprächseröffnung mit einzelnen Gesprächsschritten → *Gesprächsmitte* untergliedert in Teilphasen = Gesprächssequenzen → *Gesprächsbeendigung* mit einzelnen Gesprächsschritten

3. Beschreiben Sie, wie die Partner/innen in den beiden Gesprächen (▷ S. 359) miteinander Kontakt aufnehmen.
4. a) Sammeln Sie Anreden oder Begrüßungsformeln, die Sie benutzen oder gehört haben.
   b) Kennzeichnen Sie Situationen, in der Begrüßungswörter wie „Hallo", „Hi", „Hallöchen", „Na du ...", „Tag", „Guten Tag", „Tagchen" verwendet werden können.
   c) Auf welche Art und Weise kommt der Kontakt zwischen Fremden zustande?

Der **Gesprächseinstieg** stellt in allen Kommunikationsprozessen eine besonders schwierige Situation dar. An dieser Stelle entscheidet sich oft, ob sich ein Gespräch erfolgreich entwickeln kann.

Regina Hamburger

Ein lebendiger Kontakt

Wenn wir mit jemandem ins Gespräch kommen wollen, den wir noch nicht kennen, wissen wir nicht, wofür er sich interessiert, was er mag und was er nicht leiden kann, wofür er sich begeistern kann und was seine Reizthemen sind, bei denen er regelmäßig in die Luft geht. Genauso geht es dem anderen mit uns. Was wir voneinander wissen, beschränkt sich zunächst auf das, was wir in dieser Situation hier und jetzt wahrnehmen können. Wenn Sie zum Beispiel ein leidenschaftlicher Fußballanhänger sind, wird der Mensch, der im Stadion neben Ihnen steht, mit großer Wahrscheinlichkeit auch am Fußball interessiert sein. Da ist der gemeinsame Spiel-Raum schnell gefunden.

Ein lebendiger Kontakt entsteht, wenn wir uns offen äußern können. Das heißt nun nicht, dass wir einem Fremden ein möglichst umfassendes Bild von uns geben sollen, sondern Offenheit bedeutet: Offenheit in dieser Situation. Unverkrampft ist ein Kontakt, in dem wir dem anderen ein Angebot machen und abwarten können, wie er es aufnimmt und was er damit macht. Gespräche, in denen der eine dem anderen lang und breit erzählt, was er beruflich macht, wie er wohnt, was für ein Auto er fährt und welche Reisen er unternimmt, sind für beide ermüdend. Menschen, die ihr Gegenüber mit einer langen Litanei ihrer Heldentaten überfallen, sind auf Bewunderung aus. Ihr Ziel erreichen Sie meist nicht. Denken wir in einem solchen Fall nicht, „der hat's aber nötig", und wenden uns ab? Sympathie lässt sich dagegen viel eher erwecken, wenn wir uns darauf beschränken, den Teil von uns zu zeigen, der von dieser Situation angesprochen wird, und zugleich dem anderen die Möglichkeit geben, sich ebenso zu äußern.

5. Welche Maßstäbe nennt Regina Hamburger für das Gelingen eines Gesprächskontaktes?

Auch **Flirten** bringt Menschen miteinander in Kontakt. Gemeint ist damit, alle Kommunikationsmittel zu nutzen, um mit jemandem Kontakt aufzunehmen, ohne ihn zu belästigen.

6. Beschreiben Sie Ihre Eindrücke und Erfahrungen vom Flirten.
7. Sagen Sie Ihrem Nachbarn/Ihrer Nachbarin, was Sie an ihm/an ihr gut finden.
8. a) Gehen Sie im Raum herum und sagen Sie sich gegenseitig etwas Positives über Kleidung oder Äußeres.
   b) Warum fällt das nicht immer leicht?
9. Wie gehen Sie mit positiven Bemerkungen/Komplimenten um?
10. a) Überlegen Sie Kontaktangebote für die folgenden Alltagssituationen:
    - Sie stehen in einer Schlange vor der Kinokasse.
    - Sie suchen Kontakt in einer Disco.
    - Sie fahren mit fünf Personen im Aufzug im Hotel oder Warenhaus in die 6. Etage.
    - Sie benutzen die Kleidung eines anderen als Aufhänger für ein Gespräch.
    - Sie setzen sich in einem Schnellrestaurant an einen zum Teil besetzten Tisch.
    - Sie sprechen im Bus mit Fahrgästen.

    b) Stellen Sie die Ergebnisse in Rollenspielen vor.

1.2 Wie Verständigung gelingen kann

Virginia Satir

Die meisten von uns sprechen in Kurzschrift

Wir selbst verstehen diese Kurzschrift und wundern uns, warum „du Dummkopf mich nicht verstehst". Sie wird oft von Körperbotschaften begleitet, die genau das Gegenteil ausdrücken. Stelle dir jemanden vor, der mit dem Mund zwar „ja" sagt, aber dabei den Kopf schüttelt. Was wir dem anderen jedoch in Wirklichkeit vermitteln wollen, ist unsere volle Aufmerksamkeit, die zum „ich verstehe dich, und ich fühle mich von dir verstanden" führt. Anfangs erscheint dies vielen Menschen schwieriger, vor allem weil es etwas Neues darstellt.

Rainer E. Kirsten/Joachim Müller-Schwarz

Wir reden einfach zu viel

„Worte! Worte! Worte! Sie kotzen mich einfach an, diese Worte!" Dieser Ausruf stammt nicht etwa aus einem Ehestreit, sondern von Eliza Doolittle aus dem Musical „My Fair Lady". Besser kann eigentlich gar nicht ausgedrückt werden, was uns hindert, andere wirklich zu verstehen und ihnen bei ihren Problemen zu helfen. Wir reden einfach zu viel. Wir sind von der Bedeutung unserer Worte für unser Gegenüber zutiefst überzeugt und nehmen uns dabei nicht die Zeit, seine Handlungen richtig zu verstehen und seine Worte zu entschlüsseln. Wir tendieren dazu, zu beurteilen, zu bewerten, Missfallen oder Gefallen auszusprechen, ehe wir wirklich verstanden haben, was der andere sagt, und versuchen, die Gedanken, Ideen und Vorstellungen aus der Perspektive des anderen zu sehen und herauszufinden, welche Gefühle und Wünsche er damit verbindet.

1. a) Stellen Sie in einer Tabelle die Auffassungen über richtiges Verstehen in den beiden Texten dar.
   b) Welchen der beiden Standpunkte teilen Sie? Begründen Sie Ihre Auffassung.
2. Welche Reaktionen löst der folgende Ausspruch bei Ihnen aus?
   „Die Menschen sind mit zwei Ohren geboren worden und mit nur einem Mund."
3. a) Diskutieren Sie über Situationen, in denen Verstehensprobleme für Sie oder andere entstanden sind.
   b) Stellen Sie die Ergebnisse Ihrer Diskussion in einem Diagramm zusammen.

Sach- und Beziehungsebene der Kommunikation

Für den Erfolg eines Gesprächs ist nicht nur das **Thema** entscheidend, sondern auch die **Beziehung** zwischen den Gesprächspartnern. Der Kommunikationswissenschaftler Paul Watzlawick hat festgestellt, dass es in jeder Kommunikation einen Sach- und einen Beziehungsaspekt gibt.

Das Gespräch zwischen Menschen kann man sich vorstellen wie einen Eisberg.
Einen kleinen Teil, über der Wasseroberfläche, sehen wir. Der größere Teil ist im Wasser verborgen. Sachthemen sind leicht wahrzunehmen, Beziehungsthemen („ich denke über dich, ich schätze an dir“) und Gefühlsthemen („ich fühle, ich brauche, ich möchte“) nehmen wir selten wahr, sie werden häufig in Sachthemen umgeleitet. Dadurch wird über Sachthemen oft auch ein Beziehungsproblem ausgetragen.

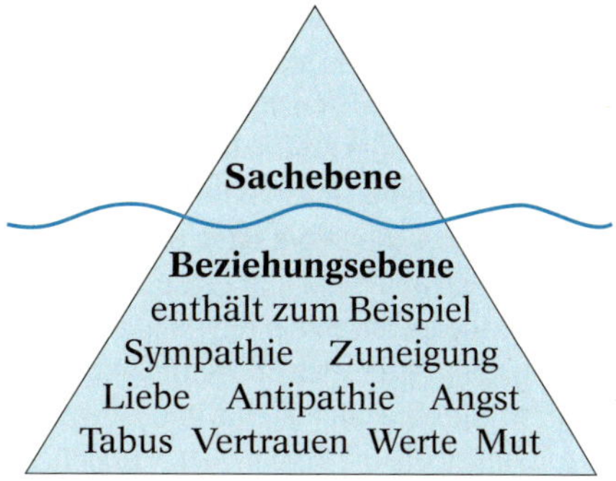

4. a) Stellen Sie typische Alltagssituationen in Rollenspielen dar.
   b) Untersuchen Sie die Gespräche in diesen Situationen im Hinblick auf die Sach- und die Beziehungsebene.

Friedemann Schulz von Thun

Die vier Seiten einer Nachricht

Schauen wir uns eine „Nachricht“ genauer an. Für mich selbst war es eine faszinierende „Entdeckung“, die ich in ihrer Tragweite erst nach und nach erkannt habe, *dass ein und dieselbe Nachricht stets viele Botschaften gleichzeitig enthält.* Dies ist eine Grundtatsache des Lebens, um die wir als Sender und Empfänger nicht herumkommen. Dass jede Nachricht ein ganzes Paket mit vielen Botschaften ist, macht den Vorgang der zwischenmenschlichen Kommunikation so kompliziert und störanfällig, aber auch so aufregend und spannend.
Um die Vielfalt der Botschaften, die in einer Nachricht stecken, ordnen zu können, möchte ich vier seelisch bedeutsame Seiten an ihr unterscheiden. Ein Alltagsbeispiel:

Der Mann (= Sender) sagt zu seiner am Steuer sitzenden Frau (= Empfänger): „Du, da vorne ist Grün!“ – Was steckt alles drin in dieser Nachricht, was hat der Sender (bewusst oder unbewusst) hineingesteckt, und was kann der Empfänger ihr entnehmen?

1. Sachinhalt
(oder: Worüber ich informiere)
Zunächst enthält die Nachricht eine Sachinformation. Im Beispiel erfahren wir etwas über den Zustand der Ampel – sie steht auf Grün. Immer wenn es „um die Sache“ geht, steht diese Seite der Nachricht im Vordergrund – oder sollte es zumindest. […]

2. Selbstoffenbarung
(oder: Was ich von mir selbst kundgebe)
In jeder Nachricht stecken nicht nur Informationen über die mitgeteilten Sachinhalte, sondern auch Informationen über die Person des Senders. Dem Beispiel können wir entnehmen, dass der Sender offenbar deutschsprachig und vermutlich farbtüchtig ist, überhaupt, dass er wach und innerlich dabei ist. Ferner: dass er es vielleicht eilig hat usw. Allgemein gesagt: In jeder Nachricht steckt ein

Stück Selbstoffenbarung des Senders. Ich wähle den Begriff der Selbstoffenbarung, um damit sowohl die gewollte *Selbstdarstellung* als auch die unfreiwillige *Selbstenthüllung* einzuschließen. [...]

3. Beziehung
(oder: Was ich von dir halte und wie wir zueinander stehen)
Aus der Nachricht geht ferner hervor, wie der Sender zum Empfänger steht, was er von ihm hält. [...]
Allgemein gesprochen: Eine Nachricht senden heißt auch immer, zu dem Angesprochenen eine bestimmte Art von Beziehung auszudrücken. Streng genommen ist dies natürlich ein spezieller Teil der Selbstoffenbarung. [...]
Genau genommen sind auf der Beziehungsseite der Nachricht zwei Arten von Botschaften versammelt. Zum einen solche, aus denen hervorgeht, was der Sender vom Empfänger hält, wie er ihn sieht. In dem Beispiel gibt der Mann zu erkennen, dass er seine Frau für hilfebedürftig hält. – Zum anderen enthält die Beziehungsseite aber auch eine Botschaft darüber, wie der Sender *die Beziehung zwischen sich und dem Empfänger* sieht („so stehen wir zueinander"). [...]

4. Appell
(oder: Wozu ich dich veranlassen möchte)
Kaum etwas wird „nur so" gesagt – fast alle Nachrichten haben die Funktion, auf den Empfänger *Einfluss zu nehmen*. In unserem Beispiel lautet der Appell vielleicht: „Gib ein bisschen Gas, dann schaffen wir es noch bei Grün!"
Die Nachricht dient also (auch) dazu, den Empfänger zu veranlassen, bestimmte Dinge zu tun oder zu unterlassen, zu denken oder zu fühlen. Dieser Versuch, Einfluss zu nehmen, kann mehr oder minder offen oder versteckt sein – im letzteren Falle sprechen wir von Manipulation.

5. Schreiben Sie in vier Sprechblasen die möglichen Antworten der Autofahrerin auf.
6. a) Versetzen Sie sich bei den nebenstehenden Aussagen in die Rolle des Zuhörers/der Zuhörerin.
   b) Formulieren Sie die Aussagen so um, dass die vier Seiten der Nachricht erkennbar sind.

„Wir kommen heute gut voran."
„Heute sind Sie gut informiert!"
„Das klingt nicht sehr praktisch."
„Das ist sehr gut ausgedrückt."

Einseitige Empfangsgewohnheiten

Viele Empfänger hören überwiegend eine bestimmte Seite einer Nachricht. In folgendem Gesprächsanfang zum Beispiel hört der Empfänger (B) besonders den Sachinhalt:

A. Jetzt sollen die Kopfnoten wieder eingeführt werden. Was das eigentlich soll? Das kann nur mehr Druck geben.
B: Kopfnoten gab es früher, haben mir meine Eltern gesagt ... Die gab es eben.
A: Aber heute haben wir doch eine andere Schule als früher.
B: Was heißt andere Schule? Schule bleibt Schule.
A: ...

7. Stellen Sie bei den folgenden Kurzdialogen fest, wie der Schüler/die Schülerin die Aussage des Lehrers/der Lehrerin versteht:

Lehrer/in:	***Schüler/in:***
Heute scheinen Sie müde zu sein.	*Wir sollen uns wohl mehr melden.*
Heute sind Sie gut informiert.	*Stimmt, wir haben den Stoff drauf.*
Sie arbeiten heute so zügig.	*Sonst bin ich wohl eine Trantüte.*
Wir kommen heute gut voran.	*Aha, er freut sich also.*

8. Führen Sie zu zweit ein kurzes Gespräch, bei dem der Hörer nur eine der Seiten heraushört, egal, was der Sender auch sagt oder sagen will.
   a) Setzen Sie einen Schwerpunkt bei jeweils einer Seite der Nachricht (Sachinformation, Selbstoffenbarung, Beziehung, Appell).
   b) Wechseln Sie anschließend den Schwerpunkt und die Rollen von Sprecher und Hörer.
9. Spielen Sie mit Ihrem Gesprächspartner das Missverständnis-Spiel, indem Sie jede Äußerung im Gespräch mit einer anderen als der vielleicht gemeinten Seite einer Nachricht aufnehmen.

Aufmerksamkeitsreaktionen

Schweigen des/der Zuhörenden gilt in einem Gespräch zunächst einmal als Bereitschaft, dem/der Sprechenden zuzuhören und somit Interesse und Anteilnahme zu zeigen. Allein Schweigen (passives Zuhören) ermutigt die Sprechenden schon, weiterzureden. Auch in einem Gespräch in Freizeit, Schule oder Beruf möchte der Sprecher erkennen, ob ihm zugehört wird. Formen des Zuhörens, die dem Sprecher zeigen, dass der Zuhörer seinen Gedanken folgt, werden als „Aufmerksamkeitsreaktionen" bezeichnet, die über das schweigende Zuhören hinaus das Gespräch in Gang halten wie zum Beispiel Kopfnicken oder „Mhm".

10. Sammeln Sie solche Formen des Rückmeldeverhaltens im Gespräch und ordnen Sie Ihre Ergebnisse in die folgenden Gruppen ein:

nonverbale Mittel	***verbale Mittel***
Kopfnicken	*genau, ach (in Abständen wiederholt)*
...	...

11. Überlegen Sie, was geschieht, wenn bei einem Telefongespräch der/die Zuhörende längere Zeit nichts sagt.
12. a) Wenden Sie in Gesprächssituationen verschiedene Formen des Rückmeldeverhaltens mit Aufmerksamkeitsreaktionen an. Überlegen Sie sich ein geeignetes Gesprächsthema. Themenansätze:

    - *Dafür interessiere ich mich gerade besonders.*
    - *Ich lese gerade etwas über ...*
    - *Hast du schon gehört, dass ...*

    b) Wechseln Sie nach wenigen Minuten die Rollen.
    c) Probieren Sie aus, wie ihr Gesprächspartner reagiert, wenn Sie während des Gesprächs kurzzeitig auf alle Formen des Rückmeldeverhaltens verzichten.

Aktives Zuhören: Rückkopplung schafft Klarheit

Besser noch als Schweigen und Aufmerksamkeitsreaktionen ist aktives Zuhören geeignet, Störungen der Kommunikation zu vermeiden. Es dient in erster Linie dazu, das Gespräch in Gang zu halten. Der/die Zuhörende gibt sein/ihr Verständnis des Gesagten wieder und lässt dem/der Sprechenden die Möglichkeit, sich weiter zu äußern. Das mögliche Missverständnis durch die vier Seiten einer Nachricht legt es nahe, sich durch den Hörer bestätigen zu lassen, was er verstanden hat.
Es gibt sprachliche Verhaltensweisen, mit denen Sie Ihrem Gesprächspartner zeigen, dass Sie ihm zuhören und auch an seinen Gedanken und Empfindungen teilnehmen. Ihre Botschaft heißt sozusagen: „Ich möchte gern verstehen und erfahren, was Sie meinen, ich bin an dem interessiert, was Sie sagen, sprechen Sie bitte weiter." Sie äußern hier keine eigenen Auffassungen, sondern konzentrieren sich ausschließlich auf den Gesprächspartner, in der Absicht, den anderen optimal zu verstehen.
Das folgende Beispiel zeigt im Gespräch von Schülern die durch aktives Zuhören entstehende Rückmeldung des Hörers:

A: Schreiben wir etwa bald darüber so eine schreckliche Arbeit?
B: Was ist für dich schrecklich? Denkst du, dass du das nicht schaffst?
A: Nein eigentlich nicht, nur wenn es wieder so eine Ankreuz-Arbeit wird.
B: Du meinst also, du findest solche Arbeiten sehr schwierig.
A: Ja, genau, weil ...

Gleichzeitig kann der Angesprochene versuchen, auch noch die Stimmung des Sprechers wiederzugeben.

Sprecher: Was soll das, wenn wir wieder alles ändern?
Hörer: Das ist dir zu viel Arbeit. Du hast keine Lust mehr.

Sobald der Sprecher die Rückmeldung gehört hat, kann er sie bestätigen oder korrigieren. Die Bestätigung des Sprechers („Ja, das ist richtig") beweist dem Hörer, dass sein Eindruck richtig war, eine Korrektur („Nein, das ist nicht richtig. Ich ärgere mich, weil wir nicht weiterkommen") zeigt, dass sein Eindruck falsch war.

---

13. Die Partnerübung „Du meinst also ..." kann helfen, in Gesprächen besser aktiv zuzuhören:
    - Je zwei Teilnehmer/innen sitzen oder stehen sich gegenüber. Sie entscheiden sich, wer zuerst die Sprecher-, wer die Zuhörerrolle übernimmt.
    - Der Sprecher wählt ein Thema und stellt zu einem Ereignis, Problem oder Sachverhalt eine These auf. (Beispiel: Gewalt unter Jugendlichen beruht größtenteils auf dem Einfluss der Medien.)
    - Der Zuhörer gibt die These des Sprechers wieder und fängt an mit „Du meinst also ...". Er formuliert so, dass der Sprecher nur mit Ja bestätigen muss.
    - Der Sprecher bestätigt mit Ja oder verneint.
    - Erst nach mehrmaliger Bestätigung mit Ja wechseln die Rollen.
14. Trainieren Sie auch in der folgenden Situation aktives Zuhören in Partnerarbeit:
    - Jeweils zwei Partner treten vor die Klasse. Partner A erzählt über einen Film, einen Zeitungs-/Zeitschriftenartikel, ein Buch, das er liest, ein besonderes Erlebnis aus der letzten Zeit.
    - Partner B versucht den Bericht genau wiederzugeben.
    - Informieren Sie Partner B als Beobachter aus der Klasse, ob er das Wesentliche gut wiedergegeben hat.
    - Anschließend können die Rollen getauscht werden.

Wir verändern den Ton: Partikeln im Gespräch

Partikeln sind unveränderliche Wörter, die wir im Gespräch ständig benutzen, zum Beispiel als Pausenfüller wie „Ja, also …“. Wir können auch mit einem einzigen Wort eine Aussage verändern.

15. Beschreiben Sie, wie sich die Bedeutung der nachfolgenden Sätze verändert, wenn Sie die angegebenen Partikeln verwenden:

    wohl, ja, eben, nämlich, halt, doch, nur
    Es regnet.
    Wir kommen heute nicht weit.

16. Bilden Sie einen einfachen Aussagesatz und spielen Sie mit seiner Bedeutung, indem sie Partikeln benutzen.
17. a) Sammeln Sie Partikeln, die entweder
    - einen Redebeitrag einleiten können wie „also“, „ja“
    - oder eine Pause überbrücken können wie „sicher“, „so, so“
    - oder einen Redebeitrag im Ton verändern wie „wohl“, „eben“.

    Sie können auf Seite 92 oder auch in einer Grammatik nachschlagen.

    b) Setzen Sie sich in Gruppen zu viert zusammen und wählen Sie ein Gesprächsthema.
    c) Benutzen Sie die verschiedenen Arten von Partikeln im Gespräch und berichten Sie von ihrer Wirkung.

Gesprächsfördernde Techniken

In Gesprächen und Diskussionen, bei denen es sehr unterschiedliche Standpunkte gibt, sind Techniken verwendbar, die eine Sache auf den Punkt bringen und für eine bessere Verständigung hilfreich sind. Beispiel:
In einem Gespräch über eine Klassenfahrt wird über das Programm und die freien Zeiten geredet. Unter anderem haben die Schüler/innen mit ihrer Lehrerin längere Zeit über Einzelheiten des Programms gesprochen und verwenden gesprächsfördernde Techniken, um zu erfahren, welche Bedenken die Lehrerin hat und welches das beste Programm ist:
Umschreiben, mit eigenen Worten wiedergeben: „Sie meinen also, am Mittwoch nehmen wir uns zu viel vor.“
Zusammenfassen: „Wenn ich Sie richtig verstanden habe, dann glauben Sie, dass das Programm noch nicht genau genug ist.“
Klären, auf den Punkt bringen: „Sie meinen, wir sollten nur den Mittwoch anders gestalten.“
Einschränkende Wiederholung mit Wörtern wie „noch, im Moment, jetzt, gerade, zurzeit, heute, augenblicklich“: „Im Moment sehen wir keine andere Lösung!“
Übertreibende Bestätigung mit Wörtern wie „nie, undenkbar, unmöglich, immer, dauernd, jederzeit, täglich“: „Bisher gab es nie so viel freie Zeit.“
In Beziehung setzen mit Wörtern wie „einerseits – andererseits, teils – teils, sowohl – als auch, weder – noch“: „Einerseits wollen alle etwas sehen, andererseits möglichst viel frei verfügbare Zeit haben. Das beißt sich doch.“
Nachfragen mit Wendungen wie „Können Sie mir ein Beispiel geben“ oder „Was meinen Sie mit …?“: „Was meinen Sie mit besser ohne Kirchen, Trümmer und Museen?“
Gefühle ansprechen mit gefühlsorientierten Impulsen wie „Was löst … bei Ihnen aus?“.

18. Versuchen Sie in einem Gespräch gesprächsfördernde Techniken anzuwenden. Mögliches Thema: eine fiktive Klassenfahrt oder eine andere Aktivität.

1.3 Mit Konflikten umgehen

Rainer E. Kirsten/Joachim Müller-Schwarz

Abwehrreaktionen und Kommunikationssperren

Ebenso wie wir uns bemühen, die Absichten und Handlungen unserer Gesprächspartner besser zu deuten, können wir auch die Art, wie unsere Absichten und Handlungen gedeutet werden, beeinflussen. Durch die Art unserer Kommunikation erzeugen wir oft Abwehrhandlungen bei unseren Gesprächspartnern anstatt die Bereitschaft zum Zuhören. Unser Gesprächspartner reagiert abwehrend, wenn er sich in einem Gespräch in seinem Selbstbewusstsein bedroht fühlt. Er verwendet dann ein erhebliches Maß an Energie auf seine Selbstverteidigung anstatt auf das Gesprächsthema. Während er über das Thema spricht, denkt er darüber nach, wie er auf andere wirkt, wie er möglicherweise in einem günstigeren Licht gesehen werden könnte, wie er Sieger sein könnte, wie er dominieren könnte, wie er Eindruck machen oder einen vermeintlichen Angriff vermeiden oder abwehren könnte. Eine solche Abwehrhaltung verhindert, dass unser Gesprächspartner sich auf den Inhalt unserer Mitteilung konzentrieren kann. Er ist viel zu sehr damit beschäftigt, den unbewusst erlebten Angriff auf seine Person abzuwehren.

---

1. a) Beurteilen Sie die Wirkung des folgenden Gesprächs der Eltern mit ihrer Tochter.

   Eltern: *Ich erwarte von dir, dass du dich schon jetzt auf die Abschlussprüfung vorbereitest.*
   Tochter: *Aber deshalb habe ich doch schon angefangen zu wiederholen.*
   Eltern: *Du sollst nicht nur den alten Stoff wiederholen, sondern auch Aufgaben lösen.*
   Tochter: *Ich habe einfach Schwierigkeiten, mich auf Prüfungssituationen einzustellen.*
   Eltern: *Ich verstehe nicht, dass du da Schwierigkeiten hast. Du hast doch sonst große Fähigkeiten. Überleg dir das doch noch einmal. Vielleicht denkst du morgen schon anders darüber.*
   Tochter: *...*

   b) Kennzeichnen Sie in diesem Gespräch die von der Tochter als unangenehm empfundenen Ausdrucksweisen.
2. Wie antworten Sie, wenn Ihnen ein Freund/eine Freundin sagt, dass ihm/ihr vor einer Prüfung oder Klassenarbeit alles über den Kopf wächst?
3. Wie reagieren Sie, wenn Ihnen Folgendes gesagt wird:

   Ich erwarte von Ihnen … (Auffordern)
   Sie hätten besser … getan. (Mahnen, drohen)
   Sie sind verpflichtet, auf … Rücksicht zunehmen. (Moralisieren)
   Nach meiner Auffassung sollten Sie …. (Vorschläge machen)
   Sie benehmen sich wie ein Kleinkind. (Beschimpfen)
   Sie machen das am besten so, wie ich es gezeigt habe. (Lösungen liefern)
   Sie sind doch sonst ein intelligenter Mensch. (Positive Bewertung)
   Morgen sieht alles schon anders aus. (Beruhigen)

4. Führen Sie zu zweit ein Gespräch über eine gemeinsam empfundene Schwierigkeit, ohne Kommunikationssperren (Gesprächskiller) zu verwenden.

Verschlüsselte Informationen

Klaus Birker

Vorwürfe sind verunglückte Wünsche

Gerade wenn Stress und Hektik herrschen, geschieht es oftmals, dass Gespräche mit einem Vorwurf eröffnet werden: „Warum habe ich … noch nicht …?“, „Was haben Sie sich dabei nur gedacht?“, „Warum kommen Sie jetzt erst?“, „Ihr Äußeres ist völlig deplatziert!“ etc. Wer nur den Vorwurf, den Angriff, den Appell „Sei anders“ hört, neigt schnell dazu, sich abzugrenzen, zu verteidigen, Gegenangriffe zu starten etc. Das Gespräch wird dann weniger *mit*, sondern mehr *gegen* den anderen geführt.

Hier bietet der Grundgedanke des aktiven Zuhörens eine wertvolle Hilfe. So wie der andere sich jetzt ausdrückt, ist es die Kommunikationsmöglichkeit, die ihm gerade zur Verfügung steht. Sie ist oftmals nicht bewusst und ausgewogen gewählt, sondern die Reaktion auf Ereignisse oder Folge bestimmter Gedankengänge. Gerade in Stress oder sonstigen schwierigen Situationen ist sie dabei Unzulänglichkeiten unterworfen.

Eine Hilfe, dass hier nicht auch der Empfänger in ein reines Reaktionsmuster verfällt, ist der Satz: „Vorwürfe sind verunglückte Wünsche!“ Dies besagt: Der Vorwurf entspringt einer Enttäuschung, deren Ursache ein unerfüllter Wunsch ist. Beispielsweise die Äußerung:

„Sie haben nie Zeit und überhaupt kein Interesse an Ihren Mitarbeitern“ könnte der als Vorwurf verkleidete Wunsch sein *„Ich hätte gerne einen Vorgang mit Ihnen besprochen, mehr Kontakt zu Ihnen“* etc.

Erkennt der Angesprochene den dahinter stehenden Wunsch, so weiß er auch besser, worum es eigentlich geht. Oftmals wird erst durch die Formulierung dieses Anliegens durch den Empfänger auch dem Sender seine Erwartung deutlich. Durch aktives Zuhören können Sender und Empfänger so zu einem gemeinsamen Thema gelangen. Daran anschließend können sie sich dann auch gemeinsam um Lösungen bemühen. Oftmals ist jedoch bereits der größte Teil der Spannung heraus, wenn auch dem Sender klar wird, dass er nichts gegen den anderen hat, sondern eigentlich etwas von ihm möchte.

▷ S. 362 f.

5. a) Erklären Sie mit dem Modell der ▷ vierseitigen Nachricht, warum Vorwürfe eigentlich Wünsche sind.
   b) Stellen Sie dar, wie aktives Zuhören ein Gespräch mit Vorwürfen verändert.
6. a) Berichten Sie, wie Sie selbst mit Vorwürfen umgehen.
   b) Beschreiben Sie Ihre Reaktion auf die folgenden Vorwürfe:

Dein Zimmer ist nicht aufgeräumt.
Nie kommst du pünktlich zum Essen.
Sie haben die Arbeit wieder nicht fertig.
Sie stören wieder den Unterricht.
Immer reden Sie um den heißen Brei herum.

„Man" drückt wenig aus, „Ich" sehr viel: Ich-Botschaften

Häufig verwenden wir in Gesprächen bei Störungen der Kommunikation unpersönliche Formen wie „man", „wir" und „es": „Man wird unruhig, wenn man lange warten muss." Lehrerin: „Wir schreiben morgen eine Klassenarbeit." Schüler: „Es war langweilig."
Eine andere weit verbreitete Technik, ich-orientierte Aussagen zu vermeiden, sind Du- oder Sie-Botschaften, bei denen eigene Stimmungen oder Gefühle in Aussagen über andere übersetzt werden: Wir sprechen nicht von uns, sondern über andere: „Du sprichst nicht mit mir" oder „Müssen Sie immer vor sich hin summen?"
Stattdessen können Sie dem Gesprächspartner durch persönliche Ich-Botschaften mitteilen, über welche kommunikativen Reaktionsmöglichkeiten und Grenzen Sie im Augenblick verfügen: „Wenn Sie häufig dazwischenreden (Verhalten), fühle ich mich gestört (Gefühl), weil ich mich nicht konzentrieren kann (konkrete Wirkung)."
Ich-Botschaften enthalten also die Bestandteile *Verhalten* (des Kritisierten), *Gefühl* und *konkrete Wirkung* des Verhaltens.

7. a) Denken Sie an drei Menschen (Mitschüler, Freunde, Kollegen, Bekannte, Verwandte).
   b) Bezeichnen Sie jeden mit zwei passenden Adjektiven, je einem positiven und einem negativen.
   c) Verwandeln Sie die Adjektive, die Sie-Botschaften enthalten, in Ich-Botschaften. Beispiel: Adjektiv: „unpünktlich"; entsprechende Ich-Botschaft: „Er ist ständig unpünktlich und ich ärgere mich, weil ich dann warten muss."

Mobbing

Mobbing stammt vom englischen Wort „to mob" und heißt übersetzt anpöbeln. Dabei geht es nicht um kleine Sticheleien oder blöde Bemerkungen von Mitschülern, die einen so liebevoll daran erinnern, warum man lieber zu Hause geblieben wäre. Mobbing ist eine ernst zu nehmende Sache. Was ist also Mobbing? Mobbing entsteht aus ungelösten Konflikten, aus Kommunikationsstörungen am Arbeitsplatz und in der Schule. Der Begriff Mobbing wird inzwischen für organisierten, dauerhaften Psychoterror am Arbeitsplatz und in der Schule verwendet, der das Ziel hat, das Opfer auszugrenzen.
Pöbeln ist aber nicht immer Mobbing, da gibt es feine Unterschiede! Nicht jeder dumme Spruch vom Nachbarn über den „selbst gestrickten" Pullover oder den Ausrutscher beim Frisör ist sofort mit Mobbing gleichzusetzen. Diese Sprüche gehören zum Alltag und dienen – zumindest war das bestimmt so geplant – der Belustigung unserer Mitmenschen. Mal ehrlich, wer lacht nicht, wenn jemand einen Spruch ablässt? Meistens nur so lange, wie man selbst nicht betroffen ist, oder? Doch das muss noch nicht Mobbing sein. Mobbing hat System. Es fängt klein an. Erst sind es die kleinen Sticheleien, die sich dann aber häufen, gemeiner werden und sich nicht immer auf das Verbale beschränken. Eine Gruppe wendet sich gegen einen Einzelnen, grenzt ihn aus und macht ihn zum Außenseiter.
Das Opfer hat wenig Möglichkeiten, auf das Geschehen Einfluss zu nehmen, es bekommt keine Unterstützung, kann sich nicht wehren (ungleiche Macht). Schließlich haben alle Handlungen ein Ziel und sind ausschließlich auf die Erniedrigung einer Person gerichtet wie zum Beispiel die folgenden TOP FIVE des Mobbings: Hinter dem Rücken schlecht über jemanden reden, abwertende Blicke oder Gesten und jemanden lächerlich machen, Kontaktverweigerung, falsche Beurteilung der Leistung und ständige Kritik sowie Verbreitung von Gerüchten.

(aus einer Schülerzeitung)

8. a) Wodurch unterscheiden sich Lästern und Frotzeln von Mobbing (▷ S. 369)?
   b) Beschreiben Sie Situationen in einer Gruppe oder Klasse, die Mobbing nahe kommen.
   c) Beurteilen Sie die Erfolgschancen, wenn ein Gespräch über Mobbing so anfängt:

- *„Was treibt ihr mit X für ein mieses Spiel?"*
- *„Ich habe das Gefühl, X wird von euch geschnitten. Habt ihr eine Idee, woran das liegt?"*

9. Überlegen Sie, welches Gesprächsverhalten Mobbing verhindern kann.
   a) Stellen Sie Verhaltensweisen, die Mobbing vorbeugen oder beseitigen, in einer Liste zusammen.
   b) Entwickeln Sie daraus allgemeine Verhaltenshinweise, die Konflikte vermeiden.
   ▷ S. 21 c) Legen Sie eine ▷ Mind-Map zum Mobbing an.
10. a) Stellen Sie sich vor, Sie sind als Redakteur/in in der Redaktionskonferenz einer weit verbreiteten Jugendzeitschrift damit beschäftigt, geeignete Überschriften für Artikel zum Thema Mobbing zu formulieren. Diese Überschriften sollen schlagzeilenartig erscheinen.
    b) Die Überschriften werden anschließend reihum in einer Art Presseschau vorgelesen oder in einer Collage zusammengefasst.

Evelyn Horsch

Das „innere Team": Wie Selbstgespräche unsere Kommunikation steuern

Nach außen hin mögen wir mit einer Stimme sprechen. Doch in uns laufen in jeder Situation blitzschnelle Selbstgespräche ab, an denen mehr als nur eine Stimme beteiligt ist. Dieses Stimmengewirr erschwert häufig Entscheidungen und lässt unsere Kommunikation uneindeutig werden. Eine neue Theorie kann helfen, das „innere Team" zu moderieren und „Einstimmigkeit" zu erreichen.

„War das ein Stress im Büro!" Hans Bütler betritt den Flur seiner Wohnung und wirft Jacke und Mütze auf die Bank. „Puh, jetzt erst einmal einen Tee!" – „Kannst du vielleicht mal deine Klamotten aufhängen?", kommt ihm seine Frau Heidrun entgegen. „Da rackere ich mich ab, um das Haus in Schuss zu halten, und du verbreitest Unordnung, wo du gehst und stehst!" Hans Bütler sagt nichts mehr. Seine Stimmung ist im Eimer. Den Rest des Abends geht er seiner Frau aus dem Weg. Würde Hans Bütler jetzt aufmerksam in sich hineinhören, könnte er feststellen, dass es in seinem Inneren ziemlich turbulent zugeht. Er mag schweigen, doch in ihm reden einige Stimmen durcheinander. Da empört sich ein aufgebrachtes Familienoberhaupt: „Was fällt ihr denn ein, mich so anzumachen! Schließlich verdiene ich hier die Brötchen!" An seiner Seite ein gekränkter Liebhaber: „Da freut man sich aufs Nachhausekommen, hat auf dem Heimweg so richtig warme Gefühle, und dann so etwas!" Irgendwo aus einer Ecke meldet sich vielleicht auch ein schuldbewusster Junge: „Na ja, ich bin auch wirklich ziemlich schlampig. Jetzt ist sie bestimmt sauer." Und im Hintergrund tönt ein verständnisvoller Heiliger: „Sie war doch überlastet, bei der vielen Arbeit, die sie hat, da kann sie schon mal die Beherrschung verlieren."
Der Chor dieser inneren Stimmen wogt in Herrn Bütler vermutlich hin und her. Da er

aber nicht weiß, welche dieser Stimmen er nach außen tönen lassen soll, ist er lieber still. Und begibt sich einer Chance, seine Kommunikation mit seiner Frau zu bereichern, meint Friedemann Schulz von Thun. Der Hamburger Psychologieprofessor und Kommunikationstrainer hat eine neue Theorie entworfen, bei der es vor allem um eines geht: um den Umgang mit unserer inneren Vielfalt.

Lange Zeit haben sich Kommunikationswissenschaftler mehr damit beschäftigt, was *zwischen* Menschen abläuft, wenn sie miteinander reden, und weniger mit dem, was *in* ihnen vorgeht. Auch Schulz von Thun forschte jahrelang auf dem Gebiet der zwischenmenschlichen Kommunikation. Heute jedoch meint er: „Kommunikationstrainings bleiben oberflächlich, solange sie sich nur mit Äußerungen befassen. Dann können sie allenfalls Sprechblasen verändern." Gute Kommunikation erfordert nach seiner Auffassung eine „doppelte Stimmigkeit" – nach außen und nach innen. Stimmigkeit nach außen bedeutet: Was wir sagen, muss einerseits die Situation einbeziehen, in der wir uns befinden, und andererseits die Menschen, mit denen wir sprechen. Stimmigkeit nach innen bedeutet: Wir sollten so sprechen, dass möglichst die ganze Vielschichtigkeit unserer Persönlichkeit darin zum Ausdruck kommt.

Letzteres ist gar nicht so einfach. Denn oft sind wir innerlich keineswegs so klar, wie dies nach außen den Anschein hat, sondern sehr widersprüchlich. Innere Selbstgespräche, die blitzschnell in uns ablaufen, verhindern oft genug eine eindeutige Antwort.

„Kann ich deine Vorlesungsmitschriften kopieren?", fragt ein Kommilitone eine Mitstudentin. Diese zögert. Innerlich bauen sich in rasanter Geschwindigkeit die Mitglieder ihres Stimmenorchesters auf: „Meine ganze Arbeit? Soll ich seine Faulheit unterstützen?" – „Ach komm, sei doch nicht so penibel – Studenten untereinander müssen sich helfen!" – „Eine Hand wäscht die andere – wer weiß, vielleicht kann der dir auch mal unter die Arme greifen!" Ergebnis dieses inneren Disputes: Die Studentin druckst herum – und ärgert sich hinterher noch über ihre Unklarheit.

Diese innerseelische Vielfalt, Schulz von Thun nennt sie das „innere Team", trägt dazu bei, dass wir indirekt, ausweichend oder weitschweifig antworten, schlecht Ja oder Nein sagen können oder empört auffahren, nur um hinterher verlegen „Entschuldigung" zu murmeln. In seinem Buch *Miteinander reden 3* (Reinbek 1998) beschreibt der Kommunikationswissenschaftler ausführlich, wie wir uns innerlich verknoten, aber auch, wie wir einen Weg finden können, unsere „innere Pluralität" zu besserer Kommunikation mit anderen zu nutzen.

---

11. Stellen Sie sich vor, Sie sind mit folgender Situation konfrontiert: Ein Mitschüler oder eine Mitschülerin möchte die Hausaufgaben bei Ihnen abschreiben. Die Lehrperson hat eine Überprüfung angekündigt.
    a) Malen Sie sich die Situation genau aus und identifizieren Sie die unterschiedlichen Stimmen, die sich in Ihrem „inneren Team" zu Wort melden.
    b) Visualisieren Sie den inneren Konflikt in Anlehnung an die Zeichnung auf S. 370.
    c) Tauschen Sie Ihre Skizzen paarweise aus und entwickeln Sie gegenseitig Lösungsstrategien.
12. a) Stellen Sie anhand eines selbst gewählten Beispiels dar, welche Probleme sich ergeben können, wenn jemand seine inneren Widersprüche in ein Gespräch einfließen lässt.
    b) Entwickeln Sie Vorschläge, wie eine Sprecherin/ein Sprecher sicherstellen könnte, dass das „innere Team" einig und die Kommunikation damit unzweideutig wird.
13. Beschreiben Sie Ihre Reaktion, wenn Sie gefragt werden: „Hast du mal 'ne Mark für mich?" Zeichnen Sie Ihre möglichen Reaktionen wie in der Zeichnung auf S. 370 in Sprechblasen, wenn
    - ein Freund/eine Freundin,
    - ein Bettler die Frage stellt.

2 Telefongespräche im Beruf

2.1 Telefontechniken

Telefonieren kann jeder: Hi Julia, hallo Denise, SMS und so, kein Problem. Private Telefongespräche sind an keine besonderen Regeln gebunden, außer dass sie Gesprächsanfang, Gesprächskern und Gesprächsende enthalten. Telefonieren im Beruf ist dagegen an Bedingungen gebunden wie Unternehmens- und Kundeninteressen, Verkäufer- und Käuferabsichten.

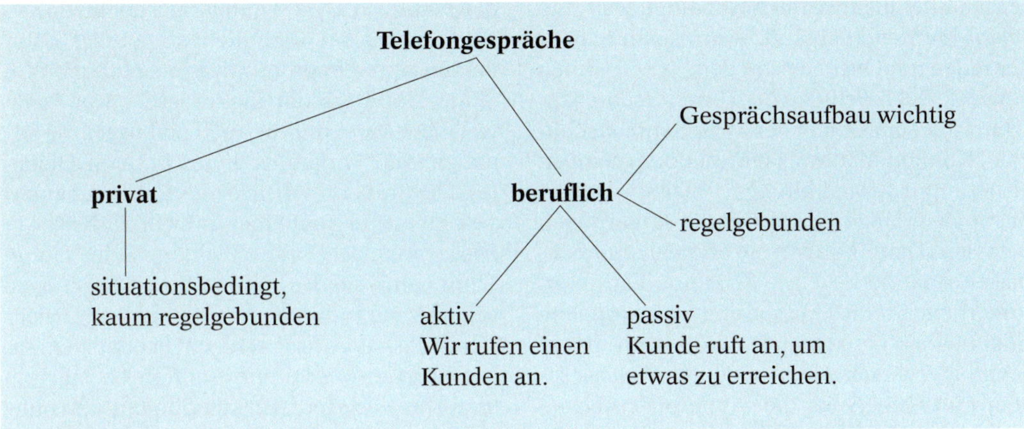

Kundengespräch

KUNDE: Menger & Co – Kurt Müller.

FIRMA: Bremgart GmbH – Verkaufsabteilung – Daniel Wolf. Guten Tag, Herr Müller, Schön, dass ich Sie antreffe. Wir haben längere Zeit nicht mehr miteinander gesprochen. Was macht Ihr Sport, die Tennissaison geht doch jetzt wieder richtig los.

KUNDE: Sicher, Herr Wolf, draußen macht Tennis noch mehr Spaß als in der Halle.

FIRMA: Das kann ich mir vorstellen.

KUNDE: Herr Wolf, bei Ihnen alles im grünen Bereich?

FIRMA: Das will ich hoffen. Herr Müller, Sie sind sicher an günstigen Konditionen interessiert.

KUNDE: Logisch, wer ist das nicht.

FIRMA: Herr Müller, Sie sind ein guter Kunde und ich kann Ihnen da etwas anbieten. Wir haben eine Sonderaktion mit einem größeren Posten Drucker- und Fotokopierpapier zu besonders günstigem Preis bei bester Qualität. Da Sie seit einigen Wochen nicht mehr bestellt haben, wollte ich Sie auf unser spezielles Angebot aufmerksam machen. Wir liegen preislich 20 % unter den normalen Bezugspreisen bei einer Abnahme von 20 Paketen à 500, also 10 000 Blatt.

KUNDE: Das hört sich interessant an. Wann können Sie liefern?

FIRMA: Praktisch unverzüglich, also innerhalb von zwei Tagen nach Ihrer Bestellung, bei den üblichen Zahlungsbedingungen. Allerdings gilt das Angebot nur, solange unser Vorrat reicht. Ich kann Ihnen aber einen Posten reservieren, wenn Sie das wünschen.

KUNDE: Faxen Sie mir doch die genauen Konditionen, ich denke, wir sind sehr interessiert. Reservieren Sie mir doch bitte unverbindlich 40 Pakete.

FIRMA: Das ist kein Problem. Das Fax erhalten Sie umgehend und ich erwarte dann Ihre Bestellung.

KUNDE: Ja, das ist in Ordnung. Danke für den Anruf, Herr Wolf, und auf Wiederhören.

FIRMA: Ich habe zu danken. Auf Wiederhören, Herr Müller.

1. a) Ermitteln Sie den Aufbau des Telefongesprächs (▷ S. 372).
   b) Vergleichen Sie den Aufbau mit den folgenden Informationen zum Telefonieren.

Telefonieren

- Sich mit Firmennamen und eigenem Namen melden
- Im Gespräch den Namen des Kunden mehrmals nennen
- Am Telefon „hörbar“ lächeln/freundlich sein
- Sich kurz fassen
- Beim aktiven Telefonieren einen Aufhänger benutzen
- Vom Partner aus sprechen
- Das Gesprächsende vorbereiten durch Klären von Fragen, Zusammenfassen des Ergebnisses
- Sich bedanken und verabschieden

Auf ein Telefongespräch mit einem Kunden bereiten Sie sich in vier Schritten vor:

1. Eröffnungssätze vorbereiten.
2. Einen Aufhänger suchen.
3. Informationen bereithalten.
4. Das Ziel des Gesprächs festlegen.

2. Beschreiben Sie die Vorteile des Gesprächs am Telefon im Vergleich zum Schreiben, Faxen oder Mailen.
3. Entwerfen Sie ein Telefonskript, das als Formular ein Telefongespräch vorbereiten kann.

Fragen steuern das Gespräch

Offene Fragen sind W-Fragen, beginnen mit einen Fragewort und lassen großen Antwortspielraum. Sie werden gestellt, wenn man umfangreich informiert werden will, z. B.: „Welche Vorstellungen haben Sie von ...?“
Geschlossene Fragen grenzen den Antwortspielraum ein, z. B.: „Gefällt Ihnen unser neues Produkt?“ „Geht es auch am Dienstag?“
Alternativfragen geben zwei Antwortmöglichkeiten vor, die meist mit dem Wort „oder“ verbunden werden, z. B.: „Wollen Sie lieber die kleine oder die mittlere Packungsgröße?“
Suggestivfragen sind Fragen mit eingebauter Antwort. Dazu werden Wörter wie „doch“, „sicher“, „gewiss“ oder „nicht wahr“ benutzt. Achtung: Kunden können sich manipuliert fühlen. Beispiel: „Es kommt Ihnen doch besonders auf schnelle Lieferung an?“

4. Wenden Sie die vier Fragearten in Rollenspielen an.

Alle Fragen können offen oder **positiv formuliert** werden, damit eingrenzende Wörter wie „nie", „nicht", „keine" oder negativ wirkende Wörter wie „Probleme", „Beschwerden", „Schwierigkeiten" nicht vorkommen. Sie können beim Gesprächspartner zu negativen Reaktionen führen.

5. Wandeln Sie auf einem eigenen Blatt die negativen Formulierungen oder geschlossenen Fragen in positiv wirkende Fragen um:

negativ	***positiv***
Haben Sie sich noch nicht entschieden?	*Wie haben Sie sich entschieden?*
Haben Sie keine Zeit?	
Gibt es Probleme?	
Können wir so verbleiben?	
Sagt Ihnen das Angebot zu?	
Brauchen Sie weitere Unterlagen?	
Haben Sie noch Fragen?	

6. Sie wollen sich über die Vorstellungen und Wünsche eines Gesprächspartners informieren. Vergleichen Sie die beiden nachfolgenden Fragen, mit denen ein Termin abgesprochen werden soll.
   a) Bestimmen Sie die Art der Frage.
   b) Welche Antwort können Sie durch die offene Frage erreichen?
   c) Warum wird eine der beiden Fragen genauer beantwortet?

   Geht es auch am Nachmittag? *Wann geht es am Nachmittag?*

7. a) Begründen Sie, warum die nachfolgenden Sätze einen Gesprächspartner oder Kunden verärgern.
   b) Formulieren Sie die negativen in positive Aussagen um.

   Das sehen Sie nicht richtig.
   Da haben Sie mich falsch verstanden.
   Dafür bin ich nicht zuständig.
   Ja, ja, ich weiß schon, was Sie mir sagen wollen.
   Da muss ich bei Herrn Berner rückfragen.

8. Vergleichen Sie die beiden Antworten, die ein Kunde über seine Zahlung erhalten hat:

   A: *Ich bin da nicht ganz sicher. Das sollte vielleicht eine andere Abteilung überprüfen. Ich versuche Sie später anzurufen. Wann würde es Ihnen passen?*
   B: *Ich kann Ihre Frage nicht sofort beantworten. In der Buchhaltung lasse ich gern klären, ob und wann Ihre Zahlung eingegangen ist. Ich rufe Sie heute Nachmittag zurück. Passt es Ihnen um 14 Uhr oder wäre es später günstiger?*

9. Wandeln Sie die folgenden Aussagen um, indem Sie positive, aktive Begriffe verwenden:

   Ich kann nicht vor Freitag liefern. *Ich kann Ihnen die Lieferung für Freitag zusagen.*
   Ich will es versuchen.
   Ich würde Ihnen ungern eine falsche Auskunft geben.
   Ich bin nicht sicher, ob die nötigen Angaben da sind.
   Können Sie mir Ihren Namen buchstabieren?
   Ich bin nur Auszubildende.

▷ S. 21 10. Stellen Sie die Aufgaben, die Fragen in Telefongesprächen haben, übersichtlich in einer ▷ Mind-Map dar.

2.2 Umgang mit Reklamationen

Ein Telefongespräch mit einem verärgerten Kunden ist nicht angenehm. Reklamationen von Kunden führen oft zu konflikthaltigen Gesprächen. Dabei sind Reklamationen für Unternehmen eine Chance, wichtige Informationen über Schwachstellen zu erhalten und durch richtiges Reklamationsmanagement die Kundenbindung zu erhöhen. Ein verärgerter Gesprächspartner, der ein mangelhaftes Produkt reklamiert, will seinen Ärger loswerden. Daher sollte er die Chance und die Zeit haben, am Telefon sein Problem darzustellen und zu sagen, was er erreichen will.

1. a) Beurteilen Sie die folgenden Antworten auf die Reklamation eines Kunden:

   Das kann ich gut verstehen.
   Das kann ich mir nicht vorstellen.
   Geben Sie mir erst einmal Namen und Auftragsnummer.
   Da haben Sie völlig Recht.
   Da liegt vermutlich ein Missverständnis vor.
   Das liegt an unserem Lieferanten.
   Ich kümmere mich sofort darum.
   Es ist das erste Mal, dass wir eine solche Reklamation erhalten.

   b) Stellen Sie fest, welche Reaktionen eher den Konflikt steigern und welche entspannend und konfliktlösend wirken.
   c) Suchen Sie andere Äußerungen, in denen Sie sich in die Situation des verärgerten Kunden hineinversetzen und einfühlend reagieren.

Kundenreklamation

Ausgangssituation: Ein Kunde ruft im Rhein-West Verlag an und beschwert sich erkennbar verärgert über seine an einer falschen Stelle abgedruckte Anzeige. Frau Meldung nimmt den Anruf entgegen.

MELDUNG: Rhein-West Verlag, guten Tag.
KUNDE: Guten Tag! Ich rufe an wegen der Anzeige vom letzten Samstag. Hören Sie mal, vereinbart war dritte Seite unten rechts. Stattdessen steht meine Anzeige auf der vierten Seite zwischen einigen anderen Anzeigen der Konkurrenz. Wer sieht da denn überhaupt hin. Das ist eine Unverschämtheit.
MELDUNG: Ich kann mir nicht vorstellen, dass hier so etwas passiert ist. Ich weiß gar nicht, wer dafür verantwortlich und zuständig ist.
KUNDE: Sie wissen also nicht, wer zuständig ist. Dann braucht man sich über nichts zu wundern.
MELDUNG: Ich verstehe Ihren Ärger. Da scheint ja wirklich ein Fehler vorzuliegen. Aber ich kann Ihnen nicht weiterhelfen, wenn Sie mir nicht Ihren Namen und die Auftragsnummer angeben. Können Sie mir Ihren Namen buchstabieren?
KUNDE: Sicher kann ich meinen Namen buchstabieren. Mein Name ist Mertens. Die Auftragsnummer habe ich im Moment nicht.
MELDUNG: Einen Moment, bitte. Den Buchstaben M bearbeite ich nicht, dafür ist meine Kollegin Anders zuständig. Ich verbinde Sie. Bleiben Sie bitte in der Leitung.

2. a) Halten Sie Stärken und Schwächen im Gesprächsverhalten von Frau Meldung fest.
   b) Erläutern Sie die Zeilen 9–20 mit Hilfe des Modells der ▷ vierseitigen Nachricht. ▷ S. 362 f.
   c) Formulieren Sie für die Zeilen 9–23 eine erfolgreichere Reaktionsmöglichkeit der Verlagsmitarbeiterin.
   d) Beschreiben Sie für das Ende des Gesprächs einen angemessenen und kundenorientierten Lösungsvorschlag.

3 Beraten – Verhandeln – Verkaufen

3.1 Beraten kann man lernen

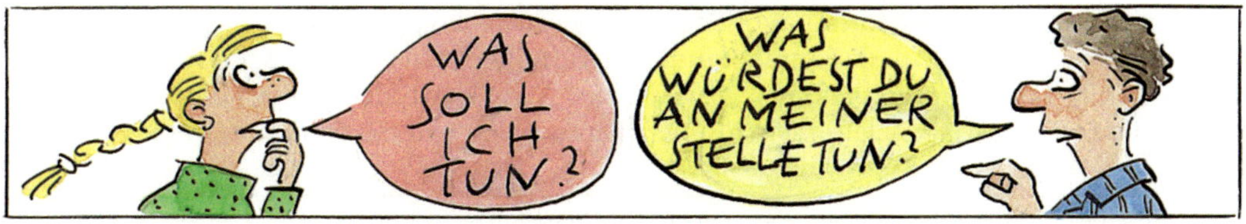

Entscheidungssituationen, in denen man Rat sucht, kennt jeder. Im Alltag kommt Beratung in den verschiedensten Formen vor: Sie beraten einen jüngeren Schüler, die Eltern beraten ihre Kinder, ein Arzt berät seine Patienten oder ein Trainer seine Spieler. Genauso berät auch der Sachbearbeiter eines Unternehmens seine Kunden oder mehrere Mitarbeiter/innen beraten gemeinsam über eine Verkaufssituation.

Phasen eines Beratungsgesprächs

1. **Vorbereitungsphase**
   Nicht zu lange allgemeine Kommunikation (Kontakt).
2. **Eröffnungsphase**
   Gemeinsame Festlegung von Beratungsschwerpunkten.
   Der/die Ratsuchende erklärt seine/ihre Absicht.
3. **Zentrale Beratungsphase**
   Wichtig sind dabei:
   - Gemeinsame Verantwortung beider Gesprächspartner für Inhalt, Verlauf und Stil/Stimmung des Gesprächs
   - Einfühlung und Sachlichkeit als Aufgaben der Beratenden
   - Angebote sollten Alternativen enthalten, aus denen der/die Ratsuchende auswählen kann.
4. **Auswertungsphase**
   Lösungsvorschlag/Lösungsvorschläge

Schritte der Beratung

Problembestimmung

↓

Untersuchen der Bedingungen

↓

Analyse des Ziels und der Lösungswege

↓

Lösungswege auflisten

1. Vergleichen Sie die beiden Schrittfolgen eines Beratungsgesprächs. Welches Schema eignet sich für private, welches mehr für berufliche Beratung?
2. a) Beschreiben Sie Situationen im Alltag, in denen jemand beraten wird.
   b) Wie kommen Sie zu einer Entscheidung für einen Film, wenn Sie mit einer Gruppe von Freunden ins Kino gehen wollen und verschiedene Filme interessant sind?
3. a) Wie verlief der Entscheidungsprozess für den Besuch Ihrer jetzigen Schule?
   b) Beraten Sie einen jüngeren Schüler, der wie Sie eine weiterführende berufliche Schule besuchen will.
4. Ermitteln Sie, wie die Leser in Ratgeberspalten von Zeitschriften beraten werden: Bringen Sie Zeitschriften mit und vergleichen Sie die Ratgeberseiten unterschiedlicher Zeitschriften.

Die meisten Schwierigkeiten macht der **Einstieg in die Beratung**. Sie kennen diese Situation von Alltagsgesprächen, bei denen auch die ersten Sätze schwieriger sind als die folgenden. In den beiden folgenden Situationen benutzen Berater so genannte **Türöffner**, um ins Gespräch zu kommen:

- Ein Mitarbeiter in einem kaufmännischen Unternehmen sucht Rat in einer beruflichen Situation. Berater: „Sie fühlen sich von Ihren Kollegen ungerecht behandelt. Wie Sie sagen, liegt Ihnen viel an der Anerkennung Ihrer Arbeit durch die Kollegen."
- Eine Schülerin hat mehrere Klassenarbeiten mit schlechteren Noten als vorher zurückbekommen. Eine Lehrerin spricht mit ihr darüber. Sie fängt das Gespräch mit folgendem Satz an: „Sie haben im Moment Schwierigkeiten. Ich habe das Gefühl, dass Sie verunsichert sind."

5. Beschreiben Sie die „Türöffner" und ihre Wirkung.
6. Versuchen Sie selbst für die folgenden Situationen Türöffner zu finden:
   - Ein Schüler hat Probleme zu Hause, weil die Eltern dem neuen Nebenjob nicht zustimmen.
   - In einer Gruppe bestimmen häufig zwei Mitglieder über alle Vorhaben der Gruppe. Darüber ärgern sich die anderen.
   - In einer Abteilung werden die Auszubildenden nur mit Kopieraufträgen und Abheften beschäftigt. Die Azubis wollen wichtigere Arbeiten übernehmen.
   - Ein Kunde einer Werbeagentur hat Probleme mit der Präsentation seiner Firma nach außen. Er überlegt, ob er mehr werben oder andere Prospekte drucken lassen soll.
7. Erproben Sie selbst mit Ihrem Nachbarn/Ihrer Nachbarin Türöffner in einem Gespräch über ein aktuelles Problem in Sport, Politik, Schule, Freizeit oder Mode.

3.2 Verhandeln braucht Methode

Ralph Jeske

Was ist „Verhandeln" und wo wird verhandelt?

Wir verhandeln überall und öfter, als wir zunächst vermuten. Der Begriff Verhandeln lässt möglicherweise zunächst auf Prozesse höchster politischer oder geschäftlicher Ebene schließen. Dennoch unterscheiden sich die Prozesse des Verhandelns nicht wesentlich von den Verhandlungen zwischen Verkäufer und Kunde, zwischen Eltern und Kindern, zwischen Nachbarn, zwischen allen Menschen, die miteinander kommunizieren.
Denn ob Sie einen Unternehmer von einer Firmenübernahme überzeugen wollen oder ihre Kinder dazu bewegen möchten, ihr Zimmer aufzuräumen, die Prinzipien der Prozesse, die dort ablaufen, sind die gleichen, die Probleme und Widerstände ebenso. Ob Sie Ihr gewünschtes Ergebnis erreichen, hängt immer davon ab, ob Sie die Prinzipien der Verhandlungskunst kennen und anwenden.

Wo verhandeln wir?
Im Verkauf, Einkauf, beruflich und privat
Mit Lieferanten
Bei Gehaltsforderungen
Bei Bewerbungen
In Politik, Gewerkschafts-/Verbandsarbeit
In und mit der Unternehmensführung
In der Mitarbeiterführung
Mit Kollegen
Bei Reklamationen
Überall dort, wo Übereinkünfte, Abmachungen, Vereinbarungen getroffen werden (sollen)
In und mit Projektteams
Vor Gericht
Mit Polizisten
Beim Finanzamt
Bei Forderungen
Bei Ge- und Verboten
In Diskussionen
Bei der Auswahl des Urlaubsziels
Bei Nachbarschaftsstreitigkeiten
Bei Rechtsstreitigkeiten
In der Kindererziehung
und in vielen anderen Bereichen

Der Begriff Verhandeln wird stellvertretend für all die Prozesse verwendet, in denen andere zu einer Meinungsänderung animiert[1] werden sollen, Übereinkünfte getroffen werden müssen, Waren oder Dienstleistungen angeboten werden, gefordert, ge-/verboten wird, überzeugt, motiviert werden soll, diskutiert, debattiert, argumentiert, gestritten wird, Interessen vertreten werden, Rechte, Bedürfnisse und Wünsche eingefordert werden und generell andere beeinflusst werden sollen.

[...]

Und um Beeinflussung anderer Menschen geht es schließlich. Wir beeinflussen immer und überall, zumeist jedoch unbewusst, aber nichtsdestoweniger effektiv. Jede Begegnung zwischen zwei Menschen lässt beide bereits nicht mehr unbeeinflusst. Immer wollen wir andere zu etwas bewegen. Wir wollen, dass andere uns attraktiv finden, uns zuhören, uns mögen, uns anerkennen, mehr Geld bezahlen, etwas abkaufen, respektieren, in Ruhe lassen, unsere Meinung teilen, überhaupt tun, was wir wollen. Wir wollen uns in vielerlei Hinsicht verwirklichen und sind dazu natürlich auf die Zustimmung von und die Zusammenarbeit mit anderen angewiesen, die überzeugt und motiviert werden sollen.

1 **animiert:** bewegt

1. Verfassen Sie eine Definition des Verhandelns als Zusammenfassung der Zeilen 1–19.
2. Berichten Sie von Situationen, in denen Sie verhandelt haben.
3. a) Vergleichen Sie „jemanden zu etwas bewegen“ und „jemanden beeinflussen“.
   b) Stellen Sie dar, wie Beeinflussung beurteilt werden kann.

Verhandlungssituation

Ein Unternehmen mit ca. 1000 Mitarbeitern verlegt in zwei Phasen den Firmensitz aus der Innenstadt einer Großstadt an den Stadtrand (ca. 10 km entfernt). Bei der Verlegung der Produktion und eines Teils der Verwaltung vor einigen Jahren waren in einer Betriebsvereinbarung zwischen Betriebsrat und Unternehmensleitung einmalige Sonderzahlungen zum Ausgleich der weiteren Fahrstrecke für alle mehr als ein Jahr im Unternehmen tätigen Mitarbeiter vereinbart worden. In diesem Jahr folgt nach Beendigung des zweiten Bauabschnitts die endgültige Übersiedlung des Unternehmens mit allen restlichen Abteilungen in das neue Verwaltungsgebäude. Die betroffenen Mitarbeiter erhalten eine dem jetzigen Preisniveau angeglichene Sondervergütung. Die dreißig Auszubildenden des Unternehmens erfahren wenige Wochen vor dem Umzugstermin, dass sie von dieser Regelung ausgeschlossen sein sollen, weil alle, wie die Unternehmensleitung darlegt, am Anfang ihrer Ausbildung von dem Umzug wussten und während der bisherigen Ausbildung schon am neuen Standort waren. Daraufhin nimmt die Jugendausbildungsvertretung Kontakt zum Betriebsrat auf und erfährt, dass die Betriebsvereinbarung nur für Mitarbeiter mit Arbeitsvertrag, d. h. nicht ausdrücklich auch für Auszubildende gilt. Trotzdem unterstützt der Betriebsrat die Einbeziehung der Auszubildenden in die Vergütungsregelung beim Umzug.

4. Stellen Sie diese Verhandlungssituation in einem Rollenspiel dar:
   a) Sammeln Sie Argumente zum Aufbau einer Verhandlungsposition der Auszubildenden.
   b) Versetzen Sie sich in die Rolle der Unternehmensleitung und bilden Sie auch hier eine Verhandlungsgrundlage für den Termin mit den Vertretern der Auszubildenden.
   c) Tauschen Sie die Rollen, um sich in die Rolle des anderen Verhandlungspartners zu versetzen.
   d) Überlegen Sie, ob und wie weit die folgenden 6 Verhandlungsmethoden (▷ S. 379) Ihnen dabei helfen können. Welche Verhandlungsmethoden erscheinen Ihnen in der Vorgehensweise problematisch?
   e) Führen Sie das Rollenspiel durch und berichten Sie von Ihren Erfahrungen in einem Plenumsgespräch.

Verhandlungsmethoden

1. Bilanzmethode

- Zuerst möglichst viele – in Zahlen bewertbare – Argumente sammeln
- Vor dem Verhandlungspartner (VP) alle Pro- und Kontra-Argumente in einer Art BILANZ schriftlich gegenüberstellen
- Den VP durch das Ungleichgewicht der beiden Seiten von der Stärke der eigenen und der Dürftigkeit der gegnerischen Argumente überzeugen

2. Vier-Stufen-Methode

- Zuerst vier verschiedene Lösungsvorschläge ausarbeiten. Kriterium sind Qualität und Durchsetzbarkeit!
- Den VP stufenweise von der schlechtesten Lösung (Stufe 4) weg bis zur besten Lösung (Stufe 1) hinaufverhandeln bzw. sich wieder auf Stufe 2 herunterhandeln lassen (allgemeiner Kompromiss!)

3. Kongressmethode

- Zuerst gezielt nach Verhandlungswaffen (Argumenten, Prinzipien) und der geeigneten Verhandlungstaktik (Wiederholungstechnik) suchen
- Verbündete VP durch die Mobilisierung von Neid- und Angstgefühlen spalten
- Eigene Verbündete durch die Betonung gemeinsamer Interessen gewinnen

4. Überrumpelungsmethode

- Zuerst genauen Zeitplan aufstellen. Stillschweigen gegenüber jedermann!
- Dann die VP durch die Vorspiegelung einer plötzlichen Gefahr oder Chance unter Termin- und Handlungszwang setzen

5. Nachweismethode

- Zuerst alle Forderungen und Wünsche der VP ohne Widersprechen anhören
- Dann den VP nach Begründung, Berechtigung, Realisierbarkeit seiner Forderungen fragen!

6. Kompromissmethode

- Zur Meinung des VP eine extrem gegensätzliche „Meinung“ konstruieren
- Dann sich von diesen beiden extremen Meinungen distanzieren und einen Kompromiss (die eigene Meinung!) vorschlagen

Thomas Gordon

Die Jeder-gewinnt-Methode

Ein Ehepaar geht auf einen Campingausflug. Es kommt zu einem Konflikt über die Frage, wer das Essen macht. Sie sprechen darüber und kommen zu einer Lösung, die beide akzeptieren können: Der Mann erklärt sich bereit, das Abendbrot zu machen, wenn die Frau das Frühstück macht, sodass er Zeit genug hat, seine Angelausrüstung vorzubereiten und ins Boot zu bringen. Für das Mittagessen will jeder allein sorgen.
Auch hier wird die Jeder-gewinnt-Methode angewendet! Ehepaare machen häufig in allen Arten von Konflikten von ihr Gebrauch. Auch Freunde bedienen sich dieser Methode, um ihre Konflikte zu lösen. So entscheidet man, in welches Restaurant man geht, um wie viel Uhr man zu einem Sonntagsausflug aufbricht, wo man den gemeinsamen Urlaub verbringt, wann man eine abendliche Bridgepartie abbricht, wer was zu einem Picknick beisteuert usf.
Offensichtlich haben die meisten Menschen beträchtliche Erfahrung mit der Jeder-gewinnt-Methode. Warum kommt sie dann so selten in der Beziehung zwischen Vorgesetzten und Untergebenen zum Tragen? Und in den Beziehungen zwischen Eltern und Kindern? Und in den Beziehungen zwischen Lehrern und Schülern? Weil in diesen besonderen Beziehungen offensichtlich ein Machtunterschied vorliegt, der in den Beziehungen zwischen Kindern, zwischen Ehepartnern und zwischen Freunden normalerweise nicht vorhanden ist. In diesen Beziehungen ist das Machtverhältnis mehr oder minder ausgeglichen.
Wir kommen kaum an dem Schluss vorbei: Wenn Menschen Macht über andere besitzen, neigen sie allzu sehr dazu, von ihr Gebrauch zu machen. Wenn nicht, wird ihnen klar, dass ihnen nur die Methode mit Gewinnern bleibt. Mit der Ausnahme natürlich, dass sie dem anderen nachgeben, was niemand gerne tut.
Die Jeder-gewinnt-Methode setzt also voraus, dass ein Führer, der in der Regel mehr Macht als die Gruppenmitglieder besitzt, sich dazu verpflichtet, sie *nicht* zu verwenden. Stattdessen nimmt der Führer im Konfliktfall folgende Haltung ein (ich umschreibe sie):

Du und ich, wir haben einen Bedürfniskonflikt. Ich achte deine Bedürfnisse, aber ich darf auch meine nicht vernachlässigen. Ich will von meiner Macht dir gegenüber keinen Gebrauch machen, sodass ich gewinne und du verlierst, aber ich kann auch nicht nachgeben und dich auf meine Kosten gewinnen lassen. So wollen wir in gegenseitigem Einverständnis gemeinsam nach einer Lösung suchen, die ebenso deine wie meine Bedürfnisse befriedigt, sodass wir beide gewinnen.
Im Diagramm sieht die Jeder-gewinnt-Methode wie folgt aus (siehe Abbildung). […]
Halten Sie sich vor Augen, dass die Jeder-gewinnt-Methode eine spezielle Form der Problemlösung ist. Der Prozess umfasst in der Regel also dieselben sechs Schritte wie die Problemlösung generell:

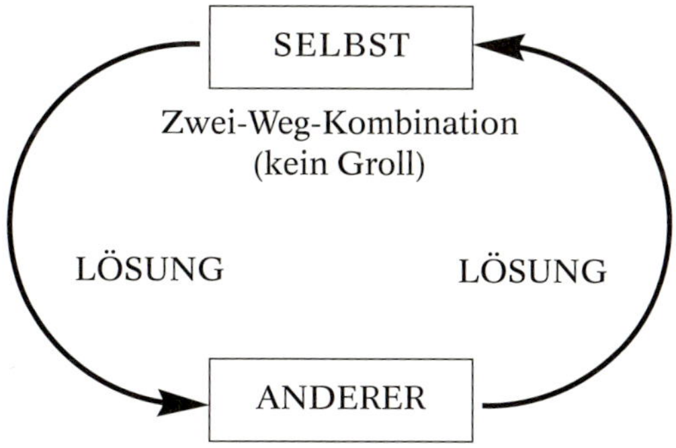

I. Das Problem wird erkannt und definiert.
II. Alternative Lösungen werden entwickelt.
III. Alternative Lösungen werden bewertet.
IV. Die Entscheidung wird getroffen.
V. Die Entscheidung wird ausgeführt.
VI. Anschließend wird die Lösung bewertet.

---

5. a) Welche Vorteile der Jeder-gewinnt-Methode nennt Thomas Gordon?
   b) Beurteilen Sie die Erfolgschancen dieser Methode im privaten und beruflichen Bereich.
6. In einer Verhandlungssituation ist einer der Partner als Verlierer vom Verhandlungstisch aufgestanden. Welche Konsequenzen ergeben sich daraus für das weitere Verhältnis der Beteiligten?
7. a) Beurteilen Sie die Eignung der folgenden Aussagen für die Jeder-gewinnt-Methode:
   - *Wir haben beide unterschiedliche Auffassungen zu diesem Thema.*
   - *Wir haben beide unterschiedliche Auffassungen zu diesem Thema, aber sicher haben wir dafür gute Gründe.*
   - *Wir haben beide unterschiedliche Auffassungen zu diesem Thema, aber sicher haben wir dafür gute Gründe. Genauso sehe ich Gemeinsamkeiten, wenn in Punkt vier auch keine Verständigung möglich ist. In anderen Bereichen sollten wir nach einer Lösung suchen.*

   b) Entwickeln Sie aus Ihrem Ergebnis Schritte für die Jeder-gewinnt-Methode.

3.3 Verkaufen muss trainiert werden

Jens Sparschuh

Verkaufstraining

Der Auszug aus dem Roman „Der Zimmerspringbrunnen" beschreibt einen Teil eines Verkaufstrainings.

„Ding-dong", macht Filzbach (Stuttgart) erwartungsgemäß.
Nöstich stellt das Bügeleisen ab und schreitet zur „Tür". Er öffnet sie, aber nur halb – was Strüver mit einem leichten Nicken quittiert.
„Guten Tag, Herr Nöstich", beginnt nun Filzbach (Stuttgart), „das ist aber schön, dass ich Sie antreffe." Er sagt das alles sehr akzentuiert, überdeutlich. (Deswegen vielleicht wirkt es nicht ganz echt.)
Filzbachs Vertreterhand schiebt sich Nöstich entgegen. Der will gerade zugreifen – da meldet sich wieder Strüver: „Kann es sein, dass es riecht? Herr Nöstich – Ihr Bügeleisen! Kann da nichts anbrennen?"
„O ja, Mensch!" Nöstich rennt zurück ins Zimmer.
Unschlüssig steht Filzbach (Stuttgart) zwischen Tür und Angel. Dann traut er sich ein

Stück in die Wohnung hinein. (Vielleicht will er helfen?) Strüver schließt die Augen, verzweifeltes Kopfschütteln.
Da kommt Nöstich wieder.
Halblaut gibt Strüver weitere Regieanweisungen: „Gut, das ist zwar nicht schön, aber das gibt es ja. Unserem Kunden passt der Termin heute nicht. Das Bügeleisen hat gerade das Wohnzimmer in Brand gesetzt, eine Familienfeier ist im Gange oder irgendeine andere Katastrophe. – Was nun?!"
„Na, ich frage ihn, ob ich nicht besser zu einem anderen Zeitpunkt ..."
„Na – fragen Sie das mal, Herr Filzbach. Aber, bitte: Sie sprechen mit Ihrem Kunden, nicht mit mir. Ich schaue nur zu. – Und verlassen Sie bitte wieder unauffällig die Wohnung ..."
Filzbach tritt rasch ein paar Schritte zurück.
„Herr Nöstich, wann würde es Ihnen denn mal passen?", fragt nun also Filzbach (Stuttgart); er versucht, dabei Herrn Nöstich verschmitzt und aufmunternd anzublicken ...
„Stopp!", bricht Strüver, sichtlich entnervt, ab. „Machen wir mal eine Zwischenauswertung. Sonst vergessen wir ja all Ihre Glanzlichter! Anders gefragt: Was kann in den ersten 15 Sekunden alles falsch gemacht werden? Dafür war das hier ja geradezu eine Lehrvorführung."
Bevor jemand etwas sagen kann, versucht Filzbach (Stuttgart) sich zu rechtfertigen: „Draußen klappt es ja! Aber hier, im Seminar, vor Zuschauern – da hab ich Stress. Ich bin doch kein Schauspieler."
„So?", fragt Strüver. „Das ist aber schade."
„Außerdem unterbrechen Sie immer!", sagt Filzbach leise, seine Stimme zittert dabei.
„Herr Filzbach – draußen sind Sie doch auch nicht ungestört, da werden Sie *laufend* unterbrochen! – Ist jemandem etwas aufgefallen?"
Jemand meldet sich: Die Verabredung am Ende sei nicht sehr überzeugend gewesen ...
„Richtig", sagt Strüver, „das war grundfalsch."
Da Filzbach (Stuttgart) ihn nur verständnislos anblickt, gibt Strüver gleich selbst eine Erklärung: „Wenn Sie so unbestimmt ins Blaue hinein fragen, ob Sie nicht irgendwann mal wiederkommen sollen – wissen Sie, was der Kunde Ihnen da völlig zu Recht antwortet? ‚Ach, lassen Sie mal', sagt er, ‚das muss nicht sein, ich brauche doch gar nichts.' – Herr Filzbach, der Kunde sucht in diesem Vorstadium spontan den Ausweg. Und Sie, mit Ihrer, entschuldigen Sie schon, herzigen Frage, haben ihm den Fluchtweg gezeigt! – Was fragen wir also?"
Da niemand antwortet, gibt Strüver die Antwort: „Die richtige Frage könnte sein: ‚Ich sehe, dass es Ihnen heute schlecht passt. Ich kann Ihnen folgende Ausweichtermine vorschlagen: am nächsten Dienstag, nach 18 Uhr, oder am nächsten Donnerstag, da schon ab 17 Uhr.' Was gewinnen wir damit?
1. Der Kunde (und das ist psychologisch in dieser Phase sehr wichtig) hat die Freiheit, sich zu entscheiden;
2. Die grundsätzliche ‚Ob-überhaupt'-Entscheidung aber haben wir ihm mit unserer Detailfrage schon unauffällig abgenommen. Das ist schon gegessen."

---

1. a) Beschreiben Sie die Art des Verkaufens, die in diesem Romanauszug dargestellt ist.
   b) Welches Bild vom Verkäufer und vom Kunden vermittelt Ihnen der Text?
   c) Formulieren Sie in wenigen Sätzen mögliche Gefühle eines Kunden und eines Verkäufers in einem solchen Verkaufsgespräch.
   d) Untersuchen Sie die sprachlichen Mittel, mit denen der Text diesen Eindruck erzeugt.
2. a) Vergleichen Sie den Verkaufsvorgang im Text mit Erfahrungen, die Sie selbst als Kunde gemacht haben.
   b) Beurteilen Sie die dauerhaften Erfolgschancen dieser Art des Verkaufens.

Verkaufsgespräch
- Vorbereitung (evtl.)
- Kontaktaufnahme
- Bedarfsanalyse
- Argumentation
- Einwandbehandlung
- Abschluss
- Nachbereitung (evtl.)

Verkaufsgespräche sind Teil des gesamten Verkaufsvorgangs, der aus einer Reihe anderer Aktivitäten wie Schriftverkehr, telefonieren usw. besteht. Da die Herstellung von Produkten z. B. durch Automatisierung und Computereinsatz leichter geworden ist, steht der Verkauf der Produkte mehr im Blickpunkt.
Für Verkaufsgespräche gelten die gleichen Regeln, die bei der Gesprächsführung allgemein beachtet werden. Verkaufsgespräche sollen einen Kunden veranlassen, zum Beispiel ein bestimmtes Produkt zu kaufen, daher haben sie insgesamt einen auffordernden Charakter, der allerdings meist nur indirekt erkennbar ist.

Kundentypen

Der Vielredner	**Der Schweigsame**	**Der Rechthaberische**	**Der Unentschlossene**
Kennzeichen	Kennzeichen	Kennzeichen	Kennzeichen
• Spricht ständig • Lässt Sie nicht zu Wort kommen • Unterbricht • Weicht vom Thema ab • Ich-bezogen • Weiß alles besser	• Spricht kaum • Wirkt verschlossen • Einsilbig • Man ist nicht sicher, ob er zuhört	• Weiß alles besser • Ist auf bestimmte Meinungen festgelegt • Geltungsbedürftig • Spricht knapp und energisch	• Verändert seine Meinung • Sieht ständig ein Wenn und ein Aber • Ohne Übersicht • Unkonzentriert

3. Beschreiben Sie die sprachlichen Mittel (Fragen und Reaktionen), mit denen Sie sinnvoll auf die verschiedenen Kundentypen einwirken können. Verwenden Sie dazu auch die Ergebnisse aus dem Kapitel F 1.2: „Wie Verständigung gelingen kann“ (▷ S. 361 ff.).

Die Sandwich-Methode

Das Schwierigste im Verkaufsgespräch ist es, einen weniger guten Aspekt des Produktes oder den Preis zu „verkaufen“. Geeignet ist dazu die Sandwich-Methode. Der Preis steht nicht allein, sondern er ist verpackt in Vorteile des Produktes.

„Dieser PC mit vollständiger Multi-Media-Ausstattung	*Vorteil/Nutzen des Produktes darstellen*
kostet 999 Euro	*den Preis nennen*
und hat den schnellsten Prozessor am Markt.“	*Vorteil/Leistung des Produktes nennen*

4. a) Beschreiben Sie die Wirkung der Sandwich-Methode auf das eigentliche Thema Preis.
   b) Für welche anderen Verkaufssituationen eignet sich die Sandwich-Methode?
5. a) Bereiten Sie ein Rollenspiel zur Sandwich-Methode vor. Wählen Sie dazu ein Produkt mit einem Verkaufsproblem aus und notieren Sie Nutzen und Vorteile des Produktes.
   b) Spielen Sie die Situation vor der Klasse.

Einwandbehandlung

Einwände des Kunden sind normale Kundenreaktionen. Damit rechnet der Verkäufer. Wichtig ist es, Verständnis für Einwände des Kunden zu zeigen. Eine der Grundtechniken zur Einwandbehandlung ist **B-S-A-Technik** (Bestätigen – Spiegeln – Argumentieren):

B „Das ist richtig, dass Sie so offen das Thema Lieferzeiten ansprechen."

S „Ich entnehme daraus, dass eine schnelle Lieferung für Sie besonders wichtig ist."

A „Wir haben unseren Umsatz im letzten Jahr erheblich steigern können. Deshalb haben wir unsere Produktionskapazität erhöht und können inzwischen sehr schnell liefern."

6. Verfassen Sie Reaktionen eines Verkäufers nach der B-S-A-Technik zum Thema „Zu hoher Preis".
7. Beschreiben Sie weitere geeignete Gesprächstechniken, um Einwände von Kunden zu entkräften.

Arten der Einwandbehandlung	**Beispiele**	**Gefahren**
Vorwegnahme	Ein möglicher Einwand wird vom Verkäufer aufgegriffen: „Ich weiß, dass wir lange Lieferzeiten haben. Die Qualität unserer Produkte ist eben am Markt begehrt."	Vorsicht: Keine Einwände hervorrufen!
Zurückstellen	„Darf ich den Punkt Lieferzeit zurückstellen? Darauf komme ich noch zu sprechen."	Aber: Notieren, nicht vergessen!
Plus-Minus-Technik	„Ich kenne unserer Lieferschwierigkeiten, dafür bieten wir aber auch ein Rundum-Serviceangebot."	Das Plus muss auch stichhaltig sein.
In eine Frage umwandeln	„Sie meinen, unser gesamtes Leistungspaket einschließlich der Lieferzeiten sollten wir noch im Einzelnen besprechen?"	Es muss noch etwas zu besprechen geben.

8. Konstruieren Sie Verkaufssituationen, in denen Sie Einwände der Kunden behandeln.
   a) Bestimmen Sie vorher gemeinsam die Art des Einwandes.
   b) Schreiben Sie auf eine Rollenkarte in Stichworten Ihre Art der Einwandbehandlung.
   c) Stellen Sie die verschiedenen Lösungen in der Klasse vor und besprechen Sie sie.
9. Erstellen Sie eine Liste geeigneter Gesprächstechniken, um Einwände von Kunden zu entkräften.

Brückenwörter im Verkaufsgespräch

Das neue PC-Programm ist sehr benutzerfreundlich,	***das bedeutet für Sie*** ***das heißt,*** ***das bringt Ihnen***	*schnelle Einarbeitung Ihrer Mitarbeiter ohne lange Schulung.*

10. a) Beschreiben Sie die Wirkung der Brückenwörter.
    b) Erstellen Sie eine Liste anderer Brückenwörter.
    c) Verfassen Sie eine Verkaufsargumentation und verwenden Sie dabei Brückenwörter.

4 Schreiben als Prozess

Sicher erinnern Sie sich daran, wie Sie in der Grundschule schreiben gelernt haben. Sie haben geübt, Buchstaben zu schreiben. Bis Sie einigermaßen zügig schreiben konnten, hat es gedauert. Nach einigem Training haben Sie das Schreiben der Buchstaben automatisiert. Genauso ist es beim Schreiben von Texten: Schreiben braucht Training. Das hat Schreiben mit vielen anderen Fähigkeiten gemeinsam.

---

1. Beschreiben Sie die unterschiedlichen Kommunikationssituationen beim Sprechen und beim Schreiben über einen Text oder Sachverhalt.
2. a) Schreiben über ein Thema wird im Gegensatz zum Sprechen als anstrengend empfunden. Woran liegt das?
   b) Wo sehen Sie die Vorzüge des Schreibens im Vergleich zum Sprechen?
3. Was erscheint Ihnen persönlich beim Schreiben eines Textes besonders schwierig?

Wenn Sie für eine Lernkontrolle Lerninhalte auf einem Blatt zusammenfassen, ordnen Sie die Inhalte und planen eine genaue Reihenfolge der Themen. Ähnlich verhalten Sie sich beim Kauf eines wichtigen Gegenstands. Sie informieren sich, überlegen, was Sie tun sollen, und planen den Prozess des Kaufens. Genauso ist es beim erfolgreichen Schreiben.

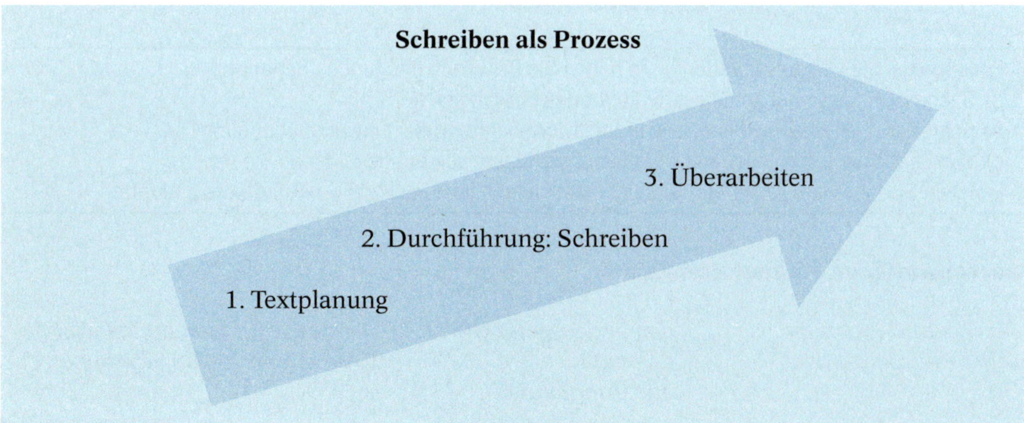

Bei der Planung eines Textes, eines Aufsatzes oder einer Klassenarbeit werden Sie zuerst überlegen, welche geeigneten Schreibmuster Ihnen bekannt sind.

4.1 Einfälle und Ideen sammeln

Die beiden Thesen sind das Ergebnis einer Umfrage in Berlin. Ihre **Aufgabe** dazu könnte heißen: Erörtern Sie die Frage „Getrennter Unterricht für Jungen und Mädchen?".

Sie kennen jetzt den Schreibauftrag, aber woher kommen die Anregungen und die Ideen? Die folgenden **Methoden** können Ihnen helfen, Ideen für einen Anfang zu sammeln.

1. Führen Sie in Kleingruppen die folgenden Methoden zur Ideensammlung durch und bewerten Sie anschließend die Ergebnisse.
   - Unbefangenheit hilft weiter: Es gibt nichts, was nicht irgendwie etwas zum Thema beitragen könnte. Umwege kann man erst am Schluss erkennen. Durchstreichen können Sie immer noch, aber nur das, was Sie aufgeschrieben haben.
   - Zum Stift greifen und einfach etwas aufschreiben, sozusagen automatisch schreiben, zum Beispiel zu: Unterricht, Unterrichtsstunden, Schule, Stundenplan, Unterrichtsfächer, alle Fächer, welche Fächer? Notieren Sie alles, was Ihnen einfällt, auch Sie können etwas vergessen.
   - Schreiben Sie zu den Begriffen des Themas Verstärkungen, Gleiches, Entgegengesetztes. Zum Beispiel:

     Verstärkungen zu Unterricht: „Pauken, Stress, Quasseln, Lernen ..."
     Gleiches: „Theorie und Praxis in der Fahrschule ..."
     Entgegengesetztes: „Ferien, Wochenende, Freizeit, Party ..."

   - Nutzen Sie die P-M-I-Methode (Plus-Minus-Interesse-Methode):

     Plus: Junge: „Im Sport mal richtig loslegen, ohne auf die Mädchen Rücksicht zu nehmen."
     Minus: „Langweilig, wir sind doch auch sonst nicht getrennt."
     Interesse: „Man sieht auch, wie die Jungen denken."

   - Wechseln Sie die Blickrichtung: Ein Junge sieht die Situation aus der Sicht eines Mädchens.

Es gibt verschiedene **Formen der Ideensammlung**. Diese Formen ordnen die Einfälle unterschiedlich stark.

- Sie können in einer Art stillem ▷ **Brainstorming** alles aufschreiben, was Ihnen einfällt. ▷ S. 34 Dann entsteht zuerst eine ungeordnete Folge von Wörtern, die Sie anschließend durch Nummerieren, mit Pfeilen oder durch Einkästeln ordnen können, um in einer dritten Stufe zu einem Schreibplan, einer Art Gliederung zu kommen.
- Eine andere Art, Ideen zu finden, ist das ▷ **Clustern**. Sie schreiben den Auftrag, das Thema, das Problem in einen Kreis in die Mitte des Blattes. ▷ S. 26

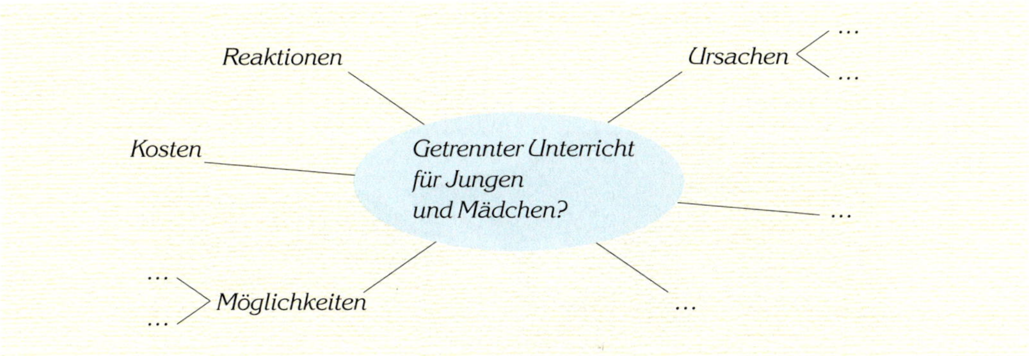

2. a) Vervollständigen Sie das Cluster auf einem Blatt.
   b) Suchen Sie zu den einzelnen Begriffen weitere Informationen.

▷ S. 21

- Beim ▷ **Mind-Mapping** tragen Sie Ideen in einer stärker ordnenden Form als beim Clustern zusammen.

3. Entwickeln Sie aus dem Cluster eine Mind-Map.

- Sie können Ihre Einfälle auch in ein zum Thema passendes **Ideenbild** eintragen, hier vielleicht in ein Schulgebäude.

4. Ordnen Sie Ihre Ideen zum Thema „Getrennter Unterricht?“ in einem solchen Bild.

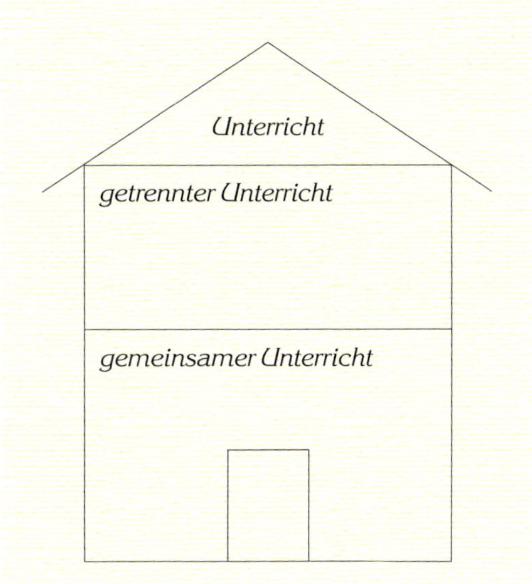

Manchmal ist auch berühmten Schriftstellerinnen oder Schriftstellern nicht auf Anhieb die zündende Idee gekommen. Schreibblockaden sind also etwas Normales. In einer Klassenarbeit oder bei einer Hausaufgabe haben Sie allerdings nur begrenzte Zeit, lange warten auf den ultimativen Einfall können Sie nicht. Das ist eine Stresssituation, die Sie kennen und schon häufiger gemeistert haben.

4.2 Den eigenen Text gliedern

Wenn Sie an die Leser/innen denken, dann wird Ihnen der mögliche Aufbau Ihrer Arbeit klar. Versetzen Sie sich in ihre Situation: Sie möchten wissen, um was es in dem Text geht. Dann wollen sie informiert werden über Ihre Standpunkte, Interpretation, Vorschläge oder Lösungen und am Schluss soll alles abgerundet oder zusammengefasst werden.
Das dreiteilige **A-B-C-Schema** (▷ S. 387) berücksichtigt die Perspektive der Leser/innen und ist ein sinnvolles Modell des Schreibens.

Die Leser/innen werden mit dem Thema bekannt gemacht.	A **Einleitung:** Hinführung zum Thema
Die Hauptaufgabe ist es, das Thema zu bearbeiten und damit die Aufgabe zu lösen.	B **Hauptteil:** Hier wird beschrieben, erörtert oder interpretiert.
Die Wichtigkeit des Themas für Verfasser/in und Leser/innen	C **Schluss:** Zusammenfassung

Der Schwerpunkt der Arbeit liegt im Hauptteil, das sagt der Name ja schon. Deshalb gehören auch ungefähr zwei Drittel der Arbeit zum Hauptteil.

Die folgenden **ersten Sätze** gestalten den Einstieg in das A-B-C-Schema. Sie sind geeignet, das Schreiben einer Haus- oder Klassenarbeit zu einem literarischen Text zu erleichtern:

1. *Bernhard Schlink erzählt in seinem Roman „Der Vorleser" von …*
   (Autor/Textart/Thema oder Problem)
2. *Auffällig an diesem Textauszug ist …*
   (Hier steht, was auffällt an Inhalt ***und*** *Form.)*
3. *Meiner Meinung nach geht es in diesem Textauszug vor allem um …*
   (Hier soll die begründete Interpretation des Textes stehen.)

---

1. a) Schreiben Sie auf einem Blatt erste Sätze für die Analyse eines Sachtextes.
   b) Lesen Sie dazu den Text von Susanne Beyer: „Cowboys beim Bummeln" (▷ S. 155 f.).
2. Bauen Sie die „ersten Sätze" in eine Analyse von Arthur Schnitzlers „Die grüne Krawatte" (▷ S. 70) ein:

A. Einleitung:	***(Satz 1:*** *Arthur Schnitzler erzählt ….)*
B. Hauptteil:	
Textbeschreibung:	***(Satz 2:*** *Auffällig an diesem Text ist …)*
Textanalyse:	***(Satz 3:*** *Meiner Meinung nach geht es in Arthur Schnitzlers „Die grüne Krawatte" vor allem um …)*
C. Schluss:	*Zusammenfassung (ganz kurz) oder Aktualisierung*

Wenn Sie den **Hauptteil** schreiben, fängt die eigentliche Arbeit am Thema an. Die folgenden Beispielsätze können Sie an verschiedenen Stellen des Hauptteils verwenden:

Einen Anfang machen:
Zuerst befasse ich mich mit … *Wenn von … gesprochen wird, …*

Wichtiges, Besonderes hervorheben:
Besonders fällt auf, dass … *… fällt besonders auf …*

Eine Feststellung einschränken:
Allerdings gilt das nur für … *Ausgenommen davon sind …*

Wechsel des Schwerpunkts:
Geht man einen Schritt weiter, … *Ein weiterer Punkt ist …*

---

3. a) Stellen Sie andere Anfangssätze für das Schreiben über ein Thema zusammen.
   b) Sammeln Sie andere Formulierungen, die etwas hervorheben, einen Sachverhalt einschränken oder zu einem anderen Schwerpunkt wechseln.

4.3 Gedanken verknüpfen

Sinneinheiten einer Analyse, einer Erörterung, einer Interpretation

A Einleitung	**B Hauptteil**								**C Schluss**
Abschnitt	Abschnitt	Abschnitt	Abschnitt	Abschnitt	Abschnitt	Abschnitt	Abschnitt	Abschnitt	Abschnitt
Satz / Satz / Satz	Abschnitte mit einzelnen Sätzen								Satz / Satz / Satz

An der Grafik können Sie sehen, dass es notwendig ist, sowohl die Teile A, B und C einer Arbeit miteinander zu verbinden als auch einzelnen Abschnitte des Hauptteils und letztlich auch die Sätze in den einzelnen Sinnabschnitten.

Es ist Teil der Schreibaufgabe, die **Teile eines Textes** sinnvoll zu verbinden und eine folgerichtige **Gedankenkette** zu entwickeln. Wenn Sie einen Standpunkt begründen oder einen weiteren Gedanken anschließen, müssen Sie Ihre Aussagen verknüpfen. Ausgangspunkt ist eine Behauptung, These, Feststellung, zu der dann mit den folgenden **Verknüpfungswörtern** weitere Feststellungen oder Begründungen hinzugefügt werden.

*Viele Menschen empfinden Talkshows als Unterhaltungssendungen, **weil** vor ihren Augen etwas Ungewöhnliches geschieht und der Moderator seine Gäste zu außergewöhnlichem Verhalten veranlasst. **Deshalb** ist der Begriff „Krawall-TV" berechtigt, sobald es zu persönlichen, manchmal sogar handgreiflichen Auseinandersetzungen kommt. **Ferner** tragen Talk-Gäste Konflikte direkt vor der Kamera aus, **sodass** einzelne Personen oder Gruppen – zum Beispiel kinderreiche Familien – oft regelrecht beleidigt werden. **Nach** der Sendung bleiben die Beleidigten oder Angegriffenen dann mit ihren Problemen alleine zurück.*

Satzverknüpfende Konjunktionen und Adverbien

Begründung	Hinzufügung	Gegensatz	Folgerung	Vergleich	Abfolge (zeitlich)
weil	und, sowie	aber	sodass	wie	zuerst
denn	zudem	sondern	so ..., ... dass	als ob	zunächst
da	dann	trotzdem	..., um zu	wie wenn	dann
dadurch, dass	außerdem	doch, jedoch	daraus folgt	ebenso	nach, danach
...	darüber hinaus	dennoch	folglich	ähnlich	darauf
	dazu	dagegen	demzufolge	desgleichen	daraufhin
	auch	demgegenüber	somit	zum einen ...	sobald
	ebenfalls	wogegen	daher	zum anderen	als
	ferner	im Gegensatz	darum		während
	überdies	dazu	mithin		bevor
	einschließlich	andererseits	deshalb		nachdem
	...	...	deswegen		später

1. a) Welche These zu Talkshows wird in dem Auszug aus einer Schülerarbeit (▷ S. 388) vertreten?
   b) Prüfen Sie, welche anderen Verknüpfungswörter aus der obigen Tabelle in dieser Argumentation genutzt werden könnten.
2. a) Sammeln Sie weitere Verknüpfungswörter.
   b) Benutzen Sie die Verknüpfungswörter, um die folgenden Thesen zu vertiefen:

In Talkshows werden Gäste häufig bloßgestellt.
Talkshows ersetzen für manche den Psychiater.
In Talkshows werden die Grenzen des guten Geschmacks überschritten.
In Talkshows werden Probleme angesprochen, die sonst totgeschwiegen werden.
In Talkshows wird mit den Gefühlen der Gäste gespielt.
Talkshows sind Müllhalden für Gefühle.
Bei Talkshows zählt nur der „ultimative Kribbel-Faktor".

Wenn Sie einen Standpunkt genauer entfalten wollen, können Sie die Wörterliste zu einer **Verknüpfungsleiter** kombinieren. Das ist immer dann sinnvoll, wenn sie zuerst einen Gedanken verfolgen und in eine Argumentationsrichtung schreiben und danach in eine andere fortfahren.

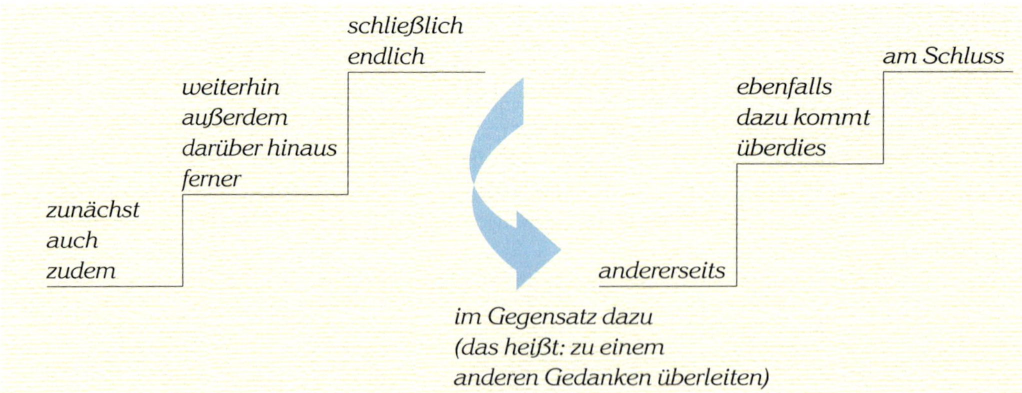

3. Schreiben Sie in einer Schreibkonferenz eine Argumentation zum Thema „Talkshows“ und beachten Sie dabei die Verknüpfungsleiter (▷ S. 389).
   a) Sammeln Sie zuerst Einstellungen und Thesen zum Thema.
   b) Bilden Sie dann eine Reihenfolge der Argumente und verteilen Sie die Schreibaufgaben.
   c) Am Schluss werden die einzelnen Textteile in der Reihenfolge vorgelesen, sodass dadurch ein Gesamttext entsteht.

4.4 Texte überarbeiten

Der folgende Beispieltext enthält eine Reihe typischer Fehler in Rechtschreibung und sprachlicher Form. Es handelt sich um kurze Auszüge aus einer Sachtextanalyse zu einer Anzeige für Drucker der Firma Hewlett-Packard.

Die Anzeige hat die Größe einer DIN-A4 Seite und enthält ein Bild, welches sich im oberen Teil befindet. Er besteht aus zwei nicht gleich großen Bildern, einer Frau und einer Tube Sonnenöl. Der linke bildet die sich sonnende Frau ab, welche auf einem Handtuch ihren Platz hat. Die Sonnencreme ist rechts abgebildet.

Die Headline befindet sich in fettgedruckter Schrift unter dem Bildteil. Unter dem Bildteil befindet sich der Text und im unteren Teil der Anzeige hat das Logo seine Position. Der Grundnutzen des Druckers liegt darin, dass er Fotografien ausdrucken kann. (...)

Der objektive Zusatznutzen ist, dass diese Bilder sehr schnell und, was besonders wichtig ist, in einer Qualität, für die nur die Bezeichnung sehr gut gelten kann, gedruckt werden und realistisch aussehen. Der subjektive Zusatznutzen besteht darin, das man das Gefühl hat, obwohl man ein Maßenprodukt gekauft hat, einen der wohl besten Drucker von einem führenden Hersteller zu besitzen. (...)

Die Strategie der Werbeanzeige liegt darin, den Versuch zu machen, den Leser irgendwie gefühlsmäßig anzusprechen. (...)

Alles in Allem handelt es sich bei der Anzeige um eine Anzeige, die gewißermaßen durch Aufbau, Gestaltung und Werbestrategie überzeugend auf Konsumenten wirken kann. (...)

1. Beraten Sie in einer Gruppe mit drei bis fünf Mitgliedern als **Schreibkonferenz** über den Beispieltext.
   - Zuerst werden Reaktionen auf den Text gesammelt.
   - Anschließend wird die Überarbeitung vorbereitet: Jede/r nutzt die folgende Checkliste für besseres Schreiben (▷ S. 391 f.) und notiert eigene Überarbeitungsvorschläge. Berücksichtigen Sie auch die Checkliste zur Sprachrichtigkeit auf S. 107.
   - Die Vorschläge werden der Gruppe vorgestellt, diskutiert und ergänzt.
   - Arbeitsteilig werden die Abschnitte des Textes umgeschrieben.
   - Am Schluss wird das Ergebnis in der Gruppe im Zusammenhang vorgelesen.
2. Nutzen Sie die Schreibkonferenz auch, um Ihre Hausaufgaben zu verbessern und dadurch insgesamt die Schreibfähigkeit zu ergänzen. Dabei sollten Sie in Rechtschreibwörterbuch und Fremdwortlexikon nachschlagen.
   Den Thesaurus Ihres Textverarbeitungsprogramms können Sie nutzen, wenn Sie alternative Wörter suchen.

Checkliste für besseres Schreiben

Treffende Verben finden

Der Autor/die Autorin

sagt	behauptet/stellt die Behauptung auf	versichert
weist darauf hin, dass	wirft die Frage auf	lässt durchblicken
führt aus	überlegt	berichtet
macht deutlich/klar	macht sich Gedanken darüber	beschreibt
stellt fest	will wissen	schildert
erklärt, dass	fordert dazu auf	erzählt
geht davon aus, dass	gibt zu verstehen	kündigt an
meint/vertritt die Meinung	lässt einfließen	klagt
ist der Ansicht	stellt dar	gibt Hinweise
lässt erkennen	vertritt die These	fährt fort
gibt zu bedenken, dass	argumentiert	ergänzt

„Gestreckte" Verben vermeiden

statt	*besser*
Schlüsse ziehen	schließen
Beobachtungen machen	beobachten
Stillschweigen bewahren	schweigen

Wortungetüme verkürzen

statt	*besser*
Grundtatsachen	Tatsachen
Bedrohungspotenzial	Bedrohung
Ganztextanalyse	Textanalyse
Problemkreis	Problem

Füllwörter streichen

statt	*besser*
gewissermaßen, regelrecht, echt, natürlich, praktisch, insbesondere	–
Zu diesem Zeitpunkt findet gewissermaßen eine regelrechte Schlammschlacht statt.	Jetzt findet eine Auseinandersetzung statt.
Irgendwie kommen wir vielleicht doch letztendlich zu einer Einigung.	Wir können uns vielleicht einigen.
Praktisch war er der letzte Teilnehmer.	Er war der letzte Teilnehmer.
Ergebnisse einer durchgeführten Untersuchung	Ergebnisse einer Untersuchung

Satzungeheuer aufteilen

statt	*besser*
Der Autor, der sich am Anfang die Frage stellt, weshalb erst der Tod eines kleinen Kindes, der die Öffentlichkeit aufrüttelte und auf das Problem aufmerksam machte, geschehen musste, bevor etwas getan wird, fordert die Gerichte auf, endlich streng durchzugreifen.	Der Autor fragt, warum erst ein kleines Kind getötet werden musste, um die Öffentlichkeit auf das Problem aufmerksam zu machen. Deshalb fordert er die Gerichte auf, endlich streng durchzugreifen.

Redewendungen nicht vermischen

statt	*besser*
In diesem Text tauchen so gut wie keine Nebensätze in Erscheinung.	In diesem Text tauchen keine Nebensätze auf (oder: treten in Erscheinung; noch besser: Der Text enthält ...).
Er war sich der Absprache im Bewusstsein.	Er war sich der Absprache bewusst.
Dass es jemand in dieser Situation schwer hat, leuchtet auf der Hand.	..., liegt auf der Hand (oder: ..., leuchtet ein).

Keine Konjunktionenhäufung

statt	*besser*
Ihm fiel auf, dass, wenn er ging, noch längst nicht alles getan war.	Ihm fiel auf, dass noch längst nicht alles getan war, wenn er ging.

Auf den richtigen Bezug achten

statt	*richtig*
Die Leitung der neuen Filiale übernimmt Frau Meier. Sie hat eine Fläche von 600 qm.	Frau Meier übernimmt die Leitung der Filiale, die eine Fläche von 600 qm hat.

3. Ergänzen Sie die Checkliste für besseres Schreiben.
4. Überarbeiten Sie eigene Texte aus dem bisherigen Unterricht.
5. Überprüfen Sie Beispiele aus Zeitungstexten mit der Checkliste und formulieren Sie weitere Schreibregeln.

Gebräuchliche Wendungen richtig benutzen

Wenn man Zusammenhänge darstellen will, braucht man oft schriftsprachliche Ausdrücke, bei denen zu einem Substantiv wie „Anspruch“ als Präposition sowohl „an“ als auch „auf“ gehören können. Sie können „Ansprüche an einen Film“, aber auch „Anspruch auf Gehalt“ haben.

Interesse	***aus***	*Forderung*	***zwischen***
Einfluss	***für***	*Ausnahme*	***zu***
Mischung	***an***	*Gelegenheit*	***über***
Bedingung	***mit***	*Abstand*	***nach***
Kontakt	***auf***	*Freude*	***von***

6. a) Ordnen Sie den Substantiven die richtigen Präpositionen zu.
   b) Stellen Sie weitere Kombinationen von Substantiv und Präposition zusammen.
7. a) Setzen Sie sich in Gruppen zu drei bis fünf Teilnehmern zusammen und sammeln Sie zu drei Präpositionen je fünf feststehende Wendungen.
   b) Tragen Sie Ihre Ergebnisse der Klasse vor, indem Sie Sätze mit den Wendungen bilden. Sie können das Gesamtergebnis auf ein Plakat schreiben, das Sie in der Klasse aufhängen.
8. a) Auch Verben haben feste Verbindungen mit bestimmten Präpositionen gebildet. Bilden Sie Sätze mit den folgenden Verben und ergänzen Sie die fehlenden Präpositionen:

   ändern: Ich <u>ändere</u> den Luftdruck <u>an</u> einem Reifen.
   appellieren, sich ärgern, sich beschäftigen, bitten, denken, sich einigen, eintreten, sich entscheiden, erzählen, sich fürchten, hoffen, informieren, jagen, klagen, lachen, reagieren, staunen, sich strecken, vergleichen, verlangen, warnen, werfen, zahlen

   b) Wandeln Sie die Verben in Substantive um und ordnen Sie ihnen die richtige Präposition zu.

5 Briefe

5.1 Geschäftsbriefe

Von Geschäftsbriefen hängt für das schreibende Unternehmen einiges ab. Nach ihren Briefen werden die Schreibenden beurteilt. Daher wird besonderer Wert auf gute äußere Form, sprachliche Richtigkeit und Wirksamkeit gelegt.

.
.
.
.
Institut für betriebliche Kommunikation 2001-06-15
Weberstraße 12
49402 Ixstadt
Tel. (01234)56789
.
.
.
.
.
.
Verlag
Gerd Breuer
Dreisener Straße 16
.
41999 Windberg
.
.
.
.
Erwartungen an kundenorientierte Geschäftsbriefe
.
.
Sehr geehrte Damen und Herren,
.
Sie haben mich gebeten, Ihnen in kurzer Form Erwartungen an kundenorientierte Geschäftsbriefe zu skizzieren. Dazu möchte ich auf drei Schwerpunkte aufmerksam machen.
.
Mein erster Hinweis heißt: Stellen Sie den **Leser des Briefes in den Mittelpunkt**. Sie als Leser möchten schnell und leicht verständlich informiert werden. Schreiben Sie also nicht „ich" oder „wir", sondern „Sie" und „Ihnen", also aus der Sicht des Adressaten.
.
Wichtig ist zweitens die **natürliche Lesekurve**, mit der jeder einen Brief liest. Wenn Sie einen Brief bekommen, dann wollen Sie in einer Kurzanalyse folgende Fragen beantwortet haben:

Wer schreibt, warum, warum mir, warum jetzt und wer steht als Person dahinter?

.

Entscheidend für Sie als Briefschreiber/in sind drittens fünf Erfolgsmerkmale für kundenorientierte Texte:

Optik (optisch gut gestalten)
Gliederung (den roten Faden sichtbar machen)
Einfachheit (bekannte, geläufige Wörter verwenden)
Genauigkeit (kurze und treffende Wörter benutzen)
Anregung (persönlich, höflich, abwechslungsreich schreiben)

.

Diese Empfehlungen können Ihnen Denkanstöße geben, Ihr Schreibverhalten weiterzuentwickeln. Dazu wünschen wir Ihnen viel Erfolg.

.

Mit freundlichen Grüßen

.

Institut für betriebliche Kommunikation

.

.

Erika Mustermann

Erika Mustermann

.

PS: Wir möchten Ihnen **ein Buch empfehlen**, das Ihnen bei Ihrer Korrespondenz helfen kann: Ines Rothe/Erhard Schätzlein, Das professionelle 1 x 1: Kundenorientiert korrespondieren. Cornelsen Girardet, Berlin 1999

Die fünf Erfolgsmerkmale des Briefes

Optik: Der Leser soll beim ersten Überfliegen die inhaltlichen Schwerpunkte durch gut lesbare, moderne Schrift, Hervorhebungen (Fettdruck) und Absätze erfassen. Ob Blocksatz oder Flattersatz, das ist beim Brief Glaubenssache.

▷ S. 389 **Gliederung:** Jeder neue Gedanke gehört in einen eigenen Absatz. Passende ▷ Überleitungen zu neuen Absätzen schaffen den Zusammenhang. Schreiben Sie Bekanntes vor Unbekanntem, Einfaches vor Kompliziertem usw.

Einfachheit: Verwenden Sie geläufige Wörter anstelle von Fremdwörtern und erklären Sie, wenn nötig, Fachbegriffe. Kurze Wörter sind leichter zu verstehen als lange, aber Vorsicht bei Abkürzungen. Lange Sätze ermüden: Mehr als zwanzig Wörter je Satz sind schwer verständlich.

Genauigkeit: Kürze und Genauigkeit haben etwas miteinander zu tun. Vermeiden Sie Nominalstil (nicht: „Um rechtzeitige Mitteilung der Begründung für Ihre Ablehnung wird gebeten", sondern „Bitte begründen Sie Ihre Ablehnung rechtzeitig") und gestreckte Verben (nicht: „Beobachtungen machen", sondern „beobachten"). Informieren Sie sich dazu auf S. 391 f.

Anregung: Den Adressaten mit Namen ansprechen und moderne Grußformeln verwenden. Sie-Stil statt Wir-Stil benutzen. Freundlich und höflich sich bedanken und wenn notwendig
▷ S. 374 entschuldigen. Positiv schreiben ist beim Brief genauso günstig wie auch beim ▷ Telefonieren.

1. Vergleichen Sie die fünf Erfolgsmerkmale des Briefes (▷ S. 394) mit den Hinweisen für gutes Schreiben auf den Seiten 391 f.
2. Schreiben Sie einen Brief, in dem Sie die Erfolgsmerkmale beachten. Wählen Sie ein Thema aus dem Unterricht (Betriebswirtschaftslehre) oder aus dem persönlichen Umfeld. Zeichnen Sie in Ihren Brief die „natürliche Lesekurve" ein.

Parcom GmbH
Weberstr. 14
41765 Dreisen

2001-06-15

Herrn
Ulrich Menger
Redingstraße 35

40225 Düsseldorf

Lieferung vom 2001-05-10

Sehr geehrter Herr Menger,

uns ist im Rahmen unseres Forderungsmanagements aufgefallen, dass Sie unsere Rechnung vom 10. Mai über Euro 1400,00 bis heute noch nicht beglichen haben.

Dies ist sicher Ihrer Aufmerksamkeit entgangen und wir bitten Sie, den Rechnungsbetrag in den nächsten Tagen zu überweisen.

Falls Sie den Rechnungsbetrag inzwischen überwiesen haben, betrachten Sie dieses Schreiben als gegenstandslos.

Mit freundlichen Grüßen

Parcom GmbH

Erich Mustermann

Erich Mustermann

3. Kennzeichnen Sie die Teile des Briefes an Herrn Ulrich Menger, aus denen Sie entnehmen, dass der Kunde bisher überwiegend pünktlich gezahlt hat.

4. Schreiben Sie aus den folgenden Daten einen Brief, in dem der Kunde in Stufen (1. bis 3. Mahnung) aufgefordert wird, die Rechnungssumme zu bezahlen:

- *Unsere Rechnung ist noch nicht beglichen. Wir haben die Rechnungsdaten nochmals angegeben. Der Kunde wird gebeten, unsere Angaben zu prüfen und die Rechnungssumme bis zum JJ-06-30 zu bezahlen.*
- *Trotz unserer 1. Mahnung vom JJ-06-15 ist bis zum JJ-06-30 keine Zahlung zum Ausgleich unserer Rechnung Nr. ... über Euro 1400,00 eingegangen. Wir weisen auf eigene Verpflichtungen hin und bestehen auf umgehender Zahlung. Weitere Lieferungen sind vom Rechnungsausgleich abhängig.*
- *Auch auf die zweite Mahnung hat der Kunde nicht reagiert und die überfällige Rechnung noch immer nicht beglichen. Wir fordern ihn ein letztes Mal auf, die Rechnungssumme einschließlich Verzugszinsen und Mahngebühren bis zum JJ-07-20 zu überweisen. Wenn die Zahlung nicht zum angegebenen Termin eingeht, wird der Rechtsweg genutzt.*

5. Wählen Sie für weitere Briefe Anlässe aus dem privaten Bereich (Anfordern von Informationsmaterial, Kündigung eines Zeitschriftenabonnements ...) oder aus dem beruflichen Bereich (Mängelrüge ...).

5.2 Standardisierte Briefe

Moderne Textverarbeitungsprogramme können häufig verwendete Teile von Briefen als Textbausteine speichern, die nur noch abgerufen werden müssen. Diese Standardformulierungen werden zu Texthandbüchern zusammengefasst, in denen dann für verschiedene Briefteile und Inhalte Textbausteine zur Verfügung stehen. Für den folgenden Brief wurden solche Textbausteine verwendet:

Sehr geehrte Damen und Herren,

wie wir Ihnen schon per E-Mail mitgeteilt haben, stellten wir bei der Einlagerung der von Ihnen am 19.Januar JJJJ gelieferten

60 Gebinde Industriekleber Prandoxit Nr. 4523

undichte Behälter fest.

Wir können daher den Klebstoff nicht verarbeiten. Außerdem haben wir erhebliche Reinigungsprobleme im Lager.

Dringend benötigen wir Ersatz und erwarten von Ihnen eine sofortige Neulieferung.

Mit freundlichen Grüßen

1. a) Ermitteln Sie die im Brief verwendeten Textbausteine.
   b) Welche Wendungen sind als Textbausteine ungeeignet?
   c) Verfassen Sie Textbausteine für einen Antwortbrief der Prandoxit AG.

2. Daniel(a) Fischer, Weißdornstraße 21, 50996 Köln hat sich am 06.05.JJ um einen Ausbildungsplatz als Bürokauffrau/-mann beworben. Stellen Sie aus folgenden Textbausteinen unterschiedliche Briefe zusammen, in denen er/sie um etwas Geduld gebeten wird.

Volltext	*TBS*	*Stichwort*
Ihre Bewerbung um einen Ausbildungsplatz als	*20*	*Betreff Ausbildungsplatz*
Sehr geehrte Frau	*21*	*Anrede 1*
Sehr geehrter Herr	*22*	*Anrede 2*
Sie haben sich auf unsere Anzeige in der ___ beworben. Vielen Dank.	*23*	*Dank für Bewerbung*
Es haben sich mehrere Kandidatinnen und Kandidaten beworben, sodass wir die Auswahl erst nach sorgfältiger Prüfung treffen können.	*24*	*viele Bewerber 1*
Auf unsere Anzeige haben wir viele Zuschriften erhalten, die wir in Ruhe prüfen möchten.	*25*	*viele Bewerber 2*
Daher können wir unsere Entscheidung erst in etwa ___ Tagen treffen.	*26*	*Entscheidung erst in ___ Tagen*
Bitte gedulden Sie sich noch kurze Zeit.	*27*	*Bitte um Geduld*
Auf unsere Anzeige haben wir viele Zuschriften erhalten, die wir in Ruhe prüfen möchten.	*28*	*viele Zuschriften*
Daher können wir unsere Entscheidung erst in etwa ___ Tagen treffen.	*29*	*Entscheidung in ___ Tagen*
Es haben uns auf unsere Anzeige mehrere Bewerber/innen geschrieben. Um alle Unterlagen sorgfältig prüfen zu können, benötigen wir noch etwas Zeit. Sie werden in spätestens ___ Wochen von uns hören.	*30*	*Antwort in ___ Wochen*

3. a) Stellen Sie in einer Checkliste die Merkmale von Textbausteinen zusammen.
   b) Diskutieren Sie, welche Probleme durch die Verwendung von Textbausteinen entstehen.
4. a) Verfassen Sie eine Textbausteindatei für die Einladung eines Bewerbers/einer Bewerberin
   - zu einem Vorstellungsgespräch;
   - zu einem Auswahlverfahren;
   - für die Zusage eines Ausbildungsplatzes.

   b) Schreiben Sie mit Ihrer Textbausteindatei unterschiedliche Briefe an Ausbildungsplatzbewerber/innen für die drei genannten Anlässe.
   c) Lesen Sie die Briefe in der Klasse vor.
5. Verfassen Sie ein Textbausteinhandbuch für eine Anfrage, ein Angebot oder eine Reklamation (Mängelrüge).

6 Sich bewerben

6.1 Bewerbung und Lebenslauf

Bei jeder Bewerbung geht es darum, ob das Anforderungsprofil des Unternehmens und das Eignungsprofil von Bewerbenden ganz oder in vielen Teilen übereinstimmen.

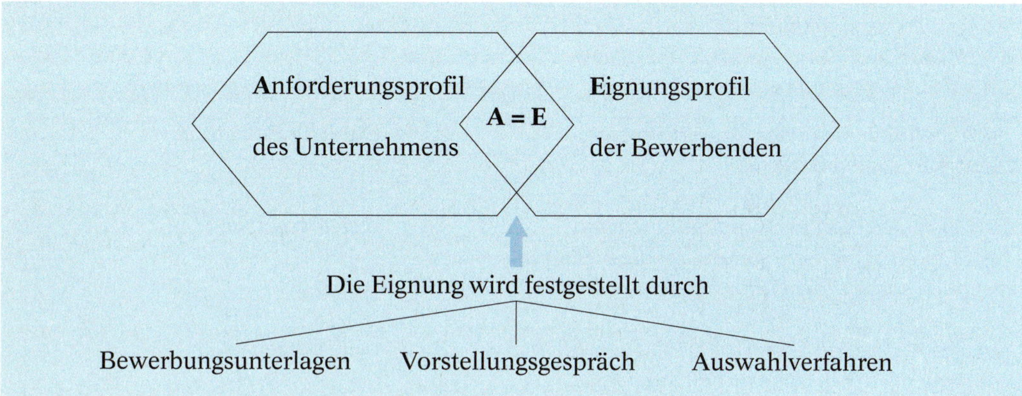

Wir sind ein renommiertes, innovatives Unternehmen der Grundstücks- und Wohnungswirtschaft, das seinen Kunden einen Komplettservice rund um die Immobilie bietet.

Wir suchen zur Verstärkung unseres jungen, erfolgreichen Teams

eine/n Auszubildende/n zum/zur Kaufmann/Kauffrau in der Grundstücks- und Wohnungswirtschaft

Wir bieten ein vielfältiges Aufgabengebiet im Innen- und Außendienst mit sowohl technischen als auch kaufmännischen Tätigkeiten und immer im Umgang mit Menschen an einem attraktiven, mit modernster Bürotechnik ausgestatteten Arbeitsplatz.

Wir erwarten ein gepflegtes Äußeres, Sicherheit im Auftreten und im Umgang mit der deutschen Rechtschreibung.

Wir bitten um Übersendung Ihrer vollständigen Bewerbungsunterlagen an:

Rossmann Immobilien GmbH
Goethestr. 99
52064 Aachen
E-Mail: rossmann-immobilien@t-online.de

Heiko Heinz, Schüler der Höheren Handelsschule in Herzogenrath bei Aachen

1. Überprüfen Sie, welche offenen und welche verdeckten Anforderungen in der Anzeige an die Bewerber gestellt werden.
2. Überlegen Sie, welche Erwartungen Heiko Heinz erfüllt. Übrigens – die wenigsten Bewerber erfüllen alle Wünsche der Personalchefs.

„Wenn unsere Firma eine Anzeige schaltet mit dem Angebot eines Ausbildungsplatzes, müssen wir mit 100 bis 130 Bewerbungen rechnen. Daraus muss ich in relativ kurzer Zeit zehn, fünfzehn, maximal zwanzig aussuchen, von denen ich glaube, dass ein Vorstellungsgespräch sich lohnt. Wie mache ich das? Erster Auswahlfilter: Wessen Bewerbung nicht den allgemeinen Normen entspricht, fällt raus. Wenn das Bild aus der Mappe fällt, erst recht. Zweiter Auswahlfilter: Wer nicht mehr zu bieten hat als eine Bewerbung, die den allgemeinen Normen entspricht, hat schlechte Chancen, mir aufzufallen und im Gedächtnis zu bleiben ..."
Dieser Kommentar einer Personalleiterin ist durchaus typisch. Heutzutage gibt es ungezählte Möglichkeiten, sich über die richtige Form einer Bewerbung zu informieren: Da darf dann auch erwartet werden, dass ein Bewerber diese Informationsmöglichkeiten nutzt und eine ordentliche, also normgerechte Bewerbungsmappe einreicht.

In eine „normgerechte" **Bewerbungsmappe** gehören (in dieser Reihenfolge):

- das **Bewerbungsschreiben,** das formal (Seitenränder, Adressfelder, Anrede- und Grußformeln) nach den Regeln eines ▷ Geschäftsbriefes abgefasst ist. Ein Beispiel und Erläuterungen dazu finden Sie auf S. 400. ▷ S. 393 ff.
- ein **Lebenslauf mit Lichtbild** (▷ S. 401)
- das letzte schulische **Zeugnis** sowie Zeugnisse über bereits erworbene Abschlüsse (nur Kopien!)
- falls vorhanden: Praktikumsbescheinigungen, Gutachten, Nachweise über absolvierte Kurse o. Ä.

Außerdem ist zu beachten:
- Die Mappe besteht aus einem unbenutzten **Schnell- oder Klemmhefter** in einer dezenten Farbe.
- Verwenden Sie gutes **weißes Papier.** Keine Flecken, Kniffe, Eselsohren ...!
- Verschicken Sie Anschreiben und Lebenslauf immer als **Originale,** nie als Kopie.
- Lesen Sie die Schreiben mehrmals im Hinblick auf **Sprachrichtigkeit** durch oder lassen Sie sie von einem Experten kontrollieren.

Was kann man tun, um sich von anderen Bewerbungen abzuheben?
Machen Sie sich klar, was Sie über die üblichen Daten wie Schullaufbahn hinaus zu bieten haben. Viele Dinge, die auf den ersten Blick kaum etwas mit dem Ausbildungsberuf zu tun haben, können positiv für Sie wirken: Praktika stehen für Berufsinteresse und erste Berufserfahrungen, Aushilfsjobs für Fleiß und Einsatzbereitschaft, Vereinstätigkeit und Mannschaftssport für Teamgeist, Auslandsaufenthalte für Selbstständigkeit und Sprachkenntnisse usw.

3. a) Vergleichen Sie das folgende Bewerbungsschreiben von Heiko Heinz auf S. 400 mit der Stellenanzeige auf S. 398.
   b) Beurteilen Sie das Bewerbungsschreiben.
4. Entwerfen Sie ein Bewerbungsschreiben, mit dem Sie sich auf diese Anzeige bewerben würden.

Beispiel für ein Bewerbungsschreiben

Heiko Heinz
Hubertstr. 100
52134 Herzogenrath
Tel. (0 24 06) 123 45

Herzogenrath, den 29.9.2001

Rossmann Immobilien GmbH
Personalabteilung
Frau Gabriel
Goethestr. 99

52064 Aachen

Ihre Anzeige in der Aachener Zeitung vom 27.9.01
Bewerbung um einen Ausbildungsplatz als Kaufmann in der Grundstücks- und Wohnungswirtschaft

Sehr geehrte Frau Gabriel,

auf Ihr Ausbildungsangebot in der Aachener Zeitung bin ich durch die interessante Beschreibung des Berufsbildes und Ihrer Firma aufmerksam geworden. Ich bewerbe mich deshalb um eine Ausbildung zum Kaufmann in der Grundstücks- und Wohnungswirtschaft in Ihrem Haus.

Zur Zeit besuche ich die Höhere Berufsfachschule für Wirtschaft und Verwaltung (Höhere Handelsschule) am Berufskolleg Herzogenrath, die ich im Juni 2002 mit der Fachhochschulreife verlassen werde.

Über den von Ihnen angebotenen Ausbildungsberuf habe ich mich im Berufsinformationszentrum und durch die Schriften des Arbeitsamtes kundig gemacht und mein Interesse an dieser Tätigkeit dadurch bestätigt gefunden.

Für die von Ihnen beschriebenen Anforderungen bringe ich entsprechende Voraussetzungen mit: In der Schule interessieren mich Betriebswirtschaftslehre und Informationswirtschaft mit Datenverarbeitung besonders. Daher bin ich mit Standardsoftware wie Windows und dem Office-Paket vertraut. Auch in meiner Freizeit beschäftige ich mich mit dem Computer.

Gerne würde ich Ihnen in einem persönlichen Gespräch einen unmittelbaren Eindruck meiner Person und meines Auftretens geben und dabei auch aus erster Hand noch mehr über die Ausbildung in Ihrer Firma erfahren. Über eine Einladung würde ich mich deshalb sehr freuen.

Mit freundlichen Grüßen

Heiko Heinz

Anlagen:
Lebenslauf mit Lichtbild
Kopie des letzten Zeugnisses
Zeugnis über Aushilfstätigkeit als Kellner

Name und Adresse, Ort und Datum

Vollständige Anschrift der Firma, möglichst Ansprechpartner/in und/oder Abteilung angeben

Betreffzeile: Hinweis auf Anlass/Gegenstand des Briefs

Anrede: möglichst namentlich, sonst „Sehr geehrte Damen und Herren"

Hinweis auf den Auslöser der Bewerbung; der eigentliche Bewerbungssatz

Angaben zur derzeitigen Tätigkeit und zum angestrebten Schulabschluss

Stichhaltige und persönliche Begründung für den Ausbildungswunsch:
Berücksichtigung besonderer Anforderungen (Bezug auf Anzeige),
Aufzeigen individueller Eignung

Hinweis auf ein erwünschtes Vorstellungsgespräch

Grußformel, Unterschrift

Anlagen

Der Lebenslauf

Ein Lebenslauf gehört zu jeder Bewerbung. Nur selten wird noch ein handgeschriebener und/oder ausformulierter Text erwartet – wenn ja, ist diese Erwartung in der Stellenanzeige ausdrücklich vermerkt und sollte auf jeden Fall erfüllt werden. Ansonsten ist die tabellarische Version, wie Sie sie unten sehen, üblich. Zu beachten:

- Lassen Sie keine zeitlichen Lücken. Sonst entsteht der Eindruck, es gebe etwas zu verbergen.
- Lassen Sie ein qualitativ gutes Lichtbild machen. Darauf wird sehr geachtet. Schreiben Sie Name und Anschrift auf die Rückseite und kleben sie es leicht an den Lebenslauf.

5. Entwerfen Sie Ihren Lebenslauf. Probieren Sie dabei unterschiedliche optische Gestaltungsmöglichkeiten aus und begutachten Sie die Ergebnisse im Kurs. Orientieren Sie sich an dem folgenden Beispiel.

Lebenslauf

Persönliche Daten

Name:	Heiko Heinz
Anschrift:	Hubertstr. 100 52134 Herzogenrath
Geburtsdatum:	30.05.1984
Geburtsort:	Köln
Eltern:	Elisabeth Engelhardt-Heinz, Rechtsanwältin Andreas O. Heinz, Angestellter
Geschwister:	zwei ältere Schwestern

Schulischer Werdegang

1990–1994:	Grundschule Zülpicher Straße, Köln
1994–2000:	Städtisches Gymnasium Herzogenrath
2000–2002:	Berufskolleg Herzogenrath Höhere Handelsschule angestrebter Abschluss: Fachhochschulreife

Berufserfahrung/Praktika

1999:	dreiwöchiges Schulpraktikum in der kaufmännischen Abteilung der Firma Meier, Herzogenrath
seit 2001:	Aushilfstätigkeit als Kellner in der Gaststätte Sparr, Herzogenrath

Sprachkenntnisse:	Schulkenntnisse in Englisch und Französisch
Weitere Qualifikationen:	Computerkenntnisse (Windows, Excel, Grundkenntnisse in Photoshop)
Persönliche Interessen:	Computer, Basketball, Film

Heiko Heinz

Herzogenrath, den 29.9.2001

6.2 Vorstellungsgespräch und Auswahlverfahren

Das Vorstellungsgespräch

Wenn Sie zu einem Vorstellungsgespräch eingeladen werden, haben Sie die erste Hürde genommen und stehen vor einem entscheidenden Moment Ihrer Bewerbung. Die Partner in einem Vorstellungsgespräch gehen mit unterschiedlichen Einstellungen in dieses Gespräch.

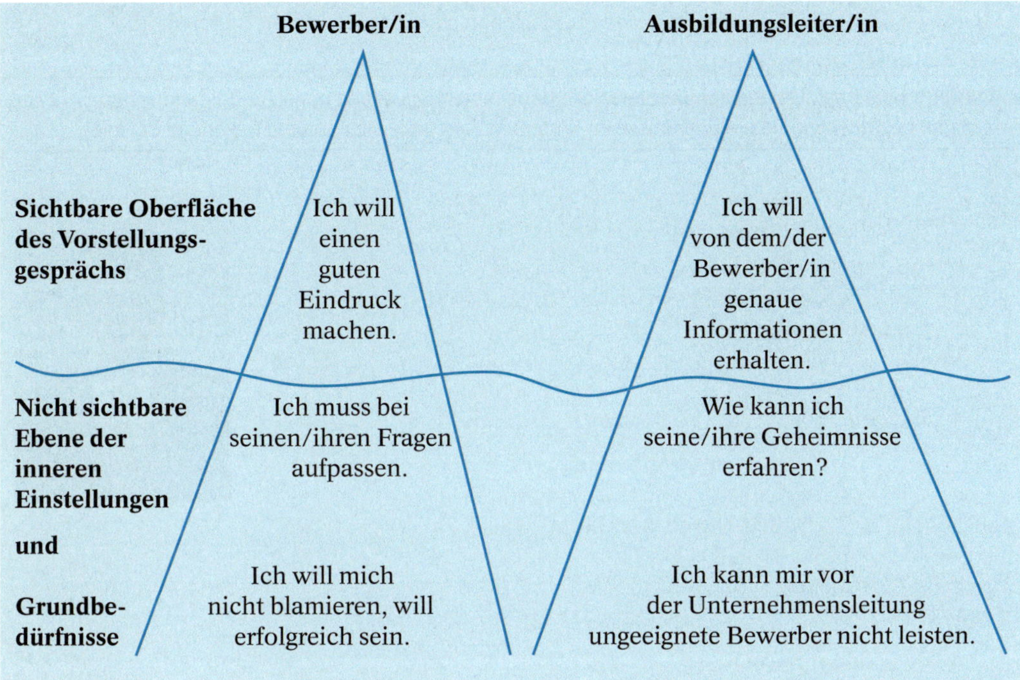

So sollten Sie sich vorbereiten:

- Testen Sie den Weg zur Firma: Wie lange brauchen Sie, welchen Bus müssen Sie nehmen, wo gibt es Parkplätze?
- Sammeln Sie alles, was Sie an Informationen über die Firma und den Beruf bekommen können. Fragen Sie bei der Firma nach deren Broschüren und erkundigen Sie sich auch über andere Betriebe der gleichen Branche.
- Verfolgen Sie die aktuellen Ereignisse in Politik und Wirtschaft in den Medien; vielleicht gibt es gerade Tarifverhandlungen, Fusionen oder Konkurse in der Branche – das muss Sie jetzt interessieren!
- Falls im Berufsbild wichtig: Aktivieren Sie Ihre Fremdsprachenkenntnisse.
- Überlegen Sie, was Sie anziehen wollen: Ihre Kleidung sollte gepflegt, aber nicht auffallend sein. Tragen Sie nur etwas, worin Sie sich wohl fühlen und ungezwungen bewegen können.
- Nehmen Sie Kopien Ihrer Bewerbungsunterlagen und weitere Unterlagen (z. B. Arbeitsproben) mit, die eventuell von Interesse sein könnten.
- Machen Sie sich so frühzeitig auf den Weg, dass auch kleine Zwischenfälle Ihre Pünktlichkeit nicht verhindern.

Damit sollten Sie im Gespräch rechnen:

- **Fragen zu Berufswahl und Bewerbung:** Warum gerade dieser Beruf? Gerade diese Firma? Hier keine überzeugenden Antworten zu haben macht einen besonders schlechten Eindruck!
- **Fragen zu Schule, Ausbildung, Tätigkeiten:** „Problemfächer" mit entsprechenden Noten sind für Personalchefs keine Tabus – überlegen Sie, was Sie zu der Fünf in Mathe sagen können ... Erzählen Sie von beruflichen Erfahrungen bei Gelegenheitsjobs; auch wenn es sich um eine ganz andere Branche handelt, können Ihnen dann Pluspunkte für Teamgeist, Fleiß, Verlässlichkeit, Einsatzfreude o. Ä. angerechnet werden.
- **Fragen zum familiären Hintergrund, zu Freizeitinteressen, zur Persönlichkeit:** Was ist Ihre größte Schwäche? Ihr positivster Charakterzug? Antworten Sie offen, aber nicht weitschweifig. Wenn Ihnen die Fragen zu persönlich sind, reagieren Sie entsprechend zurückhaltend, aber weiterhin freundlich. Tabu sind Fragen nach ausgeheilten Krankheiten, Parteizugehörigkeit, Schwangerschaft u. Ä.
- **Aufforderung, selber Fragen zu stellen:** Hier keine Fragen parat zu haben wirkt interesselos. Erkundigen Sie sich nach Arbeitsbedingungen, Übernahme- und Weiterbildungsmöglichkeiten, Einsatz in anderen Filialen oder im Ausland, Organisation der Ausbildung etc. Die Frage nach der Ausbildungsvergütung ist erlaubt, sollte aber nicht Ihre einzige sein. Erkundigen Sie sich am Ende des Gesprächs, wann und wie Sie von der Entscheidung über den Ausbildungsplatz erfahren.

Hitliste der Fragen

Die zehn wichtigsten Fragen der Ausbildungsleiter/innen

1. Bitte schildern Sie uns kurz Ihren Lebenslauf.
2. Was wissen Sie über den Beruf und die Ausbildung?
3. Warum wollen Sie diesen Beruf lernen?
4. Warum bewerben Sie sich bei uns?
5. Welches waren Ihre Lieblingsfächer (oder auch schwächeren) Fächer in der Schule?
6. Wie stellen Sie sich Ihre Zukunft vor?
7. Wie war Ihr Verhältnis zu Eltern, Geschwistern, Lehrern?
8. Was tun Sie in der Freizeit?
9. Treiben Sie Sport?
10. Nennen Sie drei Ihrer Stärken und Schwächen.

Die zehn wichtigsten eigenen Fragen

1. Was stellt das Unternehmen genau her?
2. Wie sieht meine Tätigkeit aus?
3. Welche Abteilungen lerne ich in der Ausbildung kennen?
4. Gibt es Weiterbildungsmöglichkeiten während und nach der Ausbildung?
5. Wie viele Auszubildende/Mitarbeiter/-innen hat das Unternehmen?
6. Welche Zukunftsaussichten hat der Beruf?
7. Welche Chance besteht, nach der Ausbildung fest übernommen zu werden?
8. Wie sind die Arbeitszeiten geregelt?
9. Wann fängt die Ausbildung an?
10. Gibt es betriebsinternen Unterricht?

1. a) Überlegen Sie, welche Informationen die Ausbildungsleiter/innen aus diesen Fragen erhalten wollen.
   b) Verfassen Sie gemeinsam Antworten auf die Fragen der Ausbildungsleiter/innen.

Beispiel für ein Vorstellungsgespräch

Heiko Heinz hat es geschafft. Aufgrund seiner Bewerbung ist er zu einem Vorstellungsgespräch bei der Rossmann Immobilien GmbH eingeladen worden. Kurz vor der vereinbarten Zeit erscheint er in der Firma und wird von einer Angestellten freundlich empfangen. Er muss noch zehn Minuten warten, dann wird er zur Personalleiterin, Frau Gabriel, ins Büro gerufen.

FRAU GABRIEL: Guten Morgen, Herr Heinz. Nehmen Sie doch bitte Platz! Haben Sie den Weg zu uns gut gefunden?

HEIKO HEINZ: Ja.

FRAU G.: Schön. – Herr Heinz, aus Ihrem Bewerbungsschreiben habe ich ein deutliches Interesse an dem Beruf des Grundstückskaufmanns herausgelesen. Was genau versprechen Sie sich denn von dieser Tätigkeit?

H. H.: Na ja, das, was Sie in Ihrer Anzeige geschrieben haben: abwechslungsreiche Aufgaben, mal hier, mal da, mit Leuten reden, am PC arbeiten und so.

FRAU G.: Und warum möchten Sie das gerade in unserem Haus tun?

H. H.: Das klang einfach klasse: „renommiertes, innovatives Unternehmen", „junges, erfolgreiches Team" und so. Da wär ich gerne bei.

FRAU G.: Wissen Sie denn etwas Genaueres über unsere Firma, z. B. was wir den Kunden konkret anbieten oder in welchem Raum wir tätig sind?

H. H.: Hm, tja also, ich denke mal, Sie verkaufen den Leuten Grundstücke, Häuser und so.

FRAU G.: Aha. – Eine andere Frage: Ihrem letzten Zeugnis entnehme ich, dass Sie in Deutsch ein „befriedigend" haben, während Sie in manchen anderen Fächern besser stehen – liegt Ihnen Deutsch nicht so sehr?

H. H.: Das würde ich so nicht sagen. Sprachlich habe ich eigentlich keine Probleme. Aber mit diesen alten Literaturschinken, da kann ich wenig anfangen.

FRAU G.: Es gab ja in der letzten Zeit ziemlich viel Aufregung um die neue Rechtschreibung. Haben Sie davon etwas mitbekommen?

H. H.: Ja, unsere Deutschlehrerin hat versucht, uns die wichtigsten Neuerungen beizubringen, aber wir fanden das alles ziemlich überflüssig.

FRAU G.: Nun gut. – Haben Sie denn noch Fragen an mich?

H. H.: Ich wollte noch etwas fragen ... aber das fällt mir im Moment einfach nicht mehr ein.

---

2. a) Mit welchen Absichten und Erwartungen stellt die Personalchefin ihre Fragen?
   b) Kommentieren Sie Heiko Heinz' Antworten im Einzelnen und machen Sie Verbesserungsvorschläge.
3. Inszenieren Sie weitere Vorstellungsgespräche.
   - Sprechen Sie dazu vorher genau die Rahmenbedingungen ab, z. B. Berufsbild und Firmenbeschreibung. Spielen Sie unterschiedliche Typen von „Personalchefs", variieren Sie die Fragen (▷ S. 403).
   - Achten Sie nicht nur auf die Gesprächsführung (verbale Kommunikation), sondern auch auf Ihre Körpersprache (nonverbale Kommunikation). Orientieren Sie sich an den folgenden Hinweisen.
   - Zur Auswertung der Rollenspiele empfiehlt sich eine Videoaufzeichnung.

Was Ihre Körpersprache verrät

Das gibt Pluspunkte

+ offener Blick
  („habe nichts zu verbergen“)
+ ruhige Sitzhaltung
  („bin entspannt und gern hier“)
+ ab und zu lächeln
  („bin ein sympathischer Mensch“)
+ konzentrierte Mimik
  („höre dir aufmerksam zu“)

Das sollten Sie lassen

- sich lässig im Stuhl zurücklehnen
  (signalisiert Desinteresse)
- sich hinter verschränkten Armen verstecken
  (wirkt ängstlich)
- Stirn runzeln/zusammenziehen
  (sieht widerwillig aus)
- auf dem Stuhl herumrutschen
  (zeigt, dass Sie nervös sind)

Auswahlverfahren

Von größeren Unternehmen werden bei der Bewerbung um einen Ausbildungsplatz neben Bewerbungsunterlagen und Vorstellungsgespräch auch andere Verfahren genutzt, um die richtigen Bewerber/innen zu finden. Dazu gehören Gruppendiskussionen, Einzelinterviews, Rollenspiele, Problemlösungsaufgaben und Tests. Viele dieser Verfahren sind der Methode des so genannten Assessment-Centers entnommen, das oft einen ganzen Tag oder länger dauert und eigentlich dazu dient, aus schon ausgebildeten Bewerbern qualifizierte Mitarbeiter/innen auszuwählen. Damit sollen Eigenschaften wie soziales Verhalten, Kontakt- und Teamfähigkeit, problemlösendes Denken sowie Aktivität und Motivation ermittelt werden, die aus den Bewerbungsunterlagen und im Vorstellungsgespräch nicht ablesbar sind.

Gruppendiskussionen und Rollenspiele haben Sie im Unterricht kennen gelernt. Sie zielen in Bewerbungsverfahren auf Persönlichkeit und Verhalten der Bewerber. In Gruppendiskussionen werden allgemeine oder aktuelle Themen gestellt, bei denen es oft nicht nur Entweder-oder, sondern auch Sowohl-als-auch gibt.

„Sollen Noten in der Schule abgeschafft werden?“
„Mehr Wirtschaftswachstum oder mehr Umweltschutz?“
„Haben die Medien zu viel Einfluss?“
„Strengere Strafen für Gewalttäter?“

Verhaltensregeln für Gruppendiskussionen und Rollenspiele
- Eher weniger als zu viel reden.
- Aufmerksam zuhören, die anderen ausreden lassen: Gesprächsregeln (▷ S. 364 ff.) beachten.
- Klare und sachliche Aussagen zu eigenen Standpunkten machen.
- Sachlich und ruhig bleiben.
- Gemeinsamkeiten in der Gruppe betonen.

4. Diskutieren Sie in der Klasse über die auf S. 405 genannten oder vergleichbare Themen und beachten Sie die angeführten Verhaltensregeln.
5. Bearbeiten Sie in einem Rollenspiel die folgende Situation: Es soll ein Ziel für eine Tagesfahrt Ihrer Klasse oder der Auszubildenden gefunden werden. Beteiligt sind Vertreter der Schüler/Auszubildenden und der Klassenlehrer/die Ausbildungsleiterin.

Die Persönlichkeit steht im Zentrum des Interesses bei **Satzergänzungstests**. Die Vervollständigung des Satzes, manchmal mit vorgegebenen Antworten, soll **Persönlichkeitsmerkmale** offen legen:

„Ich ärgere mich …“
„Ich mag es nicht, wenn …“
„Ich kann nicht …“
„Susanne ist immer …“
„Wenn ich etwas falsch mache, dann …“

„Wenn ich wählen könnte, dann wäre ich lieber
- *Sachbearbeiter im Büro*
- *Mitarbeiter mit vielen Besprechungen*
- *teils – teils“*

Verhaltensregeln bei Satzergänzungstests
- Positiv antworten: statt „Ich fürchte, keinen Ausbildungsplatz zu bekommen“ „Ich fürchte mich nicht“.
- Kurz antworten: „Ich kann nicht klagen.“
- Antworten an die Verhaltenserwartung der Fragenden anpassen.

6. a) Überlegen Sie, welche Informationen die Personalchefs aus diesen Satzergänzungen erhalten wollen.
   b) Verfassen Sie weitere Satzanfänge für Satzergänzungstests.
7. Informieren Sie sich in Ratgebern für Bewerbungen über Einstellungstests.
8. Trainieren Sie in einem Rollenspiel die Bewerbungssituation.
   a) Entwerfen Sie eine Anzeige für einen Ausbildungsberuf oder schneiden Sie eine Anzeige aus der Zeitung aus.
   b) Schreiben Sie in einer Schreibkonferenz Bewerbungsschreiben und Lebenslauf. Überprüfen Sie die sachliche und sprachliche Richtigkeit.
   c) Verfassen Sie Rollenkarten für Bewerber/innen und Ausbildungsleiter/in.
   d) Spielen Sie die Vorstellungsgespräche mit mehreren Bewerbern. Eine Videoaufzeichnung ist die geeignete Grundlage für weiteres Training.
   e) Versuchen Sie als Beobachter des Rollenspiels Stärken und Schwächen der Bewerber/innen festzuhalten. Konstruktive Kritik ist gefragt.
9. Stellen Sie einen Verhaltenskatalog für Bewerber/innen zusammen.

7 Informierendes Schreiben

7.1 Die Beschreibung

Der richtige Fonds für jeden Typ

Die 3500 am deutschen Markt zugelassenen Fonds werden, je nach Anlagetyp, in verschiedene Typen eingeteilt.

Aktienfonds

Manager von Aktienfonds erwerben ausschließlich Aktien, meist etwa 50 bis 100 verschiedene Titel. Indexorientierte Fonds konzentrieren sich auf Werte, die in einem Index zusammengefasst sind, etwa im Deutschen Aktienindex DAX mit den 30 größten Unternehmen. Andere setzen auf den M-DAX mit den 70 nächstgrößeren oder auf den Neuen Markt mit Werten, die neu an der Börse sind. Es gibt Branchenfonds, die in Chemie-, Telekommunikations- oder Computerfirmen, in Hightech, Internet, Biotechnologie investieren. Oder Länderfonds, beispielsweise für Nordamerika, Japan oder die fernöstlichen „Tigerstaaten". Als Faustregel kann gelten: Je spezieller der Fonds, desto größer die möglichen Gewinne, aber auch die Verluste, und desto höher die Kursschwankungen.

Rentenfonds

Rentenfonds investieren in festverzinsliche Wertpapiere, auch „Renten" genannt. Das sind meist Anleihen von Bund, Ländern, Kommunen, von Post und Bahn, aber auch von großen Industrieunternehmen. Bis 1998 unterschied man zwischen D-Mark-Fonds und internationalen Fonds. Doch mit der Euro-Einführung wurden aus deutschen Rentenfonds Eurolandfonds, die nun im größeren Euro-Währungsraum Wertpapiere kaufen. Darüber hinaus gibt es internationale Rentenfonds, die weltweit investieren. Sie können zusätzlich von höheren ausländischen Zinsen und von Währungsgewinnen profitieren. Die Renditen sind meist höher als bei Euro-Fonds. Rentenfonds gelten als besonders sicher und risikolos. Anders als bei Aktienfonds, deren Renditen sich beachtlich unterscheiden, liegen die besten und die schwächsten eng beieinander. Viel können Anleger bei der Auswahl also nicht falsch machen. Nachteil: Die Wertentwicklung hinkt Aktienfonds hinterher.

1. a) Geben Sie kurz den Inhalt der Beschreibung „Der richtige Fonds für jeden Typ" wieder.
   b) Ermitteln Sie die Intention und den Adressaten der Beschreibung.
   c) Welche sprachlichen Mittel werden in beiden Teilen der Beschreibung benutzt?
2. Vergleichen Sie die Beschreibung mit den folgenden Informationen zur Beschreibung.

Die Beschreibung

Arten
Personen-, Sach-, Vorgangs-, Funktions-, Stellenbeschreibung

Aufbau
- Abhängig vom Beschreibungsobjekt
- Vom Einzelnen zum Ganzen oder umgekehrt

Sprache
- Sachbezogen: Substantive, Fachbegriffe (den Empfänger beachten)
- Anschauliche und erklärende Adjektive

Zeitform
Präsens (Gegenwart) als Ausdruck der Allgemeingültigkeit

Stellenbeschreibung: Sachbearbeiter im Verkauf (Elektro)

Haupttätigkeiten
- Betreuung von Kunden A–D
- Führung der entspr. Kundendatei
- Mitarbeit bei der Erarbeitung von Angeboten
- Information des Gruppenleiters „Verkauf" über Auftragsbestand, Marktsituation, Kundenverhalten

Anforderungen
- Abgeschlossene kaufmännische Ausbildung
- Berufserfahrung im Verkauf: Elektro/ Elektronik
- Fähigkeit zur Teamarbeit
- Kenntnisse im Umgang mit Personalcomputern

Betriebliche Einordnung
- Die Stelle ist direkt einem Gruppenleiter unterstellt.
- Mehrere Mitarbeiter haben gleiche oder ähnliche Aufgaben.
- Zur Erledigung der genannten Haupttätigkeiten steht ein zugeordneter Sachbearbeiter zur Verfügung.

3. a) Ermitteln Sie Merkmale der Stellenbeschreibung.
   b) Wandeln Sie die Stellenbeschreibung in eine Stellenanzeige um.
4. Schreiben Sie eine Stellenbeschreibung für einen Arbeitsplatz, den Sie im Betriebspraktikum kennen gelernt haben oder den Sie sich vorstellen.
5. Schneiden Sie eine Kontaktanzeige aus einer Zeitung aus und schreiben Sie in ein Fahndungsgesuch um: Gesucht wird die folgende Person ...
6. Beschreiben Sie einen Vorgang, zum Beispiel die Installation eines Computer-Programms, den Radwechsel bei einem Motorrad, einem Auto, die Reparatur eines Fahrradreifens, die Planung einer Betriebsbesichtigung.
7. Beschreiben Sie den Tageslichtprojektor im Klassenraum oder einen anderen technischen Gegenstand.

7.2 Der Bericht

Wetterbericht

Ein Hoch über Süddeutschland bestimmte seit einer Woche in fast ganz Mitteleuropa das Wetter. In den Norden Europas schickt jetzt ein Tief Wolkenfelder. So wechseln sich in der Mitte Deutschlands Sonne und Wolken ab. Es bleibt weitgehend trocken. Im Norden und an der Küste kann es aus dichteren Wolken gelegentlich regnen.

Geschäftsbericht

Mit ihrem zweiten Börsengang im Juni 1999 hat die Deutsche Telekom die Erfolgsgeschichte der T-Aktie fortgeschrieben. Insgesamt wurden 280,7 Millionen Aktien bei Anlegern im In- und Ausland platziert. Der Gesamterlös aus dem zweiten Börsengang betrug rund 10,6 Milliarden Euro. Insgesamt wurde das zur Platzierung vorgesehene Aktienvolumen mit einer Nachfrage von rund 500 Millionen Aktien zweifach überzeichnet. *(aus dem Geschäftsbericht 1999 der Dt. Telekom)*

Praktikumsbericht

1. Allgemeines zum Unternehmen

Die Parcom GmbH ist eine kleine Werbeagentur und berät als Dienstleister in allen Bereichen des Marketing und der Unternehmenskommunikation. Alle Mittel, Medien und Methoden der Kommunikation bezieht die Parcom GmbH ein, um Firmen und ihre Produkte bekannt zu machen. Hierbei werden die Unternehmensziele genauso wie die besonderen Bedingungen des Marktes und die wirtschaftlichen Möglichkeiten des Auftraggebers beachtet.
In der Agentur arbeiten Mediengestalter/innen und kaufmännische Angestellte als fest angestellte Mitarbeiter. Die kreative Arbeit zur Entwicklung von Marketingkonzepten übernimmt der Inhaber und Geschäftsführer Herr Merger. Er gründete die Agentur vor 15 Jahren. Inzwischen sind namhafte Unternehmen aus der ganzen Bundesrepublik Kunden und Geschäftspartner der Parcom GmbH.

(...)

3. Mein Arbeitsplatz

In der ersten Woche des Praktikums war ich in der Grafikabteilung beschäftigt. An den ersten drei Tagen habe ich nicht in der Abteilung mitgearbeitet, sondern selbstständig an einer Werbestrategie gearbeitet. Meine Aufgabe bestand darin, Ideen für neue Produktnamen zu sammeln und dazu einen Slogan zu erfinden. Es handelte sich um ein Produkt, das als so genannte Zwischenmahlzeit bezeichnet wird und bis jetzt noch nicht auf dem Markt ist. Der Geschäftsführer, Herr Merger, besprach mit mir meine Ideen, ergänzte meine Vorstellungen und zeigte mir Beispiele von ähnlichen Produkten. Ich bin gespannt, wann das Produkt am Markt erscheint und wie die Werbung für dieses Produkt tatsächlich aussehen wird.
Danach konnte ich bei der Gestaltung von Werbung am Computer mitarbeiten. Dabei wurden Texte und Grafiken für Infohefte einer Bank und verschiedene Entwürfe für die Verpackung eines neuen Schnellgerichtes gestaltet. Weiterhin konnte ich Kundenkorrespondenz per E-Mail und Fax abwickeln. Dazu gehörten zum Beispiel Vorschläge und Änderungen für Werbemaßnahmen der Kunden.
In der zweiten Woche habe ich in der kaufmännischen Abteilung gearbeitet. Eigentlich habe ich fast alle Tätigkeiten, die in dieser Abteilung anfallen, mehr und mehr auch selbstständig ausgeführt, so zum Beispiel Lieferscheine und Rechnungen erstellt sowie Aufträge bearbeitet. (...)

1. Vergleichen Sie die Berichte: Erstellen Sie eine Liste von Gemeinsamkeiten und Unterschieden.
2. Entsprechen die Berichte den auf S. 410 genannten Merkmalen des Berichts?
3. Stellen Sie Merkmale eines Praktikumsberichts zusammen: Was möchten Sie gerne wissen, wenn Sie sich in einem Praktikumsbericht über Arbeitsplätze in einem Unternehmen informieren wollten? Vervollständigen Sie die Checkliste auf S. 410.

Der Bericht

Arten
Amtlicher Bericht (z. B. Polizeibericht), Börsen-, Geschäfts-, Praktikums-, Tätigkeits- (z. B. eines Vertreters), Unfall-, Wetterbericht, journalistischer Bericht

Aufbau
- Darstellung von Ereignissen in sachlicher oder zeitlicher Reihenfolge
- Antwort auf die Fragen: wer, wann, wo, was, wie, warum?
- Vom Wichtigen zum weniger Wichtigen

Sprache
- Sachlich, genau, erklärend, ohne Überflüssiges
- Fachsprache möglich

Zeitform
- Als Rückblick auf Vergangenes meist in der Vergangenheit (Präteritum)
- Gelegentlich Gegenwart (Präsens), wenn über Vorgänge während eines Geschehens berichtet wird oder eine Vorausschau stattfindet

Checkliste Praktikumsbericht

1. **Allgemeines zum Betrieb**
   Name, Größe ...
2. **Organisation des Betriebes**
   Abteilungen, Mitarbeiter, vertretene Berufe
3. **Eigene Tätigkeiten am Arbeitsplatz**
   Art des Arbeitsplatzes, Anforderungen, Berufsabschluss, ausgeführte Tätigkeiten (selbstständig, unter Anleitung), Bezug zu Schulfächern
4. **Zusammenfassung der Praktikumserfahrungen**
   Eigene Erwartungen (erfüllt/nicht erfüllt), Beurteilung des Praktikumsergebnisses, Verbesserungsvorschläge

7.3 Die Facharbeit

Facharbeiten sind umfangreichere schriftliche Hausarbeiten. Sie beziehen sich thematisch auf Inhalte, die im Unterricht besprochen wurden, und sollen auf selbstständiges Arbeiten im späteren Beruf vorbereiten. Das Thema enthält eine begrenzte Fragestellung, die in sachlich gegliederter Form selbstständig bearbeitet wird. Dazu werden Informationen aus verschiedenen Quellen gesammelt und gebündelt. Absprachen mit der betreuenden Lehrkraft über das genaue Thema, die Erwartungen und den Textumfang sind sinnvoll. Wichtig ist die optisch ansprechende Präsentation der Ergebnisse. Dazu können neben dem Text der Facharbeit Skizzen, Tabellen, Diagramme und Fotos gehören.
Facharbeiten können eine Klassenarbeit oder sogar eine Prüfungsarbeit ersetzen. Als Teil einer schriftlichen Prüfung werden die Ergebnisse vom Verfasser präsentiert und Fragen dazu in einem Prüfungsgespräch beantwortet.

Die **Facharbeit** sollte enthalten
1. Das Inhaltsverzeichnis, also die Gliederung mit
   A. Einleitung
   B. Hauptteil
   C. Schluss
2. Den ausgeführten Text der Facharbeit
3. Das Literatur- und Quellenverzeichnis

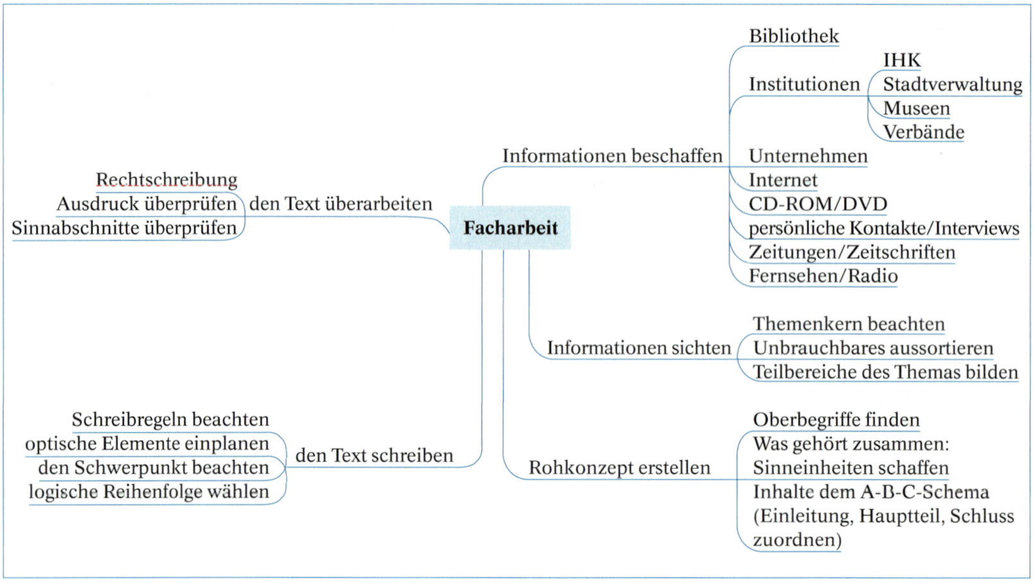

Zur zeitlichen Planung der Facharbeit ist die **Meilensteintechnik** geeignet. Größere Vorhaben, z. B. Facharbeiten, Klassenarbeiten, private Aktivitäten, Ferienplanung, erfordern ein schrittweises Vorgehen, wobei die einzelnen Arbeitsschritte („Meilensteine“) zu einem bestimmten Zeitpunkt abgeschlossen sein müssen, wenn der Endtermin eingehalten werden soll.
Mit der Meilensteintechnik können auch mehrere Vorhaben als Fixpunkte in Ihrem Zeitbudget berücksichtigt werden. Benutzen Sie die Meilensteintechnik zur Wochen- oder Monatsplanung.

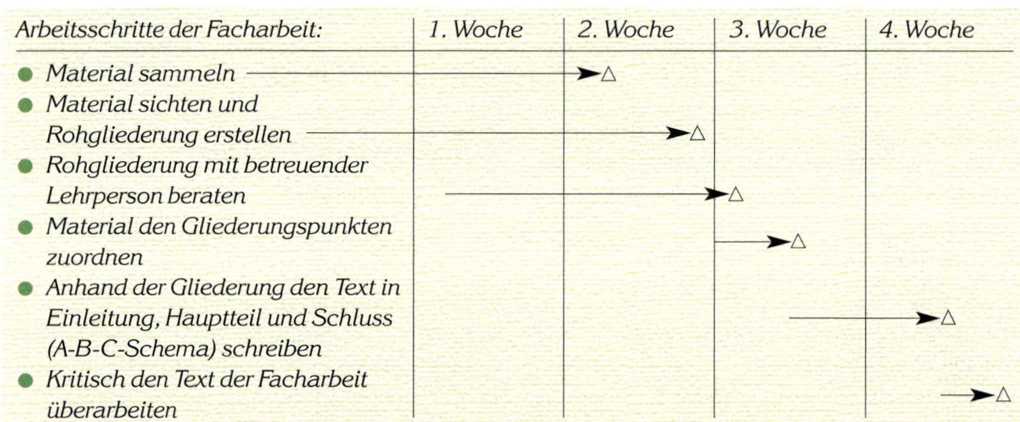

1. Erstellen Sie eine Checkliste, mit der Sie eine Facharbeit planen, schreiben und überarbeiten können.
2. Benutzen Sie die Checkliste, um im Unterricht gemeinsam eine Facharbeit zu einem begrenzten Thema anzufertigen. Teilen Sie sich die Aufgaben und fassen Sie die Ergebnisse zusammen.
   Die Themen können aus verschiedenen Fächern stammen. Mögliche Themen sind zum Beispiel:
   - Herkunft und Gebrauch eines bestimmten Wortes (zum Beispiel „Multimedia“)
   - Herkunft von Straßennamen in Ihrer Heimatstadt
   - Ein Autor/eine Autorin Ihrer Stadt oder Region
   - Ihre Heimatstadt als Wirtschaftsstandort

8 Vorbereitung auf die Abschlussprüfung

Auf die Aufgaben der **schriftlichen Prüfung** haben die Klassenarbeiten, vor allem die des letzten Jahres, vorbereitet. Ein richtiges Zeitmanagement ist für die Prüfungsvorbereitung wichtig.
▷ S. 411 Zur Planung der Vorbereitung kann die ▷ **Meilensteintechnik** verwendet werden. Sie können auch die Zeit planen, die Sie für die Vorbereitung auf die schriftliche Prüfung brauchen:

Zeitmanagement Prüfungsvorbereitung

Prüfungsfach	*Wissensstand 1 = gut 2 = mittel 3 = schlecht*	*einzelne Lerngebiete des Faches*	*wahrscheinlich benötigte Zeit*
Deutsch	*2*	*Merkmale der Kurzgeschichte + an einem Beispiel üben*	*3 Stunden*
		Aufbau der Analyse einer Kurzgeschichte	*...*
		...	

Zusammenfassungen – ergänzt durch grafische Darstellungen, Skizzen, Tabellen – sind wertvolle Gedächtnisstützen, die das Lernen erleichtern.
Die **mündliche Prüfung** stellt im Vergleich dazu eine weniger eingeübte Lernsituation dar. Aber auch darauf können Sie sich vorbereiten. Wichtig ist zuerst, dass Sie sich klar machen, wie eine mündliche Prüfung abläuft und welche Anforderungen an Sie gestellt werden.

Ablauf der Prüfung

1. Vorbereitung
Sie bekommen eine Aufgabe gestellt und haben eine bestimmte Zeit, im Vorbereitungsraum die Aufgabe zu lösen.
Die Aufgaben entsprechen den Aufgaben in den Klausuren.
Umfang des Textes und Schwierigkeit der Aufgabe sind der zur Verfügung stehenden Zeit angepasst.
Vorbereitungszeit: ca. 30 Minuten

2. Vortrag
Sie tragen die Ergebnisse Ihrer Vorbereitung mit Hilfe der Notizen vor.
Der Prüfer/die Prüferin wird Sie nicht unterbrechen und keine Fragen stellen, solange Sie Ihre Lösung der Aufgabe vortragen.
Zeit: 10 Minuten

3. Prüfungsgespräch
Im Anschluss an Ihren Vortrag werden Ihnen ergänzende Fragen zu diesem oder einem anderen Thema des Deutschunterrichts gestellt.
Zeit: 10 Minuten

Anforderungen

1. Verstehensleistung
Sie sollen zeigen, dass Sie die Aufgabe und den Text verstanden sowie Zusammenhänge zwischen Inhalt und Merkmalen des Textes erfasst haben.

2. Argumentative Leistung
Aussagen zur Aufgabe und über den Text sind zu belegen und Ihre Deutungen oder Standpunkte sind zu begründen.

3. Darstellungsleistung
Geachtet wird darauf, ob Sie den Vortrag der Aufgabe entsprechend gliedern (Reihenfolge der Lösungsteile) und fachliche Begriffe und Methoden verwenden.

4. Kommunikative Leistung
Neben den inhaltlichen Ergebnissen der Lösung ist auch die sprachliche Leistung in Wortwahl und Satzbau wichtig.
Darüber hinaus sollen Sie die Fragen des Prüfers/der Prüferin richtig verstehen und im Prüfungsgespräch darauf sachgerecht eingehen.

ROLLENSPIEL ABSCHLUSSPRÜFUNG

Sie können sich auf die Prüfungssituation im Deutschunterricht vorbereiten, indem Sie mit Ihrer Lehrkraft geeignete Texte auswählen und dann die mündliche Prüfung in einem Rollenspiel simulieren. Dabei sind folgende Wege denkbar:

- Sie bereiten die Prüfungssituation im Unterricht gemeinsam vor. Drei Schüler/innen erklären sich bereit, die Rolle des Prüflings zu übernehmen. Konzepte auf Folie erleichtern den Vergleich der Prüflinge. Gefragt ist konstruktive Kritik, aus der alle lernen können.
- Sie bereiten eine Aufgabe zu Hause vor und simulieren im Unterricht die Prüfung.
- Die nicht beteiligten Mitglieder der Klasse bereiten einen Beobachtungsbogen vor, mit dem sie den Prüflingen Hinweise geben.
- Orientieren Sie sich im Umgang mit dem Text an den Hinweisen des Kapitels A 2.3: „Texte verstehen“ (▷ S. 69 ff.).

Jeder hat vor einer Prüfung irgendwie ein mulmiges Gefühl. Im Vorbereitungsraum können Ihnen die Hinweise zur Ideenfindung (▷ Seite 385 f.) helfen, die Aufgabe zu lösen. Für Vortrag und Prüfungsgespräch sind **Strategien der Gesprächsführung** wie die folgenden hilfreich:

- **Die Kette – Einen Prozess schrittweise darstellen:**
  Sie stellen einen Sachverhalt vom Anfang bis zum Ende dar, so zum Beispiel den Aufbau eines Textes/einer Anzeige oder die Merkmale der Kurzgeschichte.
  Sie haben ein Beispiel verwendet und kommen dann zum nächsten Schritt.
- **Das Netz – Leitbild vielseitig miteinander verbundener Teile der Aufgabe:**
  Sie stellen die Beziehungen zwischen Figuren eines Textes (Figurenkonstellation) dar. Sie beschreiben Situationen und ihren Einfluss auf die Figuren eines Textes.
- **Die Brücke – Das Einerseits-andererseits:**
  In Gedanken bauen wir oft solche Brücken, wenn wir „einerseits ... andererseits“; „zum einen ... zum anderen“ oder „sowohl ... als auch“ sagen: „Ich möchte sowohl auf das Handeln der Hauptfigur als auch auf die Wirkungen dieser Handlungsweise für die anderen Figuren des Textes eingehen ...“

Tipps für Vorbereitung und Prüfung

1. Klären Sie durch mehrmaliges Lesen die Schwerpunkte der Aufgabenstellung.
2. Verschaffen Sie sich einen Überblick über den Text.
3. Benutzen Sie die ▷ Markierungsregeln. ▷ S. 72 f.
4. Gliedern Sie die Aufzeichnungen optisch durch markierte Oberbegriffe und Absätze.
5. Schreiben Sie bei der Vorbereitung groß und leserlich.
6. Geben Sie kurz am Anfang der Prüfung einen Überblick über Ihre Vorgehensweise: „Ich fange an mit ..., dann ...“
7. Beachten Sie die Schwerpunkte aus der Vorbereitung.
8. Beißen Sie sich nicht in Einzelheiten fest.
9. Tragen Sie Ihre Ergebnisse zügig vor.
10. Achten Sie auf die Zeit. In der Vorbereitung genügen oft Stichworte, um Zeit zu sparen.

Autoren- und Quellenverzeichnis

Anders, Günther (1902–1992): *Der Löwe,* S. 328. Aus: Der Blick vom Turm. C.H. Beck, München 1968, S. 33–34
Aristoteles (384–322 v. Chr.): *Kennzeichen der Tragödie,* S. 282. Aus: Theorie des Dramas Aristoteles. Hg. v. Ulrich Staehle. Reclam Verlag, Stuttgart 1973, S. 8–12 (gekürzt)
Arnu, Titus: *Der Branding-Experte,* S. 357 f. Aus: In Gottes Namen. Lufthansa Bordbuch 6/1997, S. 69 (gekürzt)
Äsop (6. Jhd. v. Chr.): *Der Schatz,* S. 256. Aus: Fabeln, Arbeitstexte für den Unterricht, Hg. v. Th. Poser, Reclam Verlag, Stuttgart 1975, S. 10
Augst, Gerhard: *Spracherwerb – ein faszinierendes Geschehen,* S. 337. Aus: Der Deutschunterricht. Spracherwerb (Einleitung). Friedrich Verlag, Velbert, Heft V/1990, S. 3
Bastienne: *Mobilität,* S. 127. Aus: Frankfurter Rundschau vom 09. 11. 1999, S. 25
Beck, Ulrich (*1944): *Was ist Globalisierung?,* S. 144 f. Aus: Was ist Globalisierung? Edition Zweite Moderne Suhrkamp Verlag, Frankfurt/M. 1997, S. 39 ff.
Beiersdorf, Wilfried: *Der Handy-Boom hält auch 2000 an,* S. 122; *Rasante Revolution,* S. 125. Aus: Westdeutsche Allgemeine vom 30. 12. 1999
Beyer, Susanne: *Cowboys beim Bummeln,* S. 155 f. Aus: Der Spiegel, Heft 24/2000, S. 127
Bichsel, Peter (*1935): *Das Lesen,* S. 71 f. Aus: Der Leser. Das Erzählen. Frankfurter Politik Vorlesungen. Suhrkamp Verlag, Frankfurt/M. 1997, S. 40; *Die Tochter,* S. 258. Aus: Deutsche Geschichten seit 1945. Hg. von Marcel ReichRanicki. R. Piper & Co Verlag, München 1965, S. 459
Birker, Klaus: *Vorwürfe sind verunglückte Wünsche,* S. 368. Aus: Betriebliche Kommunikation. Cornelsen-Giradet, Berlin 1998, S. 49 f.
Bobrowski, Johannes (1917–1965): *Sprache,* S. 27. Aus: Wetterzeichen, Klaus Wagenbach Verlag, Berlin 1963
Böll, Heinrich (1917–1985): *Anekdote zur Senkung der Arbeitsmoral,* S. 246 f. Aus: Aufsätze, Kritiken, Reden II. Deutscher Taschenbuch Verlag, Köln 1967, S. 182
Bonk, Birgit: *Gebrauchsanweisungen und Betriebsanleitungen,* S. 148 f. Aus: Markt. Sendung vom 11. Januar 1999, www.wdr.de
Born, Nicolas (1937–1979): *Selbstbildnis,* S. 294. Aus: Gedichte 1967–1978. Rowohlt Verlag, Reinbek 1978, S. 20
Borsche, Lorenz: *Von Surfern, Egomanen und den neuen Telefontarifen,* S. 197 f. Aus: www.Borsche.de
Brambach, Rainer (1917–1983): *Das blaue Band,* S. 297. Aus: Auch im April. Diogenes Verlag, Zürich 1983, S. 17
Brecht, Bertolt (1898–1956): *Die dramatische und die epische Form des Theaters,* S. 285. Aus: Schriften zum Theater. Über eine nicht-aristotelische Dramatik. Suhrkamp Verlag Berlin/Frankfurt/M. 1957, S. 19–20; *Der gute Mensch von Sezuan,* S. 320 f. Aus: edition suhrkamp 73. Suhrkamp Verlag Berlin 1967, S. 138–140; *Schlechte Zeit für Lyrik,* S. 310. Aus: Gesammelte Werke in 20 Bänden. Hg. vom Suhrkamp Verlag in Zusammenarbeit mit Elisabeth Hauptmann. Suhrkamp Verlag, Frankfurt/M. 1967, Bd. 9, S. 743 f.; *Über das Lesen von Büchern,* S. 73. Aus: Gesammelte Werke. A. a. O., Bd. 11; *Wenn Herr K. einen Menschen liebte,* S. 254. Aus: Geschichten von Herrn Keuner. Suhrkamp Verlag, Frankfurt/M. 1977, S. 33
Breuer, Helmut: *Eltern und Schüler verlangen in NRW Einführung von Kopfnoten,* S. 16. Aus: Die Welt vom 22. 05. 1999
Brinkmann, Rolf Dieter (1940–1975): *Gedicht,* S. 298. Aus: Westwärts 1 & 2. Rowohlt Verlag, Reinbek 1975, S. 41
Carroll, Lewis (1832–1898): *Alice hinter den Spiegeln,* S. 356. Aus: Alice hinter den Spiegeln. Übersetzt von Christian Enzensberger. Insel Verlag, Frankfurt/M. 1963, S. 27–28
Dankbar, Christine: *Gleiche Chancen durch getrennten Unterricht,* S. 166 f. Aus: Berliner Zeitung vom 03. 11. 1999
Deysson, Christian: *Werbung – Beschleuniger beim Sprachtransport,* S. 352 ff. Aus: Für Soldat und Pferd. Wirtschaftswoche, Nr. 24 vom 08. 06. 2000, S. 92–95
Dittrich, Helmut: *Richtlinien zur Gestaltung von Werbeaussagen,* S. 242. Aus: Erfolgreiche Werbung für Klein- und Mittelbetriebe. Econ-Taschenbuch Verlag, Düsseldorf 1991, S. 157 f.
Domin, Hilde (*1909): *Unaufhaltsam,* S. 27. Aus: Rückkehr der Schiffe, Fischer Verlag, Franfurt/M. 1962
Drosdowski, Günther: *Ist unsere Sprache noch zu retten?,* S. 346 f.; *Jugendsprache,* S. 354. Aus: texten und schreiben, Heft 2 und 3, April/Juni 1989, S. 14–16; S. 23–25 (gekürzt)
Eichenberg, Christiane/Ott, Ralf: *Rollenspiel – Identitäten im Internet,* S. 190 f. Aus: c't 2000, Heft 12, S. 100 ff. (gekürzt)
Eichendorff, Joseph von (1788–1857): *Abschied,* S. 306. Aus: Werke und Schriften. Bd. 1: Gedichte, Epen, Dramen. Hg. von G. Baumann. Cotta, Stuttgart, 1953
Enders, Maria: *Alte Debatte neu belebt,* S. 99. Aus: Aachener Zeitung vom 15.12.1999, S. 4
Fock, Holger: *Der Vater als gespenstische Erscheinung,* S. 267 f. Aus: die tageszeitung vom 08. 09. 1990, S. 36
Frei, Bruno: *Von Reportagen und Reportern,* S. 131 f. Aus: Servus Kisch. Erinnerungen, Rezensionen, Anekdoten; Hg. v. Fritz Hofmann, unter Mitarbeit von Josef Polacek, Aufbau-Verlag, Berlin und Weimar 1985, S. 324 ff. (gekürzt)
Freyermuth, Gundolf S.: *Kommunikette,* S. 193. Aus: c't 2000, Heft 12 S. 97 ff. (gekürzt)

Freytag, Gustav (1816–1895): *Fünf Teile und drei Stellen des Dramas,* S. 282. Aus: Die Technik des Dramas, unveränderter reprografischer Nachdruck der 13. Aufl. Leipzig 1922, Wissenschaftliche Buchgesellschaft Darmstadt 1975, S. 102 u. 122
Fried, Erich (1921–1988): *Definition,* S. 328. Aus: Warngedichte, Carl Hanser Verlag, München 1964, S. 120; *Neue Naturdichtung,* S. 311. Aus: Die Freiheit, den Mund aufzumachen. Klaus Wagenbach Verlag, Berlin 1972, S. 25
Frisch, Max (1911–1991): *Homo faber,* S. 269 und 318. Suhrkamp Verlag, Frankfurt/M. 1977
Fritz, Walter Helmut (*1929): *Bäume,* S. 311. Aus: Schwierige Überfahrt. Hoffmann und Campe, Hamburg 1976, S. 64
Furchheim, Bettina: *Multimedia pulsiert,* S. 177 f. Aus: Wirtschaftswoche, Sonderheft Studium und Beruf 2000, S. 40–41
Geißendörfer, Hans W.: *Aufbau einer Serienfolge,* S. 203 f. Aus: Wie Kunstfiguren zum Leben erwachen – Zur Dramaturgie der „Lindenstraße", in: Rundfunk und Fernsehen, Nr. 38, 1990, S. 48 f.
Glaser, Peter: *Die Vergangenheit der Zukunft,* S. 198 f. Aus: Stern vom 17. 02. 2000, S. 119
Goethe, Johann Wolfgang (1749–1832): *Maifest,* S. 305 ; *Natur und Kunst,* S. 306. Aus: Goethes Werke. Hamburger Ausgabe. Hg. v. Erich Trunz. C. H. Beck, München 1981, Bd. 1
Gordon, Thomas: *Die Jeder-gewinnt-Methode,* S. 379 f. Aus: Die Managerkonferenz. Verlag Hoffmann und Campe, Hamburg 1997, S. 180–182
Grass, Günther (*1927): *Die gingen mit ihm um…,* S. 151. Aus: Die Blechtrommel. In: Werkausgabe in 10 Bänden. Luchterhand, Darmstadt und Neuwied 1997, Bd. 3, S. 257 © Steidl Verlag
Großkopff, Rudolf: *Ihr macht mich krank,* S. 206 ff. Aus: Das Sonntagsblatt, Nr. 39 vom 26. 09. 1997
Hage, Volker: *Gewicht der Wahrheit,* S. 265 f. Aus: Der Spiegel, 13/1999
Hahn, Ulla (*1946): *Bekanntschaft,* S. 293.; *Ich bin die Frau,* S. 322 und 324. Aus: Spielende. Deutsche Verlags-Anstalt, Stuttgart 1988 ; *Winterlied,* S. 299. Aus: Herz über Kopf. Deutsche Verlags-Anstalt, Stuttgart 1981, S. 27
Hamburger, Regina: *Ein lebendiger Kontakt,* S. 360. Aus: 1×1 des Flirtens. Econ-List Verlag, Düsseldorf/München 1999, S. 73 f.
Hegemann, Anja: *Überstunden,* S. 245. Aus: Deutsche Gedichte, Bd. VIII. Hg. v. R. Hirschenauer u. A. Weber, München und Zürich 1965
Heller, Eva: *Von der Unmöglichkeit, nicht manipuliert zu werden,* S. 234; *Frauen und Männer in den Anzeigen einer männerorientierten Zeitschrift,* S. 244. Aus: Wie Werbung wirkt: Theorien und Tatsachen. Fischer Taschenbuch Verag, Frankfurt/M. 1996, S. 107 f./113, 124 f.
Hemingway, Ernest (1899–1961): *Katze im Regen,* S. 218 f. Aus: Die Stories. Übers. v. Annemarie Horschitz-Horst. Rowohlt Verlag, Reinbek, 24. Aufl. 1999
Herzog, Roman (*1934): *Zeigen Medien die Wirklichkeit?,* S. 201. Aus: Informatik als Chance für globale Aufklärung und Demokratie, Ansprache von Bundespräsident Roman Herzog zur Eröffnung des 13. Welt-Computer-Kongresses am 29. 08. 1994 in Hamburg, Bulletin der Bundesregierung, Nr. 77, S. 722 (gekürzt)
Hoff, Hans: *Eine Überdosis Unsinn,* S. 205. Aus: Rheinische Post vom 18.05.1998
Hoffmann, Kay: *Bilder sind keine Abbilder der Wirklichkeit,* S. 202. Aus: Trau – Schau – Wem, in: Medienwissenschaft, Nr. 2/1996, S. 137 ff.
Horsch, Evelyn: *Das „innere Team": Wie Selbstgespräche unsere Kommunikation steuern,* S. 370 f. Aus: Psychologie heute, März 1999, S. 56–57
Jacobs, Jürgen: *Bernhard Schlink. Last der Vergangenheit,* S. 230 f. Aus: Kölner Stadt-Anzeiger, Nr. 53/2000 vom 03. 03. 2000
Jandl, Ernst (1925–2000): *ich lernen,* S. 341. Aus: Der gelbe Hund. Luchterhand, Darmstadt 1988, S. 6
Jatzek, Gerald: *Gutes Benehmen im Cyberspace,* S. 191 f. Aus: www.wienerzeitung.at © Gerald Jatzek; *Vom Buch zum Hypertext,* S. 186. Aus: Gerhard Falschlehner: Lesen fördern im Medienzeitalter: Beiträge zum Grundsatzerlass Leseerziehung, Buchklub der Jugend / Bundesministerim für Unterricht und Kunst, Wien 1999 © Gerald Jatzek
Jeske, Ralph: *Was ist „Verhandeln" und wo wird verhandelt?,* S. 377 f. Aus: Erfolgreich verhandeln. Grundlagen der Verhandlungsführung. dtv, München 1998, S. 2 f.
Jüngst, Marita: *Im Chatroom ist „kopf schuettel" schon okay,* S. 347 f. Aus: Rheinische Post vom 07. 01. 1999
Kafka, Franz (1883–1924): *Kleine Fabel,* S. 250. Aus: Gesammelte Werke. Hg. v. Max Brod, Fischer Taschenbuch Verlag, Frankfurt/M. 1983, S. 91
Kallmeyer, Werner/Klein, W./Meyer–Hermann, R./Netzer, K./Siebert, H.J.: *Beliebigkeit und Konventionalität des sprachlichen Zeichens,* S. 330 f. Aus: Lektürekolleg zur Textlinguistik. Band 1: Athenäum Fischer TB Verlag, Frankfurt/M. 1974, S. 5–7
Kasack, Hermann (1896–1966): *Mechanischer Doppelgänger,* S. 53 f. Aus: Deutsche Erzähler der Gegenwart. Eine Anthologie. Hg. von Willi Fehse. Reclam Verlag, Stuttgart 1959, S. 151–155
Kemper, Hella: *Lesen, Lesen, Lesen,* S. 272. Aus: Neue Westfälische vom 22. 04. 2000, Beilage NW-Magazin
Kilian, Susanne: *Na und?,* S. 341. Aus: Na und? Beltz und Gelberg Verlag, Weinheim und Basel 1972
Kirsch, Sarah (*1935): *Bäume,* S. 311. Aus: Katzenleben. Deutsche Verlagsanstalt, Stuttgart o.J., S. 85
Kirsten, Rainer E. und Joachim Müller-Schwarz: *Abwehrreaktionen und Kommunikationssperren,* S. 367; *Wir reden einfach zuviel,* S. 361. Aus: Gruppen Training. Rowohlt Verlag, Reinbek 1998, S. 173f., 171
Krechel, Ursula (*1947): *November,* S. 296. Aus: „Nach zwanzig Seiten waren alle Helden tot". Erste Schreibversuche deutscher Schriftsteller. Hg. v. Karl Corino u. Elisabeth Albertsen. Marion von Schrödel Verlag, Düsseldorf 1995, S. 66; *Umsturz,* S. 293. Aus: Nach Mainz! dtv, München 1983, S. 13

Krützen, Michaela: *Alles Seife,* S. 203. Aus: Einladungstext zu einem Workshop auf dem Kongress „Bilderwelten – Weltbilder" der Landesbildstelle Württemberg. Dezember 1997
Kühnlein, Irene: *Weniger Erwerbsarbeit – mehr Eigenarbeit? Chancen und Potentiale Öffentlicher Eigenarbeit,* S. 142 f. Aus: Das Parlament, Beilage B 48–49, 1997, S. 41
Kunert, Günter (*1929): *El Dorado,* S. 84. Aus: Tagträume in Berlin und andernorts. Carl Hanser Verlag, München 1972
Kurzweil, Ray (*1948): *Künstliche Intelligenz,* S. 165. Aus: Der Spiegel, Nr. 24 vom 12. 06. 2000, S. 140
Langenhuisen, Rolf: *Zivilcourage neu erlernen,* S. 173. Aus: Rheinische Post vom 14. 04. 1999
Leibfried, Erwin: *Über den dialogischen Charakter der Fabel,* S. 251. Aus: Fabel. Metzler Verlag, Stuttgart, 3. Aufl. 1973, S. 22
Leifick, Inge: *Ein schönes Gesicht reicht nicht,* S. 82. Aus: medien / Das Geschäft mit Kinderstars boomt, 18. 03. 2000. © 1998 by Südwest Presse Screendesign. BaseLabProviding, MSH (gekürzt)
Lessing, Gotthold Ephraim (1729–1781): *Der Rabe und der Fuchs,* S. 252. Aus: Fabeln. Arbeitstexte für den Unterricht. Hg. v. Th. Poser. Reclam Verlag, Stuttgart 1975, S. 27
Lucke, Jens M.: *Rückkehr zur Vernunft,* S. 135. Aus: Frankfurter Allgemeine, Nr. 174 vom 29. Juli 2000, S. 12
Lukas (1. Jh. n. Chr.): *Der barmherzige Samariter,* S. 253. Aus: Das Neue Testament, Stuttgarter Kepplerbibel. Kepplerhaus Verlag, Suttgart 1965, S. 145f.
Manzoni, Carlo (1909–1975): *Der Hausschlüssel,* S. 58. Aus: 100 × Signor Veneranda. © by Langen Müller Verlag in der F. A. Herbig Verlagsbuchhandlung GmbH, München 1966
Marti, Kurt (*1921): *leichenrede,* S. 106. Aus: Leichenreden. Luchterhand Verlag, Darmstadt/Neuwied 1969, S.41
Mayröcker, Friederike (*1924): *Der Aufruf,* S. 293. Aus: Ausgewählte Gedichte 1944–1978. Suhrkamp Verlag, Frankfurt/M. 1979, S. 63; *Oktober,* S. 296. Aus: „Nach zwanzig Seiten waren alle Helden tot". Erste Schreibversuche deutscher Schriftsteller. Hg. v. Karl Corino u. Elisabeth Albertsen. Marion von Schrödel Verlag, Düsseldorf 1995, S. 45
Meyer, Conrad Ferdinand (1825–1898): *Schwarzschattende Kastanie,* S. 308. Aus: Sämtliche Werke. Bd. I. Hg. v. H. Zeller und A. Zäch. Benteli, Bern 1963
Meyer, Hilbert: *Standbild bauen,* S. 51. Aus: Unterrichtsmethoden II. Cornelsen Scriptor, Berlin 1995, S. 352–353 (verändert)
Migner, Karl: *Kennzeichen des modernen Romans,* S. 272 f. Aus: Theorie des modernen Romans. Kröner Verlag, Stuttgart 1970, S. 69–70, 106–108
Mörike, Eduard (1804–1875): *Er ist's,* S. 297. Aus: Sämtliche Werke, Hg. von J. Perfahl. Winkler Verlag, München 1967, Bd. 1, S. 684
Naundorf, Karen: *Schwarz, kalt und kultig,* S. 237 f. Aus: Der Spiegel, 46/1999
Norbisrath, Gudrun: *Nie wieder ... Gummibärchen,* S. 120. Aus: Westdeutsche Allgemeine vom 19. 02. 2000
Oksaar, Els: *Sprache als Ausdrucks- und Kommunikationsmittel,* S. 344. Aus: Spracherwerb im Vorschulalter. Einführung in die Pädolinguistik. Verlag W. Kohlhammer, Stuttgart u. a. 1977, 2. erw. Aufl. 1987, S. 132–133 (gekürzt)
Pausewang, Freya: *Größtmögliche (optimale) Selbstbestimmung des Kindes,* S. 153. Aus: Ziele suchen – Wege finden. Cornelsen Verlag, Berlin 1988, S. 93
Pinker, Steven: *Der Sprachinstinkt,* S. 342 f. Aus: Der Sprachinstinkt. Wie der Geist die Sprache bildet. Übers. v. Martina Wiese. Doemersche Verlagsanstalt Th. Naur Nachf., München 1998, S. 21–23, S. 25–26 © Kindler Verlag München (gekürzt)
Postman, Neil (1931–2003): *Das Verschwinden der Kindheit,* S. 162 f. Aus: Das Verschwinden der Kindheit, Fischer Verlag, Frankfurt/M. 1993, S. 168f.
Raab, Alexander/Oswald, Ellen: *Postmodernes Erzählen,* S. 274 f. Aus: Das Parfum – Inhalt, Hintergrund, Interpretationen. Mentor Verlag, München 3. Aufl. 1999, S. 30 ff.
Reich-Ranicki, Marcel (*1920): *Links oder rechts, Tod oder Leben,* S. 223. Aus: Mein Leben. Deutsche Verlags-Anstalt, München 1999
Ritter, Roman (*1943): *Zeilenbruch und Wortsalat,* S. 298. Aus: Kürbiskern. Literatur, Kritik, Klassenkampf. Hg. von Friedrich Hitzer u. a. Damnitz Verlag, München 1982, Heft 1, S. 88–95
Roth, Gerhard (*1943): *Künstliche Intelligenz,* S. 165 f. Aus: Der Spiegel, Nr. 24 vom 12. 06. 2000, S. 140
Rothschild, Thomas: *Zum Naturgedicht der Gegenwart,* S. 312. Aus: Naturlyrik und Gesellschaft. Hg. von Norbert Mecklenburg. Klett Verlag, Stuttgart 1977, S. 198–199
Rühm, Gerhard (*1930): *licht,* S. 295; *Sonett,* S. 300. Aus: Gesammelte Gedichte und visuelle Texte. Rowohlt Verlag, Reinbek 1970, S. 240; S. 174
Satir, Virginia: *Die meisten von uns sprechen in Kurzschrift,* S. 361. Aus: Mein Weg zu dir – Kontakt finden und Vertrauen gewinnen. Kösel Verlag, München 1989, S. 89
Schlemmer, Oswald: *Kampf um das Wahrgenommenwerden,* S. 176. Aus: Glanz und Elend der Medienkultur. In: Herrmann Meyn: Massenmedien in der Bundesrepublik Deutschland. Wissenschaftsverlag Volker Spiess, Berlin, Neuauflage 1994, S. 11
Schlink, Bernhard (*1944): *Der Vorleser,* S. 264. Diogenes Verlag, Zürich 1997
Schmidt, Walter: *Schreiben wie ein Prediger,* S. 148 f. Aus: Die Zeit, Nr. 24/2000
Schmidtmann, Karl: *Mondfinsternis mit Sabeth,* S. 270 f. Aus: Rheinischer Merkur, Nr. 43 vom 25. 10. 1957
Schnitzler, Arthur (1862–1931): *Die grüne Krawatte,* S. 70. Aus: Gesammelte Werke, Bd. 1, Fischer Verlag, Frankfurt/M. 1961

Schulz von Thun, Friedemann: *Die vier Seiten einer Nachricht,* S. 362 f. Aus: Miteinander reden, Bd. 1. Rowohlt Verlag, Reinbek 1981, S. 26–29 (gekürzt)
Schwitters, Kurt (1887–1948): *Die Fabel vom guten Menschen,* S. 254. Aus: Das literarische Werk, Bd. 3. M. DuMont Schauberg, Köln 1975, S.37
Seidel, Brigitte: *Wörter im Sprachbewusstsein,* S. 338. Aus: Deutschunterricht konkret. Schroedel Verlag, Hannover 1989, S. 17–18 (gekürzt)
Sommer, Siegfried: *Kinohelden,* S. 83. Aus: S. S. Blasius geht durch die Stadt, Süddeutscher Verlag, München 1956
Sparschuh, Jens (*1955): *Verkaufstraining,* S. 380 f. Aus: Der Zimmerspringbrunnen. Verlag Kiepenheuer und Witsch, Köln 1995, S. 41–43
Spoerri, Theophil: *Über die Entstehung der Fabel,* S. 251. Aus: Der Aufstand der Fabel. In: La Fontaine. Hundert Fabeln. Manesse Verlag, Zürich 1965, S. 221 f.
Süskind, Patrick (*1949): *Das Parfum,* S. 78 f. Aus: Das Parfum. Diogenes Verlag, Zürich 1985, S. 94–97
Szagun, Gisela: *Kritik an den Theorien von einer angeborenen Sprache,* S. 343. Aus: Sprachentwicklung beim Kind. 6. vollständig überarbeitete Aufl., Beltz Psychologie Verlagsunion, Weinheim 1996, S. 4–5
Thaidigsmann, Michael: *Dem Fortschritt widersetzt,* S. 136. Aus: Frankfurter Allgemeine vom 29. Juli 2000, S. 12
Thenior, Ralf (*1945): *Alles Gute, Alter,* S. 294. Aus: Lyrik-Katalog BRD. Gedichte, Biographien, Statements. Hg. von Jan Hans, Uwe Herms, Ralf Thenior. Goldmann, München 1978, S. 319
Thon, Ute: *Mütter schießen scharf,* S. 133 f. Aus: Maxi 9/2000, S. 19 ff.
Thurber, James (1894–1961): *Der Nachtschmetterling und der Stern,* S. 255; *Der Vater und sein Töchterchen,* S. 257. Aus: 75 Fabeln für Zeitgenossen. Rowohlt Verlag, Reinbek 1995, S. 17–18, 114
Tischler, P. Franz: *Die gute Sitte verlangt ...,* S. 56. Aus: Illustriertes Hausbuch für christliche Familien. Verlag Theodor Triebenbacher, München 1908, S. 328
Trakl, Georg (1887–1914): *Grodek,* S. 309. Aus: Dichtungen und Briefe. Otto Müller Verlag, Salzburg, 3. Aufl. 1974, S. 94
Trier, Jost: *Sprechabsichten und Leistungen der Sprache,* S. 333 f. Aus: Die Deutsche Sprache im 20. Jahrhundert, Vandenhoek und Ruprecht Verlag, Göttingen, S. 112–113
Vanderbeke, Birgit (*1956): *Das Muschelessen,* S. 266 f. Fischer Taschenbuch Verlag, Frankfurt/M. 1997
Weston, Judith: *Aufgeschlagen,* S. 211. Aus: Schauspielführung in Film und Fernsehen. Verlag 2001, Nr. 18270
Widmer, Urs (*1938): *Top Dogs,* S. 247 f. Aus: Top Dogs. Verlag der Autoren, Frankfurt/M., 3. Aufl. 1999, S. 16–19
Wöhe, Günter: *Die Absatzwerbung,* S. 233. Aus: Einführung in die Allgemeine Betriebswirtschaftslehre, Verlag Franz Vahlen, München, 15. Aufl. 1984, S. 598 ff.
Wohmann, Gabriele (*1932): *Ein netter Kerl,* S. 280. Aus: Habgier. Erzählungen. Rowohlt TB Verlag, Reinbek 1978, S. 68–70; *Schönes goldenes Haar,* S. 259. Aus: Ländliches Fest. Luchterhand Verlag, Darmstadt und Neuwied, 6. Aufl. 1980, S. 44–45; *Verjährt,* S. 64 f. Aus: Ländliches Fest. A.a.O.
Wondratschek, Wolf (*1943): *Über die Schwierigkeiten, ein Sohn seiner Eltern zu bleiben,* S. 260 f. Aus: Früher begann der Tag mit einer Schusswunde. Deutscher Taschenbuch Verlag, München 1982, S. 63
Wörther, Matthias: *An den Lagerfeuern des 20. Jahrhunderts,* S. 200. Aus: Lupe, Heft 2, 1999
Zauner, Franz: *Lesen und Schreiben im Zeitalter des Internet,* S. 189. Aus: Backspace und Strg+V, in: Wiener Zeitung, Beilage EXTRA vom 27. 9. 1996, S. 3

Unbekannte/ungenannte Autorinnen und Autoren

300 tote Delfine angeschwemmt, S. 119. Aus: Westdeutsche Allgemeine (ap) vom 19. 02. 2000
400 Millionen drängen auf Arbeitsmarkt, S. 140. Aus: Kölner Stadt-Anzeiger vom 18./19. 03. 2000
2010 n. Chr. ein Montagmorgen, S. 137. Aus: Das Zeitbild: Go Future; Auf dem Sprung in die Informationsgesellschaft, Zeitbild-Verlag, Bonn, Mai 1996, S. 16
98 807 200 000 Mark, S. 124. Reiner Metzger in: die tageszeitung vom 18. 08. 2000, S. 1
Alles andere ist Zensur, S. 206. Aus: dpa, Frankfurt/M.
Alltagsprobleme, S. 55. Aus: Frank Haase: Telekolleg II Deutsch, Bd. 1. TR–Verlagsunion München, 1994, S. 62 f.
Anti-Baby-Pille nicht von Steuer absetzbar, S. 119. Aus: Westdeutsche Allgemeine (dpa) vom 19. 02. 2000
Das Anuga-Wörterbuch, S. 349. Aus: Westdeutsche Zeitung vom 08. 10. 1997
Arbeit, S. 141 f. Aus: Gablers Wirtschaftslexikon Bd. 1, Gabler Verlag, Wiesbaden, 12. Aufl. 1988, S. 260 f.
Arbeitsplan für einen Monat, S. 31. Aus: Arbinger u. a., Lernen mit Sinn und Verstand, Verlag Empirische Pädagogik e.V., Landau, S. 107
Ärgerliche Anglizismen, S. 351. Aus: Pädagogik 11/1998, S. 58
Auf Kollegenschelte ist der deutsche „Literaturpapst“ ..., S. 222. Aus: Werbemagazin: buch aktuell, Winter 1999, S. 10 f.
Aufgespießt. Banken wanken, S. 119. Aus: Westdeutsche Allgemeine (wilb) vom 18. 02. 2000
Aus der Informationsflut gezielt auswählen, S. 176. Aus: Zeitung für Schule, Nr. 12. Hg. v. Stiftung Lesen, Mainz, 1997, S. 33
Bilder der Wirklichkeit?, S. 201 f. Aus: Medienkompetenz. Vom Papyrus zu Multimedia. Material B 3. Hg. vom Presse- und Informationsdienst der Bundesregierung

buch aktuell. Leseprobe, S. 223. Aus: buch aktuell, Winter 1999, S. 20
Diese Frau kriegt jeden Mann, S. 263. Aus: Neue Westfälische, Juni 2000, Beilage „Erwin“
Die drei Gedächtnisse, S. 24. Aus: Biologie, Cornelsen 1997, S. 80
Einsam durchs Leben, S. 263. Aus: Neue Westfälische, Juni 2000, Beilage „Erwin“
Der Erzähler, S. 129 ff. Aus: Petra Kammann, Der Erzähler, Buchjournal 1/2000, S 16 ff. (gekürzt)
Erziehungsbeistandschaft, S. 151. Aus: Deutscher u. a., Lexikon der sozialen Arbeit, S. 64 f.
Erziehungsziele, S. 151. Aus: Ziele suchen – Wege finden. Cornelsen Verlag, Berlin 1988, S. 70 f.
Familie X will ein neues Auto kaufen ..., S. 241. Aus: Welt am Sonntag vom 01. 01. 1995
Fit für die Ausbildung, S. 12 f. Aus: Fit für die Ausbildung. Faltblatt. Hg.vom Institut der deutschen Wirtschaft Köln in Zusammenarbeit mit der Bundesarbeitsgemeinschaft SCHULE WIRTSCHAFT, Köln 1998
Gebrauchsanweisung, S. 147. Aus: www.hr-online.de/fs/wissenschaft/skyrock/archiv.html
Geschäftsbericht, S. 408. Aus: Deutsche Telekom: Geschäftsbericht 1999
Glosse, S. 126. Aus: Der Duden Bd. 1, Die deutsche Rechtschreibung. 21. völlig neu bearb. und erw. Aufl. 1996, S. 319
Herr Goethe sieht aus, als hätte man seinen Geburtstag vergessen, S. 120. Aus Westdeutsche Allgemeine, Nr. 40 vom 17. 02. 2000
Herzlich willkommen, ich bin Watson ..., S. 241. Aus: Einkaufswagen gibt Einkaufs-Tipps, in: Kölner Stadt-Anzeiger vom 14. 12. 1999, S. 31
Ich bin der Glaube ..., S. 290 f. Aus: Karl Otto Conrady: Das große deutsche Gedichtbuch. Athenäum Verlag, Kronberg/Ts. 1977, Inhaltsverzeichnis
Kaffee konzentriert, S. 120. Aus: Frankfurter Allgemeine (JJ.) vom 12. 12. 1996, S. 1
Online-Shopping, S. 195 f. Aus: Das Kaufhaus Internet. In: Hörzu special, Die neue Telefon-Welt, Nr. 6, Heft 23/2000, S. 20–21 (gekürzt)
Kindersprache, S. 339. Aus: Dortmunder Korpus der spontanen Kindersprache. Hg. von Klaus R. Wagner, erstellt von Annegret Schwarze. Verlag Die Blaue Eule, Essen 1996, Teilkorpus Andreas, S. 18 f., Teilkorpus Katrin, S. 24 f.
KlarTech, S. 149. Aus: www.ourworld.compuserve.com/homepages/KLARTECH/klartech.htm
Kommunikation im Team, S. 35. Aus: Modellversuch. Erfassen und Bewerten von Teamfähigkeit im Rahmen einer ganzheitlichen Berufsbildung – gefördert aus Mitteln des BMBF
Komplettsystem ..., S. 146. Aus: www.vobis.de
Lass uns das anders machen, S. 201. Aus: Stewart Brand u. a.: Media Lab, Rowohlt Verlag, Reinbek, 1990
Lehrer werfen Familien soziales Versagen vor, S. 99. Aus: Aachener Zeitung (wg) vom 15. 12. 1999, S. 1
Lerntypen-Test, S. 22 f. Aus: Heinz Klippert, Methodentraining, Beltz-Verlag, Weinheim und Basel, 3. Aufl. 1995, S. 61
Lippenbekenntnisse – Warum Schönheitspflege zum Zungenbrecher wird, S. 352. Aus: Prisma 20/1997, S. 2
Lola rennt für Manni, S. 263. Aus: Neue Westfälische, Juni 2000, Beilage „Erwin“
Marcel Reich-Ranicki, viel bewundert ..., S. 223. Aus: Marcel Reich-Ranicki, Mein Leben. (Klappentext zum Buch), Deutsche Verlags-Anstalt, Stuttgart 1999
Möbelverkäufer muss Krawatte und Sakko tragen, S. 69. Aus: Frankfurter Allgemeine vom 07. 08. 1992, Nr. 182, S. 9
Neologismus, S. 356. Aus: Lexikon der Sprachwissenschaft. Hg. von Hadumod Bußmann. Kröner Verlag, Stuttgart 1983, S. 346
Neurotischer Griesgram, S. 263. Aus: Neue Westfälische, Juni 2000, Beilage „Erwin“
Newsticker Top-Themen, S. 116. Aus: www.afp.com
NRW machte deutlich weniger Schulden, S. 119. Aus: Westdeutsche Allgemeine vom 19. 02. 2000
Ostern auf der grünen Insel Föhr: Ferien von Anfang an, S. 119. Aus.: Westdeutsche Allgemeine vom 19. 02. 2000
Recht des Kindes; Erziehungsrecht der Eltern, S. 151. Aus: Gesetz für Jugendwohlfahrt (JWG). BGB (Auszug). Deutscher Taschenbuchverlag. Sonderausgabe unter redaktioneller Verantwortung des Verlages C.H. Beck, München, Stand 1. 12. 1973, S. 29
Der richtige Fonds für jeden Typ, S. 407. Aus: Stiftung Warentest, Nr. 8 August 2000, S. 15
Die Sozialdimension der Erziehung; die Interaktion, S. 151. Aus: Helmut Seiffert, Erziehungswissenschaft im Umriß. Kohlhammer, Stuttgart 1973, S. 17
Systematik der Sammlung von Verkaufsargumenten, S. 235 f. Aus: Helmut Dittrich: Erfolgreiche Werbung für Klein– und Mittelbetriebe. Econ–Taschenbuch Verlag, Düsseldorf 1991, S. 91 ff.
Top-10-E-Mail-Regeln, S. 194 f. Aus: c't 2000, Heft 12, S. 96
Die Truman-Show, S. 209 f. Aus: www.kinopolis.de
Unser Parfüm erzählt von unseren Schwächen, S. 76 f. Aus: Jean Kerloe: Man muß einen Duft träumen, in: AMICA 3/99, S. 72–90
Was ist die dpa, S. 114. Aus: www.dpa.de
Wer deutsch spricht, riskiert Arbeitsplatz, S. 350. Aus: Ruhr-Nachrichten vom 02. 11. 1998
Wie Schüler Schule verbessern wollen, S. 15. Aus: Die Welt, Regionalteil Hamburg (ari) vom 08. 06. 1999
Wirtschaftsfaktor Kommunikation, S. 179. Aus: Medienkompetenz, Vom Papyrus zu Multimedia, Material A5. Presse– und Informationsdienst der Bundesregierung (Hrsg.)
WWW – World Wide Wunderbar?, S. 180 ff. Aus: Focus, Nr. 25 vom 19. 06. 2000, S. 173–178
Den Zeitdieben auf der Spur, S. 29 f. Aus: Heinz Klippert, Methodentraining, Beltz-Verlag, Weinheim und Basel, 3. Aufl. 1995, S. 228

Bildquellenverzeichnis

S. 10, 19 unten, S. 36, 41, 47, 52, 63, 110 (außer Mitte rechts), S. 117 unten, S. 250 (Fotos), 359, 384, 385, 388, 398, 401, 404, 405, 409: Thomas Schulz, Hohen Neuendorf
S. 12, 17, 28–31, 46, 55, 74, 81, 147, 171, 183, 192, 200, 234, 328, 336, 349, 362, 363, 368, 370, 376: Amelie Glienke, Berlin
S. 19 oben: Quelle & Meyer Verlag
S. 21, 26, 214 oben, S. 329, 358: Thomas Binder, Magdeburg
S. 24 (außer rechts unten): Sebastian Leitner, So lernt man lernen, Herder/Spektrum Bd. 5060. Verlag Herder, Freiburg 28, Gesamtauflage 2001
S. 24 rechts unten: Arbeitsbogen 2 der S3-Schulfernsehreihe „Gut geplant ist halb gelernt"
S. 27, 266 links: Fischer Verlag, Frankfurt/M. © VG Bildkunst 2001 (nur S. 266)
S. 33 unten, S. 36: Die Zeit vom 07.10.1999 und 15.07.1999
S. 49: Prof. Siegfried Frey, Gerhard-Mercator-Universität Duisburg
S. 50: Siegfried Frey, Die Macht des Bildes, Huber Verlag, Bern u.a. 1999/Der SPIEGEL, Heft 50, 1999, S. 25
S. 57: Reginald Smythe: Willi Wacker © 2001 Creator Syndicate/Distr. Bulls
S. 58: Langen Müller Herbig, München
S. 59: A. Paul Weber-Museum, Ratzeburg © VG Bild-Kunst 2001
S. 61, 151 oben, S. 258, 260, 264 unten: dpa, Frankfurt/M.
S. 64: Ullstein Bilderdienst, Berlin
S. 67: © Marie Marcks, Heidelberg
S. 76, 77: Bilderberg, Hamburg
S. 78: Diogenes Verlag, Zürich 1985
S. 82, 117 oben, S. 322, 353: Corel Library
S. 89: Kurt Halbritter, Jeder hat das Recht © Carl Hanser Verlag, München/Wien
S. 97: Galerie Isy Brachot, Brüssel-Paris © VG Bild-Kunst 2001
S. 106, 120 oben, S. 132, 218, 284, 304, 305, 307, 331: Archiv für Kunst und Geschichte, Berlin © VG Bild-Kunst 2001 (nur S. 331)
S. 110 Mitte rechts: NDR, Hamburg
S. 111: Westfälische Allgemeine Zeitung
S. 113: Amica, Hamburg; Geo, Hamburg; Hörzu, Hamburg; kicker sportmagazin, Nürnberg; Der Spiegel, Hamburg; Stern, Hamburg;
S. 116: P. Leger © Haus der Geschichte, Bonn
S. 120 Mitte: unicef, Köln
S. 127: Frankfurter Rundschau
S. 129: Petra Kammann, Frankfurt/M.
S. 133, 134: MAXI/Dirk Anschütz
S. 146, 151 Mitte links: Mauritius, Mittenwald
S. 151 Mitte rechts: Mike Ford, Sheffield
S. 151 unten: Filmmuseum Berlin Deutsche Kinemathek
S. 152: IFA-Bilderteam GmbH, Düsseldorf
S. 162, 266 rechts: Peter Peitsch, Hamburg
S. 165 links: SABA Press Photos Inc., New York
S. 165 rechts: Forum, Peter Meyer, Bremen
S. 173: Weisser Ring, Mainz/dietzzwowerbenfürmarkengmbh, Köln
S. 176: Jochen Janßen, Bergheim
S. 180–182, S. 196 (Grafik): Focus, 25/2000
S. 184: www.google.de
S. 186: www.wienerzeitung.at
S. 195: Hörzu, Hamburg, Peter Maltz
S. 201: Sipa Press, Paris
S. 204: RTL Bildredaktion, Köln
S. 207: Bayerischer Rundfunk, Bildarchiv, München
S. 209, 210: The Truman Show, Peter Weir, USA 1997
S. 212: www.schule.hessen.de
S. 213 unten, S. 214 unten: Xfilm, Creative Pool GmbH, Berlin
S. 213 oben: High Noon, Fred Zinneman, USA 1952
S. 220: Der Spiegel, 13/2000/Harenberg Verlag, Dortmund
S. 222: Marcel Reich-Ranicki: Mein Leben. Erschienen im Deutschen Taschenbuch Verlag, München; Foto: Herlinde Koelbl, Neuwied
S. 225-226: Ehrenwirth Verlag, München
S. 229: Aufbau Taschenbuch Verlag, Berlin
S. 231: Klaus Peter Studré, Berlin
S. 232: VDV, Köln
S. 237: G. Schläger, Hamburg
S. 239 links: GABA GmbH, Lörrach
S. 239 rechts: Apotheker W. Bouhon GmbH, Nürnberg
S. 245, 249, 250 oben, S. 255, 262: Jens Bonnke, Berlin
S. 246, 296 unten, S. 299: Isolde Ohlbaum, München
S. 252, 281: Bildarchiv Preußischer Kulturbesitz, Berlin
S. 254: Gerda Goedhart, Suhrkamp Verlag, Frankfurt/M.
S. 256: Beate Heinen, Wassenach
S. 264 links: © Diogenes Verlag, Zürich
S. 269 oben: © Suhrkamp Verlag, Frankfurt/M.
S. 269 unten: René Haury Zürich/Suhrkamp Verlag, Frankfurt/M.
S. 283: Abisag Tüllmann/bpk Berlin
S. 286: Szenenfoto der Inszenierung der Schaubühne Berlin 1998. Regie: K.-M. Grüber. Foto + © Iko Freese/DRAMA, Berlin 2001
S. 288, 321: Szenenfotos der Inszenierung des Staatsschauspiels Dresden 1994. © Hans-Ludwig Böhme, Coswig
S. 293: © Banco de Mexico
S. 294: © Günter Kunert, Kaysborstel
S. 296 oben: Ursula Krechel, Berlin
S. 308: Artothek, Peissenberg © Oeffentliche Kunstsammlung Basel, Kunstmuseum/Foto: Oeffentliche Kunstsammlung Basel, Martin Bühler
S. 309: © Stedelijk Van Abbemuseum Eindhoven
S. 312: © VG Bild-Kunst, Bonn 2001
S. 335: Bernhard König, Olfen
S. 338: Peter Wirtz, Dormagen
S. 341: Susanne Kilian: Na und? Beltz & Gelberg Verlag, Weinheim 1972, S. 35
S. 345: Werkbild. Aus: Das Neue Universum, 67. Band, Union Deutsch Verlagsgesellschaft, Stuttgart 1950, S. 247
S. 346: © Tullio Pericoli, Milano
S. 351: Hans Blossey, Herne

Textartenverzeichnis

Sachregister